本书系
国家社会科学基金项目
美国"重返亚洲"战略下日本的国家战略动向研究
(项目编号:12BGJ026)
最终成果

日本国家战略研究

孙承 著

Research on
Japan's National Strategy

中国社会科学出版社

图书在版编目（CIP）数据

日本国家战略研究／孙承著. —北京：中国社会科学出版社，2020.12
ISBN 978-7-5203-7308-1

Ⅰ.①日…　Ⅱ.①孙…　Ⅲ.①国家战略—研究—日本　Ⅳ.①D731.3

中国版本图书馆 CIP 数据核字（2020）第 179631 号

出 版 人	赵剑英
责任编辑	耿晓明
责任校对	李　萍
责任印制	李寡寡

出　　版	中国社会科学出版社
社　　址	北京鼓楼西大街甲 158 号
邮　　编	100720
网　　址	http://www.csspw.cn
发 行 部	010-84083685
门 市 部	010-84029450
经　　销	新华书店及其他书店

印刷装订	三河弘翰印务有限公司
版　　次	2020 年 12 月第 1 版
印　　次	2020 年 12 月第 1 次印刷

开　　本	710×1000　1/16
印　　张	37.25
字　　数	573 千字
定　　价	178.00 元

凡购买中国社会科学出版社图书，如有质量问题请与本社营销中心联系调换
电话：010-84083683
版权所有　侵权必究

目 录

绪 论 ·· (1)
　第一节　选题意义 ·· (1)
　　一　战后日本国家战略与美国的关系 ································· (2)
　　二　日本国家战略的形成和演变 ······································· (3)
　　三　日本国家战略演变的影响 ··· (3)
　第二节　关于日本国家战略概念 ·· (3)
　　一　何谓国家战略 ·· (3)
　　二　何谓日本的国家战略 ··· (6)
　　三　日本国家战略再次处于转换时期 ································ (10)
　第三节　几个相关理论 ··· (14)
　　一　民族主义理论 ··· (14)
　　二　保守主义理论 ··· (15)
　　三　政治与经济关系理论 ·· (16)
　　四　权力转移理论 ··· (17)
　　五　地缘政治理论 ··· (18)
　　六　同盟理论 ··· (19)
　第四节　研究思路、论文结构、方法和资料 ···························· (20)
　　一　研究思路 ··· (20)
　　二　论文结构 ··· (21)
　　三　研究方法和使用资料 ·· (22)
　第五节　研究内容的创新程度和特点 ······································ (22)
　　一　研究内容的创新 ·· (22)

二　学术价值和应用价值 …………………………………… (24)
　　三　研究特点 ……………………………………………… (26)

第一章　冷战时期和冷战后美国对日政策与日本国家战略 …… (27)
　第一节　冷战时期美国对日政策与日本国家战略确立 ……… (27)
　　一　战后改革、旧金山体制与吉田主义国家战略 ………… (27)
　　二　冷战时期日美关系的调整 …………………………… (41)
　第二节　冷战后美国亚太政策调整与《日美安全
　　　　　条约》再定义 …………………………………… (58)
　　一　冷战结束后东亚格局变化与日美摩擦 ……………… (58)
　　二　美国对华"接触"战略与《日美安全条约》
　　　　再定义 …………………………………………… (65)

第二章　中国崛起与美日调整战略思路 ……………………… (76)
　第一节　中国崛起对美日战略的冲击 ………………………… (76)
　　一　中国崛起与美日对华新认识 ………………………… (76)
　　二　美国对日政策重估与调整 …………………………… (82)
　第二节　日本应对中国崛起的两种战略构想 ………………… (89)
　　一　民族主义的价值观外交构想 ………………………… (90)
　　二　亚洲主义战略构想与尝试 …………………………… (99)
　　三　新战略构想提出的背景分析 ………………………… (113)

第三章　奥巴马政府"亚太再平衡"战略与对日本的政策 …… (129)
　第一节　奥巴马政府"亚太再平衡"战略 …………………… (129)
　　一　"亚太再平衡"战略分析 …………………………… (130)
　　二　"亚太再平衡"战略提出的背景 …………………… (136)
　　三　"亚太再平衡"战略的目标 ………………………… (142)
　第二节　奥巴马政府"亚太再平衡"战略与对日
　　　　　作用的认识 ……………………………………… (145)
　　一　"亚太再平衡"战略下日本的作用 ………………… (145)
　　二　新形势下的对日怀柔政策 …………………………… (148)

三　推动日美军事一体化 …………………………………(153)
　第三节　奥巴马政府"亚太再平衡"战略下对日本
　　　　　地区政策的要求 ………………………………………(159)
　　　一　要求日本服从美国对华战略安排 ……………………(159)
　　　二　鼓励日本扩大地区安全关系 …………………………(165)
　　　三　"亚太再平衡"战略下对日政策的特点 ………………(179)

**第四章　奥巴马政府"亚太再平衡"战略下日本国家战略
　　　　　转换** ………………………………………………………(182)
　第一节　"积极和平主义"国家战略的确立 …………………(182)
　　　一　"积极和平主义"战略的性质与内涵 …………………(182)
　　　二　改革国家体制以适应国家战略转换 …………………(193)
　第二节　完善国家安全法制体系 ………………………………(199)
　　　一　修改和制定安全法制 …………………………………(199)
　　　二　解禁安全禁区 …………………………………………(207)
　　　三　推动修改宪法 …………………………………………(224)

**第五章　奥巴马政府"亚太再平衡"战略下日本提高
　　　　　自主性** ……………………………………………………(232)
　第一节　加强日美同盟 …………………………………………(232)
　　　一　配合美国亚太战略 ……………………………………(232)
　　　二　修改《日美防卫合作指针》……………………………(241)
　第二节　构建制约中国的国际安全网 …………………………(248)
　　　一　民主党内阁对华政策 …………………………………(249)
　　　二　钓鱼岛争端与调整军事布局 …………………………(255)
　　　三　制约中国的外交行动 …………………………………(264)
　第三节　对朝鲜半岛新政策 ……………………………………(272)
　　　一　构建日韩新关系 ………………………………………(273)
　　　二　对朝鲜保持高压态势 …………………………………(278)
　　　三　对朝鲜半岛政策的问题 ………………………………(281)
　第四节　对俄罗斯积极外交 ……………………………………(284)

一　解决"北方领土"的几种方案 …………………… (285)
　　　二　对俄积极外交攻势 …………………………………… (287)
　　　三　对俄积极外交的原因 ………………………………… (295)
　　第五节　"亚太再平衡"战略下日本的地区经济战略 ……… (299)
　　　一　从东亚共同体到跨太平洋伙伴关系协定（TPP） …… (300)
　　　二　民主党政府在两个谈判之间摇摆 …………………… (305)
　　　三　安倍政府积极参加跨太平洋伙伴关系协定
　　　　　（TPP）谈判 …………………………………………… (311)

第六章　特朗普政府初期政策调整与日本国家战略转换 …… (316)
　　第一节　特朗普政府初期的亚太政策 ……………………… (316)
　　　一　特朗普政府初期的亚太政策及其特点 ……………… (317)
　　　二　特朗普政府的印太战略 ……………………………… (329)
　　　三　特朗普政府的对日政策 ……………………………… (342)
　　第二节　安倍政府稳步推进国家战略转换 ………………… (349)
　　　一　特朗普政府对日政策下日本的隐忧 ………………… (350)
　　　二　自民党新修宪方案与前景 …………………………… (357)
　　　三　提高军事力量和扩大军事作用 ……………………… (360)
　　　四　在地区经济合作中发挥主导作用 …………………… (363)
　　　五　改善中日关系的思考 ………………………………… (365)

第七章　特朗普政府印太战略下日本的对外战略动向 ……… (370)
　　第一节　日本的印太战略：次大国主导地区秩序 ………… (370)
　　　一　日本提出印太战略 …………………………………… (370)
　　　二　日本印太战略的内容 ………………………………… (373)
　　　三　日本印太战略的目标 ………………………………… (378)
　　第二节　主导跨太平洋伙伴关系协定（TPP）谈判 ………… (382)
　　　一　特朗普政府退出TPP对日本的冲击 ………………… (382)
　　　二　日本决定主导TPP谈判 ……………………………… (386)
　　　三　跨太平洋伙伴关系全面进步协定（CPTPP）
　　　　　及意义 …………………………………………………… (392)

第三节 调整对"一带一路"倡议政策与改善中日关系 …… (394)
一 日本对亚洲基础设施投资银行（AIIB）态度的
  变化 ……………………………………………… (395)
二 日本对"一带一路"倡议态度的变化 ………… (403)
三 日本对"一带一路"倡议态度转趋积极 ……… (413)
第四节 清算战后遗留问题的努力与挫折 ……………… (419)
一 日韩慰安妇和强征劳工赔偿问题再起波澜 …… (420)
二 日俄缔约和领土交涉劳而无功 ………………… (430)
三 历史遗留问题对日本外交的影响 ……………… (442)

第八章 中美日关系新定位与中日探索构建新型关系 …… (446)
第一节 中美关系进入调整期 …………………………… (446)
一 中美结构性矛盾突显 …………………………… (446)
二 中美贸易战与科技战 …………………………… (452)
三 站在歧路上的中美关系 ………………………… (458)
第二节 日本国家战略转换面临新形势 ………………… (460)
一 美国对日压力与日本的自主性 ………………… (461)
二 中美关系变化与日本的反应 …………………… (472)
三 从印太战略到印太构想 ………………………… (480)
四 日本智库对日美同盟和中美日关系的估计 …… (485)
第三节 探索构建新时期的中日关系 …………………… (489)
一 加强对日本民族主义的研究 …………………… (490)
二 增进相互了解寻求构建新关系 ………………… (494)
三 夯实和扩大中日关系的基础 …………………… (497)
四 求同存异保持中日关系稳定发展 ……………… (501)

第九章 决定日本国家战略的几个因素
——理论角度的探讨 ……………………………………… (505)
第一节 日本民族主义的特殊性 ………………………… (505)
一 近代日本民族主义的特殊性 …………………… (506)
二 战后日本民族主义的两面性 …………………… (509)

三　当前日本国家战略转换中的民族主义特点……………（514）
第二节　日本的保守主义政治……………………………………（516）
　　　一　保守主义一般原则辨析……………………………（517）
　　　二　日本新保守主义……………………………………（520）
　　　三　日美新保守主义比较………………………………（522）
第三节　政治因素主导国家战略…………………………………（524）
　　　一　经济因素对国家战略的影响………………………（524）
　　　二　近代以来经济因素对日本国家战略的影响………（526）
　　　三　当前经济形势与国家战略走向……………………（528）
第四节　东亚国际权力转移的特殊性……………………………（534）
　　　一　权力转移的一般特点………………………………（534）
　　　二　东亚权力转移的两个层次…………………………（535）
　　　三　后发特质和全球化下东亚权力转移的特点………（538）
第五节　海洋国家的地缘政治定位………………………………（543）
　　　一　华夷秩序与日本……………………………………（543）
　　　二　日本的海洋国家论…………………………………（547）
　　　三　日本国家战略的指导理论…………………………（554）
第六节　日美同盟的特殊性………………………………………（555）
　　　一　同盟的一般理论……………………………………（555）
　　　二　日美同盟特殊性与日本民族主义…………………（556）
　　　三　对日美同盟政治危机的分析………………………（560）
　　　四　中国崛起与日美同盟………………………………（562）
第七节　结语：当前日本国家战略转换的特点…………………（565）

参考文献……………………………………………………………（566）

后　记………………………………………………………………（589）

绪　　论

第一节　选题意义

　　写文章要先破题，题旨讲清楚，后面的文章才好做。写论文、做课题常说要强化问题意识、突出问题导向，也是要先明确研究目的，弄清要解决的问题，避免研究流于空泛。本书的研究课题是探讨在美国奥巴马政府"亚太再平衡"战略和特朗普政府印太战略大背景下日本国家战略调整的动向，希望从对调整的性质和规模的分析中，认识世界处于"百年未有之大变局"下日本国家走向和东亚大国关系演变的趋势。

　　为什么把日本的国家战略动向和美国的亚洲战略联系起来呢？因为无论从东亚国际环境来说，还是从战后国家发展历史来说，日本的国家战略都和美国的亚洲政策有密切关系，甚至可以说美国的亚洲政策决定了日本的国家战略。这么说也许会被指为"外因决定"论，是无视国内因素在决定国家发展道路和发展方式上的主要作用，但日本战后历史特别是战后国家发展道路确实是不谈美国就无从谈起。日本战后历史是从战败被美军占领并经过美国式民主改革开始的，美国主导下形成的旧金山体制决定了战后美日关系的特殊性，战后历史条件和国际环境限制了日本国家发展道路和国家战略选择的余地；另一方面，在这一特殊的历史条件和国际环境下，日本做出自主选择，接受了旧金山体制，走上在安全上依赖美国的"重经济、轻军备"的发展道路，即选择了吉田主义的国家战略。战后日本国家发展的成就是在吉田主义国家战略下取得的。日本国际政治学者五百旗头真把这一选择称作日本的"希律王主义"①，即重复了古罗马时期希律王接受异族间接统治、吸收外来文化，实现民族复兴的历史。不言而喻，"希律王主义"的本质是民族主义，美国认可"希律王主义"实现对日间接支配也是意识到日本民族主义的存在。可以确定地说，战后日美关系对双方来说都是在对国家利益精确算计基础上做出的历史性选择。战后日本的国家战略也是在日美博弈中维系至今。

为什么要研究这一时期美国亚洲战略调整下日本的国家战略动向呢？因为进入21世纪以后，国际格局和国际秩序酝酿新的重大调整，世界面临"百年未有之大变局"，日本的国家战略再次面对新的历史条件和国际环境也需要重新选择。奥巴马政府提出"重返亚洲"战略（后称"亚太再平衡"战略）和特朗普政府终止"亚太再平衡"战略改行印太战略，表明美国也在适应国际形势变化进行战略调整。第二次世界大战结束已70多年，冷战结束也已30年，这期间世界经历全球化和多极化风暴冲击，战后初期形成的国际格局和国际秩序面临新考验，以战后格局和日美关系为基础的日本国家战略同样面对冲击和检验。因此，研究美国亚洲战略调整大背景下日本的国家战略动向就显得很有必要了。

本书试图探讨在此国际格局和国际秩序发生深刻变化之际，在美国东亚战略调整下日本国家战略的选择，试图解决以下几个问题：

一 战后日本国家战略与美国的关系

战后日本历史和日美关系史表明，美国及其主导下的国际秩序塑造了现代日本。美国力量在全球格局中的变化和美国全球战略调整，也对日本的国家战略产生重要影响。以奥巴马政府提出的"亚太再平衡"战略和特朗普政府的"美国优先"政策为代表的对外战略变化表明，美国及其主导下的国际秩序面临新的重大调整，这对日本国家战略的影响是毋庸置疑的。目前学术界对奥巴马政府"亚太再平衡"战略下日

---

① ［日］五百旗头真主编：《战后日本外交史（1945—2005）》，吴万虹译，世界知识出版社2007年版，第1—3页。希律王（King Herod，公元前74年—前4年），亦称希律大帝一世、黑落德王，罗马帝国征服犹太国后未改变当地原有制度，而是册封希律王统治当地犹太人。后将对征服地区任命代理人间接统治的方式称希律王主义。

本战略变化有所阐释，但对变化的历史渊源和理论剖析还有待深入，而对特朗普政府"美国优先"政策下日本的战略抉择尚未有值得注意的深入研究。本书将对战后日美关系对日本国家战略形成的影响进行必要的梳理，并在此基础上对奥巴马、特朗普政府亚太战略调整对日本国家战略转换的影响做出说明。

二 日本国家战略的形成和演变

日本政治家和学术界对日本有无国家战略向来有两种说法，一是否认日本有国家战略，二是即便认为日本有国家战略，但对其内容、目标、产生和形成过程也有不同看法。纵观日本近代国家形成以来的历史，确实可以看到一股力量主导国家前行。虽然日本近现代历史经历陵谷变迁，但从封建制度下的岛国发展成为具有全球影响的资本主义国家，确实在不同历史时期有不同的方向和目标，尽管有时它是错误的。当前，战后形成的国际格局和国际秩序正处于前所未有的变化中，日本国家战略也面临新选择。日本新国家战略是什么？其内容、目标和形成过程如何？本书试图遵循日本历史轨迹和文献资料进行探讨，给予回答。

三 日本国家战略演变的影响

日本国家战略的变化必然对其内政、外交产生深远影响，根据战后体制和吉田路线建立起来的行政机制、法制规范、外交行为和安全战略都将随之改变。战后体制和吉田路线的影响将逐渐消退，在新的国家战略下日本正在走出战后影响，采取更积极的对外战略。这将给日美关系、中日关系造成重大影响，在对朝鲜半岛、俄罗斯和东亚周边地区政策上也将有明显反映。本书试图对这些新变化做一探讨。

第二节 关于日本国家战略概念

一 何谓国家战略

简单地说，国家战略（National Strategy）是国家实行的战略。为了深入分析日本的国家战略，须对国家战略概念做一剖析。

战略（Strategy）本是军事名词，是战争准备、计划和运用的方策，与战术同为战争艺术（art of war）两要素。[①] 国家战略和战略一样，最早是军事术语。一般认为，首先对国家战略一词明确定位的是美国军事词典。1950 年，美国军方用国家战略代替大战略。1953 年，美国三军首长批准正式使用国家战略一词。美国最早对国家战略给出官方定义：1952 年版《海军军语词典》解释为："运用一国全部国力，以支持国家政策之艺术与科学。" 1955 年版《三军联合军语词典》为："平时及战时，发展与运用一国之政治、经济、心理力量与武装力量配合，以达成国家目标之艺术与科学。" 1994 年版《国防部军语词典》再修正为："平时及战时，发展和运用政治、经济、心理与军事权力，以达成国家目标的艺术与科学。"[②]

国际上对国家战略的定义都是在此基础上的引申和补充。

如《汉语大词典》《辞海》对战略的解释：指导战争全局的计划和策略，现在通常也指全局性的谋划，在一定历史时期内具有相对稳定性的、指导全局的方略；国家战略是筹划和指导国家安全与发展的总体方略，即综合运用政治、军事、经济、科技、文化等国家力量，达成国家目标和维护国家安全，是为维护国家利益和实现国家目标而综合全国之力实行的长期方略。

日本《大百科事典》对国家战略的解释：为保障国家安全、遂行国家政策，平战时以最有效方法，综合准备、计划和运用人力、物力资源的方策。事典引用英国军事理论家利德尔－哈特的话："为达成基于长期视野的国家目标（更好的和平），使国家的政治、军事、经济、心理诸力量得到发展和有效运用的方策称之为大战略。"[③] 日本《不列颠国际大百科事典》认为，随着社会结构和战争形式复杂化，遂行战争和维

[①]『世界大百科事典』第 18 卷、平凡社、1972 年、第 175 页。
[②] 邓定秩：《国家战略的理论与实践》，台北"中华战略学会"，2011 年，第 34—35 页。
[③] 巴兹尔·亨利·利德尔－哈特（Basil Henry Liddell-Hart，1895—1970），英国军事历史学家和军事理论家。主要著作《战略论》。引文见『大百科事典』第 8 卷、平凡社、1985 年、第 835 页。

持和平的方策很难将军事因素和非军事因素加以区别，因此使用包括范围更广的概念：国家战略或大战略。①

如果说国家战略概念脱胎于战争和军事概念，那么它现在包括的内容已不限于军事领域，而是指包括军事战略综合调整和统制政治、经济及心理诸因素以达成国家政治目的的策案，是军事战略的上位概念。邓定秩将国家战略的定义精简为："发展与运用国力，以达成国家目标之艺术与科学。"他认为：国家战略的含义有三：由国家制定与实施的战略，是为由国家的战略（Strategy by Nation）；指面对整个国家的战略，是为对国家的战略（Strategy to Nation）；由国家制定实施，面对整个国家的战略，是为全国性的战略（National Strategy）。国家战略，是由国家制定，以整个国家为对象，以整个国家利益为目标的战略。② 王辉耀在《国家战略——人才改变世界》一书中认为：国家战略是战略体系中最高层次的战略。不同国家对国家战略的定义各不相同，国家战略就是实现国家总目标而制定的，是实现国家目标的艺术和科学，指导国家各个领域的总方略。其任务是依据国际、国内情况，综合运用政治、军事、经济、科技、文化等国家力量，筹划指导国家建设与发展，维护国家安全，达成国家目标。③

常与国家战略混用的是大战略。国家战略，是中国和美国等大多数国家的叫法，英国和欧洲一些国家称"大战略"（Grand Strategy），法国称"总体战略"（Total Strategy），苏联和俄罗斯称"整体战略"（Integral Strategy）。通常情况下，国家战略和大战略（Grand Strategy）的意思相通。日文版《维基百科》说：大战略是为实现国家目标，有效运用一切国力的战略，亦称国家战略（National Strategy）、总体战略（Total Strategy）、联合战略（Joint Strategy）。大战略考虑的是目标和手段的关系，即国力和国益的关系，是把如何适当地运用国力才能实现国益作为重要课题。大战略不仅关注军事手段，也把国家治理（Statecraft）等

---

① 『ブリタニカ国際大百科事典』第 10 卷、デイビーエス・ブリタニカ、1998 年、第 672 页。
② 邓定秩：《国家战略的理论与实践》，第 34—38 页。
③ 王辉耀：《国家战略——人才改变世界》，人民出版社 2010 年版。

非军事手段作为研究对象，考察政治、经济、社会等领域的问题。大战略是利德尔－哈特在第二次世界大战表现为总体战的特点后提出的概念，更侧重军事战略的属性，在强调其非军事侧面时多用国家战略和国家安全战略（National Security Strategy）。①《不列颠大百科事典》认为，虽然国家战略和大战略是同义词，若是同盟关系的多个国家在制定协同、集结综合力量进行战争指挥诸方案时，大战略又是国家战略的上位概念。②

以上对国家战略概念的简单梳理表明，在现实中国家战略一词的使用早已不限于军事领域，而是指各领域为实现国家目标制定的长期计划和执行方案，特别是指在实现国家总目标的战略体系中最高层次的战略。本书即是根据这一认识设定对日本国家战略的研究目标和范围。

根据以上解释，对国家战略一词的内涵可得出如下认识：

国家战略是基于国家方针，实现国家目标的长期方略，在一定历史时期内是稳定的。

国家战略要综合运用政治、军事、经济、科技、文化等国家力量实行之；其核心是政治战略，规定了军事、经济、科技、文化等各领域的战略，并使各领域的战略和利益服从之。

国家战略的形成与国家的地理环境和基本理念有关；与国家的历史经验和从历史经验中形成的战略文化有关；与从军事、外交、经济、心理等角度判断的国际形势有关。

对国家战略概念的内涵和影响国家战略诸因素的认识，对研究日本国家战略动向具有指导意义。

二 何谓日本的国家战略

很多人说，日本没有国家战略，日本人也如是说。日本前首相中曾根康弘说："外国批评日本长期缺乏自己的国家战略，国际社会上的声

---

① ウィキペディアフリー百科事典・大戦略、https://ja.wikipedia.org/wiki/大戦略。
② 『ブリタニカ国際大百科事典』第10巻、第672頁。

音微弱,世界上知名的日本政治家甚少。"他认为:"日本是传统上就不善于制定国家战略的国家。"为此他撰写《日本二十一世纪的国家战略》一书。在该书序言中,他写道:"在执笔过程中,笔者对下述两点深有体会,即日本从组织和体系上欠缺中长期的基本国策和实现它的综合战略。"① 曾任世界和平研究所副所长的国际政治学者佐伯喜一在冷战结束后的1992年也说,日本在战前没有战略,战后在某种意义上"已有了应该追求的国家目标,却没有明确意识到它的存在"②。

为什么说日本没有国家战略呢?按中曾根的说法是:"日本在地缘政治中位于远离亚洲大陆的太平洋岛国,来自大陆的直接入侵只有蒙古发动的侵略,尤其是德川时期长达三百年的锁国政策使日本与外界的联系更加薄弱。因而,日本几乎没有哪个时期真正思考过对外战略,国内一直受着'和为贵'这种观念的支配。而且日本是有着历史与传统底蕴的自然国家,对外、对内都有着温和与顺从的性格。"德川幕府统治末期(1853—1867)在西方的压力下,日本"开始觉醒,加入了世界政治行列,并觉悟到有必要制定战略。之后,恢复或维持国家的独立性、追赶西欧发达国家成了日本的战略目标"。但他认为,"大正时期以后日本动摇了推进国策的政治基础,错误地估计了世界形势,深陷中国所在的亚洲大陆无法自拔。日本急于摆脱这种困境,错误地认为希特勒德国是世界的正统,具有统治世界的军事实力,而没有能制定真正意义上的战略,只是在不断重复为应付局面所采取的临时性政策,最终遭到失败"。对于战后日本没有国家战略的原因,中曾根认为:"我只能说,日本过分受战败和美国占领政策的影响,缺乏自主性,制定国策时大国依赖性和功利性强。直到今天,日本依然在延续这种状况,国家战略的脆弱性丝毫没有改变。"③

佐伯喜一也持同样看法。他说:"关于日本战前没有战略的问题,由于长期以来日本所处的地缘政治方面的位置使日本没有必要制定战略

---

① [日] 中曾根康弘:《日本二十一世纪的国家战略》,联慧译,海南出版社2004年版,第1—3页和序言。
② [日] 中曾根康弘:《日本二十一世纪的国家战略》,第12—15页。
③ [日] 中曾根康弘:《日本二十一世纪的国家战略》,第1—3页。

性对策,也没有给日本机会使这些战略性对策发展成熟。因此可以指出,日本没能应对局势的变化。经过长期的锁国,日本人的战略构想能力或者说战略性对策能力都在萎缩和退化。在制定战略方面存在的不平衡没有得到及时更正,这助长了日本以内政为主、外交为辅的倾向。"他同样认为:"明治时期日本的国家目的是维护民族独立,因此,富国强兵就成了日本的国策。"到了大正时期,"外来威胁已被清除,国家未来的走向越发模糊了"。昭和时期,政治与军事的关系、国家战略与军事战略的关系变得最不稳定,九一八事变后局势变得越发不可收拾,特别是"军部在操纵政治并导致国家没有产生战略"。战后,"日本虽然没有明确地意识到,但在某种意义上已经有了国家目标。那就是在制定所有政策时考虑到了经济问题,以西欧为目标,全身心地致力于恢复和发展经济上。在这个目标基本实现以后,又开始感到有必要制定新的国家目标及国家构想和战略"①。

中曾根和佐伯的看法代表了日本的主流观点,以中曾根在日本社会的政治影响,也可以看出这种观点在日本的主导地位。这种观点是日本保守主义历史观的代表。

中曾根等人虽然不承认日本有国家战略,但从以上引文中可以看到,日本并非没有国家战略。揆诸历史,日本在不同的历史时期为实现国家目标有长期、稳定的国家战略。

如果说日本在锁国时代同世界的联系很少,那么随着西方资本主义的全球扩张和世界市场的形成就不能自外于世界了。在德川幕府末期,西方的炮舰政策使日本面临严重的民族危机,明治维新就是在这一背景下发生的维护民族独立的运动,富国强兵成了明治政府的国家战略。尽管明治政府没有使用国家战略这一表述,但像中曾根所说是"日本的国策",也就是日本长期实行的国家战略。明治政府引导日本走上资本主义发展道路的富国强兵、殖产兴业和文明开化三大政策,并非平行的。殖产兴业是发展资本主义工商业的国家经济战略,文明开化是国家实行对外开放的思想文化战略,这两者相辅相成共同实现富国强兵这一国家

---

① [日]中曾根康弘:《日本二十一世纪的国家战略》,第12—15页。

总战略、总目标。

进入大正时代，日本不仅已摆脱民族危机，而且经过第一次世界大战建立起资本主义经济，在东亚与列强的争夺中确立了优势地位，跻身于帝国主义国家的行列。在昭和时代，军人和政客之间的斗争并没有改变其对外殖民扩张的帝国主义政策。军人在斗争中获胜和法西斯政权的形成，使日本走上发动侵华战争和与德、意法西斯结盟、最终发动太平洋战争而走向覆灭的道路。在这一历史过程中，其帝国主义的对外侵略、谋求霸权的国家战略脉络清晰，历历可循。

战后，日本在特定的国内外条件下奉行吉田主义，与美国结盟，实行"重经济、轻军备"的国家战略，走了几十年和平发展的道路。尽管有人将吉田主义称作"消极和平主义"[1]，但却不能否定战后几十年日本是按照这一路线走过来的历史路径。根据吉田主义国家战略，日本制定了一些具有长期指导意义的经济、外交战略，例如池田勇人内阁制定的"所得倍增计划"，福田赳夫内阁制定的被称作"福田主义"的对东南亚政策等。

历史证明，自近代以来日本无论成功与失败，都是其国家战略得失的结果。事实上，日本承认其近代以来对大陆国家发动的侵略战争是"国策错误"[2]所致，安倍晋三首相在战后70周年讲话中说是日本"该走的方向有错误，而走上了战争的道路"[3]。可见日本一些人说没有国家战略，是不愿意承认其有国家战略。

据对日本国会会议记录检索，从1947年5月战后召开第一届国会到1969年的23年间没有出现过"国家战略"一词。1970年3月7日在众议院预算委员会上首次提及"国家战略"，此后直到20世纪90年代前半期，该词每年被提及的次数仅有一次到几次。[4] 其原因是近代以

---

[1] 日本国際フォーラム『積極的平和主義と日米同盟のあり方』、日本国際フォーラム政策委員会、2009年10月。

[2] 村山内閣総理大臣談話『戦後50周年の終戦記念日にあたって』（いわゆる村山談話）、1995年8月15日、https://www.mofa.go.jp/mofaj/press/danwa/07/dmu_0815.html。

[3] 《安倍晋三内阁总理大臣谈话》，2015年8月14日内阁会议决定。http://www.cn.emb-japan.go.jp/bilateral/bunken_2015danwa.htm。

[4] 本田優『日本に国家戦略はあるのか』、朝日新聞社、2007年、第63—65頁。

来的历史使日本背负沉重包袱：战前的国家战略使日本走上崛起之路却导向覆灭；战后的国家战略是在特定的国内外条件下形成的，尽管在和平的国家战略引导下走上繁荣富裕之路，但国家自主性受限制，日本不满意也不愿对这一战略给予认可和评价。所以有的学者虽然不情愿，但还是承认战后日本可能是有意识地忌讳和避免使用"国家战略"和"国家利益"之类的词汇。① 也许正是由于这种心理上的抵触，有战略也不愿意承认它。

三　日本国家战略再次处于转换时期

按照前述国家战略的定义，国家战略的形成和转变是由国内因素和国际因素决定的。国内因素包括政治、经济和历史文化因素，国际因素包括国际环境和所处时代的影响。日本国家战略制定和转换的历史也证明了这一点。

当前日本国家战略又进入重要的历史转换时期，其标志是随着世界格局变化，民族主义对政治的影响越来越大。20世纪70年代，日本经过经济高速增长阶段，战胜两次石油危机，成为西方世界仅次于美国的第二大经济体。经济领域的成就使日本从战败的颓丧中重新找回自信，长期压抑的民族主义释放出来。20世纪80年代中曾根首相提出"战后政治总决算"，此后改变战后国家战略的思潮在朝野酝酿发酵。冷战结束后，国际政治、经济格局的重大变化在日本国内引发剧烈震荡。冷战时期长期持续的自民党和社会党朝野对峙、相互制衡的"保革伯仲"政治格局瓦解，但政坛革新力量衰落和社会保守思想上升使自民党一度丧失执政地位后很快又夺回政权，再度成为日本政治的核心，而革新力量的制衡作用却日益下降，似有若无。泡沫经济破灭后日本陷入长期停滞，为摆脱困境进行了一系列行政改革和经济改革。而海湾战争中日本支出130亿美元后被西方批评为"出钱未出人"的"支票外交"，成为其进一步反思战后国家战略的导火索。为在国际安全领域发挥作用，提

---

① 中嶋哲彦「新自由主義的国家戦略と教育政策の展開」、『日本教育行政学会年報』No. 39、2013年、第54頁。

高日本的国际影响力，以小泽一郎为代表的民族主义者提出要成为"正常国家"的口号①，对吉田主义发起冲击。冷战结束后的十年，是日本政治经济动荡的十年，也是酝酿变革的十年。

进入21世纪以后，日本国内外环境变化加快，民族主义进一步滋长。从日本国内看，保守主义政治经过冷战后短暂的挫折东山再起，战后出生的一代人成为政治舞台上的主角，要求摆脱"战后框架"束缚的民族主义要求得到更多支持；在经济上，债务高企，老龄化严重，出生率下降，经济前景不确定因素增加，在对外经济上也面临中国、韩国日益强劲的竞争。从国际上看，两极格局解体后，经济全球化迅猛发展，科技创新日新月异，和平与发展成为时代主题；一些发展中国家抓住科技发展和经济全球化的有利条件实现快速增长，新兴经济体和发展中国家群体性崛起，国际权力结构酝酿新的平衡。在这一背景下，日本产生新的危机感，加快国家战略调整的步伐。中曾根康弘大声疾呼："提醒直面21世纪的日本官民们，应该认识到及早自主自立制定国策和国家战略的必要性"，"重新检讨惯有的设想和尽快实施必要的改革的紧迫性"②。

在2000年前后，日本国家战略转换成为朝野的广泛话题，战后以来一向对"国家战略"讳莫如深的日本人突然大谈"国家战略"。从1995年开始，国会会议记录中"国家战略"一词使用频度上升，2002年竟出现131次。③ 有人利用日本的杂志索引和学术论文数据库（CiNii）④进行统计，在2000年前后包含"国家战略"主题词的杂志报道和论文题目数量爆发式增长。按名古屋大学教授中嶋哲彦的说法，日本社会大量使用"国家战略"一词，虽然没有很明确的定义，但一般包括如下含义：关系经济、财政、安全等国家生死存亡的重大问题；与国

---

① 参阅［日］小泽一郎《日本改造计划》，冯正虎、王少普译，上海远东出版社1995年版。
② ［日］中曾根康弘：《日本二十一世纪的国家战略》，序言第3—4页。
③ 本田優『日本に国家戦略はあるのか』、第64—65頁。
④ 日本国立情报研究所（National Institute of Informatics，简称 NII）运营的日本最大的学术论文数据库。

家政策领域相关的战略；最优先的课题并且对政策（战术）具有指导作用的原则。① 特别是日本政界开始积极、公开地讨论"国家战略"，并将政治、经济、安全、文化教育等领域的一些重大问题和规划冠以"国家战略"之名。

21世纪初，自民党和民主党两个主要政党都成立了国家战略研究机构，为国家重大政策的制定和执行提供参考依据。2001年，自民党成立国家战略本部，研究日本面临的重大问题，提供政策建议。本来2001年4月小泉纯一郎在自民党总裁选举中提出在内阁中设置国家战略本部，但当选后以组成联合政权为由，决定在自民党内设置，并亲自担任国家战略本部部长。2004年9月，自民党国家战略本部就日本结构改革、自民党重建等一系列重大问题提出政策建议（也称箱根建议）。十年后的2014年6月，自民党国家战略本部发表《"2030年的日本"检讨、对策项目中期报告》，对日本面临的人口、技术、环境、时空四大变化和国际秩序变动提出应对建议，认为也要像明治维新时期提出"富国强兵"和昭和时期制定"所得倍增计划"时一样，制定国家目标和国家战略。② 2009年9月，民主党胜选后鸠山由纪夫首相在内阁官房设置国家战略室。2010年4月，在内阁官房设立国家战略局，负责国家经济运营基本方针、财税政策和预算编制企划、立案及协调，以及总理大臣指派的其他重要政策、方针的企划、立案和综合协调，由内阁副大臣兼任国家战略局长。2011年10月，野田佳彦内阁成立后设立国家战略会议，主要负责经济运营和财政税收基本方针的规划和立案，野田自任议长，同时设立国家战略担当大臣。自民党和民主党都从国家战略的角度检讨和制定政策，反映日本政治、经济、安全等诸多领域都面临新形势，需要有新政策应对，这也为战后以来的国家战略转换奠定了基础。

日本对国家战略的检讨在对外政策实践中表现得更明显。泡沫经济

---

① 中嶋哲彦「新自由主義的国家戦略と教育政策の展開」、『日本教育行政学会年報』No.39、2013年、第54頁。

② 国家戦略本部『「2030年の日本」検討・対策プロジェクト中間報告』、2014年6月30日、第19頁。

崩溃后，日本经历"停滞的十年"，而中国在这十年间进一步扩大改革开放，经济又上一个新台阶。在亚洲金融危机中，中国发挥积极作用，为推动东亚经济合作做出重大贡献。中国的崛起成为日本对外战略面临的新因素。2002年11月公布的日本内阁对外关系工作组报告《21世纪日本外交的基本战略》说："与中国的关系，是21世纪初日本外交政策中最重要的课题。"① 这表明日本对外战略调整要从重新评价对华关系开始。2002年1月，小泉纯一郎首相访问东南亚期间提出建立"东亚共同体"设想，② 这是在预见中国崛起的前提下，试图重新整合东亚国际关系。2009年民主党在选举中也提出东亚共同体设想，鸠山由纪夫担任首相后在各种场合多次阐述这一设想。③ 尽管由于形势变化，这两个东亚共同体设想未付诸实践，但反映了日本的国际定位和外交战略正在酝酿重大变化。④

在经济、外交战略不断调整的同时，国际形势演变进入一个新节点。21世纪国际关系的突出特点是，全球化下新兴发展中大国崛起对战后国际秩序的冲击和世界权力结构酝酿变化。这是第二次世界大战结束以来国际关系发生的最深刻变化，对于东亚地区来说，影响甚至超过冷战结束。东亚区域经济合作已经机制化；中国连续30年快速增长在经济总量上超过日本，成为世界第二大经济体；美国经过反恐战争和金融危机面临新的困难，为保持其在东亚的地位，推行"亚太再平衡"战略。东亚地区权力结构面临新变局，推动日本加快国家战略的调整。

面对世界变局，日本在思考未来。在第二次安倍政府成立前夕，美国

---

① 対外関係タスクフォース『21世紀日本外交の基本戦略—新たな時代、新たなビジョン、新たな外交』、2002年11月28日、第4、35頁。

② 小泉総理大臣のASEAN諸国訪問における政策演説『東アジアの中の日本とASEAN—率直なパートナーシップを求めて』、2012年1月14日、http://www.kantei.go.jp/jp/koizumispeech/2002/01/14speech.html。

③ 鳩山総理によるアジア政策講演『アジアへの新しいコミットメント—東アジア共同体構想の実現に向けて』、2009年11月15日、http://www.kantei.go.jp/jp/hatoyama/statement/200911/15singapore.html。

④ 参阅孙承《日本的东亚共同体设想评析》，《国际问题研究》2002年第5期；孙承《从小泉内阁到鸠山内阁的东亚共同体构想》，载王洛林、张季风主编《日本经济蓝皮书2010/2011》，社会科学文献出版社2011年版。

战略与国际问题研究中心的日本问题专家迈克尔·格林（Michael J. Green）指出，日本精英或者说社会的中坚力量（Japanese elites）对国家战略已经形成高度共识。① 第二次安倍政府成立后，在国际上公开提出"积极和平主义"国家战略方针，② 宣称"'积极和平主义'今后是代表和引领日本前行的一面旗帜"③。安倍政府的内外政策都在发生重大变化。事实表明，日本正在实现国家战略的转换，最终实现"正常国家"目标，积极参与国际秩序构建，并在这一过程中完成其战后历史的蜕变。

第三节　几个相关理论

日本国家战略转换是日本历史发展和国际关系演变的结果，涉及历史学、政治学等学科相关理论，从理论上进行探讨可以对这一转换有更深入的认识。

一　民族主义理论

民族主义在影响国家政治和国际政治的潮流中发挥着重要作用。自近代以来，民族主义对日本历史同样产生重要影响。

值得注意的是，日本是亚洲唯一摆脱西方殖民主义侵略而又将邻国变为殖民地的国家，其民族主义自有特殊性。按照传统民族主义理论，从19世纪最后30年开始，世界掀起民族主义的第二次浪潮，欧洲和欧洲以外的国家都兴起民族主义，其中包括明治时代的日本等东方国家。④ 日本是亚洲唯一完成民族主义从勃兴、高潮到没落过程的国家。⑤

---

① Michael J. Green, "Does Japan Have a Strategy?", *The National Interest*, November 28, 2012, https: //nationalinterest. org/commentary/does-japan-have-strategy-7776.

② 此前安倍在国内讲话中提到"积极和平主义"，如2013年9月12日在安全保障与防卫力恳谈会上的讲话。『「積極的平和主義」柱に　安保戦略有識者懇』2013年9月13日、http: //sankei. jp. msn. com/politics/news/130913/plc13091307240002 - n1. htm.

③ 『安倍晋三日本国総理大臣基調講演』、2013年9月30日、http: //www. kantei. go. jp/jp/96_ abe/statement/2013/0930uk. html。

④ ［英］安东尼·史密斯：《民族主义——理论·意识形态·历史》，叶江译，上海人民出版社2006年版，第92—93页。

⑤ 丸山真男『丸山真男集』第五卷、岩波書店、1995年、第59頁。

在西方压力下激发的民族主义，造就了明治时代的成功，也把日本推向发动侵略战争的深渊。战前民族主义的遗产，也影响了日本战后民族主义的曲折发展和多面性表现。

战后日本民族主义同样有特殊性。它一方面体现在对美关系上，另一方面体现在与遭受其侵略过的亚洲邻国关系上。在对美关系上，日本战败后在雅尔塔体制下经历了在联合国军名义下的占领时期，并在占领军主导下制定了放弃发动战争的和平主义宪法；进行了政治、经济改革，实行西方式的政治体制和现代经济制度。但东西方冷战开始后，美国改变对日政策，经过旧金山媾和与日本缔结安全同盟，承诺对日本的军事保护，继续在日本驻军，并要求和允许日本保持有限军事力量。战后改革形成的政治、经济体制和美日同盟奠定了战后日本国家的基本框架和发展方向，也是影响战后民族主义流变的重要原因。在同亚洲国家关系上，日本民族主义对侵略历史的认识成为妨碍与亚洲国家发展关系的障碍。

战后日本民族主义的特殊性，决定了其表现形式的复杂性和多面性。但无论是在对历史问题的认识上、在对美关系的复杂心态上，还是在要"摆脱战后框架"成为"正常国家"的诉求上，战后日本民族主义的种种表现是在一个特殊的历史和国际条件下的产物。对于这种在特殊历史条件和国际条件下形成的民族主义，在当代民族主义研究中还没有深入探讨。[①] 对日本国家战略的研究与对日本民族主义的研究有密切的关系，有助于认识其民族主义特殊性，对丰富民族主义理论是有意义的尝试。

二 保守主义理论

保守主义是现代西方社会主流意识形态之一，产生于 18 世纪启蒙运动和法国大革命，但它不是一个系统而严密的思想体系，也很难给出

---

① 参阅朱伦、陈玉瑶编《民族主义——当代西方学者的观点》，社会科学文献出版社 2013 年版。

明确定义。① 尽管如此，从保守主义的发展脉络中可以找到一些基本原则，有助于认识和评价日本的保守主义。例如，保守主义者重视社会的秩序和稳定，重视现存制度的权威和合法性；重视传统，认为指导社会的行为准则是历史制度和实践；重视宗教的社会作用；尊重宪政和代议民主制，主张自由市场经济制度，尊重个人的财产权、自由权和平等权；主张在国际关系中使用武力，等等。

新保守主义是指20世纪七八十年代在西方主要国家出现的保守主义思潮和实行的保守主义政策。实行新保守主义政策的有美国的里根政府、联邦德国的科尔政府和英国的撒切尔夫人执政时期。欧美新保守主义的主要特点是猛烈批评新自由主义的国家干预理论和政策及社会主义的计划经济，主张政府不要干预社会经济生活，让市场经济自己在那里运行。

战后日本政治的突出特点是保守主义居主导地位，对日本保守主义的本质和特点深入分析，是认识日本国家战略动向的必要环节，也是研究日本政治的重点问题之一。与国际上的新保守主义相呼应，一般认为中曾根康弘内阁是日本新保守主义政治诞生的标志。冷战结束后，以小泽一郎为代表的保守主义政治家又进一步提出"正常国家"论。进入21世纪，与美国"重返亚洲"战略相呼应，安倍晋三内阁更开始全面推进向"正常国家"转变。因此对日本国家战略的研究应建立在对日本保守主义的全面深入认识之上，否则难以把握日本国家战略的发展方向。

三 政治与经济关系理论

政治因素与经济因素在决定国家战略过程中的作用孰轻孰重？这似乎不成为问题。这两者都很重要，可以说是立国之本。但也必须看到国家战略的决定是一个复杂过程，是各种因素综合评估、考量的结果。

一般说来，影响国家战略制定的除了经济因素外，还有其他因素，

---

① ［美］杰里·马勒：《保守主义——从休谟到当前的社会政治思想文集》，刘曙辉、张容南译，译林出版社2010年版，第27页。

如国内政治因素、国际环境因素、所处时代因素等限制。正因经济因素在决定国家战略时起重要作用，所以在其他因素影响下既可发挥积极作用，又可产生消极作用，因此经济因素对国家战略的影响要根据具体情况来分析。

日本国家战略与经济的关系就证明了上述情况。近代以来日本有两次经济发展较快时期，一次是明治时期，一次是第二次世界大战以后经济高速增长时期。值得注意的是，这两个时期经济发展对国家战略的影响却有所区别。在近代，随着经济发展日本在还没有摆脱西方不平等条约压迫之时，竟开始了对大陆邻国的侵略，加入与西方列强争夺势力范围的帝国主义战争。与之相对照的是，战后日本经济快速增长，成为世界发达国家，却长期走和平发展的道路。熟悉历史的人都知道，战前和战后日本走上两条不同道路的原因，既有国内因素也有国际因素，更有时代因素。这些因素可以统称为政治因素。

因此，在复杂的国际社会条件下，国家战略要受国内外多种因素影响。经济因素会影响国家战略，也要服从国家战略，国家战略是多种因素综合作用的结果，对国家走向的判断要结合多种因素进行考量。

四 权力转移理论

权力转移理论的奠基者奥根斯基（A. F. K. Organski）说，战后科技进步促进了全球工业化趋势，"一群新来者正在不断地挑战世界政治的现有领导者，如果这些挑战一旦成功，将意味着权力从一些国家向另一些国家的转移。这将是新的国际秩序的开始。"[1]

世界历史上的权力转移都是在资本主义上升时期的欧洲或是在西方完成工业化的国家之间进行的，战后东亚权力转移是在工业化国家和非工业化国家之间进行。所以深刻认识东亚地区特点和时代特点对认识美国的亚太战略和中美关系以及探讨日本的战略选择必不可少。

按照权力转移的逻辑，挑战者是权力转移两个主体中的主动者，所以认清东亚的后发特质，是理解东亚权力转移的前提。东亚国家的快速

---

[1] A. F. K. Organski, *World Politics*, Alfred A. Konpf, Inc. New York, 1968, p. 183.

发展很大程度上得益于"后发优势"。后发国家经济是"追赶型经济",存在如何保持经济协调发展和从劳动力密集型产业向技术密集型产业过渡的发展模式转变问题;后发国家还存在不少经济长期落后造成的难以解决的社会问题。东亚地区由于后发特质,国家间存在诸多差异和分歧,是影响地区合作的重要原因。

全球化下中美权力转移的表象与实际并不一致。权力转移理论的一个重要缺陷是,只着眼于国家层次上的主导国和挑战国之间的博弈,忽视了新现实主义者主张的系统分析模式,没有考虑世界其他国家的作用,而国际秩序和世界前途不是两个国家之间就能决定的。在全球化的今天,国家之间的联系日益密切,即使在主导国和挑战国之间也存在着千丝万缕的联系,双方的共同利益超过了分歧。因此,在大国之间并非一定出现"修昔底德陷阱"式的零和博弈。

事实表明,东亚的后发特质和全球化下的国际相互依存决定了东亚权力转移是在不同于以往历史和国际条件下展开的,这是研究中必须注意的前提。

五 地缘政治理论

地缘政治思想古已有之。近代资本主义发展使世界成为一个整体,列强争霸和帝国主义战争推动了地缘政治理论的形成和发展。有人把地缘政治学分为德意志学派和美国学派,[①] 奠定地缘政治理论基础的两个人是美国的军事理论家阿尔弗雷德·马汉(Alfred Thayer Mahan,1840—1914)和英国地理学家哈尔福德·麦金德(Halford John Mackinder,1861—1947)。前者提出海权论,后者创建陆权论。第二次世界大战后期,美国地缘政治学家尼古拉斯·斯皮克曼(Nicholas John Spykman,1893—1943)又提出强调欧亚大陆"边缘地带"重要性的"陆缘说"。此后,地缘政治理论随着时代发展不断补充和完善,为世界战略格局的形成和演变提供了新的分析视角。但就某个国家的国家战略来说,如何运用地缘政治理论进行分析,则要结合这个国家的地缘政治特

[①] 奥山真司『地政学 アメリカの世界戦略地図』、五月書房、2004 年、序章。

点和其他学科知识综合加以考察。

日本是与亚洲大陆隔海相望的岛国,这种地缘关系自古就影响其国家发展取向。在第二次世界大战结束之前,日本虽然有成为海洋国家的思想,但并未对国家战略产生主导影响。战后,最早运用海洋国家论阐明日本国家定位和国家战略且最有影响的是高坂正尧。1964年他在《中央公论》杂志上发表了《海洋国家日本的构想》,第一次较完整地阐述日本的海洋国家构想。他从历史和现实分析中确定日本是既非东洋又非西洋的国家,要摆脱对美中苏等大国依附的困境,海洋国家的定位可使日本保持独立性。冷战结束以后,中国迅速崛起,海洋国家论再度在日本国家战略和对外战略决策中受到重视。

六 同盟理论

在无政府状态的国际社会,同盟是维护国家安全的重要方式之一。同盟理论的基础是均势理论,应对威胁是联盟结成的最常见、最基本的原因。汉斯·摩根索(Hans J. Morgenthau)说:"历史上权力均衡最重要的表现,并不是两个单个国家之间的平衡,而是一个国家或一个联盟与另一个联盟之间的关系。"①

但同盟的结成、性质,同盟中各方的地位、作用在不同的同盟中有很大差异,对同盟的演变以及结盟各方的政策都会产生影响。汉斯·摩根索认为,即使为某种共同利益结成的同盟按不同标准也"可以把联盟划分为三类:利益和政策完全一致的联盟;利益和政策互补的联盟;利益和政策属于意识形态的联盟。我们还可以进一步把联盟区分为相互的和单方面的,全面的和有限的,暂时的和永久的,以及有效的和无效的"②。在联盟组成后,盟国之间也会因利益和目标的变动而产生矛盾和分歧,随着时间推移和形势变化,盟国对同盟价值的重新评估结果往往造成"联盟安全困境"。

---

① [美]汉斯·摩根索:《国家间政治:权力斗争与和平》,徐昕、郝望、李保平译,北京大学出版社2006年版,第219页。
② [美]汉斯·摩根索:《国家间政治:权力斗争与和平》,第221—223页。

无论是历史上还是现实中存在的同盟都有各自的特点。战后日美关系的起点是美国作为反法西斯战争战胜者在联合国军名义下的对日占领，此后美国通过《旧金山和约》单独对日媾和，凭借《日美安全条约》将日本变成其在东亚的堡垒。随着国际形势和日美实力地位的变化，同盟关系不断调整。日美同盟既有对抗共同威胁和拥有共同利益的一面，也有控制与反控制和包含出现"联盟安全困境"的一面。由于战后日美关系对于日本的重要性，日美同盟的特殊性在影响日本国家战略设计和走向上是不可忽视的因素。

第四节 研究思路、论文结构、方法和资料

一 研究思路

本书要解决的是美国亚太战略变化下日本国家战略的动向，问题的核心是后者，前者是条件，因此本书的论述将以日本国家战略的变化为经，以美国亚太战略变化为纬展开。根据上节论述，在影响日本国家战略诸因素中，民族主义因素起了主导作用，因此论述将以民族主义为经，以日美同盟关系演变为纬展开。

对于一个国家来说，主权、安全和经济发展是最基本的国家利益，保证国家的主权、安全和经济发展是国家战略的基本目标。在日美同盟体制下，美国保证日本的国家安全不受外来侵犯，为经济发展提供了适宜的国际环境；但另一方面，美国设置军事基地，长期驻军，使日本在安全和对外政策上服从其战略需要，受到有形和无形的限制。特别是战后宪法规定日本不拥有军事力量，放弃战争权，在保守的民族主义者看来这使日本处于与美国不平等的地位，并成为非"正常国家"，必须修改宪法。因此，日美同盟体制使日本既成为稳定、繁荣的现代国家，也成为对美依赖、主权受到限制的国家。在战后初期，日本作为战败国不得不听从美国安排，同时也采用实用主义的对美政策，依傍美国实现国家复兴。随着经济发展和国际形势变化，日本民族主义日益增强，要求在同盟中获得更平等的地位和更大的自主性。战后日本国家战略是在日

美同盟框架下如何实现国家利益的最大化，一方面依靠美国，获得安全和经济发展的条件，另一方面，为最终摆脱占领时期由美国制定的"战后政治框架"（成为"正常国家"）积聚力量和寻找机会。中国崛起和美国奥巴马、特朗普政府对外战略调整反映了亚太地区权力结构酝酿新变化，日本视之为新挑战。为应对第二次世界大战结束以来本地区最重大的格局调整，日本转换国家战略，整备国内体制，修订外交安全战略，主动参与和影响亚太国际格局和国际秩序重塑。亚太格局调整为日本民族主义提供了新舞台，日本的作用值得关注。

在分析民族主义对日本国家走向时，不能忽视其两面性，即保守的民族主义与和平的民族主义的不同作用。战后以来的国内外条件使保守的民族主义处于政治主导地位，但和平民族主义的力量也不能低估。这两种力量是决定日本政治走向和国家战略的重要因素。

二　论文结构

根据以上思路，本书第一章时间范围起于第二次世界大战之后至20世纪结束，着重探讨冷战时期和冷战后美国对日政策与日本国家战略的关系，分析日美同盟的形成与日本国家战略的确定、日本民族主义与日美关系演变。

第二章探讨进入21世纪以后美日根据国际形势变化对战略思路的调整，特别着重探讨日本为应对形势变化提出的战略构想，酝酿国家战略转换。本章和第一章为探讨当前日本国家战略转换奠定基础，美国的亚洲战略和日本国家战略是在此基础上发展、演变的结果。

第三章分析奥巴马政府"亚太再平衡"战略在本质上是应对中国崛起的反应，由于自身能力相对下降而调整对日政策，要求日本参与维持地区秩序。

第四章论证在亚太国际环境变化下日本转换国家战略以及在国内体制和法制方面采取的重要举措。

第五章探讨在奥巴马政府"亚太再平衡"战略下日本扩大外交自主性采取的战略措施，着重分析对美国、中国、朝鲜半岛和俄罗斯政策以及地区经济战略的变化。

第六章论述特朗普政府亚太战略和对日政策新变化以及安倍政府推进国家战略转换的情况。

第七章探讨安倍政府在印太构想、跨太平洋伙伴关系协定（TPP）、对华、对韩和对俄关系等方面的战略调整。

第八章探讨特朗普政府挑起中美贸易战的影响、日本国家战略调整面临的新情况以及中日构建新关系的前景。

第九章从几个理论角度探索影响日本国家战略演变的因素，以期超越通常的现状分析，得出一些规律性认识。

通过以上九章希望能勾勒出战后以来日美关系调整的轨迹和日本国家战略演变的基本脉络，在历史趋势中把握日本国家战略的演变和走向，同时希望能从理论角度深化对日本国家战略的认识。

三 研究方法和使用资料

本书主要运用文献研究法和交叉研究法，在掌握文献资料基础上进行历史学、政治学和经济学等学科的综合研究。本书使用资料主要是与日美关系、日本国家战略调整相关的中外学术专著、期刊和资料集、统计数据，特别是重点收集和参考日本官方文献和智库研究成果以及媒体报道、新闻分析等原始资料，利用互联网查阅大量最新资料，保证研究成果建立在资料新颖、翔实可靠的基础之上。这也是本书的一个特色。

第五节 研究内容的创新程度和特点

一 研究内容的创新

本书内容创新体现在：从日美关系的角度较全面、系统地论述了战后以来日本国家战略形成、演变、转换和发展趋向，从理论角度对影响日本国家战略的主要因素进行了探讨。

提出以下主要观点：

1. 提出日本国家战略确立和转换的论断。明确指出战后日本确立吉田主义国家战略，进入 21 世纪以后为应对东亚权力结构变化国家战略进入转换时期，安倍内阁提出并推进"积极和平主义"国家战略。

2. 指出"积极和平主义"国家战略转换的动因、目标和内涵。日本国家战略转换是在中国崛起、东亚权力结构变化预期下，主动改革国内法规和体制，积极参与和影响国际格局和国际秩序，营造稳定国际环境和有利国际秩序的重大抉择。

3. 论述日本民族主义特殊性和与日美同盟的关系。日美战略博弈决定战后日本国家具有特殊性（承认其特殊性并非同意其错误的历史认识）。美国利用日美同盟实现其东亚战略，日本采取"希律王主义"实现战后复兴。

民族主义随日本发展而增强，日美同盟在冷战时期进行三次较大调整。冷战结束后，日本自主性提高，国家战略转换已是必然。

日本国家战略转换后，民族主义与日美同盟的矛盾依然存在，但在应对中国崛起上日美重新找到共同点，安全合作进一步加强。日美同盟向"双向性发展"。

日本民族主义有两面性：保守民族主义与和平民族主义。保守民族主义又有要求对美自主和依靠美国实现国家复兴、保证国家安全的实用主义两面性。日本民族主义的两面性决定国家战略走向。

4. 日本"积极和平主义"国家战略下国家定位的理论基础是海洋国家论。日本加强与美国和大陆边缘"海洋国家"的关系，参与以至主导国际格局重组和国际秩序重塑；对中国保持协商、合作、防范和牵制。

5. 保守的民族主义在政治上居主导地位。在"积极和平主义"国家战略下，日本调整政治体制和制定安全法制，解除战后安全"禁区"，直至修宪，成为"正常国家"。日本国家战略转换，今后走向存在新可能。但和平民族主义力量不能低估，日本政治仍将在保守主义与和平主义较量中展开。

6. 在"积极和平主义"国家战略下，日本将扩大对东亚政治、经济、外交、安全的影响。日本提出印太战略构想和主导跨太平洋伙伴关系协定（TPP）谈判是"积极和平主义"国家战略转换的两大实践，积极开展对俄外交和对印外交，推动同多个国家实现外长、防长会谈

(2+2)，构建新安全机制，显示日本的地区秩序构想能力和外交行动能力；而日本在地区经济发展和经济合作中的作用已为事实所证明，将继续运用经济手段实现其战略目标，同时扩大对地区安全的影响。日本正成为亚太国际舞台上的活跃角色，必须重视"积极和平主义"国家战略下日本的地区战略和作用。

7. 在日美同盟基础上保持同中国的合作关系是日本今后较长时期的战略选择，也是美国所能接受的三边结构。日本国家战略调整使中日关系中安全因素上升，管控双边关系中的不稳定因素是保持中日关系稳定发展的前提。中日双方都应认识到对方的变化，在东亚国际格局和国际秩序调整中构建新关系。

本书运用翔实的资料和相关理论明确提出战后日本国家战略是吉田主义，当前正处于向"积极和平主义"转换时期，并对日本国家战略的形成、演变、转换和趋向及对亚太地区的影响进行了较全面、系统的探讨。在此基础上，对影响日本国家战略形成的主要因素进行了分析，为认识其战略走向提供参考。

二 学术价值和应用价值

（一）学术价值

1. 界定日本国家战略的概念和意义，据此论证安倍政府利用亚太地区权力结构变动，以"积极和平主义"取代吉田主义实现国家战略转换的机理。

指出吉田主义国家战略是美国对日政策和战后日本特殊性的产物。日本国家的特殊性源于二战战败后美国对日军事占领和冷战开始后通过旧金山媾和缔结不平等的同盟关系。日本既要摆脱与美国的不平等关系，又要在政治、经济、安全等方面依靠美国。日本民族主义在对美国态度上表现为实用主义的两面性。

指出吉田主义国家战略包括两个方面：与美国结盟和经济中心主义。只讲"重经济、轻军事"不能完整表述吉田主义内涵。

吉田主义国家战略决定了战后政治、社会经济、安全和思想文化等领域的发展方向和发展战略。吉田主义是与战后日本政治、经济特殊性相适应的保守政治下的国家战略。

进入21世纪,东亚权力结构变化,日本既要依靠美国抗衡中国,同时担心美国政策不稳定,要求主动构建安全的国际环境。21世纪的第一个十年是日本国家战略转换的酝酿时期。日本提出两种战略构想:亚洲主义的东亚共同体构想和以日美同盟为核心的多边联盟构想。在此基础上,"积极和平主义"思想应运而生,在安倍政权长期稳定的"一强格局"下取代吉田主义是保守主义政治的历史选择。

2. 从日本民族主义与日美关系演变的角度论述日本国家战略转换。战后日本国家战略的形成与转换都和民族主义、日美关系密不可分,本书以日本民族主义为经,日美关系为纬,以新的角度和视野,全面、系统、深入地认识日本国家战略形成、演变、转换的历程和对周边国家的影响。

3. 依据民族主义、保守主义、政治经济关系、权力转移、地缘政治和同盟理论对影响日本国家战略的相关因素进行了分析和探讨,从理论角度深化对日本国家战略形成和转换的认识,尝试把握日本国家政策走向的规律。

(二) 应用价值

美国和日本是亚太地区重要国家。日美同盟是影响东亚地区的重要因素。本书运用大量资料对东亚国际权力变化下美日战略调整特别是在美国战略调整下日本国家战略动向做出评估,可为深入认识日本国家战略走向、把握东亚国际关系演变提供参考。

日本是离中国最近的发达国家,也是美国保持在东亚军事存在和政治、经济影响的前沿基地,中日之间又存在历史认识、领土争端、中国台湾问题等复杂因素,保持中日关系稳定发展对于维护我国周边环境的和平安定有重要意义。

当前东亚国际格局和国际秩序酝酿新变化,准确把握日本国家战略方向,正确估计日本的国际地位和国际作用,对于认识东亚权力转换的新趋势,在构建地区新格局和新秩序过程中保持清醒头脑,避免被动,发挥主动引导作用十分必要。

日本国家战略转换,伴随内外政策重大变化,其影响随着印太构想推行和TPP谈判成功等已经显现。本书对日本国家战略转换的历史和现状进行了较全面、系统的考察，提出若干新的学术观点和意见，对认识日本国家战略转换及其国际作用具有参考价值。

三　研究特点

本书力图从大战略的角度把握日本国家战略。

根据前述对国家战略定义的认识和对日本国家战略演变的分析，国家战略是规定国家各领域战略方向的总方略，政治、安全战略是国家战略的核心，经济、文化、社会发展等战略处于从属地位。这并非认为经济、文化、社会发展等战略不重要，在有些时候，它们也对国家政治、安全产生重要甚至是决定性的影响，但在大多情况下，它们要服从国家的政治、安全需要。即如吉田主义"重经济，轻军事"，为的是维持国家生存和发展，绝非只重经济，忽视军事所代表的国家安全。实行吉田主义的前提是日美同盟，是把国家安全寄托在美国的军事保护下，与美国结盟是日本在战后特定条件下国家安全的战略选择。没有日美同盟也不会有吉田主义，日本的经济也不会有后来的迅速恢复和高速增长。因此，由政治、安全因素构成的高政治是国家战略的核心内容。

本书基于战后日本国内外条件的特殊性从民族主义和日美关系角度切入分析，以政治、安全领域内外因素博弈构成展开论述的主线，在论述中涉及对外经济战略、软实力等内容，都是作为日本国家战略调整的有机组成部分而加以处理，有助于清晰地揭示主导日本国家战略形成和转换的动因。

第一章 冷战时期和冷战后美国对日政策与日本国家战略

第一节 冷战时期美国对日政策与日本国家战略确立

战后日本国家战略的确立和美国的对日政策分不开。1945年8月15日日本战败投降,按照《波茨坦公告》的安排,以美国为首的联合国军对日实施占领,现代日美关系由此开始。在占领期间,日本进行民主改革,建立起西方式的现代政治、经济制度,也揭开了现代历史的篇章。日美关系影响和塑造了第二次世界大战结束以后的日本现代历史。战后民主改革和冷战开始后的"旧金山体制"规定了日本国家战略方向和国家发展道路,吉田主义是在这一前提条件下日本的国家战略选择。研究今天的日本国家战略动向,寻根溯源不能不从吉田主义及其产生的历史条件、战后改革和"旧金山体制"开始。

本节主要分析战后改革、"旧金山体制"和冷战时期日美关系对日本国家战略的影响,为本书研究的课题奠定基础。

一 战后改革、旧金山体制与吉田主义国家战略

(一)占领时期的非军事化和民主化改革

从1945年8月15日战败投降到1952年4月28日《旧金山对日媾和条约》生效的六年八个月,日本处于联合国军占领之下,史称占领时期,实际上日本是处于美国支配之下。

1945年8月下旬，美军进驻日本本土。10月2日，为实施对日占领设立联合国最高司令官司令部（GHQ/SCAP），司令官道格拉斯·麦克阿瑟元帅，对政治、经济、教育、文化和大众传媒实施管制，而美国太平洋陆军总司令部（GHQ/USAFPAC）和联合国最高司令官司令部是一身而二任。但联合国军对日占领不是直接统治，而是保留了日本政府实行间接统治。联合国对日占领的最高决策机构是设在华盛顿的远东委员会，由美、英、中、苏、澳、荷兰、法、印、加拿大、新西兰、菲律宾十一国（后缅甸、巴基斯坦加入）组成，负责制定对日占领管理的基本原则和政策，通过美国政府传达给在东京的联合国最高司令官，最高司令部和各地分支机构再经过日本政府下达给民众。由于美国政府有拒绝权和紧急处置权，所以除极少例外，远东委员会不可能做出重要的决策。远东委员会在东京设有咨询和监督机构对日理事会，由美、英、中、苏代表组成，也基本上没有发挥应有的作用。所以对日占领在名义上是联合国，实际上是按美国政府的政策管制日本。负责执行政策的联合国最高司令官在落实政策时有很大的裁量权，麦克阿瑟在占领时期被视为日本的皇帝。[①] 这种统治方式也称占领体制。

对日占领的基本方针是根据由美国起草的《波茨坦公告》和美国《投降后美国的初期对日方针》，目的是铲除日本的军国主义，实现非军事化和民主化。

非军事化政策包括：

解散军事机构，解除日军武装，禁止军工生产，惩治战犯，整肃军队和政府中积极参与或协助战争的军国主义者、国家主义者、大政翼赞会等法西斯组织负责人、金融机构官员、占领地行政长官等，达11万人。如包括担心被整肃而事先辞职者和被整肃者家属、亲属在内，则超过100万人，是对日本统治阶层的大清洗。

民主化改革的内容主要有：

---

① 細谷千博『日本外交の軌跡』、日本放送出版協会、1993年、112頁。中村正則、天川晃、尹健次、五十嵐武士『戦後日本　占領と戦後改革』第2巻、岩波書店、1995年、第36—37頁。

制定新宪法。废除战前的《大日本帝国宪法》，制定主权在民、保障基本人权与和平主义的新宪法，实行象征天皇制、三权分立和议会内阁制。剥夺天皇、皇族特权，废除华族等贵族制度，铲除封建制度残余。

教育改革。废除天皇制和军国主义教育，实施民主主义教育。

农地改革。改革地主土地所有制，建立自耕农制度。对有 5 町步①以上的地主和在外地主②的土地强制实行分配，保障自耕农和佃农的利益。

解散财阀。通过解体和分割财阀持股公司、排除财阀家族对企业的支配和持股分散化等措施，彻底摧毁军国主义经济基础的垄断资产阶级。

财税制度。制定财产税制度，天皇、皇族也不能免税，加快贵族阶级的没落和资产阶级、地主阶级平民化。

经过非军事化和民主化改革，为日本走向现代社会奠定了基础。日本在政治、经济、思想文化领域内革除了封建主义、军国主义和法西斯主义，使军事封建的法西斯帝国主义国家变成资产阶级民主国家。日本历史从法西斯军国主义阶段跨入资产阶级民主阶段，进入一个新时代。③

（二）冷战开始后美国改变对日政策

但是，世界反法西斯战争胜利后美苏矛盾走向对抗。随着冷战开始，美国改变对日政策，并将对日占领政策纳入其冷战外交战略中。

1947 年 3 月，美国总统杜鲁门发表被称为"杜鲁门主义"的讲话，宣布世界分裂为东西方两个阵营，拉开冷战大幕。美国政府内部开始重新评价曾经的敌国德国和日本的作用，认为日本是远东地区在意识形态上能遏制敌人的唯一国家，必须考虑恢复其经济和军事力量。从国际冷战的角度考虑，美国政府已经考虑使日本成为盟国。④ 对苏"遏制"政策的设计者、时任国务院政策计划部主任的乔治·凯南（George Frost

---

① 日本面积单位。1 町步等于 9917 平方米或约等于 14.8 亩。
② 不居住在自有农地所在地的地主。
③ 吴廷璆主编：《日本史》，南开大学出版社 1994 年版，第 817 页。
④ 五十嵐武士『対日講和と冷戦』、東京大学出版会、1986 年、第 68—69 頁。

Kennan）根据其冷战思维在修改对日占领政策上同样发挥了关键作用。1947年秋，凯南鉴于日本国内事态，认为如果听任事态发展会导致共产主义扩散。1948年2月到3月期间凯南访问东京，同麦克阿瑟交换意见，回国后提出形势分析报告。他认为根据《波茨坦公告》的投降条件，美国对日占领的责任已经结束，在联合国尚未就媾和达成一致意见时，必须从国家利益的角度考虑今后与日本的关系。他建议对日本不要过度实行经济民主化和急于要其进行战争赔偿，而要帮助其恢复经济。美国军方也从对苏战略考虑重视日本的军事作用，要将其改造为抵抗苏联的堡垒。凯南报告对日政策建议的主要内容有：永久占领冲绳；一定程度再军备；加强警察力量；恢复日本政府复兴经济的权力；将远东委员会的权力限制在与投降有关的事务范围之内，加强美国的干预；缓和赔偿；不进行新的改革；放宽整肃军国主义者标准；及早查证乙级和丙级战犯中的无罪者；放宽新闻检查；推动日本人亲美。① 凯南报告把美国的占领政策和着眼于今后的日美关系联系起来。与此同时，麦克阿瑟提出的实现早期对日媾和、联合国军撤出日本的方案被否决。美国政府根据凯南报告于1948年10月制定国家安全委员会《NSC13/2号文件》，确定了新对日政策。

此后美国对日占领政策主要重视两个方面：一是帮助日本恢复经济，二是把日本变成在亚洲的前沿堡垒。

在帮助日本恢复经济方面，首先是保留和恢复日本原有的经济基础。这包括停止解散财阀，实际被解散的财阀不到三分之一；放宽对垄断资本的限制，促进垄断资本的复活和扩张；停止中间赔偿计划，使军工企业免于被摧毁。其次是在经济政策上提供指导和提供经济援助。1948年底提出《稳定经济九原则》，要求日本政府执行，并派遣底特律银行行长、经济专家道奇（Joseph Morrell Dodge）赴日协助实施。在道奇协助制定的经济政策指引下，实行紧缩财政，增加税收，制止了通货膨胀，实现财政预算均衡。同时向日本提供粮食、石油、肥料、煤炭等

---

① 中村隆英编『占領期日本の経済と政治』、東京大学出版会、1979年、74—76頁。五十嵐武士『対日講和と冷戦』、第111—117頁。

物资，再由日本政府转售变成现金用于经济复兴。

（三）占领时期日本的选择

作为战败国，日本对占领时期联合国军总部的各项政策和在对日媾和等问题上的选择余地很小。在这样一个外部条件下，日本能做的是如何顺应时势，维护国家利益，为国家未来开辟新方向，实现国家和民族的复兴。

占领时期对日本实行的非军事化和民主化改革是世界反法西斯战争的成果，对于日本来说是一次重要的历史变革和社会进步。因此，日本一方面有对被外国军事占领而产生的民族主义感情抵触，另一方面对改革的成果基本上还是支持和理解的。美国主导的联合国军对日占领是日本本土历史上第一次被外国军队占领，对日本人心理的冲击之大不言而喻。日本近代是民族主义昂扬并走向畸形发展的时代，明治维新是在西方殖民化压力下进行的一场民族主义运动，这已为国际学术界所公认，[①] 但民族主义膨胀也使其走上帝国主义对外侵略的道路。日本近代的辉煌因战败而瞬间化为乌有，数百万国民或死于战场，或亡于轰炸，家园焚毁，国土处于外国军队君临之下，这对于日本民族主义者来说是难以接受，却不得不接受的事实。而战后非军事化和民主化改革使日本摆脱军国主义统治，建立资产阶级议会政治，走上经济复兴的道路，实现历史性的转变，又符合国家和民族的利益，改革的成功也是国民选择的结果。如果没有国民的支持，改革难以进行，改革成果也不可能保持和延续。经过长期战争的苦难，广大国民对军国主义的危害是有所觉悟的。占领期间，被法西斯统治束缚的民众活力得到释放，工人运动和农民运动支持改革，使社会变革得以顺利进行；为了构想和创建新的社会，各政党和民间团体都提出宪法修正案，参加修改宪法的讨论，也促进了日本社会向战后民主制度的转变。

战后初期担任首相的吉田茂在回顾这一历史进程时说："这些重大

---

① ［英］安东尼·史密斯：《民族主义——理论·意识形态·历史》，第 92—93 页。［美］本尼迪克特·安德森：《想象的共同体》，吴叡人译，上海人民出版社 2016 年版，第 91—92 页。

的改革，大体上得到了多数国民的支持。例如新颁布的宪法就受到了国民的拥护。"由于实行了改革，明治维新以来被军国主义篡夺和中断了的资产阶级民主政治传统得以恢复，日本资本主义又走上新的发展道路。吉田茂说："日本人对于从主权属于天皇到主权属于国民这一根本的政治制度的变革，并未感到困惑。如果没有从明治时代开始到大正时代达到高潮的议会政治的经验，似乎无法想象人们会欢迎这种改革。不少人怀念议会政治并对其表示欢迎。由于日本人具有议会政治的经验，所以减少了引进选举制度时容易产生的混乱和弊病，而且尽管实行了巨大的变革，但是这种经验却使政治具有连续性。"① 日本学者中村正则也认为："日本自明治维新以来，确实有民主主义的传统。但不是'五条誓文'和明治宪法的延续，而是自由民权运动的延续。反过来也可以说，不管'主权所在'而仅限于在天皇制框架内争取'主权运用'的民本主义论没有突破帝国宪法的力量。从这个角度讲，战后改革与自由民权运动和大正民主运动具有非连续性，但另一方面，大正民主运动为战后改革做了准备，这也是事实"。② 吉田和中村强调由于有民主的经验，所以战后改革得以顺利进行，但改革确实得到支持则是事实。

当然，在肯定战后改革积极意义的同时，要看到改革还有很大局限性。由于种种原因，战后改革是一场社会改革，而不是一场深刻的思想变革。正如有的学者所说："认真地说，战后日本的'民主化'是没有经历思想革命的政治变革。"③ 今天仍然影响日本的一些问题，其根源与战前民族主义的遗产难脱干系，例如如何认识近代以来日本帝国主义历史、反美主义和天皇制等，就是因为战争结束而没有进行认真清算的结果。④ 还有冷战开始美国在占领后期改变对日政策，使改革进行得并

---

① ［日］吉田茂：《激荡的百年史——我们的果断措施和奇迹般的转变》，孔凡、张文译，世界知识出版社1980年版，第55—56页。
② 中村正則、天川晃、尹健次、五十嵐武士『戦後日本　占領と戦後改革』第4巻、戦後民主主義、岩波書店、1995年、第287頁。
③ 中村正則、天川晃、尹健次、五十嵐武士『戦後日本　占領と戦後改革』第3巻、戦後思想と社会意識、岩波書店、1995年、第138頁。
④ 後藤道夫、山科三郎『講座　戦争と現代4　ナショナリズムと戦争』、大月書店、2004年、第225頁。

不彻底。例如美国为了防止日本社会共产主义化，压制工农运动和进步力量，扶植保守势力，甚至提前释放乙级、丙级战犯，为其参政大开方便之门，在日本国内长期形成保守势力和革新势力的对立，而在美国支持下保守势力长期主导政局，影响了战后国家发展的方向。

（四）旧金山媾和与旧金山体制

为把日本变成在亚洲的前沿堡垒，美国改变对日媾和政策。根据《波茨坦公告》，完成占领后即应缔结媾和条约，结束军事占领。1947年3月，麦克阿瑟就提出缔结和约和撤出占领军的草案，但由于冷战开始，美国政府内部出现反对早日缔约和撤军的意见。美国国家安全委员会根据凯南报告撰写的《NSC13/2号文件》明确提出推迟对日媾和。在媾和方针上，也从全面媾和转向单独媾和。全面媾和是所有对日作战的国家参加的媾和，单独媾和是把中国和苏联等国排除在外，使美国可以操纵媾和，媾和后的日本能够屈从于美国，为其冷战战略服务。

1949年10月中华人民共和国成立和1950年朝鲜战争爆发，亚洲形势发生重大变化。由于担心受国际形势影响而倾向东方社会主义阵营或采取中立外交路线，美国急于把日本拉入西方阵营。美国亚洲军事战略也发生变化，日本的战略地位更形重要。1950年1月，美国国务卿艾奇逊发表亚洲政策讲话，明确表示美国要从阿留申群岛经日本本土和冲绳到菲律宾建立军事防御体系。[1] 1950年6月，美国国务卿顾问杜勒斯访日，会见吉田茂要求日本重新武装。这是美国政府要人首次要求日本领导人重整军备。[2] 杜勒斯参考军方意见认为应由美方制定日美协议，赋予驻日美军应有"无论规模大小、无论何时何地长期驻扎的权力"。这一意见被写入《NSC60/1》号政府文件，得到杜鲁门总统批准。[3] 同时，美国向联合国提出《对日媾和七原则》，加快单独对日媾和的步伐。

1951年9月，美国不顾中苏等国反对，在旧金山召开有52个国家

---

[1] 五十嵐武士『日米関係と東アジア』、東京大学出版会、1999年、第119—127页。
[2] 吉田茂『回想十年』第2卷、新潮社、1958年、161—162页。
[3] ［日］五百旗头真主编：《战后日本外交史（1945—2005）》，第53页。

参加的对日和会，签订《旧金山和约》。由于和会将主要对日交战国中国排除在外，参会的苏联等三国未签字，所以相当于美国一手主导的对日单独媾和。美国把对日媾和作为构建战后体制的重要环节，出于其冷战战略的需要对日本的地位和战后处置做出安排。作为对日和约，最大的问题是未能完全恢复日本的国家主权。《旧金山和约》第一条乙款表明："各盟国承认日本人民对于日本及其领海有完全的主权。"第六条甲款规定："各盟国所有占领军，应于本条约生效后尽早撤离日本"。但同时又规定："本款规定并不妨碍外国武装部队依照或由于一个或两个以上的盟国与日本业已缔结或将缔结之双边或多边协定，而在日本领土上驻扎或留驻。"这表明在缔约后，美军仍将通过缔结协定的形式继续留驻日本，这与第一条乙款的规定是矛盾的，是对日本主权的侵犯。第三条规定："日本对于美国向联合国提出将北纬二十九度以南之南西诸岛（包括琉球群岛与大东群岛）、孀妇岩岛以南之南方诸岛（包括小笠原群岛、西之岛与琉璜列岛）及冲之鸟礁与南鸟岛置于联合国托管制度之下，而以美国为唯一管理当局之任何提议，将予同意。在提出此种建议，并对此种建议采取肯定措施以前，美国将有权对此等岛屿之领土及其居民，包括其领海，行使一切及任何行政、立法与司法权力。"[①]这是美国看中冲绳的战略地位，要将冲绳与日本本土分割，实现长期占领。日本的领土主权也没有完全恢复。

根据《旧金山和约》第五条和第六条，日美两国又在缔约同日签订《日本国与美利坚合众国间的安全保障条约》，简称《日美安全条约》。条约第一条规定："在和约和本条约生效之日，由日本授予、并由美利坚合众国接受在日本国内及周围驻扎美国陆、海、空军之权利。"条约还规定："未经美利坚合众国事先同意，日本不得将任何基地给予任何第三国，亦不得将基地上或与基地有关之任何权利、权力或权限，或陆、海、空军驻防、演习或过境之权利给予任何第三国。"[②]条约保证

[①] 世界知识出版社编：《国际条约集（1950—1952）》，世界知识出版社1959年版，第335—336页。

[②] 世界知识出版社编：《国际条约集（1950—1952）》，第394页。

美军得以继续留驻日本,并独占在日本的基地和相关权利。

为保证美军顺利驻扎日本,1952年2月28日双方又签订《基于日本国与美利坚合众国间安全保障条约第三条之行政协定》(简称《日美行政协定》),并于4月28日与《日美安全条约》同时生效。协定规定驻日美军的地位和权利。其主要内容包括:美军有权利在日本任何地方无限制地建立陆海空军事基地;有维持、防卫和控制基地附近土地、领海和空间所必要的权利、权力和职能;有优先使用日本铁路、船舶、通信、电力、公共设施的权利;驻日美军及其家属享有治外法权;日本政府每年负担驻日美军军费1.55亿美元。《日美行政协定》显然是个不平等协定,是美国利用战胜国地位和日本战败国处境强加给日本的,以至日本政府不敢提交国会讨论,而是通过行政手续公布生效。

实现对日媾和是美国冷战外交的重大成果。依据条约美国得以长期使用日本本土的军事基地,保持在东亚的军事存在和霸权地位。根据《旧金山和约》和《日美安全条约》《日美行政协定》建立的国际体制即旧金山体制,奠定了冷战时期亚太地区国际关系基本格局。《旧金山和约》和《日美安全条约》确定了战后至今日美关系的基本形态,也可以说旧金山体制的核心是日美关系。

如果更全面地看待战后日美关系,那么还应该包括占领时期。占领时期在美国主导下进行的改革决定了战后日本国家的性质,而占领时期进行的民主改革和旧金山体制决定了战后日本国家发展的基本方向,也决定了影响日本国家战略选择的内部和外部因素。不言而喻,影响日本国家战略选择的内部因素和外部因素的形成都与美国有关。从这个意义上说,是美国塑造了现代日本。当然这并不是说战后日本的国家战略和国家方向完全是由美国决定的,毕竟日本自身的选择是起作用的主要因素。

(五)日本在媾和中的选择

缔结媾和条约标志战争状态和占领状态的结束,是恢复因战败而丧失的主权和重返国际社会的开始,日本民众无疑希望早日媾和。但由于对日战略的变化,美国已经把媾和同其冷战战略联系起来,要利用媾和把日本变成其在东方的"反共防波堤",继续保持在日本的军事存在,因此媾和已经不是简单地结束战争和占领状态,而是日美之间对日本未来的发展道路和日美关系新定位的一场博弈。在这场博弈中日本选择了新的国家战略。

如前所述，美国对日媾和的目的和方针是明确的。这迫使日本首先要做出选择：是与美国主导的单独媾和，还是与包括中苏等国家在内的全面媾和。在冷战已经开始，东亚局势剧变的形势下这意味着日本要选边站。1949年11月11日，吉田茂在国会答辩中说，全面媾和还是单独媾和，取决于国际关系，日本没有选择的自由。但即使与少数国家媾和，也比不媾和好得多。更何况如果这是通向全面媾和的一条道路，乃是值得积极响应的。① 选择全面媾和还是单独媾和，意味着日本是选择中立主义的道路还是以美国为首的西方阵营。当时，日本国内和平主义力量反对与美国等西方国家单独媾和，社会党和知识界人士组成的和平问题谈话会根据新宪法的和平主义精神主张实现包括同中苏在内的全面媾和。② 在日本民众中间，反殖民地、反基地运动蓬勃开展。特别是在缔约之际，广大民众对还保留军事基地形式的"独立"激烈反对，各地都爆发了反对基地的斗争。③

但以吉田茂为代表的亲美保守政治家主导国内政治的结果，使日本朝着单独媾和的方向发展。1949年9—12月间，和平条约审议室提出《单独媾和的可能性及利弊得失》《关于单独媾和中安全保障问题的基本方针》，文件的基调是，如果全面媾和，日本和美国必须向苏联做出让步；单独媾和虽然有弊端，如失去外交灵活性，不能加入联合国，引起中苏敌视等，但只要获得美国支持，都会得到补偿，应要求美国承担安全保护责任，同意美军驻留日本本土和建立基地。据研究，1950年9—10月在确定与来日的杜勒斯谈判方针时，吉田茂针对外务省意见提出批评。吉田认为："外务省向来只以观察客观形势为主，缺少应对施策考察"，"缺少经世家之经纶"，要"针对美国的构想，我国应该思考

---

① 渡辺昭夫、宮里政玄編『サンフランシスコ講和』、東京大学出版会、1986年、第71頁。
② 五十嵐武士『日米関係と東アジア』、第97頁。
③ 中村正則、天川晃、尹健次、五十嵐武士『戦後日本 占領と戦後改革』第3巻、戦後思想と社会意識、第283頁。

之处是什么","研究我国利益应思考之点"。吉田甚至认为:"如野党之口吻,无用之议论,不值一顾,要进一步做好经世家的研究。"在吉田的批评和鼓励下,外务省修改后的同杜勒斯谈判方针为:"日本有牢固的决心排除共产主义,与民主国家一道为维护世界和平与安全而合作",明确了"作为民主阵营一员"的立场,也就是站在美国一边。①

1950 年 11 月,美国政府向日本提交《对日媾和七原则》。基于这一前提,日本认为按美国提出的对日媾和七原则与民主国家媾和是最佳道路,并对美国希望两国缔结维护远东和平的协议没有异议。日本学者渡边昭夫认为,明确日美协调的基本态度和民主阵营一员的观点,明显是受吉田政府的影响,选择这一立场可获得最有利的媾和条件。可以说这明显是一个政治决定。除了安全上的考虑外,还有经济上的原因。按吉田茂的说法是:"日本自从与外国建交以来,一直是以同英美两国取得政治上和经济上的协调为原则的",而且日本与美国经济关系密切,"贸易额经常占百分之三十左右。像日本这样以贸易为主的国家同美国的这种关系,显然是十分重要的"②。1951 年 1 月 25 日,杜勒斯在东京羽田机场发表声明:"我们的目的是寻求让日本尽快恢复完整主权的方式。当讨论媾和问题时,不是将日本作为被征服者,而是要当作讨论的对象。"③ 日本认为,在美国主导下缔结的《旧金山和约》是对日本惩罚色彩较弱的条约。④ 虽然条约对日本课以赔偿的义务,但考虑到经济的负担,赔偿的条件很宽松。美国在经济上援助日本,而且在战后美国建立的国际经济体制下,有利于经济快速恢复和发展。

既然选择了西方阵营,美国要日本在军事上发挥作用,这包括要缔结安全协议继续使用日本的基地、在日驻军和要求日本重新武装,在涉及主权和平等原则问题上日本还要决定是否愿意做出让步。战后的国家安全是日本要考虑的重大问题。为准备缔结和约,被占领不到三个月日

---

① 渡边昭夫、宫里政玄编『サンフランシスコ講和』、第 43—44 页。
② [日] 吉田茂:《激荡的百年史——我们的果断措施和奇迹般的转变》,第 72 页。
③ 「1951 年 1 月 25 日羽田空港におけるダレス特使のステト」、外務省編『日本外交文書平和条約の締結に関する調書』第 2 冊、外務省発行、2002 年、第 119 页。
④ [日] 五百旗头真主编:《战后日本外交史(1945—2005)》,第 56 页。

方就在外务省成立了和平条约问题研究干事会,1946年1月31日提出《关于和平条约内容的原则方针》,主要有五项内容:明确恢复主权的时间;不干预皇室制度;足以保证国家生存的经济条件;领土安全;人种平等。以后由于战后新宪法对天皇和皇室制度做出规定等原因,媾和问题集中在主权恢复和国家安全两项内容上。① 由于新宪法规定日本不保有战争力量和放弃交战权,片山内阁外相芦田提出《关于和平条约的问题所在和日本的立场》,认为加入联合国是最好的安全保障方式。但随后提出的《芦田备忘录》又认为在当时情况下依靠联合国保证安全是不现实的,美军在媾和后仍可留在日本,日美缔结特别协定可将防卫委于美国之手。这份备忘录最终没有送给美国政府,但它反映了新宪法公布后日方对安全问题的一种想法。

美国对日政策的变化,迫使日本重新考虑媾和的条件。当时的外务省条约局长西村熊雄回忆,外务省内大多数人对在日本驻军持消极态度,原因是外国驻军与新宪法相矛盾;要考虑国家独立自主的形象;国民的反美感情;可能被卷入战争。② 但为了满足美国的要求,1950年4月吉田茂要池田勇人藏相访美时向美方转达,为保障日本和亚洲安全,如美方提出在日本驻军要求,日方会予以考虑。③ 这实际是同意在日本驻军,只不过换个说法。外务省也按吉田茂的意思拟定与杜勒斯谈判方针。1951年1月,杜勒斯访日,主要讨论日本再军备和驻日美军地位问题。吉田拒绝美方提出的再军备要求,理由是重整军备得不到国民支持,经济上难以承担,会造成社会不安,危害国家安全,也会让国内外担心是在复活军国主义,明确表示"在当前日本不可能实行再军备"。但日本愿对国内治安完全负责,在武力之外通过发展生产力为加强自由世界的防卫给予合作。④ 在美国压力下,吉田政府也提出一个建立5万人保安部队的计划,美方将其看作日本同意重新武装而表示理解。在关

---

① 渡辺昭夫、宮里政玄編『サンフランシスコ講和』、第24—25頁。
② 渡辺昭夫、宮里政玄編『サンフランシスコ講和』、第40—41頁。
③ 宮沢喜一『東京―ワシントンの密談』、備後会、1975年、第54—55頁。五十嵐武士『日米関係と東アジア』、第156—157頁。
④ 渡辺昭夫、宮里政玄編『サンフランシスコ講和』、第45—46頁。

于日美安保构想的谈判中,在《日美安全条约》草案中没有写明防卫日本的义务,但追加了为保证远东安全而使用日本基地的"远东条款"。对驻日美军地位问题,由于涉及《日美安全条约》性质亦即涉及主权问题,恐遭到日本国内的反对,美方在得到承诺缔结安全条约的情况下完全接受日方意见,在媾和条约中不提美军驻留,具体实施规定也尊重日本的愿望不写在安全协定正式文件里。随后双方签署关于驻日美军行政协定,赋予驻日美军种种特权。《日美安全条约》和日美行政协定在形式上缺乏平等性,但日本以允许美国驻军换取不必重整军备和得到美国的安全保护。在日本确保美军可以继续驻扎的权利后,美国也提出可以免除日本赔偿、条件宽大的和约草案。

《旧金山和约》和《日美安全条约》是在日美相互博弈的基础上形成的。作为战胜国和占领国,美国在这场博弈中居主导地位,但日本也看准美国急于在东亚构建冷战体系,其战略重要性上升,敢于讨价还价,赢得国家复兴的条件。吉田政府抓住战后国家经济复兴这一主要目标,愿意为此付出代价:一是单独媾和,与美国结盟加入西方阵营,但未能实现与苏联媾和,并以"台湾当局"为媾和对象建立外交关系和签订《日华和平条约》,使中日关系长期处于不正常状态;二是在主权上让步,在安全上依靠美国,允许美军驻日使用基地,换取条件宽大未给经济造成重大负担的和约[①]和轻军备,有利于经济复兴。

(六)日本民族主义与吉田主义

在旧金山体制下,吉田政府的国家战略被称作吉田主义,或称吉田路线,即重经济,轻军事。但简单地把吉田主义理解为重经济、轻军事,是不完整的。吉田主义提出的背景和得以施行的条件是《日美安全条约》能够为日本提供安全保护,否则是不可能实现重经济、轻军事的。这一原则从上述吉田政府在媾和谈判中的立场可充分反映出来。在外交上,吉田主义的特点是:在东西方冷战形势下,站在西方阵营一边,以日美合作为对外政策的基础;在安全上依靠日美安保体制,以提供基地换取

---

① 五十嵐武士『戦後日米関係の形成——講和・安保と冷戦後の視点に立って』、講談社、1995年、第284页。

美国军事保护；重视经济外交。① 但日美安全合作和在美国压力下重建武装违反战后和平宪法，使日本以后不得不对美频繁进行"秘密外交"，在国内则不断通过对宪法进行"解释"为重整军备进行辩解。

吉田主义是战后初期日本在国内外条件下确定的国家战略，反映了战后日本民族主义的两面性：保守的民族主义与和平的民族主义。而保守的民族主义又有两面性表现：要求摆脱美军占领时期形成的"战后政治体制"和在政治、安全、经济上依赖美国实现复兴愿望的对美关系上的实用主义。所谓"战后政治体制"是经过战后改革形成的政治体制，战后改革和日美安全同盟奠定了战后日本国家的基本框架。战后日本的经济成就与和平发展及战后改革形成的政治、经济体制和稳定的日美关系密不可分，但从民族主义的角度来说，作为第二次世界大战的战败国，按照民族国家的标准衡量是有特殊性的。战后体制和日美关系是影响日本民族主义流变的重要原因。

保守的民族主义者将战后体制的约束称之为"战后束缚"，其内容尽管有不同解释，但主要有：战后宪法确定的非战原则、东京审判确定的对侵略历史的评价和日美关系中的不平等性。这也被视为成为"正常国家"的障碍，随着国际、国内形势的变化日本要求改变战后体制的愿望越来越强烈。另一方面，日本对在占领时期和媾和谈判期间以吉田为首的保守政治家做出的选择又给予肯定，五百旗头真认为近代以来在外来文明强势挑战下日本都是秉持希律王主义，理性地控制"狂热主义"，避免集体毁灭，而首要考虑民族延续，学习外部强大文明。明治维新时期日本出于强烈的民族自尊，表明坚强的抗战意志，同时稳住内部压力，避免在面对强大外敌时牺牲，冷静应对优越的外部文明力量，攘夷动力变成学习优秀西洋文明的动力，找到一条非西洋文明克服西洋文明的唯一途径，将"西洋的世界史"变成"世界的世界史"②。占领时期和媾和谈判中，希律王主义再次发挥了作用。他说："日本政府抑制了'狂热主

---

① 細谷千博『日本外交の軌跡』、123—125 頁。
② ［日］五百旗头真：《克服西洋文明的途径》，日本《每日新闻》2009 年 5 月 10 日。转引自《参考消息》2009 年 5 月 12 日。

义'之魂，忍受战败及被占领的屈辱，并以间接统治的方式接受了外部文明的统治，期待将来'复兴的希望'。这是希律王主义的再现。战后日本再次采取'希律王主义'，在美国的统治下学习美国，建设经济国家。"①吉田茂总结这一转变不无自豪地说，"是在国际政治的惊涛骇浪中巧妙地掌控了航舵"，是日本人卓越的"机智"所赐。②

但这两种说法都试图淡化一个事实，即旧金山体制下的日美关系是不平等的同盟关系。日本学者坂元一哉评价旧金山体制说："不言而喻，对于战后日本的发展吉田夸耀的'旧金山和平体制'起了决定性的作用。明确地说，在这一体制的庇荫下实现了战后的安全保障和经济繁荣。但这一体制也并非像所声称的那样在媾和后稳定地继续十年，也出现过对这一体制的批判并严重动摇保守体制稳定的事情。无论怎么说，旧金山体制是在很多方面依赖美国的体制。因此在总算'从占领管制到获得解放'的国民中间也流露出不满，虽然实现了媾和，但由于旧金山体制，日本还要从属于美国。消除这种不满，使旧金山体制与国民的独立要求相互理解，成为媾和后日本外交极重要的课题。具体地说，这一课题直到修改安保条约问题时才解决。"③后来的历史事实证明，在占领和媾和这一特定国际条件下达成的协议和建立的关系，随着国际形势变化和日本的发展也会被修正，但在这种关系的实质没有得到修正之前则是影响日美关系的内在因素，也是影响日本国家战略的重要因素。

二 冷战时期日美关系的调整

（一）1960年《日美安全条约》修订

为纪念明治维新100周年，《大英百科全书》在编辑1967年版年鉴时约请吉田茂撰写卷首论文。这篇论文后来出版单行本，即《激荡的百年史——我们的果断措施和奇迹般的转变》。吉田在论文中以其亲身经历和政治家的目光对日本近代百年历史进行了认真总结和深刻反思，特

---

① ［日］五百旗头真主编：《战后日本外交史（1945—2005）》，第1—3页。
② ［日］吉田茂：《激荡的百年史——我们的果断措施和奇迹般的转变》，第2页。
③ 中村正则、天川晃、尹健次、五十岚武士『戦後日本　占領と戦後改革』第6卷、戦後改革とその遺産、岩波書店、1995年、第139—140頁。

别对明治维新和战后政治经济转变这两大历史转折关头的成败得失进行了剖析，足以警示后人，昭示来者。

战后日美关系的不平等性最为人所诟病，吉田在书中说明在日美关系上的忍辱负重和实用主义是为了换取国家的复兴，随着国家的复兴在日美关系上的主动性也自然会提高。他说："日本一直是依靠同各自由国家，特别是同美国在政治上和经济上的结合来推动复兴和建设的。因此可以说，日美两国的关系并不是由于人们的意图而产生的，而是自然、又是必然发展的结果。日美共同防卫体制也是一样的。不用说，战败后的整个占领时期，日本的对内对外政策在很大程度上受对美关系的支配，这既是事实，也是必然的。也有人认为，这已成为一种习惯，即使独立以后，日本的政策也是经常追随美国。但是他们却忘记了这样一点：随着日本在经济上的发展和实力的逐渐充实，情况已自然地发生了变化。"① 1960年的《日美安全条约》修订就是冷战时期在国际和日本国内条件变化之下日美关系的首次调整。

《日美安全条约》的不平等性，一直影响日美关系。在冷战时期，与"国际冷战"相对应，也存在"国内冷战"②，即日本国内存在亲美保守和要求革新和平的两大政治力量，但在对待《日美安全条约》的态度上，这两大力量都具有民族主义要求。亲美保守力量支持日美安保合作，但要求修改条约的不平等性；革新和平力量则要求废除《日美安全条约》，避免被美国拴在冷战的战车上卷入战争。由于战后政坛保守主义居主导地位，在经过政坛力量重组形成的以"保革对立"为标志的"1955年体制"③下，保守主义的统治地位更被长期固定化，在对美关系和国家战略决策上处于支配地位。

战后日本的保守主义政治家如吉田茂、岸信介等人以亲美立场著称，他们的亲身经历和国际视野决定了要采取与美国合作的态度，而他

---

① ［日］吉田茂：《激荡的百年史——我们的果断措施和奇迹般的转变》，第72—73页。
② 渡辺昭夫编『戦後日本の対外政策』、有斐閣、1985年、第48—57页。
③ 日本政治学者升味准之辅称1955年政坛形成的体制，此后形成自由民主党长期执政与在野的社会党对立的两党格局。升味準之輔「1955年の政治体制」、『思想』1964年4月号。

们的反共保守立场也为美国所欣赏。事实上,美国在东京审判和战后"整肃"中对"亲英美派"政治家和军人网开一面、免予追诉,这些人构成了战后日本政治中保守主义力量的核心(保守本流)。① 保守主义的灵魂是民族主义。战后保守主义政权体现了日本民族主义在日美关系上的两面性:一方面要同美国合作,另一方面要提高日本的国际地位,改变日美关系中的不平等性。

吉田茂内阁之后的鸠山一郎内阁在外交上有值得注意的两大举措,第一是日苏建交。1955 年 6 月,鸠山首相积极回应苏联要求实现邦交正常化的意向,双方举行谈判。1956 年 10 月,鸠山首相访苏,日苏发表联合宣言,宣布结束战争状态,实现邦交正常化。第二是要求美国修改《日美安全条约》中的不平等条款。1955 年 8 月,外相重光葵访美向杜勒斯国务卿提出修约要求,理由是国内在野党和左翼力量认为安保条约是不平等的,煽动反美情绪,为满足国民期望,削弱左翼力量,应修改安保条约成为类似美国与其他盟国缔结的相互平等条约。他在同杜勒斯的辩论中,甚至暗示安保条约将日本置于"半独立"地位。但这一要求被拒绝。尽管如此,这两件事表明,鸠山一郎内阁虽然也以对美协调为主流,但要考虑国民舆论,修正吉田内阁对美一边倒的外交路线,表现出作为独立国家适度与美国保持距离的"自主外交"倾向。②

鸠山一郎内阁修约尝试虽然失败,但它使美国意识到日本国内对安保条约的不满情绪日益高涨,听任其发展事态会愈益严重。而日苏关系的进展,特别是日本获得苏联的支持进入联合国,扩大了外交选择的余地。鸠山内阁的后继者也希望在东亚发挥更独立的作用,发展与中国和苏联的贸易和外交关系,国内出现进一步发展可能危及日美同盟的"中立主义"外交和"中立防卫构想"要求。③

---

① 長尾龍一「文明は裁いたのか裁かれたのか」、『中央公論』1975 年 8 月号。中村正則、天川晃、尹健次、五十嵐武士『戦後日本占領と戦後改革』第 5 巻、過去の清算、岩波書店、1995 年、第 78 頁。

② [日] 五百旗头真主编:《战后日本外交史(1945—2005)》,第 66、62 页。

③ 入江昭、ロバート・A・ワンプラー編 細谷千博、有賀貞監訳『日米戦後関係史 1951—2001』、講談社インターナショナル、2001 年、51 頁。五十嵐武士『日米関係と東アジア』、第 165 頁。

1957年2月岸信介内阁成立。岸内阁在保守势力支持下,力图使内政摆脱"占领政治体制",建立与独立国家相适应的政治体制,在外交上强烈要求提高日本的国际地位。1957年6月岸信介访美,在同艾森豪威尔总统会谈和发表的联合公报以及在国际记者俱乐部的讲话中,既希望日美关系稳定和长期化,也希望调整双边关系,"从依附向平等"转变,"开创走向日美关系新时代的道路"。双方特别强调了要"确保基于《日美安全条约》采取的一切措施都要符合联合国宪章的原则";确认1951年的《日美安全条约》是"暂时的","无意原封不动地永久存续";驻日美军将随着日本防卫力量的增强而进一步削减。① 岸信介此次访美为日后修改《日美安全条约》做准备,争取得到美方的同意。② 在这种形势下,美国也认识到为了维持日美长期合作关系必须适当调整双方不平等关系。如当时的美国驻日本大使麦克阿瑟第二(Douglas MacArthur Ⅱ、占领军司令官道格拉斯·麦克阿瑟的侄子)在给国务卿杜勒斯的报告和备忘录中就阐述了日美关系面临的问题和日本对于美国的战略意义。③ 美国开始认识到,日本经济已经步入复兴轨道和加入联合国,正在逐渐降低对美依赖程度,如果坚持日方认为的不平等条约,日本就会脱离日美安保轨道,走上中立主义路线。而此时日本抗议美军基地运动时有发生,美国尤其担心在远东地区有重要战略意义的冲绳基地问题。麦克阿瑟大使主张为了维系美日关系,就要与日本结成平等的伙伴关系,必须修改现行的安保条约。他提出修改安保条约代替归还冲绳部分管辖权的方案,并认为美国应主动提出签订新的相互平等条约。有日本学者就此认为,事实上,修改安保条约的真正操盘手是

---

① 「千九百五十七年六月二十一日に発表された岸日本国総理大臣とアイゼンハウアー合衆国大統領との共同コミュニケ」、「ナショナル・プレス・クラブにおける総理大臣の演説」1957年6月21日、細谷千博、有賀貞、石井修、佐々木卓也編『日米関係資料集』第Ⅱ部、東京大学出版会、1999年、第397—411頁。

② 堀江湛、池井優編『日本の政党と外交政策——国際現実との落差』、慶応通信株式会社、1980年、第6頁。

③ 「マッカーサー大使よりダレス国務長官宛報告(1957年11月15日)」、細谷千博、有賀貞、石井修、佐々木卓也編『日米関係資料集』第Ⅱ部、第415—421頁。

美国。① 但如果没有日本方面要求建立平等的日美关系，包括民众反对美军基地的和平主义运动，美国就不会强烈感受到日本方面的民族主义诉求。

日美修改安保条约磋商从1958年10月开始，1960年1月双方签署《日本国与美利坚合众国共同合作及安全保障条约》，即《新安保条约》，与原来的《日本国与美利坚合众国间的安全保障条约》在名称上增加了"共同合作"，在内容上体现了相互平等的原则。主要的修改之处有：①明确了日美有平等履行联合国宪章的义务；②明确规定美国有保卫日本的义务；③明确了条约具有有效期；④明确驻日美军出动、军事设施和装备重要变更要事前协商；⑤删除有损日本民族尊严的驻日美军可镇压内乱条款；⑥驻日美军地位参考北大西洋公约组织军队地位协议加以修改。新条约继承了旧条约日本向美国租借军事基地和美国保护日本的框架，但使美国承认了保卫日本的约定和与日本租借基地之间是相互交换义务，在形式上是平等的相互条约。特别是新条约中增加了经济合作的条款，为日本经济和日美关系向新的广度和深度发展创造了条件，也为日美关系向更平等的方向转变奠定了基础。

通过修改安保条约，日本将安全保障托付给美国，专心发展经济的吉田路线的根基更加牢固。无论与美国结盟还是修约都是为了实现日本国家的复兴和发展，是民族主义指导下的国家战略的选择。坂元一哉说："1960年的修改安保条约是想把安保条约改成与独立对等的主权国家之间的关系相称的日美两国政府努力的成果。可以说，由于这次修改，被强烈批评为不平等的旧安保条约才更容易地为日本人所接受。而且也可以说，通过这次修改，'旧金山和平体制'的基础才最终确立。但这次修改并非使旧安保条约的实质改变。因此，日美之间独立对等的问题实际只是部分地得到解决。"②《新安保条约》与相互条约相比还有距离，随着国际和日本国内形势变化，日本民族主义与日美关系中的不

---

① ［日］五百旗头真主编：《战后日本外交史（1945—2005）》，第75页。
② 中村正则、天川晃、尹健次、五十嵐武士『戦後日本 占領と戦後改革』第6巻、戦後改革とその遺産、第140頁。

平等性之间的矛盾还会增加，影响国家战略走向。

（二）归还琉球群岛与日美关系

20世纪60年代中期，美国不断升级越南战争，冲绳基地的战略地位愈发重要，而日本正在经历经济高速增长的繁荣时期，民族主义进一步激发，要求归还冲绳的国民运动高涨。随着美国在军事上陷入越战"泥沼"，为了长期驻军和使用冲绳基地，同意将琉球群岛施政权交给日本，日本则同意美军继续使用基地和保证配合美国亚洲战略。这是冷战时期日美关系再次博弈的结果。归还琉球群岛是继1960年安保条约修订之后日美关系的又一次重大调整。

1960年成立的池田勇人政府提出"所得倍增计划"，推动经济再上一个台阶。日本在极短时期取得的经济成就被国际上的"现代化论"者所推崇，曾任哈佛大学教授的美国驻日本大使赖肖尔（Edwin Reischauer）认为日本是"唯一实现欧洲式现代化的非西方国家"，并将其作为后发展国家的样板，推介给发展中国家。① 1964年东京奥运会的成功举行使日本为世界所瞩目。在战后不到20年的时间里取得的成就，令日本人自己都感到惊讶。吉田茂在《激荡的百年史——我们的果断措施和奇迹般的转变》序言中说："二十年前，日本打了败仗，似乎行将从世界历史上销声匿迹了，而今天却发生了很大的变化。""最近以来，世界舆论对日本评价之高令人吃惊。"② 在这种情况下，民族主义上升也带来日美关系的变化，关于琉球群岛归还的折冲就是这一变化的反映。

决定第二次世界大战战后安排的《波茨坦公告》第八条规定："《开罗宣言》之条件必将实施，日本之主权必将限于本州、北海道、九州、四国及吾人所决定其他小岛之内。"据此，《旧金山和约》第二条明确规定，日本放弃对朝鲜、千岛群岛、库页岛的一部分、台湾岛、澎湖列岛、西沙群岛等侵占领土的一切权利、权利根据与要求。但对战

---

① エドウィン・O・ライシャワー、中山伊知郎「日本近代化の歷史的評価（対談）」、『中央公論』1961年7月号。
② ［日］吉田茂：《激荡的百年史——我们的果断措施和奇迹般的转变》，第1页。

争末期集结了55万盟军的琉球群岛美国另有打算。由于琉球群岛具有重要的战略地位，美军的战后军事基地规划希望拥有在位于西太平洋防卫线上的冲绳和台湾岛设置军事基地的排他性权利。美国总统杜鲁门在1945年8月10日的广播讲话中表示："我们将为了保障美国的利益和国际和平维持必要的军事基地。美国将获得美国军方认为对于我们安全保障不可缺少的基地。"① 因此，尽管战后日方要求返还包括琉球群岛在内的西南诸岛，但《旧金山和约》第三条仍然规定："日本对于美国向联合国提出将北纬二十九度以南之南西诸岛（包括琉球群岛与大东群岛）、孀妇岩岛以南之南方诸岛（包括小笠原群岛、西之岛与琉璜列岛）及冲之鸟礁与南鸟岛置于联合国托管制度之下，而以美国为唯一管理当局之任何提议，将予同意。在提出此种建议，并对此种建议采取肯定措施以前，美国将有权对此等岛屿之领土及其居民，包括其领海，行使一切及任何行政、立法与司法权力。"② 该条款中日本同意美军以联合国托管的名义继续使用琉球群岛军事基地的表述，应当说是日美两国在旧金山媾和谈判中为了达成和约而相互妥协的结果。

琉球群岛在第二次世界大战期间是日美争夺的最后战场，民众遭受重大牺牲。媾和后日本本土结束占领，冲绳仍处于美国军政统治下，继续承载驻日美军主要基地的功能。民众认为《旧金山和约》签订后的十多年间日本政府对冲绳地区关心不够，不满情绪日益积聚，同时日本国内和冲绳地方民众也不断掀起反基地斗争，特别是冲绳民众与美军之间的冲突成为日美之间的难题。越南战争期间，美军使用冲绳基地的飞机对越实施轰炸，更加剧了民众的反抗。日美两国都感到解决冲绳问题变得日益迫切。

冲绳问题作为战后遗留问题在日美关系中发酵，有的学者认为日方感到冲绳并非日美同盟的象征，而是太平洋战争胜利者和失败者的象征，美国甚至是个傲慢的帝国。③ 1964年11月佐藤荣作就任首相后把

---

① ロバート・D・エルドリッヂ『沖縄問題の起源』、名古屋大学出版会、2003年、第22—23頁。
② 世界知识出版社编：《国际条约集（1950—1952）》，第335页。
③ ［日］五百旗头真主编：《战后日本外交史（1945—2005）》，第103页。

归还冲绳行政管辖权作为最大课题。1965年1月他就任后首次访美时向美方提出归还冲绳的要求。1965年8月他作为战后第一位访问冲绳的日本首相在那霸机场发表讲话说："只要未实现冲绳回归祖国，对我国来说，'战后'就还没有结束"①，表示要竭尽全力促使冲绳回归。美国方面也意识到冲绳问题如果解决不好，有可能发展成第二次安保斗争。美国驻日本大使赖肖尔建议，如果持续占领冲绳，日美之间就很难维持一般关系。在这一形势下，1962年美国总统肯尼迪也表示，冲绳是日本的一部分，为了自由世界安保上的利益，期待着冲绳完全回归的那一天。②

但两国政府准备解决冲绳问题的努力都遇到困难。美国在越战中对冲绳的战略地位十分重视，不可能放弃冲绳基地，但冲绳民众反美情绪高涨也影响基地正常使用。对于归还冲绳问题，美国要根据远东战略全局的发展通盘考虑。美国军方担心的主要问题是由于和日本政府之间没有协议，归还冲绳后美军是否还能利用基地展开军事行动，是否能保持有效的抑制机能。日本方面提出"无核三原则"（不制造、不拥有、不运进），并要求冲绳实现"与本土相同的无核化"，即要求美军驻冲绳基地与本土的基地处于同等地位。谈判集中在如何缩小日本的目标和美国的战略要求之间的距离上。1967年11月佐藤首相访美，与美国总统约翰逊讨论冲绳和小笠原群岛归还问题。佐藤强调日本政府和民众要求归还冲绳的强烈愿望，希望在两三年内能就双方都满意的归还时间达成一致。经讨论，双方确定在将冲绳施政权归还日本的方针下，继续就相关问题特别是冲绳地位问题进行讨论。③ 1968年4月，日美签署小笠原群岛归还协定，将小笠原群岛施政权归还日本，同时明确日美间签署的安保条约和通商航海条约也适用于小笠原群岛。

---

① 細谷千博監修、A50日米戦後史編集委員会編『日本とアメリカ——パートナシップの50年』、株式会社ジャパンタイムズ、2001年、第101頁。

② ［日］五百旗头真主编：《战后日本外交史（1945—2005）》，第103—104页。

③ 「佐藤首相訪米の際の日米共同声明（1967年11月15日）」、細谷千博、有賀貞、石井修、佐々木卓也編『日米関係資料集』第Ⅲ部、東京大学出版会、1999年、第748—751頁。

1969年尼克松任总统后，归还冲绳的谈判进程加快。这主要是因为远东地区战略环境发生重大变化。尼克松总统在关岛发表被称作"尼克松主义"的演讲，调整外交政策，改善对华关系，决定从越南撤军。1969年11月，佐藤首相访美，日美首脑会谈就冲绳归还问题达成协议。双方表示，在不损害日本和远东安全的情况下实现冲绳尽快复归日本，两国就具体协定进行协商，并决定在1972年年中实现冲绳回归，冲绳地区防卫由日本负责。日本与美国就冲绳基地运进核武器问题达成妥协，为远东地区发生战事时也可能运进核武器留下回旋余地。同时，佐藤首相提出韩国和"台湾"是关系日本安全的"重要因素"，日本通过在冲绳驻扎美军以支持美国的东亚战略[①]，即"冲绳施政权的归还不妨碍美国有效地遂行为保卫日本在内的远东各国的安全所承担的国际义务"[②]。1971年6月17日，日美签署归还冲绳协定。协定是在1969年11月佐藤访美时发表的《日美联合声明》基础上进行商讨的结果。[③] 1972年5月15日，冲绳施政权归还日本。

冲绳回归，无论对于日本来说，还是对于日美关系来说，都是一件大事。对于日本来说，收回了因战败而失去的土地，"无论是在名义上还是在实际上，战后时代结束了"[④]。对于日美关系来说，是"日美因第二次世界大战而产生的主要悬案中最后的悬案，令双方都满意的解决将进一步加强基于友好和相互信赖的日美关系"[⑤]，"进入了日美合作，为亚洲太平洋地区乃至全世界和平与繁荣做贡献的时代。"[⑥] 也就是说，

---

① 细谷千博『日本外交の軌跡』、第182頁。
② 「日米共同声明（1969年11月21日）」、細谷千博、有賀貞、石井修、佐々木卓也編『日米関係資料集』第Ⅲ部、第786—789頁。
③ 「琉球諸島及び大東諸島に関する日本国とアメリカ合衆国との間の協定」、細谷千博、有賀貞、石井修、佐々木卓也編『日米関係資料集』第Ⅳ部、東京大学出版会、1999年、第822—827頁。
④ 「ナショナル・プレス・クラブにおける佐藤総理大臣演説（1969年11月21日）」、細谷千博、有賀貞、石井修、佐々木卓也編『日米関係資料集』第Ⅲ部、第795頁。
⑤ 「日米共同声明（1969年11月21日）」、細谷千博、有賀貞、石井修、佐々木卓也編『日米関係資料集』第Ⅲ部、第788頁。
⑥ 「ナショナル・プレス・クラブにおける佐藤総理大臣演説（1969年11月21日）」、細谷千博、有賀貞、石井修、佐々木卓也編『日米関係資料集』第Ⅲ部、第795頁。

经过20世纪60年代的发展，日美之间的主要"悬案"得到初步解决。国际和日本国内形势的变化也反映在日本对美政策上出现变化。这主要表现为：日本修正了日美安保条约，规定驻日美军行动"事先协商"制，保证条约的相互性，维护了日本的主权。但在返还琉球群岛后，日本对"事先协商"制采取了灵活态度，同意《日美安全条约》适用于冲绳美军基地，在战后首次表明对包括朝鲜半岛在内的地区安全的关心。由于经济发展，日美关系深化，内政与外交的联系更密切，日本对美政策进入新的转换时期。①

佐藤首相在日美达成归还琉球群岛意向后的讲演中阐述回归的意义："通过和平对话，以双方满意的形式变更因战争形成的领土状态，这在世界史上是罕见的。日美两国通过这种形式解决冲绳返还问题，表明适应时代进展处理国际问题的新方式，以及在邦交关系中开拓友好、信任的新秩序和真正的和平。"但返还冲绳的代价是："今后必须有效地保持冲绳基地维持和平的机能。"② 日本学者田所昌幸认为："日本为了得到'与本土相同'的冲绳回归，提出的交换条件是保证不损害包括越南战争在内的美国远东战略所需的美军基地的军事作用，同时在对华外交中采取统一步调，在政治上全面支持美国的亚洲外交。为了收回因战争失去的土地，这样的条件可以说是相当有利的。但是，对美国来说，从全局的观点看，归还冲绳也符合美国利益。占领军继续留在冲绳，只会增强日本国内对美国批判势力的影响，有可能失去日本在日美关系上的支持基础。因此，从长远的外交战略上看，归还冲绳是明智之举。"③ 这段话很好地说明了日美关系的实用主义性质。日本为了返还战败失去的冲绳（返还的是冲绳的施政权，但日方解释其对冲绳拥有"潜在主权"），保证美国使用冲绳基地的特权并支持美国的亚洲外交；美国则是获得长期使用冲绳基地，保持控制东亚（包括对日本的制约）的战略优势。

---

① 渡辺昭夫編『戦後日本の対外政策』、第215—216頁。
② 「ナショナル・プレス・クラブにおける佐藤総理大臣演説（1969年11月21日）」、細谷千博、有賀貞、石井修、佐々木卓也編『日米関係資料集』第Ⅲ部、第794頁。
③ ［日］五百旗头真主编：《战后日本外交史（1945—2005）》，第106页。

（三）中曾根政府的大国志向与日美同盟实质化

一般认为，日本和美国从1951年缔结安全条约就形成同盟关系了，但实际上日美双方对这种同盟关系都不满意。美国要求日本重整军备，分担地区安全责任；日本则抱怨日美关系不平等，避免承担地区安全责任，同时将对日美同盟的实用主义发挥到极致，全力发展经济，有限地发展军力。直到20世纪70年代末，日本成为经济大国才愿意承认与美国的同盟关系和承担地区责任，而这和其要成为与经济地位相称的政治大国的要求是一致的。冷战期间的日美关系出现第三次调整。

美国缔结《日美安全条约》是要把日本留在西方阵营，保持在日驻军，维持在东亚的存在和影响。也就是说，美国第二次世界大战后在亚太地区建立起来的岛链防御体系的核心是日本本土和冲绳基地，日美同盟是其东亚战略的基础。美国在与日本缔结同盟的同时，也要求其重整军备。美国对同盟中双方军事力量不平衡颇有怨言，认为是单方面履行保护义务，并以此拒绝日本提出的修改安全条约的要求。这在前文关于美国策动旧金山媾和及缔结《旧金山和约》的战略思考中已经有所说明。美国对日政策的目的在国家安全委员会的几个文件中也有说明。[1]日本和美国缔结安全条约，是民族主义的实用主义表现，对日美关系的不平等性却难以释怀。1951年缔结《日美安全条约》后，日本对于日美关系从未在正式场合使用"同盟"一词。直到1979年5月大平正芳首相访美时，才在日美关系中首次使用同盟提法。大平首相在致辞中提到"与同盟国美国的紧密而富有成果的伙伴关系"。在日本政府正式文件中使用日美同盟一词是1981年铃木善幸首相和里根总统在首脑会谈后发表的联合声明，[2]其时已是1951年《日美安全条约》签订30年和1960年《日美安全条约》修订20年之后了。有的日本学者认为，若按同盟理论的标准衡量，日美同盟关系的建立不是始于1951年，而是始

---

[1] ［日］五百旗头真主编：《战后日本外交史（1945—2005）》，第59—61页。小野直树『戦後日米関係の国際政治経済分析』、慶応義塾大学出版会、2002年、第30页、第61页注（2）。

[2] 山根隆志「『日米同盟第一』を根本から転換すべき」（上）、『前衛』2017年第4期、第28—29页。

于 1960 年。①

那么，为什么在安保条约修改后 20 年，直到 1979 年日本才接受在日美关系中使用"同盟"一词呢？这当然由来有自。实际上，1960 年安保条约的修改虽然强调了日美安全合作的双向义务，但名义上的效果要大于实际意义。1960 年的日本，经济上刚刚进入高速增长阶段，在国际上回归国际舞台不久，特别是在军事上组建了自卫队，但军事能力以及受战后宪法约束，还不可能派往海外与美军协同作战，所谓安全合作更多的是以提供基地换安全保障。美国同意日本的修约要求，很大程度上是为平息日本民族主义情绪，不因小失大，给亚洲战略造成不必要的麻烦。对此日本不会心中无数，这恐怕是其不愿意声称两国具有同盟关系的一个原因。

然而 20 年后，日本经过令人目眩的高速增长时期和有惊无险的两次石油危机，已经成为西方世界仅次于美国的经济大国，在国际上的影响倍增。1973 年日本结束近 20 年的高速增长时期，进入低速增长阶段，到 1979 年，名义国内生产总值（GDP）首次突破 1 万亿美元，人均名义国内生产总值达 8732 美元。同年美国的名义国内生产总值（GDP）为 2.6 万亿美元，人均名义国内生产总值达 11693 美元。到 1986 年，日本名义国内生产总值突破 2 万亿美元，人均国内生产总值达 16657 美元，比 1979 年翻了一番。同年美国名义国内生产总值为 4.59 万亿美元，人均国内生产总值为 19071 美元。而在 1959 年即修改日美安保条约的前一年，日本经济虽然进入"起飞"阶段②，但当年名义国内生产总值和人均名义国内生产总值分别为 366 亿美元和 393 美元；同年美国名义国内生产总值和人均名义国内生产总值分别为 5224 亿美元和 2950 美元。正是日美经济力量的接近，使日本感受到吉田主义国家战略已经收获预想的成果，有能力和信心与美国进行合作了。这

---

① 小野直樹『戦後日米関係の国際政治経済分析』、第 30 頁。
② 美国经济学家罗斯托（Walt Whitman Rostow，1916—2003）在 1960 年出版的《经济成长的阶段》（*The Stages of Economic Growth*）中提出经济发展的五个阶段，其中"起飞（Take off）"阶段是指工业化开始阶段，新技术得到广泛应用，投资率上升，工农业劳动生产率空前提高。一般相当于产业革命时期，本处指日本进入高速增长时期。

也是 1979 年 5 月大平首相访美有信心与美国互称同盟国的原因。

在防卫上作为同盟关系最直接的表现是加强日美防卫合作。此前在 1978 年 11 月福田赳夫内阁就确定了《日美防卫合作指针》，这是日美防卫合作的指导原则。主要内容有：维持美国的核威慑力量和"必要时"美军增援日本的措施；关于《日美安全条约》第五条规定的范围，在日本受到武力攻击时日本可以依靠自己的力量实施防卫作战，美军提供帮助进行自卫队不能实施的作战；关于《日美安全条约》第六条规定的范围，将于日本以外的远东局势对日本安全有重大影响情况下，就日美之间如何进行军事合作进行研究。①《防卫合作指针》确定后，日本自卫队扩大与美军的联合演习，并在国际范围内积极配合美国的安全战略。更重要的是，日本在国际上配合美国等西方国家，利用其已经积聚起来的经济力量为西方国家的对外经济援助提供"战略援助"，将防卫经费与对外经济合作经费合二为一，以"综合安全保障"经费的方式为西方阵营做贡献。1977 年 5 月，福田赳夫内阁为减少贸易顺差宣布在五年内将政府对外开发援助（ODA）额度提高一倍。1980 年的《外交蓝皮书》明确解释这种援助是"确保广义上的安全保障"②。

除了经济实力增强外，日本对外投资和贸易也扩大，助长其发挥国际作用的热情。战后日本积极开拓东南亚市场，到 20 世纪 70 年代中期对东盟的进出口贸易已经超过美国和欧共体（EC），成为东盟最大贸易伙伴。1977 年，为进一步加强与东盟国家关系，改善在东盟国家中的形象，日本提出"福田主义"（也称马尼拉主义）的对东南亚政策。福田赳夫首相在访问东盟六国期间，在马尼拉发表东南亚政策演说，提出日本不做军事大国；与东盟国家加强交流，建立心贴心的关系；以对等合作者的立场促进东南亚和平的外交原则。③ 这是日本首次阐述地区外交基本原则，是对外战略的新转折。1978 年 12 月大平正芳担任首相后提出环太平洋经济合作构想，从某种意义上说，是对福田主义的继承，

---

① 「日米防衛協力のための指針」、防衛庁編『防衛白書』1979 年、資料 40。
② [日] 五百旗头真主编：《战后日本外交史（1945—2005）》，第 141—142 页。
③ 「福田総理大臣のマニラにおけるスピーチ（わが国の東南アジア政策）」、1977 年 8 月 18 日。外務省『わが外交の近況』1978 年、第三部資料編、I 資料。

表明随着经济规模的扩大，日本同地区经济的联系已经密不可分，也表明要积极参与国际经济合作和经济秩序的构建，实现更大的国际抱负。由于担心美国等国家的反应，环太平洋经济合作构想是以民间人士和民间组织参与的形式开展的非正式国际合作。这一构想最终发展成为太平洋经济合作理事会（PECC）。

在上述基础上，日美安全合作得到进一步加强，日美关系的新时代才开始。这当然是20世纪70年代末和80年代初美苏冷战对抗加剧，美国要求日本承担更大的安全责任，但也是日本认为已经有配合美国安全战略和承担安全责任的能力才有了自信。以《日美防卫合作指针》为基础，日本开始参加美国等多国部队举行的环太平洋演习，着手对美防卫合作。铃木善幸内阁成立后，在美国压力下1981年的防卫预算比上一年增加了7.6%。1981年5月，铃木首相与美国总统里根会谈后的联合声明表示："日美两国间的同盟关系是建立在民主主义和自由这一共同价值之上"，第一次写明日美是"同盟关系"，同时声明中还表示"为确保日本防卫及远东的和平与稳定，希望日美两国适当分担职责"①。

而真正将日美关系带入新时代的是中曾根康弘首相。在成为经济大国和地区大国之后，日本的下一个目标是成为与美欧并列的三极之一。中曾根康弘是民族主义政治家。他在占领期间长期系日本人通常在参加丧礼时才会系的黑色领带，作为众议院议员甚至缺席国会审议《日美安全条约》的表决投票，以至于被质疑其对美态度是否会对担任首相期间的日美关系产生影响。② 中曾根担任首相后日本政治和对外政策都进入一个重要的转折时期。中曾根政府对内提出实施"战后政治总决算"，认为战后有些东西已经不能适应现时要求必须进行改革，提出对行政、财政和教育制度的改革措施；对外提出要成为"政治大国"，发挥国际作用。1983年7月30日，中曾根在家乡群马县的讲话中说："今后要

---

① 「鈴木・レーガン共同声明（1981年5月8日）」、細谷千博、有賀貞、石井修、佐々木卓也編『日米関係資料集』第V部、東京大学出版会、1999年、第1003—1006頁。
② 『衆議院会議録情報』第098回国会本会議第4号、1983年1月28日。http://kokkai.ndl.go.jp/SENTAKU/syugiin/098/0001/09801280001004a.html。

在世界政治中加强日本的发言权，不仅要增加日本作为经济大国的分量，而且要增加日本作为政治大国的分量。"后来为避免刺激在野党和亚洲国家而改用"国际国家"的提法。① 所谓"国际国家"就是要在国际上扩大日本的作用。中曾根说："近来我痛感世界对我国的期待和希望在进一步升高，日本如果忽视这一要求，要想保证自身在国际社会的地位正变得极为困难。"日本不仅扩大经济国际化，还要在文化上和政治上积极地发挥世界作用，否则就不能成为国际国家。他说："现在强烈要求我们日本人在两千年传统的基础上发挥自己的特点，在文化上和政治上与世界融合，同时具有世界的普遍性。"② 中曾根说的"国际国家"就是要使日本摆脱以往只重视经济，不重视政治外交，只重视国内，不重视国外的做法，积极走向世界，成为与美欧平起平坐的国家。日本学者村田晃嗣直接道出"国际国家"的本质："这一说法是中曾根对作为大国的日本地位给予的定义，反映出日本正在将经济实力转化为政治实力的过程。"③

在对美关系上，中曾根政府引领日美同盟进入实质化阶段。村田晃嗣评价认为："他重视安全保障，发挥了日本的独立性。在日美同盟关系上，大平作为'西方阵营的一员'向前迈了一步，铃木则后退了半步，而中曾根却大踏步地向前迈进。"④ 1983年1月，中曾根上任后首访美国。他在访美之前就预做准备，通过官房长官谈话的方式将对美出口军事技术排除在政府规定的"禁止武器出口三原则"之外，并将年度的防卫费增长率提高到1%。访美期间，中曾根在同里根总统会谈中提出"美国和日本相互之间是隔着太平洋的命运共同体"的著名说法，会谈后发表的联合宣言中再次使用"同盟关系"，使"日美同盟"的提法确定下来。在《华盛顿邮报》举行的早餐会上接受记者采访时，中曾根说："苏联逆火式轰炸机入侵时，日本列岛就像巨大防波堤一样是

---

① 吴廷璆主编：《日本史》，第1146页。
② 「第100回国会における中曽根内閣総理大臣所信表明演説（83年9月10日）」、外務省編『外交青書』1984年、第3部資料編、I資料。
③ ［日］五百旗头真主编：《战后日本外交史（1945—2005）》，第155页。
④ ［日］五百旗头真主编：《战后日本外交史（1945—2005）》，第152页。

不沉的航空母舰。"这个发言遭到苏联等国的抨击以及国内社会党和舆论的批评,但却赢得美国的好感。实际上,中曾根在接受采访时并未说"不沉的航空母舰",《华盛顿邮报》要重新刊发正确的采访稿,中曾根却拒绝更正,说:"这样的标题才能改变日美关系的模糊状态,歪打正着,没必要否认。"① 这次访美,中曾根与里根建立起良好的私人关系,里根主动提出以后可互相直呼其名,以示两人关系的亲密无间。日美关系进入"罗纳尔—康弘时代"。

此后中曾根内阁进一步提高防卫水平,加强日美安全合作。1984年9月,中曾根内阁将1984年度防卫厅《中期业务评估》升格为《中期防卫力量扩充计划》(1986—1990年度)。1986年末在制定1987年度预算时,便试图突破三木武夫内阁制定的防卫费限制在国民生产总值(GNP)1%以内的规定。1987年1月24日内阁会议决定,正式取消对防卫费用的限制。美国对此表示欢迎。日美军事合作也得到开展,1987年10月,防卫厅决定由日美合作开发新一代国产战斗机(FSX)。中曾根内阁的防卫政策促进日美同盟进一步加强,进入实质性合作的阶段。

另一方面,中曾根内阁时期日美经济摩擦日益激烈。战后初期,美国扶植日本发展经济,但随着经济发展,日本对美国的出口逐渐超过从美国的进口。在20世纪60年代初以前,虽然有少许摩擦,由于美国一直重视安全领域的所谓"高政治",对于"低政治"的经济问题一直处于从属地位。例如为扶植战争中破坏严重的日本纺织产业,美国政府一直控制未使纺织品进出口问题政治化。60年代末,东西方冷战缓和,同时由于越南战争的消耗,美国国际竞争力下降,尼克松政府采取"新经济政策",日美纺织品摩擦开始成为两国间的政治问题。此后,随着日美经济变化,贸易摩擦成为两国关系中的经常性问题。中曾根内阁时期,日美围绕农产品问题、汽车问题和钢铁问题的贸易摩擦波澜起伏。1985年6月,美国半导体协会根据美国贸易法的超级301条款起诉日

---

① 細谷千博監修、A50日米戦後史編集委員会編『日本とアメリカ——パートナシップの50年』、第188頁。

本半导体行业，迫使日美两国签订半导体协定，以扩大美国产品进入日本市场。尽管如此，美国1985年贸易赤字高达1121.48亿美元，其中对日赤字435亿美元。日美经济摩擦与日美两国的经济政策不无关系，但更重要的是表明日本经济竞争力已经迫使美国处于难以招架的境地。1985年9月22日，美国等西方五国财长和中央银行行长在纽约广场饭店达成"广场协议"，迫使日元升值。日元升值的结果，虽然暂时缓和了贸易摩擦，却促使日本经济政策发生重大转折。日本为降低生产成本和扩大市场大规模向海外进行资本输出和技术输出，转移生产基地，客观上促进了经济技术交流，推动了东亚地区的发展和经济贸易区的形成。到20世纪80年代末在东亚地区形成了以日本为首的、被称作"雁行形态"[①]的梯度经济增长结构，日本成为东亚经济的重要牵引力量。这也使日本确实成为"国际国家"，与美欧比肩形成主导世界的三极主义开始成为新话题，日本也希望在国际经济和安全领域发挥更积极的作用。[②]

中曾根内阁时期，日美同盟关系在实质化和竞争化两方面都有重要变化。作为民族主义政治家的中曾根康弘在对美关系和对日美同盟态度上的转变，说明日本在冷战时期经济实力的发展和积聚，已非战后初期的吴下阿蒙了。日本已经恢复和美国打交道的自信。日美同盟关系的变化反映冷战后期国际形势的演变和日本实力增强对日美同盟关系的影响。日美同盟实质化反映日美在同盟中的地位更趋平等化，同盟关系进一步向相互同盟方向发展。日美经济竞争化反映日美两国地位的变化，虽然在"广场协议"的压力下不得不做出重大让步，但经济的再生能力和适应能力表明日本的独立性在上升。随着冷战终结，日美关系将迎来新的考验。

---

① 20世纪30年代日本经济学家赤松要提出"雁行发展理论"，认为发展中国家引进先进技术发展本国产业，在国家间形成不同发展层次的产业结构，促进产业梯度转移。80年代一些日本学者依据这一理论将战后东亚国际分工体系和经济发展过程称之为"雁行形态"或"雁行模式"。

② 猪口孝『ただ乗りと一国繁栄主義をこえて——転換期の世界と日本』、東洋経済新報社、1987年、第9—23頁。

第二节　冷战后美国亚太政策调整与
《日美安全条约》再定义

建立在美苏两极对峙基础上的冷战结构持续了40多年，一朝解体给世界带来的冲击可以想见。冷战时期的世界舞台上，美苏两个超级大国是主角，时而剑拔弩张，时而握手言和，在核威慑下双方力量保持着脆弱平衡，世界也保持相对稳定。但在这相对稳定的局面下，世界在发展变化，一是世界力量格局发生变化，新力量在兴起；二是美苏对峙是世界主要矛盾，而被掩盖起来的其余矛盾仍在发展。冷战结束和随后的苏联瓦解、东欧剧变，世界脆弱的平衡和稳定被打破，进入一个动荡时期，一个探索新的平衡、稳定的时期。在东亚地区，中美日关系进入新的调整时期。用较长期的眼光来看，从冷战结束至今这一调整都没有结束。

本节主要探讨冷战结束对美日关系的冲击和美国对华政策调整对日本作用的新评估。

一　冷战结束后东亚格局变化与日美摩擦

（一）"大三角"格局下日本的发展

冷战时期是以美苏为首的东西方阵营来划分世界的。在东亚地区，以中苏等社会主义国家为一方雄踞欧亚大陆，美国则依靠大陆边缘和西太平洋国家、地区形成的岛链遏制"共产主义的扩张"，形成壁垒分明的冷战格局。在冷战后期，中苏分裂，中美接近，形成所谓的中美苏"大三角"格局。[①] 为了对抗苏联威胁，中美建立战略合作关系，但并非结盟。中国实行改革开放政策以后，在外交上奉行独立自主的外交政策，在美苏对峙的局面下处于"四两拨千斤"的有利地位。

"大三角"战略格局的形成，是冷战后期世界向多极化发展的雏

[①] 关于中美苏"大三角"战略关系的论述可参阅时事出版社选编《中美苏战略三角》，时事出版社1988年版。

形，反映了世界经济、政治发展的不平衡性正在打破两极格局下形成的平衡和稳定，多极化取代两极世界已成必然趋势。在东亚地区，除了中美苏三个大国之外，日本地位和作用的上升是改变地区国际格局的重要因素。在冷战后期，日本经济的高速发展和取得的成就引起世界关注。经过战后40多年的发展，日本已是世界性经济大国。1985年西方五国财长和央行行长会议压迫日元升值表明，日本经济的上升已经对西方经济构成强烈冲击。1986年日本国民生产总值占世界的11.8%，出口额占世界的13.6%，经常收支盈余达870亿美元，海外纯资产高达2407亿美元，是世界债权大国。随着经济实力的增长，日本迫切要求提高国际政治地位。从20世纪80年代开始，日本历届政府都把从经济大国走向"政治大国"作为努力目标。在国际事务中，日本不再甘心充当美国的小伙计，而要求与之平起平坐。日本积极发展对外经济合作关系，通过经济、文化的"国际化"扩大在世界的政治影响。在军事上，美日之间的保护和被保护关系在向平等的合作关系转变。日本也在不断充实防卫力量。1987年，日本军费开支超过国民生产总值（GNP）的1%。1989年度日本军费达314亿美元，已经接近西欧主要国家的国防预算水平（英、法、联邦德国分别为370亿、370亿、340亿美元）。如按北约方式计算则居世界第三位。日本的军事力量特别是海、空力量已具有相当程度的防御作战能力。

而且，亚太地区中美苏"大三角"格局的发展更为日本扩大国际作用提供了机会。日本一方面努力发展同中国的经济合作关系和加强政治关系的协调互动，一方面继续巩固日美同盟以对抗苏联，美苏力量的消长为日本的发展提供了时机。苏联加强远东地区战略地位和美国要求日本分担更多的防务责任以维持对苏均势，使日本得以继续增加防务费用。1988年7月，美国众参两院要求日本的防卫费用和对外经济援助总额在国民生产总值中所占比例要达到北约各国的标准。1989年2月，竹下登首相访美时允诺在安全保障和对外援助方面做出"最大限度的努力"。在军事上，日本为战时能有效地封锁日本海三海峡（宗谷、津轻和对马海峡）和控制南至菲律宾东至关岛的1000海里海上交通线，不断加强军事力量。在对外战略性援助方面，日本积极配合美国全球战略，把巨大的经济力量转化为强大的政治力量，担负起美国全球战略之一部的责任；同时日本的对外援助和投资也扩大了在发展中国家的政治影响。在 20 世纪 70 年代日本就提出建立地区经济合作机制的设想，在欧洲统一大市场形成的影响下，东亚国家也迫切感到需要建立地区性经济合作关系。1989 年 3 月，在日本通产省官员游说下，东盟国家开始认真考虑建立一个"松散的共同体"。日本设想在东亚地区建立以日本为雁首的国际水平分工体系和经贸合作关系，实现对这一地区的"领导作用"。

无可否认，冷战后期日本已经是东亚地区的经济中心，在世界经济中也占有重要地位。但在国际政治舞台上，日本尚未发挥应有的作用；在军事上还必须依靠美国的保护才能抗衡苏联的压力。日本的防卫政策服从美国的亚洲战略，虽然从"专守防卫"向"海上防卫"转变，但仍属防卫性质。日本只是西方军事力量中的一艘"不沉的航空母舰"，还没有强大到改变亚太地区战略格局的程度。

（二）"日美欧三极"说

冷战结束，苏联解体，世界格局丕变，为日本国际地位和作用的提升提供了新机遇。

冷战后国际关系的发展有两个显著趋向：一是世界向多极化的方向发展日益明显；二是经济因素对国际关系的影响越来越大。这都有利于日本扩大其国际作用。首先，苏联解体后，美国一超独霸，但实力却相对减弱，且要集中力量解决国内问题，难以独行其是，必须依靠西方同盟合作推行其全球战略，被迫承认美日"全球伙伴关系"，为日本在亚太地区扩大影响提供了难得机会。其次，日本的资金和技术日益为各国所重视，经济竞争和地区合作趋势使日本在亚太地区经济发展中的牵引作用愈形突出。各国对日本在这一地区发挥经济作用持欢迎态度，尽管对日本的政治作用和军事作用不无疑虑，但地区经济作用扩大的结果，使其运用经济手段推行政治意图的能力显著增强。

因此，冷战结束后日本国内民族主义上升，发挥国际作用和实现政治大国成为政治、外交的主要目标，政治改革和外交调整的步伐显著加快。在政治上，执政的自民党明确主张提高日本的国际地位，例如在竞逐海部俊树之后的总裁选举中，各派都在竞选纲领中提出要提高日本的国际地位。宫泽喜一在宣布参加竞选时说，要改变袖手旁观的政治，改变美日之间"大哥哥和小兄弟"的关系，并认可对宪法九条之外的问题进行讨论。渡边美智雄的执政设想把"建成世界社会中体面的国家"作为第一条，强调要从"缺乏观念的经济大国"转变成"与世界同甘共苦的日本"。自民党最大派系竹下派的会长金丸信宣称，总裁候选人的标准是"决断力"和"外交能力"。日本报纸认为，各派在竞选中一致表示要提高日本的国际地位，是前所未有的。美国国会研究处关于日本总裁竞选的研究报告认为，自民党参加竞选的三派领导人都有较强的民族主义色彩，宫泽可能对美国采取独立外交，渡边有稳健的国家主义美日观，三塚博也具有鹰派形象。[①] 日本政治的变化是有社会基础的。经济发展和国家实力增强，使日本国民意识发生很大变化。经过自民党政府多年的舆论宣传，加之海湾战争中"花钱受气"的冲击，国民普遍希望获得与经济大国相称的国际政治地位。日本政府所宣传的不仅要使日本"一国和平"，而且要摆脱"一国防卫主义"，为世界和平做贡献，已经为许多日本人接受。1991年春，海湾战争期间向海湾地区派遣扫雷艇时，舆论调查赞成者比反对者多一倍。准许派遣自卫队人员参加联合国名义下的维和行动的《联合国维持和平活动合作法案》也随之不久即获通过。值得注意的是，该法案是基于自民、公明、民社三党协议制定的。在起草阶段，三党首脑和政府官员多次磋商。朝野政党和政府在此问题上密切合作是没有先例的。在野党政策多向右转，使自民党在推行政策上减少掣肘。公明、民社两党已与自民党志同道合，社会党更显势单力孤。国内外形势的变化，导致自民党内暗流涌动，伺机进一步突破战后宪法对日本的种种束缚。

日本政治的变化必然带动对外战略的变化。这主要表现为外交独立性增强，谋求发挥大国作用的要求更强烈。日本地位上升，也势必带动同美国的关系出现变化。日美都要在冷战后的新形势下重新思考和调整

---

① 孙承：《日本与东亚——一个变化的时代》，世界知识出版社2005年版，第46—47页。

双边关系，从而影响亚太地区形势的发展。日本外务次官栗山尚一1990年5月撰文，把美、欧、日国民生产总值5∶5∶3的比例同战前的海军三强相提并论，表示"从经济实力看，日本再次处于负责构筑和维持国际秩序的地位"，要抓住世界格局变化的时机，抛弃被动外交，转为大国外交。栗山认为，日美关系正在发生"质的变化"，"日美关系一直是日本外交的主轴，不过'主轴'这个词的含意，伴随着日美力量对比发生了重要改变"①。日本不愿再充当美国的小伙计，而要和美国一起承担起世界责任。日美关系进入重新调整定位的时期。海部俊树首相在1990年美国《外交政策》季刊秋季号上发表文章强调："日本现在有了利用经济力量和技术力量建立新的国际格局的机会和义务"，要发展同美国的关系，推动日、美、欧三极对话，共同担负起国际责任。② 冷战结束后的日美关系表明，一方面日美共同对抗苏联的基础不复存在，经贸矛盾突出；另一方面，长期形成的相互依存关系和现实的共同利益又使双方必须合作。如何处理既合作又竞争的关系，对双方来说都是一个新课题，为日美关系的发展带来新的不稳定因素。

（三）日美经济摩擦加剧

冷战结束后，日美经济摩擦激化，成为影响双边关系的主要矛盾。从20世纪80年代中期以来，美国对日贸易逆差一直占美国对外贸易逆差总额的40%左右，而日本对美贸易顺差则占日本外贸顺差总额的50%以上。贸易摩擦由单纯的商品摩擦扩展到涉及广泛经济领域的结构性摩擦，成为日美关系紧张的主要原因。不言而喻，日美贸易争端的激烈程度说明双方经济依赖程度之深，彼此都难以摆脱对方，也都难以承受关系破裂造成的严重打击，双方都会竭力避免因此而损害双边关系。日美双方都意识到解决贸易不平衡的迫切性和重要性，承认本身经济体制存在缺陷，因此双方都愿为此做出努力。美国认识到，如不调整宏观经济政策以提高国内生产率和储蓄率，增强产品的竞争能力，不利处境

---

① 栗山尚一「激動の90年代と日本外交の新展開——新しい国際秩序構築への積極的貢献のために」、『外交フォーラム』1990年5月号。
② Toshiki Kaifu, "Japan's Vision", *Foreign Policy*, Fall 1990.

将难以避免；日本也在扩大资本、技术输出的同时，发展内需主导型经济，增加国内投资，扩大进口，否则不仅难以缓解同美国的矛盾，也难以发展同其他国家的经济贸易关系。1986年日本发表《前川报告》① 以后，开始向扩大内需、减少国际收支顺差的方向进行经济调整。日美经济结构协商经过激烈争论达成协议，但结构调整决非短期内能够奏效，而且美国经济状况不稳定，任何动荡都会激起贸易保护主义浪潮，贸易摩擦是长期难以解决的问题。

冷战结束后，国际竞争主要表现为经济竞争。美国克林顿政府把经济安全作为国家安全的首要任务。为重振美国经济，克林顿垂青"战略贸易理论"，加强政府对经济和外贸的干预；国内企业集团也鼓吹贸易保护主义，向政府施压，存在巨额逆差的对日贸易成为贸易保护主义浪潮冲击的主要对象。而日美经济摩擦原因是多方面的，既有产品竞争力方面的原因，也有经贸体制以至思想、文化上的原因，甚至有人认为日美资本主义体制的差异是造成摩擦的根源。日美经贸纠纷迭起，双方态度强硬前所未有。克林顿政府要求日本采取措施切实减少对美贸易顺差，解除美国企业进入日本市场的障碍。克林顿在会见日本前外相渡边美智雄和前首相宫泽喜一时，甚至只谈经贸问题，明确要日本为进口美国某些产品制定出数量指标，要求看到解决贸易不平衡的实际结果。美国还容许和放任日元升值，打击日本出口产业，促其扩大内需和进口。日本一方面表示愿意协商贸易问题，另一方面强烈反对美国单方面采取行动是违反自由贸易原则，并串联亚太国家反对克林顿的贸易保护政策。

在经济摩擦难以解决的同时，日美要求两国关系向更平等的方向发展。美国实力相对减弱，对世界的控制能力明显降低，为推行其全球战略需要借助盟国的力量，迫切要求日本发挥积极作用。日本也表示要在新形势下建立新型的"全球伙伴关系"。美国试图采取一些"刺激措

---

① 1986年4月7日，中曾根首相的私人咨询机构"为实现国际协调的经济结构调整研究会"发表报告，建议为使日本成为国际国家，要适应经济新形势发展内需主导型经济，对贸易和产业结构进行根本改造，同时为稳定汇率，推进金融资本市场自由化和国际化等。研究会会长为日本银行前总裁前川春雄。

施"，支持日本在国际上的某些要求。1990年4月，美国负责亚太事务的助理国务卿所罗门在一次报告中就表示，要"以平等的方式赋予日本方面以政治的和经济政策的责任，从而赋予它以权力"。如主张使日本成为联合国安理会成员，提高日本在国际货币基金组织中的份额使之仅次于美国居第二位，邀日本参与欧洲事务等，以保证两国在亚洲安全政策、对欧政策等全球性外交政策方面和多边国际机构中进行合作。[①] 克林顿政府成立后，国务卿克里斯托弗表示支持日本成为安理会常任理事国。美国还重申支持日本从俄罗斯手中收回"北方领土"。美国让日本参与世界事务的政策，为要求提高国际地位的日本提供了机会。

（四）日美在亚太地区的矛盾

日美矛盾还表现在争夺亚太市场上。亚太地区是世界经济增长率最高和最具活力的地区，日美两国都极重视与这一地区的经济联系。为了应对美洲、欧洲地区经济集团化趋势，日本积极构筑"东亚经济圈"，通过扩大资本、技术输出，协调和操纵这一地区的经济贸易分工，以保持经济领先地位，提高在世界经济、政治中的发言权。美国也不断增加同亚太地区的经济贸易联系，为了保证在这一地区的经济和战略利益不受损害，一方面把势力伸向中东，控制石油战略资源以控制日本的能源供应；另一方面则加强与亚洲国家的经济联系，遏制日本的影响，与日本争夺市场。日本《东洋经济》周刊1990年5月22日的一篇文章指出，美国不会听任日本独占苏、中、印度市场，要加强国际经济联系限制日本发展。美国还谋求与东南亚国家签订双边自由贸易协定，牵制东南亚国家与日本的关系，并把亚太经济合作部长会议变成国际政治、经济协调组织，限制日益膨胀的日本，巩固美国的地位和影响。日美两国对亚太地区的争夺反映了随着冷战结束两国关系微妙的变化。

尽管冷战后的国际格局变化给日美关系带来震动，但两国在经济、安全等全球性问题上存在共同利益，维持战略关系仍然必要。日美经济相互依存程度之深，使双方在解决矛盾时协商大于冲突；双方也都要维

---

① 孙承：《日本与东亚——一个变化的时代》，第162页。

护世界贸易和金融体制的正常运行。在安全方面，日美在防范中、俄和处理朝鲜半岛局势上有共同利益，而且美国要利用《日美安全条约》限制日本，日本也要以该条约取得亚洲国家的信任。另一方面，美国要正视和承认日本上升的实力和影响，并据此调整亚太战略和世界战略。美国在一定程度上扶持日本，满足其要在国际上发挥作用的愿望。因为虽然苏联解体后美国成为唯一超级大国，但不可能独霸，要促使日本为其"分担责任"，同时也要利用国际组织和多边机构加强对日本的限制。

日美关系的变化对亚太国家关系和国际格局的影响是深远的。亚太国家在发展过程中同日本和美国都建立了密切的经济联系，美国实行贸易保护主义政策不仅加剧日美之间的摩擦，也扩大同亚太国家的矛盾，促使日本加快推行亚太外交，使亚太经济向区域集团化方向发展。而美国不能容忍组成以日本为首的经济集团，也积极参加亚太经济合作。在亚太安全政策上，美国也设法稳定日美同盟关系和在维持双边同盟的基础上参与建立多边安全机制。美国参加亚太经合组织首脑会议（APEC）和东盟地区论坛（ARF）表明其地区政策已经不局限于冷战时期形成的"轮辐"战略，即只重视与亚太地区盟国之间形成的双边关系而对地区多边合作不置一顾的态度。

二 美国对华"接触"战略与《日美安全条约》再定义

（一）美国对华"接触"战略

冷战结束对亚太地区国际关系的影响，除了日美经济摩擦加剧，同盟关系松动外，中美关系也进入新的调整期。美国针对冷战后东亚地区力量格局的变化调整地区战略，重新确定东亚格局的基本关系。在中美关系重新调整的基础上，《日美安全条约》重新定义，完成冷战后同盟关系新定位，冷战后中美日关系的基本格局确定。这一调整过程是在美国主导下进行的。

冷战结束，中美关系调整不约而至，美国对华转向"接触"战略。20世纪80年代后期，美苏关系缓和，中苏关系也趋向改善，"大三角"战略格局淡化，美国与中国共同对抗苏联的需求下降，中美关系开始出现动荡。特别是1989年北京的政治风波，使美国感到寄望在中国实行西方式的民主、自由目标遭到失败，以此为借口对中国实施经济制裁，中美关系严重倒退。这表明，中美关系和日美关系一样也随着冷战结束需要进行调整。

1989年以后的两年里，中美之间通过各种渠道交往沟通，对冷战后国际形势和中美关系进行了深入交流，增进了相互了解。1991年11月，美国国务卿贝克访华，这是1989年6月以来美国国务卿首次访问中国，标志美国政府制定的不与中国进行高层互访的禁令失效。1992年1月，李鹏总理出席联合国安理会首脑会议期间与布什总统举行会谈，双方就两国关系和国际重大问题交换意见。此后两国关系不断改善，经贸、科技、文化和军事交流逐渐恢复。中美关系经过严峻考验后重回轨道，表明美国仍然要保持同中国的正常往来以维护其经济利益和战略利益。

1993年克林顿政府继续重视同中国的合作，改善对华关系，但同时也在人权等问题上对华施加压力。从1993年7月开始，在美国总统国家安全事务助理莱克主持下重新审议对华政策，决定改变强硬立场，实行全面接触、提高对话级别和开展广泛交往。在美方公布的《行动备忘录》中表示：要全面加强同中国的对话和交流，首先是同中国政府部门包括军队的高级官员的对话和交流，确保与中国保持正常的国家关系；通过接触使中国确信美国并不想使两国关系走向对抗或敌对，而是要使之趋于稳定和改善；通过接触寻找两国间有类似利益和共同关心的领域进行合作；通过接触影响中国的经济和政治发展的方向与进程，同时使中国切实理解美国对中国人权状况等问题的关心。9月25日，莱克约见中国驻美国大使通报了这一对华新方针，表示准备同中国"在广泛的问题上加强联系"[①]。这应该就是美国最早推出的形诸文字的"接触"战略（Engagement Strategy）。当然，这是布什政府对华政策的继续，甚至美国前国防部长佩里认为，从1972年以来的美国对华政策都

[①] 赵学功：《当代美国外交》，社会科学文献出版社2012年版，第326页。

是"接触"政策。①

不言而喻，美国推行对华"接触"战略的目的，是为了经济利益和政治利益。在经济上，中美贸易额逐年上升，中国的改革开放政策使经济潜力得到发挥，保持了较高的经济增长率，是美国重要的贸易对象。1993年美国对外贸易额超过1.04万亿美元，其中对华贸易额为403亿美元，占美国对外贸易的3.85%。在全球事务上，中国作为联合国安理会常任理事国和地区大国在重大国际事务上具有发言权和影响力，美国需要中国合作。在安全上，中国经济虽然快速增长，但基础差、人口基数大、技术水平落后，处于经济增长链的末端，无论是经济安全还是军事安全都还不足以对美国构成威胁。在文化软实力水平上，美国也自恃具有优势，苏联解体和东欧剧变使美国出现"历史终结"论②。时任克林顿政府助理国防部长的约瑟夫·奈解释美国为什么实行对华"接触"政策说：美国拥有足够强大的力量，中国要获得威胁美国的力量还要很长时间；中国希望成为国际社会的一员，从现存国际体系中获益，美国没有必要遏制中国；中美两国在长远利益上有一致之处，两国通过"接触"可以合作；从政策操作层面看，从一开始就把中国视为对手加以遏制，就会事实上成为美国的对手；美国的亚洲盟友都支持同中国"接触"的政策，美国选择遏制政策只会孤立自己。③ 1998年的美国《东亚战略报告》认为，中美双方积极合作以确保两国的共同利益，不仅是可取的，而且是必要的。1999年12月美国的《新世纪国家安全战略》表示，要通过与中国的接触，使中国成为国际社会负责任的一员。

但是，美国的"接触"政策还有另外一面。中美意识形态的对立使美国视中国为潜在对手，中国实力增强后将是能挑战美国霸权的少数几

---

① [美]艾什顿·卡特、威廉姆·佩里：《预防性防御：一项美国新安全战略》，胡利平、杨韵琴译，上海人民出版社2000年版，第105页。
② 1989年美国斯坦福大学高级研究员弗朗西斯·福山在《国家利益》杂志发表《历史的终结？》，认为冷战结束标志共产主义的终结，人类社会只能走西方市场经济和自由民主的道路。但以后的历史并未按其预言发展。
③ [美]约瑟夫·奈：《1995年12月12日在亚洲协会华盛顿中心的谈话》，新华社华盛顿1995年12月12日电。

个国家之一。美国政府和智库对冷战结束后最可能成为威胁的因素反复进行过争论，至少有四个备选对手：苏联解体后依然拥有世界最大核武库的俄罗斯及其一两个附属国；经济技术实力和贸易措施日益正面冲撞美国利益中间地盘的日本；伊斯兰世界的原教旨主义支持恐怖主义的组织和活动向区域外蔓延；中国逐渐显露的经济和军事潜力对美国霸主地位的综合挑战。随着这场争论的延续，逐渐越来越多的美国分析家趋向于把中国放在首要威胁者的位子上，美国政府已经开始做全球军力的重新配置，把重点从欧洲转向东亚。① 因此美国对华政策有明显的两面性。在实行"接触"战略与中国进行广泛接触和合作的同时，对华推行"软遏制"，即所谓"预防性防御"，在中国周边构筑以双边同盟为基础的安全网。在这方面，约瑟夫·奈的观点同样具有代表性。他认为中国的崛起会挑战美国和日本在东亚的优势地位。而20世纪上半叶就是因为没有处理好正在崛起的德国和日本，导致两次世界大战。所以当前重要的是要使中国这样一个力量不断增长的国家成为国际社会负责任的成员。美国的"接触"战略是靠部署在这一地区的军事力量支持的。如果美国认为中国的发展损害了美国的利益，美国操纵下的日美安保体制就会转为遏制。约瑟夫·奈说："美国和日本将同任何威胁相抗衡。"美国的亚太安全战略企图规定以中美日三角关系为基础的亚太力量格局。今后，"不论中国设定什么目标，都能使事态朝着不至损害日美两国利益的方向发展。这意味着中国无法对美国打日本牌，也不可能从这一地区把美国人驱逐出去。中国在这一地区的势力越是增加，日美两国就越是开展合作，以将中国拉向自己一边"。因此他认为，"日美中构筑稳定关系的可能性是很大的"②。这实际是美国利用日美安全同盟挟持日本，制约中国，将日本和中国这两个处于上升中的国家都控制在掌握之中，继续在亚太地区占据主导地位，由此形成相对稳定、有利的中美日关系格局。美国自称其在亚太安全结构中起"平衡轮"的作用。

---

① 丁学良：《它们对准中国并非一时冲动》，英国《金融时报》中文版2018年4月24日。

② ジョセフ・ナイ「日米中『不等辺三角形』競合・牽制・均衡の力学」、『読売』1999年1月号。

事实上，美国要保持的是在其主导下的平衡，是以美国利益为基础的平衡，日美都是基于这一战略思维对《日美安全条约》重新定义，以适应冷战后东亚形势的变化。

（二）《日美安全条约》再定义

冷战后东亚力量重组的一个重要变化是《日美安全条约》重新定义，这是日美双方基于对东亚形势变化的预估，特别是对中国走向的判断而做出的战略安排。从日美同盟的角度来说，是去除了苏联威胁后引起的同盟危机，稳定了同盟关系，是适应冷战后形势变化的重大调整。

冷战结束后，美苏对峙格局瓦解，以对苏遏制为基础的美国世界战略和在这一基础上建立的日美安保体制也失去存在的理由。日美两国都面对没有敌人的同盟如何存续的问题；而日美关系也因对日贸易赤字而恶化，成为必须解决的课题。日美同盟陷入危机。

在美国方面，由于面临严重的"双赤字"问题和日美摩擦，国内出现"日本异质论"，认为日本是与欧美完全不同的社会体系，把日本经济看作是与苏联一样的对美国生活方式的威胁。这种观点不仅限于贸易领域，而且波及整个日美关系。同时，根据日美贸易摩擦激化、经济大国必然成为军事大国的观点也有人预测将会发生第二次美日战争。[①]

在日本方面，日美之间的紧张关系并未随着进入泡沫经济困扰时期而有所减退。日本方面因日美关系恶化而出现"嫌美""离美"动向，甚至要求在安保方面独立。石原慎太郎和盛田昭夫写的《日本可以说"不"》的小册子在日美两国都引起很大反响。1993年，针对美国的贸易制裁，细川护熙首相拒绝美国提出的对日出口设定数值目标的要求。1994年2月，为研究冷战后防卫问题，细川首相成立以朝日啤酒公司董事长樋口广太郎为首的私人咨询机构"防卫问题恳谈会"，成员包括学者、财界人士、官员和防卫厅资深人员，发表报告《日本

---

① [美]乔治·弗里德曼、梅雷迪斯·勒巴德：《下一次美日战争》，何力译，新华出版社1992年版。

的安全保障和防卫力量——对 21 世纪的展望》(《樋口报告》)。《樋口报告》发表后使美国五角大楼担心日本是否存在摆脱日美安保体制的想法。①

日美关系的动荡,迫使双方都冷静思考同盟存在的价值和意义。实际上,冷战结束后美国希望在盟国支持下继续保持在东亚地区的军事存在和军事优势,营造一个有利的安全环境。首先,美国要限制日本和中国,使东亚力量对比的变化不致挑战美国的利益。在日美同盟框架内,日本不能发展独立的、能与美国抗衡的军事力量。美国东亚安全战略对日本的制约,在 1990 年国防部报告《亚太地区战略原则:展望 21 世纪》中有清楚的说明。美国对日战略的宗旨是,鼓励日本在日美安全同盟框架内发挥作用,而不鼓励任何发展大国影响的能力;在军事上,不鼓励日本发展非辅助性武器系统。冷战后,美国调整对日政策,其基本构想仍是要将日本的发展限制在能够容许的范围内,使日本继续为其全球战略服务。也就是说,美国维持与日本的同盟关系,一是抑制日本过度加强军事能力,即所谓的"瓶盖论"②;二是避免出现因日本再军备而刺激中国等周边国家的事态。③ 约瑟夫·奈认为,日本正在崛起,不会永远依赖美国。美国的战略性课题是使日本的选择能符合美国的长远利益,而不是压制日本。在一定条件下,美国可以支持日本在国际上发挥作用,将其纳入多边国际框架,就可以防止因其崛起而出现混乱④。美国阿斯彭战略小组的研究人员认为,美国应该力求把日本置于旨在促进两国经济和安全密切合作的网络之中,以此来解决其上升到大国地位的问题⑤。

---

① 山田浩『現代アメリカの軍事戦略と日本』、法律文化社、2002 年、第 365—368 頁。
② 语出阿拉伯民间故事集《一千零一夜》中渔夫与魔鬼的故事,所罗门将魔鬼装入铜瓶,封住瓶口不让出来。美驻冲绳海军陆战队司令亨利·斯塔克波尔说,驻日美军能起到抑制日本军国主义复活的"瓶盖"作用。
③ 小野直樹『戦後日米関係の国際政治経済分析』、第 374—375 頁。
④ ジョセフ・ナイ「アメリカは日本にどう対応すべきか」、『世界』1993 年 3 月号。
⑤ Kenneth Dam, John Deutch, Joseph S, Nye, Jr., and David M, Rowe, "Harnessing The U. S. Strategy for Managing Japan's Rise as Global Power", *The Washington Quarterly*, Spring 1993, pp. 29—42.

在制约日本的同时，美国在亚太地区军事力量的存在与作用依赖于与盟国的关系。经济发展和一体化程度的提高，使东亚国家的自主性和东亚地区主义进一步发展，美国的作用受到约束。日本、东盟安全政策中较强的自主性使美国在地区安全格局中虽处优势，但难以独行其是。美国21世纪国家安全委员会的报告承认，虽然美国比其他任何一个国家和国家联盟都强大，今后25年也不太可能出现全球性竞争对手，但新兴强国——一个国家或几个国家的联盟——越来越约束美国的地区性选择，并限制其战略影响。美国贯彻自己意愿的能力仍然有限。亚太地区各种力量相互牵制，出现相对平衡的局面。

在对华关系上，美国执行两面性的政策。前文已经谈到，一是在亚太地区建立一种"软遏制"机制，一是实行"接触"政策，而这都要以军事力量为后盾。

正是出于上述考虑，美国主动以安保为中心调整日美关系。日美就安保合作秘密磋商，提出"奈建议"和"奈·秋山建议"，奈时任美国助理国防部长，秋山昌广时任日本防卫厅防卫局长。日美双方对安全形势的再认识为日美安保条约重新定义奠定了基础。[①] 1996年4月，克林顿访问日本，日美发表《日美安全保障联合宣言》（《东京宣言》）。新日美同盟关系的要点有：第一，日美双方再次确认同盟关系的重要价值，确认以《日美安全条约》为基础的日美安全关系在达成共同安全目标的同时，也是继续维持面向21世纪亚太地区安定繁荣形势的基础。实际是表明日美安全合作的对象转向亚太地区。由于"两国防卫合作是日美同盟关系的核心要素"，这也表明两国关系的重大调整。第二，提出"日本周边地区"概念，日美要在"日本周边地区发生的事态对日本的和平与安全有重要影响时进行合作研究和政策调整"。这就明确提出日美合作的地区范围，而"日本周边地区"的模糊概念为日本突破宪法限制提供了可能。第三，日美防卫合作有新突破。日美签署《关于日本自卫队与美国军队间相互提供后方支援、货物或服务的政府间协定》，《东京宣言》表示双方将加强紧密的合作关系，修订冷战时期于

[①] 山田浩『現代アメリカの軍事戦略と日本』、第365—368頁。

1978年制定的《日美防卫合作指针》。①《东京宣言》的内容表明,《日美安全条约》重新定义,是日美双方在冷战结束后实现对《日美安全条约》的改造和对同盟关系的初次调整,表示双方在21世纪要继续保持安全合作伙伴关系。

日美安保条约重新定义使美国在冷战后继续在亚太地区保持前沿军事力量。在日美同盟稳定后,韩国也表示在朝鲜半岛统一后,美韩联盟和美国驻军也有存在的价值。美国还继续加强与菲、泰等国的长期联盟。日、韩、东盟等支持美国的军事存在,使以美国为首的双边军事同盟继续保持影响21世纪初地区安全形势的重要地位。而《日美安全条约》重新定义,使中、日的作用受到限制,形成美国威慑下的稳定,并在一定程度上规定了中美日关系和亚太力量对比。

(三) 日美同盟基础上的自主外交

由于民族主义上升,日本认为长期依靠美国保障本国安全和维持国际秩序使国际责任感日见淡薄,要求恢复自主外交。桥本内阁成立伊始就提出外交基本方针是"自立",要使日本成为对世界稳定与发展发挥主导作用的国家。② 日本虽然确认并加强与美国的同盟关系,但更加强烈地要求外交自主。

在小渊惠三首相的咨询机构"21世纪日本的构想"恳谈会2000年发表的报告中,反映了恢复自主外交的要求:①自己承担一般性的安全保障。报告建议,日本应加强防务。1998年日本决定自己研制侦察卫星,不再完全依赖美国的情报。日本还酝酿修改宪法,希望在防卫上有更大的自由。②在日美安全合作中保持自主性。在1997年修订的新《日美防卫合作指针》(下称新《指针》)中明确写有要基于双方的自主判断进行合作。③ 报告说,日本要根据自己的判断行事,即使是对超级大国的盟国,也要提出自己的建议。③在构筑国际安全环境中发挥独特

---

① 「日米安全保障共同宣言―21世紀に向けての同盟―」、1996年4月17日。外務省『外交青書』、1997年、第一部、I资料3。
② 「第136回国会における橋本内閣総理大臣施政方針演説」、1996年1月22日。外務省『外交青書』1997年、第一部、I资料。
③ 防衛庁『防衛白書』1998年、第五章第2節。

作用。日本要积极参与和推动多边安全合作和全球性合作，并将其作为在国际上发挥作用的主要方式，推进在国际社会"发挥领导作用的外交"，为改善周边安全环境和国际安全环境做贡献。①

在安全方面，日本继续以日美同盟作为安全政策的核心，但把日美同盟、自卫能力和多边合作作为防卫政策的三根支柱，并认为这三者在防卫政策中所占的比重应该平衡。日本认为，在亚太安全环境中，仍需依靠美国，担心美国可能出现孤立主义或美中接近而使日本处于不利境地。日本还认为，日美安全同盟仍然可用较少的钱获得较高的安全度，而且可使亚洲国家对日本的未来走向放心，有利于在亚太地区发挥作用。因此经过《日美安全条约》重新定义，使冷战后一度动摇的日美同盟得到巩固，日美安全合作的实效性得到提高。日本还认为，在依靠日美同盟的同时，也要调整安全政策，增强自卫能力和开展多边安全对话，但这些调整要在日美同盟的框架内进行。

日本要防止过分依赖美国和限制美国过分突出的作用。日本国内学者的主流意见多主张日美同盟应向能适应日本面向亚洲、开展亚洲外交和多边合作要求的方向转变，逐步转化为联合国集体安保的一部分②。这表明日本产生了要求适应国际力量结构新变化、希望在国际关系中保持均势的思想。维护国家利益是日本对外政策的依据。日美主轴不是日本的国家利益，而是实现国家利益的手段③。巩固日美同盟符合日本的国家利益，但又不能完全满足日本的国家利益。日本要在地区和世界上发挥更大作用，使东亚和世界新秩序带有更多日本的印记。"21世纪日本的构想"恳谈会报告说，要在坚持日美同盟的基础上，把构筑同亚洲的新关系，推动东亚多边合作体制的发展，促进东亚发生建设性变化，作为新世纪努力的方向。

与此同时，日本外务省邀请专家对21世纪的外交方向进行研究，

---

① 21世纪日本の構想懇談会『21世纪日本の構想　日本のフロンティアは日本の中にある―自立と協治で築く新世紀』、2000年1月、http://www.kantei.go.jp/jp/21century/houkokusyo/6s.pdf。

② 西脇文昭「日本の国益とは何か」下、『世界週報』2000年3月7日。

③ 西脇文昭「日本の国益とは何か」上、『世界週報』2000年1月18日。

提出政策建议。建议书肯定战后在日美同盟条件下取得的成绩，认为在21世纪仍要坚持这一基本政策，但国际社会出现新情况和新潮流，也要有新应对。新潮流主要有三：一是国力来源多样化，由军事、经济、技术和文化等多种要素构成；国际关系主体多样化，不限于外交当局；国际问题和国内问题难以区分。二是经济全球化进展，国际依存和国际竞争加强。三是安全威胁主体和威胁手段多样化。这些新变化使日本要想保持在世界上的相对地位面临困难。由于军事上受限，日本必须考虑在外交上运用国力维护本国利益。建议书提出21世纪日本外交三大课题：第一，加强综合外交能力。要充分反映国民意见，获得国民支持；政府和 NGO、NPO 合作；加强政府各省厅之间协调，保证国家利益不受损失。第二，加强支撑外交的国力。在经济力量之外考虑新的外交支撑点。一是技术力量，日本是为数不多能承担技术创新和技术传播使命的国家，必须制定国家科技发展战略，保证不断扩大尖端技术领域。二是培育构想能成为世界标准的框架和规则的能力。日本在促进国际开发和维护人的安全理念方面为世界做出贡献，今后要在应对经济全球化和粮食、能源等方面为世界提供新的知识和做出思想贡献。日本要对国家责任再认识，履行作为国际社会一员的责任。第三，构建体现外交意志的框架。国际社会面临的课题，不仅要改革旧框架，还要建立新的解决框架。当前国际社会重视世界安全因素，必须通过国际协调来解决，要建立以日本为主的国际框架。在世界发展方面，为规避全球化带来的系统风险，要建立新体制，国际金融机构要能反映日本的意见；要在世贸组织等新规则制定方面发挥主导作用，推广日本倡导的世界标准。为实现上述课题要求，日本要加强外交手段：确保在国际组织的发言权，构建日本主导的新国际框架，确保在国际场合成为"能动的主体"；作为实现外交目标的手段，继续重视政府开发援助的作用；培养能在国际现场发言和行动以及从事调研的人才；积极的信息发布战略，建立媒体战略负责人参与决策过程的制度；完善外交体制。[①]

[①] 猪口孝他『外交政策への提言「チャレンジ2001—21世紀に向けた日本外交の課題—」』、https：//www.mofa.go.jp/mofaj/gaiko/teigen/teigen.html#1。

上述报告和建议，反映在进入新世纪之际日本政治外交的重大动向，虽然都强调继续维护日美同盟，但也表达了要求适应形势变化发挥国际作用和维护国家利益的愿望。对于日本要求自主外交的倾向，1999年美国中央情报局报告表示已经注意到日本"注重两方面的战略"，一方面加强日美同盟，一方面在确保独自的影响力，感到对日美关系的方向难以把握，对出现"漂流感"有所警戒。[1] 美国国家情报委员会报告经过分析得出结论，认为日本已经从几个方面表现出希望从美国那里获得更大程度的自治[2]。由于美国最重要的战略伙伴的席位被中国夺走，日本产生危机感，一方面要加强与美国的同盟，一方面摸索对美独立的两面战略。报告得出结论，就日美关系整体而言，"漂流"的气氛是明确的。日本的不安定状况，对于美国来说是运营两国关系的好时机，但克林顿政府却未给予足够重视。美国报纸对日本的自立倾向做了广泛报道，即使是对日本自立倾向相对宽容的《纽约时报》也提示日本政府，在探索发挥新军事作用时，也要同美国政府在防卫政策方面保持密切协调。美国在慎重分析日本民族主义上升的同时，意识到新问题，即如何把自立性提高的日本继续稳定在战后以来的同盟框架中和引导到强化同盟的方向上来。[3]

---

[1] 「日本の対外戦略　独自路線強まる　米 CIAが警戒感」、『日本経済新聞』1999 年 8 月 22 日。

[2] Jim Mann, "Japan Taking Steps to Ensure Its Independence", *Los Angeles Times*, August 25, 1999.

[3] 加藤洋一「『米国離れ』に直結？　同盟の維持に関心」、『朝日新聞』1999 年 9 月 21 日。

第二章 中国崛起与美日调整战略思路

第一节 中国崛起对美日战略的冲击

如果说,《美日安全条约》调整针对中国的战略,仍基于对中国未来发展的预测,那么,在进入新千年之际中国迅速发展的成绩则令美日切切实实地感受到强烈冲击。美日都开始认真地思考如何面对崛起的中国,调整对华战略思路,必然对美日关系产生影响。

本节仅就美日对中国认识的变化和战略调整做一分析。

一 中国崛起与美日对华新认识

(一)美国小布什政府的对华政策

进入21世纪,中国经过进一步扩大改革开放,经济再上一个台阶,以崛起的新兴大国姿态走上国际舞台。中国的国际影响在扩大,世界开始认识不一样的中国,在对华政策上也产生不同的反应。

2001年1月,乔治·沃克·布什就任美国第43届总统(为和其父第41届美国总统乔治·赫伯特·沃克·布什区别,也称小布什)。小布什在担任总统前是得克萨斯州州长,外交经验不足,刚就任总统受幕僚和智囊团的影响较大,基本上是倾向保守主义的政治家。由于中国综合国力增强,他在就任前后的发言把中国定位为"战略竞争者"。例如1999年11月在加州里根图书馆的演讲中说:"我们必须把中国看清楚……中国是竞争者,而不是战略伙伴。我们必须不抱恶意地与中国打交道,但也必须不抱幻想。"① 小布什的助手赖斯竞选期间撰文说："即使我们主张与中国进行经济往来，中国仍是亚太地区稳定的一个潜在威胁。中国是一个有着尚未解决关键利益——特别是涉及台湾地区和南中国海——的大国，这就意味着中国不是一个'维持现状'的国家，而是一个希望改变亚洲力量对比以对自身有利的国家。仅此一点就使中国成为一个战略竞争者。"② 小布什及其竞选班子的看法固然有竞选期间博取选票的因素，但也反映了美国政界和思想界对中国崛起显示出的严厉姿态。美国国内对中国崛起的评估集中在以下意见上：①认为中国崛起的速度"超出预期"，成为美国必须应对的"新因素"；②中国改变韬光养晦战略，开始四面出击，明显具有针对美国的战略意图；③美国在全球战略格局中的影响力下降，中国的影响力明显上升；④"中国模式"对"美国模式"构成挑战；⑤台湾问题主动权正从美国转向中国。③ 因此，小布什就任总统后，采取强硬的对华政策。一个标志性的事件是2001年4月1日，在中国南海上空发生的"撞机事件"，使中美关系瞬间陷入危机。在2001年9月美国国防部公布的《四年防务评估》中，明确把美国安全战略重心从欧洲转向亚太地区，认为"欧洲基本上处于和平状态"，"俄罗斯对北约不再构成大规模常规军事威胁"，而"从中东到东北亚有一个广阔的弧形不稳定区，这里有正在崛起的、也有日渐衰落的地区大国"④。所谓"正在崛起的地区大国"显然是指中国。2001年5月美国主流媒体广泛报道，国防部和战略研究机构为针对中国推动导弹防御系统的升级，海基和空中攻击力量已陆续到位，只是因为纽约世界贸易中心遭受911恐怖袭击事件，这一战略安排才延缓实施。

但在具体操作上，小布什政府尚属冷静，中美关系渡过"撞机事件"造成的危机，恢复平稳发展。特别是在遭受911恐怖袭击事件后，

---

① "George W. Bush Foreign Policy Speech", November 19, 1999. 转引自陶文钊《布什当政以来的中美关系》，《同济大学学报》2004年第2期。
② [美]孔多丽萨·赖斯：《促进美国国家利益》，张茂明译，《战略与管理》2001年第3期。
③ 郝雨凡、赵全胜主编：《布什的困境》，时事出版社2006年版，第181—187页。
④ 王缉思主编：《布什主义的兴衰》，世界知识出版社2012年版，第311—312页。

小布什政府将主要精力和安全重点转向国际反恐战争，中美在国际反恐行动中的合作为两国关系顺利发展创造了条件。中美两国除了在国际反恐行动中，在应对朝鲜核问题、贸易问题等方面也进行密切合作，事实表明中美合作对于解决国际重大问题是不可或缺的。2002年9月美国《国家安全报告》强调，"美国与中国的关系是我们促进建立一个稳定、和平和繁荣的亚太地区战略的重要组成部分。我们对一个强大、和平和繁荣的中国的崛起表示欢迎"。报告同时表示，美国寻求与中国建立一种"建设性的关系"，并"将努力缩小现在的分歧，不让他们阻碍我们在已经达成一致的领域进行的合作"[1]。2005年9月，美国常务副国务卿罗伯特·佐利克在纽约中美关系全国委员会上发表题为《中国往何处去？从正式成员到承担责任》的演讲，提出要"鼓励中国成为国际体系中一名负责任的利益攸关方"。佐利克解释说："所有国家都为促进国家利益进行外交。作为负责任的利益攸关方，其目标更远大：他们认识到国际体系维系着它们的和平繁荣，因此努力维护这个体系。""中国面临着很多机会，能够成为负责任的一员。"[2] 他建议："不要把它排除到国际体系之外，而要在其内部提高影响力；不要把它孤立到全球化之外，而要制定战略把它与全球连接起来；不要促进共产主义革命和意识形态斗争，而要在经济增长、政治军事实力和国内关系中追求利益。"[3] 佐利克的演讲是美国对华"接触"政策的继续，试图把中国纳入美国建立的国际体系之中，完成美国所希望的角色转换。当然这也说明，美国不得不承认中国的国际地位和国际作用，比之遏制、对抗，"接触"政策的代价显然要小得多。

佐利克的演讲反映小布什政府对华政策的变化。从"战略竞争者"到"建设性关系"，再到"利益攸关方"，提法变了，反映出的政策导向变了。在小布什政府时期，中美关系基本上平稳发展，表明中美之间共同关心的问题大于分歧，合作的选择对双方都有利。但对外政策的本

---

[1] 赵学功：《当代美国外交》，第362页。
[2] 王缉思主编：《布什主义的兴衰》，第320页。
[3] 付瑞红：《美国东亚战略的中国因素》，中国社会科学出版社2012年版，第107页。

质和对华政策的两面性并没有改变,特别是在美国政府和智囊团中存在不同利益集团和政治派别,随形势变化反映其政策主张。在国际反恐热点影响下,东亚大国关系也基本上发展平稳,但在风平浪静的水面下国际力量对比和国际格局演变并未停息。美国政界的一些核心组群也不忘提醒最高决策层:对付恐怖主义是燃眉之急,对付来自中国的威胁才是百年大计。2005年国防部长拉姆斯菲尔德郑重告诫美国军方,反恐剿匪之余也要准备同中国可能发生的正规武装冲突。[1]

(二) 进入21世纪中日关系酝酿变化

经过邦交正常化后30年的培育和发展,在进入21世纪之际中日关系无论从交往的深度和广度来说都超越历史上任何时期。中日两国高层互访不断,政府各部门之间保持着密切而频繁的联系,各行业、各领域之间的交流日益广泛。2002年,中日贸易额突破1000亿美元。日本累计对华直接投资超过2.5万件,协议金额超过500亿美元,实际投入约400亿美元。日本对华贷款(包括无息贷款)累计超过3万亿日元。两国一年的人员往来已超过200万人次,友好城市达276对。可以说,中日关系成为世界上来往最密切、交流最广泛的双边关系之一。

中日关系发展的成果深刻地影响两国的经济发展和社会进步。日本企业为了降低生产成本,扩大海外生产,十分重视中国广阔的国内市场和丰富的劳动力资源。日本不仅大量进口中国的农副产品、轻工产品,日本企业在华生产的产品也大量"返销"日本。中国已经超过美国成为日本的第一大进口国。中国加入世界贸易组织(WTO)后,中日经贸关系又有突飞猛进的发展,双边贸易额大幅上扬,中国不断增加从日本进口各类机械、电子等工业产品,成为吸纳日本产品的主要国家。2002年日本对华出口占其对外出口的16%,仅次于第一位美国的29%。到2004年,中日贸易额突破1600亿美元,中国超过美国成为日

---

[1] "Worldwide Threat-Converging Dangers in a Post 9/11 World", *The CIA Director Testimony*, February 6, 2002, CIA Homepage; Bryan Bender, "US needs China Plan, Former Commander Says", *The Boston Globe*, November 26, 2008. 转引自丁学良《他们对准中国并非一时冲动》,英国《金融时报》中文版2018年4月24日。

本的第一大贸易伙伴。① 中日互为主要贸易伙伴，发挥了经济互补性，加深了两国之间的经济依存关系。日本舆论认为，中国已经成为"促进日本经济复苏的主角"，对经济复苏发挥了牵引作用。有的经济学家说日中贸易支撑了脆弱的日本经济。② 中日经贸关系的发展促进了两国产业结构调整和地区内产业分工的形成，为东亚经济的繁荣和地区经济一体化做出了积极贡献，为东亚和平与合作提供了保证，有助于地区内大国关系的协调与稳定。

但另一方面，中日关系也存在问题，随着两国实力差距缩小而日渐突显，阻碍两国关系进一步深化。概括说来，这些问题可以分为历史问题、现实问题和基于对方未来发展的不确定性产生的信任危机三个方面。

历史问题是指近代以来日本对中国侵略所遗留的一系列问题，特别是双方在历史问题上的认识差异是经常引起两国关系波动的重要原因之一。现实问题有三类。一类是当前在两国关系发展中出现的问题，如贸易摩擦等；一类是领海划分以及由此引起的渔业、资源等问题；还有台湾问题，日台关系的走向关系中国的统一与安全。对未来的担心是指中日双方对彼此的未来发展和作用存在疑虑。从地缘关系上说，中日关系包含合作和竞争两个方面，而两国又都处在发展变革之中，存在的不确定性加剧了彼此之间的疑虑和担心。

不言而喻，尽管存在很多问题，但中日关系的主流是合作。这是中日关系中长期起决定作用的积极因素。中日合作才能在经济上实现互通有无，互利互惠，才能为两国的发展创造一个和平的国际环境。中日关系中的问题同合作相比是次要的，但要把两国关系提升到一个新高度，这些问题又必须正视和认真解决。从法律上说，中日之间的战争状态和国家间的战后赔偿等问题由于中日复交和《中日和平友好条约》的签订已经画上句号。现在所说的历史问题主要是指双方对这段历史和相关问题的认识差距造成的，如历史教科书问题、日本有些阁僚发表否定战

---

① 《中国成为日本最大贸易伙伴》，商务部网站2005年1月26日。
② 王在喆、宫川幸三「世界の工場から世界の市場へ——地域格差と中国経済」、『東洋経済統計月報』2003年8月号、第15頁。

争罪行的言论、日本首相以公职身份参拜供奉甲级战犯灵位的靖国神社问题。日本侵华遗留问题有些也没有得到妥善解决,使民间感情受到伤害,如细菌战、毒气战、慰安妇、强征劳工等引起的民间赔偿问题。历史问题的根源在于日本战后民主改革不彻底和以后缺乏正确的历史观教育,而日本国内民族主义情绪上升更加剧了双方在历史问题上的认识差异,加深了龃龉,进而加剧了两国在政治体制、经济发展程度、文化传统等方面差异造成的隔阂,形成所谓的"厌华情绪"。日本在历史问题上的错误态度使中国民众难以理解,引起情绪对立。

对未来的担心则是中日两国如何正确认识对方,如何共处的问题。这个问题随着中日两国的发展日见突出。如果说过去是中国方面担心日本会走军国主义道路,那么,从冷战结束后中国持续稳定的发展,日本国内"中国威胁论"的声浪也明显上升。这反映了中日双方都担心对方的发展会对自己构成威胁。这种威胁不是现实的,是对未来的预期没有把握。究其原因,一是中日是相邻的大国,又都处于深刻的变革之中,各自对对方的发展趋向和影响、是友好相处还是相互竞争难以把握。东亚地区在历史上首次出现中日两强并立的局面,而在经济和安全领域还没有一个有效、可信赖的合作机制。摆在中日两国面前的一个迫切问题是,如何正确认识对方、友好共处的问题。二是日本侵略过中国,而中国在历史上主宰过东亚,由于历史因素加剧了对对方发展所怀有的疑虑。三是台湾问题,日本迄今基本上坚持了中日复交时在台湾问题上的承诺,但日本国内确有一些人要求提升日台关系,主张台湾独立、台湾地位未定和使台湾问题国际化。日本追随美国不愿在日美安全合作是否包括台湾问题上明确表态,使中国担心日美同盟会阻碍中国的统一。四是在冷战结束后主要威胁消失的情况下,加强日美同盟,中国担心日本是否会和美国联手遏制中国。

中日之间既竞争又合作的关系,使中日关系难以超越日美关系。日本前首相中曾根康弘说,从外交上说中美日关系可以是正三角形,但从安全角度看则不能不说日美关系更重要。2002年11月公布的日本内阁对外关系工作组报告《21世纪日本外交的基本战略》也说,对于日本来说,美国是最重要的国家,认为日美安保体制在可以预见的将来是保证日本安全的最现实的手段,而如何同中国打交道是 21 世纪初日本对外关系的重要课题。① 日本外交面临的新问题是如何发展同中国的关系和处理同美国的关系。

二 美国对日政策重估与调整

（一）美国重新重视日本的原因

中国崛起和东亚合作的进展显然不利于美国自第二次世界大战结束以来形成的对东亚的支配地位。美国要维持对东亚的影响就要巩固日美同盟,日本上升的民族主义成为必须认真对待的问题。

在 2000 年下半年开始的美国总统竞选期间,由于选战激化,重新评价对外政策的呼声渐高,其中要求重新评价对日政策的意见更引人注目。美国一些专家和研究机构就此发表大量研究报告和专题文章,特别是 2000 年 10 月美国国防大学国家战略研究所发表的特别报告《美国与日本——走向成熟的伙伴关系》(《阿米蒂奇报告》) 和 11 月美国对外关系委员会发表的报告《美国未来对日经济政策的方向》(《泰森报告》) 受到美日双方的高度重视。前者的作者是以小布什竞选时的外交顾问阿米蒂奇和前助理国防部长约瑟夫·奈为代表的民主党和共和党组成的超党派研究小组,参加者都是著名"知日派";后者是由美国总统经济咨询委员会前主席劳拉·泰森领导的小组对日本考察一年之后提出的建议。这两个报告代表了美国对日政策的主流意见。有评论认为,这些意见构成了 21 世纪美日关系的雏形。②

对日政策重新评价的意见认为,克林顿政府后期忽视日本,削弱了与盟国的关系,美国在亚太地区的利益无法保证。美国前助理国防部长坎贝尔说,应该对美日政治伙伴关系进行一段时间的内部反思和战略再投资。美日联盟为美国对亚洲政策提供了坚实的基础,是近半个世纪维

---

① 対外関係タスクフォース『21 世紀日本外交の基本戦略—新たな時代、新たなビジョン、新たな外交 —』、2002 年 11 月 28 日。

② 「跳ぶのが怖い 日本へ警告——加分担迫る米国の新同盟論」、『選択』2000 年 11 月号、第 6 頁。

护和平与稳定的主要依托，但它没有得到应有的注意和承认。① 《阿米蒂奇报告》认为，1996 年《美日安全条约》再定义只起了象征性作用，其后美国没有对同盟关系的发展持续地给予注意。② 忽视日本的原因是：第一，日本从泡沫经济崩溃后难以摆脱衰退局面，令美国丧失信心。美国对外关系委员会的迈克尔·格林说，美国的政策制定者似乎已抛弃日本了。③ 第二，重视对华"接触"政策而忽视日本。坎贝尔认为，克林顿政府后半期过分重视中国，对亚洲的重点是重建同中国的关系，甚至不惜牺牲同日本的关系。因顾及中国的反应，美日安全合作进展迟缓。④ 第三，日本独立性增强，难以忍受美国的支配，两国在朝鲜半岛问题、驻日美军、双边贸易等方面意见分歧很大，对话效果不佳。

对亚太安全形势重新评估的结果认为，新政府应重视美日关系，加强美日同盟，重新肯定日本是亚太政策的支柱。主要观点如下：

第一，美国国内认为 21 世纪亚太安全形势"不确定性"增长的意见占上风，要求重视美日同盟维持亚太地区稳定的作用。坎贝尔认为，朝鲜半岛问题、台湾问题、印尼及东盟发展前景、俄中关系、中国崛起、日本国内政治和安全政策演变、地区军备竞赛等问题，都要靠美日同盟来应对，必须加强美日同盟。⑤

第二，日本独立意识增长，对安全政策的态度在变化，怀疑美日同盟保卫日本的可靠性，要求美国在关系日本安全的问题上与之协商，同时要在安全领域发挥"正常"作用。美国一些人认为，如继续忽视日本将削弱联盟关系。坎贝尔不无担心地说，美日之间进行真正的战略对话是困难的，而在美日联盟本身正在发生重要变化的情况下，美日伙伴

---

① Kurt M. Campbell, "Energizing the U. S. -Japan Security Partnership", *The Washington Quarterly*, Autumn 2000.

② The United States and Japan: Advancing Toward a Mature Partnership, *INSS Special Report*, October 2000.

③ Michael Green, "Why Tokyo Will Be a Larger Player in Asia", Foreign Policy Research Institute, July 27, 2000.

④ Kurt M. Campbell "Energizing the U. S. -Japan Security Partnership", *The Washington Quarterly*, Autumn 2000.

⑤ Kurt M. Campbell, "Energizing the U. S. -Japan Security Partnership", *The Washington Quarterly*, Autumn 2000.

关系不能再忽视必要的内部整顿。①

第三，对日本的潜力重新认识。约瑟夫·奈认为，日本是世界和亚洲政治的主要角色。日本在国际政治、经济、安全领域的作用在增强，并非走向衰退。②《阿米蒂奇报告》认为，在今后几十年日本将继续在国际体系中发挥重要的政治、经济作用，低估日本力量的耐久性是不明智的。报告认为，日本正处于深刻变革之中，建议抓住历史时机，为两国未来的合作奠定新基础。③

第四，重新认识日本的作用，认为日本扩大经济、政治、安全作用与美国的利益并不矛盾。在经济方面，美国在亚洲的利益与日本经济繁荣有直接关系。一个经济虚弱的日本不仅会损害世界经济，也不会在同盟中发挥应有作用，有活力的日本经济才符合美国利益。在政治方面，日本寻求外交独立性并不与美国的外交目标发生冲突。美日外交目标在很大程度上是一致的。在安全方面，日本在维持亚太地区稳定和在非传统安全领域发挥独特作用与美国的安全利益一致。④ 格林说，日本虽然在战略上不像英国那样可靠，但它很少破坏美国在外交或安全方面的政策，就像法国、加拿大等中间国家所做的那样。⑤

第五，美日同盟中存在的问题要求重视对日关系，加强双边协调。自 1996 年《东京宣言》后，美国未对发展同盟关系给予足够注意。美日防卫合作的有效性有待落实，在日驻军问题也引起日本社会强烈反感，必须加强协商才能保证同盟机制运转。坎贝尔说，的确有迹象表明美日之间在诸如处理台湾问题上存在分歧，必须慎重周密地探索这些问

---

① Kurt M. Campbell, "Energizing the U. S. -Japan Security Partnership", *The Washington Quarterly*, Autumn 2000.

② ジョセフ・ナイ「安保、アジア安定へ役割大」、『日本経済新聞』2000 年 5 月 10 日。

③ The United States and Japan: Advancing Toward a Mature Partnership, *INSS Special Report*, October 2000.

④ The United States and Japan: Advancing Toward a Mature Partnership, *INSS Special Report*, October 2000.

⑤ Michael Green, "Why Tokyo Will Be a Larger Player in Asia", Foreign Policy Research Institute, July 27, 2000.

题，而不是忽视或置之不理。①

（二）调整对日政策建议的内容

从调整对日政策的意见看，核心是使美日关系进一步向平等方向发展，容许日本在不损害美国利益的前提下发挥独立作用，以换取对亚太战略的支持。

在政治上，美国要尽量平等对待日本。美日关系迄今未到位的原因之一是日本难以容忍美国的傲慢，而美国并不能把自身的方式、方法适用于其他国家。② 随着日本实力增强和国内政治变化，美国必须尊重其合作伙伴地位，处理对日关系须注意策略，既保持领导作用又减少摩擦。

在外交上，美国要适度容忍日本的独立性，制定政策时适当考虑其要求。如美国对日本开展多边外交态度消极甚至反对，使其有动辄掣肘之感，影响建立密切的合作关系。日本在保持美日同盟的同时，把开展多边外交看作其国家主体性的表现，要采取宽容的态度。理查德·哈斯认为，美国对日本国内动向和决策无能为力，所能做的就是鼓励日本更积极地参与本地区及以外的事务，使其绝对实力和相对实力更相称。③ 这反映了美国对日本日益增长的独立倾向的无奈，不得不做出一定让步。对日本在人道主义和非传统安全领域发挥作用，美国将乐观其成，给予支持和鼓励。

在安全方面，美国对美日同盟提出新目标，希望美英特殊关系成为美日关系参照的样板，通过许诺提升日本的伙伴地位，换取其加强安保合作和在地区安全方面承担更大责任。这也是美国调整对日政策的主要目的。从《阿米蒂奇报告》提出的加强美日安保合作措施可以看出，美国满足日本的某些要求，也要日本为其全球战略做更多"贡献"。报

---

① Kurt M. Campbell, "Energizing the U. S. -Japan Security Partnership", *The Washington Quarterly*, Autumn 2000.

② The United States and Japan: Advancing Toward a Mature Partnership, *INSS Special Report*, October 2000.

③ Richard N. Haass, "Foreign Policy in the Age of Primacy", *The Brookings Review*, Vol. 18, No. 4, Fall, 2000.

告建议在安全方面调整对日政策的主要措施有：加强美日战略对话和同盟内部协调，保证《日美防卫合作指针》有效实施；重新确认对日安全承诺，为迎合日本民族主义要求，可明确将中日有争议的钓鱼岛列岛包括在日美防卫合作范围内；为落实美日防卫合作，支持日本全面参加国际维和行动，打击国际犯罪和反恐怖活动以及参加人道主义救援行动，支持日本解除行使集体自卫权的禁令；继续使用在日军事基地，同时根据科技进步和地区安全形势变化，调整驻日美军，减少在日军事基地，改变亚洲美军完全依靠东北亚基地的做法；加强与日本的军事技术合作和情报合作，优先向其提供防卫技术；扩大两国导弹防御系统合作的范围。①

在经济方面，美国认识到在经济、贸易领域向日本施压，无助于实现美国的经济要求和改善贸易状况，反而会使摩擦激化，这是影响美日关系甚至是使国民感情恶化的重要原因。建议调整美国对日政策，继续推动日本放宽经济管制、开放市场、刺激私人企业复苏等结构改革，但会尊重日本的自主性，避免强迫日本做它不愿做的事。对日本要求在世贸组织内解决美日贸易摩擦以对抗美国霸权的努力，美国也表示理解，并准备在双边范围内就贸易问题进行有耐心的交涉。《泰森报告》认为：将过去容易引起摩擦的双边贸易目标转向在多边范围内解决，对于促进日本市场自由化可收到更好效果；应改变不断对日施压要求其进行结构改革的做法，最好把注意力集中在日本的对外行动上，这样更能顺应国际化的时代要求；在同日本进行贸易谈判时也要适应世界经济环境变化，寻找新的途径和方式。②

（三）美国调整对日政策可能的影响

美国调整对日政策是其冷战后调整亚太战略的一部分，直接影响日本走向、美日关系和亚太地区形势。

首先，美国重视亚洲，调整对日政策是要日本进一步配合其安全战

---

① The United States and Japan: Advancing Toward a Mature Partnership, *INSS Special Report*, October 2000.

② 米外交評議会の独立作業部会報告『米国の将来の対日経済政策の方向』、2000年11月22日。『世界週報』2001年2月13日、2月20日。

略。《阿米蒂奇报告》认为,在亚洲集中几支世界上最大规模的现代化军队、核大国和拥有核能力的国家;朝鲜半岛、台湾海峡、印度和巴基斯坦都存在爆发冲突并扩大成战争的危险;印尼长期动荡影响东南亚稳定;中国和日本从国内政治到对外政策都要发生变化,这使亚洲的"不确定性"增加,爆发战争的可能性增大。美国调整对日政策将提高美日防卫合作水平;分散驻日美军,加快重返东南亚以至调整东亚军事安排;促使日本放弃行使集体自卫权禁令,会加快日本修宪,从根本上改变长期以来的安全政策,对东亚安全形势产生不可低估的影响。

其次,调整对日政策是美国在中国周边加强预防性遏制战略的一部分。美国对中国的看法有所改变。2000年6月公布的美国国防部《中国军事力量年度报告》认为,中国的安全战略是希望成为东亚地区各国中占支配地位的力量。美国政界人士和学者中都有人认为中美不是战略伙伴,而是战略对手。小布什政府的国务卿鲍威尔在政府成立前夕明确证实了美国对华政策的微妙变化。兰德公司的报告建议对中国采取"遏制—接触"(Congagement)的新混合战略,认为过去的"接触"政策可帮助中国在经济上和军事上发展成为潜在威胁更大的对手,改为遏制政策则会使预先的假定变成不愿意看到的事实,因而应采取"遏制"与"接触"相结合的战略,在加强与中国的军事、经济、政治关系的同时,限制其获得先进武器及其技术,加强美国与亚洲盟国的军事能力。[①] 坎贝尔认为,加强美日安全同盟可向中国施压,避免在台湾问题上发生冲突,并可以控制中国崛起。[②] 这些变化表明,美国虽然没有称中国为敌人,但对中国未来发展以及由此可能发生的利益冲突表示了更大的担心。

再次,美日关系进一步向平等方向转化。美国预想到日本可能出现的变化,为重塑美日关系进行战略调整。美国认为,日本新一代政治家和公众的意识在变化,全球化形势和日本的变革也将导致国内政治变化,美国必须面对独立性更强的日本,而在亚太地区的战略利益又只能

[①] 《一智库建议:美对北京采取围堵交往战略》,台湾《中国时报》2000年7月23日;郑永年:《美对华政策将如何转变?》,香港《信报》2000年10月24日。

[②] Kurt M. Campbell, "Energizing the U.S.-Japan Security Partnership", *The Washington Quarterly*, Autumn 2000.

选择加强同日本的联盟，所以必须调整政策，容忍日本的某些要求和主张，与之适当地分享权力。《阿米蒂奇报告》建议，以美英特殊关系作为美日同盟的样板，认为美日关系已经到了从过去的患难与共型向权力共享型转变的时期。美日防卫体制将不再是从属关系，而是像美英那样独立防卫能力之间的密切合作。这就是说，美国迫于形势不得不认可美日关系发生的变化，以保证同日本继续有效的合作。

（四）美国调整对日政策与中美日三边关系

美国调整对日政策可以看作是重新布局中美日关系，既是应对中国崛起，也是重新稳定美日关系。总的说来美国是要保持东亚地区的稳定，维持中美日关系的平衡。

首先，美国虽然提高对华防范，但要保持中美关系稳定，尚未改变对华"接触"政策的基本框架。美国战略与国际问题研究中心的拉尔夫·科萨认为，美中关系将是"合作的接触或控制的竞争"①。尼克松中心中国研究部长兰普顿也认为，美国将会继续以往的"接触"政策。② 一些学者认为，美国实行面向北京的政策，但也没必要冷落日本，应重新活跃美日关系，重要的是不使中美关系倒退到冷战时代。制定改善与日本关系的政策，绝不能以停滞甚至恶化或降格与北京的关系为代价，必须处理好这种三角关系。③ 布热津斯基认为，调整美日防务合作，提高日本的国际安全作用，应当与照顾中国的关注点之间取得平衡，因为美国的目的是要使中国在欧亚战略均势中发挥建设性作用。④

其次，美国为保持在亚太地区的优势，重新肯定日本在其亚太战略中的支柱地位，使其继续留在同盟内发挥作用，但对其独立倾向并未放松警惕。美国对日本在亚洲金融危机时未同其商量就发起建立亚洲货币基金一直难以释怀，担心其企图联合亚洲对抗美国。美国清楚，日本的独

---

① Ralph Cossa, "Tests Loom for U. S. -China Ties", *The Japan Times*, January 10, 2001.

② デービッド・ランプトン「ブッシュ政権の対中姿勢は……関与政策継続へ」、『朝日新聞』2001 年 1 月 28 日。

③ Bates Gill and Nicholas Lardy, "China: Searching for a Post: Cold War Formula", *The Brookings Review*, Vol. 18, No. 4, Fall, 2000; William Pfaff, "A Question of Hegemony", *The Japan Times*, January 1, 2001.

④ Zbigniew Brzezinski, "Living With China", *The National Interest*, Spring 2000, pp. 5 – 21.

立性上升就减少对美国的依从，不会长期俯首听命于美国的霸权。事实上日本在依靠与美国的安全同盟的同时，也在寻求建立多边安全机制和发展同亚洲国家的关系，并把这看作是符合国家利益的外交选择。①

同时，日本清楚地知道，美国调整对日政策的目的是要其扩大在同盟中分担责任，也会慎重应对。《阿米蒂奇报告》明确说，日本的平等地位是和在同盟中的"贡献"一致的。日本担心美国会扩大在安保方面的要求。② 因为美国越重视日美同盟，主张日本应承担更多责任的论调越高涨，也必将对其提出更具体的要求。日本有人认为，美国调整对日政策的出发点是维护其利益，日本不可能全盘接受要求，选择能接受的接受，不能接受的也要说"不"。日本应重视的是，要借美国调整对日政策之机，提高与美国的对等地位。③ 对于中国，有人认为，美日同盟在 21 世纪仍然不可或缺，但如宏观地考虑美国未来的亚洲政策，中国无疑处于中心位置。因此，日本对美国的对华政策和对日政策还是慎重对待为好。④ 而且日本也希望中美日关系保持稳定，否则日本将陷于依违中美之间的困难境地。

鉴于美日都希望中美日关系保持稳定，美国调整对日政策并未改变这一关系的基本框架。

第二节　日本应对中国崛起的两种战略构想

中国崛起改变了战后形成的东亚力量对比，中日国力逆转。如何应对这一变化，对日本来说是百年未遇的新课题，是继续依靠日美同盟，还是做出某种调整，或是另起炉灶，兹事体大，显然不能遽尔决定。但

---

①　21 世纪日本の構想懇談会『21 世紀日本の構想　日本のフロンティアは日本の中にある―自立と協治で築く新世紀』、第六章、http：// www. kantei. go. jp/jp/21century/houkokusyo/6s. pdf。

②　村田晃嗣「対日重視で要求水準も高まる——ブッシュ次期政権下の日米関係」、『世界週報』2000 年 12 月 19 日。

③　神谷万丈「日米同盟展望」、『国際問題』2001 年 2 月号。

④　神谷不二「ブッシュ米新政権の外交政策と日米関係」、『世界週報』2001 年 1 月 16 日、第 6—9 頁。

在民族主义日渐强烈的日本，这预示国家战略将进行某种调整。

本节对日本在民族主义和亚洲主义两种思想影响下形成的新战略构想进行探讨。

一　民族主义的价值观外交构想

（一）小泉内阁的民族主义与美国的态度

从小泉内阁到安倍内阁，日本加快走向"正常国家"的步伐。这是日本政治演变和美国调整对日政策等因素交互影响的结果，而推动这一转变的力量是日本民族主义。

小泉内阁标志日本战后政治史进入一个新时期。有人对战后日本首相作一统计，从1980年到小泉之前的日本首相若非出身田中、竹下派，即是得到田中、竹下派支持。① 田中、竹下派一直是自民党内重视中日关系的主要派系，对保证中日关系平稳发展起了重要作用。小泉则不然，他是同旧田中、竹下派较量胜出而担任首相的。由非田中、竹下派支持的政治家担任首相是20多年来日本政坛的首次，反映了政坛派系结构的变化，也在一定程度上反映了政治风向和对华态度的变化。

更值得注意的是，小泉当选后，日本加快向"正常国家"方向转变，在对外政策上更向现实主义倾斜。小泉强调"日美同盟和国际协调"，但实际上更重视对美关系，加强日美同盟，并借此突破战后"禁区"，扩大在国际上的影响。在安全方面，小泉政府借配合美国的反恐战争、加强日美安全合作和参加联合国维和行动等名义，制定一系列法律，如2001年的《反恐对策特别措置法》、修改《联合国维和行动合作法》、制定2003年的《伊拉克复兴特别措置法》和2004年的《有事相关七法案》，扩大自卫队在海外的活动范围，提高了日美协同作战的能力。在外交方面，小泉把日美关系推上一个新台阶，而在亚洲外交方面却接连碰壁。当然这不能简单地说小泉不重视亚洲外交。小泉任内两度访问朝鲜，是战后首相中绝无仅有的。在中国、东盟关系迅速发展的

---

① 伊奈久喜「小泉外交とはなんだったのか——ポスト冷戦後の日本が直面する外交課題」、『外交フォーラム』2006年11月号、第14頁。

带动下，日本和东盟的经济合作也加快步伐，并提出十六国东亚合作建议。他还提出后面将要提到的"东亚共同体"构想。但小泉的民族主义立场使他在一意孤行参拜靖国神社受到中、韩两国的批评时，不敢正视现实，反映了他思想深处轻视亚洲的错误观念，在亚洲外交上也未能取得期望成果。

应当说，是冷战后国际形势的变化为日本民族主义进一步释放提供了环境。"正常国家"论就是在这一条件下提出来的。与此同时，日美同盟也频亮"红灯"，面对国际形势和日本政治的变化，美国要继续利用日本的战略地位，保持在东亚存在而调整对日政策。1996 年，《日美安全条约》重新定义，美国愿意让日本在同盟的框架下发挥更大作用。2000 年 10 月，美国国防大学战略研究所发表的《阿米蒂奇报告》再次表示对日本民族主义要求给予理解和尊重，目的仍是使日美同盟保持稳定。而且美国重新评估东亚安全形势，抓紧建立美日联合作战体制，要求日本放弃对"集体自卫权"的禁令。这实际上等于美国放任日本修改战后宪法，改变战后体制。美国对日政策的让步加快了日本向"正常国家"转变的步伐。

正因为日本的"正常国家"与日美关系密切相关，所以日本要保持怎样的日美关系和美国要采取怎样的对日政策都影响"正常国家"定位。由于国际形势变化，日本民族主义与美国霸权之间的关系又陷入新一轮矛盾之中。日本既要改变日美关系的不平等性，又要保持日美关系的稳定；既要依靠日美同盟，也要不断拓展亚洲外交等新舞台。美国的对日政策始终是把日本作为其推行东亚战略的工具，既要依靠日本加强对东亚地区的控制，又要约束日本不破坏东亚地区的战略平衡。尽管日美关系既相互依赖又存在矛盾，但美国的对日政策仍对日本的国家走向保持重要影响。一个明显的例子是，当小泉参拜靖国神社引发与中、韩外交危机时，美国国会通过批评日本的议案，并以议员谈话的方式以及外交渠道低调而郑重地向日方表达了对其否定历史和恶化地区气氛的严重关切。美国这样做的动机正如约瑟夫·奈所说："美国的利益是建立在地区稳定以及贸易和投资持续增长基础上的"，"美国乐于见到中日之间保持良好关系"，"美日联盟仍是东亚稳定的关键，但是稳定三角的形成需要美日中三角的平衡"①。显然，美国不愿意看到因为小泉的偏执和日本民族主义的膨胀而破坏东亚的稳定。

（二）安倍内阁推动日本向"正常国家"转变

安倍在问鼎首相的道路上得到小泉的奖掖和栽培，其言行也表明要继承小泉的政治路线。安倍的家世使其更倾向于保守的民族主义路线。安倍内阁成立后，要引导日本最终结束"战后"状态和成为"正常国家"的民族主义指向便毋庸置疑地展现在世人面前。

在保守政治主导下，日本一方面配合日美同盟，一方面稳步推进实现"正常国家"的目标。按照小泽一郎提出的"正常国家"标准：一是要能向海外派兵，二是要有外交自主性，提高日本的国际地位。日本自20世纪90年代开始为实现这一目标在法律上做了大量准备。安倍内阁修改教育基本法并将防卫厅升格为防卫省向实现这一目标又迈进一大步。2006年12月15日，日本参院通过《教育基本法修正案》。战后制定的《教育基本法》是要否定"忠君爱国"的军国主义教育，强调"主权在民"思想，在近60年的时间里未更动一字，这次修订无疑是对战后体制的重大冲击。安倍认为，战后把国家主义看作是战争的根源，导致人们对"国家"的错误认识，是"战后教育的失误"②。修改《教育基本法》的目的是培养学生有"热爱国家和乡土的态度""尊重传统和文化"、具有"公共精神""丰富的情操和道德心"，纠正对"国家"的错误认识，并要求教师必须履行法律规定的事项，敦促教师执行《国旗国歌法》等。《产经新闻》认为，修正案恢复了战后教育所缺少的理念，表明安倍政权向"摆脱战后体制"的目标迈出了一大步。③

在通过《教育基本法修正案》的同一天，参院还通过将防卫厅升格为省的《防卫厅设置法修正案》和把向海外派遣自卫队作为正常任务的《自卫队法修正案》。防卫厅升格后，防务在政府中的地位随之上

---

① ［美］约瑟夫·奈：《东亚三角》，载墨西哥《宇宙报》2006年10月13日。转引自《美学者：东亚稳定的关键是美日中三方的平衡》，人民网2006年10月26日，http：//japan.people.com.cn/BIG5/35464/35488/4959718.html.

② 「教育と防衛　戦後がまた変った」、『朝日新聞』2006年12月16日。

③ 「教育基本法改正　脱戦後へ大きな一歩だ」、『産経新聞』2006年12月16日。

升，自卫队能够正常履行国际紧急救援活动、联合国维和行动、发生"周边事态"时施行后方支援以及《反恐特别措置法》和《伊拉克特别措置法》规定的活动。"正常国家"论者要求改变战后"重经济、轻军事"的"单肺国家"① 正在成为现实。正如安倍在防卫省揭牌仪式上所说，防卫厅升格为省是"为日本脱离战后体制，建设新型国家迈出的奠基性的、重大的第一步"②。

为向"正常国家"转变，日本还要通过法律解除对行使"集体自卫权"的限制，特别是要通过自主制定一部新宪法③，提高与美国的对等合作关系和争取成为联合国安理会常任理事国。日本的这些努力，是为配合美国的战略，加强日美同盟，并未与美国的战略利益发生冲突。也就是说，在现阶段日本修改战后体制和调整日美关系并不是要改变日美同盟，而是要在日美同盟的框架下实现民族主义要求。从日本的民族主义要求来看，还有发展核武器和废除《日美安全条约》或维持日美安全同盟但要求撤出驻日美军等。这些要求目前在日本还没有得到广泛支持，在短时期内也难以成为现实。

安倍内阁还设立讨论国家安全问题的"官邸机能会议"，酝酿成立模仿美国的国家安全委员会。安倍在就职演说中说："要从根本上强化官邸机能，确立政治领导体制"，"使政治上强有力的领导体制能够迅速决定外交、安保战略"④。首相国家安全事务助理小池百合子强调，日本"需要综合讨论外交、安全问题，应该强化收集、分析情报的能力"。《东京新闻》报道称，此举堪称安倍政权改革的焦点。包括防卫厅升格等改革的最终目的，是要突破行使"集体自卫权"的禁区，实现对宪法的修改。⑤ 安倍明确表示，希望在 2007 年的例行国会上通过决定修宪的公投法案，在他的任期内完成这一"历史性的重大工作"。

---

① "单肺国家"的提法见［日］小泽一郎：《日本改造计划》，第 67 页。
② 「防衛省成立」、『毎日新聞』2007 年 1 月 9 日夕刊。
③ 安倍首相 2007 年新年讲话的报道，『読売新聞』2007 年 1 月 1 日，转引自《参考消息》2007 年 1 月 2 日。
④ 『第 165 回国会における安倍内閣総理大臣所信表明演説』、2006 年 9 月 29 日、http：//www.kantei.go.jp/jp/abespeech/2006/09/29syosin.html。
⑤ 「教育と防衛　戦後がまた変った」、『朝日新聞』2006 年 12 月 16 日。

（三）安倍内阁的价值观外交构想

在冷战结束后的日本历届内阁中，安倍内阁的政策以具有较强的民族主义色彩著称。在对外政策上，安倍内阁的突出特点是开展"有主张的外交"，试图突破长期以来外交缺乏"自主性"的困局。

2006年9月，安倍在就任首相后的施政演说中充满自信地说："我国外交基于新思维向有主张的外交转换的时候来到了。"对于"基于新思维的有主张的外交"，安倍解释道："进一步明确'为世界和亚洲的日美同盟'，推进为在亚洲形成牢固的联系而做出积极贡献的外交。"[①] 一面坚持日美同盟，一面开展亚洲外交，这是日本外交一贯的原则，没有太多新意。值得注意的是，安倍把日美同盟的作用明确扩展到亚洲和世界的范围，同时在日美同盟的基础上要为在亚洲国家中建立某种联合而展开积极的外交活动。这一对外方针也可以理解为，日本要在美国的同意和支持下，在亚洲乃至世界发挥更大的外交作用。亚洲外交将是安倍"有主张外交"的实验场。在2007年初的国会施政演说中，安倍进一步说明"有主张外交"的具体内容，即日本外交要"以与共同拥有自由、民主主义、基本人权、法治等基本价值观的国家加强联系，构筑开放而富有创新精神的亚洲，为世界的和平与稳定做贡献为三根支柱，进一步推进真正为亚洲和世界和平做贡献的'有主张外交'"[②]。这段话的三个关键词是：价值观、亚洲、世界。通俗地说，"有主张外交"就是要以价值观为招牌，扩大日本在亚洲和世界的影响。

安倍在担任首相后立即访问中、韩，打破外交僵局。这是顺应国内外要求的积极步骤，也是中、韩共同努力的结果，但并不意味着参拜靖国神社等历史问题已经解决。安倍访问中、韩，表明小泉顽固坚持参拜靖国神社已经给日本的外交形象和国家利益造成严重损害，需要抓住政府更迭的时机改弦更张。安倍担任首相后表示要不遗余力地改善中日关系，在历史问题上继承"村山谈话"精神，在参拜靖国神社问题上采

---

① 『第165回国会における安倍内閣総理大臣所信表明演説』、2006年9月29日。http：//www.kantei.go.jp/jp/abespeech/2006/09/29syosin.html。
② 『第166回国会における安倍内閣総理大臣施政方針演説』、2007年1月26日、http：//www.kantei.go.jp/jp/abespeech/2007/01/26sisei.html。

取了不明确表态的态度。这反映安倍充分认识到与中、韩保持良好关系的重要性，愿意以务实的态度化解外交僵局。

安倍进一步加强日美信赖关系，同时提高日本外交的主动性，更注重维护日本的利益。在日美同盟框架下，日本要配合美国的战略，也要开展自己"有主张外交"。日本要成立国家安全委员会，目的是"要完善首相官邸和白宫能够经常沟通意见的框架"，加强相互信赖，提高与美国对话的地位，把美国保卫日本的日美安保体制变为两国互尽义务的关系。

日本亚洲外交的一个新特点是，提高在地区合作中的提案权和话语权。如小泉政权利用周边国家参与东亚地区合作的愿望，建议拉更多的国家参与地区合作，以抵消中国的地区影响。安倍在阐明其政治理念的著作《美丽的国家》中提出，要建立日、美、澳、印四国战略对话机制。[①] 据报道，日本计划从讨论地区合作等事务的"松散框架"起步，着手与印度等有关国家进行事务性会谈，把日、美、澳之间已有的安全战略对话机制扩大为四国机制。日本的目的很明确：第一，重视印度的经济和安全战略价值，加强同印度的关系，同时也是看准美印关系在改善，把印度拉进这样一个战略同盟与美国的意图并不矛盾；第二，在建立地区框架上发挥主动性，提高自己的国际作用。日本利用所谓自由、民主等共同价值观为纽带，把东亚周边的四个大国联系起来，其用意是明显的。安倍否认战略对话是对抗中国，但撇开本地区最主要的中国，说这是出于"意识到中国的战略思考"[②] 应该是不错的。

对"有主张外交"进一步加以诠释的是外相麻生太郎。2006年11月30日他在日本国际问题研究所发表题为《打造自由与繁荣之弧》的演讲。在演讲中，麻生提出"价值观外交"和"自由与繁荣之弧"两个新概念，并将其作为日本外交的又一个新主轴。按麻生的解释，所谓价值观外交是"对于民主主义、自由、人权、法治以及市场经济等普遍

---

① 安倍晋三『新しい国へ、美しい国へ（完全版）』、文芸春秋、2013年。
② 伊奈久喜「小泉外交とはなんだったのか——ポスト冷戦後の日本が直面する外交課題」、『外交フォーラム』2006年11月号、第18頁。

价值，在推进外交时要给予高度重视"；所谓"自由与繁荣之弧"是"对于欧亚大陆外缘正在成长中的新兴民主主义国家，要把它们像纽带一样联结在一起"。麻生认为，为保证自身的和平、安定与繁荣，日本要和美国、澳大利亚、印度、欧盟等拥有共同思想和价值观的友好国家紧密团结在一起，同时也必须在欧亚大陆外缘努力打造"自由与繁荣之弧"。为实现这一目标，日本从冷战结束后即开始向东欧、亚洲国家提供巨额援助，同这些国家建立和保持密切的对话关系。麻生表示，在推行"价值观外交"方面要和美国、澳大利亚、印度、欧盟一道行动，不落人后。"自由与繁荣之弧"建议，重点对东南亚、中亚、东欧建立民主制度和发展经济提供援助，通过开展重视民主、自由、人权、法治、市场经济等"普遍价值观"的外交，把欧亚大陆周边的新兴民主国家串联起来。这对日本来说既表明是在全球范围做贡献，也有利于保证资源供应等现实的国家利益。日本把建立"自由与繁荣之弧"作为日美同盟、近邻外交之外的又一外交新主轴，拓展外交的新舞台。① 麻生的设想同安倍的"有主张外交"是一致的，都是要争取发挥大国的外交作用。麻生的演讲是日本推行"价值观外交"的宣言书，也点明了"有主张外交"的具体内容。

从安倍内阁的外交实践看，以"价值观外交"为核心的"有主张外交"首先要建立以美、日、印、澳四国组成的"民主国家联盟"。2007年3月，日本与澳大利亚签署《日澳安全保障联合宣言》，美、日、澳三边对话机制加强。8月，安倍访问印度，在印度国会发表题为《两洋交汇》的演讲，重提"自由与繁荣之弧"构想，明确地说"日本与印度的全球性战略伙伴关系"是构成"自由与繁荣之弧"的关键，指出印度在安倍亚洲外交中的重要地位。值得注意的是，安倍在讲话中提出"扩大亚洲"的新概念。他说："由于日本与印度的结合，'扩大亚洲'把美国和澳大利亚包括进来，就会发展成遍及整个太平洋的广大

---

① 麻生太郎『自由と繁栄の弧をつくる―拡がる日本外交の地平』、2006年11月30日、http：//www.mofa.go.jp/mofaj/press/enzetsu/18/easo_1130.html。

网络。"① 安倍的这篇讲话,把"自由与繁荣之弧"与"民主国家联盟"联系起来,说明两者之间的密切关系,并通过"扩大亚洲"的构想,描绘出日本要建立以共同价值观为基础的"大亚洲"的外交意图。这一讲话后来也被称作日本印太构想的滥觞。

第一次安倍内阁历时仅有短暂的一年,但提出以"价值观外交"为代表的"有主张外交",反映了日本民族主义者要求提高外交自主性和扩大外交作用的愿望。麻生甚至从日本历史中寻找根据,说明日本在当代西方民主、法制等具有普遍性的价值观方面丝毫不逊色于欧美国家,完全有资格推行"价值观外交"。他认为,日本的民主主义始于19世纪中叶的明治维新,法制传统则可以上溯到7世纪大化改新颁布的"十七条宪法"和江户时代社会经济的成熟。日本是具有与西方国家同样"普遍价值"传承的"老字号",完全有资格并有决心推行"价值观外交"②。

(四)麻生内阁的价值观外交

安倍之后担任首相的福田康夫重视亚洲外交,但将及一年即黯然离职。接替担任首相的麻生太郎由于对华持强硬立场和积极鼓吹"价值观外交",人们普遍担心会否使正在发展中的亚洲外交特别是对华外交出现挫折。

但麻生内阁成立后在政治、经济上面临的压力超过福田内阁。自民党内外的挑战使麻生的支持率一直较低,2008年全球性金融风暴的打击使日本经济也难以避免陷入衰退的命运,这使麻生内阁在外交上难有较大作为,亚洲外交特别是对华外交并未出现大的波折。

在亚洲外交方面,麻生就任首相伊始在第63届联大会议讲演表示:日本必须推进与中、韩、东盟之间的"多层次合作,共同为东亚地区以至世界和平与繁荣而努力"。强调日本"一直以日美同盟为不变的主

---

① 安倍晋三『二つの海の交わり』、2007年8月22日、http://www.mofa.go.jp/mofaj/press/enzetsu/19/eabe_0822.html。
② 麻生太郎『自由と繁栄の弧をつくる——拡がる日本外交の地平』、2006年11月30日、http://www.mofa.go.jp/mofaj/press/enzetsu/18/easo_1130.html。

轴，同时努力加强和邻国的关系"①。他在国会首次演说阐述外交原则：
"第一是加强日美同盟，第二是和中国、韩国、俄罗斯等亚太各国共筑地区安定与繁荣，共同发展。"② 2008年12月中日韩首次首脑会议在福冈召开是东亚合作划时代的进展，日本作为会议主办国，为推动东北亚金融、经济、预防灾害、环境保护等方面的合作做出了贡献。

在对华外交方面，麻生在自民党内的竞选辩论中自我解嘲地说自己是"大家认为有可能与中国为敌的候选人"，但他明确表示将继续推进福田首相巩固与北京关系的努力。他说："我们将与中国共存，发展友谊是途径，真正的目标应该是日本与中国的共同繁荣。"③ 他担任首相后表示要推进中日战略互惠关系。在《中日和平友好条约》缔结三十周年招待会上，麻生说："对于日本而言，像中国这样重要的国家是没有的。""日中关系的重要意义在于是'互不可缺的伙伴关系'。""我认为，只有日中关系发展，才有亚洲乃至世界的稳定与繁荣。从这个意义上说，我们未来的目标是相同的。我们对日中关系的潜力、日中合作的可行性更加充满信心。"④ 麻生的言行反映了作为强硬的民族主义政治家，在事关日本国家利益的大局面前对中日关系采取的现实主义态度。

值得注意的是，麻生内阁在历史问题上的态度变化。对于影响日本与亚洲国家关系的历史问题，麻生首相表示要继承"村山谈话"精神⑤。在发生航空自卫队幕僚长田母神俊雄发表否定侵略战争论文事件后，麻生首相采取果断措施处分田母神，强调历史教育的必要性，防卫省决定修

---

① 『第63回国連総会における麻生総理大臣一般討論演説』、2008年9月25日、http：//www.kantei.go.jp/jp/asospeech/2008/09/25speech.html。
② 『第170回国会における麻生内閣総理大臣所信表明演説』、2008年9月29日。http：//www.kantei.go.jp/jp/asospeech/2008/09/29housin.html。
③ 美联社东京2008年9月12日电。转引自《参考消息》2008年9月13日。
④ 日中平和友好条約締結30周年記念レセプション麻生総理挨拶『日中関係についての、私の所信表明』、2008年10月24日、http：//www.kantei.go.jp/jp/asospeech/2008/10/24message_about.html。
⑤ 『麻生首相「村山談話」踏襲を表明』、2008年10月2日、http：//sankei.jp.msn.com/politics/policy/081002/plc0810022134006-n1.htm。

改统合幕僚学校的历史教育内容并更换教师人选。① 对田母神事件的处理表明日本国内对可能出现动摇战后自卫队"文官统制"体制倾向的担心，也说明麻生内阁不希望因历史问题给亚洲外交带来负面影响。

当然，麻生内阁并没有放弃"价值观外交"。在麻生首相出席亚欧会议和《中日和平友好条约》三十周年庆祝活动前夕，日本和印度发表安全保障合作宣言，尽管双方都否认安全合作是针对中国，② 但仍让人看出带有明显的"价值观外交"的影子。同时日本和澳大利亚的安全合作也在稳步推进。在2009年1月的国会演说中，麻生表示要坚持"自由与繁荣之弧"理念，"积极支援以自由、市场经济和尊重人权为基本价值的年轻的民主主义国家的努力"③，但和安倍内阁时期相比调子有所降低。

二 亚洲主义战略构想与尝试

（一）小泉内阁的东亚共同体构想

1. 小泉首相提出东亚共同体设想

在中国崛起和东亚合作发展的形势下，日本在对外战略选择方面出现新的考虑，除价值观外交构想外，还有回归亚洲以及在同中国和美国的关系上如何处理的不同选择。东亚共同体是东亚合作过程中产生的新的地区合作思想和合作模式。日本官方关于东亚共同体的思想最早是2002年初小泉首相访问东南亚期间提出来的，此后为朝野所重视展开深入探讨，一些机构和组织发表了很有价值的研究报告和政策建议。

2002年1月，小泉首相在新加坡发表外交政策讲话时披露这一构想。在题为"日本与东盟——建立坦率的伙伴关系"的亚洲政策讲话中，小泉首相回顾了自1978年福田赳夫首相提出"福田主义"以来日

---

① 《日本防卫省将修改统合幕僚学校的历史教育内容》，2008年11月13日、http：//china.kyodo.co.jp/modules/fsStory/index.php？sel_lang=schinese&storyid=63862。

② 『日・印共同記者会見』、2008年10月22日、http：//www.kantei.go.jp/jp/asospeech/2008/10/22kaiken.html。

③ 『第171回国会における麻生内閣総理大臣施政方針演説』2009年1月28日、http：//www.kantei.go.jp/jp/asospeech/2009/01/28housin.html。

本与东南亚关系取得的进展，表示要继续加强同东盟的合作。小泉表示，日本要和东亚国家建立"一道前行、一道发展的共同体"关系，就此提出东亚共同体构想。小泉认为，实现东亚共同体构想首先要最大限度地利用东盟和中日韩合作（10+3）框架。但从他提出的东亚共同体成员和实现的步骤上看，明显把共同体分成三个层次：第一，以日本和东盟的合作构成东亚共同体的基础，扩大同东亚国家之间的合作；第二，利用东盟和中日韩（10+3）框架，肯定中日韩合作是共同体建设重要的推动力量；第三，澳大利亚和新西兰同为共同体的核心成员。在合作形式上，他强调共同体的非排他性，重视与区域外联系，美国因对本地区的安全贡献和密切的经济依存关系，其作用不可或缺，同时须重视与印度等南亚、西亚国家和通过亚太经合组织（APEC）与太平洋国家、通过亚欧会议与欧洲国家的联系。[①]

此后小泉首相在多个场合谈到东亚共同体。2003年12月，在日本—东盟首脑会后发表的《东京宣言》中说要深化东亚合作，构筑东亚共同体，认为东亚共同体应该尊重普遍原则，是外向的、充满丰富创造性和活力的，并具有理解亚洲传统与价值的共同精神。[②] 2004年9月，小泉在第59届联合国大会上讲话表示，要在东盟+3基础上提出东亚共同体构想。[③] 2005年1月，小泉在国会发表施政演说时表示，日本要在包容多样性、共享经济繁荣、开放的东亚共同体构筑中发挥积极的作用。[④] 2005年12月，在第一届东亚峰会后答记者问时小泉说，今后将通过几次东亚峰会和东盟、东盟+1、东盟+3会议的积累，形成

[①] 小泉総理大臣のASEAN諸国訪問における政策演説『「東アジアの中の日本とASEAN」—率直なパートナーシップを求めて』、2002年1月14日、http://www.kantei.go.jp/jp/koizumispeech/2002/01/14speech.html。

[②] 『新千年期における躍動的で永続的な日本とASEANのパートナーシップのための東京宣言』、2003年12月12日、http://www.kantei.go.jp/jp/koizumispeech/2003/12/12sengen.html。

[③] 『第59回国連総会における小泉総理大臣一般討論演説 新しい時代に向けた新しい国連』、2004年9月21日、http://www.kantei.go.jp/jp/koizumispeech/2004/09/21speech.html。

[④] 『第162回国会における小泉内閣総理大臣施政方針演説』、2005年1月21日、http://www.kantei.go.jp/jp/koizumispeech/2005/01/21sisei.html。

紧密的共同体意识。① 但这些讲话只是把东亚共同体作为一个新的政策目标，做一些概念性的简单解释，对具体内容没有深入阐述。值得注意的是，小泉最初是用外来语"コミュニティ（Community）"表述共同体，2004 年在联大讲话时改用汉字"共同体"。这似乎说明日方对东亚共同体的认识在深化和发展，并把它作为政策方向进一步确定下来。

小泉构想为东亚共同体描绘出一个大概轮廓，反映了日本面对东亚经济、政治形势的迅速变化在亚洲政策上的新调整。从小泉构想中可以看出日本东亚合作政策调整的重点和步骤，即要主导地区合作进程，首先拉住东盟，再以东盟＋3 为基础扩大成员范围。他提出的东亚共同体框架也超出了传统的东亚地理范围，舆论认为这是要通过澳大利亚和新西兰的加入，平衡中国日益扩大的政治、经济影响，也是让美国和欧洲看到东亚共同体并不是一个排他的地区集团。同样，小泉主张东亚共同体须重视同美国、印度、大洋洲国家和欧洲国家的关系，也是要表白并不想牵头构筑一个封闭的地区集团。2002 年 11 月，由曾任首相助理的冈本行夫为首的对外政策特别小组发表外交战略报告，明确提出日本的前途在于推动和引领东亚一体化，并成为这个共同体的核心国家。②

但随后几年因小泉执意参拜靖国神社和自民党政权频繁更迭等原因，日本的亚洲外交进展不大，东亚共同体构想也未能切实推行。虽然如此，日本与东亚经济相互依赖不断加深的现实，使东亚共同体构想受到经济、产业界和学术界的深切关注。有关东亚共同体的研究成果表明，应对中国崛起引起的东亚政治、经济力量对比的变化，是新世纪日本亚洲外交的主要任务，积极参与和构筑东亚共同体等多边合作框架是日本亚洲外交的重要内容。

2. 东亚共同体以经济合作为基础

不言而喻，小泉的东亚共同体构想还是模糊的框架，但参照日本有

---

① 『東アジア首脳会議後の内外記者会見（要旨）』、2005 年 12 月 14 日、http://www.kantei.go.jp/jp/koizumispeech/2005/12/14press.html。

② 对外关系タスクフォース『21 世紀日本外交の基本戦略——新たな時代、新たなビジョン、新たな外交』、2002 年 11 月 28 日、http://www.kantei.go.jp/jp/kakugikettei/2002/1128tf.html#1。

关研究成果，这一构想设计的路径还是有迹可循的。

东亚合作历史表明，由于地区政治、经济、文化的多样性，合作是从经济领域开始的，而经济合作又为地区合作进一步发展奠定基础；从欧洲一体化的经验看，也是先从经济合作开始，逐步向其他领域扩展。因此，小泉的东亚共同体构想也是先从经济合作的制度化开始，一些研究成果主要是谈经济一体化，有的建议明确提出先构建经济共同体。小泉首相在2002年初新加坡讲话中，把发展经济合作视为东亚共同体建设的重要课题，把日本与东盟的一揽子经济合作构想和东盟与中国的自由贸易区，以及同澳大利亚、新西兰的经济合作当做共同体建设的基础。

2003年6月，与政府关系密切的民间智库日本国际论坛建议构建东亚经济共同体，并就具体步骤列出时间表。现在看来这个建议对东亚一体化进程的速度过于乐观，但从其为共同体设定的步骤可以大体看出对实现东亚经济一体化的路径思考。建议认为，作为东亚共同体的先导，应该由日本、韩国和新加坡建立自由贸易区，构成增长性的东亚经济共同体核心，并帮助中国改革，在经济和法律上与世贸组织接轨。共同体各国在签订双边自由贸易协定基础上进行整合，形成东亚自由贸易区，再进一步结成关税同盟。同时在东亚加强功能性合作，如成立农林中心促进农业现代化，成立环境发展会议解决环境问题，成立能源机构确保能源供应。在金融方面，促进地区内金融市场和资本市场开放，发行亚洲货币债券，活跃地区内投资；为维护地区内货币稳定，成立协调机构，建立相互支援机制，成立亚洲货币基金；最终实现东亚单一货币。①

2005年8月，由日本产官学界人士组成的东亚共同体评议会发表政策报告《东亚共同体构想的现状、背景和日本的国家战略》，在全面考察东亚地区合作和共同体构想以及中、韩、东盟的战略后，对日本的国家战略提出建议。报告认为，构建东亚共同体的基本理念之一是推进

---

① 日本国際フォーラム政策委員会『東アジア経済共同体構想と日本の役割』、2003年6月。

功能性合作，促进各领域的功能性合作是形成共同体的基础，而经济领域（货币、金融合作和贸易、投资促进）合作是推动共同体建设的发动机。在贸易、投资方面，分三阶段实现经济一体化：一是东亚各国和地区缔结经济合作协定，实现贸易、投资自由化，形成生产要素自由流动的统一市场；二是向关税同盟过渡，实行统一的贸易政策；三是向实行统一的经济制度、宏观经济政策和单一货币等经济一体化方向发展。在金融合作方面，首先要实现东亚货币稳定，培育和发展亚洲债券市场，活跃地区内投资。①

随后，经济界两大组织经济团体联合会和经济同友会也就东亚共同体中的经济合作发表研究报告。2006年3月，经济同友会发表政策建议《建立东亚共同体的建议——与东亚各国建立相互信赖的关系》。建议认为，发展中的东亚经济一体化实现制度化意义重大，有助于经济持续发展。建立东亚共同体的第一步是构筑东亚自由贸易区，首先是以东盟为中心缔结自由贸易协定。其次是改变东亚地区内各国的经济发展差距，建立地区援助机制。② 2007年10月，经济团体联合会发表政策建议《对外经济战略的构筑与推进——与亚洲一道前进，实现贸易、投资立国》。建议认为，在东亚地区，企业间的相互依存之深已达相当程度，而基础经济制度的完善程度却未能适应。构筑东亚（经济）共同体是今后重要课题之一，要积极推动东亚双边和多边自由贸易协定和经济合作协定的缔结，促进东亚经济一体化。③

3. 东亚共同体各领域的实施构想

相形之下，日方对东亚共同体政治、文化、安全等方面的构想显然不如经济方面构想细致。

在政治方面，日本在设计共同体框架方面一直处于模糊不清的矛盾

---

① 東アジア共同体評議会政策報告書『東アジア共同体構想の現状、背景と日本の国家戦略』、2005年8月、45頁。
② 経済同友会『東アジア共同体実現に向けての提言—東アジア諸国との信頼醸成をめざして』、2006年3月、第7—9頁。
③ 日本経済団体連合会『対外経済戦略の構築と推進を求める—アジアとともに歩む貿易・投資立国を目指して』、2007年10月16日、第一部、第二部。

状态。因为日本更重视日美同盟和由谁来掌控东亚地区合作的主导权，所以难以确定东亚地理范围应该包括哪些国家，在构建东亚共同体时对如何处理同美国和中国的关系也摇摆不定。如前所述，从小泉首相提出东亚共同体构想时就把共同体分成三重结构，超出了原来东盟—中日韩合作（东盟＋3）的东亚范围，将成员分成若干层次也同共同体成员国要成为平等的伙伴多少有些矛盾。以后在以东盟＋3为基础的东亚合作顺利发展情况下，日方又提出东盟＋6方案，给人以难以界定东亚范围的印象。东亚合作必须坚持开放性原则，这是经济全球化的趋势，也是东亚政治、经济实际状况的必然选择，但在东亚范围的确定上大费周章实际上是要突出日本的作用，抵制中国的影响，也担心美国等地区外国家的反对。例如东亚共同体评议会的建议既担心中国在东盟＋3框架下的东亚共同体中主导权会强化，也注意到美国对建立一个没有美国的东亚共同体具有高度警戒感。① 特别是美国的态度，在展望东亚合作时是必须考虑的重要因素。② 如上面所分析，日本提出东亚共同体构想是在东亚大国关系博弈情况下做出的外交选择，必然要给中日关系和日美关系带来影响。但日本为此而在东亚地理范围上持模糊态度，必然给东亚合作和东亚共同体构建带来不必要的麻烦，甚至导致国内外对东亚共同体本身的质疑。例如日本经济评论家大前研一说，东亚共同体如果不包括美国，就会同日本以对美关系为外交主轴的方针相抵触，如果包括美国那又同亚太经合组织有何区别？③ 由于日本现在离不开日美同盟，所以谈东亚共同体必谈日美同盟，在合作成员上也采取灵活的不固定方式。

在文化方面，由于东亚文化的多样性，东亚共同体构想必须尊重本地区的文化特点。研究东亚文化的学者青木保认为，在政治体制和经济

---

① 伊藤憲一「東アジア共同体構想の展望とわが国の対応」、東アジア共同体評議会編『東アジア共同体白書』第十二章、http://www.ceac.jp/j/pdf/100310.pdf。
② 菊池努「地域を模索するアジアー—東アジア共同体論の背景と展望」、『国際問題』2005年1月号、第55頁。
③ 大前研一「"東アジア共同体"を語る前にEUの歴史を学べ」、http://www.nikkeibp.co.jp/article/column/20091019/189495/? P=1。

发展阶段不同的东亚各国，唯一具有"共同性"可能的是文化交流。① 日本在构筑东亚共同体上强调要加强文化交流与合作，不仅要扩大政府间交流，也要深化民间交流，增进相互理解，特别要促进高等院校、学术研究机构之间的交流与合作，推动信息流通和共享。与此同时，日本提出更重要的是要建立与自由、民主等各种价值观融合的东亚共同体，把民主主义、市场经济和基本人权作为共同体的基本理念。② 为实现这一目标，2005 年 7 月根据首相决定成立的推进文化外交恳谈会发表报告，建议把东亚地区作为开展文化外交的重点地区之一，进行积极的、战略性的文化交流。报告认为东亚国家与日本之间既存在"历史认识"等诸多难题，也因漫长的交流共有许多文化和价值观。日本要认真说明战后在吸取历史教训基础上作为和平国家所做的国际贡献，今后决心为世界和平与繁荣增进信任；同时通过文化交流和国际合作，促进对日理解，加深互信，进而为将来实现共同体培育共同利益、价值观和认同感。具体措施包括：加强对青年的工作，使他们对日本文化的关心不是停留在表层，而要更深地理解日本；东亚国家的地方上接触日本文化的机会少，要作为工作重点；在交流中注意发挥有在日研究和留学经历者的作用；扩大学生、教师交流和就共同课题展开对话。③

在安全方面，维护地区稳定是对东亚共同体寄予的另一期望，但日本提出的共同体构想都是在加强非传统安全方面的合作。因为在日本看来，在东亚共同体最终形成之前必须维持日美同盟，而能够取代日美同盟的东亚安全共同体究竟能否实现还难以确定，须警惕东亚合作会使日美同盟遭到削弱。④ 东亚的传统安全仍然要依靠日美同盟和韩美同盟等传统安全框架。这个框架在平时能有效抑制行使武力，有事时则能够实际行使武力。这是冷战时期以美国为中心与东亚盟国之间形成的"轮辐

---

① 青木保「東アジア共同体の文化的基盤」、『国際問題』2005 年 1 月号、第 63 頁。
② 伊藤憲一「東アジア共同体構想の展望とわが国の対応」、東アジア共同体評議会編『東アジア共同体白書』第十二章、http：//www.ceac.jp/j/pdf/100310.pdf。
③ 文化外交の推進に関する懇談会報告書『「文化交流の平和国家」日本の創造を』、2005 年 7 月、第 20—21 頁。
④ 天児慧「新国際秩序構想と東アジア共同体論——中国の視点と日本の役割」、『国際問題』2005 年 1 月号、第 39 頁。

结构"的双边安全安排，冷战结束后没有发生根本变化。日本国内有种意见希望在东亚建立地区多边安全体制，以平衡在安全上对美国的过度依赖，日本也认识到只依靠日美安全同盟并不能解决面临的各种安全问题，加强同亚洲邻国的多边安全合作不仅有助于完善日本的安全体制，而且有助于改善同亚洲国家的关系。所以，日本提出的东亚多边政治、安全合作主要是在非传统安全合作方面展开，这有利于增进互信和形成应对非传统安全问题的地区合作框架。在维护地区稳定方面，应对非传统安全问题的多边框架可以和应对传统安全的双边同盟框架形成共存和互补的关系。[1] 对于日本来说更现实的考虑是，如何将日美同盟和亚洲的多边安全合作结合起来，这是今后需要认真研究的。[2] 东亚共同体构想强调在非传统安全领域的地区多边合作，这可以看作在安全方面日本对东亚共同体的认识和定位，也是对东亚共同体寄予的期望。

东亚共同体构想从经济、政治、文化、安全等方面表明了日本对亚洲新秩序的一种设计和实施路径，立体地展示了日本亚洲外交的战略思考。这一构想提出后经过政府有关部门、政党、经济团体、研究机构、民间智库和有关学者的广泛讨论和研究，尽管有不同意见，但它的指导思想和一些基本观点是有一定社会基础的。

（二）新福田主义的亚洲外交观

1. 新福田主义

除东亚共同体外，日本亚洲外交构想中值得提到的是新福田主义。由于在众院受到占多数席位的在野党杯葛，福田康夫内阁在内政方面几无建树，但在外交方面却以改善对华关系和提出新福田主义给人留下印象。

2008年5月22日，在由日本经济新闻社主办的"亚洲的未来"国际交流会上，福田首相发表题为《走向太平洋成为"内海"之日——

---

[1] 東アジア共同体評議会政策報告書『東アジア共同体構想の現状、背景と日本の国家戦略』、2005年8月、第30頁。
[2] 東アジア共同体評議会第35回本会議速記録「政治．安全保障分野における地域協力の進展と今後の課題」、2009年12月、第16頁。

"一同前行",对未来亚洲的五点承诺》①的演讲。在演讲中,福田展望30年后亚太地区的发展前景,科技、交通的进步将会缩短太平洋两岸的距离,亚洲将成为世界历史的主角,太平洋不再被分裂成东西两部分,成为地中海一样的"内海"。它将是开放的。为了实现这一愿景,福田提出亚洲外交新方针:第一,支持东盟建立共同体的进程。东盟位于太平洋网络关键地区,在东亚、太平洋合作中起到关键作用,其稳定与繁荣符合日本利益。为帮助东盟缩小地区差距,建立单一市场,日本将对湄公河流域发展、建设贯穿印度支那的东西走廊、在环境保护、节能、食品安全等方面提供帮助。第二,作为亚太地区的公共产品(public goods),日本将强化日美同盟。美国是亚太地区最重要的成员。在亚洲还存在不稳定和不确定因素时,日美同盟保障日本和亚太地区安全,是亚洲繁荣的基石。第三,日本将以"和平合作国家"自律,为实现亚太以至世界和平贡献力量,在反恐、缔造和平行动、预防自然灾害等方面进行国际合作。第四,致力于青年交流。除正在实行的青少年交流计划外,还将扩大亚太地区大学间的交流。第五,与气候变化斗争,尽快达成后京都议定书框架协议,努力实现低碳社会。福田还表示,日本要在亚太地区发展带来的巨大增长中,发挥核心作用,而这要与亚太各国民众建立相互信任的关系,一同前行。

这是1977年福田赳夫首相提出福田主义之后,再次阐述亚洲外交基本原则,被称为新福田主义。冷战结束以后,根据形势变化调整亚洲政策。新福田主义的提出是日本亚洲外交调整的历史必然。

如果把新福田主义与福田主义作一比较,可以看出两者的传承关系。在新福田主义的讲演中,除没有重提不作军事大国外,包括了福田主义的内容,可以说是继承了福田主义的基本精神。

另一方面,福田的讲演对新福田主义的阐释在范围和深度上都超越了福田主义。首先,新福田主义针对的范围不仅是东南亚,也不仅是亚洲,而是要把环太平洋地区,甚至印度和中东包括在内。范围的扩大,

---

① 福田康夫『太平洋が「内海」となる日へ—「共に歩む」未来のアジアに5つの約束—』、2008年5月22日、http://www.kantei.go.jp/jp/hukudaspeech/2008/05/22speech.html。

反映了日本着眼于环太平洋地区正在成为世界新的增长中心，相互联系日益密切。更重要的是主张区域开放性，不再分裂成东西两部分。这除有经济上的原因外，明显有政治上的考虑。其次，新福田主义的第一个承诺是支援东盟，这是对福田主义的继承，也表明日本亚洲外交的重点是东盟。再次，特别提出要把日美同盟作为亚太地区的公共产品。福田主义提出的背景是配合美国的亚洲战略，但主要是针对东南亚的政策，所以没有涉及美国。新福田主义是强调亚太地区合作，必须对美国的地位和作用加以定位，保证实现地区合作和日美同盟并重的外交方针。第四，树立"和平合作国家"形象，在日本具有优势的领域提出一些具体的合作设想。第五，在地区合作中发挥积极的核心作用。

应当说，新福田主义是在东亚政治、经济形势发生重大变化的条件下，日本对自身地位和作用的重新定位。在同亚洲的关系上，它吸取了小泉内阁"对美一边倒"和安倍内阁"价值观外交"的教训，注意亚洲外交和对美外交平衡，淡化意识形态色彩。它是集以往政策调整之大成，把日本外交的变化加以系统化和理论化。新福田主义提出的一些原则对认识日本外交也有参考意义。

2. 新福田主义的亚洲外交

新福田主义很大程度上是福田康夫首相本人亚洲外交思想的反映，明显带有"温和"的个人色彩，但也反映了日本外交界、学术界的主流见解，它和冷战结束后日本外交调整的基本趋势和亚洲外交的具体实践是一致的。

新福田主义外交实践主要表现为提升亚洲外交的地位。"共鸣外交"是新福田主义的核心。福田内阁成立后把外交方针定名为"共鸣外交"，即同时加强日美同盟和推进亚洲外交。[①] 福田就任首相后即访问美国，目的是确认日美同盟的可靠性，并就拓展亚洲外交获得美国的谅解和支持。福田在随后出席东亚首脑会议后答记者问："日美同盟关系将拓展日本在亚洲的活动舞台，与亚洲的良好关系也有利于日美同

---

① 『第168回国会における福田内閣総理大臣所信表明演説』、2007年10月1日、http://www.kantei.go.jp/jp/hukudaspeech/2007/10/01syosin.html。

盟。将基于这一想法，推进今后的亚洲外交。"① 这既肯定了日美同盟是日本外交的轴心，也表明日本将积极开展亚洲外交。尽管对美外交是日本外交主轴的地位没有变，但福田内阁把亚洲外交提升到与对美外交并重的地位还是前所未有的。这与小泉内阁时期重视日美同盟相比，明显是要提升亚洲外交的地位。新福田主义作为新亚洲外交构想，反映了日本在亚洲外交方面的新思维。《朝日新闻》社论说，新福田主义是在中国崛起的情况下，日本重新评价与亚洲关系的结果。②

福田内阁的亚洲外交主要在两方面取得进展。在对东盟外交方面，福田在参加第三次东亚首脑会议期间与东盟签订了一揽子经济合作协定（EPA），发表了在气候变化、环境保护、能源等领域进行合作的《新加坡宣言》，对东盟新通过的《东盟宪章》表示支持，对建设东盟共同体给予合作。日本还同印支三国首脑举行会议，表明合作开发湄公河地区的立场。在东盟+3框架下，日本与中韩就加强合作，制定"行动计划"达成协议，并决定首次单独召开中日韩首脑会议。

在对华外交方面，福田内阁继续改善中日关系，取得一些突破性进展。中日之间首次进行海军舰艇互访，中日高层经济论坛举行。2007年末福田首相访华，在历史问题、台湾问题等影响中日关系的主要障碍方面都明确表态，对中日战略互惠关系作了详细描述，两国还就环境、能源、气候变化等领域加强合作发表了公报。福田首相在北京大学的演讲中着重阐述了中日战略互惠关系，指出中日战略互惠关系的三个支柱：互惠合作；国际贡献；相互理解、相互信任。③ 2008 年 5 月，胡锦涛主席实现中国首脑时隔十年的对日访问，双方发表《中日关于全面推进战略互惠关系的联合声明》。这是中日邦交正常化以来两国就双边关系发表的第四个具有里程碑意义的指导性文件，标志中日关系正式走出小泉时期的低谷。福田内阁采取积极措施使中日关系保持继续发展的势

---

① 『東アジア首脳会議出席等に関する内外記者会見』、2007 年 11 月 21 日、http：//www.kantei.go.jp/jp/hukudaspeech/2007/11/21press.html。
② 「アジア 共に步む 福田首相 外交政策」、『朝日新聞』2008 年 5 月 24 日。
③ 『福田総理訪中スピーチ（28 日、於北京大学）』、2007 年 12 月 28 日、http：//www.mofa.go.jp/mofaj/kinkyu/2/20071230_181712.html。

头，如援助汶川地震、合作开发东海油气资源、支持北京举办奥运会等。五百旗头真称日中关系进入了"协商时代"①，尽管协商不是同盟，但日美同盟+日中协商这种模式或许就是新福田主义所追求的目标。

可以看出，新福田主义是既尊重美国在东亚的霸权地位和日美同盟的现实，又看到中日关系中存在的积极因素和消极因素，着眼于亚太地区未来发展前景而使日本融入亚洲的比较积极和温和的政策主张。它既不同于小泉内阁也不同于后来麻生内阁的政策，而其希望融入亚洲，同亚洲和谐相处的思想与鸠山提出的东亚共同体有很多相似之处。

（三）鸠山首相东亚共同体构想的实践与挫折

1. 鸠山首相的东亚共同体设想

2009年夏季大选期间，民主党竞选纲领提出重视亚洲外交，建立东亚共同体。② 同时，民主党党首鸠山由纪夫发表《我的私人哲学》，阐述其政治理想。他把东亚共同体作为其"友爱"思想指导下的国家目标之一，认为日美同盟固然是日本外交支柱，但也不能忘记自己是亚洲国家。日本要为在东亚建立稳定的经济合作和安全框架而努力。东亚共同体就是这样一个框架。③ 民主党的竞选宣传，使近于沉寂的东亚共同体构想再度引起关注。

民主党执政后，东亚共同体构想成为鸠山内阁亚洲政策的核心思想，鸠山首相在国内外各种场合阐述其东亚共同体构想，受到舆论关注。2009年9月，鸠山在出席联合国大会期间谈到共同体建设，认为应该坚持"开放的地区主义"原则，并认为这是一个渐进的过程，由合作伙伴国从自由贸易区、金融、货币、能源、环境、救灾等能够合作的领域开始，一步一步地积累，东亚共同体是可以期待的。④ 2009年11

---

① ［日］五百旗头真：《东海油气田协议标志着两国关系进入"日中协商时代"》，日本《每日新闻》2008年6月22日。转引自《参考消息》2008年6月23日。
② 『民主党の政権政策マニフェスト』、日本民主党サイト、2009年7月27日、http://www.dpj.or.jp/special/manifesto2009/index.html。
③ 鸠山由纪夫「私の政治哲学」、『Voice』2009年9月号。
④ 『第64回国連総会における鸠山総理大臣一般討論演説』、2009年9月24日、http://www.kantei.go.jp/jp/hatoyama/statement/200909/ehat_0924c.html。

月，鸠山在新加坡发表外交政策讲话《亚洲的新共同体——实现东亚共同体构想》，较详细地阐述了构想内容：强调构想是基于一贯奉行的"友爱"精神，以欧洲和解和合作的经验为原型；共同体应有多重结构，通过有关国家在各领域的合作，在本地区实现多层次、功能性的共同体网络，包括贸易、投资、金融、教育等广泛领域的合作；在功能方面，不仅要开展经济合作，还要在气候、环保、预防灾害和流行病、打击海盗和实施海难救助、核裁军和核不扩散、文化交流、社会保障、城市问题等方面进行合作，将来还可能就政治合作展开对话；在某一领域有合作意志和能力的国家先参加，随着合作取得成果再增加成员。鸠山首相在新加坡的讲话再度阐述先推动经济一体化的思想。他说，鸠山构想的原型是欧洲和解与合作的经验，法德始于"煤钢联营"的长期合作，加深国民之间的相互交流，形成事实上的"不战共同体"。他表示，经济关系的发展必然导致合作，促进本地区经济合作的有效途径是缔结经济合作协定和自由贸易协定。①

2010 年 3 月 17 日，鸠山在日本国际问题研究所举办的"构筑东亚共同体"讨论会上进一步阐述构想。他说东亚共同体的前提是日美同盟，今后也必须重视同盟形成的合作关系；共同体的灵活性、透明性和开放性是重要的，不应认为共同体成员是固定的，根据不同合作项目，参加的国家也会不同；珍视亚洲人民生命，这是共同体的原点。构想的具体课题有四：加强经济合作；环境问题；珍视生命；教育合作。共同体首先以中日韩为中心，再扩大到太平洋地区。鸠山说，日本必须提出世界都能接受的愿景，没有愿景的具体政策将把国家引向危机。这种愿景之一就是东亚共同体构想。②

2010 年 5 月 20 日，鸠山在国际交流会议发表讲演，认为从历史上

---

① 鳩山総理によるアジア政策講演『アジアへの新しいコミットメント—東アジア共同体構想の実現に向けて』、2009 年 11 月 15 日、http://www.kantei.go.jp/jp/hatoyama/statement/200911/15singapore.html。
② 日本国際問題研究所『「"東アジア共同体"の構築を目指して」シンポジウム概要』、2010 年 3 月 17 日、http://www2.jiia.or.jp/pdf/symposium/east_asia_community/100317-EAC_Symposium_summary.pdf。

看东亚就是一个文化融合体，今天要通过教育和文化交流构建东亚文化共同体。他进而提出东亚共同体将不同于以往的地区共同体，而是像欧盟那种以共享煤、铁等资源为目的而成立共同体，最终形成拥有共同货币和外交政策的联盟，是20世纪地区共同体的模式。亚洲共同体的重点将随着煤、铁等物资贸易自由化的扩大，转向服务自由化和制度协调，以至文化、艺术、科学、思想等人与人的交流。在东亚，要积极推进自由贸易协定和经济合作协定，同时也将形成从电影、音乐、戏剧、美术、时装等广泛的文化和艺术以及科学和思想交流开始的新时代的共同体。①

2. 鸠山内阁实施东亚共同体的路径

鸠山首相在决定内阁辞职之际决定将这一构想付诸实施。2010年6月1日日本内阁官房公布《关于今后东亚共同体构想的实施要点》。

这是鸠山构想的具体实施方案，其中明确规定了日本政府各部门应当分担的责任。方案规定实施目标是"通过具体合作的累积，实现地区和平、安定、繁荣"；基本思想是：和包括美国的有关国家推进"开放的""透明度高"的地区合作；在长期愿景下，累积功能性合作，利用现有框架，从能做的事和能合作的伙伴开始逐步扩大；推广日本积累的经验和技术；促进人员和文化交流；基于"开放日本"的思想，大胆、积极、迅速地制定方案和付诸实施。具体实施的领域首先是经济合作，包括推动自由贸易协定和经济合作协定的签订，完善地区内物流、交通、金融、法律等方面的商业环境；在亚洲解决经济增长和共同体建设中存在的基础设施开发、经济发展差距和环境保护等问题方面广泛运用日本的知识、经验和技术。②

人员和文化交流计划主要体现在三个方面：一是加强青少年、学生交流；二是积极接受高技术人才，活跃科技交流；三是推介日本文化，

---

① 『第16回国际交流会议「アジアの未来」鸠山内阁总理大臣スピーチ』、2010年5月20日、http://www.kantei.go.jp/jp/hatoyama/statement/201005/20speech.html。

② 内阁官房『「東アジア共同体」構想に関する今後の取り組みについて』、2010年6月1日、http://www.kantei.go.jp/jp/tyoukanpress/201006/__icsFiles/afieldfile/2010/06/01/koso_east_asia.pdf。

加强海外日语教育。从这些内容看,日本通过文化和人员交流以改善在东亚国家的形象,特别是要增进普通民众的对日理解,真正重返亚洲和融入亚洲,实现其东亚共同体构想所设定的目标。

除经济和文化方面外,实施要点的其余三点都属非传统安全方面。这和鸠山首相的构想重视非传统安全方面是一致的,要求在"保护绿色亚洲""保护生命"和"实现'友爱之海'"三方面进行合作,内容包括应对气候变化、控制温室气体排放、治理环境污染、抵御自然灾害和流行病、打击海盗和实施海难救助。此外还包括核裁军和防止核扩散等。①

只是这个方案公布之日,即是鸠山首相宣布辞职之时,但作为政府文件显然比智库层级的议论更进一步,表明鸠山内阁推进共同体建设的积极态度和具体安排。

三 新战略构想提出的背景分析

(一)新战略构想提出的背景

1. 着眼于中国崛起的战略思考

2002年11月,日本对外政策特别小组的报告认为,日本同中国的关系是21世纪初期日本外交政策中最重要的课题。② 日本对外战略新构想反映了面对中国崛起引发的战略探索。

2008年日本两家著名智库发表了关于中日关系的研究报告,一是由前首相中曾根康弘创办的世界和平研究所发表的《日中关系的新篇章》③(以下引文,不另加注),一是PHP综合研究所发表的《日本对

---

① 鳩山総理によるアジア政策講演『アジアへの新しいコミットメント―東アジア共同体構想の実現に向けて』、2009年11月15日、http://www.kantei.go.jp/jp/hatoyama/statement/200911/15singapore.html。

② 対外関係タスクフォース『21世紀日本外交の基本戦略―新たな時代、新たなビジョン、新たな外交』、2002年11月28日、http://www.kantei.go.jp/jp/kakugikettei/2002/1128tf.html#1。

③ 日本世界和平研究所:《日中关系的新篇章——超越历史,谋求共存发展》,2008年4月23日。http://www.iips.org/jcr/jcr-c.pdf。

华综合战略》①（以下引文，不另加注）。这两篇报告的作者集合了日本有影响的研究中日关系的学者，对于理解日本对华认识有所帮助。两篇报告的侧重点不同，但对华政策的基本精神一致。举其大端如下：

第一，承认中日关系进入一个前所未有的历史时期。世界和平研究所的报告说："中国近年来取得巨大的经济发展，两国关系出现结构性变化。""日中关系正超越以往和当今历史，进入一个崭新时代。"中日确定"战略性互惠关系的核心内容显示了两国将构建前所未有、从大局出发和睦邻友好的大国关系的决心"。PHP综合研究所的报告说："70年代以后实行开放政策，选择了与国际社会共生的道路以来，日本和中国终于具备了在同一国际框架下共同生存的基础条件。"第二，中日相互依存日益加深，今后应继续加强双边合作。世界和平研究所的报告认为："中国经济的发展同时对日本也是机遇，这种关系今后仍将持续下去。"PHP综合研究所的报告表示："中国经济的崛起，给日本经济带来前所未有的巨大影响。""中国已经成为左右日本经济繁荣的最重要的经济伙伴，这种趋势今后还将有增无减。对于已经成熟的日本经济来说，如何利用邻国中国的经济发展，保持自身的繁荣与活力，将是今后经济政策的最大课题。"第三，中日关系中仍然纠缠着复杂的因素，还需要"成熟化"。世界和平研究所的报告认为："过去的历史依然是两国关系中一个难解的疙瘩。"两国不仅存在"大陆国家"和"海洋国家"的根本差异，国家观与国民性不同、体制以及历史观等方面也存在很大差异。此外还存在领土争端，特别是"中国的军事规模和能力的急速增强，加之其军事战略及军事能力的不透明性，不仅对日本，而且对整个东亚地区的军事平衡均已构成'共同的担心事项'"。PHP综合研究所的报告进而认为：到2020年，中国最有可能还是一个"未成熟的大国"，即虽有国内矛盾和社会问题，但不会妨碍经济增长；虽不会引起大规模军事纠纷，但不排除突发性军事冲突的可能，而且加快军事现

---

① 「日本の対中総合戦略」研究会最終報告書『日本の対中総合戦略——「戦略的パートナーとしての中国」登場への期待と日本の方策』、PHP総合研究所、2008年6月、http：//research.php.co.jp/research/foreign_policy/policy/data/seisaku01_teigen34_03.pdf。

代化，缺乏军事透明度。主持该项研究的渡边昭夫认为，东亚几十年来在日本推动下走向经济一体化，但受到中国崛起的政治冲击，演变成英国学者巴瑞·布赞所说的"安全保障复合体"。这是一种爱恨交织的复杂组合。"东亚安全保障复合体"最大的热点和关键是日中关系，它决定"东亚安全保障复合体"的未来以至世界走向。第四，在发展双边关系的同时，还要在地区多边合作和日美同盟的基础上发展中日关系。由于以上原因，PHP综合研究所的报告认为："对于日本外交来说，中国是越来越重要的国家。"为使日本所希望的中国形象和东亚地区秩序成为现实，必须基于中长期的眼光推进对华政策。为实现日本的战略目标，日美同盟仍是不可替代的机制，今后仍是日本外交的重要支柱；在中国对亚洲政治、经济影响日益增强的情况下，日本不能置身于合作之外，也不能有感情抵触，必须努力使亚洲地区合作和日美同盟相互配合，才符合日本的国家利益。世界和平研究所的报告明确把对华外交基本思想概括为三点：加强对华参与和合作，促进日中关系成熟化；努力通过与中国合作互动，建立亚洲及国际社会框架；继续维持日美安保体制，努力完善日本自主防卫力量。第五，在日美同盟基础上，发展中美日三方平衡的关系。PHP综合研究所报告认为，美国虽是日本的盟国，双方保持重要的战略关系，但由于美中经济关系深化，日本必须注意美中关系的复杂性，防止在涉及日本利益的问题上出现"越顶外交"[①]。在中美日三角关系中，同时保持良好的日美关系和日中关系，就能发挥互补的作用，提高日本的地位。世界和平研究所报告认为，"为了不让中美日三国陷入零和关系，应该在充分尊重日美同盟、中日战略互惠关系、中美伙伴关系的基础上，以增进中美日三国之间的利益进行全新的制度设计"。报告建议中美日三国举行定期战略对话会议，以至可以探讨实施外交和国防当局的"2+2+2"协商。

以上两个智库的政策建议表明日本对华认识的变化。世界和平研究所的报告中说："中日关系的基本原则是日本亚洲政策的根本。"实际上，这两个报告也说明，日本亚洲政策的根本是中日关系，或者说日本

---

① 指1972年美国总统尼克松访华事先未知会日本。

亚洲政策的出发点和着眼点在很大程度上是中国。

2. 日本适应形势变化提高对外战略自主性

（1）日本针对亚洲的自主外交实践

从国内因素来说，对外战略新构想是日本要求调整亚洲政策、推进自主外交的反映。

日本泡沫经济崩溃后，特别是进入 21 世纪以后，中国的发展和中日经济合作的深化为日本摆脱经济长期停滞提供了条件，为经济持续发展带来了希望，也为其亚洲外交提出了新课题。日本外交向亚洲倾斜，已成必然趋势。2000 年 1 月小渊首相咨询班子撰写的研究报告就认为战后日本外交的短板之一是未能深化同亚洲国家的关系，加强与亚洲国家的合作是新世纪外交的课题。① 2005 年 5 月，时任民主党党首的冈田克也撰文阐述民主党外交、安保政策时说，战后日本把外交、安全都委诸美国，现在应该改变这种被动的思维，自主地去追求国家利益。日本最重要的"开放的国家利益"是创造和平、富裕的亚洲，具体手段就是建立东亚共同体。② 安倍提出"民主国家联盟"和麻生提出"自由与繁荣之弧"，从战略方向上看与东亚共同体构想大相径庭，但同样是试图主导地区整合，是在意识到中国崛起和美国可能采取收缩政策的国际战略态势下发挥自主性的结果。这同冷战时期在对外战略上一味追随美国完全不同。尽管日本的战略构想与美国的战略并不矛盾，但它反映了在国际形势发生历史性转折之际为维护本国利益做出的战略选择，预示日本国家战略酝酿转换。2009 年，日本国际论坛提出的《积极的和平主义和日美同盟的应有状态》明确提出日本要改变以往"消极和平主义"和"被动和平主义"，转向"积极和平主义"国家战略。这一思想被第二次安倍内阁所接受和付诸实践，其经过将在后文谈到。而安倍提

---

① 21 世紀日本の構想懇談会『21 世紀日本の構想日本のフロンティアは日本の中にある—自立と協治で築く新世紀』、112 頁、http://www.kantei.go.jp/jp/21century/houkokusyo/6s.pdf。

② 岡田克也「"開かれた国益"をめざして——アジア、そして世界とともに生きる」要旨、2005 年 5 月 18 日、民主党ウェブ、http://www.dpj.or.jp/governance/act/vision/youshi.pdf。

出的"民主国家联盟"则在第二次安倍内阁发展成为印太战略和印太构想，成为"积极和平主义"战略的重要成果。

可以认为，21世纪第一个十年是日本国家战略酝酿转换的时期。这一时期，与国际形势的变化相适应，政坛力量重组，首相更迭频繁，代表不同倾向的政策构想应运而生，为国家战略转换奠定了基础。随着美国奥巴马政府推出"亚太再平衡"战略和保守的民族主义政治家安倍晋三东山再起，日本国家战略转换的国际、国内条件已经具备了。

（2）深化东亚合作和应对中国崛起的要求

经济全球化和世界经济、政治格局变化是日本重视亚洲外交的国际背景。首先，东亚经济快速发展，经济交流日益频繁，相互依存程度加深。2005年东亚地区内贸易达60%，说明地区国际分工已达到很高程度，[①] 贸易格局发生重大变化，迫切需要将地区合作提到一个新高度，特别是需要加强制度方面的一体化建设。其次，1997年爆发的金融危机暴露东亚地区市场机制的漏洞，促使东亚国家合作互助，团结自强，东盟和中日韩三国首次建立合作机制，为地区合作的进一步发展搭建新平台，也为东亚合作的未来展示了新希望，提高了东亚各国参与地区合作的勇气和信心。还有，欧洲一体化的进展为东亚合作提供了范例。尽管欧洲的经验不能照搬到亚洲，但给相互依存日益加深的东亚带来希望，使人们认为只要不懈努力，也会在地区一体化道路上取得积极进展。东亚共同体构想反映了日本在国际经济、政治格局变化下倾向亚洲主义的战略调整新思路。

另一方面，如前所述由于民族主义上升，在对外关系上要求对美自立，同时也感受到亚洲国家实力增强后的压力，自然形成一种保护意识。对于中日关系来说，既希望与中国建立友好合作关系，又担心中国会威胁日本，希望能有牵制和制衡中国的力量。这从小泉首相称只有好的日美关系才有好的中日关系，而加强日美同盟和安倍首相提出的"民主国家同盟"、麻生首相提出建立"自由与繁荣之弧"等外交设计中都可以看到应对中国崛起的长远用心。

---

① 通商産業省『通商白書』2007年、第2—1—15 図。

值得注意的是，从这些外交设计中可以清楚地看到日本对华政策正在形成新思路，即利用地区多边框架应对中国崛起。这也是日本要积极参与和主导地区合作的主要原因。前引世界和平研究所和PHP研究所发表的研究报告就是按照这一思路设计对华政策的。这两份报告有一个共同点，即希望在多边基础上发展对华关系。报告提出发展对华关系的两个途径：一是在东亚合作的基础上发展对华关系，二是在中美日三边协调的基础上发展对华关系。也就是说，日美同盟仍是不可替代的机制和制度，是日本外交的重要支柱；在中国影响日益增强的情况下，日本更不能置身于地区合作之外。必须使亚洲合作和日美同盟相互配合，才符合日本的国家利益。①

从日本外交新构想和相关建议中可以得出结论，对华关系是日本亚洲外交的核心。日本亚洲外交和对华政策的基本途径是在处理好日美同盟的基础上推进东亚合作，在日美同盟和东亚合作的基础上构建中日关系。在东亚合作成为地区各国普遍要求的形势下，日本必须积极参加，并掌握合作的主导权，否则就会被边缘化。日本民间研究组织东亚共同体评议会报道，日本国内有研究认为，如果不参与东亚共同体的讨论和建设，东亚地区秩序就会在中国的主导下形成，其他国家也将追随中国，日本将来对这一地区新秩序若不认可就只能拒绝，这将使日本在东亚陷于孤立。②

（3）日本软实力外交的创新

对外战略新构想是日本软实力外交的创新和实践。软实力是21世纪国际竞争的重要手段。提出软实力理论的美国学者约瑟夫·奈把外交影响力作为软实力的一个重要内容。他认为一个国家的软实力资源由三部分构成：对他国有吸引力的文化、在国内和国际上都能得到遵循的政

---

① 「日本の対中総合戦略」研究会最終報告書『日本の対中総合戦略——「戦略的パートナーとしての中国」登場への期待と日本の方策』、PHP総合研究所、2008年6月、http：//research.php.co.jp/research/foreign_policy/policy/data/seisaku01_teigen34_03.pdf。

② 「東アジア共同体構想への対応」、『東アジア共同体評議会会報』2009年秋季号、第1頁。

治价值观、被视为合法和享有道德权威的外交政策。① 软实力理论认为，假如能通过建立国际规范和国际制度引导和限制其他国家的行为，就不需要采取强制的、代价高昂的行动或硬实力；能建立有利的国际规范和国际制度支配国际行为是国家实力的决定性资源。②

为了提高外交影响力和在国际秩序构建过程中发挥主导作用，日本十分重视外交软实力。2000 年 1 月小渊首相咨询班子的研究报告提出重视"言力政治"的建议，认为它不同于以往国际政治中的"金力政治"（经济）和"权力政治"（军事），也不是狭义的语言能力，而"是信息能力、构想能力和以此二者为基础的提案能力、表现能力，是运用上述能力进行协商和促使做出决策的能力，也许甚至还包括促使人和组织去实施的能力"③。日本对外战略构想抓住地区政治、经济变化，通过抢占"道德高地"和掌握话语权等方式，提出地区构想，试图引领地区走向，在国际格局和国际秩序重构中发挥主导作用。

安倍的"民主国家联盟"和麻生的"自由与繁荣之弧"构想，以"民主""自由"等西方社会崇尚的价值观为招牌，构建所谓共有价值观国家之间的联盟和纽带，借以提升号召力，提高日本的国际地位。民主党党首冈田克也在外交、安全报告中说，日本追求"软实力立国"的道路。为使日本成为有魅力的、值得信任的国家，不是靠军事力量所代表的强制力，而是靠外交的力量，即在经济和文化魅力的基础上，还要成为具有外交理念的国家。④ 东亚共同体构想就是日本构想能力、提案能力和外交理念的体现。日本要通过提出和推进东亚共同体构想提高在地区合作中的话语权和影响力，发挥领导作用。在东亚合作要求提高

---

① Joseph S. Nye, Jr., "Think Again: Soft Power", *Foreign Policy*, February 23, 2006, http://www.Foreignpolicy.Com/story/cms.php?story_id=3393.

② Joseph S. Nye, Jr., *Bound to Lead: The Changing Nature of American Power*, Basic Books Inc. Publishers, New York, 1990, pp. 32 – 33.

③ 21 世紀日本の構想懇談会『21 世紀日本の構想日本のフロンティアは日本の中にある—自立と協治で築く新世紀』、129 頁、http://www.kantei.go.jp/jp/21century/houkokusyo/6s.pdf。

④ 岡田克也『「開かれた国益」をめざして——アジア、そして世界とともに生きる』、2005 年 5 月 18 日、第 22 頁、http://www.dpj.or.jp/governance/act/vision/honbun.pdf。

到新水平的形势下，东亚共同体构想为地区一体化描绘一个远景，而且有欧盟作为样板说明地区共同体并非空想，尽管东亚的情况远异于欧洲，但实现具有东亚特色的地区一体化同样具有吸引力。按照东亚共同体构想，日本提出地区合作的东盟＋6方案以及经济、文化、安全领域的共同体构想，试图影响东亚政治、经济力量平衡和未来地区秩序走向。日本还积极向东亚国家推介日本经验，提高日本的国际影响。鸠山由纪夫首相2009年11月在新加坡的讲话说，日本在亚洲最早完成现代化，比许多亚洲国家都早地碰到"发展道路上的课题"，经过实验积累了知识和经验，将是各国在解决此类问题时的公共财富。① 东亚共同体构想是日本重构亚洲政治、经济格局和国际秩序的设想，对了解日本的亚洲外交有参考价值。

　　当然，日本国内对东亚共同体构想也有不同看法，包括有反面意见。例如有人对东亚共同体能否建成持怀疑态度。发展经济学家渡边利夫就认为东亚国家的社会理念、政治体制和安全框架不同，不具备形成共同体的条件，日本对参加东亚共同体必须谨慎。② 但即便如此，这部分人也没有放弃利用东亚共同体的感召力，为实现日本的外交目标服务。例如东亚共同体评议会主张，日本应该有更现实的"东亚共同体观"，虽然东亚共同体在某种程度上是一个梦想，但通过谈论这个梦想，日本才能在东亚秩序形成过程中享有发言权，问题是日本是否能把东亚共同体构想作为一个实现国家战略的工具加以运用。③

（二）对东亚共同体构想的评价

1. 两种东亚共同体构想的比较

　　鸠山的东亚共同体构想显然要比小泉构想的线条更清晰。这反映了两者之间的联系，也说明随着时间推移构想的内容在充实。

---

① 鳩山総理によるアジア政策講演『アジアへの新しいコミットメント―東アジア共同体構想の実現に向けて』、2009年11月15日、http://www.kantei.go.jp/jp/hatoyama/statement/200911/15singapore.html。

② 渡辺利夫「"文明の生態史観"と東アジア共同体」、『環太平洋ビジネス情報』2006年1月号。

③ 伊藤憲一「東アジア共同体構想の展望とわが国の対応」、東アジア共同体評議会編『東アジア共同体白書』第十二章、http://www.ceac.jp/j/pdf/100310.pdf。

将鸠山的东亚共同体构想与小泉的构想作一比较，可以看出几点不同：首先，鸠山构想明确指出要把共同体建设作为亚洲外交的核心。他在新加坡发表的亚洲政策演说中表示："日本新政府宣告重视亚洲外交，而亚洲外交的支柱是东亚共同体。"这是日本外交战略的重大调整，反映鸠山内阁在外交战略上进一步倾向亚洲，并把推进东亚合作进程作为亚洲外交的主要任务。其次，日本愿与中国、韩国和东盟国家一道共同推进共同体建设，并以中日韩作为中心。对于阻碍与东亚国家关系的"历史问题"，鸠山也表示有勇气正视历史，以促进日本回归亚洲。① 而小泉首相一面想加强同亚洲国家的关系，一面在参拜靖国神社等历史问题上坚持错误立场，使日本难以在亚洲外交上打开局面，更难以推动东亚共同体建设有实质性进展。再次，在共同体构建上鸠山构想更强调自主外交原则。尽管鸠山在就任首相之初就表示共同体设想并未打算把美国排除在外，② 甚至表示日美同盟是东亚共同体不可或缺的前提条件，③ 但新政府要改造日美同盟和重视亚洲的外交方针不能不使美国心存疑虑，甚至一些知日派官员如前副国务卿阿米蒂奇对东亚共同体构想也持反对意见。④ 日本学者福岛安纪子说，小泉构想对日美同盟和东亚共同体的定位将日美同盟摆在第一位，其次才是东亚共同体；而鸠山构想是要由日本主导实现东亚共同体，同美国保持一定距离。在自民党执政时期，东亚共同体构想在政府的对外政策中也没有摆在如此突出的地位。⑤ 京都大学教授中西宽说，东亚共同体的主张反映了民主党内对小

---

① 《鸠山表示日本新政府有勇气正视历史》，共同网 2009 年 10 月 29 日。http：//china.kyodo.co.jp/modules/fsStory/index.php? sel_lang=schinese&storyid=75181。
② 『鸠山内阁総理大臣記者会見』、2009 年 9 月 16 日。http//www.kantei.go.jp/jp/hatoyama/statement/200909/16kaiken.html。
③ 『第 174 回国会における鸠山内阁総理大臣施政方針演説』、2010 年 1 月 29 日、http：//www.kantei.go.jp/jp/hatoyama/statement/201001/29siseihousin.html。
④ 『米政府、鸠山首相の"東アジア共同体"に強い反対不信と懸念強める』、産経ニュース 2009 年 9 月 28 日、http：//sankei.jp.msn.com/politics/policy/090928/plc0909281843009-n2.htm。『鸠山首相提唱の東アジア共同体、米議員が米国排除を懸念』、産経ニュース 2009 年 11 月 13 日、http：//sankei.jp.msn.com/world/asia/091113/asi0911131619007-n1.htm。
⑤ 東アジア共同体評議会第 35 回本会議速記録『政治．安全保障分野における地域協力の進展と今後の課題』、2009 年 12 月、第 8 頁。

泉所持观点——日美关系好则同亚洲的关系亦好——的批判，并希望既与美国维持关系也保持某种距离的"自主性"感情。①

从上面的分析也可以看出，小泉构想和鸠山构想代表了自民党和民主党关于东亚共同体的不同构想，小泉构想没有摆脱日美同盟体制的冷战思维窠臼，鸠山构想反映的自主外交思想是与小泉构想的最大区别。

2. 鸠山东亚共同体构想的评价

鸠山首相的东亚共同体构想更是当前民族主义外交思想的集中体现。正如鸠山所言，过去日本动辄依靠美国，日美同盟固然重要，但现在要制定更重视亚洲的政策。② 这反映了日本扩大自主外交的意志和决心。

鸠山构想是日本根据东亚地区国际力量变化，主动调整外交战略，争取外交主导权的重要步骤。中国的发展和中美战略关系的深化，使日本有处于两国夹缝中的感觉，必须将日益迸发活力的东亚视为立身之本，③ 如果不改变冷战时期的外交思维就不能适应这一重大变化。

鸠山首相在阐述其东亚共同体构想时表示，要想在中美两个大国的夹缝中维护日本的政治、经济独立，保护国家利益，就要在东亚地区构建一个持久的经济、安全框架。④ 这个框架就是东亚共同体，有这样一个框架就可以让中国继续融入国际社会，成为一个负责任的国家。日本著名记者船桥洋一说，政府的意图在于对中国崛起的不安，希望建立一种新的共生模式，防止中国处于支配地位，要依靠亚洲各国的力量形成平等关系。⑤

---

① 中西寛『東アジア地域協力の現況』、韓国外交安保研究院と日本国際問題研究所の主催で2009年10月29—30日にソウルで行われた日韓協議に際し作成したディスカッション．ペーパーである、http：//www2. jiia. or. jp/pdf/column/20091221 - nakanisi. pdf.

② 「アジア重視、鳩山外交 にじむ米への配慮」、毎日jp2009年10月25日、http：//mainichi. jp/select/opinion/closeup/。

③ Hatoyama Yukio, "A New Path for Japan", *International Herald Tribune*, August 26, 2009.

④ 鳩山由紀夫「私の政治哲学」、『Voice』2009年9月号。

⑤ 日本国際問題研究所『「"東アジア共同体"の構築を目指して」シンポジウム概要』、2010年3月17日、http：// www2. jiia. or. jp/pdf/symposium/east _ asia _ community/100317-EAC_ Symposium_ summary. pdf。

鸠山构想要使日本既能保证回归亚洲，又能避免被美国"抛弃"。日本在亚洲可以起到英国在欧洲的作用，充当美国与亚洲的"桥梁"，防止美国被走向一体化的亚洲所孤立，从而继续保持在美国外交中的地位。这也是民主党一贯的思想。前引冈田克也的文章谈民主党对美政策说，美国是日本不可缺少的合作伙伴，但也必须考虑改进日美关系；既要明确在安全保障方面日美共同行动的基本方针，也要形成两国以自主为前提、更平衡的日美同盟关系。而在亚洲，日本将通过日美合作关系使美国更深地参与亚洲事务，使日美同盟作为地区公共产品发挥作用的同时，将亚洲的各种声音反应到美国的政策中，起到"亚洲与美国连接器"的作用。① 鸠山首相的智囊寺岛实郎认为："美军在日本的存在应该在一定框架内继续下去，但不能再抱持以往的惰性，而是要在深思熟虑的基础上向重新构建值得彼此信赖的日美同盟的方向前进。"②

正是出于此种考虑，寺岛实郎将建立东亚共同体和改造日美同盟比喻为日本外交之车的两轮。③ 按照这一战略，日本一方面改造日美同盟，进一步恢复战后缺失的主权，实现日美"对等"关系；另一方面积极参与和主导因中国崛起带来的东亚地区秩序重塑进程，依靠自主外交，提升日本在对华和对美外交中的地位，形成新的中美日关系。而在这一新基础上的日美关系，将是既"对等"又"密切"的，因为这是"适应该地区新的政治和战略环境"的同盟关系，④ 特别是在东亚新国际关系调整中，日本要发挥领导作用。冈田克也介绍民主党外交、安全政策的文章说，依靠日本的领导作用和中国作为国际社会大国的负责任的参与，东亚共同体在政治上和外交上的影响都会增大，在能源政策、

---

① 冈田克也「"開かれた国益"をめざして——アジア、そして世界とともに生きる」、2005 年 5 月 18 日、第 11—12 頁、5 頁、http://www.dpj.or.jp/governance/act/vision/honbun.pdf。

② 寺島実郎「常識に還る意識と構想——日米同盟の再構築に向けて」、『世界』2010 年 2 月号。

③ 寺島実郎「東アジア共同体と日米同盟見直しはクルマの両輪だ」、『週刊東洋経済』2009 年 11 月 28 日、第 97 頁。

④ G. John Ikenberry and Charles A. Kupchan, "A New Japan, a New Asia", *The New York Times*, January 22, 2010.

环境政策、金融政策等方面的地区合作也将正式展开。①

对于鸠山首相的东亚共同体构想及亚洲外交，日本学者添谷芳秀评论称：这一"基于多边主义的世界政策和以亚洲为自立外交舞台的方针，清楚地表明了民主党外交以至日本外交的新方向"②。在亚洲多边舞台上展开日本的自主外交，这是鸠山构想的本质，代表了日本外交探索的新方向。

（三）对价值观外交的评价

价值观外交是以安倍、麻生为代表的保守的民族主义政治家的外交主张，是其外交诉求在实践中的具体体现，不同于福田内阁的亚洲外交，也不同于民主党主张合作的亚洲外交。

在实践中，价值观外交并非一帆风顺。对于日本提出的美日印澳四边安排，澳大利亚学者明确指出这是针对中国的战略设计，认为确立这样一种联盟关系的目的是遏制中国的崛起，被拉入四边安排将是一种极不明智的举动，冷战遏制的意味太浓了。③添谷芳秀批评安倍内阁的"价值观外交"是基于保守冲动的外交口号，是忽视近邻国家的外交。④而印度和澳大利亚尽管有日本的极力拉拢，但在公开表态上却十分谨慎，反映这些国家即使在地区安全问题上与日本存在某些共识，但也不希望因此而损害同中国的关系。正如2007年8月21日英国《金融时报》报道安倍访印时，印度外交秘书表示："不应认为印度与日本的关系是以印中关系为代价的。"

更值得注意的是，日本提出的"民主国家联盟"并不完全是日本自己的主张。有报道披露，美日澳安全合作是经过美国副总统切尼之手促

---

① 岡田克也「"開かれた国益"をめざして——アジア、そして世界とともに生きる」、2005年5月18日、第4頁、http://www.dpj.or.jp/governance/act/vision/honbun.pdf。
② 添谷芳秀「日本外交の展開と課題——中国との関係を中心に」、『国際問題』2010年1—2月号、13頁。
③ ［美］艾伦·博伊德：《美日安全合作活跃》，香港《亚洲时报》在线2007年3月16日。转见于《参考消息》2007年3月22日。
④ 添谷芳秀「近隣外交　保守政治のゆがみを正せ」、『朝日新聞』アジアネットワーク2007年9月3日、http://www.asahi.com/international/aan/hatsu/hatsu070906.html。

成的,① 得到美国方面的认可,而美国正在加强同印度的安全关系则是公开的秘密。因此,安倍的建议不过是迎合美国的意图,协助其构筑遏制中国的安全架构,实在说不上是什么自己的主张。这也是日本为了避免美国的猜忌和反对,尽量以配合美国战略的方式,曲折地表达自己的外交主张和扩大国际影响。尽管如此,美国对日本民族主义要求在外交上获得更多的独立性仍然高度关注。安倍在访问印度时,特地去探望东京审判中力主日本战犯无罪的法官帕尔的后人表示敬意,明显是质疑美国主导下的东京审判和日本战后体制,是对安倍自己鼓吹的日美具有共同价值观的讽刺。由此也可以看出,所谓"价值观外交"不过是安倍内阁实现民族主义对外政策目标的手段。美国对日本的做法当然清楚,在安倍内阁积极推行"价值观外交"之际国会和社会舆论对日本否认战时强征慰安妇大加挞伐。② 这同样是一个讽刺,说明美日之间在价值观上并非完全一致,也说明美国希望日本能跟随美国弹奏的旋律起舞,却没有放松对日本民族主义外交倾向可能引起日美关系和东亚地区战略平衡的警惕。

(四) 自民党亚洲外交的分析

如果说小泉和鸠山的东亚共同体构想反映了自民党和民主党亚洲外交的差异,那么,安倍内阁和福田内阁的亚洲外交大体上代表了冷战结束后自民党外交的两个倾向,从中可以找出一些规律性特点。

安倍、福田内阁的亚洲外交虽然表现形式不同,但指导思想都是日本民族主义,都是要提高外交的独立性,把发挥与其地位相称的国际作用作为重要目标。战后日本的亚洲外交主要是配合美国的亚洲战略。冷战结束以后,日本的亚洲外交虽然与美国保持合作,但更多地反映了对自身利益的追求,特别是要求提高外交自主性,平衡对美国的过度依赖。亚洲成为日本展示外交创意的场所,如从1989年提出亚太经济合作组织设想到建议召开16国参加的东亚首脑会议,日本积极为改变亚

---

① [美] 艾伦·博伊德:《美日安全合作活跃》,香港《亚洲时报》在线 2007 年 3 月 16 日。转引自《参考消息》2007 年 3 月 22 日。
② 「米慰安婦決議案に抗議書 国会議員や評論家ら」、『朝日新聞』2007 年 7 月 14 日。

洲政治、经济格局和国际秩序发挥主导作用。安倍的"价值观外交"和福田的"积极亚洲外交"如果说有共同点的话,那就是要通过不同手段实现相同的政策目标。随着民族主义上升,日本外交的这一特性会长期存在和发挥作用。

但安倍和福田内阁的亚洲外交都不可能摆脱美国的影响,也就是仍然受美国制约。不仅安倍内阁要假手"价值观外交"拓展国际活动空间,福田内阁也要在打消美国顾虑后才好着手开展"积极亚洲外交"。福田在新加坡出席东盟与中日韩首脑会议后答记者问对日美同盟和亚洲外交关系所做的说明表示,他访美同布什总统就日美关系和亚洲外交已经取得谅解。这对理解福田内阁的亚洲外交是有帮助的。

安倍、福田内阁亚洲政策的另一共同点是重视亚洲、重视中国,表明日本同亚洲和中国的关系开始出现历史性转折。亚洲政治、经济的重大变化,特别是中国经济迅速发展,国际作用不断提高,使日本对亚洲、中国以及对日本自身的认识发生变化,愿意同亚洲和中国进行平等合作。安倍内阁成立后,为制定综合亚洲战略,设立亚洲门户战略会议,提出的《亚洲门户构想》报告承认:"21世纪是亚洲的时代。通货危机之后东盟各国经济复兴、中国作为经济大国崭露头角,再一次证明亚洲具有很大的潜力。""我们必须清醒地认识到日本是亚洲唯一巨人的时代已经结束","应冷峻而透彻地正视有可能落伍的倒是日本这一现实"。日本要"借助亚洲的成长和活力,使日本实现新的'创造和成长'"。报告特别指出:"亚洲门户不是亚洲和日本的关系,而必须是以日本融入亚洲之中、亚洲中的日本这样一种关系为前提。"① 这表明日本对亚洲、中国和自身及三者相互关系的评价在发生变化,加强亚洲外交,改善同中国的关系也是必然的。

福田内阁在重视亚洲外交、改善中日关系上又有新发展,特别是在对华关系上,福田内阁愿意与中国合作为地区和平与发展做贡献。福田在北京大学的讲演着重阐述中日两国面临的"机遇和责任"。他说:

---

① アジアゲートウェイ戦略会議『アジアゲートウェイ構想』序言、2007年5月16日。http://www.kantei.go.jp/jp/singi/asia/kousou.pdf。

"日中两国在政治、经济等领域获得了世界主要国家的地位，两国在历史上从来没有像今天这样有力量能够为亚洲及世界的稳定与发展做出贡献"。"日中两国面临着前所未有的如此机遇时"，"理应成为建设亚洲及世界美好未来的创造性伙伴"①。福田阐述的"中日合作"观反映了日本对华认识和对华政策的新思路和新变化。

安倍和福田内阁在亚洲政策上的差异也显而易见。这种差异源于以"价值观外交"为代表的安倍外交和以合作为代表的福田外交代表了日本亚洲外交的两个趋向，也代表了日本对华外交的两个趋向。"价值观外交"反映日本在对华认识上的一种错误倾向，即中国越是发展，日本一些人越有不安全感，越要设法对中国保持竞争和制约的态势。表现在对华政策上，一方面同中国保持密切的政治、经济联系，另一方面又把中国作为潜在威胁，加以制约和防范。这种矛盾的对华政策，不利于中日建立互信互惠的长期关系。中日关系不能顺利发展，也会给日本的亚洲外交带来负面影响。福田外交代表另一种愿意与中国和亚洲国家建立互利合作关系的倾向。譬如冷战结束以来日本官方和民间研究机构的报告都主张日本应在经济上更积极地参与东亚经济合作，在安全上保持与美国双边同盟的同时参与东亚多边安全机制等。这两种倾向随着国内政治和国际形势变化有时会同时、也有时会交替反映在日本的亚洲政策中。福田表示，由于中国和亚洲的巨大变化使日本的"亚洲外交也要发生根本变化，也要根据这些变化，思考今后日本的亚洲外交"②。中国因素在日本亚洲外交中的地位上升。

但正如福田提出"共鸣外交"所表明，日本的亚洲外交要和同美国的关系协调发展，美国既是日本亚洲外交的制约因素，也是一个借重因素。日本的亚洲外交成为引发中美日关系调整的一个动因。日本在开展对华外交和亚洲外交时需要稳定同美国的关系。《读卖新闻》2008年元旦社论认为，中国作为新的一极出现，使日本经济影响相形见绌，同中

---

① 『福田総理訪中スピーチ（28日、於北京大学）』、2007年12月28日、http://www.mofa.go.jp/mofaj/kinkyu/2/20071230_181712.html。
② 『東アジア首脳会議出席等に関する内外記者会見』、2007年11月21日、http://www.kantei.go.jp/jp/hukudaspeech/2007/11/21press.html。

国的关系将成为重要的外交难题。为调整同中国的关系，在可以预见的将来，必须坚持日美同盟。福田提出的"共鸣外交"或是基于这一判断。而同时让日本担心的是，随着中国的兴起，美国对日本的兴趣也许会下降，而同中国的关系将成为最重要的课题，为了保持同美国的关系，日本必须做出新的外交努力。① 社论或许反映了在中国发展和可能出现的中美日关系调整面前日本的焦虑心境。日本的亚洲外交需要同时处理好与中国和美国的关系。

---

① 「急激な膨張に潜む内外の危機　中国の『光』と『影』」、『読売新聞』2008 年 1 月 1 日社説。

第三章　奥巴马政府"亚太再平衡"战略与对日本的政策

第一节　奥巴马政府"亚太再平衡"战略

对于中国的崛起，美国小布什政府成立后就试图调整安全政策，但突然发生911事件使反恐成为美国的首要任务。中国积极参加国际反恐，保持了国内社会稳定和经济发展，进一步改变地区格局和力量对比。中国在东亚地区国际影响增长的两个标志性事件是：2008年席卷全球的金融危机重创美国经济和世界经济，中国对世界经济恢复做出重要贡献；日本内阁府统计，按可比价格计算2010年中国名义国内生产总值（GDP）超过日本，日本长达30年的世界第二大经济体[①]席位被中国取代。随着反恐战争结束，美国把应对中国崛起作为其对外战略的重要方向。奥巴马政府开始着力经营亚太地区，从提出"重返亚洲"到实施"亚太再平衡"战略，积极维护第二次世界大战结束以来的亚太国际格局和国际秩序。

但中国不是苏联，中美博弈下的亚太地区与冷战时期美苏对峙下的东西方格局不同，这决定了美国"亚太再平衡"战略的性质也不同于冷战时期的"遏制"政策。本节试就此做一分析。

[①] 1975年苏联经济达到顶峰，20世纪80年代日本超过苏联成为世界第二大经济体。

一 "亚太再平衡"战略分析

(一) 从"重返亚洲"到"亚太再平衡"战略

奥巴马政府把对外战略重心转向亚太地区,是冷战后美国对外战略的重要转换,对亚太地区会产生何种影响受到普遍关注。

2011年11月中旬,奥巴马总统在夏威夷召开的亚太经合组织领导人年会和在澳大利亚议会的讲话,阐述了美国把亚太地区作为外交战略重点的新亚太政策。他说,亚太地区对于美国经济增长绝对重要,美国将把这一地区视为首要重点。[1] 美国是太平洋强国,21世纪要保持在这一地区的存在。他向这一地区的国家表示:"请勿怀疑,美国在21世纪将会全心全意地投入亚太地区。"奥巴马宣称美国是"太平洋大国","作为一个太平洋国家,美国将坚持核心价值观和盟友的密切伙伴关系,在重塑该地区及其未来方面,发挥更大、更长久的作用"[2]。与此同时,国务卿希拉里·克林顿在《外交政策》杂志上发表《美国的太平洋世纪》。这是一篇新亚太政策宣言书,对美国政策调整的原因、目标、实施手段和步骤以及中美关系都做了深入的阐述。她说:"今后十年美国外交方略最重要的使命之一是大幅增加对亚太地区外交、经济、战略和其他方面的投入。"[3] 美国正处于反恐战争后的转折点,要为今后十年对外战略选择方向和目标,使美国保持有利的国际地位和领导作用,保障美国的利益和推进美国的价值观。这一对外战略的重点是亚太地区。因为"亚太地区已成为全球政治的一个关键的驱动力"。美国要在亚太地区建设"更成熟的安全和经济架构"进程中发挥领导作用。为实现这一目标制定的"区域战略"首先是实行"前沿部署"外交,执行六个行动方针:加强双边安全联盟,深化与新兴大国的关系,参与区域多边机构,广泛的军事存在,扩大贸易、投资和促进民主、人权。这一战

---

[1] "Opening Remarks by President Obama at APEC Session One", The White House Office of the Press Secretary, November 13, 2011。

[2] "Remarks By President Obama to the Australian Parliament", The White House Office of the Press Secretary, November 17, 2011.

[3] Hillary Clinton, "America's Pacific Century", *Foreign Policy*, November 2011。

略把中国定位为美国"新伙伴中最引人瞩目的国家之一","与中国的关系是美国有史以来必须管理的最具挑战性和影响最大的双边关系之一",但她否认把对方视为威胁,认为"一个欣欣向荣的中国也对美国有利",要"合作而不是对抗"。美国要将中国"置于一个更广泛的地区安全同盟、经济网络和社会纽带框架内",承担起"全球责任和义务",即遵守秩序规则。国防部长帕内塔在2011年10月访问日本前,在《读卖新闻》上刊文称:"美国是太平洋国家,仍将在亚洲维持前线部署,保持坚固的态势。"① 美国领导人这样集中地阐述亚太政策,强调对亚太地区的重视,表明随着美国逐步从伊拉克和阿富汗撤出,对亚太地区的注意正在加强,已经把"重返亚洲"的亚太战略作为继反恐战争之后的对外战略重要方向。

2012年1月5日,美国国防部发表报告《维持美国的全球领导地位:21世纪国防的优先任务》。报告表示,在全球部署的美军有必要对其关注的重点进行再平衡,将重心转向亚太地区。2012年6月,国防部长帕内塔在新加坡香格里拉饭店举行的第11届东亚安全论坛上发表题为《美国对亚太的再平衡》演讲,第一次在公开场合明确使用"亚太再平衡"的战略概念,进一步阐释对于推进这一亚太新战略的具体思路与实施步骤,提出"亚太再平衡"战略的四项原则:遵守国际规则与秩序;强调盟友与伙伴关系的重要性;强调亚太力量的"再平衡";调整军力部署。② 帕内塔的讲话表明美国继续推进"重返亚太"政策和增加对亚太地区军事投入的决心。

在"亚太再平衡"战略下,奥巴马政府增加亚太地区美军人员和装备,优化部署,到2020年有60%的海军和海外空军资产部署在亚太地区;提高驻东北亚美军现代化装备;将关岛打造成一个战略枢纽。在提升亚太地区美国军事能力的同时,推进与相关国家的防务关系。总的来说,"亚太再平衡"战略是美国把更多资源和关注投放在亚太地区,保

---

① レオン・パネッタ「21世紀に向けた揺るぎない日米同盟」、『読売新聞』2011年10月24日。

② Leon E. Panetta, As Delivered by Secretary of Defense, Shangri-La Hotel, Singapore, Saturday, June 2, 2012. http://www.defense.gov/speeches/speech.aspx?speechid=1681.

证和维持其主导地位，防止威胁其地位的新兴力量出现，同时也是让这一地区的盟国放心，美国不会抛弃它们。

（二）"亚太再平衡"战略微调

奥巴马总统开始第二任期后，随着"亚太再平衡"战略的实施，原来未曾想到的一些负面因素逐渐显现，不得不做出调整。这主要表现为：第一，对"亚太再平衡"政策重新解释，避免加剧各方的担心。美国总统国家安全事务助理多尼隆强调，"亚太再平衡"战略"并非意味着美国与其他地区重要伙伴的关系会削弱，并不是要遏制中国或是对亚洲发号施令，而且也不仅仅是军事存在的问题"。国防部常务副部长卡特也强调，"亚太再平衡"战略"不针对任何一个国家，也不针对任何国家集团"①。第二，美国国务卿克里和国防部长哈格尔在就职听证会上都表示将调整"亚太再平衡"战略的节奏。克里任职后首访欧洲和中东，奥巴马连任总统后也首访中东。这表明奥巴马政府面对形势变化不得不再度调整全球战略次序，中东问题在美国战略中更具迫切性。第三，强调"亚太再平衡"战略均衡推进。奥巴马第一任期内着重在军事和外交领域的"再平衡"，而在经济和发展领域注意不够。多尼隆强调"再平衡"应是包括"军事、政治、贸易、投资、发展以及价值观等所有要素"②的一项综合战略。第四，对亚洲领土争端的态度由挑拨事端转向管控冲突。2014年2月，日本外相岸田文雄访美，克里对日本在钓鱼岛问题上保持克制表示赞赏，未提《美日安全条约》。安倍首相访美屡次提出钓鱼岛问题，奥巴马并未公开做出反应。克里访日和国防部常务副部长卡特访问印尼，都呼吁领土争端各方应保持克制。第五，与奥巴马第一任期相比，美国已认识到能否处理好中美关系是其亚太战略能否成功的关键，对中美关系的定位转趋积极。多尼隆在亚洲协会的演讲中，首次把建立建设性的中美关系列为"亚太再平衡"战略

---

① Cheryl Pellerin, "Partnerships Highlight U. S. Rebalance within Asia-Pacific Region", April 9, 2013, http://www.defense.gov/News/newsarticle.aspx? ID = 1197339.

② Thomas Donilon, "The United States and the Asia-Pacific in 2013", March 11, 2013. http://www.whitehouse.gov/the-press-office/2013/03/11/remarks-tom-donilon-national-security-advisory-president-united-states-a.

的三大支柱之一，对中国关于构建新型大国关系的倡议做出积极回应，称"致力于构建现存大国和新兴大国之间的新型关系是中美两国的共同责任"[1]。

为了打消外界对"亚太再平衡"战略的疑虑，2013年11月国家安全事务助理赖斯发表关于美国"亚太再平衡"战略的讲话，再次强调"亚太再平衡"战略是奥巴马政府对外政策的"基石"，政府的目标是"要保证安定与促进发展，同时注重民主进程以维护人的尊严"[2]，继续推进"亚太再平衡"战略。参谋长联席会议主席马丁·登普西在解释美国"亚太再平衡"战略时表示，美国战略实施的最终形式是将更多的关注、更有力的地区参与度以及更充足的人员与设施投入亚太地区来。美国国务院东亚和太平洋事务助理国务卿丹尼尔·拉塞尔将"亚太再平衡"战略的重点总结为三个方面：重新调整美国在亚太地区的同盟体系，实现现代化以适应新时期全球和地区战略的需求；注重参与亚太地区的多边活动，加大对该地区的投资，防止脱离亚太经济、安全秩序的安排；加强与该地区重要国家、新兴国家以及潜在友好国家的联系。[3]

奥巴马政府调整政策的原因主要有三：第一，"亚太再平衡"战略的可持续性受到质疑。美国在国际反恐名义下发动的伊拉克和阿富汗两场战争，旷日持久，奥巴马政府的"亚太再平衡"战略原则上是要扭转过度战略扩张，但实际效果却与之相反，扩大了资源投入。第二，"亚太再平衡"战略对美国外交全局的影响逐渐显现，出现难以掌控的负面效应，激化了一些地区的不稳定因素，增加美国卷入地区冲突的风险，如日本的购岛事件和菲律宾挑起黄岩岛对峙事件。"亚太再平衡"战略被解读为遏制中国，更加剧中美之间的战略猜疑，引起亚洲国家担忧，恐被迫在中美之间选边站。第三，美国不可能全力投入"亚太再平

---

[1] 《中美新型大国关系：挑战与契机》，《CIIS 研究报告》第1期，中国国际问题研究所，2013年9月，第19—21页。

[2] Susan E. Rice：" America's Future in Asia", November 20, 2013. http://iipdigital. usembassy. gov/st/chinese/texttrans/2013/11/201311262879 31. html#axzz2niX4dmNf.

[3] 《美助理国务卿谈美亚"再平衡"战略强调中美关系重要性》，http://gb.cri.cn/ 42071/2013/07/23/6071s4192344. htm.

衡"战略,奥巴马政府虽想从伊拉克撤军,但中东地区持续动荡使战略环境更加复杂;朝鲜核试验和试射卫星,美韩加强对朝威慑,朝鲜半岛面临一触即发的冲突。①

奥巴马政府第二届任期对"亚太再平衡"战略的调整表明,美国是在对其执行过程中出现的问题进行修正,并非对其亚太战略的基本方向进行修改。美国力图使这一战略的推进更趋平衡和平缓,避免产生难以控制的负面效应,不使一些国家利用"亚太再平衡"战略谋求本国利益而绑架美国,也避免过度刺激中国。

(三)"亚太再平衡"战略的内涵

"亚太再平衡"战略是美国为了全面恢复在亚太地区的影响和巩固其霸权地位实行的一项综合性战略,包括政治外交、经济、军事等方面。

首先,在政治外交方面,为了推行"亚太再平衡"战略,美国重视保持与传统盟友的关系,同时也发展新的伙伴关系。美国一直依靠在亚太地区的盟国介入和影响地区事务,以美日同盟为首的包括美韩、美澳、美泰以及美菲在内的双边同盟关系,构成了实施地区战略的基础。因此,继续巩固和加强与亚太传统盟国之间的关系是推行"亚太再平衡"战略的重要环节。在发展新的伙伴关系方面,奥巴马政府开始注重发展与印度、越南、缅甸等亚洲国家的合作。奥巴马不仅首次公开支持印度成为安理会常任理事国,还大力促进开展美日印三边对话,将美印关系由原来的"战略伙伴关系"上升为"全球战略伙伴关系",借口意识形态相同将印度拉进西方民主阵营,以期将印度打造成抗衡中国的"准盟友"。同时美国加强同中国存在纠纷和领土争端国家的关系。如2011年11月30日,希拉里对缅甸进行访问,两国关系取得重大突破。② 2012年6月,国防部长帕内塔访问越南,参观越战期间美国的主要军事基地金兰湾,并同越南方面讨论了美越军事合作和海洋合作问

---

① 《中美新型大国关系:挑战与契机》,《CIIS研究报告第1期》,中国国际问题研究所,2013年9月,第22—23页。

② 《希拉里表示将有计划取消对缅甸经济封锁》,凤凰资讯网,http://news.ifeng.com/world/special/xilalifangmiandian/。

题。而此前在 2011 年美越之间签署了防务合作备忘录。美国还在南海争端中积极支持菲律宾和印尼等与中国存在领土争端的国家。此外，美国积极参与亚太多边合作机制，在亚太经合组织、东南亚国家联盟、东盟地区论坛、东亚峰会等多个区域性组织中都保持相当活跃度，显示力争主导亚太地缘政治格局的决心。

其次，在经济上力图建立由美国主导的跨太平洋经贸架构，重塑地区经贸规则，以维持美国的经济地位和经济优势。2009 年 11 月，奥巴马宣布美国将加入跨太平洋伙伴关系协定（TPP），并将 TPP 作为在经济领域推进"亚太再平衡"战略的核心，TPP 将与《跨大西洋贸易和投资伙伴关系协定》一起成为构建美国主导的两大经贸架构的战略支点。美国借口世界贸易组织的规则不能适应现实需要，希望打造新一代贸易、投资规则，实际上是要掌握国际贸易规则的制定权，压制新兴国家的经济发展，在贸易领域置发展中国家于不利地位；同时也是美国要借此参与东亚经济，扩大对亚太地区的出口。东亚经济合作的快速发展是吸引美国参与东亚经济的重要原因，如果美国被排斥在地区合作之外，就会失去主导东亚经济的能力和机会，影响美国的全球战略。此外，奥巴马政府对于地区双边贸易协定也表现出积极热情。2012 年 3 月 15 日，《美韩自由贸易协定》签订。奥巴马政府参与亚太双边和多边经贸协定的积极姿态表明，美国主动扩大与亚太国家经贸交流，试图全面保持对亚太地区的影响和控制。

最后，在军事上塑造由美国主导的亚太安全体系。美国"亚太再平衡"战略的军事调整是在经济遭受重创、国防经费面临困境的情况下，重新配置资源并向重点地区倾斜的结果。美国虽然在欧洲和大西洋地区缩小军事存在，但在亚太地区则表现为扩张态势。"中国在全球经济和安全事务中日益增强的作用和影响力，是促使美国调整亚太地区战略格局的最重要因素之一。"[1] 美国全球战略重心正在向东亚地区转移。在东亚和东北亚地区，美国加强与地区盟国的战略联系，将美日、美韩军

---

[1] Department of Defense, "Quadrennial Defense Review Report", February 2010; Department of Defense, "Sustaining U. S. Global Leadership: Priorities for 21st Century Defense", January 2012.

事同盟放在安全战略的首位。为了满足日本的要求和制约中国，美国打破在钓鱼岛争端中一直秉持的模糊立场，明确表示将钓鱼岛纳入美日安保范围。在朝鲜半岛，美国强化美韩军演以威慑朝鲜"核威胁"。在南亚和东南亚地区，美国作为南海问题的幕后推手，支持菲律宾的军事行动，与新加坡、越南加强军事交往，更加强与印度的安全关系，与印度频繁举行联合军演。在太平洋地区，美国与新西兰确立新的军事合作计划，与澳大利亚签署2500名海军陆战队驻军协议。美国在亚太地区进行冷战结束以来最重大的军事调整，扩大军事投入和介入水平，并谋求建立新的军事合作关系。

为了实现上述外交、经济和安全目标，"亚太再平衡"战略要建立一个类似跨大西洋、与美国的利益和价值观一致的"跨太平洋的伙伴关系和机构网"。这与以前美国和日韩等国通过双边同盟建立起来的"扇形结构"不同。美国将亚太国家分为两个层次：一个是盟国，是其转向亚太战略的支点；一个是新伙伴关系，即盟国以外的国家，也包括中国，希望这些国家参与构建区域和全球秩序，解决共同面临的问题，形成一个"网状结构"。实现这一设想的具体途径是加强双边安全同盟，扩大军事存在和参与地区多边机制，特别是建立由美国主导的多边经贸机制。也就是说，美国不仅要在亚太地区建立由其主导的安全框架，也要建立由其主导的经济框架。

从地域上说，"亚太再平衡"战略将太平洋与印度洋连为一体，实际上也提出了"印太"概念。奥巴马表示，亚太地区包括南亚和印度洋。希拉里·克林顿则将亚太地区定义为"从印度次大陆延伸到非洲西海岸，该地区横跨两大洋——太平洋和印度洋——越来越被航运和战略联结起来"。随着亚太地区地理概念的扩大，印度洋—太平洋作为一个新的战略区受到重视，美军也将军事部署逐步从东北亚向东南亚延伸。

二 "亚太再平衡"战略提出的背景

（一）美国全球战略收缩

"亚太再平衡"战略是美国在总体实力相对衰落下全球战略收缩的结果。

2008年国际金融危机严重冲击美国的经济基础，影响其对世界经济的掌控能力。这集中体现在以美国为核心的7国集团主导世界经济的局面已经为新兴国家为主体的20国集团所取代。新兴国家在国际货币基金组织和世界银行中的份额和话语权都在提高，根据上海国际问题研究院2011年9月发表的研究报告，在国际货币基金组织中，发达国家的份额下降到57%，新兴国家的份额上升到43%，中国、印度、俄罗斯、巴西的份额上升，已经跻身前十大股东，尤其是中国成为第三大股东。而美国国内面临高失业率和财政赤字，经济复苏迟缓，削弱了作为世界经济引擎的作用。2011年9月国际货币基金组织发布的《世界经济展望报告》显示，原本在减弱的美国经济可能会遭受更大打击。由于政治分歧严重，美国政策走向具有高度的不确定性，而国内经济改革也面临很大困难。这使美国主张的经济制度和市场理念面临危机。

在综合实力下降的背景下，美国被迫进行全球战略调整。首先是战略收缩，撤出旷日持久的伊拉克战场和阿富汗战场，谨慎对待对外干涉。其次是转移战略重点，将战略关注的地区从大西洋转向太平洋，将关注的主题从恐怖主义和"失败国家"带来的麻烦转向新兴国家的挑战，特别是中国的发展可能对其形成的挑战。最后是角色转换，即更多地依靠盟友力量，发挥盟友的前沿防御和干预作用，以弥补美国自身实力的不足。①

（二）重视亚太地区战略地位

美国对亚太地区战略地位的重视表现在两个方面：一是对亚太地区经济发展和经济合作取得巨大进展的重视，二是对亚太地区盟国的重视，这是保持在亚太地区战略存在和战略影响的基础。

冷战结束以后亚太地区的经济发展使之成为全球瞩目的中心，特别是中国、印度等亚洲新兴经济体的迅猛发展，进一步提高亚太地区在世界经济和政治中的地位与作用。亚洲经济发展的良好预期更具有极大吸引力。据亚洲开发银行预测，到2035年亚洲占世界经济的比重将增加

---

① 杨洁勉：《美国实力变化和国际体系重组》，曲星主编：《国际战略环境新变化与中国战略机遇期的新阶段》，世界知识出版社2012年版，第44—47页。

至44%，2050年将达到52%，人均GDP或将与欧洲当前水平持平。①亚洲作为全球经济发展速度最快、最具潜力的地区，正在成为世界经济复苏和发展的重要引擎。而美国在亚太地区有十分重要的经济利益和经济联系，据统计其出口商品的60%流向亚太地区，美国的前15大贸易伙伴中有7个在该区域。② 可以说，同亚太地区的经济联系关乎美国的经济复苏和经济前景。

正因如此，奥巴马政府成立后高度重视亚太地区。2009年2月，国务卿希拉里·克林顿首次出访即前往日本、韩国、印尼和中国等亚洲四国。2009年11月，奥巴马访问日本、新加坡、中国和韩国。也正是在此次亚洲之行前后，美国"重返亚洲"的战略思想初露端倪。在访问日本期间，奥巴马发表长篇演说，宣称美国是太平洋国家，自己将是美国历史上第一位太平洋总统。特别有意义的是，奥巴马在日本宣布美国将正式加入跨太平洋伙伴关系协定（TPP）谈判。这是一个重要决定，美国从以前的观望态度转向参与并主导亚太经济整合和重塑亚太地区经济贸易秩序。而在日本宣布这一决定，似乎也是对日本施加压力，促使日本克服国内阻力参加TPP谈判，因为没有日本参加的TPP显然是不可想象的。奥巴马表示，要把TPP建成新世纪最高标准、最广范围并能全面体现美国价值观、能够应对全球面临新问题、新挑战的区域自由贸易协定。

2011年11月，奥巴马总统在澳大利亚议会发表讲话，被认为是美国宣布"重返亚洲"战略调整的开端。奥巴马在讲话中说，美国看到并认可亚太地区的发展潜力，将加强并保持在亚太的长期军事存在。他同时表示，尽管国内存在削减国防开支的呼声，但美军在亚太地区的部署将不受削减预算影响。奥巴马此次访问还前往亚洲出席东亚峰会，这是美国首次以正式成员国身份出席，是以具体实践表明美国"重返亚洲"战略开始的标志性事件。与此同时，国务卿希拉里·克林顿在《外交政策》

---

① 刘振民：《坚持合作共赢 携手打造亚洲命运共同体》，《国际问题研究》2014年第2期。
② 吴心伯：《论奥巴马政府的亚太战略》，《国际问题研究》2012年第2期。

杂志上发表文章，对美国"重返亚洲"战略的内容和目标作了较详细的阐述。奥巴马和希拉里·克林顿相互配合，共同为"重返亚洲"战略进行说明，表明奥巴马政府对"重返亚洲"战略的重视程度。奥巴马政府亚太战略框架经历了一个由模糊到清晰的发展过程，从最初的"重返亚洲"到"战略重心东移"，再到最后确定"亚太再平衡"战略，虽然对亚太战略不断调整，但把亚太地区作为对外战略的重点，要重新确立在这一地区的主导地位，却是从政府成立之初就已经确定了。

"亚太再平衡"战略的另一个原因往往被忽略，即美国要维持其在亚太地区的霸权影响必须保证盟国的权益，失去盟国的支持，美国的霸权也就失去基础。美国的霸权主要依靠控制欧亚大陆边缘地带和西太平洋上的岛链才能实现，也就是说美国必须给盟国提供安全保证和给这一地区提供能够接受的公共产品。美国既然获得霸权，就要承担相应义务。由于反恐战争消耗和金融危机打击，美国社会和政治状况面临诸多难题，实力相对衰落，在亚太地区盟国中产生不稳情绪，对美国的信心产生动摇。美国必须扭转这一局面。所以美国"亚太再平衡"战略也是满足盟国和一些所谓伙伴国家的要求，否则就难以在这一地区保持军事存在和政治影响。

事实上，美国对外战略转变也是要加强与盟国的关系和扩充所谓的伙伴国家，奥巴马政府成立后在亚太地区的安全动作举其大端有：第一，公开表示《日美安全条约》适用于钓鱼岛。日本根据日美同盟要求美国在钓鱼岛争端中明确立场，美国如果不能明确态度，就会影响日本对同盟关系的信任。第二，公开介入南海争端。国务卿希拉里·克林顿2010年7月在越南召开的第17届东盟地区论坛外长会议上表示，南海航行自由事涉美国国家利益，并有意主持解决南海问题的国际会议。以后美国政要不断发表有关南海问题的讲话，推动南海争端多边化、国际化。美国还加强与东盟国家的军事合作和与菲律宾等国组织有针对性的军事演习，为与中国有领土争端的国家撑腰，表示不会置这些国家利益于不顾。第三，构建新的战略联盟，加强亚太地区前沿军事部署。美国除加强美日、美韩军事同盟和与菲律宾、新加坡等国的军事联系，还加强与澳大利亚和印度等国的战略安全合作关系。奥巴马2011年11月在澳大利亚议会的讲话中提到要加强与亚太地区同盟国家的关系,与盟友和朋友密切合作,在塑造这个地区及其未来方面发挥更大和长期的作用。①

(三)应对中国崛起

911事件后,美国将主要注意力转移到反恐战争上,不仅消耗大量人力和财力,也牵制外交精力,影响了已经开始的战略重心东移进程。奥巴马政府的"亚太再平衡"战略要扭转这一局面,制约中国发展和抵消中国的影响,巩固美国在东亚地区的霸权地位。

进入21世纪,中国经济继续快速发展,从2000年到2011年国内生产总值(GDP)一直以平均10%左右的速度增长,名义国内生产总值(GDP)从1.21万亿美元增长到7.57万亿美元。从2010年开始,中国经济总量超过日本,成为世界第二大经济体。中国积极实行睦邻友好政策,发展同周边国家的经贸关系,对亚洲周边国家的影响越来越大,中国经济成为带动东亚地区发展的新引擎。在东亚地区,自亚洲金融危机之后,地区经济合作迅速发展,在东盟与中日韩合作(10+3)基础上,形成东盟分别与中日韩领导人会谈(10+1)和东亚峰会(10+6)机制以及东盟地区论坛(ARF),中日韩自贸区谈判也酝酿启动。在欧盟经济一体化刺激下,东亚地区合作出现新的发展势头。亚太地区开始形成以中国为中心的经济体系。中国经济的发展和积极的地区作用推动了东亚格局的转变,出现了安全上由美国主导和经济上中国发挥更大作用的二元格局,地区内的国家虽然把美国看作维护地区安全的保证,但在经济上都扩大同中国的经济贸易联系,希望搭上中国经济发展快车,寻求共同发展机会。

美国认为,中国居主导地位的亚太地区有可能会使美国边缘化,最终被排除在地区合作之外,其霸权地位和领导作用受到侵蚀。要求遏制中国发展的意见在华盛顿逐渐占据上风,随着美国逐步撤出反恐战争,在政府内部出现批评小布什政府时期忽视亚太地区的意见。美国担心,

---

① "Remarks by President Obama to the Australian Parliament", November 17, 2011. http://www.whitehouse.gov/thepress office/2011/11/17/remarks-president-obama-australian-parliament.

第三章 奥巴马政府"亚太再平衡"战略与对日本的政策 | 141

中国力量增长后会产生种种"不确定性",如能否改变由美国主导的亚太秩序;会否通过单边行动改变亚太地区现有规则,如"航海自由""网络和外太空安全";能否如美国期望在地区安全和全球治理等问题上承担相应的大国责任等。奥巴马政府成立后,美国政界和学界对亚太形势的估计认为,美国的影响在削弱,中国的影响在增长,出现力量对比失衡的局面,必须重建均势,恢复美国的主导地位。对这一战略转变的过程和原因,美国对外关系委员会主席理查德·哈斯在日本《读卖新闻》撰文说:冷战后,美国对东亚和太平洋地区"未予适当的关注"。冷战后的第一个十年,美国主要关切集中在欧洲地区,扩充北约,吸纳原华约成员国,致力于前南斯拉夫地区的内战;第二个十年,因 911 事件而专注于反恐,对伊拉克和阿富汗进行大规模军事介入。现在,中东地区的军事行动已近尾声,而另一方面,亚太地区存在值得美国加强干预力度的理由。第一,亚太各国是美国的主要出口地和投资来源,必须维持该地区的稳定;第二,美国对这一地区的盟国肩负着责任,所以要遏制朝鲜和制约中国。全球战略和经济重心东移使 21 世纪成为"亚太世纪",在这一过程中美国要扮演核心角色。①

奥巴马上台后,忙于应付金融危机无暇他顾,金融危机一经缓解,即推出"重返亚洲"战略。虽然美国从未离开亚洲,但奥巴马仍然宣布"我们回来了",表明美国要扭转因反恐而对亚洲的忽视,重拾小布什政府初期的政策,加强对亚太地区的关注和投入。奥巴马总统和希拉里·克林顿等政要都重申,美国削减国防开支不会以牺牲亚太地区作为代价,对这一地区的投入不会减少,不会影响在这一地区的军事存在和军事能力。十分明显,中国崛起对东亚格局的冲击和美国要继续维护其霸权地位,是奥巴马政府调整亚太政策的决心和动力所在,也是影响地区秩序发展的主要因素。

另一方面,"亚太再平衡"战略不同于冷战时期的"遏制"战略。美国认为中国发展有不确定性,对中国安全政策怀有疑虑,但奥巴马政

---

① リチャード・ハース「米外交 アジア重視へ転換」、『読売新聞』2011 年 12 月 4 日。

府并未改变对中国的"接触"政策。奥巴马在澳大利亚议会的讲话中说,美国将继续努力与中国建立"合作关系",这一地区"所有国家,都能从中国和平、繁荣的崛起中深深受益,这也是美国对此表示欢迎的原因"①。但由于中美之间缺乏互信,也增大了两国关系发展的难度。如何面对中国的崛起和亚洲的变化,使美国既感到权力挑战,也感到空前压力,以至希拉里·克林顿坦率地承认中美关系是"美国从未管理过的最具挑战性和影响最重大的双边关系"②。

三 "亚太再平衡"战略的目标

（一）重构亚太格局和国际秩序

既然亚太格局和国际秩序受到中国崛起和东亚合作的影响,已经不复战后美国强势主导下的局面,奥巴马政府提出的"亚太再平衡"战略目标当然是要恢复美国主导的局面。这随着美国亚太战略的推出逐渐清晰明了。奥巴马政府的亚太战略从提出"重返亚洲"到"亚太再平衡",战略形成过程逐渐深化,战略目标也逐渐展现在世人面前。

在奥巴马第一任期内,虽然奥巴马本人和国务卿希拉里·克林顿等政府高层官员提出了一系列重视与"接触"亚洲的相关政策,但在亚太战略的总体目标上,没有十分明确系统的论述。甚至在2012年1月美国国防部发表的新《军事战略报告》也只是谈到在亚太地区的军事优先任务和目标。2012年11月,美国总统国家安全事务助理多尼隆在美国战略与国际问题研究中心发表亚洲政策演说,对"亚太再平衡"战略目标明确概括为："总体目标是维持稳定的安全环境和基于经济开放、和平解决争端、民主治理和政治自由等原则的地区秩序。"③ 这实际上包括了三个方面：安全、经济和政治。稳定的安全环境与和平解决

---

① "Remarks by President Obama to the Australian Parliament", November 17, 2011. http://www.whitehouse.gov/thepress office/2011/11/17/remarks-president-obama-australian-parliament.

② Hillary Rodham Clinton, "America's Pacific Century", *Foreign Policy*, October 11, 2011. http://www.state.gov/secretary/rm/2011/10/175215.htm.

③ Thomas Donilon, "President Obama's Asia Policy and Upcoming Trip to the Region", Speech to Center for Strategic and International Studies (CSIS), Nov. 15, 2012. http://csis.org/files/attachments/121511_ Donilon Statesmens_ Forum_ TS. Pdf.

国际争端就是要保持战后国际格局，避免凭借武力改变现状；经济开放就地区来说是避免形成封闭的、排他的地区集团，就国家来说则是强调自由贸易原则和实行开放经济；民主治理和政治自由是推广美国式的西方价值观。

在奥巴马总统的第二任期，对"亚太再平衡"战略的目标才做出更明确的阐述。2013年3月在参议院外交关系委员会东亚和太平洋事务小组委员会听证会上，代理助理国务卿约瑟夫对美国"亚太再平衡"战略的目标概括为六个方面："深化美国在亚太地区的同盟关系，促进经济增长和贸易联系，强化美国与新兴大国的关系，扩大善政、民主与人权，建设区域架构以及通过威慑防止冲突。"[①] 2013年11月，国家安全事务助理赖斯发表《美国的未来在亚洲》演说，提出美国在亚洲的最终目标是："建设一个更加稳定的安全环境，一个开放和透明的经济环境，一个尊重所有人普世权利和自由的、公允的政治环境。"而在近期内，奥巴马政府为实现上述目标将着重在四个关键领域奠定基础："加强安全、扩大繁荣、增进民主价值观以及促进人类尊严。"这应该也是"亚太再平衡"战略想要达到的最终目标。她认为这也是未来几届美国政府需要努力的方向。[②]

从上述美国政要的阐述中可以看到，"亚太再平衡"战略的目标就是要重新塑造亚太地区的安全环境、经济环境和政治环境，这是为了应对新世纪亚太国际格局和国际秩序变化进行的重大调整，要重新打造美国主导的亚太新秩序。

（二）继续实行对华"接触"政策

亚太地区最重大的变化是中国崛起，使亚太地区发生重大变化的也是中国崛起，"亚太再平衡"战略的三大目标实际上是针对中国，这是不言自明的。对中国崛起的焦虑和担心是美国调整亚太战略的催化剂。奥巴马在《国情咨文》中警告，"正如苏联发射了第一颗人造卫星'斯

---

① 阮宗泽等：《权力盛宴的黄昏：美国"亚太再平衡"战略与中国对策》，时事出版社2015年版，第8页。

② Susan E. Rice, "America's Future in Asia", November 20, 2013. http://iipdigital.usembassy.gov/st/chinese/texttrans/2013/11/20131126287931.html#axzz2niX4dmNf.

普特尼克'号，迫使美国奋起直追一样，今天的美国也面临着实行经济扩张主义的中国的挑战"①。因此，加强在亚太地区的军事存在和政治影响力，压制中国崛起，确保其全球领导地位是"亚太再平衡"的目标。但是美国的对华政策与冷战时期的遏制政策不同，尽管奥巴马政府内部在对华政策上存在着"积极"和"消极"两种意见，但从政策性质上说还没有脱离冷战结束以后实行的"接触"政策的基本框架。

首先，奥巴马政府成立后在对华政策上经历了几次波折，但并未明确将中国视为敌人。在奥巴马政府成立之初，美国对华态度较为积极。2009年4月，奥巴马总统与胡锦涛主席会晤就构建"21世纪积极合作全面的中美关系"达成共识。美国常务副国务卿斯坦伯格就中美关系提出"战略再保证"，即美国欢迎繁荣成功的中国，但中国也必须保证未来发展不会以他国的安全和福祉为代价。②布热津斯基还提出"美中共治"的 G2 构想。③"重返亚洲"和"亚太再平衡"战略提出后，美国对华态度有变化，认为中国的不确定性增加，甚至认为中国是美国全球领导地位的挑战者，军事上的潜在敌手，经济上不守规则的竞争者。如美国新《军事战略报告》明确把中国定位为"潜在敌手"。但另一方面，美国仍然认为可以和中国发展建设性的关系。如多尼隆 2013 年 3 月在亚洲协会的讲话，对中国提出的构建中美新型大国关系做出了积极回应。阿什顿·卡特在战略与国际问题研究中心的讲话也表示中国是美国的核心经济伙伴，重视与中国的合作关系。

其次，根据奥巴马政府对中国的定位，"亚太再平衡"战略虽然主要是应对中国崛起后东亚地区出现的变化和防范中国对美国地位的冲击，但基本上还是"接触"政策的继续。在对亚太地区外交上，美国主要是要恢复其盟友和伙伴国家对其承担地区责任和维持地区存在

---

① 转见阮宗泽《美国"亚太再平衡"战略前景论析》，《世界经济与政治》2014 年第 4 期。

② James B. Steinberg, "Administration's Vision of the U. S. -China Relationship", September 24, 2009. http://www.state.gov/s/d/former/steinberg/remarks/2009/169332.htm.

③ Zbigniew Brzezinski, "The Group of Two that Could Change the World", January 13, 2009. http://www.ft.com/intl/cms/0/d99369h8 - e178 - 11dd-afa0 - 0000779fd2ac.html#axzz2qtvwC1I9.

的信心，防止中国崛起对地区秩序的冲击，并未掀起地区外交战。在军事上，美国主要是支持盟国在与中国领土争端中的立场，对中国施加压力，但督促双方避免发生武力冲突。对中国设立东海防空识别区，美国反应强烈，认为是改变现状的行为，并派遣飞机飞越东海以示挑战。在经济上则推进跨太平洋伙伴关系协定（TPP）谈判，试图主导亚太国际贸易规则的制定，与中国展开竞争。从奥巴马政府在外交、军事和经济领域的政策看，明显是针对中国，但从方法和方式上看还是要通过制定国际规则和主导国际秩序入手，限制中国和引导、迫使中国遵守西方设定的规则行事，融入美国主导的国际秩序。这同冷战后美国制定的对华"接触"战略的目的和方式是一致的，但也必须承认随着中国的发展，美国对华态度已经出现变化，对华认识和对华政策中负面因素在增多，加强同盟国和伙伴国家的关系以制约中国的构图已经显现。

第二节　奥巴马政府"亚太再平衡"战略与对日本作用的认识

"亚太再平衡"战略的支柱是依靠盟国的支持。日本是美国在亚太地区的主要盟国，日美同盟是美国东亚战略的基石，"亚太再平衡"战略下日本的重要作用不言而喻。亚太形势的变化和对日本作用的期待，使美国对日政策不得不进行调整。调整的重点之一是肯定日本的作用和加强与日本的同盟关系。

本节试就"亚太再平衡"战略下日本的作用和美国对日政策做一分析。

一　"亚太再平衡"战略下日本的作用

（一）"亚太再平衡"战略的基石

"亚太再平衡"战略设想无论是在安全方面还是在经济方面都离不开盟国支持，特别是东亚地区的主要盟国日本的支持。

希拉里·克林顿称："与日本的联盟是该地区和平与稳定的基石。"

帕内塔说:"新太平洋世纪,日美同盟是地区和世界安全不可或缺的支柱之一。"在"亚太再平衡"战略中,美国虽然加强了与澳大利亚、印度、越南的安全合作,但日本的地缘战略地位无可替代。日本安全专家森本敏说:"美国能否有效地发挥遏制作用,要靠同盟国和友好国的合作,特别是美中之间的海上力量平衡(海上均势)将是亚洲稳定的关键。而在盟国中,日本的作用是决定性的,因为日本处于中国前往外洋出口的战略位置。"① 独特的地缘战略地位决定了日本在美国东亚战略中的重要地位。在"亚太再平衡"战略中,日本是遏制大陆的第一岛链国家,其重要战略地位自不待言;而在冷战时期形成的日美同盟关系也是美国在亚太地区最为成熟和可靠的安全合作机制。

　　冷战结束后,美国在亚太的驻军迫于盟国国内政治压力,面临被迫转移的困境,这显然不利于在亚太地区保持军事存在,也不利于"亚太再平衡"战略的实施。为了保持在亚太驻军,美国利用亚太地缘政治冲突,为继续驻军创造条件。中日关系中存在的结构性矛盾,使美国得以在两国中间保持平衡,日本也需要依靠美国与中国保持平衡。美日两国在对抗中国崛起方面具有共同点。事实证明,日本积极配合美国的"亚太再平衡"战略,起了重要的支柱作用。日本2013年《防卫计划大纲》提出,为保护日本安全,愿意"通过各种支援措施,协助驻日美军平稳、有效地稳定驻留"② 美国国防部2014年发布的《四年防务评估报告》也指出:"为更好地支持'亚太再平衡'战略,美国将维持在东北亚地区的军事存在,同时加强在大洋洲、东南亚和印度洋地区的军事存在。到2020年,美国海军60%的兵力将部署在太平洋地区,其中包括加强关键海军资源在日本的存在。"③ 日本对于美国保持在亚太地区前沿军事存在发挥着重要作用。

---

　　① 森本敏「米新国防戦略　日本は安保戦略たて直し、国家再生を」、『産経新聞』2012年1月7日。

　　② 防衛省「平成26年度以降に係る防衛計画の大綱」,2013年12月17日。防衛省『防衛白書』、2015年版、資料編第Ⅱ部、資料15。

　　③ Department of Defense, "2014 Quadrennial Defense Review", March 14, 2014. https://www.defense.gov/Portals/1/features/defenseReviews/QDR/2014_Quadrennial_Defense_Review.pdf.

(二) 美国构筑多边安全机制的支柱

美国在亚太地区构筑的安全结构依时间和形势变化而不断调整。

冷战时期美国在亚太地区建立的安全机制是双边同盟，即美国分别与该地区的盟国建立安全关系。美国作为联盟的中心，与各盟友保持双边联系，盟友之间依靠美国作为联系纽带，即所谓的"轮辐"结构安全网。日美同盟在"轮辐"结构安全网中居主要地位。冷战结束后，随着安全威胁和地区形势变化，美国尝试建立多边安全机制，即在美国主导下加强盟国之间的联系。但在亚太地区建立像北大西洋公约组织那种大规模的军事集团，显然不现实。因此，在介于双边同盟和多边同盟之间的三边安全合作成为美国加强亚太地区安全机制的一种选择。美国和盟国之间呈现出"复合式"结构，一边保持传统同盟的紧密联系，一边促使盟友间以美国为核心，进行不同形式的交流与协作。在美国的推动下，在亚太地区形成的几个三边规划已经隐然成形，如美日韩、美日澳和美日印等。在这几个安全规划中，日本都是主要力量，反映日本在美国东亚战略中的重要地位，也反映日本在配合美国东亚战略，日美在地区战略上具有高度的吻合性。安倍政府早就提出建立日美澳印"民主国家联盟"，设想在日美同盟基础上拓展成多边安全合作机制，重塑地区安全环境。

美国依靠日本等传统盟国支撑亚太安全体系，越来越重视亚太盟友之间的联系与合作。美国面对国际均势变化和国内财政赤字，也希望盟国分担更多责任，日本是美国重组地区安全结构的支柱。

(三) 美国重塑亚太经贸秩序的重要伙伴

作为经济大国，日本在亚洲有巨大的经济影响力。而在东亚地区，经济一体化发展迅速，亚太经济新秩序正逐步成形。无论在以美国为主导的西方经济体系还是在以中国为主要力量而趋向整合的东亚区域经济中，日本都发挥着重要作用。日本的参与对任何一方都有举足轻重的分量。

奥巴马政府的"亚太再平衡"战略还要求参与和主导地区经贸合作，这是前所未有的。美国虽然参与亚太经合组织（APEC），但那不过是个论坛性质的松散合作，其形式意义远大于实质意义。跨太平洋伙伴关系协定（TPP）则是要在这一地区建立实质性的多边贸易机制，表明美国要全面参与亚太经贸合作，并按照美国的要求为这一世界上最具活力的地区制定一套游戏规则，继安全领域之后在经济领域确立美国的优势主导地位。在参与TPP的国家中，多数是规模较小的经济体，日本的加入与否或以什么条件加入对于TPP以至美国主导的亚太经贸格局具有重大影响。因此奥巴马政府鼓励日本加入其推行并主导的TPP，希望日本站在美国一方。只有日本加入，才能为美国的"亚太再平衡"战略打下稳定的经济基础。

奥巴马政府设想，通过跨太平洋伙伴关系协定（TPP）将在亚太地区建立一个前所未有的由美国主导的多边机制，能够扩大对地区经贸的参与，加强与中国竞争的优势，还将拓展美国在亚太地区活动的舞台，维持霸权地位，因为"一个成功的协议将更加牢固地把美国留在亚太地区并支撑美国在这一地区的领导地位"[①]。日本是这一机制能否有效运作和发挥作用的关键成员。

二 新形势下的对日怀柔政策

（一）在钓鱼岛争端中满足日本的安全需求

战后日美关系是在相互需要和相互博弈中发展演变的。随着国际形势变化和自身实力增强，日本的独立性不断增长，美国为维持在日本的战略利益和让日本继续为其战略利益服务也不断做出让步，满足日本的某些需求。如前所述，这一过程贯穿日美关系演变的历史。

在"亚太再平衡"战略下的日美关系，应该说是互有所求。从美国方面来说，"亚太再平衡"战略本身是在实力相对衰落，被迫战略收缩下进行的调整，为了保持霸权需要更多地依靠盟国协助，在安全和经济上都要亚太地区主要盟国日本配合。从日本方面来说，由于中国崛起，两国间结构性矛盾突出，缺乏互信，特别是钓鱼岛争端使安全因素成为影响两国关系的主要症结，日本在外交上和安全上更要谋求美国的支

---

① Matthew P. Goodman, "Economic and the Rebalance", *Global Economics Monthly* (*CSIS*), Volume Ⅱ, Issue 12, December 2013.

持。美国《纽约时报》2014年4月6日报道，鉴于俄罗斯合并乌克兰南部克里米亚自治共和国，日本政府官员多次要求美方再次确认钓鱼岛出现突发事件时的对日防卫义务。[①] 在这种情况下，日美之间存在的一些问题也得以通融。美国方面出于地区战略考虑，在一定程度上满足了日本的需求。

在安全上，美国方面明确将钓鱼岛列为《日美安全条约》第六条保护范围，并在钓鱼岛问题上指责中国。美国长期对钓鱼岛主权归属不持立场。1996年9月11日，美国政府发言人伯恩斯表示："美国既不承认也不支持任何国家对钓鱼岛列岛的主权主张。"[②] 冷战结束以后，日本在钓鱼岛问题上不断挑起争端，成为中日关系中的一大障碍。美国也逐渐支持日本的立场，强调日本对钓鱼岛的管辖权，进而改变在钓鱼岛问题上的暧昧态度，表明《日美安全条约》适用于钓鱼岛。美国政府曾以三段论式表述对钓鱼岛的立场：①钓鱼岛在日本的施政权下；②《日美安全条约》适用于日本施政权下的区域；③因此《日美安全条约》适用于钓鱼岛。奥巴马政府成立后一度顾及中美关系采取只表明①、②内容，不公开表明③内容的方针。中日钓鱼岛撞船事件后，国务卿希拉里·克林顿公开表明③的内容。[③] 虽然美方也要求日方迅速释放被扣留的渔民，尽快平息事件，但在钓鱼岛问题上随着中日争端加剧，明显支持日本，压制中国。2012年9月，日本声称对钓鱼岛实行"国有化"，在日本的强烈要求下，美国表明对《日美安全条约》适用于钓鱼岛并无异议。2012年12月21日，美国公布《2013财政年度国防授权法案》，称美国在钓鱼岛主权问题上不持任何立场，但并不否认日本的行政管辖权，同时重申对日本的安全承诺。2013年5月，美国国防部公布《中国军事力量报告》指责中国在钓鱼岛周边划定领海基线并向联合国提交的资料不符合国际法关于海洋权益的原则主张，对中国在

[①] 《美媒曝出日本多次望美方确认对日防卫义务》，共同网2014年4月6日。http：//china.kyodonews.jp/news/2014/04/72491.html.

[②] 钟严：《论钓鱼岛主权的归属》，《人民日报》1996年10月18日。

[③] 《美国决定公开宣称尖阁诸岛适用日美安保条约》，共同社2010年11月10日，http：//china.kyodo.co.jp/modules/fsStory/index.php？sel_lang=schinese&storyid=87242.

钓鱼岛海域巡视的公务船表示："反对单方面以武力改变现状的行为。"① 2013 年 6 月 25 日，美国参院外交关系委员会全票通过决议案，表示"美国对钓鱼岛处于日本施政权之下的认识不会因第三者的单方面行动发生改变"，当受到攻击时美国将基于《日美安全条约》进行应对。民主党委员会主席梅内德斯就钓鱼岛及南海问题声明："已进入危险领域，有必要明确表示不能接受以武力改变现状的尝试。"② 2013 年 9 月，奥巴马总统与安倍首相会谈时表示，反对以武力改变现状。日本报纸认为，这是美国总统首次做出此种表态，意义重大。③

2012 年 9 月钓鱼岛争端升级后，美日加速安全合作步伐，支持日本立场，遏制中国。2012 年 11 月，美日决定启动新一轮修订《日美防卫合作指针》磋商，同时展开频繁的联合军演，向中国施压。美日还进一步制定所谓防卫钓鱼岛联合作战计划。2016 年 1 月，美军太平洋司令部司令哈里斯在华盛顿演讲针对钓鱼岛称："如果受到来自中国的攻击，我们一定（基于《日美安全条约》）加以防卫。"④

十分明显，美国对钓鱼岛争端的态度是其亚太战略的一部分。美国对钓鱼岛主权本身并无很大兴趣，只是要借钓鱼岛问题维持亚太秩序现状，并将中国和日本控制在可调节的范围内，保持地区"平衡者"的主导地位。

（二）在广岛核爆问题上满足日本的政治、心理需求

除在安全上给予日本支持外，奥巴马政府在政治上和心理上也尽量满足日本的要求。

日本发动对外侵略战争，给周边国家人民造成重大伤亡，也给本国人民带来巨大灾难。日本对太平洋战争后期美军对其本土的轰炸，特别

---

① 「米国：中国の基線、国際法違反…尖閣周辺、報告書で指摘」，『毎日新聞』2013 年 5 月 7 日，http：//mainichi.jp/select/news/20130507k0000e030094000c.html.

② 《美参院外交委通过就尖阁等问题谴责中国的决议》，共同网 2013 年 6 月 26 日，http：//china.kyodonews.jp/news/2013/06/54862.html9.

③ 「大統領の尖閣発言 日本支持に行動で応えよ」，『産経新聞』2013 年 9 月 8 日。

④ 《美军司令称尖阁受攻击时将加以防卫》，共同网 2016 年 1 月 28 日，http：//china.kyodonews.jp/news/2016/01/113639.html。

是对广岛、长崎投掷原子弹造成的灾难耿耿于怀，认为这是滥杀无辜，是人类史上空前的犯罪，要求美国方面对此道歉。随着国内民族主义上升，日本方面长期要求美国就此表态，但美国明确认为太平洋战争是世界反法西斯战争的一部分，是消灭日本军国主义的正义战争，当然不会道歉，甚至对靖国神社游就馆①陈列解说词中赞扬军国主义的内容也提出要求修改的意见。但日本方面一直要求美国领导人前往广岛、长崎原子弹爆炸地，特别是在原爆纪念日能够参加纪念活动，美国方面态度逐渐软化。

2016年4月，国务卿克里和参加7国集团成员国峰会预备会议的外交官一道访问广岛，参加纪念仪式，并参观纪念馆。日本外相岸田文雄表示，克里和7国集团成员国其他官员访问广岛是"具有历史意义的一天"②。克里访问后，日本舆论一致争取奥巴马总统访问广岛，并表示不要求美国道歉，只是表示对人类悲剧的缅怀，对日美两国战死者的共同哀悼。但日方也不得不承认访问的政治意义，《日本经济新闻》报道称，美国在广岛和长崎投下的原子弹被称为是扎在日美关系最深处的一根刺，奥巴马的广岛访问还被期待有拔掉这根刺的心理效果，日美同盟关系将进一步强化。③

2016年5月27日，奥巴马总统在参加7国集团成员国首脑会议期间在安倍陪同下访问广岛的和平纪念公园，向遇难者纪念碑献花，悼念包括核爆受害者在内的全体战争遇难者。这是美国在职总统首次访问广岛。奥巴马在现场发表感言："我们都负有直面历史的责任"，强调决不能忘却美国在人类历史上首次使用核武器的广岛的记忆，称拥核国家"必须拥有追求实现无核武世界的勇气"。共同社称，这是战后历经71年实现的历史性访问。对这次访问的目的，共同社还称此举意在再次提

---

① 靖国神社附属建筑，展示日军战死者遗物和事迹。语出《荀子·劝学》"居必择乡，游必就士"。

② 《克里历史性访问广岛，为奥巴马打前站?》，《纽约时报》中文版2016年4月12日，http:// d14as4m2g9qdm4.cloudfront.net/article/91627aeec3eb2e321ad08ca313636982/? utm_source=news-list&utm_medium=email&utm_campaign=newsletter。

③ 「オバマ氏 27日広島訪問、現職の米大統領で初め」、『日本経済新聞』2016年5月11日。

升因两大拥核国家美俄的对立及朝鲜的核开发而陷入停滞的核裁军氛围。但奥巴马却直言不讳地强调是要面向未来，称曾经敌对的日美两国构筑了牢固的同盟关系及友情。① 英国《金融时报》评论称，奥巴马访问广岛意在夯实美日同盟，将把此行当作巩固美日同盟的重要一步。这两个昔日的敌手如今处于亚洲同一个旨在遏制中国的关系网的核心。而对于日本来说，安倍表示，当美国总统在广岛致哀时，将"满足那些受害者，以及至今仍遭受痛苦的人的心愿"。奥巴马访问广岛将进一步提升日美同盟关系，因为冷战结束后，日美同盟曾出现裂痕，如今再次成为日本国家安全的基石。② 日本各大报纸都对奥巴马的访问予以赞赏。《产经新闻》称，这是战后日美关系的历史性事件。日本把奥巴马的访问视为希望深化日美关系的信息。③ 东京大学教授田中明彦著文披露日方为此次访问所做的工作：安倍 2015 年 4 月末在美国国会发表演讲，此后花约一年时间促成奥巴马总统本次访问，可以说这是日本外交的成果。在广岛访问的问题上，处理方式稍有不当便可能引起国内外不必要的摩擦。这次访问是美国驻日大使肯尼迪、日本外相岸田文雄等人谨慎且积极协调的成果，也是实务外交日积月累的成功案例。他评论奥巴马访问广岛，在日美两国历史性和解的意义上十分有象征性，访问意义深远，表明了日美关系的成熟度；在亚洲全体安全保障环境上也具有积极意义，展现了日美同盟关系不会轻易产生裂痕。④

以上两件事例说明，日美关系在自战后以来逐步调整的基础上继续发展，由于中国崛起，日美仍有维持同盟关系的战略需求，为此双方都会做出某种程度的让步。但美国的让步是表面的，收取的是对日战略实际利益，对第二次世界大战性质等原则问题并未让步；日本在安全上仍

---

① 《奥巴马在广岛表示决心实现"无核武世界"》，共同网 2016 年 05 月 27 日，http：//china.kyodonews.jp/news/2016/05/121041.html。
② 《奥巴马访问广岛意在夯实美日同盟》，英国《金融时报》中文版 2016 年 5 月 12 日，http：//www.ftchinese.com/story/001067510。
③ 「日米関係の深化を求めるメッセージと素直に受け止めよ　最後の訪日、用意周到に歴史問題解消狙うオバマ氏」，『産経新聞』2016 年 5 月 11 日，http：//www.sankei.com/world/news/160510/wor1605100049-n1.html。
④ 田中明彦「アジア安保にプラス」，『日本経済新聞』2016 年 5 月 28 日。

需要美国，只能在不损害同盟关系的前提下继续摆脱历史包袱和战后政治框架的影响。

三 推动日美军事一体化

（一）提高日本在美国战略中的地位

在"亚太再平衡"战略下，美国放松对日本的约束和照顾日本的安全需求，同时要求日本为同盟关系多承担责任，日本则积极配合美国战略调整，加强美日军事一体化，期望提高对中国的威慑作用。

美国面临财政困难，日本在经济上和战略上支持和配合美国更显重要。奥巴马政府成立后，美国面临长期对外干预和反恐战争之后的财政困难，要求日本承担更多责任乃势所必然。2011年11月，美国国会围绕削减财政赤字的超党派议案未能通过，而8月通过的自动削减支出的特别法案生效，预计从2013年开始的十年间美国预算将被强制大幅削减超过1.2万亿美元，其中一半是国防预算。美国国防部门已经承担削减4500亿美元的义务，如果加上特别法案削减的份额将超过1万亿美元。除去伊拉克和阿富汗战争费用，国防预算规模为每年5000亿美元。通过简单计算即可知道，国防预算每年将被强制削减20%，即超过1000亿美元之巨。

美国财政危机不仅给世界和欧洲带来风险，也对亚太地区安全环境和战略形势造成影响。日本方面认为，就对日本的影响来说，作为航空自卫队下一期主力战机的F35的生产计划将面临缩减；海军陆战队将削减2万人，装备也将减少，应急反应能力将会下降；核战力将削减，使核保护伞（扩大抑止）受损等一系列事态有可能发生。

鉴于美国面临的困难，日本指出，为应对中国和朝鲜的威胁，美国同日韩澳的同盟不可或缺，必须确实保证驻日美军的经费负担，同时也必须进一步努力加强对西南诸岛的独立防卫能力。这是日美同盟的危机，日本也必须与美国共同应对，① 特别是如何帮助美国减轻负担。

安倍第二次内阁更在各方面对奥巴马政府的战略调整给予配合。奥

---

① 「米財政危機　防衛力強化に日本は汗を」、『産経新聞』2011年11月27日。

巴马政府面对中国崛起、中东局势混乱、国防开支削减、"亚太再平衡"战略调整等难题，安倍则提出"将与美国一道站在解决国际社会难题的前列"，积极开展完善安保法制工作，使奥巴马政府对日本这个盟友的作用感到满意。2015 年 4 月安倍访问美国，受到奥巴马的热情接待。日本舆论认为，这同 2013 年安倍访美时奥巴马面无笑容形成对比。美国政府人士解释称，这是对安倍政府在安保领域的努力和经济回暖以及与东盟加强关系的肯定。据说奥巴马"认识到日本作为全球性伙伴的重要性"也是此番厚待安倍的一大原因。对于日美关系中出现的这种变化，《日本经济新闻》评论称，由于日美时隔 18 年修订《防卫合作指针》，日本自卫队将能够在全球范围内协助美军，TPP 也有望基本按照美方的意愿结束谈判。如果认为是作为交换，奥巴马热情款待了安倍，这或许也正体现了奥巴马式的"公事公办"①。共同社的评论更积极，认为这是："正在逐渐失去优势的超级大国美国的现状推动了此次两国首脑表现出蜜月关系，日本在奥巴马外交中提升了影响力。"②

（二）提高日美军事一体化水平

1. 美国鼓励日本改变安全政策

由于美国削减国防预算，独自支撑全球霸权捉襟见肘，必须依靠盟国帮衬。在亚太地区，作为经济大国，又有最强军事力量的日本自然是最好的依靠。

2012 年 8 月，以前副国务卿阿米蒂奇和前助理国防部长约瑟夫·奈为首的超党派研究小组发表第三次《阿米蒂奇报告》。③ 此前已于 2000 年和 2007 年发表过两次报告。第一次报告是在总统大选前一个月发表，被认为是表明新政府对日政策方向性的文件。此次又是在 11 月美国总统选举前发表，也被认为要起同样的作用。

---

① 「米、対立避けたい本音　日本に関係改善求める」、『日本経済新聞』2015 年 4 月 30 日。
② 《超级大国渐失优势　日本对美重要性提升》，共同网 2015 年 5 月 4 日，http://china.kyodonews.jp/news/2015/05/96902.html。
③ Richard L. Armitage and Joseph S. Nye, "The U.S.-Japan Alliance Anchoring Stability in Asia", *Center for Strategic and International Studies*, August 2012.

值得注意的是该报告在安全方面提出的意见。继前两次报告之后，此次报告又提出要求日本方面承认行使集体自卫权。按照日本政府的判断，认为在"日本有事"时为了保护来援的美军而使用武力是行使"个别自卫权"，根据日本政府的宪法解释这种情况下可以使用武力，而集体自卫权主要是在海外有事时能够使用武力。典型事例是在911恐怖主义袭击后，为支援美国的阿富汗战争，英国向联合国报告行使集体自卫权前往参战。所以日本一旦行使集体自卫权就开始走上在海外使用武力的道路，从根本上改变战后的基本政策。

美国提出重视亚太战略，但国防预算在此后10年间却要大幅削减，无法建立对华包围的态势。此次《阿米蒂奇报告》要求美军和自卫队必须具有进一步配合作战的能力，要求日本要具有像美国海军陆战队那样的水陆两栖作战能力和与美军一道在中国南海执行监视的能力。在前两次报告发表后，自民党对承认行使集体自卫权反应冷淡，但此次报告发表后参加自民党总裁选的五名候选人都主张应断然行使集体自卫权，认为在钓鱼岛问题上借助美国力量，日方也要做出回报。

事实上，日本已经按报告要求，陆上自卫队在关岛接受美国海军陆战队的突击登陆训练，海上自卫队舰艇开始访问菲律宾，正在完善一旦可以行使集体自卫权就能够在亚太地区代替美军执行任务的基础条件。在《阿米蒂奇报告》发表时，报告书所要求的安全法制就已在日本政府的讨论议程中，对市民泄露安全、外交重要情报进行惩罚的秘密保护法和在联合国维和行动（PKO）中能够行使武力"驰援警护"的联合国维和行动合作法修正案也即将接受国会审议。日本《东京新闻》社论指出，日本正在按报告书指示的路标前进。① 这些安全法案成为日本新安全政策的法律依据。

2. 日美加强军事一体化

在奥巴马第一任期内，美日同盟就开始加强安全合作，安倍第二次内阁成立后，双方配合更加密切。美日双方通过加强目标统一性、情报共享能力、联合训练方式以及基地共同使用等方式，整合两国的军事力

---

① 「米報告書は道標なのか」、『東京新聞』2012年9月30日。

量。同时，美国开始有意为日本的防务力量松绑，让日本提高"机动防卫能力"，强化海空军力量，配合美国落实"空海一体战"和"联合作战介入"概念。① 2013 年初，日本陆上自卫队和美国海军陆战队、海军在加利福尼亚举行联合军事训练，据称演练接近实战，由日美组成小型混合部队进行，鱼鹰直升机实施近距离空中支援。

2012 年 8 月，美日在再次修改《日美防卫合作指针》计划上达成一致，商讨包括联合军演、训练在内的美军军力结构计划和方式。奥巴马第二任期内，由于美国被迫削减国防费，为应对亚洲安全环境变化，期待日本可以发挥更大作用，在军事安全领域继续着力于推进美日军事合作。2013 年 1 月，美日双方开始讨论修改《日美防卫合作指针》，重新定位自卫队的角色（包括向海外派遣自卫队），着手建立美军和自卫队的全方位合作机制。日美修订《日美防卫合作指针》，据认为是一项重大改革，几乎等于改写同盟的设计图。双方首先要找出现行同盟的问题所在，设定各种危机脚本，实施日美联合图上推演，找出日美军事能力、合作机制以及法制方面的不足。在此基础上，商讨如何填补"同盟空白"，重新决定日美分工，最终汇总出新的《日美防卫合作指针》。② 2015 年 4 月新的《日美防卫合作指针》出台后，加速美军与自卫队的一体化。美军不仅在西南诸岛附近加强与自卫队的警戒监视活动，还促进基地和设施的共同使用。此外，日美同盟还在应对网络攻击和宇宙空间利用等"未知领域"得到扩大。美国防部长阿什顿·卡特在亚洲政策讲演中称新《指针》把日美合作"提升至全新层次"③。

为让日本承担更大的地区安全责任，美国支持和鼓励日本在安保政策上进行更多修订。2013 年 10 月，日美安保磋商委员会（2+2）会议发表共同文件，支持日本设立"国家安全保障会议"，考虑允许日本行使集体自卫权，提高同盟的可信性和抑制力。2014 年奥巴马访日，将

---

① 阮宗泽等：《权力盛宴的黄昏：美国"亚太再平衡"战略与中国对策》，第 54 页。
② 《日美要对同盟进行"大手术"》，《日本经济新闻》中文版 2014 年 2 月 24 日，http://cn.nikkei.com/columnviewpoint/column/8142 - 20140224.html?n_cid = NKCHA014。
③ 《美防长演讲称日美合作将上升至新层次》，共同网 2015 年 4 月 7 日，http://china.kyodonews.jp/news/2015/04/95184.html。

"美国支持日本行使集体自卫权"写入联合声明,公开支持日本的军事化。① 日本政府在安保法通过后,为进一步配合美军行动修改与美军融通物资与劳务的日美《物资劳务相互提供协定》(ACSA)。安保法颁布后,自卫队推行新"部队行动基准"(ROE)和开展同美军的共同计划制定工作,巩固日美同盟的运用层面相关工作全面展开。2015年11月,日美两国政府设立新机构"同盟协调小组",由安保、外交等部门的两国政府中枢构成,目的是让自卫队与美军从平时起实现一体化运作。两国可在"所有事态"上进行信息共享并快速做出决策,以巩固日美同盟。②

3. 日本可向海外派兵承担地区责任

受海湾战争影响,日本制定《联合国维持和平活动合作法案》(简称《PKO法案》),使自卫队能前往海外参加联合国维和行动。1997年9月公布的《日美防卫合作指针》规定在日本发生"周边事态"时的日美军事合作机制,指出:"虽主要在日本领域内进行,但包括与作战地区截然区分的、日本周围公海及其上空。"③ 这为日本进一步打开了自卫队派兵出国的大门。但为让日本承担更大的地区安全责任,就必须允许日本行使集体自卫权。这也是三次《阿米蒂奇报告》都要求日本做出重大决定的根本原因。

禁止日本行使集体自卫权的初衷,是要使日本远离战争,成为和平国家。冷战时期,日本为专心发展经济,避免被卷入美国在亚洲发动的两场战争,禁止行使集体自卫权成了日本的借口。随着东亚国际局势的变化和奥巴马政府的"亚太再平衡"战略实施,日本安全政策发生重大变化。一是由于缺乏有效的地区安全机制和中日之间互信基础薄弱,日本在安全上要牵制和制约中国,使其更加依赖美国;二是美国要求日

---

① "U. S. Japan Joint Statement, The United States and Japan: Shaping the Future of the Asia Pacific and Beyond", April 25, 2014. http://www.whitehouse.gov/the-press-office/2014/04/25/us-japan-joint-statement-united-stayes-and-japan-shaping-future-asia-pac.

② 《日美成立同盟协调小组以实现自卫队美军一体化》。共同网2015年11月3日,http://china.kyodonews.jp/news/2015/11/108427.html。

③ 『防衛ハンドブック2003』、朝雲新聞社、2003年、第379頁。

本承担安全责任，特别是财政困难加大对日压力，日本也要为加强与美国的同盟关系做贡献。当然，能够行使集体自卫权也是摆脱"战后政治框架"成为"正常国家"的一个重要标志，随着时机成熟，日本会不失时机地解除禁令。

2015年4月，日本通过立法解除行使集体自卫权的禁令。战后日本安全战略是建立在宪法第九条和《日美安全条约》基础上的，由于有宪法第九条的限制，日本在日美同盟中发挥的军事作用是有限的，也决定了在日美同盟中的不同地位和作用。解除行使集体自卫权的禁令，日本不仅可以在更大范围内配合美军作战，而且可以在世界范围内为他国军队提供补给等后方支援，是安全政策的重大转折。

为了缓和国内的反对，2014年7月日本政府出台"行使武力的新三项条件"取代原宪法解释中"行使自卫权三项条件"。新三项条件是：①发生针对日本及关系密切的他国的武力攻击，日本的存亡受到威胁，存在国民生命、自由和追求幸福的权利被彻底剥夺的明显危险；②为了保卫日本、保护国民没有其他合适的手段；③行使武力仅限于必要的最小限度。① 安倍称，根据这三项条件判断是否行使集体自卫权，即使行使集体自卫权也是"被动的、有限定的"②。但实际上如评论所说，只要行使武力，就已经违背了宪法第九条。日本防卫相中谷元表示，如果满足可以行使集体自卫权的"行使武力新三项条件"，自卫队就可以在他国领域行使武力。民主党党首冈田克也在党首辩论中再三质询安倍，如果满足新三项条件，在法制上是不是就可以进行。安倍只是强调"一般情况下不允许"，并没有正面回答。关于向他国军队提供后方支援中供给弹药一事，中谷元表示这是在重新审议《日美防卫合作指针》磋商中，美国提出的要求。③ 可以看出，日本通过解禁行使集体自卫权等安全立法，在配合奥巴马政府"亚太再平衡"战略上是发挥了积极

---

① 《行使武力新三项条件》，共同网2015年3月15日，http：//china.kyodonews.jp/news/2015/03/93748.html。

② 「新たな安保法制　憲法も日米安保も超え」、『毎日新聞』2015年4月25日。

③ 《日防卫相称若满足新三项条件即可在海外行使武力》，共同网2015年5月25日，http：//china.kyodonews.jp/news/2015/05/98152.html。

作用的。2015年11月，奥巴马与安倍在会谈中强调："日美同盟对于美国的安全保障而言也是基础。"对于日本通过安保相关法案，奥巴马说："这是历史性的伟业。不仅是地区，还可以磋商在全球进一步扩大我们之间的合作。"①

第三节　奥巴马政府"亚太再平衡"战略下对日本地区政策的要求

在"亚太再平衡"战略下，美国希望日本的地区战略要和其亚太战略协调一致，不要另起炉灶破坏其全局安排，同时适应美国财政困难、战略收缩的要求，构建美国主导下针对中国的、灵活的战略安全机制。第二次安倍内阁成立后在地区政策上也积极配合美国战略调整。在对华关系上，保持"冷和平"，并配合美国与地区其他盟友和战略伙伴展开新的安全合作。

本节就美国"亚太再平衡"战略下对日本地区政策的要求以及日本的反应做一探讨。

一　要求日本服从美国对华战略安排

（一）要求日本对华关系不即不离

"亚太再平衡"战略既然主要是针对中国崛起后在亚太地区引发的国际关系变化，而日本又是"亚太再平衡"战略的基石，那么，中日关系如何就直接关系这一战略的成败了。美国必须使中日关系符合"亚太再平衡"战略的需要，包括好坏两个方向都能处于可控状态，不致影响战略全局。

中美日关系是影响亚太地区最重要的三边关系。地缘政治在决定这三边相互关系上发挥了重要作用。如乔治·凯南分析美国20世纪50年代对日政策调整时所说："一个有名无实的友好的中国和一个真正敌对

---

① 「試される日米同盟南シナ海に自衛隊検討　中国けん制」、『日本経済新聞』2015年11月20日。

的日本，对我们的威胁已为太平洋战争所证实；一个敌对的中国比一个敌对的日本更糟。"① 在"亚太再平衡"战略下，美国对中美日关系的定位似乎还没有摆脱这种思维定式，如何操控这三边关系仍然是美国战略家需要绞尽脑汁的作业。罗伯特·阿特说，美国的政策是"维持地区大国间的力量平衡以阻止霸权的兴起，控制东亚的变化并防止事态失控"②。

对于美国来说，一个友好的日本，是美国安全的基本前提；一个友好的美日关系，加上基本平稳的中日关系，是美国对日本外交的基本要求。美国最不愿意看到的是中日联合。因为在美国看来，中日联合给美国带来的压力要超过中日不和的影响。"如果中国的自然资源和人力同日本的技术和经济力量结合起来，这样所产生的力量将是无法阻挡的。"③ 美国在东北亚的地位取决于中日关系的紧张程度。④ 因此，中日之间保持适度紧张无法联合才是美国东亚政策的目的。当然，美国也不希望中日纷争难以控制，因为那会给亚太地区带来更多的不确定因素，既影响美国的经济利益，也将考验美国作为"外来平衡者"的作用，陷入不得不"选边站"的困境。因此，美国希望中日关系保持适度紧张，日本的对华政策能服从美国的战略利益。这就要求美国的地区作用是起一个"平衡轮"的作用，将中国和日本都置于美国的制度安排下，不使日本脱离美国的战略框架并控制复杂的中日关系。如赖斯所说，"不声不响地牵制和积极参与"的政策，才符合美国的国家利益。⑤

在"亚太再平衡"战略下，中日历史问题和领土纠纷引发的紧张状态成为美国可资利用的材料。事实上，从小泉时期中日因首相参拜靖国

---

① George F. Kennan, "Memoirs: 1925—1950", Little, Brown, Boston andToronto, 1967, p. 375. 转引自资中筠主编《战后美国外交史——从杜鲁门到里根》，世界知识出版社1994年版，第152页。

② ［美］罗伯特·阿特：《美国大战略》，郭树勇译，北京大学出版社2005年版，第69页。

③ ［美］小R. 霍夫亨兹、K. E. 柯德尔：《东亚之锋》，黎鸣译，江苏人民出版社1995年版，第13页。

④ ［英］巴瑞·布赞：《中国崛起过程中的中日关系与中美关系》，刘永涛译，载《世界经济与政治》2006年第7期。

⑤ 鈴木美勝「日米外交に絡みつく中国の影」、『世界週報』2006年1月24日。

神社问题而关系趋冷到野田内阁发生购岛事件，再到安倍内阁任内中日在钓鱼岛问题上的对立，两国关系不断恶化，已经跌到邦交正常化以来的最低点。而由于中日关系的恶化，又给蓬勃发展的东亚地区合作蒙上阴影，东盟—中日韩（东盟+3）合作原本进展顺利，但在日本的支持和鼓动下又屋上架屋搞了个东亚峰会（东盟+6），使东盟+3的重要性有所下降。刚刚起步的中日韩自贸区建设也陷于瘫痪，本来这是改变东亚合作中东北亚合作相对落后局面的重大步骤，因首脑会晤难以进行而不得不推迟。中日关系恶化和东亚合作受阻，固然是中日之间和东亚地区内部存在的消极因素所致，但这种局面显然给美国控制中日关系走向提供了机会，并给在东亚合作中被近乎边缘化的美国重整旗鼓参与以至主导地区合作带来了希望。

（二）要求日本配合美国的对华安全战略

中日钓鱼岛问题产生的原委说明美国难脱干系。由于领土问题涉及民族感情，难以解决，中日邦交正常化时该问题被搁置，但冷战结束以后逐渐成为影响中日关系的隐患。美国的态度也逐渐有倾向性，明确钓鱼岛属于《日美安全条约》的保护范围，又不希望因此引起冲突。美国反对中国以武力解决领土纠纷，也压制日本勿激化矛盾，扩大事端。撞船事件发生后，希拉里·克林顿一方面表示钓鱼岛属于《日美安全条约》第五条范围，一方面要求日本外相前原诚司尽快放人。[①] 购岛事件发生后，美国副国务卿伯恩斯多次表示缓和争议，敦促中日双方加强对话，并称美国对充当调解员角色持慎重态度。[②] 奥巴马向中日双方紧急派出由前政府高官组成的代表团，表示美方采取"中立立场"，向双方施压，避免发生冲突。[③] 希拉里·克林顿在华盛顿会见到访的日本外相玄叶光一郎，要求日方在钓鱼岛问题上采取"更谨慎而有效"的行动，

---

① 《日媒：美向日施压早放人 日本朝野不满》，凤凰卫视2010年9月25日，http://news.ifeng.com/mainland/special/zrczdydxz/content-2/detail_2010_09/25/2623817_0.shtm。

② 「バーンス米国務副長官に聞く 尖閣にも対話促かす」、『日本経済新聞』2012年10月16日。

③ 「米、日中仲介へOB外交 非公式ルートで本音」、『日本経済新聞』2012年10月25日。

对中日关系恶化可能给东亚整体安全环境造成的恶化表示强烈担心，牵制日本的对华外交。① 美国国防部副部长在华盛顿智库讲演中表示，如果中国试图占领钓鱼岛，美国将会采取应对措施，但拒绝回答美军是否会立即采取军事行动。② 针对日本国内出现的过激情绪，如安倍在国会发言中称中方若登岛日方将采取强制措施，布热津斯基指出这种发言是"好战的，无助于问题的解决"③。美国负责东亚及太平洋事务前助理国务卿科特·坎贝尔也提醒："这个问题可能会造成足以震撼整个东北亚的危机，并对全球经济造成影响。"④

据事后坎贝尔披露的消息，野田政府在购岛时，奥巴马政府反应消极，探寻日方是否有替代方案。坎贝尔也向日本首相助理、野田首相的亲信长岛昭久说明，避免被中方视为"改变现状"的行动，提醒日方"三思而后行，日方的行为可能诱发今后的长期事态"。美国一方面劝日方慎重，另一方面也确定了实际上支持日本的方针。希拉里·克林顿与总统安全事务助理多尼隆等重要人物交换意见，确定三点方针：①对领土主权问题不持特定立场；②1972 年归还冲绳时已把钓鱼岛管辖权交给日本；③现在钓鱼岛仍在日本的实际控制下。⑤ 而据解密文件显示，1972 年 3 月美国决定归还钓鱼岛施政权前两个月，日本政府要求派高官乘飞机空中视察钓鱼岛，遭美方拒绝，以免给外界留下在主权问题上偏袒日本的印象。而实际上，美国已决定钓鱼岛适用于《日美安全条约》第五条，只是为表示在主权问题上立场中立，即使对盟友也不例外。⑥ 从这两个事

---

① 「米、緊張緩和へ動く　尖閣問題で対話促かす」、『日本経済新聞』2012 年 9 月 29 日。

② 「米、尖閣占拠する試みあれば対応　日本の施政権維持へ支援　国防副長官」、『産経新聞』2014 年 9 月 30 日、http：//www.sankei.com/world/news/141001/worl410010038-n1.html。

③ 「日本の発言は好戦的　尖閣巡り、元米大統領補佐官」、『朝日新聞』2013 年 4 月 24 日、http：//www.asahi.com/international/update/0425/TKY201304250047.html。

④ ［美］科特·坎贝尔：《历史对钓鱼岛对峙的警示》，英国《金融时报》中文版 2013 年 6 月 28 日，http：//www.ftchinese.com/story/001051146（shangwangshijain。

⑤ 「尖閣国有化、米が難色　昨夏時点『代替案を』と打診」、『日本経済新聞』2013 年 7 月 16 日。

⑥ 《美国 1972 年曾拒绝让日本高官空中视察尖阁诸岛》，共同网 2014 年 2 月 24 日，http：//china.kyodonews.jp/news/2014/02/69852.html。

件中可以看出，美国在钓鱼岛问题上完全是出于自身利益的伪善面孔。表面上持中立立场，实际偏袒日本；而对日本欲拒还予，只是不希望日本过分高兴，要有所收敛。五百旗头真认为东亚领土问题是美国埋下的"冰块"①。美国把钓鱼岛作为一枚棋子，玩弄中日两国于股掌之间。

中日两国如果处理不好钓鱼岛问题，关系会经常处于紧张状态，妨碍两国建立更密切的关系。两国关系中存在这样一个隐患，如何建立互信，考验两国人民的智慧。中日合作是亚洲合作的基础，中日关系不好，东亚共同体难以实现。如莱斯特·瑟罗所说："美国对一个有凝聚力的亚洲经贸组织没有兴趣，分而治之才是最重要的。"② 中日之间保持不即不离的关系，恐怕对美国来说是最理想的状态，这样才能在三边关系中发挥主导作用。

（三）鼓动日本插手南海问题

美国介入南海问题是实施"亚太再平衡"战略关键一环。奥巴马政府在调整亚太政策的同时，宣布"重返东南亚"，将南海问题作为切入点，试图恢复在东南亚的影响力。

2009年7月，希拉里·克林顿出席东盟峰会签署《东南亚友好合作条约》，宣布美国"重返东南亚"③。同时，希拉里在东盟论坛外长会议上就南海问题发表演讲，称"美国在南海的国家利益主要是维持南海航行自由"，"支持所有南海领土争端方通过合作性的外交进程解决南海问题"，"愿意帮助处理南海问题"。美国把南海问题看作重返东南亚的机遇，是"重返亚洲"战略的一部分。

美国介入南海问题的方式多样，主要利用东盟和东南亚国家推行大国平衡战略的机会，加强在南海及周边地区的军事存在；支持东南亚国家加强军事互动、联合演习、后勤支援、军事培训及展开军售合作等；

---

① 五百旗頭真「領土問題は米国が埋め込んだ『氷塊』」、『選択』2012年10月号。
② ［美］莱斯特·瑟罗:《资本主义的未来》，周晓钟译，中国社会科学出版社1998年版，第121页。
③ Hillary Rodham Clindon, "Press Availability at the ASEAN Summit", July 22, 2009, http://www.state.gov/secretary/rm/2009a/july/1263201.htm.

加强与日本、印度的关系，协同在东南亚和南海地区活动。①

日本在东南亚和南海地区有重大利益，对南海的关注度不亚于南海争端当事国。日本的地缘政治环境决定其对南海问题的关注，不得不加强对东南亚和南海地区的渗透。南海是日本进口能源的运输通道，被视为"海上生命线"，认为中国控制南海可能威胁航行安全，借介入南海问题抑制中国的影响力，以达到保护"海上生命线"的目的。日本还将南海争端与中日东海争议联系起来考虑，担心会使东海和解变得更困难。

在南海问题上，美日利益互相重叠、互相借重。对日本来说，遏制中国的发展壮大，才能保护"海上生命线"。对美国来说，希望将中国的影响力控制在可控范围内或是将南海航线置于自己的控制下。在"亚太再平衡"战略下，日本的地区角色愈发受到美国重视，支持日本介入南海问题。

日美在地区战略和安全利益上的一致性，决定了日本对南海问题的介入深受美国影响。首先，日本与美国的军事行动紧密配合，与东南亚国家的海上军事互动明显增多。2015年11月，安倍在日美首脑会谈中表示："自卫队在南海的活动要根据局势对日本安保的影响进行商讨"，表明将考虑派遣自卫队前往南海进行巡视活动。②

其次，日本通过政府开发援助等方式向南海周边国家提供经济援助和海上巡逻装备，支持与中国有领土争端的国家同中国对抗。近年日本和越南在安全领域迅速接近，被认为是亚洲安保框架转换模式的象征。日本旨在为提高越南防卫能力展开合作，如在潜水医学交流、提供巡逻船等方面努力提高越南在南海的警戒能力。2015年12月，日本防卫相中谷元访问越南，双方就人道支援和灾害救助的海上训练以及防卫装备、技术合作达成协议，并就海上自卫队舰艇使用金兰湾海军基地停靠

---

① ［德］杜浩（R. F. Drifte）：《冷战后中日安全关系》，陈来胜译，世界知识出版社2004年版，第102页。
② 「試される日米同盟南シナ海に自衛隊検討　中国けん制」、『日本経済新聞』2015年11月20日。

等加强日越防卫合作达成一致意见。①。与此同时，日本和印度尼西亚举行外长、防长磋商，双方就派遣自卫官提高装备使用、部队运作等方面熟练程度的"能力构筑支援"交换意见，就两国力争缔结的防卫装备与技术转移相关协定举行磋商。②

再次，日本以各种方式支持有关国家在南海争端中的立场。日本积极支持在南海问题上与中国有争议的当事方，企图在舆论上放大南海问题争端，煽动"中国威胁论"，离间中国与东南亚国家的关系。2015年12月，日本在东京与印度尼西亚首次召开外长和防长磋商（2+2）。针对中国在南海填海造岛，日方希望与东南亚地区大国的印尼加强合作，制衡中国。日本已与美国、英国、澳大利亚等5个国家进行2+2磋商，与东盟国家尚属首次。

最后，日本设法参与南海争端谈判框架，关注东南亚和南海地区安全环境构建。第二次安倍内阁成立后，安倍首访东南亚，预定在印尼发表日本对东盟外交政策新五项原则，以日美同盟为基础强化同东南亚各国的关系，制约中国，但因阿尔及利亚人质事件影响演说取消。原定演说中的"安倍主义"核心内容还包括：共同全力保卫依法自由开放的海域，欢迎美国重视亚洲的政策；促进贸易与投资，实现与东盟各国共同繁荣等。③ 2016年7月，菲律宾阿基诺三世政府提起的南海仲裁案结果公布后，日本和美国一道要求中国遵守仲裁结果。

二 鼓励日本扩大地区安全关系

（一）促使日本改善日韩关系

日美在制约中国发展上有共同点，美国鼓励日本在亚太地区扩大安全合作关系，符合"亚太再平衡"战略目标，也弥补了实力相对不足的缺陷；而日本对美国实力相对下降和对日美同盟的信任有所降低，也

---

① 井上和彦「歴史共鳴する日越の連帯強化を」、『産経新聞』2015年12月11日。
② 《日本拟与印尼举行外长防长磋商携手制衡中国》，共同网2015年12月2日，http://china.kyodonews.jp/news/2015/12/110308.html。
③ 《安倍发表对东盟外交政策新的五项原则》，共同网2013年1月18日，http://china.kyodonews.jp/news/2013/01/45126.html。

更积极、主动地发展同相关国家的安全合作。

美日同盟和美韩同盟是冷战遗产，是美国在东北亚地区保持军事存在的前沿。从全球范围来说冷战已经结束，但在东北亚地区并未结束，不仅朝鲜半岛仍然分裂，朝鲜存在核开发和导弹试射问题，而且面对中国和俄罗斯两个意识形态不同的大国，美国对这一地区的安全态势十分重视，从未掉以轻心。美日同盟和美韩同盟担负着美国东亚战略赋予的使命。

但在日本的地区邻国中，日韩关系有特殊性。令美国不满的是美日同盟和美韩同盟之间缺乏协调，而且在日本和韩国之间因历史问题和领土争端关系十分紧张，李明博政府借口日本殖民统治历史而中断日韩《采购和跨军种协定》和《军事情报保护协定》（GSOMIA）谈判。2013年2月朴槿惠执政后，韩方因不满日本在慰安妇、教科书以及独岛（日本称竹岛）主权争端问题上的态度及立场，长期未举行首脑会晤。日韩两国矛盾不时激化，影响美日韩三边合作机制的顺利运行。美国"亚太再平衡"战略希望将更多的地区责任和义务转移给盟友，而日韩不和阻碍战略的推进，也对美国的朝鲜政策产生影响。美国前助理国务卿坎贝尔表示，"现在或许日韩关系成为对美国在亚洲利益的最大挑战"①。美国希望日韩之间能维持相对友好的关系，美日韩三国建立起围绕美国的三边关系，将增强在朝鲜半岛的战略优势。但美国也深知，日本军国主义对朝鲜半岛的殖民统治历史印记难以消除，日本在历史问题上的认识更难以为韩国民众接受，因此推动日韩和解和加强安全合作成了美国的责任和义务。

事实上，日本对朝鲜半岛政策相对积极，冷战结束后日本就试图打开日朝关系僵局，在解决20世纪90年代朝鲜核问题上日本也提供协助。日本还积极参与朝核问题六方会谈，抓住在朝鲜半岛问题上发挥作用的机会。日本与半岛的地缘关系使其不可能自外于半岛事务，但日韩关系波折不断，使其颇费周章。美国对日本参与朝鲜半岛事务存在两种

---

① Richard McGregor and Simon Mundy, "I will between Japan and South Korea a Strategic Problem for US", *Financial Times*, November 21, 2013.

心态，一种是在解决朝鲜半岛问题上需要日本支持，如在20世纪90年代对朝鲜弃核提供能源、经济援助；另一种是不希望日本参与半岛事务而影响美国在半岛问题上的主导地位。在朝鲜核危机严重的情况下，美国出于战略需要鼓励日韩和解，完全可以理解。但阻碍日韩关系的主要问题是日本侵略的历史和岛屿争端，这些问题若不能解决，日韩关系难有大的好转，美国的推动效果也不明显。

由于历史因素等原因，日韩之间没有军事合作关系，在美国推动下日韩逐渐建立军事合作联系。2010年12月，美日韩举行三国外长会议讨论朝鲜半岛局势并发表联合声明，表示"三国在维护亚太和全球稳定与安全方面具有共同的目标和责任"①。2012年9月美日韩外长在华盛顿会晤，希拉里·克林顿表示具有"共同利益和价值观"的盟国要加强合作，但日韩外相会谈却因竹岛（韩称独岛）和慰安妇问题难以达成一致。

2014年3月在荷兰海牙日韩首相在奥巴马出席下举行会晤。为了促成日美韩首脑会谈和表明对朝鲜核开发的危机感，担任斡旋人的奥巴马强调"朝鲜核武器和导弹的发展处于不容忽视的状态"，并将会谈议题限定为朝鲜问题。安倍和朴槿惠在口头上承诺进行合作，外交与防卫当局的安全磋商也有望启动，但舆论并不看好会谈结果，认为实施起来并非易事，原因在于日韩越深化安全合作，就越牵涉历史问题，这是日韩关系的特征。而在历史问题未取得进展的前提下，两国关系的全面改善仍难以指望。

2014年底，日美韩三国为应对朝鲜核开发与导弹问题缔结共享防卫机密情报的备忘录。为消除韩方顾虑，日美两国同意在修订的《日美防卫合作指针》运用中，表明"为地区和平与稳定做出贡献"及"尊重第三国主权"的内容，因为韩国担忧在朝鲜半岛突发情况时日本自卫队将扩大活动。对《日美防卫合作指针》的运用问题，声明中还提及必须"遵守国际法"及"确保透明度"②。

---

① "Trilateral Statement Japan, Republic of Korea and The United States", December 6, 2010. http://www.state.gov/r/pa/prs/ps/2010/12/152431.htm.
② 《日美韩防卫磋商就日美新指针运用发表联合声明》，共同网2015年4月18日，http://china.kyodonews.jp/news/2015/04/95928.html。

2015年5月，美国国务卿克里与朴槿惠会谈，围绕日韩政府在慰安妇等历史问题上的对立关系，"希望两国能解决悬而未决的问题，改善日韩关系"。在与韩国外长尹炳世的会谈中，克里"希望两国在敏感的历史问题上保持自制，同时加强对话，寻求双方都能接受的解决方案"，要求日韩两国彼此让步。①

美国主导日韩和解和安全合作，是着眼于东北亚地缘关系的变化。中韩建交后经济联系日益密切，韩国在经济方面更加依赖中国市场，中国是韩国最大的贸易伙伴。可是韩国最重要的安全盟友却是美国，这种不平衡的经济结构，对美韩关系造成不利影响。韩国国民感情与日本疏离和对立，更使美国的东北亚安全体系出现裂痕，急需修补。日本与朝鲜半岛近在咫尺，韩国向中国倾斜，同样使日本感到不安。因此将韩国拉回美日韩合作，是美日共同战略需求。日本研究朝鲜半岛的学者仓田秀也说："坐视韩国被中国的'磁力'吸引，无论从日本的安全、韩国的安全，还是从东北亚地区来说都是不能接受的，是与日本的安全保障认识不相容的。"② 修改《日美防卫合作指针》，日本有限行使集体自卫权，有利于韩国的安全，日美韩关系于东北亚地区整体而言是不可分的。

美国希望日韩关系在美日、美韩同盟基础上得到一定程度的改善，形成以美国为主导的美日韩三边框架。在这个三边框架下，日韩政治、经济和军事交流逐渐增多，关系会进一步缓和，保证美国主导下的东北亚安全机制运行。

（二）乐见日澳关系升级

澳大利亚有优越的地缘战略环境，也拥有较强的经济军事实力和共同的意识形态，是美国在亚太地区除日本之外最重要的盟国。美国十分重视澳大利亚的战略地位和战略作用。在美国的亚太战略中，澳大利亚和日本分别是保证战略实施的南北两个固定索。这恐怕也是2010年11月奥巴马选择在澳大利亚议会宣布实施"重返亚洲"新战略的原因。

---

① 「米国務長官　日韓関係改善促かす」、『日本経済新聞』2015年5月19日。
② 倉田秀也「ガイドラインで日米韓の復元を」、『産経新聞』2014年7月25日。

澳大利亚从冷战结束以后积极关注亚太地区政治、经济形势变化，特别是东亚经济日益繁荣和地区合作逐步成熟使其更希望能参与和融入地区发展的潮流中来。日本和澳大利亚一直保持着密切的合作关系。从冷战时期开始，日本和澳大利亚就是亚太地区经济合作的积极倡导者和参与者。澳大利亚学者和日本学者一样，很早就提出地区经济合作的思想，1989年澳大利亚和日本共同倡导成立了亚太经济合作组织（APEC），如今已经成为拥有26个成员国和地区参加的重要合作平台。在东盟和中日韩（10+3）合作顺利发展的形势下，为了平衡中国在地区合作中日益扩大的影响，日本和一些国家主张接纳澳大利亚以及美国和印度参与地区合作，形成东亚峰会（10+6）机制。

如果说澳大利亚以前主要的地区作用是积极参与经济合作，那么，随着东亚地区政治安全形势的变化，参与地区安全环境构建又成为澳大利亚发挥作用的新领域。日澳两国防卫合作在安倍第一次执政时的2007年即正式启动。"亚太再平衡"战略推出后，澳大利亚更积极配合和参与，发挥盟友作用，日澳安全合作也随之展开。日澳双方2010年3月签订《物品劳务相互提供协议》（ACSA），2012年5月签订《军事情报保护协定》（GSOMIA）。安倍第二次执政后，为配合"亚太再平衡"战略继续加强同澳大利亚的军事安全合作。

2013年1月，安倍政权成立伊始就派遣外相岸田文雄出访澳大利亚。岸田与澳大利亚外长卡尔的会谈就加速包括美国在内的安全领域合作，以促进亚太和印度洋周边地区的和平稳定达成共识。双方甚至还讨论了南海问题，一致认为在确保海上航路问题上"有必要制定有关船舶航行自由和安全的规定"。岸田表示："希望共享战略认识，进一步推进合作关系。"卡尔在会谈结束后的联合记者会上强调："日美澳三国的合作与互助十分重要。"共同社的评论认为，日美澳意在通过三国在防卫领域的紧密合作，制约海洋活动日益活跃的中国。[①]

日本和澳大利亚同为美国的盟国，日美澳三方合作十分密切。2013

---

① 《日澳外长确认加速日澳美安全合作》，共同网2013年1月13日，http://china.kyodonews.jp/news/2013/01/44788.html。

年6月,日美澳三国防长举行首次会谈。2014年5月,日美澳三国防长在新加坡出席香格里拉会议期间举行会谈并发表联合声明,"欢迎并支持"日本政府为解禁集体自卫权而采取的措施。关于规定自卫队与美军防务责任分担的《日美防卫合作指针》的修订工作,声明表示将与澳大利亚共享信息。三国还就扩大防卫部门之间的联合训练达成一致。2014年11月16日,安倍首相和奥巴马总统、阿博特总理在澳大利亚布里斯班举行会晤,这是继2007年日美澳首脑会晤之后的第二次会晤。会后发表的联合声明强调:三国将在世界范围内进行合作,为在国际法基础上和平解决海洋纷争保持强有力的合作。三国首脑承诺,指示政府有关部门为三国深化安保、防卫领域的合作和联合训练展开协作。①

日澳合作迅速升温。由于修改安保法,自卫队活动范围扩大,日澳军事合作和安全合作领域突破以往限制,日本已将澳大利亚视为"准盟国"。2015年6月12日,日本防卫相中谷元在众院和平安全法制特别委员会上发言称,当日本直接受到武力攻击等"有事"情况时,可能与澳大利亚军队共同应对。因为保障相关法案若能在国会通过,自卫队的支援对象将扩大至"美军以外的他国军队",多边合作将成为可能。除了缔结安保条约的美国,安倍政府将视为"准盟国"的澳大利亚作为假想对象。② 由于日澳已经有多年安全合作的基础,早已签订《物品劳务相互提供协议》和《军事情报保护协定》,并一直致力于加强关系,日本直接受到武力攻击的情况下,不仅仅是美军,澳大利亚军队也可能参与协防。中谷还解释说:"虽然安保相关法案中没有写明澳大利亚军队,但考虑到日澳防卫合作取得进展,相互需求一致,推进日澳乃至日美澳协同作战将成为可能。"③

在近年日本对外安全合作中,同地区主要国家建立外长、防长会商

---

① 「安保 防衛 海洋 日米豪スクラム 首脳会談で共同文書発表」、『産経新聞』2014年11月16日、http://www.sankei.com/politics/news/141116/plt1411160018-n1.html。

② 《日本视澳为"准同盟国"两国合作或迅速扩大》,共同网2015年6月12日,http://china.kyodonews.jp/news/2015/06/99451.html。

③ 《日防卫相称除美军外澳军也可能参与协防》,共同网2015年6月12日,http://china.kyodonews.jp/news/2015/06/99413.html。

机制（2+2）是普遍的选项，以加强政府间沟通和促进有效协作。2015年11月，日澳外长、防长会商（2+2）在悉尼举行。双方就加强联合训练和军队交流等防卫合作发表声明。日本外相岸田文雄会后强调，日澳关系是"共有基本价值观和战略利益的特殊关系"。澳大利亚外长毕晓普也称赞"具有前所未有的重要意义"。结合9月通过的安保立法，中谷元表示，在美军之外扩大了后方支援对象，也可以设想日本周边出现紧急事态时澳大利亚军队赶来支援的方案。他还表示，希望通过自卫队、澳大利亚军队和美军联合训练，构筑多层次的合作关系。[1]

2015年12月，安倍首相与首次访日的澳大利亚总理特恩布尔举行会谈，就加快磋商以推动安保合作新协定早日签署达成一致。该协定将使自卫队与澳军联合演练顺利实施，此外双方还确认深化经济关系。日澳首脑就"进一步发展和加强日澳'特殊关系'"达成共识。除了发展日澳防卫合作外，还就加强日美澳、日澳印合作达成一致，并确认日美澳印在两洋交融的"印度洋、太平洋"地区展开合作的重要性。安倍表示，日澳关系"将对亚太地区和平与繁荣发挥核心作用，将确认日澳毫不动摇的战略关系"[2]。2017年1月15日，在特朗普就任总统前，安倍匆忙访问澳大利亚，目的在于就特朗普就任总统后的政策走向与特恩布尔总理协商，希望和同为美国盟友的澳大利亚共同确认美国在亚太地区角色的重要性，向提出"美国第一主义"的候任总统特朗普发出寻求重视同盟关系的讯息。日澳双方都担心"视美国态度的不同而可能招致同盟空洞化"。安倍要同澳大利亚共同努力，使美国不要减弱对亚太地区事务的参与度。[3]

日本和澳大利亚安全合作以及日美澳合作可以说是"亚太再平衡"战略的基础框架，"亚太再平衡"战略是要在美国主导下依靠盟友发挥

---

[1] 「日豪2プラス2 安保協力を重層的に進めたい」、『読売新聞』2015年11月24日。
[2] 《日澳首脑举行会谈 同意加快新安保协定磋商》，共同网2015年12月18日，http://china.kyodonews.jp/news/2015/12/111355.html。[日] 铃木美胜：《日美澳印合作——内容开始充实起来的"钻石安保战略"》，日本网2016年6月8日，http://www.nippon.com/cn/column/g00339/? pnum=1。
[3] 《日澳联手防止与美国的同盟关系"空洞化"》，共同网2017年1月15日，http://china.kyodonews.jp/news/2017/01/132917.html。

作用，作为美国在亚太地区的主要盟友，在美国呈收缩态势的大背景下，相互协作，"抱团取暖"也是必然之举，如果美国再"不作为"的话，也可以携起手来取代美国的部分作用挑大梁。特朗普退出TPP后，TPP在日本和澳大利亚主导下照样继续下去就是一例。对美国来说，日澳合作是帮自己维持秩序，乐观其成，鼓励有加。

（三）鼓励日印发展安全关系

随着中国的崛起，印度在美国地缘战略中的地位不断上升。进入21世纪以来，美印关系实现了从"新的伙伴关系"，"战略伙伴关系"，再到"全球伙伴关系"三个阶段的跨越式发展。

在奥巴马政府"亚太再平衡"战略下，印度的地位更形重要。2011年7月，国务卿希拉里·克林顿在印度发表题为《美印关系：21世纪愿景》的演讲，声称将印度视为重要的战略伙伴，同日本等传统盟友一样，都是美国在亚太地区的合作伙伴。美国愿意与印度一道重新建立崭新的亚太安全秩序。希拉里·克林顿还将亚太地区定义为"从印度次大陆至美国西海岸"的地区。2012年1月公布的美国新国防战略也特别提到"从西太平洋和东亚延伸到印度洋地区和南亚的弧形地带"[①]，而印度也将"印度太平洋地区"作为对外战略的重点，美国的亚太战略与印度的对外战略在地缘政治角度契合绝非偶然，在"亚太再平衡"战略中，印度被看作是制衡中国的重要力量。

无独有偶，印度的战略地位也被日本看中。2000年8月，日本首相森喜朗访印，日印关系快速升温。英国《简氏情报文摘》评论道，日印正努力谋求建立21世纪的全球伙伴关系。虽然在核扩散问题上存在分歧，但双方在经济和安全问题上的共同利益，不会因单个问题制约两国关系发展。[②] 2001年12月，印度总理瓦杰帕伊访日，双方宣布建立"全球伙伴关系"。此后，日本为建立以"价值观"为纽带的战略联盟，先后提出日美澳印"钻石国家联盟"和"自由与繁荣之弧"构想，

---

① 吴兆礼：《印美全球伙伴关系研究》，时事出版社2015年版，第55页。
② 《日本和印度寻求发展全球伙伴关系》，英国《简氏情报文摘》2000年9月12日。转引自《参考资料》2000年9月15日。

都把印度作为重要成员纳入其中。2007年，安倍首次担任首相时访问印度的讲话，被认为是日本提出印太战略的发端。2010年底印度总理辛格访日，发表题为《未来十年战略性全球伙伴关系的展望》联合声明，双方完成《印日全面经济伙伴关系协定》（CEPA）谈判，"将印日战略性全球伙伴关系提升至新的高度"①。2011年日印签订全面经济伙伴关系协议，协议规定今后10年两国间商品关税降低94%，显示两国对贸易关系前景的重视。日本对印度的直接投资（FDI）是仅次于新加坡的亚洲国家。印度也是日本政府开发援助（ODA）的最大受益者。为了配合美国的"亚太再平衡"战略，2011年12月，"美日印三边对话"在华盛顿举行，标志美日印三边对话机制形成。2012年6月，日本海上自卫队和印度海军在日本相模湾举行首次联合军事演习。由于日本与印度之间没有历史包袱，不像与他其他亚洲国家之间存在难以解决的历史问题，加之印度巨大的国内市场，所以日印合作进展迅速。

　　2012年12月，第二次安倍内阁成立，在"积极和平主义"国家战略和"俯瞰地球仪"外交方针下，日本同印度的关系有更快的发展。安倍在内阁成立后将以前提出的地区安全合作构想进一步深化，提出"安保钻石"构想，即以日本、美国（夏威夷）、澳大利亚和印度四个大国构成的，在地理上如菱形（或译为钻石）的联盟。西方宣传中国在巴基斯坦、斯里兰卡推行"珍珠链"战略包围印度，日本认为菱形联盟有助于印度打破包围。2013年5月，印度总理辛格访问日本，双方不仅在经济合作领域达成一系列协议，而且在安全合作领域取得进展。日印双方决定海上自卫队和印度海军定期举行联合训练，加快利用原子能协定谈判。2013年12月，海上自卫队和印度海军在印度东南海岸金奈附近的印度洋举行联合海上演习。2014年1月，日本和印度的海岸警卫队在阿拉伯海举行联合演练。2014年8月，印度总理莫迪访问日本，安倍积极劝诱莫迪加入钻石联盟。日印首脑会谈后发表联合声明，宣布两国建立"特殊的战略伙伴关系"。日本报纸评论，在战略伙

---

① "Joint Declaration between the Leaders of India and Japan on the Conclusion of the Comprehensive Economic Partnership Agreement", October 25, 2010.

伴关系之前冠以"特殊"二字，表明日印已是"准盟国"。而此前7月日本与澳大利亚首脑会谈后发表的联合声明对日澳关系也冠以"特殊"，此次日印"特殊战略伙伴关系"的建立，表明日本在日美同盟的基础上，与澳大利亚和印度又建立起"准同盟"关系，"安保钻石"构想已近完成。① 2015年，印度接纳日本海上自卫队参加印美海军"马拉巴尔"例行联合训练。美日印三边安全合作是各方利益需求的选择，也是在"亚太再平衡"战略下美国主导国际关系调整的结果。美国《华尔街日报》评论称："日本在美国的支持下已发动外交攻势来让其他亚洲国家加入针对中国的联合阵线中。"② 日本发展同印度的合作关系，反映其积极配合奥巴马政府"亚太再平衡"战略，同时也在主动拓展自身的国际作用，积极参与营造有利于自身的国际环境。

（四）力促日本加入跨太平洋伙伴关系协定（TPP）

在"亚太再平衡"战略背景下，美国加入TPP谈判，其目的已超越纯粹的经济利益范畴，更具战略博弈色彩。美国目标是通过TPP重塑亚太权力格局。

"亚太再平衡"战略是综合性战略，除调整军事部署和重塑安全机制外，还要从经济上掌握主导权，改变冷战结束以来美国在东亚经济发展和经济合作中被边缘化的局面。美国借加入TPP谈判这个"壳"要从经济制度安排上恢复和确立其主导权。以美国利益为核心的TPP一旦建立，也将主导自由贸易协定（FTA）规范和标准，改变现有的亚太经济秩序。而通过TPP加强与亚洲国家经济合作，进而在经济联盟基础上强化同盟体系，扩大"准同盟"和伙伴关系国家，重塑亚太地区权力结构，实现美国领导下的再平衡。

在2009年11月奥巴马总统正式宣布参加TPP谈判时，共有8个国家。如果从国内生产总值（GDP）看，在参加TPP谈判的国家国内生产总值（GDP）总额中美国大约占80%以上；从经济结构看，除新加坡

---

① 「安倍首相の安保ダイヤモンド構想、対中抑止へ完成間近」、『産経新聞』2014年9月2日，http：//sankei.jp.msn.com/politics/news/140902/plc14090200340003 – n1.htm。

② 《安倍访问印度向中国发出了什么信号？》，《华尔街日报》中文版2014年1月27日，http：//cn.wsj.com/gb/20140127/bas113021.asp? source = whatnews。

之外的国家大部分是农业和矿产出口国，不利于美国扩大出口贸易。美国与其他 TPP 成员国之间的贸易额大约为 1100 亿元，在美国贸易总额中仅占 4.2%，而美国每年的贸易总额几乎维持在 16000 亿美元左右。① 因此，在美国参加 TPP 谈判初期，并未得到本国民众的普遍支持。《华尔街日报》有评论文章指出，与 TPP 国家间的经贸关系对美国的贸易贡献率不值一提。2010 年 2 月发表的《总统经济报告》中，奥巴马政府强调增加亚太国家参与 TPP 是改善世界贸易体制的重要举措，② 也才能保证 TPP 的顺利发展。在这种情况下，日本作为亚太地区主要经济大国的参与就显得具有特别重要的意义。如果日本能够参加，据计算 TPP 各国的国内生产总值将是：美国约占 67%，日本约占 24%，其余国家的 GDP 总和也不过占总额的 9% 左右；③ TPP 成员的 GDP 总量将迅速上升，份额将会占全球总额的 35.5%，成为世界上最大的自贸区。④ 日本的国内市场将能吸收美国大量出口商品，对美国的亚太出口战略十分重要。日本这样一个主要经济国家的参加也能极大推动 TPP 的发展速度和提高在国际上的认可度。⑤

而且美国参加 TPP 所追求的战略目标不仅是在商品贸易领域，还要通过金融自由化带动在全球范围内具有优势的金融服务业以及直接投资的运转，扩大本国的经济利益。日本是全球第二大资本市场，也是美国扩大金融服务业出口和直接投资的最大目标。从 20 世纪 90 年代开始美国就催促日本进行金融领域改革，以便美国进入日本市场。日本在美国压力下进行了一些改革，但并没有做出实质性让步。日本如果加入 TPP，则可能会做出相应妥协，改革经济体制和金融管制体制，有利于美国扩大同日本和亚太地区的经贸关系。因此，说服日本加入 TPP 成为奥巴马政府推行"亚太再平衡"战略面临的亟须解决的课题。

---

① 東谷暁『間違いだらけのTPP』、朝日出版、2011 年、第 115 頁。
② 『米国経済白書（2010）』、エコノミスト 88（29）、7-418。
③ 佐藤洋『TPPターゲット—アメリカの「モクロミ」と日本の進むべき道』、新日本出版社、2011 年、第 24 頁。
④ 姜跃春：《加入 TPP：日本呼应美国"回归亚太"战略的考虑及其影响》，《当代世界》2012 年第 2 期。
⑤ 田凯、邵建国：《美国 TPP 战略中的日本要素》，《国际论坛》2013 年第 1 期。

在美国加入 TPP 谈判的同时，日本却在鸠山首相的领导下推动"回归亚洲"的东亚共同体构想。这一构想随着鸠山内阁辞职而被搁置。菅直人内阁成立后，TPP 是日本面临的亚太地区经济合作的选项之一，对参与 TPP 谈判抱有兴趣，并和美国等有关国家展开协商。① 野田内阁成立后，也表示愿意积极参与并进行讨论。② 但在日本国内对加入 TPP 的讨论中，虽然有人提出从日美同盟角度考虑要支持美国的战略参加 TPP，③ 但反对意见大于支持意见。这主要是作为一个高水平的贸易协议，要求对国内市场高度透明和开放。日本以"贸易立国"，强调出口能力，对进口却存在无形壁垒。日本对国内农产品市场一直提供保护性关税，这不仅涉及国家粮食安全，也因为农业从业者一直是执政的自民党的主要支持者，是自民党的"票田"，政府必须考虑农民的利益；国内金融服务行业也是反对加入 TPP 的重要力量，抵制美国资本进入保险市场的呼声很高；另如汽车产业，日本是汽车生产大国，美国汽车在日本市场上没有竞争力，以至于负责国际经济事务的美国总统副国家安全事务助理弗罗曼在安倍访美前接受采访时表示，日本参加 TPP 的大前提是开放国内汽车市场和保险业市场。④ 由于日本国内反对加入 TPP 谈判的意见强烈，菅直人内阁和野田内阁又都是历时一年就被迫下台的短命内阁，对是否参加 TPP 并无结论。

安倍内阁成立后，讨论进入实质阶段。安倍内阁对参加 TPP 谈判的态度是明确的。目的有二：活跃经济和强化日美同盟。也就是说，参加 TPP 谈判不只出于经济原因，还有政治和安全因素。这种意见在日本学术界也获得支持。日本综合研究机构理事长、东京大学教授伊藤元重认

---

① 『第 176 回国会における菅内閣総理大臣所信表明演説』、2010 年 10 月 1 日、http://www.kantei.go.jp/jp/kan/statement/201010/01syosin.html 『第 177 回国会における菅内閣総理大臣施政方針演説』、2011 年 1 月 24 日、http://www.kantei.go.jp/jp/kan/statement/201101/24siseihousin.html。

② 『第百七十八回国会における野田内閣総理大臣所信表明演説』、2011 年 9 月 13 日、http://www.kantei.go.jp/jp/noda/statement/201109/13syosin.html

③ 「中国といかに向き合うか　国家安全保障会議も必要」、『産経新聞』2011 年 9 月 21 日、http://sankei.jp.msn.com/politics/news/110921/plc11092119000016-n1.htm。

④ 「TPP 聖域　最終折衝」、『日本経済新聞』2013 年 2 月 22 日。

为：现实中许多地区贸易协定都有政治、外交意图，超越经济而对政治、社会有广泛影响。TPP 也不例外。美中争夺太平洋地区的主导权，日本的地位很重要，不能只从经济问题上去理解。① 2013 年 2 月，安倍再次就任首相后首度访美，与奥巴马总统会谈后的联合公报表示：日本将和其他 TPP 谈判国家一道，完成 2011 年 11 月 12 日 TPP 各国首脑确定的框架所表明的一揽子、高水平的协定；在 TPP 谈判中，不单方面预先要求全部废除关税；日美将继续关于日本加入 TPP 的双边协商。② 这表明日本已决心参加 TPP 谈判，同时对关税问题留有谈判余地，日美汽车产业和保险产业谈判也将继续。应该说，美国为日本参加 TPP 谈判打消了顾虑，以后的问题是双方就能接受的条件继续协商了。日本方面分析，美国 TPP 战略的目的有三：第一是军事安全意图，加快有意围堵中国的国家合作，与中国抗衡；第二是美国欲主导建立新规则，随着世界改变，世贸组织已不适应；第三是美国企业的利益。③ 对第一个目的，日美两国在认识上完全一致。第二和第三个目的，要通过谈判解决。特别是第三个目的，日美两国都面临向对方开放市场的问题。

2013 年 3 月 15 日，安倍首相会见记者，宣布日本决定参加 TPP 谈判。安倍说，占世界经济三分之一的经济区正在形成，这将促进日本的投资。通过谈判，将把对日本的负面影响降到最低。特别是 TPP 的意义不仅在于经济效益。日本和美国一道将建立新的经济区，吸引那些崇尚自由、民主、人权、法治等普遍价值的国家参加。这些国家共同创建亚太地区新规则，不仅符合日本的利益，也会给世界带来繁荣。④

随着安倍政府对加入 TPP 谈判持积极态度，加入 TPP 的优势也日益受到重视。2013 年 3 月，日本政府对参加 TPP 对国内产业影响进行估

---

① 伊藤元重『TPPを経済面だけで判断してはならない！政治的・社会的な意義まで含めて考えることが重要』、週刊ダイヤモンドウェブ 2012 年 11 月 12 日、http://diamond.jp/articles/-/27710。
② 「『強い日本』同盟強化　首脳会談 TPP 詰め」、『日本経済新聞』2013 年 2 月 23 日。
③ 「米通商政策に三つの顔」、『日本経済新聞』2013 年 3 月 17 日。
④ 『安倍内閣総理大臣記者会見』、2013 年 3 月 15 日、http://www.kantei.go.jp/jp/96_abe/statement/2013/0315kaiken.html。

算,农业生产额将减少3万亿日元(约合人民币1930亿元),消费和工业品将受益于出口增长,实际国内生产总值(GDP)将增加3.2万亿日元,相当于0.66%的涨幅。从对GDP的推动效果看:出口预计增长2.6万亿日元,消费增长3万亿日元,投资将增长0.5万亿日元,增长总额合计6.1万亿日元。另一方面,预计将有2.9万亿日元的低价产品进口。两者相减,预计GDP将增加3.2万亿日元。而在民主党执政时期,内阁府、经济产业省和农林水产省各自进行估算,造成混乱。[1]

在安倍内阁主导下,日本国内舆论就加入TPP谈判出现反转,认为加入TPP在经济上是有失有得,得大于失,压力也可倒逼国内改革,未始不是一件好事;对TPP的认识超越眼前经济利益,更重视构建贸易规则的长期利益和政治、安全利益。具体说,首先,加入TPP可以拉动日本经济。虽然对国内农业产生压力,但对占GDP 98.5%的制造业来说,有助于扩大有竞争优势的日本工业产品的出口,对就业市场也有拉动作用。其次,日本希望与美国一道借助TPP重建亚太经济秩序,改变由中国主导亚洲区域经济合作规则的格局。日本担心中国在一体化进程中占据主导地位,而将日本排除在外,决定加入TPP谈判,利用美国构筑的贸易规则压制中国,重塑亚太经济合作,进而将中国排斥在外。日本将和美国利用制定贸易规则的优势确立在东亚经济中的主导地位。最后,日本可以借机巩固日美同盟,营造周边安全环境,对抗中国崛起。

2016年2月4日,参加TPP谈判的12国在新西兰奥克兰正式签署协议。有讽刺意义的是,从美国力促日本加入TPP,到后来日本主动要加入TPP,而奥巴马政府却迟迟未能在国会通过审议,特朗普就任总统后第一天就宣布退出TPP,再由日本承担起完成TPP谈判的责任。围绕TPP,日美两国展示了在亚太地区秩序变动中战略选择的曲折历程,从中更可看出日本国家战略转换的脉络与影响。

---

[1] 《日政府发布加入TPP估算 农业生产减3万亿日元》,共同网2013年3月15日,http://china.kyodonews.jp/news/2013/03/48497.html。

三 "亚太再平衡"战略下对日政策的特点

(一) 重视发挥日本的盟国作用

"亚太再平衡"战略是美国在亚太地区国际关系和力量对比发生新变化下的战略调整，对日政策有新的特点，同时美国的战略调整和对日政策也面临新的问题。

美国"亚太再平衡"战略的重点之一是加强在亚太的同盟体系，保持和扩大在亚太地区的权力影响，必须依靠主要盟国日本的作用；而日本与中国存在结构性矛盾，中国崛起后矛盾日益突出，可资利用。同时，日本自身也希望扩大国际作用，在日美同盟基础上扩大地区安全机制，同澳大利亚、印度、印尼、越南等国都建立了安全合作关系，冷战时期"轮辐"结构的安全机制发生重大变化。在东亚地区出现以日美同盟为核心，由日澳印等"次大国"为骨干，联合其他伙伴国家组成的松散但灵活的安全机制。如果日本不能发挥作用，日本民族主义将会削弱同盟关系，甚至出现离心倾向，继续回归亚洲，战后建立的安全体系将面临新的不稳定。

美国依靠日本并发挥其作用是同盟权力地位的再分配，是美日实力对比变化和东亚安全形势变化的结果，是适应东亚地区权力结构变化和安全形势变化做出的战略选择。

(二) 与日本共同建立地区新规则

罗伯特·基欧汉认为："在总的国际体系中，游戏规则和国际制度是由实力相对强大的国家制定的，谁对制定规则拥有主导权，谁就可能拥有更多的利益。"[1]

日本和美国强调拥有共同的价值观，并愿在这一价值观基础上建立新的国际规则和国际秩序，在地区继续发挥主导作用，维持霸权地位。日美之间有利益之争，但在维护战后以来以西方价值观为基础的国际秩序上双方是一致的。日本确定以"积极和平主义"取代吉田主义就是要积极参与维护战后国际秩序，这是其在世界格局发生重大变化时做出

---

[1] 阮宗泽等著：《权力盛宴的黄昏：美国"亚太再平衡"战略与中国对策》，第79页。

选择的依据。

美国要通过在亚太地区建立新规范，使日本和其他亚洲国家都以美国的战略导向为取向，以最小的成本获取最大的收益。美国前总统国家安全事务助理多尼隆声称，美国亚太战略的中心是强化在这一地区制定规则的能力。奥巴马也提出应对包括南海在内的海上安全挑战的指导原则，要求所有国家遵守共同的游戏规则。[1] 美国在亚太地区推出高水平、高标准的 TPP，是要让新兴经济体遵循新规则，借以重塑美国主导的经济秩序。

在安全领域，美国同样要维护和巩固由其主导的亚太安全规则，包括海洋安全规则，借以掌握地区安全和海洋安全的主导权。美日在认识上有共同点，这也是两国合作的基础。

（三）针对中国崛起的战略调整和战略合作

中国的崛起已经影响中美关系的性质，这样说也许危言耸听，但美国亚太政策的核心是中国应该不会错。

奥巴马政府的"亚太再平衡"战略固然是其全球战略调整的一部分，但在亚太地区应对中国崛起的目的十分明确。美国外交界的资深学者理查德·哈斯坦率地道出美国战略调整的实质："人人都知道奥巴马政府的亚太战略目标剑指中国，拒不承认只不过是礼貌的伪装。"[2]

而这一调整与日本保守政权主导下的战略目标是一致的。中国崛起后，日本面临战略选择，东亚共同体是一个选项。东亚共同体的搁置，既有美国的压力，也是日本战略选择的结果。在亚太地区中美日三边关系中，日本选择"海洋国家"美国，表明日美关系高于日中关系，这一点日本政治家并不讳言。何况中日之间还存在历史和现实问题，日本要依靠美国才有和中国打交道的底气，才能有安全感。这从日本顺应"亚太再平衡"战略对国内政治、安全领域进行调整所发生的巨大变化

---

[1] Tom Donilon, "America is Back in the Pacific and will uphold the Rules", *Financial Times*, November 27, 2011.

[2] Richard N. Haass: "Re-Orienting American", *Project Syndicate*, November 11, 2011, http://www.project syndicate.org/contributor/richard-n-haass.

就可以证明。

美日在应对中国的战略上有共同点,为此可以共进退。这是美国可以放手让日本打破安全禁区的依据之一,而日本也积极主动地配合美国的战略调整。

第四章　奥巴马政府"亚太再平衡"战略下日本国家战略转换

第一节　"积极和平主义"国家战略的确立

亚太地区力量变化的基本特点是中国综合国力的迅速增长。中美力量结构的变化，是自第二次世界大战结束以来东亚地区的重大变化，在冷战基础上形成的战后日本国家战略也必然随之进入调整时期。"积极和平主义"国家战略是在东亚权力结构变化形势下，日本要更主动地发挥国际作用，影响国际格局形成和参与国际秩序重塑而做出的重大抉择。

本节试就奥巴马政府"亚太再平衡"战略下日本国家战略调整的性质和内容做一探讨。

一　"积极和平主义"战略的性质与内涵

（一）安倍提出"积极和平主义"国家战略

911恐怖袭击事件发生后，美欧等西方国家政府在世界经济低迷和反恐战争新形势下，进退失据，困坐愁城。日本同样在内政外交上面临诸多难题，但安倍政府却抓住国际国内形势变化的机遇，接连通过安保相关法案并决定加入跨太平洋伙伴关系协定，在对外安全战略和经济战略上做出重大调整，表明战后以来的吉田主义国家战略正在发生历史性转换。

安倍政府成立后，奉行"积极和平主义"对外战略。安倍首相上任伊始就表示：当务之急是要修正外交、安全战略，要展开着眼于世界形势的战略外交,①"恢复保护国家利益的、有主张的外交"②。

紧接着,安倍政府明确提出"积极和平主义"国家战略。2013年9月12日,在制定《国家安全保障战略》的咨询机构"安全保障与防卫力恳谈会"召开的首次会议上安倍首相强调:政府的外交、安保方针是"站在基于国际协调主义的、积极的和平主义立场上,要比以往更积极地参与到确保世界和平和安定与繁荣之中"③,要求从"基于国际协调的积极和平主义"立场出发,讨论将成为日本外交和国家安全综合指导方针的战略。④

随后在出席联合国大会和访问美欧行程中,安倍在所到之处多次谈到"积极和平主义"。如在美国赫德森研究所的讲话中,安倍说要把日本"建设成为一个积极和平主义之国",表示"我肩负的历史使命,首先是要再次赋予日本活力,鼓励日本人民变得更加乐观积极,并以此促使他们成为宣扬'积极和平主义'旗帜的光荣旗手"⑤。在联合国大会讲话时,他说:日本"要举起新的'积极和平主义'的旗帜","我将努力使日本从'积极和平主义'立场出发,更进一步积极地参与以PKO为首的联合国集体安全保障措施"⑥。访问英国时,在日英安全合作会议上安倍表示:日本要成为堪与"积极和平主义"旗帜相称的国家,并表示他的政府正在为此建立基础框架,"积极和平主义是今后代表日本、引领日本前行的一面旗帜"⑦。2013年底,新成立的国家安全

---

① 『第百八十三回国会における安倍内閣総理大臣所信表明演説』、2013 年 1 月 28 日、http://www.kantei.go.jp/jp/96_abe/statement2/20130128syosin.html。
② 『安倍内閣総理大臣就任記者会見』、2012 年 12 月 26 日、http://www.kantei.go.jp/jp/96_abe/statement/2012/1226kaiken.html。
③ 『「積極的平和主義」柱に安保戦略有識者懇』、2013 年 9 月 13 日、http://sankei.jp.msn.com/politics/news/130913/plc13091307240002-n1.htm。
④ 《安倍要求从"积极和平主义"出发讨论国家安全战略》,共同网 2013 年 9 月 12 日,http://china.kyodonews.jp/news/2013/09/59764.html。
⑤ 『2013 年ハーマン・カーン賞受賞に際しての安倍内閣総理大臣スピーチ』、2013 年 9 月 25 日、http://www.kantei.go.jp/jp/96_abe/statement/2013/0925hudsonspeech.html。
⑥ 『第 68 回国連総会における安倍内閣総理大臣一般討論演説』、2013 年 9 月 26 日、http://www.kantei.go.jp/jp/96_abe/statement/2013/26generaldebate.html。
⑦ 『安倍晋三日本国総理大臣基調講演』、2013 年 9 月 30 日、http://www.kantei.go.jp/jp/96_abe/statement/2013/0930uk.html。

保障会议公布《国家安全保障战略》，明确把"积极和平主义"作为日本国家安全战略的基本理念，表明要作为国际政治经济的主要行为者做出比过去更积极的贡献。① 这份《国家安全保障战略》取代1957年岸信介政府公布的《国防基本方针》，是日本外交安全政策的总纲领。舆论评价它是今后十年日本外交、安全战略顶层设计的最高文件。②

毋庸讳言，"积极和平主义"主要体现为外交、安全战略的转换，但外交、安全战略不是孤立的，它同国内政治、经济有密切的联系，没有国内政治、经济等各领域的支持是不可能采取积极的外交、安全战略的。因此，"积极和平主义"战略是国家战略的转换，是对吉田路线下的和平主义国家战略的修正。事实上，为了实行"积极和平主义"战略，日本对国内行政、立法、经济、社会思想等方面都做出重大战略调整（详见后文）。当然，"积极和平主义"并未否定以日美同盟为基础的国家安全战略，而是对日美同盟的补充，是要在美国力有不逮的情况下主动、积极地发挥日本独特的作用，这同吉田主义把安全完全委诸美国相比，不能不说是在世界变局下国家战略的历史性转变。

（二）"积极和平主义"战略思想的基本内容

1. 综合研究机构（NIRA）的"积极和平主义"方案

安倍首相在国内外的政策宣示表明日本决心推行"积极和平主义"，但对其内涵并未详细阐述。事实上，"积极和平主义"思想并非安倍首创。从冷战结束以后，日本国内反对"一国和平主义"和"消极和平主义"，要求发挥更积极的国际作用的思想便逐渐酝酿，成为影响对外战略的重要因素。海湾战争后日本迅速通过"参加联合国维和行动法案"（PKO）就是这一动向的反映。保守主义政治家小泽一郎更是"积极和平主义"的倡导者。他在海湾战争后出版的《日本改造计划》中说，今后日本虽然还要依据《日美安全条约》开展国际活动，"但是，冷战终结之后，美国便无理由继续代日本承担维持和平与自由的代

---

① 国家安全保障会議決定閣議決定『国家安全保障戦略について』、2013年12月17日、第3頁。

② 『国際秩序「主導」に転換　国家安保戦略など3文書を決定』、2013年12月17日、http：//sankei.jp.msn.com/politics/news/131217/plc13121723100019 – n1.htm。

价。从这个意义上说,战后日本经济的繁荣基础开始动摇。为不使此基础崩溃,日本必须自己负担代价,为维持世界和平与自由努力。也就是说,如果回避上述责任,不肯承担代价,便将否定日本自身的和平与繁荣。"① 小泽的思想在日本并不孤立,随着日本民族主义发展和国际形势演变对催化国家战略转换起了重要作用。

较早将"积极和平主义"作为国家战略目标提出建议的是日本综合研究机构(NIRA),这是一家重要的思想库。1999年6月,成立以堂之胁光朗为主席、由10位专家组成的核心研究委员会,就"为实现积极和平主义目标"展开研究。据介绍研究的动因是:第一,日本在从战败到冷战时期的给定条件下一直采取被动的"一国和平主义",进入21世纪日本要为本国及国民的安全与和平,进而为东亚乃至世界安全与和平转向追求"积极和平主义",为世界做出模范。第二,战后日本实行联合国中心主义,但联合国安理会机能失灵,作为西方一员将本国安全委诸美国"核保护伞",限制防卫预算,走上经济大国发展道路。因此被指责"免费搭乘"。第三,冷战终结,21世纪的国际形势绝不乐观,海湾危机中日本给世界的印象是只顾本国安全的"一国和平主义"国家;在核裁军方面,作为世界唯一的原子弹受害国一直推动缔结全面禁止核武器条约和最终根除核武器,却被批评为在美国核保护伞下没有资格。第四,基于上述情况,在以往和平主义基础上再进一步,探讨为世界和平采取更积极的政策,研究聚焦在"日本能为世界做什么"上,为21世纪日本的和平与安全战略提出建议。

从1999年秋季开始,研究会在全国范围内对2000人进行随机调查,再以同样问题对国内外有识之士进行问卷调查,聘请国际知名专家为海外咨询委员,定期征求意见和参加讨论。报告书于2001年3月出版。报告书建议日本政府和国民为实现积极和平主义目标而努力的领域有五:①继续推进由新西兰、南非等国家1998年提出的建立无核世界共同宣言和提案;争取全面禁止核试验条约尽早生效,禁止生产武器用核燃料条约立即开始谈判,第二次削减战略武器条约尽早生效和全面落

---

① [日] 小泽一郎:《日本改造计划》,第76、68页。

实。②援助俄罗斯销毁核武器,支援销毁剩余原料,建立有效援助体制。③努力完善以东盟地区论坛(ARF)为中心的政治、安全对话框架。将来在此基础上形成双边和多边政府间对话和民间主导的对话,形成亚洲安全多层结构,并有必要将 ARF 升格为准地区组织,特别是在东北亚地区创设类似机构。④解除对自卫队参加维和行动主体业务的冻结;修改参加 PKO 五原则①,使维和人员能执行更广泛的任务;设立负责维和行动的独立部局和预算。⑤以国内纷争为主的地区纷争成为国际社会面临的重要问题,奖励市民团体在建设和平领域发挥作用,将政府开发援助中市民团体支出的比例在今后几年与发达国家一样从 2.4% 提高到 10%。国家要资助建设和平活动,鼓励民间资助,实行税收优惠政策。②

2. 日本国际论坛的"积极和平主义"建议

随着日本国内外形势变化,"积极和平主义"思想不断发酵,成为日本保守主义政治的民族主义诉求。2006 年,先后担任外务省国际法局局长、内阁官房副长官助理兼国家安全保障局副局长的兼原信克表示:"日本必须将以消极和平主义为特征的战略转变为积极和平主义,从经济超级大国转型为政治超级大国,以赢得世界上其他国家的尊重。日本应该创造条件,并按自身节奏实现这一转型。"③ 2009 年,《产经新闻》政治部记者高桥昌之对前外务省事务次官谷内正太郎的采访出版,谷内在书中阐述了他的民族主义国家战略思想。他认为,要保证日本的国家利益就要制定明确的国家战略,加强日美同盟是实现国家战略的要求,保证国家利益的实现;要实现大国目标,发挥大国作用,就要采取积极的对外政策。他说:"如果说在国力衰弱的时代,'消极主义'尚可勉强维持的话,那么作为大国就必须采取'积极主义'的行动,才

---

① 1. 争端当事者之间达成停战协议;2. 争端当事者同意日本参加;3. 严守中立立场;4. 不能满足以上条件时可能撤回;5. 要员防护所需最低限度使用武器。
② 総合研究開発機構(NIRA)『積極的平和主義を目指して—「核の傘」問題を含めて考える』、2001 年 3 月、http://www.nira.or.jp/past/pubj/output/dat/3502.html。
③ 「『国家像』欠く 日本歴史と政情を反映」、『朝日新聞』2006 年 4 月 24 日。

能称之为战略。"①

与政府关系密切的智库日本国际论坛将"积极和平主义"思想凝聚为一个比较系统的理论和政策建议。2009年10月，国际论坛提出修改日本安全战略的建议。在这份题为"积极和平主义与日美同盟的应有状态"②的报告中，提出"日本的和平主义，必须从以往'消极的和平主义'、'被动的和平主义'升格为'积极的和平主义'、'能动的和平主义'"。报告明确建议，用"积极和平主义"取代吉田主义。因为在吉田主义下，日本虽然有国土防卫的意识，但首先考虑的是由美国提供保护；在地区安全上总算有了应对"周边事态"的责任意识，但在世界安全上则完全听命和迎合美国行事。因此，要实行"积极和平主义"，改变战后以来的防卫政策和安全政策。日本既不要"一国和平主义"，也不要"一国防卫主义"，而是要和西方民主国家一起，通过加强日美同盟保障自身安全，同时要为维护世界和平与安全承担起"一名世界市民的责任"，在为国际做贡献方面的立场和态度不能再模糊暧昧下去了。

报告从国土安全、地区安全和世界安全三个方面提出了政策调整意见。在国土安全方面，主要内容包括：重新检讨"非核三原则"等基本防卫政策；配合美军重组，承认行使集体自卫权；从根本上修改"武器出口三原则"；完善和加强国家情报收集和分析体制。在地区安全方面：掌握东亚地区对话与合作的主导权；加强和发展日美对华战略协调；正视现存的对日本主权的侵害行为。在世界安全方面：制定国际和平合作一般法，为全球集体安全做贡献；同时推进核不扩散、核裁军和核和平利用管理。

报告提出的"积极和平主义"原则表明日本安全战略思想发生划时代的变化，即从战后以来的"一国和平主义""消极和平主义"转向"积极和平主义"，吉田主义终结。这是一个历史性变化。报告认为吉田主义代表的和平主义国家战略是"消极的、被动的和平主义"。"积

---

① 谷内正太郎、高橋昌之『外交の戦略と志』、産経新聞出版，2009年、第23—24頁。
② 以下该报告引文均见日本国際フォーラム政策委員会『積極的平和主義と日米同盟のあり方』、2009年10月。

极和平主义"就是要取代吉田主义成为日本今后国家战略的指导思想。报告特别提出作为经济大国,日本不能再走"一国和平主义"的道路,"一国和平主义"最终就成为"依赖美国的和平主义";也不能走"一国防卫主义"的道路,"一国防卫主义"最终将堕入时代错误的"国防国家建设论"。日本必须加强日美同盟。"今天日本的和平与安全必须依靠加强同美国的同盟关系才能得到保证,因为日本是以民主主义国家为核心的'不战共同体'的一员,而这个共同体的核心是美国。"但日本必须通过转换国家战略,通过"积极和平主义"才能保证自己的"主体性"以应对日美同盟,或者说在日美同盟中保持自己的主体性。

报告反映了日本民族主义要求修正和主宰国家战略走向的愿望,预示日本国家战略发生重大变化。报告建议:第一,加强日美同盟,能行使集体自卫权,提高同盟威慑力;从日本方面讲,对美国的平等性和主体性增强。第二,自卫队不仅可以配合美军行动,而且可以走出国门。谈论在地球上的其他国家和地区参与军事行动,这在理论上是可以的。第三,加强同民主国家合作,包括军事合作和武器技术合作。第四,日美合作,加强对华制约,使中国成为负责任大国。第五,加强同东盟关系,掌握地区对话和合作主导权。第六,在领土问题上强硬应对。总体来看,"积极和平主义"战略转换,是以安全保障为核心的战略转换,将使日本可能参与战争,和平主义道路可能终结。战后以来的"重经济、轻军事"的和平主义道路如果转向经济、军事并重,无疑是国家战略的重大转换,对日本国家的未来道路和亚太地区国际关系走向都将产生重要影响。

将2001年综合研究机构(NIRA)的报告和2009年国际论坛的报告作一比较可以看到日本在对"积极和平主义"理解上的巨大变化,这也反映了对国际环境和自身安全与作用认识的巨大变化。综合研究机构报告主要建议反对核武器、积极参加联合国维和行动和对建立地区多边安全机制表示浓厚兴趣,是在联合国名义下和在国际多边领域发挥更大的作用。国际论坛的报告则是强调日本在维护自身安全和地区安全上的主动性和主体性,不再将"积极和平主义"停留在口号上,向外部世界发出呼吁,而是要付诸行动,在对内和对外战略上都要做出调整,成为影响国际秩序和国际规则的捍卫者。这无疑要求对国家战略进行重大转换。

　　安倍政府的"积极和平主义"战略方针与日本国际论坛的这份报告之间有何关系，还无法证明，但能够看出两者在思想上的一致性。在安倍政权下，迄今为止这份报告所提建议除重新检讨"无核三原则"未实行外，其余都已实行或部分实行。从"积极和平主义"思想发展脉络上看，"积极和平主义"战略思想，即要求日本放弃原来的和平主义国家战略，更积极地参与维护和构建西方国家主导的国际秩序，并在这一过程中发挥大国作用的思想，在进入21世纪的日本政、财、学界已经有相当普遍的基础。因此，对日本国家战略转换及其影响应有清晰的认识，这也是今后观察日本走向的重要依据。

　　（三）"积极和平主义"国家战略思想的自主性实质

　　日本国家战略转换是国内外形势变化的结果，有两方面的原因：内因，日本本国因素；外因，国际环境因素。外因通过内因起作用。

　　从日本国内因素来说，首先，日本的民族主义要求是战略转换的社会思想基础，具体地说是国内保守政治力量的增强，再具体地说和安倍首相本人以及安倍内阁的政治倾向有关。战后日本民族主义和国家战略转换存在密切关系。"战后"对于日本来说是个复杂的话题，如在第一章关于日美关系的论述中可知，战后日本走和平发展道路，成为民主富裕国家，同时也为之付出代价。日本民族主义随着国家的发展在对美关系上表现为不断要求与美国具有平等性，在对外关系上要求具有自主性。岸信介、佐藤荣作、中曾根康弘、细川护熙、小泽一郎等日本政治家都就此表达过同样愿望，具有强烈民族主义的政治家安倍晋三以其外祖父岸信介为榜样，利用国内保守主义思潮上升和国际上大国力量变化的机会将这一愿望付诸实践。2006年安倍第一次担任首相就以"摆脱战后国际秩序（体制）"为旗帜，推出了一系列政策，包括制定《国民投票法》、修改《教育基本法》以及通过将防卫厅升格为防卫省的法案。他还加快推进允许日本行使集体自卫权和启动日本版NSC（国家安全会议）的工作。[①] 2013年9月，安倍首相在访美时宣示日本主张"积

[①] 「安倍氏、決意の第二幕」、『日本経済新聞』2012年12月24日。

极和平主义",发挥更大国际作用,表示"日本是世界上最成熟的民主主义国家之一,对于世界的健康福利及安全保障,必须作为一个创造净利的贡献者而存在。日本将成为这样的一个国家。日本将成为一个对于地区,以及世界的和平与安定做出更胜以往的积极贡献之国"①。作为西方国家(不战共同体)一员来发挥作用,不仅要维护本国的安全,也要为地区和世界安全做贡献。也可以说,"积极和平主义"是日本要求实现"正常国家"对外战略的标识。

其次,国际形势的变化使日本对国家威胁的认识有所改变,认为以美国为首的西方国家的体制和国际秩序不仅是世界和平的基础,也是日本和平与繁荣的基础和国家利益所在,维护这一制度就是维护日本的安全。日本国际论坛的报告说:"民主主义国家的体制成为主导世界的体制,对于冷战的终结具有决定性的意义。在以美国为中心的民主主义各国主导下,确保和扩大了世界各地的人民能跨越国境自由往来形成的'global commons'(全球公共空间),使人、物、资金、信息能够自由交流,这构成了今天世界和日本和平与繁荣的基础。"北约和日美同盟是为地区或世界和平与安定的"公共产品"。日本必须改变"消极的、被动的和平主义",为国际社会做贡献。在这一过程中,日本才能发挥大国作用和在日美同盟中体现主体性。

这反映日本国家战略思想有所变化。一是把维护战后国际秩序作为国家安全和国家战略使命,而不是以某一个特定国家为威胁对象,但报告并不掩饰威胁国际秩序和国际规则的国家是"失败国家""无赖国家"和国际恐怖主义者。报告同时单独提到中国,认为中国国防预算连续多年两位数增长,不仅拥有核武器,还向海洋、外太空、信息技术等新领域发展,引起其他国家担心。报告特别强调日美两国要在对华政策上加强协调,使中国成为地区秩序的安定因素,成为"负责任的大国"。报告指出,必须正视现有的侵犯日本主权的行为。尽管日本没有把中国与"失败国家""无赖国家"并列,但认为能给战后国际秩序造

---

① 『2013年ハーマン・カーン賞受賞に際しての安倍内閣総理大臣スピーチ』、2013年9月25日,http://www.kantei.go.jp/jp/96_abe/statement/2013/0925hudsonspeech.html。

成冲击或者侵犯日本主权的只有中国。可以说，"积极和平主义"是在中国崛起、东亚格局发生变化时期日本的国家战略。

二是战后国际秩序是在以美国为首的西方国家的价值观主导下形成的，因此"价值观外交"将是日本今后对外战略的核心和抓手，以国际秩序维护者的形象争取在国际舞台上占领道德高地，借以提高日本外交的软实力。

三是由于中国崛起和对中国的疑虑，日本对日美同盟的态度发生微妙变化，主动要求加强同盟，试图通过日美联手将中国纳入美日主导的国际体制。这再次反映日本民族主义的实用主义性质。日美在应对中国崛起上找到共同点，因为安全问题正上升为影响中日关系的主要因素①，但日本对日美同盟的态度表明，日本已经不愿做日美同盟中的日本了，而是要把日美同盟作为其实现国家战略的工具，在日美同盟中实现主体性。这也说明，随着国家战略的转换，日本对日美同盟的态度发生变化，并非不需要日美同盟，恰恰相反，面对中国的崛起更需要日美同盟，但由于美国力量和作用的变化不会再完全依靠美国，而是要更多地发挥自身的作用。

从国际环境看，一是美国实力和亚洲政策变化，战后美国承担保卫日本的责任，现在力量相对下降则要求日本扩大防卫责任。冷战结束后特别是进入21世纪后，美国在经济和安全上更需要日本的支持，《日美安全条约》重新定义就是防止日本因苏联解体而脱离美国，在美国、日本和中国之间建立一个不平衡但稳定的三角关系。美国十分清楚，"重返亚洲"政策成功与否，很大程度上视日美同盟关系而定。因此，美国公开谈论日本是其地区代理人，放松对日约束政策，对解禁行使集体自卫权和扩大地区安全作用表示支持。在应对日本国内民族主义要求上，美国为维持同盟也有所让步，这一思想表现在几次《阿米蒂奇报告》中。约瑟夫·奈也表明今后将继续考虑日本的民族主义要求，驻日美军基地将由日本管理。近些年来美国朝野很多人都以不同形式表示要日本承担更大的安全责任。美国作为外因也在变化，在一定程度上适应和迎合了日

---

① 「日中関係改善は本当に続くか」、『産経新聞』2018年4月12日。

本的民族主义要求，为日本"积极和平主义"战略转换提供了条件。

二是东亚安全形势变化特别是中国的发展、中日实力对比变化和互信脆弱也是日本对外政策转变的一个因素。冷战结束后，东亚经济快速发展，经贸合作水平不断提高，经济相互依存程度加深，这有助于避免发生大的地区性动荡；但本地区国家之间存在隐患如国家间政治体制、意识形态、历史问题、竞争关系等问题在国际关系顺利发展时被掩盖着，反之，则成为国际关系发展的障碍。

由于东亚地区缺乏有效的安全对话和合作机制，日本既把中国的发展视为机遇，也视为威胁。进入 21 世纪以后，日本朝野的各种研究报告都把如何同中国打交道视为首要的外交课题；但由于历史文化等因素，日本对中国的发展不能正视，把中国正常的发展视为异常，甚至是威胁。中日之间，在经贸领域有各层级的交流对话机制，但安全领域明显滞后；中日之间有和平友好条约，但在具体问题上缺乏对话联系渠道和有效管控机制。因此，在钓鱼岛问题上日本打破双方曾经达成的默契，被掩盖的矛盾爆发，颠覆两国关系的平衡。日方否认中日存在领土争议，拒绝就钓鱼岛主权进行谈判，反而在军事上加强钓鱼岛防卫，在外交上构筑对华包围，同时把岛屿争端渲染成对外战略调整的理由，加快解禁行使集体自卫权，转变对外战略。日本学者渡边治说："日本通过与中国对峙，实现'大国化'和'军事大国'目标。"①

在国际上，东亚权力结构正在发生深刻变化，中国国民生产总值已经超过日本，中日之间既保持密切的相互依存，又有些难以解决的问题，中美之间也在酝酿形成新关系。安倍首相说："世界力量平衡正在发生重大改变，最显著的改变就是我国所在的亚洲太平洋地区。"日本"要用自己的眼睛洞察国际形势，用自己的头脑思考日本应发挥的作用，用自己的脚行动起来"②。东亚权力变化对日本影响最大的无非是同中美两国的关系。对于中国的发展日本还难以适应，这使日本进一步加强

---

① 渡辺治、岡田知弘、後藤道夫、二宮厚美『「大国」への執念　安倍政権と日本の危機』、大月書店、2014 年、第 5 頁。
② 『第四十八回自衛隊高級幹部会同　安倍内閣総理大臣訓示』、2013 年 9 月 12 日、http：//www.kantei.go.jp/jp/96_abe/statement/2013/0912kunji.html。

同美国的同盟关系，但与此同时，美国国内面临政治经济问题，国外面临中东反恐等难题以及中美关系的演变等因素，又使日本对美国的安全保证能否真正兑现心存疑虑，而完全依靠美国庇护，就意味着日本还要走追随美国的老路，这又非日本所愿，所以一边加强同美国的安全合作，一边增强自己的防卫力量，提高自身影响国际秩序和国际局势的能力就成了日本的必然选择。这同日本国内民族主义要求也是一致的。"积极和平主义"要以和平的名义，在西方国家主导的国际秩序内，提高自己的国际地位和国际作用。从这个意义上，安倍首相说："今后将对世界和平与稳定进一步负起责任。'积极和平主义'才是21世纪日本的招牌。"[①]

根据以上分析，可以对"积极和平主义"国家战略思想的实质做一概括。"积极和平主义"国家战略要利用亚太地区力量结构变化的时机，在安全上突破战后禁区，进而实现修改宪法，完成恢复"正常国家"的历史使命。在这个意义上，可以说"积极和平主义"国家战略是取代"消极和平主义"国家战略下的"重经济、轻军事"路线，代之以"经济、军事并重"的路线。日本要在国家立法、行政等多方面进行前所未有的改革和创新，在体制上为实现"积极和平主义"国家战略进行必要的准备。"积极和平主义"国家战略虽然以军事安全领域里的改革为核心，但并不忽视外交、经济领域的配合。日本完全清楚，军事安全领域的突破和国际作用的发挥，必须要有外交、经济领域的配合，才能使"硬实力"和"软实力"结合，在国际上发挥与国家实力相称的作用。

二　改革国家体制以适应国家战略转换

（一）加强国家领导体制

1. 加强内阁官房权力

在民主党短暂执政之后，预想中的两大政党轮流执政并未实现，自

[①] 《安倍强调积极和平主义是21世纪日本的招牌》，共同网2013年10月23日，http：//china.kyodonews.jp/news/2013/10/62221.html。

民党强势回归，推高了第二次安倍内阁的"人气"。到2017年底，安倍内阁经过2014年大选和2013年、2016年的参议院选举，自民党和公明党执政联盟在众议院获得三分之二以上席位，在参议院自民党席位超过半数，再次出现自民党"一党独大"的局面。在自民党内，安倍压制其他派别，造成无人能与之争锋的政治局面，得以维持长期执政，更方便推行其保守主义政治路线。

安倍获得党内稳定支持后，为推行其保守主义路线，实现国家战略转换，首先要加强首相的权力，即加强所谓首相"官邸"的决策权。这主要表现为加强内阁官房的权力。内阁官房是协助首相的办事机构，可以决定省厅官员任免。2013年，内阁官房设立内阁人事局，可以决定各省厅副局级以上官员任免、调动。内阁官房还设立经济再生综合事务局，由经产省官员主持，强化首相官邸对经济事务掌控和协调的机能。

2. 成立国家安全保障会议

2013年12月负责外交和安全政策的最高机构日本国家安全保障会议正式成立。这被称为日本版的"国家安全委员会"（NSC），成员包括首相、外相、防卫相和内阁官房长官，也被称为"四大臣会议"。2014年，在内阁官房设立国家安全保障局（国家安全保障会议的秘书处），制定国家安全战略，协调外交、安全政策，加强首相对外交、安全政策的掌控。国家安全保障局编制为60人，起用前外务次官、内阁官房长官参事谷内正太郎担任安保局局长，同时由首相助理礒崎阳辅担任作为首相顾问的国家安全保障担当助理。局长常驻首相官邸四楼，局长办公室设有直接与美英两国安保系统连接的专线，可随时与负责外交、防卫政策的各国安保系统直接联系，收集信息和应对紧急事态。[①] 该局下属六个职能部门中，专设负责中国、朝鲜的部门。为强化相互之间的关系，日本与美英两国定期举行信息交换会议。日本方面由国家安保局局长出席，美国方面由总统国家安全事务助理或亚洲事务高级部长

---

① 2019年9月国家安全保障局长谷内正太郎卸任，后任北村滋曾任内阁情报调查室首脑，与安倍首相关系密切，舆论评论该项任命是"异例"，进一步加强首相官邸对外交、安保政策的参与。「NSC局長交代　首相主導を過ちなく」，『朝日新聞』2019年9月17日。

以代表身份参加，英国由首相首席助理参加。根据情况，日本内阁官房长官和国家安全保障担当助理也出席会议。

与此同时，日本国内的联络体制逐步完善。为加强"国家安全保障会议"从各中央部门收集信息，各省厅设置负责联络的局长级"干事"，在举行"国家安全保障会议"部长级会议的同时，定期举行"干事会议"。国家安保局提出感兴趣的信息领域，向各部门收集信息，并将收集的外交、安全信息由国家安保局长定期向首相汇报。由于需要与有关国家构建安全合作体制，开通与美英两国安全部门保持联系的热线，并开始与法国、德国、韩国和俄罗斯等国磋商开通类似热线。[1] 日本还与美英举行由两国秘书处负责人参加的定期会议，紧密合作以应对安保威胁和及时采取行动。

日本政治分析师托拜厄斯·哈里斯在英国《金融时报》载文评论："安倍正致力于将日本首相的角色从立法管理者转变为总司令，统管更为强大的国防部门。这方面最为重大的变化是创建了美国式的国家安全委员会（NSC）……日本防务和外交政策以及危机管理职责将集中在该委员会仅有50名员工的办公室里。日本国安委一半的职员将是身穿制服的军人，从而将首相与日本自卫队（JSDF）的密切来往制度化。"[2] 国家安全保障会议使首相权限进一步集中，与之配套的《特定秘密保护法》和《国家安全保障战略》相继出台，为实施"积极和平主义"国家战略构建起新的安保体制框架。

3. 防卫省改革

如果说国家安全保障会议的设置是安倍内阁为实施"积极和平主义"国家战略完善"顶层设计"，那么防卫省改革则是为具体实施安保体制改革的前线指挥部。

早在2007年首相官邸就设置了"防卫省改革会议"，次年提出改革报告书，对防卫省内部体制进行调整，内部机构和统幕之间实施一元化

---

[1] 「米英とホットライン　日本版NSCあす発足」、『日本経済新聞』2013年12月3日。

[2] ［日］托拜厄斯·哈里斯：《日本民众应制衡安倍的集权倾向》，英国《金融时报》中文版2013年12月20日，http://www.ftchinese.com/story/001054033。

改组。第二次安倍内阁成立后，加快了防卫省改革步伐。2013年2月发布关于防卫省改革的防卫大臣指示，成立以防卫副大臣为委员长的防卫省改革检讨委员会。2013年8月，防卫省改革检讨委员会提出并公布《防卫省改革的方向性》① 文件。设置国家安全保障会议后首相官邸成为实施安保机能的总司令部，安保体制发生较大变化，该文件是根据指示对防卫力量状况和安保体制现状进行检讨后形成的改革建议。

《防卫省改革的方向性》文件提出的基本思路和改革方向如下：

防卫省改革的原因有三：一是周边安全环境变化，主要是中国"侵犯"领海、领空等活动增加，朝鲜导弹发射和核试验，与领土、经济权益有关的"灰色区域"危机突出和长期化，有可能向更严重、引发重大事态的方向发展。二是日本大地震等紧急事态对自卫队运用提出新要求。三是政策环境变化，防卫省如何适应武器出口三原则、国家安全保障会议设置等新情况。要使防卫省和自卫队能适应上述情况，在业务和组织上进行改革。

改革的方向有以下几点：①取消文官和自卫官之间的隔阂，促进相互沟通，便于迅速决策。②调整陆海空防卫力量，实现管理最优化。③为保证决策正确、迅速，在防卫会议下成立有效的应急机构，自卫队业务基本上由统合幕僚监部一元化领导。④加强政策制定和信息发布机能，特别要适应国家安全保障会议成立后首相官邸战略机能增强的局面。

对防卫省内部局进行调整，以适应提高综合机动防卫力量的要求。新设防卫装备局，除迅速、高效满足自卫队装备需要外，还要加强装备的国际化，扩大对先进技术的研发投入，加强军工产品生产。

（二）制定《特别秘密保护法》

安倍内阁为推行其"积极和平主义"战略转型，加强舆论控制，2013年12月公布《特别秘密保护法》，一年后实施。

《特别秘密保护法》由七章和附则构成，规定对涉及国防、外交、特定有害活动和恐怖主义等相关情报泄露采取必要的保护措施。其中包括对防卫方面的自卫队等国家防卫力量的经费预算、计划；无线电信

---

① 「防衛省改革の方向性」、防衛省『防衛白書』2015年版、資料編、資料33。

息、影像资料；武器弹药的种类、数量、研制状况；通信网络、通讯方法、密码等。外交方面的包括外交交涉内容、方针；涉及国家安全的进出口方针、规则；涉及国民生命安全的信息；外交通讯及密码等；防止特定有害活动、恐怖主义的发生和扩大以及危及国民生命安全的情报、信息等的传播。① 政府还讨论扩大以调查为目的的监听、创设仅参与谋划就予以处罚的"同谋罪"、隐藏重要情报、收集市民信息并控制媒体报道，防止民众反对解禁集体自卫权甚至修宪等重大改变的事态发生。②

安倍政府施行《特别秘密保护法》引起民众担心。按理说，国家通过法律保护与国家安全和人民生命财产相关信息是天经地义的事情，但公布后却引发激烈批评，认为该法有违宪法的基本精神。其原因一是该法对秘密的定义不清，不明确是由国会审议和司法机关判定，还是由行政机构首长认定。二是压制和封锁行政机关内部的不同意见，激起反对。例如安倍内阁更换反对解禁集体自卫权的内阁法制局长官，改组具有日本广播协会（NHK）会长任命权的经营委员会，全部换成与安倍关系密切者，目的是封锁大众媒体的不同声音。这给国民造成行政权力失去约束和权力过度集中的印象，立法机构和司法机构形同虚设。评论认为，战前日本就因控制信息，压制不同意见，不经议会就什么事情都能决定而走上错误道路的。战前日本的国家总动员法也使天皇的敕令具有广泛的权限。③

《特别秘密保护法》公布后安倍政府似乎在加强言论控制。例如，以福岛核事故为主题的漫画《美味大挑战》，外界褒贬参半，政府及自民党要员则纷纷炮轰该漫画，环境相石原伸晃称"无法理解想要表达什么"。安倍也强调"国家要尽全力应对无根无据的流言"。朝日电视台节目"报道STATION"因在事故报道中播出福岛县儿童患甲状腺癌的特辑，环境省点名评论"可能引起误解"。冲绳县地方报纸《琉球新

---

① 『特定秘密の保護に関する法律』、https://www.kantei.go.jp/jp/topics/2013/headline/houritu_joubun.pdf.
② 《安倍政府正加强言论控制 应虚心接受批评》，共同网2014年5月22日，http://china.kyodonews.jp/news/2014/05/75472.html。
③ 「秘密保護法が成立」、『朝日新聞』2013年12月7日。

报》报道陆上自卫队西南诸岛部署地已锁定石垣市内两地,防卫省以"与事实不符"为由向该报和日本新闻协会抗议。自民党还针对批评该法的报道,批评 TBS 电视台①在 2013 年参院选举前报道国会运营消息而拒绝 TBS 采访。由于 NHK 经营委员是安倍任命的亲近作家,所以由经营委员会任命的会长也表明不会积极报道首相参拜靖国神社和《保密法》的方针。上述事例的共同点是安倍政府限制与政府意见相悖的报道,市民的知情权受到侵害。

日本政府进一步干预媒体独立报道的自由。作家和评论员古贺茂名曾于 1980—2011 年间在经济产业省任职。2015 年 3 月他在朝日电视台节目中发表评论后,遭到内阁官房长官营义伟的批评,并被隐晦地威胁要吊销朝日电视台的执照。4 月,自民党的一个特别委员会召开会议,把朝日电视台和日本广播协会(NHK)的高管叫去,自民党认为有两档节目对安倍政府持批评态度。

安倍政府还利用日本媒体和政府之间关系的结构性特点施加压力,迫使媒体行业的高级管理人员妥协。在日本,政府和记者之间的正式关系是通过记者俱乐部维系的。各省、各地方政府、各政党、各行业协会都有一个记者俱乐部。俱乐部的会员资格仅面向大型媒体公司的记者。通常只有俱乐部会员才能获准参加新闻发布会,而且只有会员才能接触相关官员。作为赋予记者特权地位的回报,官员们想当然地认为政府机构或部门将得到正面报道。另一个问题是,日本的媒体不是由一个独立机构进行监管的。如政府的总务省向电视台发放执照,而执照又需要频繁续发。因此电视台无时无刻不被监督,若挑战政府就会失去经营权。这意味着执政党本身对广播电视行业有很大影响。

此外,在主要的媒体公司,管理和新闻业务实际并未分离。一家公司的董事长或总裁常常会对新闻报道乃至记者个人的行为进行微观管理。鲜有记者敢质疑这种干涉,原因是日本的用人制度:在知名媒体公司就职意味着可一直享有稳定的工作和高薪,直到退休。很多记者都承认老板在顺

---

① Tokyo Broadcasting System Television, INC., 东京放送电视台,日本五大民营电视台之一。

从政府，但为保护自己的事业都不愿批评政府，对公司的忠诚压倒新闻独立的职业道德。安倍政府对媒体施压的情况达到前所未有的程度。

2014年11月，在大选开始前自民党向各大电视台发出所谓的请求信，责令确保报道"不会一边倒"，并指示如何筛选报道话题和采访的评论员。该党在写给一家电视台的信中抱怨，该电视台的一档节目认为安倍首相的经济政策只有利于富人。尽管从民意调查看，很多日本人支持这一观点。事实说明，在对舆论高度监督的环境下，很难体现日本应有的自由民主。①

第二节　完善国家安全法制体系

"积极和平主义"国家战略是以安全为中心的。日本民族主义要求的"正常国家"是要改变战后作为经济大国而在军事安全上难以发挥作用的局面，国家战略的转换主要是确立军事安全在国家战略中的地位。这最终当然要修改宪法，以及完善相关安全法制体系。美国的"亚太再平衡"战略对日本地位和作用的重视，成为日本摆脱战后禁区，实现"正常国家"的机遇。

本节主要就日本完善安全法制体系和修改战后宪法的动向做一考察。

一　修改和制定安全法制

（一）日本加强安全立法的趋势

"积极和平主义"战略转换的重点是加强军事安全在国家战略中的地位，这就要解除"战后体制"的束缚，所以安倍政府把修改和完善安全法制作为施政的重点。

从第一次安倍执政开始，日本就已进行安全法制改革。2006年11月设立"关于强化首相官邸国家安保功能会议"，安倍首相本人担任会

---

① ［日］古贺茂名：《日本政府如何干预媒体独立》，《纽约时报》中文版2015年5月24日，https://d20xwo194hqfwr.cloudfront.net/article/22f8d347901675383df698c644edfdb8/。

议主席,其目的在于加强首相官邸作为国家安全保障指挥部的功能。2007年2月,安倍提议设立以日本版国家安全会议(NSC)为核心的强化首相官邸功能会议。在此基础上,制定国家安全会议设立法案,并于2007年提交国会定期常会审议。但因同年7月参院选举朝野政党局势逆转以及9月安倍因病辞职,在第一次安倍内阁期间未能设立国家安全会议。其后的福田康夫内阁认为设立在首相官邸的"安全保障会议"已经发挥作用,不需再设立新组织,中止制定国家安全会议相关法案。

第一次安倍内阁的第二项改革尝试是2007年5月设立"关于重新构建安全保障法制基础恳谈会"(简称"安保法制恳",会议主席前驻美大使柳井俊二),研究讨论日本宪法解释上不可行使的集体自卫权。安倍首相辞职后,福田首相对此提案态度冷漠而被搁置。

2012年12月安倍再任首相,立即重拾安保法制改革。2013年2月8日再度启动安保法制恳。恳谈会成员仍为原班人马,因主席柳井任国际海洋法庭庭长,原东京大学教授、国际大学校长北冈伸一被任命为代理主席,归纳整理会议意见。2月15日,组织"关于设立国家安全保障会议的专家会议"。2013年6月,安倍内阁向国会提交了新的国家安全会议设立法案。11月,审议通过该法案,年底启动国家安全会议。

2013年9月12日,安倍内阁又设立"关于安全保障与防卫力恳谈会"(简称"安防恳"),北冈伸一为会议主席,受命制定《国家安全保障战略》(NSS)和《新防卫大纲》。此前日本先后为《日美安全条约》再定义应对冷战后局势、应对国际恐怖主义和中日钓鱼岛"撞船"事件,于1995年、2004年和2010年三次制定《防卫大纲》。此次修改《防卫大纲》则是为实施"积极和平主义"国家战略,特别是制定日本历史上第一个《国家安全保障战略》(NSS),同时制定与之配套的《中期防卫力量整备计划(2014—2018)》,这三份安全文件被称为安倍政府的"安保三支箭",是国家安全战略转换的法律基础。

(二)日本《国家安全保障战略》(NSS)

外交和防卫是维护国家安全的两轮。1957年日本制定《国防基本方针》,内容只有四条:①支持联合国活动,谋求国际协调,期望实现世界和平;②安定民生,弘扬爱国心,确立保障国家安全的必要基础;

③为建立适应国力国情的自卫，在必要限度内渐进地整备有效的防卫力量；④对外部侵略，在联合国能够有效地阻止之前，将以美国的安全保障体制为基础加以应对。① 这四条内容简单明了，没有过多的解释。其时正处于东西方冷战对峙最紧张的时期，《日美安全条约》尚未修订，琉球群岛还在美国托管之下。

日本《国家安全保障战略》是在新的国际形势下兼顾外交和安全防卫的综合性国家安全战略，2013年12月17日由刚刚宣布成立的国家安全会议决定，再由内阁会议通过。《国家安全保障战略》的制定主旨表明，制定该战略是要阐明日本和平主义国家的历史和秉持的理念，以及基于国际协调主义的积极的和平主义，根据国家利益表明国家安全保障的目标。政府将根据本战略，在总司令部国家安全会议（NSS）的强有力领导下，举全体政府之力，进一步战略地、系统地实施国家安全保障政策。②

《国家安全保障战略》由主旨、国家安全基本理念、日本周边安全环境和国家安全课题、日本国家安全战略措施四部分组成。主旨部分主要内容已如上述。国家安全基本理念部分首先说明日本国家定位具有三个特点：第一，受益于开放的国际经济体系、具有强大经济力量和高度技术力量的经济大国；第二，通过海上贸易和海洋资源开发实现发展、追求"开放而安定的海洋"的海洋国家；第三，战后一直走和平国家道路、实行"专守防卫"不作威胁别国的军事大国的和平国家。与此同时，说明日本的国家利益是：维护主权独立，保全领域，保障国民生命、身体、财产安全，继承文化与传统，维持以自由、民主主义为基础的国家和平与安全。

因此，日本在"基于国际协调主义的积极和平主义"基本理念下，实现国家安全目标有三：第一个目标是为维护日本的和平、安全和生存，提高必要的抑制能力，防止对日本的直接威胁，万一遭到威胁能排

---

① 「国防の基本方針」、1957年5月20日。防衛省『防衛白書』2014年、資料編、資料6。
② 「国家安全保障戦略」2013年12月17日。防衛省『防衛白書』2014年、資料編、資料7。以下该战略引文恕不一一注出。

除，使损失最小。第二个目标是加强日美同盟，加强同区域内外伙伴国家的信任与合作，推进实质安全合作，改善亚太地区安全环境，预防和减少对日本安全直接威胁的产生。第三个目标是通过外交努力和人的贡献，加强基于普遍价值和规则的国际秩序，在解决争端中发挥主导作用，改善全球安全环境，构筑和平、安定、繁荣的国际社会。

在日本周边安全环境和国家安全课题部分，《国家安全保障战略》列举了在全球和亚太安全环境中的安全课题。全球性课题包括力量结构变化、技术革新迅猛发展、大规模杀伤性武器扩散、国际恐怖主义、国际公共产品（海洋、宇宙空间、互联网）面临的风险、人的安全等方面。在亚太地区的安全课题中，认为亚太地区的重要性在上升，既存在安全合作的机会，也正在出现问题和紧张局势。特别指出朝鲜发展核武器和大规模杀伤性武器，中国迅速崛起和在各领域扩张，期待中国遵守国际规范，对地区和全球课题积极合作。同时妄称中国国防经费增长，缺乏透明度，广泛、迅速地增强军事能力，在东海、南海的主张与国际法秩序不相容，试图用武力改变现状，侵犯钓鱼岛附近领海、领空，设立东海防空识别区，妨碍公海上空飞行自由。台湾海峡也是稳定因素和潜在不稳定因素并存。

在日本国家安全战略措施部分，指出战略措施的核心是在提高经济力量和技术力量的基础上，加强外交和防卫能力才能保障亚太地区的和平与安定。加强日本防卫能力的主要措施有：加强外交，构建综合防卫体制；加强领域保障措施，保证海洋安全，网络安全，国际反恐对策；加强情报、装备技术和太空安全等技术力量。在加强日美同盟方面，认为日美同盟是日本安全保障的基础，也是美国亚太战略的基础，要加强日美安全合作，保证驻日美军的稳定。在经济领域，日美要通过跨太平洋伙伴关系协定（TPP），保证亚太经济在符合国际规范、高度透明的条件下实现繁荣。《国家安全保障战略》要求日本加强同伙伴国家的外交、安全合作，同韩国、澳大利亚、东盟国家和印度等与日本共有普遍价值和相同利益的国家发展关系。战略报告认为日本同中国的关系对于实现亚太地区的和平与安定是不可或缺的要素，要从大局和中长期角度，在政治、经济、金融、安全、文化、人员交流等所有领域构筑和加强日中"战略互惠关系";要继续促进中国在地区和平、安定和繁荣方面发挥负责任的建设性作用,遵守国际行为规范,提高国防费用急剧扩大下军事力量的开放性和透明性;同时也要构筑避免和防止不测事态发生的机制。对钓鱼岛问题,日本要避免事态升级,继续冷静应对。在朝鲜问题上,要与有关国家合作,要求朝鲜基于联合国决议以实际行动实现无核化;加强同俄罗斯、中亚、东盟和太平洋岛国的合作。日本还要同欧洲等亚太地区以外的国家展开安全合作。在国际社会的和平与安定方面积极做贡献,日本要加强联合国外交,在海洋、宇宙空间和互联网领域加强法治,在裁军和核不扩散领域发挥主导作用。日本还将为解决全球问题在普遍价值的基础上与各国加强合作,如加强与共有自由、民主、尊重包括妇女权利在内的基本人权、法治等共同价值观的国家合作,为解决全球问题做贡献;在维护自由贸易体制、自然资源、环境保护、人员和信息交流、防卫产业、社会基础等方面加强交流等。

(三)2013年《防卫大纲》和《中期防卫力量整备计划》

2013年《防卫大纲》[①]和《中期防卫力量整备计划(2014—2018)》是在《国家安全保障战略》确定的基本原则下制定的,反映了安保政策的新变化。

日本上一次《防卫大纲》是2010年民主党执政时期制定的,仅隔三年时间再次修订,反映安倍政府安全防卫政策的重大变化。修改《防卫大纲》目的在于确定旨在遏制中国的对外安全战略。新《防卫大纲》中间报告明确表示,构筑应对中国军事力量现代化、海洋活动扩大和朝鲜核、导弹、网络攻击的防卫力量,在防卫方针上强调日本安全保障的根本在于提高自身防卫能力。为加强离岛防卫,要保持空中和海上优势,提高陆上自卫队的快速反应能力和海陆两栖作战能力。政府内部开始讨论准备发展先发制人的打击力量,中间报告虽然没有提及拥有攻击敌方基地能力,但表示要提高综合导弹防御能力。[②]

[①] 「平成26年度以降に係る防衛計画の大綱について」、2013年12月17日。防衛省『防衛白書』2014年、資料編、資料8。以下该大纲引文恕不一一注出。

[②] 「自衛隊に海兵隊機能 新防衛大綱の中間報告」、『朝日新聞』2013年7月25日。

2013年《防卫大纲》由六部分组成，主旨、日本周边安全环境、日本防卫基本方针、防卫力量的应有状态、防卫力量能力发挥的基础和注意事项，是自卫队军事防卫的基本纲领。前三部分和《国家安全保障战略》的内容基本相同，后三部分是对防卫力量发展的基本设想和要求。《防卫大纲》提出未来10年防卫的基本方针，兹简述如下。

第四部分防卫力量的应有状态是根据第三部分第二条构建自身防卫力量的目标，对防卫力量提出要求。第四部分第一条对防卫力量的要求是首先能有效抑制和应对各种事态，包括确保周边海域空域安全、应对岛屿攻击、弹道导弹攻击、宇宙空间、网络攻击和大规模灾害。其次是亚太地区安定和改善全球安全环境，要求不仅能保证周边安定，还要能与盟国合作，为构建亚太地区安全环境发挥核心作用；军事力量的作用多样化，能应对全球安全课题。第二条完善自卫队体制应重视事项是为了保持有效发挥防卫力量作用的体制，其基本想法是今后防卫力量要重视机能和能力，就各种设定事态从综合运用的角度进行能力评价。设定的事态是以西南地区防卫态势为主的各种事态，优先完善能保持有效抑制和应对的海上优势和航空优势，确立后方支援基础，完善机动展开能力。而另一方面，对在冷战时期设想的大规模登陆侵略事态的准备，只在必要范围内维持应对将来不确定的形势变化所需的最低限度的专门知识和技能，使之进一步提高效率和合理性。根据这一思想，大纲列举了应重视的机能和能力，包括警戒监视能力、情报机能、运输能力、指挥和信息通信、应对岛屿攻击和弹道导弹攻击、宇宙空间和网络空间、大规模灾害和国际和平活动。第三条是对陆上、海上和航空自卫队提高作战能力的要求。

第五部分是防卫能力发挥的基础，通过演习、训练、人事教育、装备生产、技术研发、信息发布和自卫队与地方自治体的关系等使自卫队能力得到发挥。第六部分规定大纲设定的防卫要求是今后10年的标准，根据评价、检查结果或形势变化进行修订。

《中期防卫力量整备计划（2014—2018）》[①] 由七部分组成。第一部

---

① 「中期防衛力整備計画（平成26年度—平成30年度）について」、2013年12月17日。转见于防衛省『防衛白書』2014年、資料編、資料9。以下该计划引文恕不一一注出。

分是主旨部分，指出日本防卫力量改革的目标是"根据《防卫大纲》要求构建综合机动防卫能力，即重点机能和能力达到整体最佳状态，通过综合运用多种能力能临时应对紧急状况的机动、有效的防卫力量；同时，建立广泛的后方支援基础，有高度技术、信息通讯能力支持、重视硬软两方面即应性、持续性、强韧性和衔接性的防卫力量"，建立一支"实际高效的综合防卫力量"。第二部分是改组基干部队。要求陆上自卫队能应对夺岛攻击，海上和航空自卫队能保持海上和空中优势。第三部分是关于自卫队能力的主要事业。内容基本是按《防卫大纲》要求使防卫力量能有效抑制、应对各种事态的具体规划和参与构建亚太地区国际安全环境的方式。第四部分是加强日美同盟，修改《日美防卫合作指针》。第五部分是完善装备。第六部分是经费，按2013年物价水平，计划期间经费规模为24万6700亿日元。第七部分注意事项是既要保持驻日美军的抑制力，又要减轻冲绳等基地驻地民众的负担。

（四）对安倍内阁"安保三支箭"的评价

安倍内阁"安保三支箭"是"积极和平主义"国家战略的重要组成部分，标志安全战略和防卫政策的重大转变，是向"正常国家"道路上迈出的重要一步。

日本《国家安全保障战略》和在其安全理念指导下制定的2013年《防卫大纲》《中期防卫力量整备报告（2014—2018）》除了把保卫日本作为安全目标，还将地区安全和国际安全作为安全目标，特别是表示要"基于国际协调主义的积极和平主义"，通过外交努力，强化基于普遍价值和规则的国际秩序，在解决争端中发挥主导作用，改善全球安全环境，构筑和平、安定、繁荣的国际社会，表明日本已摆脱战后以来坚持的"一国和平主义"和"消极的、被动的和平主义"，要积极参与地区秩序和国际秩序构建，并在"国际协调"的框架下发挥主导作用。这是日本国家战略的重大转折。

在防卫方向和防卫重点上，明确把西南方向和岛屿防卫作为主要目标，防卫力量也根据防卫方向和目标进行调整，冷战时期应对大规模登陆攻击的战备进一步缩减。事实上从冷战结束后，日本的防卫方向就逐步向西南方向转移。随着东亚地区力量结构进一步变化，特别是"撞船"和"购岛"事件后中日关系陷入低谷,两国在安全领域的对立日益明显,中国已经上升为日本安全防范的主要危险。这三份文件公布当日发表的防卫大臣谈话表示对中国军事动向的担心,认为日本周边安全环境进一步严峻,中国试图以武力改变现状等高压应对有可能发生不测。① 为适应防卫目标的变化,《防卫大纲》强调"综合机动防卫力量"概念,表明重视陆海空一体化综合作战能力以及在西南海域、岛屿开展灵活行动的能力,例如削减坦克,增加飞机、驱逐舰、潜水艇等在西南方面开展灵活行动,通过提高陆海空一体化综合作战能力保持海上和空中优势。日本媒体报道,政府明确提出了着眼于中国崛起将防卫重心从北方转移至西南诸岛的长期战略。冷战结束以来,日本的防卫体制迎来重大转折。日本安保战略切换成应对中国模式。②

提高防卫力量的装备和技术水平,是这三份文件一致强调的重点。日本作为经济大国,自卫队长期以来就是一支拥有高技术装备支持的军事力量。冷战结束后,日本在俄罗斯方面的军事压力降低,又以朝鲜核威胁、"中国威胁论",以及提高日美安全合作水平为借口加强军事力量。《中期防卫力量整备计划(2014—2018)》再次增加防务费用,并提出加强陆、海、空自卫队军事能力和建立广泛的后方支援基础,在多领域提高装备技术水平和应对各种事态的能力。"关于安全保障与防卫力恳谈会"代理会长北冈伸一否定外界批评安全战略是"硬核心",他说也有"软核心",并表示"对于中国,希望采取更加柔性的态度"③,但并不能掩盖以中国为主要威胁的战略思考和战略设计。在"积极和平主义"战略下,通过制定和完善安保法制等措施,"战后体制"扎就的篱笆已荡然无存,自卫队在海外执行军事任务的日子并不遥远。

北冈伸一评价"安保三支箭"时并不掩饰安保政策变化在国家战略

---

① 「『国家安全保障戦略』、『平成26年度以降に係る防衛計画の大綱について』及び『中期防衛力整備計画(平成26年度—平成30年度)について』の決定について(防衛大臣談話)」、2013年12月17日。防衛省『防衛白書』2014年、資料編、資料11。
② 《日本安保战略切换成中国模式》,日经中文网2013年12月18日,http://cn.nikkei.com/politicsaeconomy/politicsasociety/7395 - 20131218.html。
③ [日]北冈伸一:《转向"积极和平主义"的日本安全保障政策》,日本网2014年4月22日,http://www.nippon.com/cn/currents/d00108/。

转变中所起的作用，他说："无论是 NSC、NSS 也好，或是行使集体自卫权也罢，日本对过去的安全保障政策只是稍加细微修改，仅仅只是向做世界上一个普通国家的目标更加接近一步而已。""作为在制定更为正常的安全保障政策上向前迈出小小的、但却是重要的一步，应该给予高度评价。"①

二 解禁安全禁区

（一）修改"武器出口三原则"

在国家安全战略和防卫大纲等安全方针确定的情况下，日本进一步打破战后在安全领域的禁区。

"武器出口三原则"是 1967 年 4 月首相佐藤荣作在国会答辩时提出的，内容为：不向共产主义阵营国家出售武器；不向联合国禁止的国家出口武器；不向发生国际争端的当事国或者可能要发生国际争端的当事国出售武器。1976 年三木武夫内阁又以政府的名义确认并提出对三原则以外的地区也不出售武器。1981 年 1 月，日本国会通过《关于武器出口问题的决议》。"武器出口三原则"表明日本作为和平国家实行"专守防卫"政策，不对别国构成威胁。根据"武器出口三原则"禁止对任何国家出口武器的方针，是战后日本限制性防卫政策的核心。

但进入 21 世纪后，由于国内军工产业界的压力和日本谋求发挥大国作用，对武器出口的禁令逐渐松弛。2006 年小泉内阁以协助打击海盗和保护马六甲海峡航运安全的名义，利用政府开发援助（ODA）提供给印度尼西亚 3 艘巡逻艇，由于艇上配备了武器，所以认定为武器出口。尽管这次出口得到执政党自民党的同意，但也遭到社会舆论的批评。在民主党执政时期，菅直人内阁和野田佳彦内阁都谋求放宽武器出口限制，但对与日本研制和生产有关的武器出口向第三国转移须经政府同意和坚持避免助长国际纷争的原则没有变。

安倍内阁成立后，解禁"武器出口三原则"的要求更加强烈。经过

---

① ［日］北冈伸一：《转向"积极和平主义"的日本安全保障政策》，日本网 2014 年 4 月 22 日，http://www.nippon.com/cn/currents/d00108/。

"关于安全保障与防卫力恳谈会"讨论,在《国家安全保障战略》中明确写入要修改和完善"武器出口三原则",制定"适合新安全环境的明确原则"。

2014年4月1日,安倍内阁通过"防卫装备转移三原则"①,取代"武器出口三原则"。"防卫装备转移三原则"是:①明确禁止防卫装备转移的场合。在以下三种场合禁止转移:违反日本缔结的条约和其他国际约定时;违反联合国安理会决议;向纠纷当事国(发生武装冲突时,为维持或恢复国际和平与安全由联合国安理会采取措施的国家)转移。②限定允许转移的场合,严格审查,且信息公开。对第一项以外限定允许转移的场合,确保透明,严格审查。允许防卫装备转移的场合为:有助于促进国际和平与合作;与盟国美国和有安全合作关系的国家进行联合研发生产,与盟国加强安保合作,有助于自卫队活动和保护国民安全场合;要根据装备转移对日本安全的影响和国际出口管理体制的标准严格审查。③对不符合目的的使用和向第三国转移进行监管。即不符合目的使用和向第三国转移时,对象国有义务必须得到日本的同意。

"防卫装备转移三原则"与原来的"武器出口三原则"相比,不再使用"武器"一词,使用"防卫装备";保留了"不向武装冲突地区出口"的原则,取消"禁止向共产主义国家出口"的限制。新规定大幅度放宽了武器装备和军事技术出口限制,出口的地区和国家也进一步扩大,如取消对"共产主义国家出口"的限制,就可以向越南出口武器和装备。

日本政府给出的制定"防卫装备转移三原则"的理由是:第一,"武器出口三原则"已经不符合时代要求了。不允许向共产主义国家出口武器装备已经不符合时代要求,因为对"三原则"以外的国家出口武器持慎重态度,实际是禁止向所有地区的国家出口,政府不得不根据需要多次采取例外措施出口。第二,日本周边安全环境进一步严峻,面对复杂而重大的国家安全课题,基于"国际协调主义"观点,更积极

---

① 「防衛装備移転三原則」、2014年4月1日。防衛省『防衛白書』2015年、資料編、資料17。

地应对必不可少。第三,国际社会期待日本积极发挥与国力相称的作用。实际上,对这三个理由,可以做出如下解读:第一,日本要通过武器装备出口和国际合作提高军工技术水平和生产能力,发展军工产业,日本经济界也看好军工产业的前景;第二,把武器装备出口作为地区安全战略的一部分,影响地区安全形势走向,构建有利于日本的安全环境;第三,通过武器装备出口,提升国际作用,实现大国志向。安倍首相在考虑了专家恳谈会2013年10月提出的调整建议后,发布命令称"装备合作是积极和平主义的一环。武器出口三原则必须进行调整"。日本外务省的官员也表示,参加装备产品的出口以及共同开发,在一定意义上"将成为加强与友好国家合作的新牌"①。

武器装备出口解禁,立刻带动日本装备产品的出口。2014年4月7日,安倍首相与来访的澳大利亚总理阿博特讨论向澳大利亚提供静音性能和连续潜航能力优秀的潜艇技术。9日,日本与法国在东京举行共同开发装备产品的首次课长级磋商。法方表示,"日法两国都在广泛领域涉足装备产品制造,今后将推进合作"。日本和美国也在共同开发海基型新一代拦截导弹"SM-3 Block 2A"。从2013年秋季以来,美国国防部人员多次向日本防卫省官员表示,"希望日本继续出口火箭马达和鼻锥体"。前者用于提高导弹推进力,后者用于保护导弹尖端部分。而此前不久,安倍与到访的越南国家主席张晋创举行会谈,表示要向越方提供巡逻艇而派出调查团。

日本还修改以国产为基础的方针,制定着眼于10年后的"防卫生产和技术基础战略",转向推进国际共同开发,力争提升防卫产业的国际竞争力。自1970年提出推进国产化以来,这是日本首次出台有关防卫装备产品生产和开发基本方针。因为在装备产品领域,需要采用尖端技术,开发和生产费用日趋昂贵,国际共同开发成为主流。日本改变禁止出口武器的方针是基于这种潮流的产物,政府认为加强防卫产业需要制定新战略。在国际共同开发方面,日美等9个国家将联手开发最先进

---

① 《日本防卫产业之变(上):安保新牌》,日经中文网2014年4月17日,http://cn.nikkei.com/columnviewpoint/column/8876-20140417.html/?n_cid=NKCHA014。

的隐形战斗机 F35，日本三菱重工和石川岛播磨重工（IHI）等企业将参与开发。日本在侦察用无人机研究方面较为滞后，新战略认为无人机"有可能对今后的军事战略和战力均衡产生重大影响"，将与已全面部署"全球鹰"无人侦察机的美国等国展开合作，尽快提升技术实力，今后将进一步与拥有大规模防卫产业的美英法加强合作。在海洋安全合作领域，日本设想与澳大利亚、印度和东南亚国家展开合作。[1]

在装备产品开发方面，政府还积极利用民间研究成果和技术实力。为了利用民间尖端技术，日本建立向大学和企业研究机构提供资金援助的制度。还将讨论向大学和企业公开征集独创性研究课题，如果认为可应用于装备产品，将通过防卫省预算提供研究费援助，预计传感器和机器人技术等领域有望被纳入上述框架。

日本在建立起提高防卫装备采购效率和扩大同所谓友好国家技术合作的体制后，将战略性地推进装备政策。2015 年 10 月，防卫省设立外设局防卫装备厅，有职员 1800 人，年预算接近 2 万亿日元。过去，装备研究开发归防卫厅技术研究本部，采购分别由厅内部局和陆海空三自卫队负责，条块分割严重，防卫装备厅将分散在各部门的职能统一起来，提高了效率。防卫装备厅对实行"防卫装备转移三原则"后，防卫产业开展研发国际合作和产品出口也是一大帮助。安全领域的国际合作是"积极和平主义"战略的重要一环，与提升日本的军事抑制力密切相关，也有助于保持和提高防卫技术和生产能力的基础。[2]

（二）解禁集体自卫权

1. 解禁集体自卫权的准备与搁置

集体自卫权是指在盟国或者与本国有密切关系的国家遭受攻击时，视同对本国的攻击而有反击的权利。《联合国宪章》第 51 条规定，成员国拥有个别自卫权和集体自卫权。以往日本政府对集体自卫权的解释是，拥有集体自卫权，但宪法不允许行使。这是基于战后和平宪法做出

---

[1]《日本 44 年来首次修改防卫产业战略》，日经中文网 2014 年 6 月 19 日，http://cn.nikkei.com/politicsaeconomy/politicsasociety/9782 - 20140619.html/? n_ cid = NKCHA014。

[2]「防衛装備庁発足 調達と輸出を戦略のに進めよ」,『読売新聞』2015 年 10 月 4 日。

的解释，也是保证日本走和平发展道路的自我约束。

但随着日本要发挥更大的国际作用，特别是在军事安全领域发挥作用，就受到战后和平宪法的限制。因此，修改战后宪法是日本保守政治势力的一贯要求。根据战后日本宪法第 96 条第 1 款的规定，宪法修订"必须经众参两院全体议员三分之二以上赞成，由国会提议，进而必须在国民投票获得半数以上赞成"。由于修改宪法需要获得议会三分之二以上多数和国民的支持，在不能修宪的情况下，通过对宪法进行某种解释就成了政府借以突破约束的一个办法。日本政治家希望拥有集体自卫权的另一个原因常常被人忽略，即出于民族主义要求，要获得在同盟中和美国平等的地位。安倍曾在接受采访时表示，"如果能够行使（集体自卫权），日美就将形成对等关系。对于美国，也将能向其进一步提出主张"。为了加强日美同盟，需要提升日本的主体性。① 安倍信任的谷内正太郎也认为，日本能够行使集体自卫权，才能在同盟中与美国实现"对等化"。"日本在进行国际和平合作时，消除宪法的制约，才能更积极地与美国进行合作。"②

2007 年，安倍在第一次担任首相时设立私人咨询机构"关于重新构建安全保障法制基础恳谈会"（安保法制恳），目的就是要在尚不能修宪的情况下，通过对宪法进行某种解释达到突破宪法约束的目的。后来担任"安保法制恳"代理会长的北冈伸一说："1954 年做出宪法解释变更，即从'不保持战争力量'改为'可以保持必要最小限度'；与之相比，'我国也承认集体自卫权'之解释，只不过是微乎其微的变更而已。这正是'法制恳'不修改宪法而是变更宪法解释更为合适的理由。""我们认为政府可以根据这一建议修改有关集体自卫权等内容的宪法解释，同时采取必要的立法措施，并且希望能够与将在 2014 年内召开的日美外务、防卫部长级会议（日美安全保障协议委员会、2 + 2）上协议修改《日美防卫合作指针》一事联系在一起。"这段话很清楚地说明安倍政府试图效仿以往通过解释宪法突破安全禁区的办法，如

---

① 「早期容認こだわった首相」、『日本経済新聞』2014 年 7 月 3 日。
② 谷内正太郎、高橋昌之『外交の戦略と志』、産経新聞出版、2009 年、第 107 頁。

1954年通过"释宪"而成立自卫队的先例，通过"安保法制恳"重新解释宪法和再通过必要的安全立法达到在现行宪法体制下突破集体自卫权禁区的目的和法律程序。经过研讨，"安保法制恳"于2008年6月提出专家意见书，列出与行使集体自卫权相关的安全保障的四种类型：日本能否与在日本近海受到攻击的美国舰只共同防卫？日本能否击落飞经日本上空射向他国的导弹？在联合国维和行动（PKO）中，当他国部队受到袭击时，日本能否施以救援？在联合国维和行动中，目前几乎不能对他国部队施以后方支援，但是这样的做法合适吗？"安保法制恳"提出这个意见书时安倍已经辞职，继任首相福田康夫对解禁"集体自卫权并不积极"①，讨论被搁置。

2. 实现解禁集体自卫权及其原因

2012年12月安倍第二次担任首相，次年1月在出访泰国时就向记者表示要求专家加快研究集体自卫权问题，并指出要研究上述4种类型是否能够满足行使集体自卫权的要求。② 2013年2月，"安保法制恳"恢复工作。2014年4月，"安保法制恳"确定解禁集体自卫权建议报告的概要，建议修改宪法解释，使宪法允许的"必要最低限度"行使武力包括集体自卫权。③ 2014年5月15日，"安保法制恳"提出专家报告书④。报告首先概述战后对宪法解释的历史和基本原则，特别举出1959年日本最高法院对"砂川事件"⑤的判决证明自卫权是国家固有权利，

---

① 北冈伸一：《转向"积极和平主义"的日本安全保障政策》，日本网2014年4月22日。http：//www.nippon.com/cn/currents/d00108/。

② 《安倍称将再次要求专家加速研究集体自卫权》，共同网2013年1月18日，http：//china.kyodonews.jp/news/2013/01/45069.html。

③ 《专家恳谈会敲定解禁集体自卫权建议报告概要》，共同网2014年4月26日，http：//china.kyodonews.jp/news/2014/04/73861.html。

④ 安全保障の法的基盤の再構築に関する懇談会『安全保障の法的基盤の再構築に関する懇談会報告書』、2014年5月15日、https：//www.kantei.go.jp/jp/singi/anzenhosyou2/dai7/houkoku.pdf。

⑤ 20世纪50年代东京砂川町居民反对附近立川美军基地扩建，政府以违犯保护美军的《特别刑事法》起诉7名当地居民。1959年3月东京地方法院判决，认为《日美安全条约》和驻日美军违反日本宪法，《特别刑事法》无效，全体被告无罪。1959年12月日本最高法院认为地方法院没有对《日美安全条约》是否违宪的审查权，否定了东京地方法院的判决。日本最高法院的判决被认为是司法机关在重大政治事件中屈从立法和行政机关的判例。

认为司法机关的判决具有重要意义：自卫权包括个别自卫权和集体自卫权，因此不能否定具有集体自卫权。1972年10月参议院资料和1981年政府答辩书都认为根据宪法不具有在别国受到攻击时提供支援的集体自卫权，但日本"在紧急和非法侵害下"具有在"最低限度范围内"行使武力的自卫权。报告认为，为维护宪法规定的具有"和平生存权""国民生命和追求自由与幸福的权利"，日本"保持和行使适度的自卫力量是不可或缺的"。宪法的和平精神与"基于国际协调主义的积极和平主义"是一致的。现在日本周边安全环境发生重大变化：技术进步使威胁和风险的性质发生变化，国际力量平衡发生变化，必须加强日美同盟和伙伴国家的合作，地区多边安全合作机制也在发展，需要国际社会解决的重大事件增加，自卫队也要为国际社会发挥更大作用。鉴于战略环境变化的规模和速度，为维护日本和平与安全，实现国际和平与安定，再按照以往对宪法的解释已经无法应对。根据以往政府的解释，宪法允许的"必要最低限度"的自卫权中只有个别自卫权，不包括集体自卫权，这是不适当的。应当解释为在"必要最低限度"中包括行使集体自卫权，允许行使集体自卫权。即在对与日本有密切关系的外国受到武力攻击，其事态有可能对日本造成重大影响时，即使不是直接攻击日本，但在得到该国明确要求或同意后，应当能够行使必要最低限度的实力，参加排除该攻击，为维护和恢复国际和平与安全做出贡献。这包括以下场合：①发生对日本的直接攻击的概率是否高；②是否严重伤害日美同盟的信赖，损害同盟的抑制力；③是否严重动摇国际秩序；④国民生命和权利是否显著受到伤害；⑤是否对日本有深刻影响的其他事件。根据以上情况做出是否行使集体自卫权判断时，还要参考以下情况：①通过第三国领域时，要获得该国同意；②必须在事前或事后得到国会的同意；③必须在首相主导下，经国家安全会议讨论，经内阁会议决定；④集体自卫权是权利，而非义务，经过政策判断后决定不行使的情况。除上述情况，在参加伴随军事行动的联合国集体安全措施和在联合国维和行动中担任驰援警护、障碍排除中按国际标准行使武力不受宪法第九条约束。在海外保护和营救国民时，得到所在国同意，不适用"行使武力"，不受宪法约束。其他为排除侵害自卫队的必要最低限度行动，只要在国际法上属合法行为，宪法也应认可。报告书最后建议政府建立相应立法措施，如自卫队法、武力攻击事态对应法、保证周边事态安全法、联合国维和行动法等，都要结合现在的安全环境，按照联合国的标准重新检讨。

2014年7月1日，安倍内阁通过决议，正式解禁对行使集体自卫权的限制。从第一次安倍内阁成立"安保法制恳"讨论解禁集体自卫权后，已经时隔8年。安倍首相急于解禁集体自卫权主要原因有以下几点：第一，出于其民族主义思想，这一点前面已经谈到。安倍首相的民族主义思想受其外祖父岸信介的深刻影响。岸信介主张修改《日美安全条约》的目的之一就是要在同盟中取得与美国平等的地位，而非反美、离美，恰恰相反，是要与美国建立巩固的关系，是建立在平等基础上的同盟关系。安倍也是如此，通过解禁集体自卫权，希望与美国建立一种双向、平等的关系。日本报纸称，在安倍身上也能看到这一从外祖父那里继承的"信念"①。第二，另一个民族主义因素是安倍所代表的保守主义政治家急于推动日本"正常国家"的进程。安倍第一次任首相时就提出"摆脱战后秩序"，在暂时不能修宪的情况下通过重新解释宪法打破安全禁区，进而为最终实现修宪铺平道路。所谓"正常国家"就是要在军事安全上发挥作用，摆脱不能行使集体自卫权的约束，改变自卫队在海外行动受到诸多限制的局面。解禁集体自卫权，是日本摆脱"异质国家"的重要一步。② 第三，解禁集体自卫权还有对亚太安全形势评估的因素。亚太地区国际力量结构的变化表明中国实力增强，而美国的影响力下降，安全环境的剧烈变化，促使安倍做出尽早实现政策转换的选择。中日之间存在海洋领土争端，缺乏互信；中国经济总量从2010年开始超过日本，更使日本增加焦虑感。安倍政府不断渲染"中国安全威胁"，日本国民对华认识也出现倒退，希望继续接受美国的安全庇护，解禁集体自卫权有利于自卫队配合美军作战，增强日美同盟的对华抑制力。而美国的存在感下降，使日本对美国的信心不足。鉴于美

---

① 「早期容認こだわった首相」、『日本経済新聞』2014年7月3日。
② 「集団自衛権報告書：『異質の国』脱却の一歩だ」、『産経新聞』2014年5月16日。

国在中东的影响下降,在处理克里米亚和乌克兰问题上的表现难以获得西方国家的认可,美欧之间也出现意见分歧,日本政府相关人士警告称,"今后,美军在亚太地区的存在意义也未必不会下降"①。日本解禁集体自卫权也有应对安全形势变化的考虑。第四,美国态度的变化对日本解禁集体自卫权来说也是一个重要因素。宪法对日本安全作用的约束是美国战后对日政策设计的一部分。在冷战时期和冷战后美国要求日本发挥一定的安全作用,但这种作用被限制在美国亚太战略的框架下,奥巴马政府的"亚太再平衡"战略从总体上说是为应对中国崛起而在对外战略上的一次调整,在对日政策和提高日美安全合作水平上也有新的考虑。在解禁集体自卫权上,美国基本上是默认和支持的。2013 年 2 月安倍访美前日本政府通过外交渠道,就奥巴马能否在首脑会谈时表态理解并支持安倍政府修改宪法解释以解禁集体自卫权征询了美方意向。美方担心刺激中国不愿公开表示支持。据称,美国政府高官强调,"日本可以致力于解禁集体自卫权,但不能利用首脑会谈进行宣传"。美国助理国务卿坎贝尔 1 月访问日本与外务省事务次官河相周夫磋商时可能也通报了美方的上述立场。② 但 2014 年 4 月奥巴马访日提出"同盟强化战略",强调日美同盟在维护亚太地区稳定和繁荣方面的作用。③ 安倍政府通过解禁集体自卫权决议后,美国国防部长哈格尔发表声明表示欢迎称:"自卫队可以在更广泛的领域作战,使日美同盟发挥更有效的作用。"美国众院海军力量与军事态势小委员会委员长、共和党的兰迪·福布斯称:"中国挑战亚太秩序,欢迎日本为地区和平与安定做积极贡献。"④ 最后,安倍顺利解禁集体自卫权同其政权的稳定也有关系。安倍之前的几届内阁包括第一届安倍内阁都是短命内阁,一年一相的局面令日本政治饱受奚落,民主党政府在应对地震等突发事件时缺乏经验也

---

① 「早期容認こだわった首相」、『日本経済新聞』2014 年 7 月 3 日。
② 《美国无意在安倍来访时表态支持解禁集体自卫权》,共同网 2013 年 2 月 2 日,http://china.kyodonews.jp/news/2013/02/46003.html。
③ 《日美首脑会谈"同盟强化战略"内容曝光》,共同网 2014 年 4 月 23 日,http://china.kyodonews.jp/news/2014/04/73564.html。
④ 「自衛隊、米軍緊密に行動」、『読売新聞』2014 年 7 月 2 日。

受批评，所以安倍携自民党回归政坛受到保守势力的支持，加之实行扩张财政政策的"安倍经济学"收到初步效果，国内政治、经济形势为突破安全禁区提供了有利环境，安倍要抓紧这一时机解禁集体自卫权，实现民族主义政治家的长期愿望。

3. 解禁集体自卫权的意义和影响

安倍内阁解除对行使集体自卫权的限制，是日本安全战略的重大变化，也是日本国家战略的重大变化。自卫队可以发动事先攻击，在海外配合他国作战，日本的军事作用不仅局限在周边地区，甚至要扩展到全世界，战后宪法对日本的约束荡然无存。日本解禁集体自卫权名义上是要加强日美同盟，依靠同盟和防卫力量防止战争于未然，但实际上是把日本推向随时可能卷入战争的危险之中。

根据"安保法制恳"的建议，解禁集体自卫权后，日本自卫队可以配合美军作战，包括在公海护卫美军军舰，拦截飞往美国的弹道导弹，保护运送日本侨民的运输舰，在影响日本船只航行的国际海域扫雷，为正在警戒潜艇和弹道导弹的美国军舰提供保护，根据美国要求对过往船只实行强制性停船检查等。在现代战争中，日本实际是和美国共同参与战斗。《朝日新闻》社论批评说，日本如行使集体自卫权，对于对方来说就是敌国。这实际上开辟了日本在没有受到攻击的情况下自卫队也会行使武力的道路。集体自卫权就等于战争，而战争是没有最低限度的。① 曾在安倍第一次担任首相时任内阁法制局长的法政大学教授宫崎礼壱表示，他在担任法制局长期间，曾被要求讨论修改宪法解释，但他顽强抵制。他说："集体自卫权的本质并非本国防卫，而是他国防卫。只要不修改宪法，就无法行使。绝不是行使一点点就可以、有限度行使就好的问题。"曾在小泉内阁担任内阁法制局长的阪田雅裕律师也批评："根据政权的判断修改宪法解释，属于违反立宪主义的行为。""此次修改解释将导致明确声称不保持战力和不承认

---

① 「集団的自衛権―戦争に必要最小限はない」、『朝日新聞』2014 年 5 月 16 日。

交战权的宪法第 9 条成为一纸空文。如果有必要，应该采取修宪程序。"①

解禁集体自卫权扩大了日本自卫队的行动范围。曾担任防卫官并任职"安保法制恳"事务局的日本内阁官房副长官助理高见泽将林在自民党安保关系小组会上说，解禁集体自卫权后，自卫队的活动范围"不是绝对不去地球的另一面"，表示自卫队在日本周边地区以外也有可能行使武力。此前日本防卫相小野寺五典曾针对在公海防护美军军舰时表示，自卫队不是在地球的另一面行动。但高见泽的发言表明自卫队有可能扩大行动范围。他在回答自民党议员质询时说："考虑日本防卫时，不能一概地说地球的另一面与日本全无关系。"② 高见泽将林是负责修订宪法解释和安保法案的负责人之一，是安倍的亲信，与国家安全保障局事务局长谷内正太郎关系密切，深受安倍和内阁官房长官菅义伟的信赖，其发言应该不无依据。自民党干事长石破茂在新潟市演讲时表示，为牵制中国，应讨论共同行使集体自卫权的对象国家可包括除中国以外的亚洲各国。③ 在"中国威胁"的名义下，日本以加强日美安全合作为借口，正在突破这一长期束缚日本的禁区。

解禁集体自卫权，使日本扩大在亚太地区的安全作用，日美安全合作的进一步加强，为构建"亚洲版北约"奠定基础。2014 年 3 月 6 日，安倍首相与自民党干事长石破茂等自民党干部逐个会谈，为通过解禁集体自卫权调整政策。会见后在国会内召开的小会上，石破茂透露，"中国的国防预算增长，美国的力量衰落，在本地区必须与中国的力量保持平衡"，作为对军事崛起的中国的抑制力量，有创设"亚洲版北约"的构想，而实现构想的前提是自卫队必须能够行使集体自卫权，要像冷战时期欧美国家为对抗苏联集团组成北大西洋公约组织一样，在亚洲也有必要以美国为中心联合东南亚国家构建对抗中国的安全保障组织。"亚

---

① 《日本民众如何看解禁集体自卫权》，日经中文网 2014 年 7 月 2 日，http://cn.nikkei.com/politicsaeconomy/politicsasociety/9972-20140702.html/?n_cid=NKCHA014。
② 「自衛隊派遣『地球の裏側』否定せず」、『朝日新聞』2013 年 9 月 20 日。
③ 《自民党干事长称行使集体自卫权可包括亚洲国家》，共同网 2013 年 10 月 4 日，http://china.kyodonews.jp/news/2013/10/61084.html。

洲版北约"构想可以说是要在国际社会发挥主导作用的安倍政府主张的"积极和平主义"的具体化。① 石破茂披露的是安倍在争取通过解禁集体自卫权之前进行战前动员的真实想法。据报道，按安倍的意向，自民党内石破茂等人取得了共识。这反映了安倍利用对抗"中国威胁论"，为解禁集体自卫权扫平道路，也为其实现民族主义志向找到了机会。

日本解禁集体自卫权主要出于民族主义因素。实际上，集体自卫权问题是日本要在战后宪法体制下最大限度地利用日美同盟，使其为实现国家利益服务。在吉田主义"重经济、轻军事"的国家战略下，保守主义政治家通过对战后宪法解释的方式否定日本拥有集体自卫权，避免被绑在美国的战车上，阻碍国家复兴。但保守的民族主义者要求修改宪法，拥有自卫力量，成为"正常国家"的志向并未改变。由于中国崛起，国际力量格局变化，日本为对抗中国，要求美国提供保护，解禁集体自卫权又成为换取美国支持的筹码。时代的变化和国际形势的转换，解禁集体自卫权既可使日本在同盟中提高与美国的对等地位，又可以提高日美合作的防卫水平，发挥对中国的抑制力和威慑力。这恐怕才是日本解禁集体自卫权的真实原因。但解禁集体自卫权的实际效果是否真能如日本所愿就另当别论了。因为日美同盟"美主日从"的结构性矛盾不会因解禁集体自卫权而改变，而中日关系也不会为日美同盟的加强所左右。

（三）修订和完善安保法制

1. 修订与完善安保法

根据2014年5月15日"安保法制恳"意见书的建议，2014年7月1日安倍内阁在通过解禁行使集体自卫权限制的同时，经内阁会议决定完善相关安全法制。内阁会议决定对遭到武力攻击前的应对、为国际和平做贡献和宪法第九条允许情况下的自卫措施等进行研讨，以保证日本和地区安全以及日美安保体制的有效性，提高日美同盟的抑制力。②

---

① 「目指せ『アジア版NATO』首相、石破氏に調整指示 実現へ3つの関門」、『産経新聞』2014年3月7日。
② 「国の存立を全うし、国民を守るための切れ目のない安全保障法制の整備について」、2014年7月1日。防衛省『防衛白書』2015年、資料編、資料5。

内阁会议决定后,在内阁官房国家安全保障局下面成立立法小组,同时在防卫省也成立以防卫相为委员长的"安全保障法制整备检讨委员会",研究如何完善安全保障法制的工作。根据内阁会议的决定,在上述三个方面,要适应新安保战略和解禁集体自卫权后的要求需要制定一些新的法律法规,一些现行法律法规也要进行修改。具体说,为应对遭到武力攻击前的事态,要提高应急能力和各部门协调合作,需要在治安和海上警备中迅速发布命令采取行动;要完善防护美军使用"必要最低限度"武力,要修改《自卫队法》。为国际和平做贡献,要完善给别国军队提供支援的必要法律,要修改《确保周边事态安全法》《船舶检查活动法》,制定《国际和平活动支援法》;如在国际维和行动中使用武器,要修改《国际和平合作法》和《自卫队法》。要在宪法第九条允许情况下采取自卫措施,也要修改应对事态的法律和《自卫队法》。[①]

经过研讨,2015年5月14日安倍内阁通过《和平安全法制整备法案》和《国际和平支援法案》,并于次日提交给第189届国会审议。《和平安全法制整备法案》是现行的10个法律的修正案,《国际和平支援法案》是制定的新法案。这两个法案从平日对美军武器防护、应对重要影响事态和国际和平共同应对事态到满足"新行使武力三要件"[②]、行使必要最低限度武力的有限集体自卫权,对各种可能发生的事态都制定了应对措施。

《和平安全法制整备法案》是对几个现行法律的修改:

第一,《自卫队法》是其中最主要的法律,因为自卫队是所有安全活动的执行者。《自卫队法》增加营救海外日本人在所在国同意下可以使用武器的条款;增加对美军等外国军队与自卫队合作和正在从事有助于日本安全行动的武器给予防护的条款,自卫官可根据事态在合理必要判断限度内使用武器。在规定条件下对美军提供物品和劳务,如对驻日美军基地提供警卫、反海盗、破坏弹道导弹的行动和提供弹药等。增加

---

① 防衛省『防衛白書』2016 年、図表Ⅱ—3—1—1。
② "行使武力新三要件":对日本发动武力攻击或对与日本有密切关系的国家发动攻击,并因此威胁日本生存,明显从根本上颠覆国民生命、追求自由及幸福权利的危险;为排除上述危险,保证日本生存和保护国民而无其他适当手段;可行使必要最低限度武力。

在海外违抗命令等行为的处罚规定。

第二,《确保周边事态安全法》改为《确保重要影响事态安全法》。内容删除日本周边地区部分,名称中"周边事态"改为"重要影响事态","重要影响事态"的支援对象和应对措施也扩大。支援对象在原来"为完成日美安保条约目的行动的美军"基础上,增加"为完成联合国宪章目的行动的外国军队。""重要影响事态"的应对措施包括:后方支援;搜索救助活动;船舶检查;其他重要影响事项。自卫队支援后方提供的物品和劳务在原来基础上增加住宿、保管、设施利用和训练业务。虽然和过去一样不提供武器,但新规定可以提供弹药和给飞机加油等,但如在外国领域,须经外国同意。同时规定,避免与别国行使武力一体化和保护自卫队员安全,事前或事后须经国会同意。

第三,修改《船舶检查活动法》,船舶检查根据联合国安理会决议或得到船籍注册国同意。

第四,修改《国际和平合作法》,新规定扩充在联合国维和行动中的业务,放宽武器使用权限,同时也能参加人道主义救援和确保安全等活动。参加联合国维和行动须经所在国同意;除原来可以参加的联合国维和行动、人道主义救援和监督大选,只要符合日本参加联合国维和行动基本方针,有联合国大会、安理会或经社理事会决议、联合国其他机构邀请和所在国同意都可参加。可以参加的联合国维和业务除原来的停战监督、难民救援外,增加安全保护、驰援警护和协助重建等业务。在武器使用权限上,规定在维和行动宿营地遭武装袭击时可使用武器;驰援警护和保证安全行动时,正当防卫和紧急避难可使用武器。此外的修改有,应联合国要求,并得到首相同意可向联合国部队派遣自卫队官员;可向参加救灾的美国和澳大利亚军队提供物资和劳务。

第五,修改《事态应对法》。对于日本应予应对的事态,此前是指武力攻击事态,包括武力攻击事态和武力攻击预测事态,在此基础上增加"生存危机事态",即对与日本有密切关系的他国发动武力攻击,明显威胁日本的生存,从根本上颠覆国民生命、追求自由、幸福权利的危险事态。为应对此种事态而采取自卫措施,也是自卫队主要任务,须对《事态应对法》和《自卫队法》等相关法律进行修改。

对《事态应对法》的修改是增加对生存危机事态的应对。应对方针是：①前提是认定事态性质、是武力攻击事态或生存危机事态；②是武力攻击事态或生存危机事态时，须确认关系国家生存为保护国民而无其他适当手段应对，必须使用武力的理由；③应对该武力攻击事态或生存危机事态的总方针。该法规定出动自卫队须事前得到国会同意。

对《自卫队法》的修改是，确定应对生存危机事态是自卫队主要任务。在防卫出动事态中增设生存危机事态。

对其他法制的修改还有：《美军等行动关联措施法》增加对武力攻击事态时美军以外的外国军队和生存危机事态中美军及其他外国军队的志愿活动。《海上运输规制法》增加生存危机事态场合实施海上运输规制，海上运输规制实施海域为日本领海、外国领海（限同意场合）和公海。《俘虏待遇法》增加生存危机事态也适用该法。《特定公共实施利用法》增加在发生武力攻击事态时美军以外的外国军队的行动也是特定公共实施利用对象。

第六，修改《国家安全保障会议设置法》，审议事项增加应对生存危机事态和国际和平共同应对事态，周边事态审议事项改为重要影响事态审议事项。必须审议的事项还包括：国际和平合作业务中确保安全和驰援警护实施计划的决定或变更；向联合国维和行动的多国部队派遣担任领导职务的自卫官；实施对海外日本人的营救、保护措施。

新制定《国际和平支援法》，目的是要为外国军队提供合作与支援。该法主旨称，一是要和国际社会一道遵循联合国宪章排除威胁国际和平与安全的事态，二是作为国际社会一员要在维护国际和平中发挥主体的、积极的作用。

执行该法的要件是：合作支援对象的外国军队的活动必须是根据联合国大会或安理会相关决议采取的行动。在合作应对威胁国际和平事态时，可为外国军队提供物资和劳务合作支援，包括补给、运输、修理、医疗、通信、机场和港口业务、基地业务、住宿、保管、设施利用、训练业务及建筑。与《确保重要影响事态安全法》一样，不提供武器，但可提供弹药和给参加作战的飞机起飞前供油及检修。为外国军队提供搜索、救助和船舶检查活动。

该法规定，避免与外国军队行使武力一体化，同时为确保自卫队员安全，规定正在进行战斗的现场不实施合作支援，开始救助时要确保部队安全；自卫队的部队长官在实施支援现场和附近，在战斗行为进行前和预测将要进行战斗时暂时停止支援；防卫相指定实施支援区域，在全区和部分区域认为安全实施有困难时，应尽快变更指定区域或中断支援行动。事前须经国会同意，7日内议决。合作支援超过两年必须重新获得同意。

除以上两个法案外，安倍内阁还制定所谓的治安出动和海上警备行动的快速反应程序，以应对在日本领海和内河进行不属于国际法上的无害通行的外国军舰、武装集团非法登陆离岛和在公海上侵犯日本民间船舶的外国船只等事态。

对于应对武力攻击事态和生存危机事态，安倍内阁制定了基本方针，对国家和地方自治体也规定了相应的责任。对武力攻击以外的紧急事态的应对方案、国民保护的应对和防卫省、自卫队的作用也做了明确分工。①

2. 安保法制修订与完善的意义和影响

安倍内阁对安保法案的修订和完善，使日本完成在战后宪法下的安全战略转换，实现向"正常国家"迈出的重要一步。其意义，已如前述北冈伸一在谈《国家安全保障战略》等"安倍安保三支箭"时所言。安保法案是日本新安保战略实施和落实的具体步骤。曾任防卫相的森本敏说："随着日本此次安全保障法律的修改，有关现行宪法下日本能在多大程度上行使武力的安保政策的法律修改基本完成。虽然是在有限的条件下，但集体自卫权的行使成为可能。总之，包括如何应对既非平时又非"有事"的"灰色地带"事态在内，明显扩大了日本的防卫范围。"②

安保法案的制定也使人们看到日本安全战略转换后的具体情况，其影响主要有以下几方面。

---

① 防衛省『防衛白書』2016年、第Ⅱ部第3章。
② 森本敏「防衛の裾野広げる」、『日本経済新聞』2016年3月29日。

第一，安保法案的修订和完善，取消了自卫队活动的地理范围，使自卫队的活动范围扩大，并能配合美军等外国军队作战，卷入战争的危险进一步升高。尽管为行使"必要最低限度"武力制定了限制和行使程序，但闸门一经打开，就难以关上。行使武力解禁，违反战后宪法第九条精神，安保法案通过后许多法学家纷纷集会，批评安倍内阁违反宪法，把日本引向战争，要求废止法案。①

第二，安保法案的修订和完善，使日本能够以维护国际和平的名义随时向海外派遣自卫队。原来的《确保周边事态安全法》和《联合国维和行动法》都是特别措施法，要根据情况"一事一议"，这对日本发挥军事作用显然有一定限制，新法案中的《国际和平支援法》是永久法，可以随时根据情况把自卫队派往海外，保证在"积极和平主义"方针下，最大限度地在国际上发挥军事安全作用。

第三，提高了自卫队应对危机的反应能力。新法案对所谓"发生武力攻击事态"和"发生武力攻击预测事态"的应对做出规定，对介于发生武力攻击和攻击前的"灰色地带"事态加强应对，要求对平时的治安出动和海上警备行动发令迅速，程序简化，显然是为了应对中日海上纠纷和冲突。

第四，加强日美安全合作的实效性。安全法案使解禁集体自卫权得以落实，日美军事一体化程度增强，在应对中国崛起上可以共同行动。日本一方面依靠美国对抗中国，另一方面又要利用美国衰落和应对中国崛起的需要，获得更大自主权。当然日本还担心日美关系的牢固程度，是否能够依靠。日本希望能拉住美国对抗中国。美国欢迎日本解禁集体自卫权和通过安保法案。阿米蒂奇发表声明称："我认为日本安全保障相关法案的实施将成为日本走向普通国家的重要一步。首先日美两国政府可以制定设想包括灰色地带在内发生不测事态的共同作战计划。美国舰船在远东地区遭受攻击和困难之际，日本无法协助和救援美国舰船这种担忧将消除。""美国国民将从日本的行动中感

---

① 「廃止法案きょう提出　安保の根幹　正さねば」、『東京新聞』2016年2月19日。

到鼓舞。"①

第五，日美同盟虽然在应对中国崛起上取得共识，但同盟存在的问题并未消除。如日本《每日新闻》社论所言，安保关联法的主要目的是为应对中国扩军和海洋扩张、朝鲜的核和导弹开发，扩大自卫队活动与美军一体化，加强日美同盟。但在安保法制运用阶段考虑国与国之间的同盟关系，就会纠缠于"被抛弃"或"被卷入"两个相反的风险。发生争端时，不帮盟国就不被信任而遭抛弃，积极帮就会被卷入，现在日本与担心被卷入相比更怕被抛弃。② 这也是日本急于解禁集体自卫权和通过安保法案的原因。但另一方面，法案中对日本在支援美军方面留有余地，如要根据情况自主做出判断等，反映日本主要还是在形式上要通过加强同盟提高对中国的抑制力。

三 推动修改宪法

（一）战后修宪历程

日本保守主义政治家否定战后的最终诉求是修改战后宪法。修宪的主张最初产生于1952年《旧金山和约》和《日美安全条约》生效之际，保守派批评战后宪法是驻日盟军总司令部（GHQ）强加给日本的，要求"自主"制定宪法。1954年刚回归政界担任首相的鸠山一郎就提出"修改宪法，恢复独立自主"。1955年民主党和自由党两个保守政党合并，被称为"保守合同"，目的之一就是希望在议会获得修宪所需的三分之二多数，却未能如愿。岸信介内阁要求修宪，在内阁成立宪法调查会，但修改《日美安全条约》后就下台。池田勇人内阁以后，由于注重经济发展和冷战对峙在安全上依赖日美同盟，被自民党称为进入"改宪冬季时代"。中曾根康弘内阁提出"战后政治总决算"，但在议会难以获得三分之二多数，修宪未能列入政治日程。

如果说在冷战时期限于当时的日本内外环境，修宪的要求还难以得

---

① リチャード・アーミテージ「米国民は心強く思う」、『日本経済新聞』2016年3月29日。
② 「日本の安全保障 同盟のジレンマ直視を」、『毎日新聞』2016年1月10日。

到支持,那么在冷战结束后民族主义日益强烈,修宪的要求公开表露出来。1994年,《读卖新闻》发表修宪草案,开始公开修宪动向。以宪法生效50周年为契机,修宪议论进入一个新阶段。1999年7月,国会通过国会法修正案。2000年1月设立宪法调查会,为修宪进行准备。随后,为实现"正常国家"的自由党党首、改宪论者小泽一郎在1999年9月号《文艺春秋》上发表《日本国宪法修改草案》。对于放弃战争和交战权,不保持战争力量的宪法第九条,提出在现九条第一、二项基础上,增设第三项:"前二项不妨碍日本国对第三国武力攻击行使自卫权及为此而保持战争力量。"2000年,《读卖新闻》再次发表改宪草案,《日本经济新闻》社也发表《面向21世纪的宪法改革》①,执政党和在野党就修宪展开讨论。2005年11月22日,自民党公布《新纲领》,把制定新宪法作为党的首要任务。纲领表示:"要努力推动国民形成统一意见,在不远的将来,在独立的国民意识下制定新的宪法。"同时公布自民党宪法草案。② 这表明随着修宪舆论升温,自民党推动修宪的步伐加快。2006年9月,安倍第一次担任首相,提出"修改以宪法为标志的战后框架",把"修改宪法作为内阁的课题",被称为"首届修宪内阁"③。2007年5月,公布《国民投票法》④,将投票年龄从20岁降低到18岁。8月,在众参两院设立宪法审查会。但安倍因自民党在参院选举中失败而辞职。2010年1月,自民党公布《2010年纲领》,再度把"争取制定表明日本特色形象的、能为世界做贡献的新宪法"作为党的首要政策目标。

(二)安倍修宪的民族主义情结

第二次安倍内阁成立后,修宪进一步成为社会关注的焦点。由于实

---

① 田中伸尚:『憲法九条の戦後史』、岩波書店、2005年、第200—201頁。「憲法公布から70年」、『日本経済新聞』2016年11月2日。
② 自由民主党『新綱領』、2005年11月22日。『2010年綱領』、自由民主党ウェブ2010年1月24日、https://www.jimin.jp/aboutus/declaration/。
③ 白川勝彦『初めての改憲内閣の登場』、白川勝彦OFFICE、2006年11月、http://www.liberal-shirakawa.net/magscrap/mscmctzn0611txt.html。
④ 『日本国憲法の改正手続に関する法律』、法律第51号、2007年5月18日、http://www.shugiin.go.jp/internet/itdb_housei.nsf/html/housei/16620070518051.htm。

行扩张性财政政策的"安倍经济学",股价上涨,安倍内阁支持率上升,更激发安倍推动修宪的热情。安倍就任首相后多次利用电视媒体表达其修宪的决心。2013年3月在朝日电视台的节目中,安倍表示,将来要修改宪法第9条,要参加根据联合国决议运用军事措施消除侵略的集体安全行动,就要先修改宪法第96条为修宪做准备,表达了具有"安倍色彩"的政权运营自信。① 5月8日,在参院预算委员会上安倍表示,宪法"从制定过程来看,是由占领军制定的,也有些内容不符合时代",呼吁"只有我们自己亲手制定宪法的精神才能开创一个新时代"②。2015年1月14日,安倍在关西电视台的节目上就修宪表明强烈意愿称,"应当亲手书写承载21世纪日本理想状态的新宪法。修改宪法是自然而然之事"。现行宪法"获得通过已经过去近70年。由于在日本被占领时出台,这很难说由日本人亲手制定。只有我们亲手去书写宪法的精神才有助于开辟新的时代"③。安倍第二次担任首相后的一系列讲话明确表达了追求制定自主宪法的基本方针。

  一般认为,安倍以修宪为使命是出于其保守立场,也受其家族的深刻影响。日本记者野上忠兴撰文,指出安倍不遗余力推动安保政策是继承其外公岸信介的遗愿。安倍在其著作《致美丽国家》里提到童年在外公家中耳濡目染的经历。右翼作家八木秀次称安倍要修宪是出于毫不动摇的政治信念,是为完成岸信介的遗愿。岸信介去世前出版《证言录》,检讨三年零五个月的首相生涯,后悔未有足够时间推动修宪,遗憾地说:"若能再当首相,一定要推出修宪方针。"八木透露,安倍曾告诉他:"我看过外公的书八次,因为要完成他的遗愿,才决定在2012年复出执政。日本现在的宪法内容有错误,作为首相,我的责任是要让国民了解,并纠正过来。"④ 东京大学教授宇野重规在2014年12月安

---

① 「安倍首相:9条改正に意欲 いよいよ『安倍カラー』」、『毎日新闻』2013年3月10日、http://mainichi.jp/select/news/20130310k0000m010099000c.html。
② 《安倍以占领军制定为由再次表达修宪愿望》,共同网2013年5月8日,http://china.kyodonews.jp/news/2013/05/51791.html。
③ 《安倍称修宪是自然而然之事》,共同网2015年1月14日,http://china.kyodonews.jp/news/2015/01/90045.html。
④ 符祝慧:《信仰外公安倍修宪》,新加坡《联合早报》2017年12月10日。

倍解散众院大选获胜后说："虽然存在自前首相吉田茂以来以轻武装、重经济为目标的'吉田主义'，但安倍首相继承的是前首相岸信介以来的民族主义路线"①。

（三）降低修宪门槛与重新解释宪法

安倍在推动修宪进程上首先要修改宪法第 96 条，也就是要分两步实现修宪，先放宽提出修宪提案的条件。

宪法第 96 条规定宪法修改程序："本宪法的修订，必须经各议院全体议员三分之二以上的赞成，由国会提议，向国民提出，并得其承认。此种承认，必须在特别国民投票或国会规定的选举时进行投票，必须获得半数以上的赞成。"宪法规定的程序是必须经过两个步骤：第一步要经众参两院三分之二多数赞成，才能向国民提出修宪建议；第二步是经国民同意举行全民投票，必须获得国民半数以上赞成，然后在形式上经天皇公布实施。应该说，获得国会三分之二多数和国民半数以上赞成的规定是个很严格的限制，这也说明宪法修改的严肃性。有人说日本宪法是"硬性宪法"，它的修宪提议和通过都有严格的限制标准。安倍当然知道修宪的难度，2013 年 1 月，他回答《东京新闻》采访时说："修改宪法须众参两院都获得三分之二的赞成才能提议，门槛极高。现实的办法是，我想修改宪法第 96 条的修改条款。"② 所以安倍的分两步修宪计划是先修改宪法第 96 条以放宽修宪提案条件，再按照自民党的修宪草案修改宪法第 9 条。安倍要先修改宪法第 96 条也是认为这容易获得日本维新会等部分在野党的赞成。但实际上与自民党联合执政的公明党对修改第 96 条持谨慎态度，对把国民投票法附则中规定的成人年龄从 20 岁下调至 18 岁等诸多议题也有不同意见。公明党还主张把环境权等概念加入宪法中，即主张"加宪"。该党还对允许行使集体自卫权持反对意见，党首山口那津男与安倍意见相左，认为修宪"是应该进行国会辩论的课题"。日本维新会和众人之党等在野党虽然对修改第 96 条态度积

---

① 《安倍当首相是日本时代潮流》，日经中文网 2014 年 12 月 25 日，http://cn.nikkei.com/columnviewpoint/viewpoint/12436-20141225.html/?n_cid=NKCHA014。

② 「日本の平和主義『改憲ありき』が透ける」、『東京新聞』2017 年 5 月 17 日。

极,但在其他问题上与自民党看法并不一致。① 安倍试图修改宪法第 96 条进而达到修宪目的的做法遭到民众反对,国内出现反对修改宪法第 96 条的运动,护宪和修宪两派各不相让。

面对民众反对,安倍为首的修宪派不得不一面推动修宪,一面转换策略,先实现解禁集体自卫权。以前首相中曾根康弘为会长的"新宪法制定议员同盟"在东京召开大会,通过要求推动修宪讨论的决议,指出"安倍内阁迈向制定新宪法的步伐进展或许不及预期"。中曾根在会上表示,朝野八党就规定修宪程序的《国民投票法》修正案达成一致,是"朝着实现修宪前进了一大步"。同时也表示:"必须宣扬各党的想法,唤起舆论关注,在国民共识的基础上推动修宪讨论。"会议决议强调:"考虑到修宪需要时间,修改宪法解释的做法实属无奈,但不应就此对修宪踩刹车"②。这是在不能修宪的情况下不得不转换策略,只能通过修改宪法解释以解禁集体自卫权。内阁法制局由横畠裕介出任局长,遵照安倍指示全面启动修改宪法解释以解禁集体自卫权的讨论。内阁法制局被称为"宪法守护人",一贯主张不能解禁集体自卫权,但态度明显转变。安倍表示,"将参考法制局的意见推进政府讨论"③。

(四)执政党国会议席超过三分之二

自民党在修宪道路上取得突破性进展是 2014 年 12 月的众议院选举,自民党和公明党获得 320 个议席,超过修宪所需的三分之二议席,确保在众院的绝对优势。而且据共同社对众院选举当选的 475 人中的 458 人选前问卷调查进行分析,结果显示有 389 人赞成修宪,比例为 84.9%。赞成修宪者大幅超过国会提议修宪所需的三分之二,即 317 名众议员人数。④ 这使修宪议论进一步升温。安倍在大选获胜后说,修宪

---

① 《安倍欲分两步实现修宪先放宽修宪提案条件》,共同网 2013 年 4 月 20 日,http://china.kyodonews.jp/news/2013/04/50755.html。
② 《日本前首相中曾根称"修宪进展不如预期"》,共同网 2014 年 5 月 1 日,http://china.kyodonews.jp/news/2014/05/74163.html。
③ 《日本内阁法制局将就修改宪法解释展开全面讨论》,共同网 2014 年 5 月 16 日,http://china.kyodonews.jp/news/2014/05/75067.html。
④ 《日本当选众议员中 84.9% 赞成修宪》,共同网 2014 年 12 月 15 日,http://china.kyodonews.jp/news/2014/12/88464.html。

"是我的重要目标和信念"。"为了深化和扩大全民的理解与支持,我愿意作为总裁继续努力"。《日本经济新闻》评论认为,安倍已经主动站到创造修宪环境的最前列,完成战后以来最大改革的历史挑战。① 安倍甚至乐观地表示最早在 2016 年就能启动修宪过程。《纽约时报》载文评论称,这是日本领导人寻求改变该国战后和平主义根基的文件迄今为止最明确的表示。② 2016 年 7 月第 24 届参院选举执政党获胜。自民党获得 55 个议席,公明党获得 14 个,执政两党的改选议席数超过半数,包括非改选的 76 个议席在内,执政党占议席 145 个,远超过半数 122 个。主张修宪的势力包括自民党、公明党、大阪维新会、守护日本之魂党以及对修宪积极的其他党派与无党派议员。修宪势力的非改选议席为 88 个,再加上此次参院选举中获得的 77 个以上议席,在参院拥有议席数达到了三分之二。而在众院,自民党和公明党已占据三分之二议席。这是日本修宪史上首次修宪势力在众参两院都超过修宪提议所需的三分之二。修宪进入历史新阶段。

执政党在众参两院都获得绝对多数席位,使安倍政权的执政基础进一步巩固,成为长期政权,修宪讨论更趋活跃。参院选举后,安倍宣布此后修宪"议论将转至众参两院的宪法审查会进行,汇总提炼将修改哪个条文以及如何修改"③,加速推进修宪讨论。但是,虽然如《产经新闻》社论所称,担起修改国家基本法这一宪政史上首次重大事件的条件已经具备④,执政党在众参两院确保修宪提议所需三分之二席位,但并不意味着以后的修宪进程就一帆风顺。因为还要获得半数以上的国民支持,修宪提议才能通过。2015 年 2 月,自民党刚取得众院大选胜利,在该党修宪推进总部会上,总部长船田元就对早日修改宪法第 9 条表示有难度,认为仍有许多人对修改第 9 条和第 96 条持谨慎态度。船田强调:"将切实推进相关程序。与在野党的磋商需要做出很大的妥协。"由于必须得到众

---

① 「戦後以来の大改革　安保・改憲の土台に」、『日本経済新聞』2014 年 12 月 25 日。
② Martin Fackler《安倍希望最早明年启动修宪》,《纽约时报》中文版 2015 年 2 月 6 日,http://drhze47qtq2xs.cloudfront.net/article/109a757bc0f4299e548b1af0f55eb0b0/。
③ 《日本修宪势力占据参院三分之二以上议席》,共同网 2016 年 7 月 11 日,http://china.kyodonews.jp/news/2016/07/123597.html。
④ 「3 分の 2 勢力憲法改正案の作成に動け　首相は歴史の使命果たす時だ」、『産経新聞』2016 年 7 月 12 日。

参两院议员总数各三分之二以上赞成，自民党打算从新设紧急事态条款和环境权等容易获得各党赞同的项目着手，分多次推进讨论。

自民党政调会长稻田朋美表示："如果没有国民的理解，将无法实现修宪。今后将会努力加深国民的理解。这是一个大主题，同时也是自民党的基本方针。"① 自民党修宪推进总部确定把修宪项目归为六大领域深化党内讨论。六大领域是：防备重大灾害的紧急事态条款、包括宪法第9条在内的安全保障、环境权等新人权、修宪程序、选举制度、包括财政纪律条款在内的统治机构。自民党在众院宪法审查会上将紧急事态条款置于首要位置，希望与其他各党达成一致。对于要求尽快修改宪法第9条的意见，船田表示"要取得国民共识需花费一定时间"②。由超党派国会议员组成的"新宪法制定议员同盟"会长中曾根康弘对修宪形势的进展表示高兴，同时也说："对于战后国民意识中根深蒂固的厌战感和肯定现状的意识怎样才能克服，还要不断努力。""舆论动向表明，国民中有人理解修宪的必要性，也有人还在犹豫。障碍还很严重，希望进一步说明和说服开通道路。"③ 这说明日本民众中和平主义仍然有深厚的基础。这也是今后日本能否保持和平宪法的精神，反对通过修宪背离战后和平发展道路的最可靠的保证。

（五）国际上对日本修宪的担心

除了国内存在修宪和护宪的斗争外，国际上对日本修宪也存在疑虑和担心。

修宪是一个国家主权范围内的事情，但由于对邻国侵略历史和战后在历史问题上与邻国之间的纠葛，使周边国家对日本未来走向十分关注。特别是战后宪法由联合国军总部制定时即包含着约束日本和使其未来走和平发展道路的长远考虑，尽管日本战后坚持了和平发展，但未来

---

① 《自民党干部认为早日修改宪法第9条存在难度》，共同网2015年2月26日，http://china.kyodonews.jp/news/2015/02/92711.html。

② 《自民党将把修宪项目归为六大领域深化讨论》，共同网2015年6月2日，http://china.kyodonews.jp/news/2015/06/98739.html。

③ 「安倍内閣は憲法改正に意欲を示し、大いに期待する　中曽根元首相あいさつ詳報」、『産経新聞』2016年5月2日、http://www.sankei.com/politics/news/160502/plt1605020029-n1.html。

会如何并未能取信于邻国,包括美国虽然要日本支持其"亚太再平衡"战略,但对日本的未来及其在亚太地区发挥何种作用也未敢掉以轻心。面对日本修宪议论愈演愈烈,在中日友好21世纪委员会上中方主席、前国务委员唐家璇对日方主席、日本邮政公司社长西室泰三说:"近年来,日本国内出现一些企图通过修正历史、修改和平宪法,摆脱战后体制的动向,使亚洲邻国和国际社会不得不担心日本能否继续沿着战后和平发展道路走下去。"韩国也对日本的修宪动向保持警惕,安倍若加紧修宪,日韩两国已经恶化的关系可能会更趋严重。美国国防部长哈格尔称日本解禁集体自卫权的内阁决议是"划时代的",奥巴马政府对安倍政府的安保政策表示肯定,但也认为修宪容易刺激中韩,准备谨慎关注今后动向。而美国前助理国防部长约瑟夫·奈表示,现行宪法下也可以通过拓展自卫队职能巩固日美同盟,"没有必要修改条文"。在美国,几乎听不到期待日本修宪的声音。[①] 美国外交委员会高级研究员希拉·史密斯更从日本自身发展的角度说,宪法虽然是占领军时期制定的,但其内容强调个人权利,支持人民主权,削弱了战前的国家权力,保护了人民在宗教、工作、抗议、正当法律程序上的自由选择权,如今日本公民对这些权利习以为常。"相比为日本的未来奠定一个坚实基础、摆脱日本在遭遇战败和占领后被施加的约束远远没有那么重要。""为了修宪而修宪,只会削弱国内外对日本民主的信心。"[②]

[①]《中韩警惕日本"摆脱战后体制"美方亦不乐见修宪》,共同网2014年12月17日,http://china.kyodonews.jp/news/2014/12/88561.html。

[②] [美]希拉·史密斯:《日本修宪应慎重为之》,英国《金融时报》中文版2016年8月26日,http://www.ftchinese.com/story/001069099。

第五章 奥巴马政府"亚太再平衡"战略下日本提高自主性

第一节 加强日美同盟

美国推行"亚太再平衡"战略，维持其在亚太地区的影响力和主导地位，离不开盟国支持。而这对日本来说也是其提高国际作用，走向"正常国家"的机遇，同时双方在应对中国崛起上有共同的要求，也促使安全合作更密切，甚至超过了冷战时期。日本一方面抓住机遇继续实现其民族主义诉求，另一方面视日美同盟为安全依靠，配合美国的东亚战略，确保美国对其安全承诺。

本节主要针对奥巴马政府"亚太再平衡"战略下日本的机遇及其与美国的安全合作试做探讨。

一 配合美国亚太战略

（一）借重日美同盟

2010年6月民主党政府中途换马，菅直人内阁取代鸠山内阁，在对外政策上逐步向自民党执政时期回归，继续走亲美路线，提高对中国的防范和戒备，同时谋求扩大经济等领域的互利合作关系。菅直人内阁调整对外政策反映民主党内各派政治力量不同的政策取向和在东亚力量格局调整过程中追求自主外交努力受挫而面临进退失据的窘境，其对外政策傍美防华的特点，反映在中国国力上升形势下日本重建对华关系的新思考和新动向。

鸠山内阁更替的重要原因是未能解决冲绳驻日美军基地搬迁问题，日美关系受损，国民也对其执政能力丧失信心，菅直人内阁成立后首先谋求改善日美关系。菅直人就任首相后在国会发表的演说中表示，要解决冲绳基地搬迁问题，尽量减轻冲绳当地的负担，同时表示要切实深化日美同盟关系，认为日美同盟不仅是日本安全的保证，而且是支撑亚太地区稳定与繁荣的国际公共产品。① 菅直人内阁对日美同盟的这一定位与鸠山内阁有所不同。鸠山内阁强调要建立"紧密而对等的日美同盟"，提高日本在同盟中的地位。② 两者的着重点有明显差异。随后菅直人在美军机场搬迁问题的朝野各党党首辩论会上表示，驻日美军发挥着威慑中国的军事作用。他说："对中国正在增强军力一事必须给予严重关注，有个词叫作'势力均衡'。"把驻日美军作为制衡中国的力量和把中国作为战略警戒对象，这同自民党政权的日美同盟观和对华观已经完全一致。社民党党首福岛瑞穗针对菅直人的表态指责说："民主党政府骤然靠近了自民党。"③ 这表明菅直人内阁的对外政策从其成立之初就酝酿着重大变化。

菅直人内阁重申日美同盟是日本安全政策的基石。政府为修改防卫大纲而成立的咨询小组"新时代日本安全保障和防卫力量恳谈会"在2010年8月发表研究报告《新时代日本安全保障和防卫力量的将来构想》，肯定日美同盟在日本安全战略中的重要地位。报告认为美国的优势虽在下降，但日美同盟对于日本的安全保障仍具有战略意义，是地区和世界和平的支柱。日本需在中长期加强与美国的合作，不能单独解决和应对的问题需获得美国的支援。因此，日本要不断和美国协商"共同战略目标"，为实现这一目标发挥作用和提高能力；要协助美国保证国际体制的安全，长年担负起对周边海域、空域的不间断的监视作用；也

---

① 『第 174 回国会における菅内閣総理大臣所信表明演説』、2010 年 6 月 11 日、http：//www. kantei. go. jp/jp/kan/statement/201006/11syosin. html。
② 『第 173 回国会における鳩山内閣総理大臣所信表明演説』、2009 年 10 月 26 日、http：//www. kantei. go. jp/jp/hatoyama/statement/200910/26syosin. html。
③ 《菅直人表示驻日美军是对华威慑力》，共同网 2010 年 6 月 22 日，http：//china. kyodo. co. jp/modules/fsStory/index. php？ sel_ lang = schinese&storyid = 82468。

要向保证日本安全的驻日美军提供适当的经费和支持。日本还要与以美国及其盟国韩国、澳大利亚为核心的意识形态相同的国家结成安全合作伙伴，特别是加强日韩合作，形成日美韩合作网络。① 尽管报告强调日本的安全目标应当通过自身努力去实现，成为通过外交、安全政策等综合手段实现本国安全目标的"创造和平国家"，但报告反映的日美同盟观说明把日美同盟作为安全支柱的思想并没有因民主党取代自民党执政而发生变化。

2010年9月钓鱼岛撞船事件发生后，日本将领土争端与安全问题联系起来，渲染"中国威胁论"，借机调整安全政策，加强日美同盟，特别是明确把中国作为安全防范的对象，把日美同盟作为对抗中国的靠山。这从撞船事件后日本迫切希望得到美国关于《日美安全条约》适用于钓鱼岛的保证可以证明。"新时代日本安全保障和防卫力量恳谈会"报告说，虽说民主党接替自民党执政，但安全政策和防卫政策不应轻率修改，而且政党交替更应成为修正以往政策不合理之处的绝好机会。② 撞船事件后，日本加强日美同盟和日韩安全合作等政策走向与该报告揭示的思想完全吻合。这也说明无论是否发生撞船事件，日本都会为防范中国而加强与美国及其盟国的安全合作，钓鱼岛撞船事件只是其调整政策的机会和借口。

由于撞船事件涉及钓鱼岛主权争议，日本民众出于民族主义感情对华态度发生变化。事件发生一个月时《读卖新闻》舆论调查显示，对中国表示不信任的超过80%，希望加强日美同盟的超过70%。③ 国内舆论变化使日本外交、安全政策进一步向美国倾斜。一些原来主张加强日美同盟者自以为是，贬斥主张与中美都搞好关系的中美日关系"正三角形论"。如前首相小泉说："当我表示日美关系越好，日本同中国、韩

---

① 新たな時代の安全保障と防衛力に関する懇談会『新たな時代における日本の安全保障と防衛力の将来構想—「平和創造国家」を目指して—』、2010年8月、第12—14頁。
② 新たな時代の安全保障と防衛力に関する懇談会『新たな時代における日本の安全保障と防衛力の将来構想—「平和創造国家」を目指して—』、2010年8月、第2頁。
③ 「中国信頼できず84% 尖閣で対中感情最悪」、2010年10月4日、http：//www.yomiuri.co.jp/politics/news/20101004 - OYT1T00171.htm? from = top。

国等世界各国越能维持良好关系时，曾倍受'对美一边倒，追随美国'的批判。但现在又怎么样呢？前首相鸠山由纪夫和现任首相菅直人也终于明白了日美关系多么重要，（同等对待日美和日中关系的）中美日正三角形论又是多么可笑。"① 麻生太郎说，日美同盟是日本的支柱，在紧急的时候只有美国能以军事力量帮助日本。他同样表示日美关系好，同中国和韩国等邻国的关系才会好，甚至认为他担任首相期间的首届中日韩首脑会议之所以能够召开，是因为日本与美国有密切的关系所致。中美日关系应该是"等腰三角形"②。

中日关系必须以良好的日美关系为后盾是上述思想的延伸。前首相中曾根认为日本历史上侵略过中国，要保持友好关系很难，但又必须保持友好关系，所以"必须巧妙地形成'右手拉住美国，左手拉住中国'的状态。不要忘了此次事件就是民主党新政权没有与美国搞好关系时发生的"③。防卫大学校长五百旗头真重申他的主张"日美同盟＋中日协商"，认为这是21世纪日本安全不可或缺的。他对几种外交模式进行比较，认为"日美主轴、亚洲轻视论"会犯慢待亚洲的错误，亚洲在世界经济中的比重正持续上升；"离美、亚洲共同体论"会使日本直接面对具有攻击性的亚洲邻国，这将是21世纪日本的噩梦；"日美同盟＋日中协商"与"中美日正三角形论"不同，与中美两国保持良好关系虽然是日本安全的基本条件，但两国的重要性不同，日美同盟关系日本生存，与中国则是在互利基础上保持良好关系。④"日美同盟＋中日协商"论实际是对"中美日等腰三角形论"的具体解释。

菅直人内阁原本就想改善日美关系，撞船事件后对华关系恶化更急于加强日美同盟。另一方面，菅直人内阁对美政策倾斜正好迎合了奥巴马政府扩大对亚洲参与的政策，美国顺势缓和对日关系，在钓鱼岛问题

---

① 《小泉重返政坛呼声再燃》，共同网，2010年12月8日，http：//china. kyodo. co. jp/modules/fsStory/index. php？ sel_ lang = schinese&storyid = 88198。
② 麻生太郎「財団法人日本国際問題研究所創立50周年記念感謝の会祝辞」、『国際問題』2011年1—2月号、第53—54頁。
③ 中曽根康弘「日本外交の方向性」、『IIPS Quarterly』第1卷第1号 2010年10月31日、第3頁。
④ 五百旗頭真「"日米同盟＋中日協商"再論」、『毎日新聞』2010年10月24日。

上公开支持日本，在冲绳基地搬迁问题上也同意不设期限。① 这也使美国加强了在日美同盟中的地位，鸠山内阁时期民主党政府要求对美独立的自主外交形象已风流云散。

日美两国政府决定加强安保领域合作，制定新的"共同战略目标"②。现"共同战略目标"是2005年2月日美外交、防卫阁僚组成的安全磋商委员会（2+2）决定的。日美启动工作磋商将使日本发生突发事件时的防务合作具体化，并修订1997年制定的《日美防卫合作指针》，进而推动同盟关系深化，成为《日美安全条约》体制的转折点。日本还要修改《周边事态法》。新法案的主要内容是把自卫队向美军提供海上补给的地理范围从目前的日本领海扩大至公海。日本政府试图通过扩大对美军的支援以深化日美同盟关系，还将驻日美军的驻留费用列为财政预算的最优先级，在财政困难的情况下仍维持现行水平，外相前原诚司将维持美军驻留费用的新协定称为"战略性协定"③。菅直人首相也在访美时发表制定"共同战略目标"和面向21世纪日美同盟蓝图的联合声明。

在日美同盟基础上，菅直人内阁积极构筑制约中国的战略联盟。日本认为中国的发展将引起亚太地区力量结构的变化，邻国必须合作应对。在自民党执政时期，安倍内阁和麻生内阁都提出过类似的"加强共有基本价值观国家的合作"和"自由与繁荣之弧"设想。撞船事件后自民党参院政审会副会长佐藤正久建议"建立日、美、韩、澳框架，形成在经济、安全等领域牵制中国的形势"④。前原诚司表示要加强同共

---

① 「普天間移設"期限設けぬ"米国務次官補が明言」、『朝日新聞』2011年1月15日。
② 「日米外相会談　同盟立て直しの一歩に」、『毎日新聞』2011年1月8日。
③ 《驻日美军驻留费被列入日本财政预算最优先级》，共同网2010年12月1日，http：//china.kyodo.co.jp/modules/fsStory/index.php？sel_lang=schinese&storyid=87973《日美签署"体贴预算"新协定预算维持现行水平》，共同网2011年1月21日，http：//china.kyodo.co.jp/modules/fsStory/index.php？sel_lang=tchinese&storyid=89530《日外相强调负担美军经费战略性反对称"体贴预算"》，共同网2011年1月22日，http：//china.kyodo.co.jp/modules/fsStory/index.php？sel_lang=tchinese&storyid=89568。
④ 「YIESフォーラム　中国の膨張テーマに討論」、2010年11月28日，http：//www.yomiuri.co.jp/atmoney/news/20101127-OYT1T00664.htm。

有成熟民主主义和市场经济的国家合作，构筑安全和经济合作体制。①日本要加强与韩国的安全合作，缔结后勤合作和情报交换协定，此前已与美国和澳大利亚缔结了同样的协定。

（二）对华安全危机感

日本无疑欢迎和支持美国"亚太再平衡"新战略。日本对地区安全有两个担心：一是长期以来警惕地区体系发生极端变化，② 二是钓鱼岛撞船事件后，对安全环境的估计发生变化，中国被看成影响日本安全和地区安全的主要因素，而日美同盟被看作是能为日本和地区安全提供保证的最后依靠。美国在遭受金融危机困扰之际，宣布加大对亚太地区的战略投入，重申对盟国的安全承诺，给日本吃了一粒"定心丸"。

从日方的两个研究报告可以看出日本安全观的变化。2011年11月世界和平研究所的报告认为：日中双边关系所处的环境因中国迅速崛起和日本国力下降而发生急剧变化，东海问题、贸易规则问题、稀土矿产出口等问题使国民感情极度恶化。今后半个世纪，东北亚地图可能重绘，中国对这一变化具有重大影响。中日关系虽在战略互惠关系定位下继续深化，但存在主权和安保问题、国民感情问题，特别是东海问题，不能排除爆发有限军事冲突的可能。而一次小规模的军事冲突和突发事件，对缺乏互信、脆弱的两国国民感情造成的恶劣影响无可估量，在21世纪也很难排除重复20世纪历史的可能。因此，日本要加强对华外交和坚持日美安保合作的外交原则，对来自中国的军事威胁和海洋问题，要在日美同盟的基础上与周边国家合作应对。③ 2012年1月日本国际论坛的研究报告认为：必须对中国转向强硬路线包括运用军事手段的最坏选择预先研究对策，而日美同盟下的包括核保护伞的美国对日安全承诺是日本安全的最后依靠，因此平时要尽最大努力保证日美

---

① 前原外务大臣外交演説『アジア太平洋に新しい地平線に拓く』、2011年1月6日、http://www.mofa.go.jp/mofaj/press/enzetsu/23/emhr_0106.html。
② 白石隆「中国を巻き込んだ国際ルール作り　日本も積極参加を」、『朝日新聞』2012年1月5日。
③ 世界平和研究所『新局面における日本の中国政策』、2011年11月、第14—21頁。

同盟的可靠性。① 这两个报告反映了社会主流意见。在这样一个舆论环境下，中国的发展被日本看作是既有好处也有麻烦，应对中国可能造成的威胁就要加强日美同盟。野田佳彦在担任首相前阐述政权构想，一方面讲中国经济发展是日本的机遇，另一方面认为中国迅速增强军事力量和扩大活动范围，战略意图不透明，是日本和地区最大的担心。中国以军事力量为背景的强硬对外战略，改变了地区国际秩序；日美同盟是日本安全和外交的最大倚仗，也是日本安全和外交的基础，必须深化同盟关系。②

（三）加深对美安全依赖

野田佳彦政府成立后，外相玄叶光一郎即首途访美，双方确认了日美同盟的重要性，随后又历访韩国和东南亚。共同社评论说："玄叶一系列的会谈都以日美同盟为背景，并致力于'在亚太地区结交拥有共同价值观的战略合作伙伴'；同时，还与对中国影响力增大保持警惕的美国统一步调，隐约可见欲重建日美关系意图。"共同社将"玄叶外交"定性为："以日美关系为主轴，加强同亚洲民主国家的合作，以此制衡正在崛起的中国。"③ 野田首相在东亚峰会后答记者问中欢迎美国扩大对亚太地区的参与，表示要通过日美同盟对亚太地区的和平与稳定做贡献。④ 美国新国防战略发表后，日本防卫相公开表示欢迎，愿与美通过各层次的磋商讨论今后的安保体制。⑤ 日本舆论也出现要求配合美国新亚太战略的论调。如《产经新闻》社论认为，依靠日美安保体制实现地区稳定，对日本来说意义重大。新战略以现有的同盟关系和印度等新伙伴关系构成的网络为前提，要让削减军费和承受财政困难的美国集中

---

① 日本国際フォーラム政策委員会『膨張の中国と日本の対応』、2012 年 1 月、第 3、7 頁。

② 野田佳彦「わが政権構想」、『文芸春秋』2011 年 9 月号、第 100—101 頁。

③《日美基轴制衡中国的"玄叶外交"面临考验》，共同社 2011 年 10 月 15 日，http://china.kyodonews.jp/news/2011/10/18139.html。

④『ASEAN 関連首脳会議内外記者会見』、2011 年 11 月 19 日、http://www.kantei.go.jp/jp/noda/statement/201111/19asean_naigai.html。

⑤《日本防卫相对美国新国防战略表示欢迎》，共同社 2012 年 1 月 6 日，http://china.kyodonews.jp/news/2012/01/22798.html。

应对亚太地区，盟国的分担和贡献不可或缺，特别是日本的合作十分重要。日美合作必须对美国的新战略和日本的防卫态势进行密切调整，才能保证有效的联合行动。①《日本经济新闻》甚至建议为了不让美国因削减军费而减少对亚太地区的参与，要做好对美工作，并以行动支持美国的参与。日本可在不少方面分担美国的负担，如扩大美军和自卫队基地共用、加强对华战略要冲的西南诸岛防卫。②前防卫大学校长、和平与安全保障研究所理事长西原正认为要研究配合美国新战略的具体办法，建议尽快解决冲绳美军基地问题，"日本能切实在东海牵制中国海军，才是与奥巴马新战略相呼应，为西太平洋的安全做出贡献之道"③。具体地说，日本在安全方面配合美国的新战略就是要在日美同盟框架下分担更多责任，包括加强日美防卫、外交（2+2）战略磋商，提高安全合作的水平和实效性，特别是对美国为对抗中国的"反介入和拒止战略"（Anti-Access/Area Denial）而实施的"空海一体战"（Air Sea Battle）提供支持；尽快解决冲绳基地搬迁的陈年积案；加强西南诸岛防卫，监视和警戒中国的军事行动。

（四）积极配合美国安全战略

美国新亚太战略除了加强前沿军事部署，扩大对地区安全的介入，更重要的是要保持地区影响力，主导地区秩序的形成。日本采取的对华政策，既有制约，也要保持对话与合作，使中国成为地区网络中"遵守国际规则的负责任的大国"，即所谓的"接触"政策。第一，日本对美国新亚太战略的本质有清醒认识。以美国介入南海争端为例，日方的研究认为，奥巴马政府的目标是一方面牵制中国，另一方面为了保持和扩大美国在这一地区的影响力；不仅重视同东南亚国家的关系，也重视同中国的关系，特别是重视同中国的对话，美国的政策是在两者之间保持平衡。④第二，对华"接触"政策不仅是配合美国的战略，也是日本自

---

① 「米新国防戦略日本は率先して協力せよ」、『産経新聞』2012年1月8日。
② 「米軍削減で増す日本の役割」、『日本経済新聞』2012年1月30日。
③ 西原正「オバマ対中牽制策を支える時だ」、『産経新聞』2011年11月28日。
④ 新垣拓「南シナ海問題を巡るオバマ政権の対応と今後の課題」、『防衛研究所ニュース』2012年1月号。

己的选择。如日本国际论坛的报告建议，在各领域加强与中国的"接触"。研究者认为，当前美国的对华外交走的是对话与协调路线，日本也应该走协调路线，促进对话，并认为日美在"2+2"会谈中已就"促使中国遵守国际行为规范"达成一致意见。报告主持人高木诚一郎认为，在今天"遏制中国"的选项已不存在，对华外交的基本方式除了"接触"，别无他途。日中之间业已构筑紧密的经济相互依存关系，这种关系今后也要继续发展，因此同中国的关系基本上是进行"接触"和实行"风险控制"。"接触"并不限于同中国构筑友好关系，还要根据需要进行说服和展开争论。① 这表明日本实行对华"接触"政策，既是配合美国战略，也是中日关系现实使然。

日本虽然加强对中国的军事防范，但也必须维护中日关系稳定的大局。这是基于对亚太地区政治、经济力量变化的现实认识，特别是中国在地区经济中的地位和对地区经济的牵引作用不断上升，成为日本等国家对外政策必须考虑的因素。《朝日新闻》编辑委员加藤洋一认为，日本和亚太地区各国正在面临"双重依存的挑战"，在安全方面继续依靠美国，在经贸方面却在发生质的变化，逐渐从对美依存转向对华依存。这也使各国在外交、安全政策的把握上变得越来越困难。实际上，美国认识到自身相对优势下降和地区国家（包括盟国）政局、对美态度变化，是美国加大对亚太地区投入以扭转不利局面的重要原因。美国要想发挥领导作用，就要消除地区国家在安全和经济方面的怀疑和担心。加藤认为，日美同盟要为构建地区新秩序提供新的设想和措施，在已经确定的共同战略目标基础上提高军事应对能力，同时还要进一步扩大"接触"政策的效果，只强调军事同盟的作用有局限性。② 玄叶外相呼吁举行中美日三方对话。他说："在亚太地区开放的、多重的网络合作框架中，中国的全面参与不可或缺。""中国、美国、日本三国战略对话与合作，正处于有助于地区和平与安定的

---

① 日本国際フォーラム『膨張の中国と日本の対応』第3回政策委員会メモ、2011年9月7日。『膨張の中国と日本の対応』第1回政策委員会メモ、2011年2月18日。
② 加藤洋一「国際環境の変化のなかの日米同盟」、『国際問題』2012年1—2月合併号。

前所未有的重要时期。"① 这些意见可以说是日本配合美国的新战略，展开对华"接触"政策的新思路和新步骤。

二 修改《日美防卫合作指针》

（一）日美加强防卫合作应对中国

《日美防卫合作指针》是落实日美安全合作的具体行动方针。最初是 1978 年日美为应对冷战时期的苏联威胁而加强军事合作制定的，规定了"日本有事"时美军和自卫队的分工。按规定，双方可根据安全形势的变化加以修订。1997 年，根据《日美安全条约》再定义后的亚太形势加以修订，主要为应对朝鲜半岛和台海有事的"周边事态"，规定在军事合作范围扩大情况下美军和自卫队的合作方式。17 年后，美国推行"亚太再平衡"战略应对中国崛起，日本因钓鱼岛争端安全危机加深也要加强对华防范，日本和美国都把中国视为安全威胁，成为加强同盟关系的助推剂，再次修订《防卫合作指针》也就不足为奇了。但前两次都是美国主动要求制定和修订的，本次是日本更积极，希望加强与美合作对抗中国。2012 年 8 月野田佳彦内阁时，日美防长会议就对修改《防卫合作指针》进行了讨论并达成一致意见。时任防卫相森本敏和美国国防部长帕内塔会谈中表示上次修订指针是应对朝鲜半岛，此次修订目的是要应对中国的海洋扩张，提高日美共同"对中"的能力。②

安倍第二次担任首相后于 2013 年 2 月首次访美，日美双方都表示要加强同盟关系。奥巴马总统说："对于亚太安全来说，日美同盟是核心基石。"安倍首相则表示："日美同盟强大的纽带完全复活了"，并向奥巴马说明了日本将在安全领域积极修订《防卫大纲》，修改行使集体自卫权问题和修改《日美防卫合作指针》③。2013 年 10 月，日美两国政

---

① 『第 180 回国会における玄葉外務大臣の外交演説』、2012 年 1 月 24 日、http://www.mofa.go.jp/mofaj/press/enzetsu/24/egnb_0124.html。
② 「日米防衛相、ガイドライン見直し合意 対中で共同対処強化」、『産経新聞』2012 年 8 月 4 日、http://sankei.jp.msn.com/politics/news/120804/plc12080410440005-n1.htm。
③ 「日米首脳会談 アジア安定へ同盟を強化せよ」、『読売新聞』2013 年 2 月 24 日。

府在"日美安全保障委员会"会议上就在2014年年底前完成《防卫合作指针》的修订工作达成一致意见。修订《日美防卫合作指针》是安倍政府完善国家安全体制的一部分。如前所述,安倍政府要通过制定《国家安全保障战略》,修订《防卫大纲》和《中期防卫力量整备计划》等完善安全法制和体制建设,如果说这是日本加强自身防卫力量建设的话,那么作为日本防卫体系核心的日美安全同盟如何适应这一变化,或者说这一变化如何反映在日美安全合作之中,则是日美两国政府和防务部门必须要考虑的课题。所以说,修改《日美防卫合作指针》是安倍内阁一系列防卫力量建设的延伸和落脚点。共同社评论修改《日美防卫合作指针》说:"日本的安保政策将迎来一大转折点"①,原因也就在此。《日本经济新闻》评论称:"这样下去将无法应对日趋紧张的亚洲局势——出于这样的危机感,时隔17年,日美将首次修改《日美防卫合作指针》。这将是相当于重新描绘日美同盟蓝图的'大手术'。""日美进行的是一项重大改革,几乎等于改写同盟的设计图。"②

(二) 2015年《日美防卫合作指针》

2014年4月8日,日美两国政府公布《日美防卫合作指针》中期报告,2015年4月27日公布最终报告。2015年《日美防卫合作指针》③(下称新《指针》)由8个部分构成:①日美防卫合作与制定指针的目的;②基本前提与构想;③加强同盟内部协调;④无缝确保日本的和平与安全;⑤为地区及全球和平与安全的合作;⑥关于太空与网络空间的合作;⑦日美合作的领域;⑧修订程序。与1978年指针和1997年指针比较,2015年指针有以下几个特点。

其一,强调日美防卫合作的目的是确保日本的和平与安全,并强调"从平时到紧急事态时的各个阶段,包括尚未发生对日武力攻击的状态

---

① 《日本安保政策将迎来转折点》,共同网2013年10月3日,http://china.kyodonews.jp/news/2013/10/61014.html。
② 《日美要对同盟进行"大手术"》,日经中文网2014年2月24日,http://cn.nikkei.com/columnviewpoint/column/8142-20140224.html/?n_cid=NKCHA014。
③ 「日米防衛協力のための指針(平成27年4月27日)」、防衛省『防衛白書』2016年、资料编、资料28。以下该指针引文恕不一一注出。

在内，都应以无缝对接的形式，采取确保日本和平与安全的措施"。可以说是对日本"全天候"的安全保卫。为实现这一目的，日本承诺要保持自身防卫力量，同时美国也承诺"继续通过包括核力量在内的所有力量为日本提供延伸威慑"。而且"美国应在亚太地区继续维持前沿存在，确保快速反应的力量，并保持迅速增强其兵力的能力"。也就是说，美国保证不从亚太地区撤军，并展示威慑力和抑制力，使担心美国采取孤立主义政策的日本放心。

新《指针》为确保实现与日本的安全无缝对接，制定了在各种情况下日美合作的应对措施。平时合作措施包括：两国政府推动包括外交在内的广泛领域的合作，增强同盟的遏制力；在自卫队和美军之间的合作包括情报搜集、防空反导、海洋安全保障、装备防护、训练演习、后勤支援、设施使用等，以提高应对各种可能出现的情况，强化通用性、快速反应性和警戒态势。

日本安全受到威胁时的应对措施：新《指针》强调，严重影响日本安全的事态，不能用地理范围来限定。在尚未达到严重事态时，两国除外交手段外，将合作采取撤离非战斗人员、海洋安全保障、难民搜索与救援、设施与区域警卫、后勤支援、设施使用等措施。

日本受到武力攻击时的应对行动：新《指针》强调这是日美防卫合作的核心要素，是日美防卫合作的主要目的。新《指针》对受到武力攻击的各种情况进行了区分。在预测日本将遭到武力攻击时，日美将举政府之力，采取强有力措施，遏制攻击，缓和事态。在受到武力攻击时，日美将联合应对，"为保卫日本须举全国之力，使用一切手段"。作战构想考虑了陆海空域作战和弹道导弹防御作战以及跨地域作战。对于作战支援行动，双方设想在电子通信行动、搜索与救援、后勤支援、设施使用和核、生、化及放射性武器防护方面的合作措施。新《指针》特别设想日本以外国家遭受武力攻击的情况，这是指美国或第三国受到攻击时日美的联合应对行动。新《指针》对日本遭到武力攻击时设想了详细的应对措施，这在前两次《防卫合作指针》中是没有的。

其二，对防卫合作行动的指导原则，强调要基于《联合国宪章》和国际法准则。日本保证其行动和活动遵循"专守防卫""无核三原则"等基本方针。同时强调,新《指针》不对两国政府产生法律上的权利和义务。两国政府可以"根据各自的判断,以适当形式"为"构建有效的日美合作态势"而采取行动。

其三,建立常设的同盟协调机制。新《指针》强调,两国要建立政府间的安全政策协调,建立政府一体的同盟关系。这是为加强日美防卫合作的新措施。具体地说,两国首先要加强情报共享,同盟之间开展无缝有效协调。在此基础上,两国建立同盟协调机制,加强运用层面的协调。为保证自卫队和美军联合作战,双方制定联合计划。通过两国政府通力合作的协调机制,达到形势评估,情报共享,制定遏制措施等应对方案。

其四,新《指针》将维护地区和全球和平与安全,取代1997年指针中的"周边事态",强调"日美两国为确保亚太乃至更广阔地区的和平、安全、稳定与经济繁荣基础""发挥主导性作用"。这包括两方面:一是国际行动中的合作,包括联合国维和行动、国际人道主义援助和救灾、海洋安全保障、伙伴国支援、撤离非战斗人员、情报搜集、警戒监视和侦察、训练演习和后勤支援。二是三边及多边合作,指双方在推动多边安全合作中加强合作。这反映了日本解禁集体自卫权后,扩大国际合作的情况。也就是说,日本可以根据自己的判断,派遣自卫队在地区和全球范围内发挥安全作用。

其五,新《指针》新设太空及网络安全合作,这是根据军事科技发展日美安全合作的新领域。

其六,防卫装备与技术合作。日本通过"防卫装备转移三原则"日美在军工领域的合作成为防卫合作的重点之一。

(三)修订《日美防卫合作指针》的影响

2015年《日美防卫合作指针》是日本国家战略转变后的一个重要文件,反映出国家战略转变的重要信息。

第一,安全战略在日本国家战略中的地位上升。这有两个原因:一是东亚国际力量结构变化,使日本对安全威胁的认知发生转变。中国的崛起和中日之间存在的领土争端、历史认识等感情心理因素使两国缺乏互信，日本感到必须加强安全防范和在安全上依靠美国，同时重视发展军事力量；二是渲染安全危机，突破安全禁区，发展军事力量，改变战后以来的经济强、军事弱的局面，在国际安全领域发挥更大以至主导作用。新《指针》表明日本在经过一系列安全立法之后，将提高军事安全能力和在国际安全领域的作用。

第二，新《指针》的修订，表明日本已经把中国作为主要安全威胁和防范对象，在军事应对上做出周密安排。新《指针》表明日美防卫合作的主要对象是中国，对此日方并不隐瞒。新《指针》公布后，安倍在日本电视台节目中明确表示是为了应对中国与朝鲜。他说："在亚太地区存在朝鲜的威胁，还有中国在南海、东海的活动及增强军备，制定了切实加以应对的新《指针》。"共同社评论说，有关《日美防卫合作指针》修订过程中举出特定的国名实属罕见。①《日本经济新闻》编辑委员秋田浩之说："当前的火种是朝鲜问题，不过最大课题则是如何应对中国的军事崛起。"②

新《指针》勾画出了日本对抗中国的安全蓝图。日本把自助努力、日美同盟和多边合作作为安全的三根支柱，新《指针》也在这三个方面构建对抗中国的安全体制。日本自身防卫力量明显提高，并表示要在日美防卫合作中发挥应有的作用；美国也在指针中再度承诺愿意举全国之力保证日本的安全，日美双方愿意就此提高一体化程度；此外新《指针》中一个突出变化是在日美同盟的基础上试图构建对抗中国的国际联盟。例如新《指针》中列入的"帮助合作伙伴培养能力"项目，内容是日美合作将防卫医学及组织建设、人道支援和灾害援助等经验传达给第三国。有自卫队的干部指出，这是"旨在将他国纳入日美同盟框架、包围中国的战略"③。

---

① 《安倍就日美防卫指针的修订举出具体国名》，共同网 2015 年 4 月 30 日，http://china.kyodonews.jp/news/2015/04/96735.html。
② 《日美要对同盟进行"大手术"》，日经中文网 2014 年 2 月 24 日，http://cn.nikkei.com/columnviewpoint/column/8142-20140224.html/?n_cid=NKCHA014。
③ 《日本自卫队干部担忧强化日美同盟或是双刃剑》，共同网 2015 年 5 月 1 日，http://china.kyodonews.jp/news/2015/05/96812.html。

新《指针》所描画的对抗中国"威胁"的安全体制蓝图,从目前看是要通过加强日美防卫合作,增强对中国的威慑作用,抑制中国发动对日本的武力攻击,这也可以说是"吓阻"战略。五百旗头真说过,对于日本的安全,"最重要的是不把中国当作敌人,在互利基础上维持一定的合作关系。从中国的角度看,虽然讨厌却又不能动手,日本能够实现这样一种存在就很伟大了"①。日美加强防卫合作应该就是要达到这样一种效果。大阪大学教授坂元一哉在新《指针》公布后说:"我认为日本外交安全政策的基本点应该是'和美国是好朋友,和中国不吵架'。在这点上,新《指针》无疑有助于日美友好关系进一步发展,但新《指针》也起到了使日本增强抑制力,防止与以迅速扩军为背景、不惜以武力改变现状的中国吵架的作用。"② 正是基于这一思想,日本外相岸田文雄在决定公布新《指针》的记者会上强调:"这是一项重大成果,将写下新的篇章。我们将努力进一步增强威慑力和应对能力,愿与美国紧密合作,不仅为日本,也为国际社会的和平做出更大的贡献。"他还表示:"这是日本的积极和平主义和美国的再平衡战略(重视亚洲战略)的成果,将提升综合效应。"③

第三,新《指针》使日本打破"专守防卫"的界限。尽管新《指针》中说明日本仍将坚守"专守防卫"原则,但自卫队可以根据集体自卫权为配合美军行动不受地理限制,实际上"专守防卫"名存实亡。根据《重要影响事态法》和《国际和平行动法》日本可以对别国军事状态实施后方支援,但一旦参与就会被对方攻击卷入战争。《东京新闻》的社论说:"修订《日美防卫合作指针》和整备安保法制,自卫队在海外行使武力的可能性很大,战后日本的'专守防卫'政策将从根本上颠覆。"④《日本经济新闻》评论称,估计传统上"美国为矛,日本

---

① 五百旗頭真「二〇一〇年代・日本再生戦略 安保確立と消費増税」、『毎日新聞』2010年1月9日。
② 坂元一哉「日米新指針が強めた同盟の絆」、『産経新聞』2015年5月5日。
③ 《日美外长防长会谈就加强同盟威慑力达成共识》,共同网 2015 年 4 月 28 日,http://china.kyodonews.jp/news/2015/04/96554.html。
④ 「防衛指針と安保法制 専守骨抜きの危うさ」、『東京新聞』2015年4月28日。

为盾"的分工模式将被逐步调整。①

第四，新《指针》是日本为了配合美军行动和参加国际和平行动不受地区限制，也可以充当世界警察而制定的。在决定新《指针》公布的日美"2+2"会议后，美国国防部长阿什顿·卡特说，新《指针》取消了一切地域限制："这是一个非常大的变化，从局部关注到全球关注。"国务卿克里说："今天，我们明确了日本的力量不再局限于只捍卫其领土主权，还要满足美国和其他合作伙伴之所需。"② 可以说新《指针》反映出安倍在努力让日本脱离战后的和平主义，成为美国的一个更全面的合作伙伴。

第五，新《指针》为建立以日美为核心、吸收多国参加的军事合作奠定基础。前文说过，日本会通过为别国提升防卫能力，构建对抗中国的联盟。《日本经济新闻》的分析称："日美之间'线'的合作将扩大至跨越亚太地区的全球范围，用一句话归纳日美正在做的事情就是如此。"在中国国力不断增强的背景下，美国已经不具备单独担任世界警察的能力，而日本能采取的行动也很有限。所以日美将安全合作网扩大至韩国、东南亚、印度和澳大利亚，联合各国一同保护稳定局面。讨论新《指针》的日美外长、防长"2+2"会议即有此种共识，为把同盟关系扩大至"面"而进行布局。为此日本要解禁集体自卫权和修订《日美防卫合作指针》，在日本以外发生危机时，两国将更易于与其他亚洲国家展开合作加以应对。③

第六，日美防卫合作的一体化程度提高。新《指针》规定，日美平时设置自卫队和美军合作的"日美共同调整所"等同盟协调机制。日美可以在安全法制和行使集体自卫权的范围内进行广泛合作，加强了机动灵活的合作能力。《指针》增加了前所未有的内容，如在对武力攻击

---

① ［日］高坂哲郎：《世界军事版图变异（4）美国与盟国分工》，日经中文网 2014 年 3 月 20 日，http：//cn.nikkei.com/columnviewpoint/column/8526 - 20140320.html/?n_cid=NKCHA014。

② 《美日制定新军事合作规则》，《纽约时报》中文版 2015 年 4 月 28 日，https：//d376vu5ungp6k9.cloudfront.net/article/15bf51e9ebbc637519fb7e7751e089e2/。

③ 「日米同盟、線から面へ」、『日本経済新聞』2015 年 4 月 28 日。

前的"灰色区域"下对美军支援；应对太空、网络攻击；应对西南诸岛的岛屿防卫合作；情报共享，不受地理限制的合作等，提高将危机消除在萌芽状态的可能性。

第七，新《指针》表明日美军事同盟进入一个新阶段。这表现为一是日本在同盟中的主动性增强。如果说，以前日本参加日美军事同盟是被动的，那么由于中国崛起和亚太力量结构变化，日本开始主动要求巩固和加强与美国的军事同盟。从新《指针》中关于日美军事合作的详尽规划措施可以看到双方对于加强军事合作的重视程度。二是日美在同盟中承担的责任和义务的平等性和相互性又有提高。如果说日本在同盟中是提供基地换取美军保护，那么解禁自卫权后可以在人员上与美军不受地区限制地并肩作战。坂元一哉评论这种相互性增强时说，日美同盟以两种形式进行合作，一种是日本向美国租借基地，美国在日本驻军；另一种是自卫队和美军共同应对针对日本和驻日美军的武力攻击。前者是"物（基地）与人（美军）的合作"，后者是"人（自卫队）与人（美军）的合作"。1997年《指针》规定扩大自卫队与美军的合作，本次新《指针》又将自卫队与美军的合作扩大到日本领域之外。这象征着主权国家之间合作的相互性又进一步提高。由于确认了这样一种世界范围的合作关系，奥巴马说，日本不只是美国的盟国，而是全球范围的伙伴。安倍说，半个多世纪的日美同盟历史翻开新的一页。①

第二节　构建制约中国的国际安全网

在美国推行"亚太再平衡"战略的同时，日本与中国的关系也因撞船和购岛事件陷于邦交正常化以来的低谷。撞船和购岛事件起因于钓鱼岛之争，但争端由双方达成的"搁置"默契到日方否认默契成为关系恶化的导火索则是由于中日实力对比变化的深层次原因。加之领土争端涉及国家主权和民族感情，日本把中国视为安全威胁，并借此加强安全法制和与美国的军事同盟，同时积极与中国周边国家建立安全联系，试

---

① 坂元一哉「日米新指針が強めた同盟の絆」、『産経新聞』2015年5月5日。

图构建制约中国的国际网络。但在加强对华防范的同时，日本也不想同中国公开对抗，中日邦交正常化以来建立起来的经济合作的基础和对未来的期待使合作仍是两国关系的主流。

本节主要探讨在奥巴马政府"亚太再平衡"战略下，日本民主党菅直人、野田佳彦两届内阁和自民党、公明党联合政权的对华政策。

一 民主党内阁对华政策

（一）菅直人内阁对华防范与合作并重

菅直人内阁成立之初，继承鸠山内阁的对华政策，表示要深化同中国的战略互惠关系，① 但要解决冲绳基地搬迁问题和改善日美关系，也在加强对华防范。

实际上，菅直人内阁对华政策和自民党政权对华政策一样，存在一个矛盾，即在经济上加强联系而在安全上加强防范。在国内经济停滞和世界经济不景气的形势下，中国经济稳定增长，给了同中国经济相互依存日益密切的日本带来希望。菅直人内阁的经济振兴计划把同以中国为首的亚洲市场一体化，创造新的增长机会作为重要的发展战略，如日本简化签证手续，吸引中国游客访日，扩大地方就业和需求就是一例；② 但同时也防范中国国力增强对亚洲国际秩序和国际规则造成冲击，特别是威胁日本的国家安全。《新时代日本安全保障和防卫力量的将来构想》报告中有关中国部分袒露了日本对中日安全关系的基本想法。报告认为，让地区和日本担心的是中国军事力量快速现代化，海空力量和导弹、太空活动、海洋活动、信息技术有质的提高，与台湾的军事平衡整体上向对中国（大陆）有利的方向转化；随着军事力量现代化，中国的海洋活动越过东海和南海，扩展到太平洋，在日本近海的活动日趋活跃；中国军事能力扩充及其能力和意图的不透明性、不确定性仍是问题；确保离岛安全，防止武力攻击于未然，平时加大投入，发挥机动抑

---

① 『第174回国会における菅内閣総理大臣所信表明演説』、2010年6月11日、http://www.kantei.go.jp/jp/kan/statement/201006/11syosin.html。

② 閣議決定『「新成長戦略」について』、2010年6月18日、第22—24頁、http://www.kantei.go.jp/jp/kakugikettei/2010/sinseichou01.pdf。

制力的作用。① 对于中日关系中的这种矛盾现象，前日本驻华大使宫本雄二说：中日关系进一步发展的框架已经形成，即战略互惠关系，但构成这一框架的基础是经济，所以这一框架的脆弱性之一是安全问题。他认为中国现在首先要解决的是民生问题，扩充军备值得注意却不现实，但不排除军事力量的矛头转向钓鱼岛等领土问题，今后必须关注中国军队的动向。② 外务省官员说，中日关系中的一些问题并非始于2010年，几年来就存在这一倾向，只是2010年偶然激化起来。③ 可见菅直人内阁在安全政策上加强对中国的防范是继承和延续自民党政策，撞船事件只是加快这一进程。

（二）钓鱼岛撞船事件后加强对华防范

2010年9月7日，中国拖网渔船"闽晋渔5179号"在钓鱼岛附近海域捕捞作业时，日本海上保安厅巡逻船"与那国"号赶到海域现场驱赶并发生冲撞。钓鱼岛撞船事件是一次寻常的海上冲突，但日方在处理过程中与以往不同，援引国内法扣留中国渔船、渔民，公开宣称中日之间不存在领土问题，对钓鱼岛问题的政策有明显变化，致使中日关系陷入低谷。对于日方在事件处理过程中的做法，日本国内也存在批评意见。例如宫本雄二认为是没有听取外务省专家意见造成两国关系恶化，④ 前官房副长官也表示了相同的看法。⑤ 另一方面，虽然中国对日政策未发生变化，而日本对中国的担心却日益加剧，撞船事件发生后更在对华关系上缺乏自信，舆论都在讨论今后如何同中国打交道。五百旗头真说："事件发生后中国采取的一些激烈措施使日本国民深感不安，让人感觉一旦与中国就某一件事情发生摩擦，中国就会停止多层面的和

---

① 新たな時代の安全保障と防衛力に関する懇談会『新たな時代における日本の安全保障と防衛力の将来構想—「平和創造国家」を目指して—』、2010年8月、第8、20页。

② 宫本雄二『最近の中国情勢と日中関係』、日本国際問題研究所ウェブ2010年8月25日、http://www2.jiia.or.jp/report/kouenkai/2010/100825j-miyamoto.html。

③ 別所浩郎「国際情勢と日本外交の重要課題」、『国際問題』2011年1—2月号、第3页。

④ 《日本前驻华大使希望政府充分利用专业团队》，共同网2010年10月15日，http://china.kyodo.co.jp/modules/fsStory/index.php?sel_lang=schinese&storyid=86387。

⑤ 《前日本高官就日中撞船事件称内阁最初反应失误》，共同网2010年11月21日，http://china.kyodo.co.jp/modules/fsStory/index.php?sel_lang=schinese&storyid=87621。

平交流甚至进行经济制裁。今后中国会不会凭借日益强大的军力采取进一步的行动呢？这种担心正在国民中蔓延。"① 而一些人则认为中日战略互惠关系受到打击，民主党干事长冈田克甚至将撞船事件对中日关系的冲击比喻为积木倒塌了，现在要从头搭建。② 五百旗头真在防卫大学的讲话中说，要让经济力量和军事力量即将超过日本的国家不能动手，需采用两种对策相结合的方法，一是自助努力，通过提高自身防卫能力和运用政治、外交手段将"问题国家"引入和平、合作的国际框架；二是让日美同盟发挥作用，"以日美为中心的国际关系保持良好，任何国家都不能轻易动手"③。但对在中日关系出现问题时求助美国是否可靠，也并非没有疑问。例如《东京新闻》社论说：按常识判断，美国不会因日本一个国家、因钓鱼岛问题牺牲自己的国家利益，冒美中一战的风险。日本的政治家和国民相信搞好日美关系就一切都会好而放松自己的努力，只能被中美所轻视。而且美国也要求日本支付"对华成本"，民主党提出的修改驻日美军经费的"体贴预算"案，不知不觉就取消了。现实是与中国的关系远非只依靠美国就好那么简单。日本为减轻不信任应尽快实现与中国对话和提出合作具体方案。④ 共同社的评论认为，撞船事件后日美出现的蜜月期不会长久，现在两国互有所需，但也存在潜在摩擦，冲绳基地搬迁问题没有解决，日本要参加跨太平洋伙伴关系协定能否解决国内农业问题也是疑问，"日本决不能因为这段脆弱的蜜月而掉以轻心，必须从长远角度出发审慎考量今后的外交"⑤。

菅直人内阁利用撞船事件，加快转向防范中国的防卫方针。菅直人在2011年初的外交政策讲话中直言不讳："崛起的中国正在为世界和地

---

① 郭一娜：《走"东方王道"还是"西方霸道"——专访日本防卫大学校长五百旗头真》，《参考消息》2011年1月5日。
② 冈田克也「民主党政権の課題と展望」、アジア調査会『アジア時報』2010年11月号。
③ 五百旗頭真「矜持と備え、若い世代に」、『毎日新聞』2010年11月28日。
④ 「中国との外交を考える　対話・協力が最大の抑止」、『東京新聞』2011年1月21日。
⑤ 《日美蜜月难以长久对华关系亟待修复》，共同网2010年11月8日，http://china.kyodo.co.jp/modules/fsStory/index.php?sel_lang=schinese&storyid=87154。

区发挥重要的作用,但缺乏透明度的国防能力增强和海洋活动活跃也令人担忧。"① 2010 年 12 月日本推出新防卫大纲和中期防卫力量发展计划,明确把中国作为防范对象。新防卫大纲中规定加强岛屿防卫,"针对岛屿攻击要能够迅速展开机动部队,与平时配置的部队合作,阻止和排除侵略",要加强针对中国海军行动的西南诸岛沿岸监视。新大纲首次写明中国增强军力是"地区和国际社会的关切事项"②。这两个文件与原防卫大纲和军事力量发展计划比较不同之处在于:彻底放弃冷战时期的"基础防卫力量"构想,向建立"机动防卫力量"方向转变。所谓"基础防卫力量"是冷战时期为应对苏联威胁保有最低限度防卫力量,在全国均衡部署军力;"机动防卫力量"是应对多种威胁,提高自卫队的机动性、灵活性和快速反应能力。共同社评论说,这种"机动防卫"体制是将重心从防卫日本转移到与美国等国合作构筑亚太地区和国际社会的安全环境,以达到保卫日本和平的目的。"专守防卫"可能会日益空洞化,日本将转而走上成为"正常国家"的道路。③

(三) 维持合作大局

另一方面,日本又要和中国保持正常关系,不能把中国当作敌人。要与中国保持互利基础上的合作关系,就要同中国接触,把中国纳入国际体系,遵守国际规则。菅直人首相成立中国问题专家座谈会,邀请经济界和文化界人士听取各方面意见。他在座谈会首次会议上说,要"在文化、经济和政治等多个方面重新构筑日中关系"④。前原诚司在国会阐述对华外交政策说:"日中两国作为世界第二和第三的经济大国,今后在各个方面的相互依存关系都要进一步加强。要从大局出发,深化'战略互惠关系',在东海资源开发、环境、气候变化、金融合作等广

---

① 菅総理外交に関する講演『歴史の分水嶺に立つ日本外交』、2011 年 1 月 20 日、http://www.kantei.go.jp/jp/kan/statement/201101/20speech.html。

② 『平成 23 年度以降に係る防衛計画の大綱について』、2010 年 12 月 17 日、http://www.kantei.go.jp/jp/kakugikettei/2010/1217boueitaikou.pdf。

③ 《日本防卫政策转变令人担忧》,共同网 2010 年 12 月 18 日,http://china.kyodo.co.jp/modules/fsStory/index.php?sel_lang=schinese&storyid=88523。

④ 《菅直人召开中国问题专家座谈会首次会议》,共同网 2011 年 2 月 6 日,http://china.kyodonews.jp/news/2011/02/4247.html。

泛领域推进具体合作。另一方面，我国担心中国加强缺乏透明度的国防力量和海洋活动活跃，要求中国作为国际社会负责任的一员进一步提高透明度以发挥适当的作用。"[1] 随着中国经济发展，中日相互依存关系越来越密切，在双边和多边领域的合作越来越多，广泛而良好的合作关系对于日本经济发展和安全环境的改善必不可少。同时日本把与美、韩、澳和东盟国家合作对华实行"接触"政策作为安全战略的新内容，希望通过多边框架制约中国，或者"把中国纳入以日美同盟为主轴的多边框架中来"[2]。《东京新闻》说，对于对华外交来说，"对话、合作是最大的抑制"[3]。

菅直人内阁对外政策调整的特点是傍美防华。从鸠山内阁到菅直人内阁的民主党政府对外政策调整，反映了民主党内不同政治派系对外政策思想的差异。民主党结党之初融合了自民党、社民党等不同政治力量，各派系也有不同的思想政治渊源，例如鸠山由纪夫表示继承其父鸠山一郎的"友爱"思想，重视发展同亚洲国家的合作关系，前原诚司则受教于京都大学国际政治学者高坂正尧的"海洋国家论"，持亲美的民族主义立场，这些差异也会表现在对外政策取向上。而更重要的是，民主党两届内阁对外政策调整有一个深刻的原因，即为了应对中国的崛起。鸠山内阁提出以东亚共同体构想为核心的亚洲外交和菅直人内阁向自民党对外政策回归，重新加强日美同盟，目的都是要应对国力日益增长的中国以及由此引起的东亚国际格局重组，但两者的政策选择不同。这反映了在内外形势下，日本外交面临举棋不定的困境。尽管如此，中日关系在"战略互惠"框架下有良好的发展前景是毋庸置疑的。值得记取的教训是，钓鱼岛撞船事件成为引发中日关系波动的导火索，反映中日之间虽有坚实的互利合作基础，但如不能妥善处理此类敏感问题就有可能损害两国关系的大局。

---

[1] 『第177回国会における前原外務大臣の外交演説』、2011年1月24日，http://www.mofa.go.jp/mofaj/press/enzetsu/23/emhr_0124.html。

[2] 「二〇一〇年末フォーラム　中国の膨張と日本」、『読売新聞』2010年12月4日。

[3] 「中国との外交を考える　対話・協力が最大の抑止」、『東京新聞』2011年1月21日。

（四）经济关系回归理性

连续发生撞船和购岛事件使中日经济关系受到重创。2011年中日双边贸易额达3461.1亿美元，为历史最高。2012年受"购岛"事件影响，双边贸易额为3325.8亿美元，下降3.9%，但中国仍为日本第一大贸易伙伴①。2013年双边贸易进一步下滑，1—9月双边货物进出口额为2257.4亿美元，下降9.7%。其中，日本对中国出口942.2亿美元，下降15.0%；日本自中国进口1315.2亿美元，下降5.5%（据日本海关统计）。②

双边投资同样下滑，2013年1—10月日本对华投资64.63亿美元，同比增长6.31%。③但低于2012年16%的增长率。2013年1—10月中国内地对中国香港、东盟、欧盟、澳大利亚、美国、俄罗斯、日本七个主要经济体的投资达489亿美元，同比增长7%。但其中对日投资下降37.3%，对其他经济体（中国香港除外）投资则实现高速或较快增长。④

双边贸易、投资下滑主要受两国关系的影响，以往"政冷经热"的局面没有出现。除受政治原因影响外，中国国内经济调整、日元对美元贬值以及从中长期来看日本企业推行生产基地本土化和调整全球零部件供给网对贸易产生的影响也非常明显。⑤中国经济增速放缓和人工费用上升也是影响日本对华投资的重要原因。日本企业对华投资态度出现两极分化，为降低风险，一些企业采取"中国＋1"经营战略，部分中小企业向东盟、印度等新兴国家转移业务；但多数企业仍然看好中国市场。

据日本贸易振兴机构2013年8月进行的调查显示，认为中日关系不好，波及其在华企业的为31.3%；但正研究扩大现有事业或增加新项目的为60.7%，其中大企业为71.5%，中小企业为52.7%；有

---

① 《2012年日本货物贸易及中日双边贸易概况》，商务部网站2013年4月17日，http://countryreport.mofcom.gov.cn/record/view110209.asp?news_id=33294。
② 《2013年9月日本贸易简讯》，商务部网站2013年11月17日，http://countryreport.mofcom.gov.cn/new/view110209.asp?news_id=36654。
③ 《商务部：10月实际使用外资84.16亿美元》，中国新闻网2013年11月19日，http://finance.chinanews.com/cj/2013/11-19/5519389.shtml。
④ 《商务部：1—10月中国对日本投资同比下降37.3%》，中国新闻网2013年11月19日，http://www.chinanews.com/gn/2013/11-19/5518984.shtml。
⑤ 「中国向け輸出　日本3位後退」、『日本経済新聞』2013年7月15日。

70.1%的企业回答今后发展在华事业的理由是看好中国的市场规模和成长性。① 该机构的研究报告也认为，尽管有风险，但中国是重要邻国，国内市场成熟，作为日本海外市场的重要性在上升，日本企业对中国市场的期望很高。对于日本企业来说，在应对风险的同时如何扩大中国市场是紧迫的课题。② 日本亚洲经济研究所的专家也认为，中国作为生产基地对日本企业的吸引力在下降，但他们看重中国市场，中国作为最大贸易对象国的地位不能忽视。③

正因看好中国市场，日本一些大企业扩大在华业务。如丰田汽车公司和中方合作开发混合动力车，之前担心技术外流中国，仅出口蓄电池和马达在华组装，其产品售价昂贵。日本企业为扩大在华市场份额，决定与中方合作研发混合动力技术，开发中国专用的混合动力车。④ 事实上，随着中国改革开放进入一个新时期，中日经济合作也会出现新局面。日本经济界期望能打破"政冷经冷"局面，派出高级代表团访华，加强相互沟通和理解。但中日经济合作的经验表明，日方要使两国关系恢复正常就要正视历史事实，管控好敏感问题，为改善关系创造条件，才能保证经济合作不受干扰，顺利发展。

二 钓鱼岛争端与调整军事布局

（一）购岛事件使中日关系陷入僵局

2012年9月，日本民主党野田佳彦内阁不顾中方劝阻，强行对钓鱼岛实施"国有化"，打破中日搁置钓鱼岛争议的共识，迫使中方不得不采取措施捍卫领土主权。中方随即公布钓鱼岛领海基线，派出公务船

---

① 日本貿易振興機構（ジェトロ）『2013年度日本企業の中国での事業展開に関するアンケート調査（ジェトロ海外ビジネス調査）結果概要』、2013年9月9日、第5—9頁。
② 日本貿易振興機構（ジェトロ）海外調査部中国北アジア課『中国リスクマネジメント研究会報告書』、2013年10月、前言。
③ 大西康雄『中国・東アジアの経済関係と日本』、ジェトロ・アジア経済研究所、2013年7月20日、http：//www.ide.go.jp/Japanese/Publish/Download/Seisaku/1109_onishi.html。
④ 「中国でハイブリット開発 トヨタ、現地2社」、『日本経済新聞』2013年11月21日。

进入钓鱼岛海域巡航执法，宣示主权。中日钓鱼岛争端表面化。12 月 26 日，第二次安倍内阁取代野田内阁，自民党重掌政权。安倍在 2006 年第一次担任首相后随即访华，打破小泉首相参拜靖国神社造成的中日关系僵局，所以人们期望安倍能再度打破"购岛"造成的僵局，但右倾保守色彩浓厚的第二次安倍内阁并未给中日关系带来转机。

安倍内阁成立后继续否认中日曾就钓鱼岛问题达成搁置争议的共识，并且态度愈趋强硬，使两国关系难以走出困境。安倍在内阁成立首日答记者问时说："必须恢复保护国家利益的、有主张的外交。""作为总理，我要表明坚决保卫国民生命、领土、美丽海洋的决心。""内阁全体都要努力加强外交安保体制。"[①] 2013 年 1 月，他在出访东南亚前答记者问时表示：日本"坚决保卫尖阁（钓鱼岛）领海、领土的姿态没有丝毫改变。就此问题没有谈判的余地"[②]。2 月 22 日，他在美国战略与国际问题研究中心的政策演说和 28 日在国会发表的施政演说中都表示：钓鱼岛"是日本固有领土的事实，无论在历史上还是在国际法上都是清楚的。不存在需要解决的领有权问题"[③]。安倍在钓鱼岛问题上坚持所谓"三不"：不承认中日之间存在搁置争议的共识，不承认存在主权争议，不承认有谈判余地。这使中日关系长期陷入僵局。

但另一方面，安倍也表示重视中日关系，呼吁双方对话，他在上述讲话中也强调说："中日关系是最重要的双边关系之一。希望回到不因个别问题影响关系全局的可控的'战略互惠关系'原点。我的对话大门是敞开的。"日方也多次释放举行首脑会谈沟通意见的愿望，安倍多次表示要"无条件"促成中日对话。但一方面否认钓鱼岛存在主权争议，另一方面却要求与中方对话，显然不符合逻辑。20 世纪 70 年代两

---

① 『安倍内閣総理大臣就任記者会見』、2012 年 12 月 26 日，http：//www.kantei.go.jp/jp/96_abe/statement/2012/1226kaiken.html。
② 『安倍内閣総理大臣記者会見』、2013 年 1 月 11 日，http：//www.kantei.go.jp/jp/96_abe/statement/2013/0111kaiken.html。
③ 安倍晋三『日本は戻ってきました』、2013 年 2 月 22 日、http：//www.kantei.go.jp/jp/96_abe/statement/2013/0223speech.html。『第百八十三回国会における安倍内閣総理大臣施政方針演説』、2013 年 2 月 28 日、http：//www.kantei.go.jp/jp/96_abe/statement2/20130228siseuhousin.html。

国领导人本着"求大同，存小异"的原则同意搁置钓鱼岛主权争议，才使邦交正常化顺利实现，也正是本着这一原则，40年来两国关系才得以迅速发展；此次是日方强行破坏钓鱼岛搁置状态和双方曾经达成的共识，也破坏了中日互信的基础，会谈的前提不复存在。

在钓鱼岛问题上，中方始终坚持原则立场。2013年1月下旬，联合执政的公明党党首山口那津男访华，向习近平主席递交了安倍首相的亲笔信。习近平主席希望日方正视历史和现实，以实际行动同中方共同努力，通过对话磋商找到妥善管控和解决问题的有效办法。① 但日方认为搁置争议的方案是为了瓦解日方，难以接受。② 日方河野洋平、二阶俊博、高村正彦等政界人士以各种身份访华，都因双方主张差距太大，未取得预期成果。6月，习近平主席访美期间向奥巴马总统阐明了中方在钓鱼岛、南海问题上的原则立场，强调中方坚定维护国家主权和领土完整，同时，始终主张通过对话处理和解决有关问题。希望有关方面采取负责任的态度，停止挑衅滋事，尽早回到通过对话妥善处理和解决问题的轨道上来。③ 针对日方举行首脑会谈的要求，王毅外长访美在布鲁金斯学会演讲后回答记者提问时明确表示，如果日方承认钓鱼岛存在争议，中方愿意通过谈判解决争端。④ 中方一贯重视发展同日本的关系，愿意在《中日联合声明》等四个文件基础上推动两国关系长期稳定向前发展，但日方顽固否认历史事实，显然不能得到中方的谅解。中日双方通过各种渠道的接触和沟通都难以打破僵局。《中日和平友好条约》缔结35周年纪念活动也未能如期召开。

（二）制造事端鼓动"中国威胁"论

在钓鱼岛争端僵持的局势下，日方不断煽动紧张气氛，制造所谓中方入侵日本领海、领空事件，仅在第二安倍内阁成立后的2013年就制

---

① 《习近平会见日本公明党党首山口那津男》，《人民日报》2013年1月26日。
② 《日中有意打破僵局主张仍有较大差距》，共同网2013年1月26日，http://china.kyodonews.jp/news/2013/01/45571.html。
③ 《跨越太平洋的合作——杨洁篪谈习近平主席与奥巴马总统安纳伯格庄园会晤成果》，《人民日报》2013年6月10日。
④ 《王毅在美重申钓鱼岛主权日媒：对日强硬姿态》，《环球时报》2013年9月22日。

造多起事件，使两国关系不断恶化。

2013年1月9日，日本媒体报道中国军机在东中国海上空反复接近日本领空，多次进入防空识别圈，而日本的防空识别圈距离中国大陆东海岸线最近处只有130公里。据报道，日本政府开始研究自卫队进行警告射击等对抗措施。

2013年2月5日，日本防卫相小野寺五典举行记者会，声称1月19日和30日中国军舰在东海海域与日本海上自卫队护卫舰对抗时，使用火控雷达瞄准日本护卫舰和直升机。并说这是前所未有的异常事态，将导致重大危险事态发生。小野寺承认双方对峙是在公海上，安倍竟要中方就此事件向日方道歉，保证以后不再发生此类事件。

2013年5月20日，小野寺宣布发现此前一周潜伏在日本领海附近的一艘潜艇的身份，这艘潜艇在冲绳附近的海域潜航，日本准备要求有关方面立即停止这种活动。而日本防卫省明确表示，这艘潜艇没有进入日本领海。

2013年9月9日，日本防卫省声称确认有一架无人机在钓鱼岛附近空域飞行，并表示如果不听劝告，拒绝离开，可以击落。日本官员表示，尽管这架飞机始终是在国际空域飞行，但已经进入日本的防空识别圈。安倍首相对于防卫省的处理意见表示认可。

2013年11月23日，中国政府为维护国家主权和领土、领空安全，划设并公布东海防空识别区，这符合国际法和国际惯例，日本政府却提出抗议，认为中国单方面将钓鱼岛划入防空识别区，会使紧张升级，可能招致不测事态，非常危险。而日本划设防空识别区已近半个世纪，早已将钓鱼岛划入其防空识别区。

日方还对中国海军编队穿越第一岛链进入西太平洋进行例行演练，实施跟踪监视，大肆渲染中方海洋活动频繁，鼓吹"中国威胁"论。

2013年7月9日，日本发布的2013年《防卫白皮书》说中国今后的发展方向存在令人不安的一面，是"国际社会的担心事项"，使用严厉表述进行牵制。媒体评论称，白皮书的支柱是针对中国的岛屿防卫。①

---

① 「防衛白書　中国の活動拡大　懸念」、『日本経済新聞』2013年7月9日夕刊。

安倍首相甚至亲自鼓吹"中国威胁"论，质疑中国走和平发展道路。2013年10月，他在接受美国《华尔街日报》采访时说，有人担忧中国正试图用武力而不是用法治改变现状，但如果中国选择走那条路，就不能和平崛起；而日本所能做的一个重要贡献就是在亚洲制衡中国。①

在安倍内阁和一些媒体不负责任的宣传下，日本社会舆论急剧恶化，民间厌华感情上升；而日方否认历史事实和侵犯中国主权的行为，也使中国民众对日好感下降。2013年8月公布的由《中国日报》社和日本言论NPO进行的舆论调查显示：日本人对中国人"印象不好"的比例为90.1%，最主要理由是"围绕钓鱼岛的对立在持续"；中国人对日本人"印象不好"的比例为92.8%，最主要理由是"日本挑起钓鱼岛及其附属岛屿的领土争端，且态度强硬"②。双方相互的好感度为以往九次调查的最低点。2013年11月，日本内阁府公布的年度外交舆论调查显示，对中国不感到亲近的比例比上年增加0.1个百分点，达80.1%；认为中日关系不好的比例比最高点的上年减少1.8个百分点，为91.0%。③

在对"中国威胁论"大肆渲染的背后，安倍内阁迅速通过新《防卫大纲》和《中期防卫力量整备报告》以及一系列安保立法，解禁行使集体自卫权，突破战后对日本军事安全领域的约束。

（三）针对中国调整军事部署

安倍内阁虽然多次表示要和中国对话，但并不急于改善中日关系。日本内阁官房参事谷内正太郎认为，没必要勉强与中国举行首脑对话；④也有智库建议对于钓鱼岛问题应采取"战略性忍耐"，冷静应对。⑤而在渲染"中国威胁论"获得舆论支持的背后，安倍内阁调整军

---

① 《安倍晋三：日本已经做好制衡中国的准备》，《华尔街日报》中文版2013年10月28日，http://cn.wsj.com/gb/20131028/bas105506.asp? source = whatnews。
② 《中日关系舆论调查结果出炉双方好感度急剧下降》，中国日报网2013年8月7日，http://www.chinadaily.com.cn/hqzx/2013 - 08/07/content_ 16875946.htm。
③ 《内阁府调查：对中国"不亲近感"者为80.7%，连续两年刷新最高记录》，时事社2013年11月23日，http://www.jiji.com/jc/c? g = pol_ 30&k = 2013112300212。
④ 《日高官称没必要与中国"勉强"举行首脑会谈》，环球网2013年5月31日，http://world.huanqiu.com/exclusive/2013 - 05/3988132.html。
⑤ 「日経CS－Sバーチャルシンクタンク提言　中国と対話継続　尖閣は自制心を」、『日本経済新聞』2013年7月30日。

事部署和安全战略，扩充军力，朝着扩大军事活动范围和实现"正常国家"迈进。

针对中方对钓鱼岛海域巡航和宣示主权，安倍表示日方要24小时全天候巡航钓鱼岛，确立日本对钓鱼岛的有效支配。防卫相小野寺透露，名义上是海上保安厅在钓鱼岛海域应对中国公务船，实际上自卫队舰艇一直在后方警戒监视，确保万无一失，暗示自卫队也参与"守护"钓鱼岛。日本政府在2013年预算案中批准海上保安厅和防卫省提出的充实装备及增员相关要求。2013年投入264亿日元加强海上防卫力量，较上年度增加37.6%；增员119人，到2015年度建起一支有600人和12艘新的大型巡逻船的专属部队，加强对钓鱼岛监视。

军事上，日方增加军事预算，增强军力，加强钓鱼岛周边军事部署，频繁举行争夺岛屿军事演习。防卫省2014年度申请预算比上一财年增加2.9%，达4.89万亿日元，用于采购两栖战车、改造大型运输舰以及购置"全球鹰"无人侦察机等。2013年7月下旬完成的新防卫计划大纲中期报告明确表示，要建立有海陆作战功能的海军陆战部队、加强导弹防御能力、引进高空域滞空型无人机和加强情报收集能力。① 日方在石垣岛、与那国岛等处部署部队，在那霸基地新建预警机监视部队。2013年8月，日本二战后建造的最大直升机航空母舰下水，并以二战期间被击沉的侵华军舰"出云"号命名。防卫省在年初着手制定的将陆海空自卫队整合一体的"综合防卫战略"主要针对中国，其中夺岛作战是重中之重。② 2013年1月，陆上自卫队唯一有成建制伞兵的第一空挺团首次在年度例行训练中模拟离岛夺回演习。7月，两栖作战部队赴美参加联合作战演习，提高陆自和海自联合行动能力。11月，在冲绳举行大规模夺岛演习，历时18天，投入兵力3.4万人，出动车辆900辆，舰艇6艘，飞机380架。2016年初，在航空自卫队的冲绳那霸基地新建第9航空团，从福冈县筑城基地转移一飞行队至那霸，主力

---

① 「自衛隊に海兵隊機能新防衛大綱の中間報告」，『朝日新聞』2013年7月25日。
② 「陸海空一元化統合防衛戦略に着手対中国有事など想定」，『産経新聞』2013年1月1日、http://sankei.jp.msn.com/politics/news/130101/plc13010111270006-n1.htm。

战机 F15 从 20 架增加到 40 架，那霸基地是自卫队和民用飞机共用机场，预计在 2020 年再新建一条跑道。

曾担任野田内阁防卫大臣的拓殖大学教授森本敏撰文要求尽快加强西南岛屿防卫。他认为今天中国主张钓鱼岛列岛领有权已不再是获取海洋资源，而是要获得牵制冲绳美军和西南方面自卫队的战略据点。因此中国不只是主张领有权，而是要占有领土。中国有可能将在南中国海占有岛屿的方式运用到东海，以非武力攻击的方式占有岛屿。钓鱼岛列岛危急之际不能指望美国的救援，因为只要不是遭到武力攻击，美国就没有根据《日美安全条约》为保卫日本采取共同行动的义务。所以日本必须考虑自己保卫本国领土的措施。他建议，第一，防患于未然，加强多层次警戒监视活动；第二，为防止以非法手段占领岛屿，必须保证在西南诸岛能迅速展开快速反应部队，完善部队能迅速展开的基础条件和保证随时能从本土和其他地方运送部队展开的态势；第三，加强日美同盟，制定针对岛屿的日美共同作战计划、协调机制和应对态势。日本虽然制定了相关法制，但具体落实要跟上，这是今后的重要任务。① 森本敏的想法并非孤立，庆应大学的安全专家神保谦在谈日本安全问题时说，日本的安全问题之一是如何处理"灰色地带"的安全问题和离岛防卫从"灰色地带"升级为安全危机的可能。美国对"灰色地带"的参与程度尚不明确，双方在协作上能否实现"无缝对接"也值得注意。所以日方要加强对"灰色地带"的警戒监视和情报收集，同时自卫队要积极向美军提供支援，加强日美沟通和协作。②

在加强自卫队演练方面，继 2015 年 7 月在伊豆大岛附近举行应对"灰色地带"局势演练之后，2016 年 11 月，日本警察、海上保安厅和自卫队联合实施设想武装渔民非法登陆离岛的首次联合训练，确认就尚未与他国处于战争状态、但仅靠警察与海上保安厅难以应对的"灰色地带事态"进行合作。共同社称此举是在考虑到钓鱼岛现状的基础上，"力争

---

① 森本敏「南西方面の島嶼防衛強化を急げ」、『産経新聞』2015 年 5 月 22 日。
② 神保謙『日本の安全保障政策、3つの視点』、政策シンクネット2015 年 5 月 22 日、http：//thinknet.org/theme02/2015052201.html。

加强三个部门的合作，提高应对海洋活动日益活跃的中国的能力"①。同时增加海上保安厅的经费和人员编制，2017 年的预算和人员编制为历年最高，达 2106 亿日元，人员 13744 人。海上保安厅紧急购进大型巡逻船 5 艘，并建立全国大约 370 艘巡逻船能够灵活地相互支援的机制。

（四）力争获得美国安全承诺

安倍内阁成立后，首要任务是巩固和加强在民主党政权时期下滑的日美关系，特别是在中日钓鱼岛争端形势下，上任后访美寻求支持是摆在外交日程首位的大事。

由于美国面临财政问题和奥巴马总统第二任期就职典礼，安倍访美推迟到 2013 年 2 月成行。为了达到挟美制华和借机突破战后集体自卫权禁区，日本政府在访问准备过程中征询美方意向，要求奥巴马在首脑会谈时表态，对安倍政府修改宪法解释解禁集体自卫权给予理解和支持。日方表示，如果获得奥巴马的支持，"日美关系将向前迈进"。日方还建议安倍和奥巴马在会谈中共同敦促中国采取克制态度，停止在钓鱼岛海域的活动。美方以首脑会谈中表态会加剧日中关系紧张和影响美中关系为由予以拒绝。日方不得不另寻"强化同盟关系的办法"②。尽管如此，安倍在短暂的访美期间仍为拉近日美关系大秀"日美天然伙伴论"，宣称"美国是世界上资格最老、能力最大的海洋民主国家，日本是亚洲最富有经验、最大的自由民主国家，都是海洋国家，两国是天然伙伴"③。

为了巩固和加强日美关系，制约中国，日本在对外安全战略上积极配合美国"亚太再平衡"战略，推动解禁"集体自卫权"，策划修改《日美防卫合作指针》，提高配合美军行动能力。在经济上，一改对参加跨太平洋伙伴关系协定（TPP）谈判持迟疑态度，转向积极。美国的"亚太再平衡"战略在安全上和经济上也都依靠日本的支持，解禁"集

---

① 《日本举行应对"灰色地带事态"首次三部门联合训练》，共同网 2016 年 11 月 13 日，http://china.kyodonews.jp/news/2016/11/130028.html。

② 《美国无意在安倍来访时表态支持解禁集体自卫权》，日经中文网 2013 年 2 月 2 日，http://china.kyodonews.jp/news/2013/02/46003.html。

③ 安倍晋三『日本は戻ってきました』、2013 年 2 月 22 日、http://www.kantei.go.jp/jp/96_abe/statement/2013/0223speech.html。

体自卫权"关系到日美安全合作扩大到何种程度,而参加跨太平洋伙伴关系协定谈判也有助于这一经济计划获得新的动力。

对于中日钓鱼岛争端,第二届奥巴马政府的立场不变,即对钓鱼岛主权最终归属不持立场,但承认其处于日本管辖之下,为《美日安全条约》义务所涵盖。2013年4月29日,美国国防部长哈格尔与日本防卫相会谈后重申上述立场,并表示:"任何可能加剧紧张局势、导致误判的行动都会影响整个地区的稳定。美国反对意在损害日本管辖权的任何单方面的或胁迫性的行动。"① 在美国支持下,日美多次举行联合作战演习和制定离岛共同作战方案。尽管美国对日本恢复军事攻击能力不无担心,但如中美经济与安全评估委员会前副主席卜大年所认为,美国应认真考虑如何发挥其在世界各地的盟友制衡中国的作用,可以通过代理人的方式进行竞争。② 日本正在成为这样一个代理人。

第二次安倍内阁成立后中日关系出现40年来最困难的局面,是东亚国际大环境和日本国内小环境变化的必然结果。

从东亚地区大环境说,首先,中国、韩国和东盟各国经过多年发展,国力上升,与日本的差距在缩小,中国在经济总量上超过日本,日本在地区的主导地位和作用相对下降。对于地区结构"力量逆转",日本社会还难以适应,特别在社会"精英"阶层中战略焦虑感更趋强烈。安倍首相2013年2月访美发表题为《日本回来了》的讲话,称"日本现在和将来都不会成为二流国家"③,正是这种心理的真实反映。其次,美国推行"亚太再平衡"战略,扩大对东亚的投入,但又受到财政制约,不得不更多地借助日本。日本在美国东亚战略中的地位和作用更显重要,认为在钓鱼岛争端中最终会得到美国支持。

从日本国内小环境说,多年来政治动荡,经济发展停滞,社会矛盾上升,安倍内阁要想维持长期政权,除了要保证经济有起色外,也要得到国内保守力量的支持。特别是作为战后右倾保守力量的政治传人,安

---

① 美国国务院网站2013年5月1日报道。转引自《参考消息》2013年5月3日。
② [美]卜大年:《中美代理人战争?》,转引自《参考消息》2013年10月8日。
③ 安倍晋三『日本は戻ってきました』、2013年2月22日、http://www.kantei.go.jp/jp/96_abe/statement/2013/0223speach.html。

倍首相以修宪和实现"正常国家"为己任，保持中日关系的紧张度，更有利于其实现右倾保守的政治理想，并不急于解决钓鱼岛争端。日美相互依赖程度加深，也为日本进一步突破战后制约，实现"正常国家"提供了机会。钓鱼岛争端正是中日深层次矛盾和东亚国际关系博弈的集中体现，绝非偶然。

但是，日本"购岛"和否认钓鱼岛主权争议的企图已被彻底粉碎。中国从未承认日方对钓鱼岛的单方面管控，今后更不会承认。钓鱼岛存在主权争议已经是世人皆知的事实，日方继续否认争议只是掩耳盗铃。钓鱼岛争端不能简单地再回到过去搁置争议的层面去了，双方应在承认现状的基础上探讨共同管控的办法。

三 制约中国的外交行动

（一）积极影响地区安全走向

在"积极和平主义"对外战略方针下，日本一方面配合美国的"亚太再平衡"战略，一方面打破战后对其发挥军事作用的约束，积极影响地区安全形势走向，同时运用外交手段构建地区安全联盟。

美国在"亚太再平衡"战略下对日政策的变化，使日本快步摆脱对其安全上的束缚。安倍政府修改原来的限制武器出口原则和通过安全法案、解禁集体自卫权，正在对东亚形势产生重大影响。

长期以来，日本根据"武器出口三原则"对武器出口实行严格的限制，这是战后走和平主义道路的一个重要标志。2014年4月安倍政府通过"防卫装备转移三原则"取代"武器出口三原则"，新的三原则中最主要的是放宽向外输出武器装备和军事技术的条件。《朝日新闻》说，这是安倍首相提倡的"积极和平主义"的具体化。① 日本放宽武器出口限制的目的有三：应对中国进军海洋等安全环境的变化；推进与美国等友好国家的安全合作；提高军工产业的竞争力。② 前两个原因是要

---

① 「武器輸出緩和一平和主義が崩れていく」、『朝日新聞』2014年4月3日。
② 《日本武器出口原则转向有三个目的》，日经中文网2014年4月2日，http://cn.nikkei.com/politicsaeconomy/politicsasociety/8700 - 20140402.html?n_cid = NKCHA014。

通过武器装备技术出口影响安全环境的形成和加强与盟国等国家的安全联盟。例如，日本不仅继续扩大与美国的军事技术合作，还开展与美国以外国家如越南、菲律宾、印度等国的安全合作，并将原来只用于民生项目的对发展中国家的政府开发援助用于军事项目。2015年至2017年向越南提供了7艘中型船，2017年向马来西亚提供了两艘大型船，还向菲律宾提供了13艘全新的小型艇。这些合作正在改变东亚地区的安全环境和为建立准安全同盟进行准备。

日本通过安保法案后，又解除对行使集体自卫权的限制，对东亚安全环境的影响不言而喻。2015年11月，日美两国政府设立新机构"同盟协调小组"，由两国政府安保、外交等部门构成，目的是让自卫队与美军从平时起实现一体化运作。两国可在"所有事态"上进行信息共享并快速做出决策，以巩固日美同盟。在马尼拉召开亚太经合组织首脑会议期间，奥巴马称赞日本通过安全保障相关法案："不仅在地区，还可以磋商在全球进一步扩大我们之间的合作。"安倍也表示对美国派军舰进入南沙岛礁12海里以维护"自由航行"的行动表示支持，表明愿意商讨派遣自卫队参加南海巡视活动。①

在"积极和平主义"战略下，日本在推出新安保政策的同时，还通过积极的外交活动，试图影响和主导东亚地区安全形势走向。安倍内阁成立后，改变日美关系下滑的局面，推动安保立法和解禁集体自卫权，修改《日美防卫合作指针》，提高配合美军行动能力。在美国支持下，日美多次举行联合作战演习和制定离岛共同作战方案。另一方面，日本积极援助东南亚国家牵制中国。除了向东南亚国家提供装备外，还为这些国家提供人员培训，包括在日本和在对方国家接受培训。2017年，就有来自16个国家约50人接受培训。海上保安厅在2017年10月成立专门开展国际援助的7人团队，在不到一年的时间里就前往印尼、菲律宾等7个国家进行技术指导。日本还积极向东南亚国家介绍海上保安厅在钓鱼岛周边海域针对中国公务船频繁航行进行应对的经验。日本政府

---

① 「試される日米同盟　南シナ海に自衛隊検討　中国けん制」、『日本経済新聞』2015年11月20日。

相关人士称："旨在避免军事冲突的日本海上保安厅的做法受到各国好评。希望日本的方式在东南亚得到推广。"① 日本在东亚地区政治、安全格局中越来越扮演着积极的角色，发挥不同以往的作用。正如安倍在接受《华尔街日报》采访时表示，日本不仅要在经济方面，而且要在亚太安全方面发挥领导作用。"复兴的日本将在亚洲扮演更加坚定的领导角色，制衡中国的力量，谋求让东京成为该地区国家的领导者。"②

（二）"俯瞰地球仪"外交

1. 开展"价值观外交"

安倍在2013年年初的国会演讲中阐述其外交方针是："不仅关注与周边各国的双边关系，还要像眺望地球仪一样俯瞰全世界，立足于自由、民主主义、基本人权和法治等基本价值观，展开战略性外交。"③ 同年9月在联合国大会的讲话中，他又打出"积极和平主义"的旗帜。安倍内阁成员频繁出访，展开外交活动，仅安倍本人在2013年一年里就出访了25个国家，举行会谈一百几十场。安倍外交表明其重点是要在外交和安全上抗衡和制约中国，并希望得到国际支持，日本媒体指出这是要建立"对华包围圈"④。安倍在内阁成立首日答记者问时说："美国、俄罗斯、印度、东盟各国等等，以如同俯瞰世界地图的视点思考战略是必要的。"⑤ 这里唯独没有提到中国，而这些国家恰好在中国周围，从东南西北构成对中国的包围，这当然不是无意的疏忽。十分明显，"俯瞰地球仪"外交是安倍政府构建抗衡和制约中国外交、安全网络的代名词。

在对外开展的外交活动中，"价值观外交"是日本外交的新招牌，

---

① 「東南ア海保　日本が指南」、『読売新聞』2018年8月21日。
② 《安倍晋三：日本已经做好制衡中国的准备》，《华尔街日报》中文版2013年10月28日，http://cn.wsj.com/gb/20131028/bas105506.asp?source=whatnews。
③ 『第百八十三回国会における安倍内閣総理大臣所信表明演説』、2013年1月28日、http://www.kantei.go.jp/jp/96_abe/statement2/20130128syosin.html。
④ 「2トップ外遊　中国包囲網」、『朝日新聞』2013年5月3日。「首相　ASEAN全10か国歴訪　中国にらみ連携急ぐ」、『日本経済新聞』2013年11月18日。
⑤ 『安倍内閣総理大臣就任記者会見』、2012年12月26日、http://www.kantei.go.jp/jp/96_abe/statement/2012/1226kaiken.html。

即以价值观为纽带，与价值观相同的国家建立密切的外交、安全机制以至联盟。言外之意，"价值观外交"是对抗价值观不同国家的外交行为，具有鲜明的外交目的和指向。可以说"价值观外交"是日本在日美同盟基础上建立应对中国崛起的多边安全机制的外交战略。

　　安倍政府认为，在亚太地区除美国以外价值观相同的主要国家是澳大利亚和印度，尤其重视发展与这两个国家的关系。安倍以前就提出建立"民主国家同盟"和"民主菱形"的设想，推动日美澳印四方合作。英国《简氏防务周刊》网站2013年1月10日报道，安倍通过世界报业辛迪加发表文章说，日本必须成为可以遏制中国"进犯"的"民主安全菱形"的组成部分。他说，"我构想出一种战略，由澳大利亚、印度、日本和美国的夏威夷组成一个菱形，以保卫从印度洋地区到西太平洋地区的公海。我已经准备好向这个安全菱形最大限度地贡献日本的力量。"他还写道："东中国海和南中国海上争端仍在持续，意味着日本外交政策的当务之急必须是扩大本国的战略范围。日本是一个成熟、民主的海洋国家，它对亲密伙伴的选择应当反映这一事实。"而在这些伙伴中，"印度……更值得强调"[1]。安倍认为与澳大利亚和印度等地区大国合作，就可以形成彻底包围中国的形势，"日本有必要在四国合作机制中发挥主导作用"[2]。

　　日本十分重视印度的安全和经济作用，日印之间联系日益密切。2013年5月，日本副首相麻生太郎访问印度，在印期间歪曲历史宣称日本与印度在1500年间与中国没有顺利交往的历史，鼓吹日印价值观同盟和日美澳印四国防卫合作的必要性。[3] 2014年9月印度总理莫迪访日，双方同意提升两国的安全合作关系。安倍称日印关系是"包藏最大可能性的双边关系"，莫迪也称："两国对亚洲的未来负有重大责任"[4]。日本还对印度基础设施建设提供巨额资金援助，甚至向印度出

---

[1] 「日米軸に価値観外交　アジア連携国益重視」、『読売新聞』2012年12月29日。
[2] 安倍晋三『新しい国へ、美しい国へ（完全版）』、文芸春秋、2013年、第164頁。
[3] 《麻生太郎在印度演讲称与中国未曾有过圆满历史》，共同网2013年5月5日，http：//china.kyodonews.jp/news/2013/05/51594.html。
[4] 「日印首脳会談　幅広な安保協力の契機に」、『産経新聞』2014年9月2日。

口核技术。

日本把澳大利亚定位为"准盟友",在安保相关法案中欲使美军以外的他国军队支援也适用于澳大利亚,将澳大利亚作为奥援。安倍内阁成立后,即派外相岸田文雄访问澳大利亚,双方确认加速促进日澳美安全合作,并讨论了南海问题,一致认为必须确保海上航路安全。2015年6月,安倍在同澳大利亚国防部长安德鲁斯会谈中强调:"两国是共享普世价值与战略利益的'特别关系'。希望让这一关系日益稳固。"关于两国的防卫合作,安倍指出"这不仅有利于两国的国家利益,也有助于地区和平与稳定"。安德鲁斯回应称:"不仅是两国间,澳日美三国之间的合作也非常重要。"① 日本和澳大利亚还加快磋商,推动安保合作新协定早日签署。该协定旨在让自卫队与澳军方联合演练等顺利实施。安倍与澳大利亚总理特恩布尔会谈称:"将对亚太地区和平与繁荣发挥核心作用,将确认日澳毫不动摇的战略关系。"②

日澳印三国之间已经举行副外长级高层对话。共同社认为,日本政府希望同已被视为"准同盟国"的澳大利亚及战略关系深厚的印度确立对话机制,制衡中国。③

2. 与东盟10国加强安全合作

在亚太地区,日本在构建日美澳印安全框架后,东盟的安全地位日形重要。日本和东盟是长期经济伙伴,在日本的新亚太安全构想中东盟的安全地位上升。

安倍内阁继续加强同东盟国家的战略性经济合作。例如2015年7月在东京召开的第七届"日本与湄公河流域国家峰会",日本政府希望向与会的柬埔寨、老挝、缅甸、越南与泰国等五国出口基础建设以增强影响力。会议期间日缅泰三方签署的建设土瓦经济特区协议总额达500

---

① 《安倍与澳防长会谈同意加强防卫合作》,共同网2015年6月3日,http://china.kyodonews.jp/news/2015/06/98851.html。
② 《日澳首脑举行会谈同意加快新安保协定磋商》,共同网2015年12月18日,http://china.kyodonews.jp/news/2015/12/111355.html。
③ 《日澳印将于8日举行副外长级磋商》,共同网2015年6月5日,http://china.kyodonews.jp/news/2015/06/98997.html。

亿美元。①

在经济合作的同时，在"积极和平主义"战略下，安倍内阁把东盟作为外交重点，正在重塑日本与东盟关系。2013年1月，安倍第二次担任首相后首访东盟。此前，副首相麻生访问缅甸，外相岸田文雄访问菲律宾、新加坡、文莱、澳大利亚。在一个月里，内阁主要成员访问东盟10国中的7个国家。此后安倍在11个月时间里遍访东盟10国。安倍内阁重视东南亚除了经济原因外，主要是与东盟国家建立安全合作关系。日本媒体的评论是，安倍的目的是分享正在推进广泛经济合作的东盟的增长以及构筑对华包围圈。② 安倍原定在印尼发表的对东南亚政策讲话因发生阿尔及利亚人质事件提前归国后发表，讲话中提到印度洋—太平洋两洋之交地理概念，并在福田主义基础上提出新的对东南亚政策五原则，强调与东盟有共同价值观和要以法律和规则解决海洋问题。③

日本重点加强与中国有领土争端的国家的关系，介入南海海洋权益和岛屿争端，试图造成东海和南海争端联动呼应的局面，牵制和对抗中国。2013年10月，自民党干事长石破茂说："在亚太地区，美国的力量相对下降，中国的力量逐渐增强。人类历史上当力量均衡被打破时就会发生战争。"日本"不仅要加强日美同盟，与菲律宾、马来西亚、印度尼西亚等国建立关系也是一种思路"④。2013年12月，日本与东盟特别首脑会议在东京召开，企图在日本主导下加强双方在安全领域的合作。安全合作正在成为日本与东盟合作的新重点。

在安全方面，日本主要加强与中国有领土争端的国家的安全合作。2017年年初，特朗普即将担任美国总统，由于认为特朗普可能调整亚

---

① 《耗资500亿美元日缅泰合作土瓦经济特区即将启动》，新加坡《联合早报》2015年7月4日，http://www.zaobao.com/sea/politic/story20150704-498882。

② 「首相 ASEAN全10か国歴訪 中国にらみ連携急ぐ」、『日本経済新聞』2013年11月18日。

③ 安倍晋三『開かれた、海の恵み —日本外交の新たな5原則—』、2013年1月18日、http://www.kantei.go.jp/jp/96_abe/statement/2013/20130118speech.html。

④ 《自民党干事长称行使集体自卫权可包括亚洲国家》，共同网2013年10月4日，http://china.kyodonews.jp/news/2013/10/61084.html。

洲政策，安倍在候任总统特朗普上台前，就开始对菲律宾、印度尼西亚和越南三国以及澳大利亚进行访问，试图编织牢固的"围堵中国网"。据日本媒体报道，日本2016年决定军援菲律宾五架TC—90轻型巡逻机，并让自卫队协助菲律宾进行军事训练。同时要给越南提供新造的巡逻船，与越南就军备移交确认相关的条款。安倍表示："在我的外交战略中，东南亚和澳大利亚今年是首选站，我要和这些国家的首脑洽商区域局势，征求他们的意见，了解日本在区域能扮演什么角色，做出哪些贡献。"内阁官房长官菅义伟也说："为了维护自由与重视法制的国际秩序，日本必须和这些亚太国家合作，告诉他们团结很重要。"安倍宣布日本未来五年将向菲律宾提供一万亿日元（约125亿新元）的援助，包括政府开发援助和民间投资。在访问印尼期间，安倍与印尼总统佐科着重讨论海洋安全领域的合作，表示力争与美国候任总统特朗普保持密切沟通。安倍提议为开发纳土纳群岛提供援助。有分析认为，安倍出访东南亚三国以及澳大利亚，是力图巩固日本在亚太的主导地位。同时为日美首脑会谈做准备，安倍要以"亚洲代理人"的身份，呼吁美国延续"重返亚洲"的政策。①

3. 鼓吹"积极和平主义"主导地区秩序

"积极和平主义"国家战略就是要积极参与国际秩序构建，在国际上发挥主导作用。安倍内阁的国家安全战略把中国作为主要防范对象，构建针对中国的国际安全秩序。日本一方面强调构建地区安全秩序和要求遵守国际规则，试图把中国说成是国际规则的破坏者，不遵守国际法，如安倍在讲话中多次把日本打扮成国际秩序的维护者；在菲律宾提出的南海诉讼案中，呼吁中国尊重所谓国际法庭的判决等。在地区经贸秩序上日本也积极追随奥巴马政府参加跨太平洋伙伴关系协定（TPP）谈判，试图参与亚太经贸领域新规则的制定，制约中国的经济发展。如2016年日本利用在伊势召开七国集团峰会的机会，在海洋安全保障方面不仅推出《关于海洋安全保障G7外长声明》，还在峰会上批评中国

---

① 《安倍出访亚太编制围堵中国网？》，新加坡《联合早报》2017年1月13日，http://www.zaobao.com/news/world/story20170113-712883。

的海洋政策，在首脑宣言上未指名地表示"对东海以及南中国海的状况表示担忧，强调和平管理和解决纷争的重要性"①。也就是说，日本的亚太外交在很大程度上是为了实现国家安全战略的目标，主导地区秩序构建。外相岸田文雄2014年1月在国会发表的外交报告说，日本外交要在国家安全保障会议这一"司令塔"下，根据国家安全战略，推进"积极和平主义"，在亚太地区和国际社会有力地显示日本外交的存在感。②

另一方面，日本积极主导地区合作，建立制约和对抗中国的国际联合。除前述日美澳印四国联盟外，还以多种形式试图制约中国。如2013年9月，日本外务省召集太平洋、印度洋沿岸13国负责人首次举办以如何确保海上交通安全为主题的研讨会，目的是与南海和马六甲海峡沿岸各国加强合作，对中国形成牵制。日本外务省官员针对中国与有关国家存在的领土和海洋争端说："不能强行改变现状，应当遵守航行自由、和平解决纷争等基本原则。"10月，日本借主办太平洋岛国峰会之机插手南海。日本国际大学校长北冈伸一主张，为对抗中国，日本要以在亚洲国家中有较久民主主义历史为招牌，和亚洲周边国家联合起来。③安倍在接受《华尔街日报》采访时表示，日本不仅要在经济方面，而且要在亚太安全方面发挥领导作用。"复兴的日本将在亚洲扮演更加坚定的领导角色，制衡中国的力量，谋求让东京成为该地区国家的领导者。"④《日本经济新闻》将日本这种试图引领周边国家对抗中国的外交，借用中国历史上战国时期东方六国联合对抗秦国的做法，称之为"合纵"⑤。

---

① ［日］川岛真：《安倍"发达国家外交"的成败》，新加坡《联合早报》2016年6月16日，http://www.zaobao.com/forum/views/opinion/story20160616-629674。
② 『第186回国会における岸田外務大臣の外交演説』、2014年1月24日、http://www.mofa.go.jp/mofaj/fp/pp/page18_000183.html。
③ 『北岡・国際大学学長「対中国、アジアで連携を」』、日経電子版2013年9月3日、http://www.nikkei.com/article/DGXNASFK03029_T00C13A9000000/。
④ 《安倍晋三：日本已经做好制衡中国的准备》，《华尔街日报》中文版2013年12月28日，http://cn.wsj.com/gb/20131028/bas105506.asp?source=whatnews。
⑤ 「中国をにらんで東アジアの『合従』進めよ」、『日本経済新聞』2014年6月26日。

4. 在全球各领域建立制约中国的机制和安排

日本不仅在中国周边构建安全机制，而且把制约中国的机制和设想扩大到全球范围。共同社报道：日本政府消息人士透露，日本和法国政府计划在2014年1月上半月在巴黎举行外长防长磋商（2+2）。双方将在考虑中国的基础上，就创建法国出口可转军用的产品事先向日方通报机制展开磋商。日本已与美、澳、俄开展2+2磋商，法国则是第四个。而日本与法建立磋商机制的一个重要目的是，鉴于法国军工企业曾与中国签署出售舰载直升机降落装置的合同，日方表示担忧，有意通过创建事先通报机制来减少法国对华武器出口对日本造成的不利影响。2014年11月，外相岸田文雄访问伊朗、印度，在印期间首次与北欧外长展开会谈，就北极圈开发沟通意见。媒体认为，岸田访问伊朗着眼于巩固"日本油田"的地位，与中国的争夺战或将打响。而与北欧外长接触，则是因去年中国与北欧国家开展的首脑外交，日本希望扳回局面。共同社认为，日本希望积极开展资源外交与中国抗衡，把目光投向了尚有参与余地的地区。① 2015年，日本与英国建立外长、防长磋商机制（2+2），由"伙伴国"升级为"准同盟国"，日英军事合作升温。日本积极拉英国返回东方，期待以其作为"准同盟国"增大亚太地区的遏制力。英国2015年公布的国家安全战略构想，把对日关系提升至战略高度，加强两国的防务合作。日英已经开始联合军事训练和开展军事技术合作。

第三节　对朝鲜半岛新政策

日本与朝鲜半岛相邻，由于历史和领土争端，关系并不顺畅。在"积极和平主义"战略下，日本试图改善同朝鲜半岛北南双方的关系，但并不成功。这反映了即便想发挥更大的国际作用，如果不能认真、诚恳地解决历史认识问题也很难取得邻国的谅解。另一方面，日本对

---

① 《日外相结束伊朗印度之行欲以资源外交扳回局面》，共同网2013年11月13日，http://china.kyodonews.jp/news/2013/11/63559.html。

第五章　奥巴马政府"亚太再平衡"战略下日本提高自主性

朝鲜半岛政策受美国制约，日韩作为美国的盟国，双边关系受美国影响；对朝鲜政策也追随美国，但又担心被美国所忽视，反映了日美关系的复杂性。日本在历史问题上的态度是其历史观的反应，说到底是其民族主义的表现，这与对美民族主义恰如一体两面，是日本与亚洲国家外交中难以绕开的障碍，在与朝鲜半岛外交中更显突出。

本节主要就日本对朝鲜半岛北南双方的政策效果做一分析，借以观察日本国家战略转换过程中的问题。

一　构建日韩新关系

（一）日韩《慰安妇协议》

对韩外交是日本东北亚外交的一个重点，关系到日本的安全及其对朝鲜半岛的地区影响。对于美国来说，日本和韩国都是美国的盟国，日韩关系的好坏直接影响美日韩同盟能否协调运转。为配合奥巴马政府的"亚太再平衡"战略，改善日韩关系也是安倍政府"积极和平主义"对外战略的一部分。

日韩关系长期以来因岛屿争端和慰安妇等历史问题龃龉不断。特别是2011年底日韩首脑会谈因慰安妇问题发生争执，韩国民间组织在首尔的日本大使馆前竖立了象征慰安妇受害女性的少女像，慰安妇问题争端再度升温，两国关系陷入僵局。另一方面，韩国与中国的关系发展顺利，朴槿惠政府成立后，采取对中国友好政策，在对华关系上取得明显进展。朴槿惠甚至不顾美国的劝告，参加中国举行的纪念世界反法西斯战争暨抗日战争胜利70周年阅兵典礼。韩国对日关系停滞和对华关系顺利发展的局面令日本和美国颇为不安。①

在美国的推动下，2015年11月日韩首脑在首尔举行的中日韩首脑会议期间进行了会谈，双方就两国关系中存在的问题交换意见，一致同意今后加强双边合作。12月28日，日本外相岸田文雄和韩国外长尹炳世在首尔会谈，确认最终且不可逆地解决长期悬而未决的慰安妇问题。

---

① 「米韓首脳会談　対中傾斜で同盟を揺るがすな」、『読売新聞』2015年10月18日。「朴槿惠外交　日米韓の重み自覚を」、『毎日新聞』2015年10月18日。

随后安倍首相和朴槿惠总理通过电话会谈再次确认这一共识，并承诺对保证共识实施负有责任。

根据日韩外长会谈后记者招待会上的发言，双方就慰安妇问题达成最终且不可逆地解决的立场是：日本方面表示：①承认慰安妇问题是在当时军队参与下，对众多女性名誉和尊严的深刻伤害。日本政府不胜愧悔，安倍首相对慰安妇表示道歉和反省。②通过政府预算采取措施，治愈所有慰安妇的心灵创伤。具体措施是：韩国政府成立慰安妇支援财团，日本从政府预算注入资金，日韩政府合作进行恢复原慰安妇名誉和尊严以及治愈心灵创伤的工作。③通过本次协议发表确认慰安妇问题最终且不可逆地解决。日韩政府今后在联合国等国际社会不再就此问题互相指责和批评。韩国方面表示：①在日本政府落实相关措施的前提下，韩国政府与日本政府共同通过本次发布会确认，慰安妇问题最终且不可逆地得到解决。②韩国政府认识到日本政府对驻韩使馆前少女像的关切，将努力与有关团体协商适当解决。③在日本政府此次表示的措施切实展开的前提下，韩国政府与日本政府都不在联合国等国际社会互相就此问题进行指责和批评。①

慰安妇问题是阻碍日韩关系进一步发展的障碍，在影响日韩关系的历史问题中有代表性。日韩达成《慰安妇协议》是日本在对韩关系方面取得的重要进展，特别是协议强调问题"最终且不可逆地得到解决"和安倍在战后70周年纪念谈话②中所表达的思想是一致的，即希望对历史问题做一个了结，不希望它继续是影响国家形象的外交难题。

（二）《慰安妇协议》难以履行

《慰安妇协议》是按照美日的意愿达成的，在美国的压力下韩国不得不应允签字，但事实证明，协议法律手续完成后在落实上并不顺利。

2016年5月日韩两国政府在东京举行外交部门局长级磋商，就韩国政府计划设立的原慰安妇援助财团的筹备工作交换意见，加快实施层

---

① 外務省『外交青書』2016年、第24頁。
② 閣議決定「内閣総理大臣談話」、2015年8月14日。外務省『外交青書』2016年、資料編。

面的协调。6月,韩国方面成立慰安妇援助财团准备委员会。

但协议达成后,日韩双方都有人对协议内容提出不同解释。如日本自民党方面有人提出,日本为援助财团提供的10亿日元(约合人民币6500万元)资金,要在韩国方面移除日本驻韩使馆前慰安妇少女像之后才能支付。而协议规定是,韩国政府努力与相关团体协商移除,与向财团注资并无关联。日方将这两个不同问题挂钩,激化了韩国舆论,给移除工作造成困难。在韩国方面也出现对协议的质疑,提出日本政府支付的10亿日元能否被视为承认慰安妇问题历史责任的赔偿。而日本政府的公开立场是,根据1965年《日韩请求权协定》两国之间的法律问题已经解决。此次以承认军队参与、安倍首相表明谢罪和反省、政府出资等形式希望给日韩慰安妇问题画一个句号,避免使用责任和赔偿字眼。在此期间,中日韩民间团体向联合国教科文组织提出申请将慰安妇资料作为世界非物质遗产。日方认为,韩国的做法违反了日韩共识。

2016年8月,日本政府决定在并不知道驻韩日本大使馆前慰安妇少女像何时撤走的情况下,向援助原慰安妇的财团提供10亿日元,原因是考虑到朝鲜核及导弹开发问题等日趋严峻的安保环境,优先推进日韩关系。但日韩国内对共识质疑不断。韩国国内有意见认为,共识对于韩国来说是"屈辱",并预测慰安妇少女像撤除将迟迟无法完成。韩国原慰安妇支援团体"韩国挺身队问题对策协议会"(挺对协)常任代表尹美香在集会上表示,拒绝日本政府提供的10亿日元资金,并认为"日韩共识"是:"不承认慰安妇问题是战争犯罪,既无官方道歉也无法律赔偿。韩国政府为了10亿日元就把我们给卖了。"[①] 日本国内也担心韩国方面还会"旧事重提"。所以,共同社评论说,两国政府面临的最大课题是说服国内舆论。[②]

截至2016年12月末,韩国政府成立的援助原慰安妇"和解、治愈财团"用日本政府提供的资金向原慰安妇提供的支援情况为:对2015

[①] 《韩慰安妇支援团体重申拒绝日本政府10亿日元资金》,共同网2016年8月25日,http://china.kyodonews.jp/news/2016/08/126044.html。

[②] 《日韩解决慰安妇问题最大课题在于说服国内舆论》,共同网2016年8月13日,http://china.kyodonews.jp/news/2016/08/125466.html。

年12月日韩达成共识时在世的原慰安妇46人（在世40人）中的29人已经支付现金，每人1亿韩元（约970万日元）。包括已经支付现金的29人在内，同意接受现金的有34人，占70%以上。对达成共识时已经去世的199名慰安妇的家属代理人每人支付2000万韩元。①

（三）日韩《军事情报保护协定》

美国在东北亚与日韩结盟，日韩之间却没有密切的军事联系。出于战略考虑，美国希望美日韩之间能建立更密切的联系。《军事情报保护协定》是便于相互情报交换的规则。作为美国的盟国，美国分别与韩国和日本在1987年和2007年签署了《军事情报保护协定》，在日韩之间却一直没有签署类似协定，情报要通过美国居间传递。这显然不利于美日韩同盟之间的安全合作和战略协调。2016年，日本对韩外交的另一进展是日韩签署《军事情报保护协定》（GSOMIA）。

2012年在李明博担任韩国总统期间，日韩之间曾就缔结《军事情报保护协定》进行磋商，在即将签署之际遭到韩国民众和在野党反对，认为是政府在亲日、进行"密室操作"而告吹。朴槿惠政府成立后在政治、经济上向中国倾斜的政策与奥巴马政府的"亚太再平衡"政策并不合拍，为了拉住韩国，美国极力撮合日韩关系。同时，奥巴马政府为了对持续开发核武器与导弹的朝鲜进一步施压，也一直敦促因慰安妇问题关系不睦的日韩两国实现和解。② 从2015年底日韩就慰安妇问题达成最终且不可逆解决的共识后，关系逐渐缓和。2016年，朴槿惠与安倍首相在国际场合多次会见，就朝鲜半岛局势和双边关系进行讨论。2016年7月，朴槿惠政府和奥巴马政府宣布在2017年底之前完成在韩国部署末段高空区域防御系统即"萨德"（THAAD）反导系统，应对朝鲜核开发和导弹威胁。"萨德"反导系统实际作用远远超出韩国对朝鲜导弹防御的需要，是美国弹道导弹防御体系的重要组成部分。宣布部署这一系统，标志着美韩军事合作升级，也促使日韩军事合作进一步升级。

---

① 「慰安婦合意1年　一人でも多くに償いを」、『東京新聞』2016年12月26日。
② 《日美韩合作被泼冷水，东亚局势陷入混沌》，新加坡《联合早报》2016年12月7日，http://www.zaobao.com/wencui/politic/story20161207-699340。

2016年8月4日，韩国国防部发言人在例行记者会上表示，2014年底日美韩三国缔结了共享防卫机密情报的备忘录以应对朝鲜核与导弹问题，基于该备忘录韩国可与日本共享情报。① 10月27日，韩国政府决定重启与日本签署《军事情报保护协定》（GSOMIA）谈判。日本内阁官房长官营义伟同日在记者会上也表态："为了应对朝鲜，日韩合作极为重要。为了尽快签署《军事情报保护协定》，将在与韩国方面展开协商的基础上启动谈判。"日本媒体称，从去年底日韩达成慰安妇协议和驻韩美军部署"萨德"系统之后，韩国政府一直在慎重探讨重启谈判的时机。朝鲜进入2016年后强行实施两次核试验和发射超过20枚弹道导弹，促使韩国政府急于加强安全防御措施。此外，危机感升级的美国也在推动相关协定签署。朝鲜核试验与弹道导弹正在成为现实威胁的危机感以及美国的态度，推动抱有复杂对日感情的韩国采取行动。

从2016年11月1日开始，日韩外交、防务官员分别在东京和首尔以2012年两国商定的草案为基础进行磋商。23日，日韩签署《日本国政府与大韩民国政府间关于秘密军事情报保护的协定》（简称《日韩军事情报保护协定》）。《日韩军事情报保护协定》共二十三条，规定了缔约国政府间对相互交换的秘密军事情报给予保护的原则、措施等相关事项。② 该协定签订后，日方期待获得在地理上接近朝鲜的韩国通过雷达侦察的情报等；韩方也认为，日本潜艇和侦察机的情报对于应对朝鲜的潜射弹道导弹（SLBM）"将有很大帮助"③。《日韩军事情报保护协定》是日美韩三国安全合作的基础，也有对中国进行牵制的意义。美国国务院对朝政策特别代表尹汝尚称协定是"日美韩防务合作取得了值得大书特书的进展。"④

---

① 《韩方松口愿与日本共享"萨德"所获导弹情报》，共同网2016年8月4日，http://china.kyodonews.jp/news/2016/08/125017.html。
② 『秘密軍事情報の保護に関する日本国政府と大韓民国政府との間の協定』、2016年11月23日、http://www.mofa.go.jp/mofaj/files/000205832.pdf。
③ 《日韩两国政府签署军事情报保护协定》，共同网2016年11月23日，http://china.kyodonews.jp/news/2016/11/130554.html。
④ 《日美韩合作被泼冷水东亚局势陷入混沌》，共同网2016年12月7日，http://www.zaobao.com/wencui/politic/story20161207-699340。

二 对朝鲜保持高压态势

（一）朝鲜核开发和导弹问题

冷战结束后，日本几度想打开日朝关系。1990年自民党干事长金丸信访朝。2002年小泉首相访朝，日朝发表《平壤宣言》，双方同意一揽子解决双边关系中存在的问题，尽快实现邦交正常化。但不久朝鲜核危机爆发牵动东北亚局势，日朝关系停顿。此后日本主要通过朝鲜半岛六方会谈保持同朝鲜的有限接触。

日本与朝鲜之间主要有三个问题：绑架日本人、朝鲜核开发和发射导弹。绑架日本人问题由于朝鲜加紧核开发和试射导弹，日本加强对朝制裁，双边关系紧张，从2014年以来一直处于停滞状态。后两个问题成为影响日朝关系的主要问题。2016年围绕朝鲜半岛安全局势持续紧张，美韩军演和美韩决定在韩国部署"萨德"反导系统，朝鲜加快核开发步伐和提高导弹试射频次，日本也把朝鲜作为主要威胁，加快改善与韩国的关系，加强日美韩安全合作，同时加大对朝鲜的制裁力度，保持对朝鲜的高压态势。

2016年1月6日，朝鲜宣布成功进行首次氢弹试验。这是自2006年10月朝鲜进行首次核试验以来的第四次核试验。根据中国方面公布测得的震级烈度和震源深度，综合朝鲜第三次核试验的威力推断，此次爆炸威力约为6000—8000吨TNT当量。由于爆炸当量小，据推测不是由一次完整的氢弹试验导致的，或许最多只是进行了氢弹的部分技术验证。

2016年2月8日，朝鲜又宣布利用运载火箭成功发射"光明星4号"地球观测卫星。国际社会普遍认为，朝鲜实际是进行一次远程火箭发射试验，进一步激起国际社会的反对。

2016年3月3日，朝鲜向东部海域发射数枚短程导弹，抗议联合国安理会通过涉朝决议。其后从3月到8月，朝鲜每月都向东部海域发射短程和中程导弹，其中包括从潜水艇发射的潜射导弹，中程导弹可以覆盖日本和攻击关岛美军基地。8月发射的导弹据认为是抗议部署"萨德"反导系统和美韩"乙支自由卫士"年度联合军演，导弹首次进入日本防空识别圈。朝鲜频繁发射导弹主要是抗议联合国安理会制裁、韩国部署"萨德"反导系统和美韩联合军演。

2016年9月9日，朝鲜在国庆日进行第五次核试验。朝鲜前四次核试验历时十年时间，2016年一年之内就进行了两次核试验，核开发步伐明显加快，加剧了国际社会的严重不安。

（二）对朝实施严厉制裁

鉴于朝鲜在氢弹试爆前进行了三次核试验，联合国安理会于2013年通过2094号决议，明确表示国际社会不会容忍朝鲜寻求核武器的行径，强烈敦促朝鲜当局不得进一步采取任何挑衅措施。决议表示如果朝鲜再次发射导弹或进行核试验时，安理会将采取进一步重要行动。因此2016年朝鲜核试验遭到联合国和国际社会的一致反对。日本外相岸田文雄在氢弹试爆消息公布后立即谴责朝鲜核试验是明显违反联合国安理会决议和2006年六方会谈声明的挑衅行为，是对地区与国际社会和平与安全的重大挑战。同时表示，日本要与美韩等国保持联系，向朝鲜提出紧急抗议，要求安理会召开紧急会议通过新决议，特别要确认日美紧密合作应对，作为2016年七国集团峰会主席国要为国际社会的和平与安定承担责任。①

2016年2月10日，日本实施对朝单独制裁。制裁内容包括：第一，实际上禁止人员往来；第二，限制资金流入朝鲜；第三，禁止朝鲜船舶和经停朝鲜的第三国船舶进入日本港口；第四，扩大对相关团体和个人的资金冻结。要求朝鲜以向前看的态度一揽子解决绑架、核开发和导弹发射问题。② 2月19日，日本公布《根据外汇法和外贸法对朝鲜支付原则禁止和资产冻结的措施》，追加对参与核开发和导弹开发参与团体和个人制裁的名单。

3月2日，联合国安理会一致通过第2270号决议，决定实施一系列制裁措施遏制朝鲜的核和导弹开发计划，并呼吁恢复六方会谈。决议对朝鲜无视安理会相关决议，于1月6日进行的核试验及2月7日使用弹道导弹

---

① 『岸田外務大臣臨時会見記録』、2016年1月6日、http://www.mofa.go.jp/mofaj/press/kaiken/kaiken4_000283.html.

② 『我が国独自の対北朝鮮措置について』、2016年2月10日、http://www.mofa.go.jp/mofaj/a_o/na/kp/page4_001766.html.

技术从事发射活动表示谴责。为遏制朝鲜的核、导弹开发计划,决议出台一系列措施,包括要求各国禁止向朝鲜运送可能用于核和导弹计划的物品,收紧对朝鲜的武器禁运措施,冻结可能与核、导弹计划有关的金融资产等。日本随即发表首相谈话,对决议给予高度评价,要求朝鲜接受国际社会多次强烈警告,执行安理会决议,停止核试验和发射弹道导弹的挑衅行为,日本将和美韩等有关国家紧密合作保证协议的执行。日本政府为与朝鲜一揽子解决绑架、核开发和导弹发射等悬而未决的问题,将贯彻"对话与压力""行动对行动"的原则,全力与国际社会密切合作。① 3月11日,日本公布《实施联合国安理会2270号决议的相关金融措施》。

当天,安倍首相发表声明并会见记者表示,朝鲜在短期内连续进行核试验和发射中短程导弹,构成对日本安全的重大威胁,严重威胁地区和国际和平与安全。日本同美韩中俄密切合作,坚决反对朝鲜进行核试验,并提出强烈抗议。随后,日本与美韩外长在华盛顿举行会议商讨对策,一致要求联合国安理会通过追加制裁的新议案,同时各国也将采取单独制裁措施。

11月30日,联合国安理会通过对朝鲜进一步加强制裁的2321号议案。安倍首相和岸田外相分别发表声明表示支持,对朝鲜违反联合国决议、连续进行核试验予以谴责,并表示和中俄美韩等国际社会保持合作,促使安理会决议得到实施。② 12月2日,日本公布再次追加对朝鲜的单独制裁措施,进一步严格管制往来朝鲜的人员,禁止一切停靠朝鲜港口的船舶进入日本港口,扩大与朝鲜核开发和导弹开发有关团体和人员的资产冻结。12月9日,分别公布根据联合国决议扩大资产冻结对象的措施和根据外汇法、外贸法扩大资产冻结对象的措施。安倍首相就朝鲜绑架日本人问题举行的相关阁僚会议上表示:"为全面解决绑架、核、导弹等

---

① 『北朝鮮による核実験及び弾道ミサイル発射に関する国連安保理決議の採択について』(内閣総理大臣コメント)、2016年3月3日、http://www.kantei.go.jp/jp/97_abe/discource/20160303comment.html。

② 『北朝鮮による核実験等に関する国連安保理決議の採択について』(内閣総理大臣コメント)、2016年11月30日、http://www.mofa.go.jp/mofaj/press/danwa/page4_002547.html。『北朝鮮による核実験等に関する国連安保理決議の採択について』(外務大臣談話)、2016年11月30日、http://www.mofa.go.jp/mofaj/press/danwa/page4_002546.html。

诸多问题，已基本决定与美国、韩国保持协调情况下采取进一步单独制裁措施。"美韩两国也将在同一时机推出单边制裁措施。官房长官菅义伟在记者会上表示"将结合朝方反应与国际社会的动向，必要时继续研究进一步的措施"，牵制朝鲜做出挑衅行为。防卫相稻田朋美也在记者会上针对朝方的反应强调，将力求在警戒监视工作上做到万无一失。①

三 对朝鲜半岛政策的问题

（一）非自主达成的《慰安妇协议》

日本对朝鲜半岛政策存在两个难以解决的问题：一是完全追随美国，依靠美国；二是不能真正解决侵略历史问题，难以建立相互信任的日韩关系，使朝鲜半岛政策不得不依靠美国的支持和斡旋才能有所进展。这从上述日韩两个协议的落实和执行存在变数也可以证明。

慰安妇问题长期困扰日韩关系，但日本一直不愿以国家名义承担责任，因此韩国朝野都极度不满。日本从东亚安全的角度担心中韩接近，本来外务省也并未重视慰安妇问题，但内阁国家安全保障局长谷内正太郎认为在东亚地区必须优先重视日美韩安全合作体制。谷内的意见得到安倍首相的支持，开始着手解决这一问题。② 在这一过程中起主要作用的是美国。美国担心中韩"蜜月"关系的发展会形成中国的地区优势，打破东北亚战略平衡。美国政府内部越来越多的声音认为，中韩"蜜月"关系的出现是慰安妇问题造成日韩关系恶化的结果之一，美方应努力改善日韩关系。为了在军事和经济上牵制中国，美国一直在积极推动同为盟国的日韩相互让步。奥巴马总统通过首脑会谈多次直接敦促安倍首相和朴槿惠总统解决慰安妇问题。与此同时，负责东亚事务的美国政府高官在2015年下半年奔走于东京和首尔之间，进行斡旋和调整。

事实证明，日韩在慰安妇问题上达成的和解，是在美国主导下的和解，而非日韩自主达成的和解。日韩就慰安妇问题达成共识后，美国国

---

① 《日本政府决定加强对朝单边制裁》，共同网2016年12月2日，http://china.kyodonews.jp/news/2016/12/130965.html。
② 「対談・阿比留瑠比×秦郁彦『最終的かつ不可逆的解決』の行方」、『正論』2016年3月号。

务卿克里和总统国家安全事务助理赖斯相继发表声明，以罕见的措词表示欢迎。美国务院高官甚至称该共识"拥有堪比跨太平洋伙伴关系协定（TPP）的战略重要性"，强调美国在背后起到"建设性作用"。本来，不介入日韩历史问题是美国政府的基本立场。但奥巴马政府推行的"亚太再平衡"战略因日韩对立而陷入停滞，日美韩安全合作进展缓慢，于是改变方针加以介入。据报道，白宫相关人士表示："朝鲜乘机离间日韩关系，中国在拉拢韩国脱离美国。"美国国会相关人士也强调："不介入的风险比介入的风险更大。"①

这从日韩各自的立场也能看出来，双方虽然各有让步，但还留有分歧。如日本坚持慰安妇问题已在法律上解决，拒绝提及法律责任，只是大幅提高受害人支援资金。韩方对于日方要求撤走日本使馆前的少女像也未做出承诺。因此，不仅日方舆论认为"难以弥合的鸿沟依然存在"，韩方舆论也认为"争论的火种仍然存在"②。虽说从日本政府角度看，对协议的评价是"历史性的、划时期的"，但民众并不抱太大希望。而韩国事后的舆论调查，更是有超过七成的民众对协议并不支持。③ 日本学者川岛真认为，和解协议具有一定的约束力，但也有令人忧虑之处。第一，协议没有明文化，约束力不强。一旦"不可逆"转为"可逆"，日韩间的信赖关系将会出现无法弥补的裂痕。还有，双方都保留对协议的解释权，可能以后对要解释的问题还要继续协商。第二，朴槿惠政府是否能够说服国民还是问题。虽然韩国也做出不小让步，但有很多团体在国内外活动，无法保证让他们接受政府的决定。④ 对于民间运动，韩国政府不仅不能控制，在舆论冲击下，政府也有可能受舆论影响。

但如上所述，这场由美国主导的日韩和解，日本虽然也出于安全考虑，希望解决长期困扰两国关系的慰安妇问题，但只是以为通过经济补

---

① 《美国因亚洲战略停滞而转变态度介入日韩历史问题》，共同网 2015 年 12 月 30 日，http://china.kyodonews.jp/news/2015/12/111957.html。
② 「日韓、関係改善を優先こだわった年内決着」、『日本経済新聞』2015 年 12 月 29 日。
③ 「慰安婦支援財団「癒やし」の実現を願う」、『毎日新闻』2016 年 6 月 1 日。
④ ［日］川岛真：《日韩关于"从军慰安妇"的和解》，新加坡《联合早报》2016 年 1 月 11 日，http://www.zaobao.com/forum/views/opinion/story20160111-569546。

偿就能避免承担法律和道义责任，并没有得到韩国民众的广泛理解。在原慰安妇中仍然有大约 10 人与慰安妇支援团体共同行动，拒绝接受日韩共识，要求日本政府承认法律责任，实行国家赔偿。在首尔日本使馆前的慰安妇少女像仍然没有移除，从日韩共识达成后，首尔的学生就开始在少女像前值守。由于朴槿惠总理因"亲信门"被弹劾，韩国政治动荡，少女像何时能够移除遥遥无期。不仅如此，在韩国其他地方也竖立起慰安妇少女像，如在釜山日本总领事馆前的少女像一度移除，在市民的反对下 2016 年底又重新竖立起来。共同社报道，韩国近一年的多次舆论调查，对日韩慰安妇共识持否定态度的回答占多数，很难说已得到民意支持。① 日本媒体担心，慰安妇问题的火种重新燃起，日韩共识可能成为废纸。②《日韩军事情报保护协定》能否得到顺利执行也存在不确定因素。日本的朝鲜半岛问题专家仓田秀也认为，日美韩安保合作可能会再次"漂流"，出现不确定局面。③

（二）依靠日美韩协调应对朝鲜问题

在对朝鲜政策上，日本一直追随美国视朝鲜为主要威胁，使日朝关系中的绑架日本人问题难以解决。日本在应对朝鲜核试验和导弹发射问题上，包括解决绑架日本人问题，都是在与国际社会保持协调基础上展开的，特别是与美韩协调。岸田外相说："日美韩三国是国际社会应对朝鲜问题的核心。"④ 在面对朝鲜半岛主要威胁和安全问题上，日本以美日韩同盟作为其战略支撑，三国之间保持密切的沟通与合作。

日美韩三国在应对朝鲜问题上的沟通渠道主要有三条，或者说是三个层次。一是首脑之间的沟通与合作。如 2016 年 3 月 31 日在华盛顿出席核安全峰会期间，日美韩首脑举行会谈，讨论朝鲜第四次核试验后核开发取得的进展及对地区的威胁，确认在各领域继续加强协调，指示事

---

① 《日韩慰安妇共识即将满周年解决取得一定进展》，共同网 2016 年 12 月 27 日，http：//china.kyodonews.jp/news/2016/12/132141.html。
② 「日韓の合意をほごにするな」、『日本経済新聞』2017 年 1 月 5 日。
③ 倉田秀也「日米韓安保が再び漂流？安保に着手した朴槿恵氏を懐古する日が来るかも」、『産経新聞』2016 年 12 月 27 日。
④ 『岸田外務大臣臨時会見記録』、2016 年 9 月 18 日、http：//www.mofa.go.jp/mofaj/press/kaiken/kaiken3_000034.html。

务层级进一步扩大外交、安全领域的合作。二是日美韩外长会谈和副部长级磋商。日美韩外长会谈和日美韩首脑会谈一样,是利用国际会议场合举行,如2016年利用联大会议期间举行的日美韩外长会谈讨论了朝鲜第五次核试验后的形势和应对措施。日美韩副外长级磋商已经制度化。从2015年4月,日美韩举行首次副部长级协商以来,到2016年已经举行三次,说明随着朝鲜半岛危机加深,协商频率也在增加。副外长级磋商是事务级磋商,如2016年4月举行的第三次磋商主要是对3月日美韩首脑会谈内容的具体落实。三是参加朝鲜半岛六方会谈的日美韩代表磋商。2016年举行两次磋商,主要是分析朝鲜局势,就对朝政策进行协调。日本积极参加朝鲜核问题和导弹发射问题的美日韩磋商和国际协调,是安倍政府"积极和平主义"外交的重要举措,目的在于提升日本的国际影响和对地区安全形势的塑造能力。

在朝鲜核开发和发射导弹问题上,日本出于自身安全考虑对朝鲜施压,同时依靠日美韩同盟,积极参与塑造东北亚安全环境,并利用各种场合突出维护地区和平形象。但日本在绑架日本人问题、朝鲜核开发和发射导弹问题上都陷入僵局,在后两个问题难以出现转机的情况下,绑架日本人问题也难有进展。

第四节 对俄罗斯积极外交

冷战结束后,日俄双方都在探索如何走出冷战时期的对抗阴影,建立新关系。安倍再次担任首相后,主张"积极和平主义"对外方针,实行"俯瞰地球仪外交",对外战略和策略都做出重大调整。日俄关系是影响东北亚地缘政治、经济的重要因素,在对俄关系上日方主动发起外交攻势,加强安全和经济领域合作,在解决领土问题上也显示灵活态度,试图打破僵局,突破日俄关系现状。这也是日本在日美同盟体制下寻求外交独立性的一次体现,但日俄关系同样受美俄关系和美国对外战略约束,从中也可看出日美关系的影响。

由于安倍第二次担任首相后的对俄罗斯外交主要是围绕解决"北方领土"问题展开,本节也以此为主线试作探讨。

一 解决"北方领土"的几种方案

(一)冷战时期的解决方案

日俄存在主权争端的择捉、国后、齿舞(群岛)、色丹四岛,面积约5000平方公里,在地理学上,一般称南千岛群岛,日本在历史上亦如是称之。"北方领土"(或称"北方四岛""南千岛群岛")的概念在《旧金山和约》之前不存在,是随着领土争端而产生的。[①] 1961年10月4日,日方公布《外务省关于南千岛的见解》,表明上述岛屿是要求苏联归还的领土,鼓励称之为"北方领土"。1981年1月6日,日本内阁决议以1855年确定日俄国境线在择捉岛和得抚岛之间的《日俄通商条约》缔结的2月7日为每年的"北方领土日"。

领土争端是阻碍日俄关系发展的主要症结,在安倍内阁之前日方对解决领土问题有几种设想。冷战时期,日苏关系受冷战影响,日本在解决领土问题上的意见也相对僵硬,主要有两种意见:

1. 两岛先行归还论

即先归还两岛,其余两岛继续协商。这种设想始于1956年《日苏联合宣言》,苏方提出归还齿舞、色丹两岛后缔结和约,日方要求继续就国后、择捉两岛的归属进行协商。

2. 四岛一揽子归还

日本坚持此意见,领土争端久拖不决,1961年苏方声明"领土问题已经解决",争端陷于僵局。直到冷战末期,戈尔巴乔夫实行外交"新思维",在领土问题上显露松动迹象,日方也从坚持"政经不可分"后退到"扩大均衡"的立场,即根据苏方在领土问题上的态度决定对俄经济合作的程度。

(二)冷战结束后的解决方案

1. 中山太郎提案和川奈提案

日方注意到苏联解体后的变化,1991年10月时任外相中山太郎访俄时提出,如俄能确认日本对"北方四岛"的主权,在归还时间和方

---

① 長谷川毅『北方領土問題と日露関係』、筑摩書房、2000年、第19頁。

式上可以灵活考虑。次年 3 月俄外长科兹列夫访日，表示可按 1956 年宣言中归还两岛的设想缔结和约，余下两岛继续协商。这实际是 20 世纪 50 年代日方主张的两岛先行归还论，但日方又认为不能从四岛归还立场后退而拒绝。1993 年 10 月叶利钦总统访日与细川护熙首相发表《东京宣言》，表示继续就四岛归属谈判。1998 年 4 月，叶利钦与桥本首相在伊豆半岛的度假胜地川奈举行会谈，日方提案虽未公布，但认为态度灵活，即如在择捉岛和得抚岛之间划定日俄国境，对于争议地区的移交和管理可以不设期限。川奈提案是中山太郎提案的具体化。这两个提案虽然同意在四岛主权确定后可暂缓归还，但都要求四岛一揽子归还。1998 年小渊惠三首相访俄，俄方拒绝了川奈提案。

2. 两岛先行归还论和四岛一揽子归还论的反复与对立

1999 年夏，日方在俄拒绝川奈提案后再度出现两岛归还论，试图打破僵局，代表人物是自民党实力派国会议员铃木宗男。森喜朗就任首相后试图采用先按 1956 年《日苏联合宣言》归还两岛，再争取归还择捉、国后两岛的两阶段归还论。普京就任总统后表示愿意按 1956 年宣言归还两岛即结束领土问题谈判。2001 年 3 月的日俄首脑《伊尔库茨克声明》表明了双方愿意就领土问题进行谈判和实现关系正常化的积极意向，但双方的距离是明显的。

小泉内阁成立后，田中真纪子外相与铃木宗男政治斗争的一个主要内容是认为两岛先行归还论不利于争取四岛归还的目标。2003 年 1 月，小泉与普京会谈发表《日俄行动计划》，同意双方加强各领域交流，而在领土问题上对立明显，日方四岛归还的要求只停留在口号上。

3. 探讨灵活解决和政治妥协的可能

2004 年 10 月中俄边界谈判达成协议后，"等分"方式成为日方解决领土争端的新思路，即在俄方主张的归还两岛和日方主张归还四岛之间寻求"等分"解决的方案。方案有三：

第一，两岛 +α。20 世纪 80 年代后期提出未受重视，现认为 α 的选项中是否可是两岛之外的另一岛，如国后。

第二，三岛归还论。如上方案中的 α 是另一岛，即归还三岛，以前提出过被认为缺乏法律依据，现认为也可从双方政治妥协和现实政治、经济利益的角度予以考虑。①

第三，面积等分论。2006 年外相麻生太郎表示可考虑面积等分论。2009 年，外务事务次官谷内正太郎表示，作为个人意见也可考虑归还 3.5 岛。②

小泉内阁以后，日本进入政权更迭频繁时期，在领土问题上仍是两岛先行归还论和四岛一揽子归还论两种主流意见严重对立，争端殆无进展。

二 对俄积极外交攻势

（一）安倍对俄积极外交

第二次安倍内阁从"积极和平主义"战略出发，为解决领土问题和改善对俄关系，积极展开外交攻势，试图与俄保持密切政治联系，特别是与俄领导人建立个人关系，以解决长期未决的领土争端问题。愿望之殷切、策略之灵活、攻势之强烈，在日本对俄外交史上前所未有。

安倍内阁成立伊始，即以前首相森喜朗作为事实上的特使携安倍亲笔信访俄，为安倍访俄预做铺垫。森喜朗是日本政界亲俄派首领，与俄总统普京会谈有 16 次之多。2001 年 3 月任首相期间访俄与普京会谈发表《伊尔库茨克声明》，确认"1956 年的《日苏联合宣言》是规定谈判出发点的法律文件，并再次确认在解决四岛归属问题后缔结和平条约"③。日方希望借森喜朗与普京的私人关系推动对俄外交展开。

2013 年 4 月，安倍率以经团联会长米仓弘昌为首的经济界领袖 50 余人访俄。在出发前安倍对媒体表示，希望通过此访与普京建立起个人信赖关系，"使陷入停顿的和平条约谈判得以重启"④。安倍和普京会谈后发表联合声明表示，"二战结束 67 年，日俄两国未签署和平条约属异

---

① 日方解决与俄领土争端的设想参阅：岩下明裕『北方領土問題』、中央公論新社、2005 年，第 6—17 页。
② 「北方領土 2 等分『妄言』には惑わされるな」、『産経新聞』2013 年 5 月 5 日。
③ 外务省『外交青書』2002 年，第一章第五節（4）日露関係。
④ 《安倍启程访问俄罗斯望重启和平条约谈判》，共同网 2013 年 4 月 28 日，http://china.kyodonews.jp/news/2013/04/51237.html。

常",主张指示各自外交部门在领土问题上谋求双方都可接受的解决方案。① 2013 年 8 月,日俄副外长级磋商在莫斯科举行,正式展开领土问题谈判。

但另一方面,美俄外交对立也使日本不得不与美国保持一致,在对俄外交上受到限制。美俄在对叙利亚军事打击问题上的对立和乌克兰危机愈演愈烈,日本既要参与西方对俄制裁,又要保证已开始改善进程的日俄关系不受严重损害而颇费周章。2014 年 2 月,在欧美多国首脑联合抵制索契冬奥会的形势下,安倍低调出席开幕式,并同普京举行会谈,使普京同意秋季访日,双方上演一幕"日俄蜜月"。美国前负责东亚和太平洋事务助理国务卿科特·坎贝尔评价:"此举是双方为建立更持久的日俄关系而付出艰难努力的一部分。"② 2014 年 3 月和 5 月,为与俄沟通和维持日俄关系,安倍派国家安全保障局长谷内正太郎两度赴俄,与俄联邦安全会议秘书帕特鲁舍夫会谈,说明日本应对乌克兰局势的方针,表示安倍政府与俄方保持对话的立场不变,并就领土问题进行磋商。9 月,森喜朗再度赴俄与普京会谈,并转交安倍亲笔信和就维持对话达成共识。2015 年 5 月,安倍在会见俄国家杜马主席纳雷什金时介绍说,他已在之前的日美首脑会谈中向奥巴马总统表示会为实现普京年内访日而展开协调。尽管奥巴马表示为难,但仍向美方传达了因重视"北方领土"谈判进展而争取实现普京访日的决心。③

(二) 安全、能源合作取得突破

在领土谈判陷于僵局的情况下,日俄关系首先在安全和能源领域取得进展。

1999 年日俄缔结防卫交流备忘录开始军队互访,2006 年扩大海上安全交流。安倍内阁进一步提升两国安全合作。2013 年 4 月安倍访俄,

---

① 《日俄发表联合声明"重启"领土谈判》,共同网 2013 年 4 月 29 日,http://china.kyodonews.jp/news/2013/04/51298.html。

② [美] 科特·坎贝尔:《俄日外交互动值得关注》,英国《金融时报》中文网 2014 年 2 月 20 日,http://www.ftchinese.com/story/001054898。

③ 《安倍 5 月曾向普京亲信透露日美首脑会谈内容》,共同网 2015 年 6 月 4 日,http://china.kyodonews.jp/news/2015/06/98859.html。

双方一致同意建立外交、防务部长级协商机制（2+2）。这是日本继美、澳之后与第三个国家建立外长、防长协商机制。美日是盟国，澳与日是有密切安全合作的"准盟国"，俄是日本第一个与非盟国建立类似机制的国家。日本希望借此表明与俄特殊关系。11月，日俄首次外长、防长磋商举行，达成在反恐和制止海盗方面联合训练的协议。《读卖新闻》社论称，"日俄关系进入新阶段"①。日本《外交蓝皮书》评价："这在增进两国间信任和整体提高日俄关系，促进东亚和平与稳定方面是有意义的。"②

日俄能源合作潜力巨大。苏联解体后日俄经济合作主要集中在能源领域，安倍内阁在扩大对俄能源产业参与的基础上展开全面合作。日本企业除继续推进在萨哈林岛的石油、天然气开采外，还决定参与远东和北极地区亚马尔半岛的液化天然气工程项目，联合对鄂霍次克海北部和东西伯利亚进行能源勘探开发。根据安倍2013年4月访俄提出的经济合作计划，双方在能源合作外，扩大经济合作领域，探讨建立农业、食品、医疗、城市建设等领域的新合作框架，特别是由日本国际协力银行（JBIC）和俄直接投资基金（RDIF）各出资5亿美元设立基金，在金融方面支持日民间对俄投资；双方保险机构也同意为日本企业在俄投资和日俄合办企业在周边国家投资提供风险保证。

（三）解决领土争端现灵活动向

日本对俄积极外交的标志是，在领土争端问题上表现出比以往更灵活的态度，甚至出现不再以领土为前提发展两国关系的意见。

安倍内阁成立后对俄外交的首要目标是解决领土问题，各种解决方案陆续提出来讨论，显示比以往更灵活的姿态。如森喜朗除了坚持其担任首相时主张的将齿舞、色丹和国后、择捉分开进行协商的"并行协商"论外，在作为首相特使赴俄期间还主张三岛归还论。他在接受电视采访时说："最好是在国后和择捉岛之间划（国境）线。"③ 2013年7

---

① 「日露2プラス2『領土』への信頼を醸成したい」、『読売新聞』2013年11月3日。
② 外務省『外交青書』2014年版，第二章第二節（1）日露関係。
③ 木村汎『「3島」で安倍外交を躓かせるな』、『産経新聞』2013年1月23日。

月曾任外务省欧洲局长的京都产业大学教授东乡和彦与俄前驻日大使帕诺夫在俄报纸上发表评论，建议日俄磋商根据1956年《日苏联合宣言》归还齿舞、色丹两岛，同时在国后、择捉两岛合作开展经济活动。9月，东乡在日俄缔结和平条约的研讨会表示，四岛一齐归还日本是"不可能"之举，归还齿舞、色丹两岛加上其他附属条件或可成为双方能接受的解决办法。① 2013年11月谷内正太郎在讲演中表示，赞成普京总统以体育比赛"打平手"的比喻方式解决北方领土问题的想法，并表示要向俄方转达和商讨双方怎样"打平手"才能说服两国国民。②

值得注意的是，从地区形势角度思考领土问题的解决方式，包括做出某种程度的妥协和必要时做出政治决断等新思路成为日方新选项。如森喜朗访俄后接受采访时甚至说，勿将"归还四岛"视为绝对，应通过加深远东开发等经济合作找出解决良策。③ 2014年2月森喜朗在演讲中说："并不是无论如何要归还四岛，如果俄罗斯无法归还，也有两国以特区形式来经营的做法"，表示应采取灵活态度解决问题。他呼吁，为构建东北亚稳定局面，日本即使多少照顾一下，也应该做出政治决断，切实联起手来。④ 谷内正太郎直接谈到与俄达成妥协建立新关系。他说："日本需要抱着在普京仍担任总统时一劳永逸解决问题的坚定决心加入谈判。如果普京提出达成妥协的建议，我们不应该断然拒绝这个建议。我们应该探索以日本能够接受的方式达成妥协的可能性。"⑤

对于在领土问题上的新动向，美国战略与国际问题研究中心的日本

---

① 《日俄学者提议以"两岛加附属条件"解决北方领土问题》，共同网2013年9月29日，http：//china.kyodonews.jp/news/2013/09/60678.html。
② 『谷内氏、北方領土「引き分け」論に賛同』、産経ニュース2013年11月12日、http：//sankei.jp.msn.com/politics/news/131112/plc13111210410008-n1.htm。
③ 《专访日本前首相森喜朗：不应把归还北方四岛视为绝对》，共同网2013年4月22日，http：//china.kyodonews.jp/news/2013/04/50810.html。
④ 《日本前首相森喜朗称北方四岛可作为特区处理》，共同网2014年2月20日，http：//china.kyodonews.jp/news/2014/02/69664.html。
⑤ J. Berkshire Miller, "Getting Serious：An End to the Russia-Japan Dispute?", /The Diplomat, August 19, 2013. http://thediplomat.com/2013/08/19/getting-serious-an-end-to-the-russia-japan-dispute/? all = true.

问题专家米勒说："对日本而言，这是相当显著的思维变化。"①

（四）提出解决"北方领土"新思路

2016年，安倍首相两访俄罗斯，四见普京。为了打破"北方领土"僵局，安倍不再坚持经济合作与领土挂钩的原则，迎合俄方要求，提出优先改善对俄关系的"新思路"（新たなアプローチ），反映在"积极和平主义"战略下，日本对俄外交战略的重大转变，最终放弃战后以来在解决"北方领土"问题上的一贯原则。

2016年5月，安倍首相访俄与普京总统会谈。日方一改以往将经济合作与解决领土挂钩的原则，首先提出八项对俄经济合作计划，同时安倍要求与普京进行只有翻译陪同参加的单独会谈。日本报纸报道，安倍向普京提出"要有和目前为止不同途径的'新思路'打破停滞，克服双方立场上的不同"。会谈后安倍表示，日俄在北方领土问题上实现"破冰"②。9月，安倍出席符拉迪沃斯托克东方经济论坛再次与普京会谈。安倍提议解决领土问题"新思路"的主要内容是先行开展对俄综合性经济合作。日本政府消息人士强调："既然按照一直以来的方针，领土谈判却没有进展，那么就有必要转变思路。"③鉴于普京关心远东地区振兴，日本政府就要满足普京的要求，迅速出台项目企划并尽快付诸执行。安倍向普京转达了希望实现合作的意愿，确认了八项经济合作计划，向俄方描绘了"将远东建设成为亚太地区出口基地"的蓝图。据事后披露的消息，日方提出的经济合作设想的主要内容为，重视西伯利亚和远东地区基础设施建设与资源开发，提高当地居民生活质量。投入资金规模超过1万亿日元（约合人民币650亿元），包括提高符拉迪沃斯托克、扎鲁比诺、东方港（Vostochny）的功能，在符拉迪沃斯托克近郊建设耗资约6000亿日元的石油化学工厂等共41项业务。日方认

---

① J. Berkshire Miller, "Getting Serious: An End to the Russia-Japan Dispute?", /The Diplomat, August 19, 2013. http://thediplomat.com/2013/08/19/getting-serious-an-end-to-the-russia-japan-dispute/? all = true.

② 「北方領土問題"現首脳間で解決"日露、新アプローチ」、『毎日新聞』2016年5月8日。

③ 《日本转换对俄方针拟先行开展经济合作》，共同网2016年8月30日，http://china.kyodonews.jp/news/2016/08/126288.html。

为如果能为远东地区产业振兴提供帮助，普京在整个对日谈判中态度或许会有所缓和。日方原来将经济合作作为解决领土问题的筹码，现在则以协助俄远东开发换取俄与之进行领土问题谈判。

2016年底普京访日。这是日本朝野检验安倍对俄"新思路"政策成效的时刻。在安倍家乡山口县长门市，日俄首脑举行3小时会谈，其中仅由翻译陪同的会谈95分钟。安倍在会谈后共同会见记者时首次公开谈到解决领土问题的"新思路"。安倍说，日俄两国过去坚持自己的主张，无法解决领土问题。"日本人与俄罗斯人能够不一味拘泥于过去共存，并建立起彼此双赢的关系。这需要我们面向未来的思维，描绘出北方四岛的未来蓝图，从中找出解决思路。基于这一'新思路'，此次我们已经就在四岛开展共同经济活动的'特别制度'磋商达成了共识。共同经济活动将在不损害日俄两国和平条约问题相关立场的共识下展开，该'特别制度'将仅设置于日俄两国之间。这是迈向缔结和平条约的重要一步。"安倍借用柔道创始者嘉纳治五郎提倡的"自他共荣"精神，呼吁普京要建立"'自他共荣'的新日俄关系"①。

从日俄交涉可以看出，安倍解决"北方领土"的"新思路"有两个要点：一是放弃领土归还和经济合作挂钩的做法，先对俄远东开发展开经济合作；二是与俄制定"特别制度"，在"北方四岛"开展共同经济活动。但日方盼望已久的日俄首脑会谈几乎没有谈到岛屿归还和缔结和约，会谈的实质内容主要是日俄经济合作问题。这既证实了日俄关于北方领土归属问题的立场分歧仍然较大，看不到有所进展的迹象，双方会谈只能局限在经济合作上，而这也正是普京访日的主要目的。媒体认为，现在还看不到解决领土问题的出口，只是在完善解决领土入口的环境。②

（五）俄日对安倍新思路的反应

普京访日的结果证明，俄日在"北方领土"上的态度南辕北辙，安

---

① 『日露共同記者会見』、2016年12月16日、http://www.kantei.go.jp/jp/97_abe/statement/2016/1216kaiken.html。

② 「日露首脳会談　領土交渉の出口見えず」、『毎日新聞』2016年12月17日。

倍的新思路并未奏效。

日方原指望普京访日能在领土问题上有所松动，但面对以上结果不免失望。安倍称普京访日是"将日俄关系推向新高度的历史事件"①，但也多次坦承解决领土问题的难度，以降低民众期望。自民党干事长二阶俊博对媒体表示："大部分国民感到失望。"② 在野的民进党和共产党对会谈结果给予批判。舆论界在肯定首脑接触积极意义的同时，对合作前景不无担忧，指出"日俄首脑会谈双方距离太大"③，"日俄双方存在明显的温度差"，安倍与普京是"同床异梦"④，甚至认为"会谈后发表的声明中未具体言及领土，这不能不说日俄关系现状严峻"⑤。日本一些俄罗斯问题专家的批评更加坦率。北海道大学名誉教授木村汎说："会谈是日方完败。在和平条约谈判事实上没有进行、没有发表关于条约的声明和文件的情况下，就对在四岛开展共同经济活动开始协商达成一致意见，今后日本将以这些'负遗产'为基础进行对俄交涉。不仅不是走向缔结和平条约的重要一步，毋宁说是产生负效果，感到很危险。因为这会让俄方感到拥有主权，怎样都可以，加强了俄罗斯对四岛的实效支配。"⑥ 九州大学教授岩下明裕直截了当地说："安倍首相中了俄罗斯普京总统的圈套"，"想用经济带动领土问题解决的方法只是看上去前进了"⑦。

事实上，在普京访日前俄罗斯方面多次明确表示，在领土问题上不会让步，不能指望普京总统访日能够在领土问题上取得进展。在5月安倍访日前举行的日俄外长会谈中，拉夫罗夫表示，关于领土问题"日方必须确认是第二次世界大战的结果这一前提没有变"。"要实现互相都

---

① 『日露ビジネス対話安倍総理スピーチ』、2016年12月16日、http://www.kantei.go.jp/jp/97_abe/statement/2016/1216taiwa.html。

② 《自民党干事长就日俄领土问题未见进展称"国民失望"》，共同网2016年12月16日，http://china.kyodonews.jp/news/2016/12/131688.html。

③ 「日ロ首脳会談 あまりに大きな隔たり」、『朝日新聞』2016年12月17日。

④ 「共同経済活動へ協議、帰属問題なお溝」、『日本経済新聞』2016年12月16日。

⑤ 「日露首脳会談「法と正義」の原則崩せぬ 四島での共同活動は危うい」、『産経新聞』2016年12月17日。

⑥ 「日本完敗、合意は負の遺産 北海道大名誉教授木村汎氏に聞く」、『東京新聞』2016年12月17日。

⑦ 「どう見る日露首脳会談」、『毎日新聞』、2016年12月17日。

能接受的解决方案，日本必须在所有领域毫无例外地进行合作。要想在所有领域发展关系，必须排除不自然的障碍"。这意思就是说，日方必须理解如果不进行经济合作，领土谈判就不会有进展；如果不解除因乌克兰问题对俄制裁，就不能改善相互关系。日舆论称这"近乎对安倍内阁的威胁"①。拉夫罗夫还说，俄罗斯"不会交换岛屿，也不会向日本寻求签署和平条约"②。10月，普京总统更进一步表示，包括日俄领土问题在内的缔结和平条约谈判"确定期限是不可能的，甚至是不利的"③。在利马出席亚太经合组织会议期间，普京说："我们不想积极缔结和平条约。缔结和约的道路并不简单。克里尔（南千岛群岛）是第二次世界大战的结果，现在是俄罗斯领土。即使按1956年宣言归还两岛，以什么为根据、以后置于哪个国家主权之下、以什么条件归还？宣言都没有写。"④ 单从字面理解，这表明俄实际是从1956年《日苏共同宣言》的立场后退。在普京访日前，日外相访俄无功而返，就已经预示在领土问题上不会有所突破。与此同时，俄罗斯不断加强在北方四岛上的基础设施建设包括军事设施建设。俄国防部长绍伊古表示，俄将在择捉和国后岛建设基地部署太平洋舰队和岸防导弹系统，完善基础设施以便军队长期驻守。⑤ 2016年内必须在择捉和国后岛上完成220项军事设施。俄政府为鼓励远东开发和人口定居对当地居民实行无偿出租土地的政策，该政策也适用于北方四岛居民，以阻止当地人口继续减少。

鉴于俄方的一系列表态，日本的俄罗斯问题专家都对日俄领土问题的解决持谨慎态度，对普京访日的成果不抱期望。新潟县立大学教授袴田茂树多次在报刊上撰文坦承"危机感"，他认为"尽管安倍对俄态度

---

① 秋田浩之「プーチン氏、安倍氏に"脅し"の刃先」、『日本経済新聞』2016年4月22日。
② 《俄罗斯外长接受俄报采访时称不会归还北方四岛》，共同网2016年5月31日，http://china.kyodonews.jp/news/2016/05/121242.html。
③ プーチン氏、「日本をけん制　北方領土の交渉　期限設定は『有害』」、『日本経済新聞』2016年10月31日。
④ 袴田茂樹「冷水浴びせたプーチン発言　ナイーブな楽観主義的な対露政策を見直せ」、『産経新聞』2016年11月25日。
⑤ 《俄国防部长称将考虑在千岛群岛设海军基地》，共同网2016年3月25日，http://china.kyodonews.jp/news/2016/03/117188.html。

亲热，但与普京在领土问题上的认识差距在扩大"。他的根据是普京 2016 年 5 月 20 日的讲话，普京说："领土交涉与经济合作分离。和平条约重要，但不是与经济合作交换，出卖领土。日俄关于领土问题的立场并不比 1956 年发表日苏宣言时更接近。但对话今后还会持续。与日本之间的国境问题和中国不同。北方四岛之所以是俄国领土是第二次世界大战的结果，这载诸各种国际文件；而中俄国境未划定，经过 40 年谈判解决了，这与大战无关。如果修正第二次世界大战结果，与德国、波兰等国也会因领土问题打开潘多拉盒子。"袴田认为，俄罗斯当前发展对日关系的真正目的是吸引日本经济合作，而不是要解决领土问题。在俄罗斯甚至出现"和平条约不要论"，因为日俄之间没有和平条约，日本也会热心对俄合作。如果解决了领土问题和缔结了和约，并不能确定日本是否还会有热情开展对俄合作。袴田建议，要改变乐观主义的对俄政策。① 木村汎则告诫，不要试图分化中俄关系和不顾美国劝告自以为得计地接近俄罗斯，否则有可能贻误日本的百年大计。他认为，对日本来说最坏的方案是被俄罗斯用领土问题牵住鼻子，"不得不半永久地对共同经济开发给予合作"。俄罗斯对日谈判战术是，领土丝毫不让，经济上却想尽可能多地获得援助。普京以中俄之所以划定国境是因为两国达到战略伙伴关系水平为例，实际是示意日本要不设期限地先对俄展开经济合作。②

三 对俄积极外交的原因

（一）收回"北方领土"的民族主义要求

收回"北方领土"在日本是得到国民支持的民族主义要求。安倍对

---

① 袴田茂樹「北方領土めぐる認識の違いはむしろ拡大　露への楽観的思い入れを見直せ」、『産経新聞』2016 年 9 月 6 日。袴田茂樹「プーチン政権が狙うのは経済協力の引き出し　安倍首相の対露政策は逆効果だ」、『産経新聞』2016 年 10 月 3 日。袴田茂樹「冷水浴びせたプーチン発言　ナイーブな楽観主義的な対露政策を見直せ」、『産経新聞』2016 年 11 月 25 日。

② 木村汎「早とちりしてロシアに接近すると日本は百年の計を誤る　日米同盟の信頼を失うな」、『産経新聞』2016 年 10 月 5 日。木村汎「安倍晋三首相がいま博打に出る必要は少しもない　ロシアの「対日戦術」を見極めよ」、『産経新聞』2016 年 11 月 8 日。

俄积极外交得到国内支持，也有其个人因素。

战后日苏恢复邦交，但一直未缔结和约，"北方领土"问题是主要障碍。从20世纪60年代开始，日本开展归还"北方领土"国民运动，政府也在外交上寻求突破。安倍所说的"战后外交总决算"就是要把对俄外交和解决"北方领土"问题作为一个重要课题。对于安倍来说，对俄关系还有其个人特殊的原因。安倍当过首相的外祖父岸信介和当过外相的父亲安倍晋太郎都曾在对俄外交和解决"北方领土"问题上付出过努力，也是安倍家族的夙愿。作为政治家族传人的安倍有继承先辈遗志解决领土问题的愿望。他特别安排在家乡下关会见普京，在会见前后，都到家族墓地祭告要在领土问题上尽力取得成果。

（二）乘俄困境解决领土问题

领土争端阻碍日俄关系发展，限制日本在东北亚地区进一步发挥作用。日本一直寄希望于国际形势变化和俄罗斯国内政局演变解决这一问题。

冷战结束以后，苏联解体、俄罗斯陷入长期动荡，经济困难，急需外援，日本希望利用这一历史性机会解决"北方领土"问题，重开冷战时期中断的领土交涉。木村汎称，日本迄今仅有两次机会，一次是20世纪70年代初中美接近引起国际格局变化之际，另一次是苏联解体后衰弱的俄罗斯急需经济援助之时。当时的日本领导人田中角荣、细川护熙等人，不是性急就是缺乏领导力，都未能抓住机会。当前是日本面临的第三次机会，木村坦率地称之为"攻击喘息中的俄罗斯的'良机'"。日本报章也认为，俄为摆脱困境向东方寻求发展，日本是其外交重要方向。木村认为，俄外交重要目标是日本，但安倍的处境显然强于普京，处于历史上少有的有利地位。① 特别是在经济上，俄远东、西伯利亚开发需要日本的资金技术，日本也是俄油气资源出口的潜在长期大买家。俄希望与日本扩大双边经济合作，目前陷于困境正是日本解决领土难题的难得机遇。

（三）认为普京能做出政治决断

安倍把解决领土问题的希望系于普京一身。

---

① 木村汎「あえぐロシアを攻める『好機』だ」、『産経新聞』2015年2月5日。

首先，日方认为只有政治强人普京才能在领土问题上做出决断。从日俄领土争端的现实看，四岛一揽子归还难以实现，即使是两岛先行归还和三岛归还等妥协方案也需在俄方做出重大政治决断下才有可能。安倍认为普京执政时期是解决领土问题的历史机遇期，尽管普京在领土问题上并未松口，但仍抱有期望。在普京取代梅德韦杰夫重登总统宝座后，日方受到鼓舞①。

其次，在冷战后解决"北方领土"问题上有两次教训，认为抓住俄罗斯政治强人，才能推动谈判取得结果。一次是叶利钦总统和桥本龙太郎首相时期，经过在克拉斯诺亚尔斯克和川奈两次交涉，创造了良好气氛，日方提出在择捉岛以北划定国界，而暂时承认俄对四岛的施政权，俄未接受这一提案，叶利钦随后因身体原因辞职。另一次是普京就任总统后，承认在缔结和平条约后归还齿舞、色丹二岛的1956年日苏宣言，森喜朗提出先归还两岛，再继续交涉国后、择捉两岛的提案，遭到日本国内反对，森不久下野。日方认为，这两次进展有一共同经验：都是与俄罗斯政治强人谈判。普京再次就任总统后，日方认为不应再错过机会。

还有，日本国内政治也出现长期稳定局面，有可能与普京建立稳定关系，给解决领土争端提供了机遇。安倍是在日本政府频繁更迭后东山再起取得政权的，较高的支持率使之成为长期政权。日本媒体评论说，尽管找到解决方案并非易事，"但两国安下心来进行领土谈判的环境已经具备"②。日方希望抓紧在普京任期内推动领土问题的解决。

为此，安倍极力与普京建立良好的私人关系，打"感情牌"，企图影响其决策。安倍提出解决领土"新思路"，很大程度上也是迎合普京意图。官房长官菅义伟表示，希望通过经济合作构建国家间的信赖感，促进领土问题和缔约问题的解决。③

---

① 『日露首脳会談 領土は焦らず着実に』、『毎日新聞』2013年5月1日、http://mainichi.jp/opinion/news/20130501k0000m070142000c.html。
② 『日ロの北方領土交渉に一段と弾みを』、『日本経済新聞』2013年8月21日。
③ 「日露首脳20日"特別な会談"⋯領土交渉地ならし」、『毎日新聞』2016年11月19日。

（四）分化中俄关系

从安倍对俄交涉过程看，以解决"北方领土"问题为由头展开的外交攻势，不仅是对俄战略的重大转变，也是为应对中国崛起而展开的外交新布局的重要一环。

中俄战略合作关系的建立是冷战后大国关系调整最重要的成果。安倍内阁的对俄政策是建立在新的对外政策调整基础之上的，即以国力不断上升的中国为主要竞争和防范对象，利用中国同周边国家的矛盾构建削弱和制约中国的战略联盟。日本有媒体认为，中俄合作使日本感觉面对双方的"夹击"，"如果减少在地缘政治上非常严重的俄罗斯威胁，日本可将更多精力用于应对朝鲜和中国"①。所以前美国东亚及太平洋事务助理国务卿科特·坎贝尔说，安倍发起了日本现代史上最宏伟的外交行动，试图与各国建立更牢固的政治关系，并深化商贸往来。其部分外交活动是为了和中国在该地区日益增长的外交影响力相匹敌。②

森喜朗2014年9月在莫斯科演讲称，日俄解决北方领土问题并签订和平条约将确立两国间"真正的稳定友好关系"，有助于制衡中国和稳定朝鲜半岛局势。日俄若建立紧密关系，在亚太地区"能形成恰到好处的均势"。"加上日美同盟，中国也将无法继续现在这样的举动。"③《产经新闻》华盛顿分社社长佐佐木类在安倍访俄的新闻分析中更露骨地说："从双边关系这一'线'的角度思考存在北方领土的日俄关系是重要的，但从引发'敌方营垒'中俄的不和这一'面'的角度展开战略外交也是必要的。"他认为日本对俄外交使"东北亚形势正在发生微妙的结构性变化，日美同盟正在中俄关系中打入楔子，这种环境正在平静中酿成"④。俄罗斯问题专家袴田茂树分析，安倍不顾欧美对俄制裁，

---

① 「中国念頭　安保協力広く　日ロ、初の2プラス2　海洋進出けん制」、『日本経済新聞』2013年11月3日。

② ［美］科特·坎贝尔：《俄日外交互动值得关注》，英国《金融时报》中文版2014年2月20日，http://www.ftchinese.com/story/001054898。

③ 《森喜朗称强化日俄关系有助于亚太地区稳定》，共同网2014年9月9日，http://china.kyodonews.jp/news/2014/09/82407.html。

④ 佐々木類『中国が恐れる中露分断戦略外交を』、産経ニュース2013年4月29日、http://sankei.jp.msn.com/world/news/130429/amr13042909240001-n1.htm。

执意邀请普京访日的目的之一也是要阻止中俄接近。①

实际上，安倍不仅着眼于经济和领土问题，更着眼于安全战略布局。在安倍来看，即使暂时不能解决领土问题，也要通过经济和安全合作与俄建立更密切的关系。安倍的"新思路"完全摒弃以前的方案，而要通过"特别制度"在北方四岛建立"世界上没有先例"的特区，与俄实现"共存共荣"。日本政府虽然把共同经济活动定位为包括领土问题在内的和平条约谈判的一环，但这也可以理解是变相搁置领土争端，排除领土问题这一长期障碍，为建立日俄战略关系铺平道路。安倍并不掩饰发展日俄关系是出于安全因素。安倍身边的人士透露："安倍之所以倾注极大热情解决领土问题，不仅是为了让俄罗斯返还领土，最大目的是缩短日俄之间的距离，扩大外交选项，巩固能应对中国崛起的立足点。"② 由此也可以解开，为什么在俄罗斯方面拒谈领土问题、日本国内对解决领土问题并不看好，甚至美国对其破坏西方对俄联合制裁行动不满的情况下，安倍仍与俄谈经济合作了。

第五节 "亚太再平衡"战略下日本的地区经济战略

在"亚太再平衡"战略下，奥巴马政府参与和主导跨太平洋伙伴关系协定（TPP），是看到东亚地区正在发生的政治、经济形势变化，要通过参与多边经济协定扩大对这一地区的介入，维持美国主导地位。面对中国的崛起和美国的强势介入地区经济合作，日本的地区经济战略经历了一个艰难的调整过程。

本节就日本的东亚共同体构想和参与跨太平洋伙伴关系协定（TPP）的政策选择做一考察，从中分析日本在中美博弈条件下如何试图保持其独立性和维护其国家利益。

---

① 袴田茂樹『プーチン氏の年内招待は妥当か』、『産経新聞』2015年7月2日。
② ［日］秋田浩之：《安倍要进普京"虎穴"?》，日经中文网2016年6月6日，http://cn.nikkei.com/politicsaeconomy/politicsasociety/19918-20160606.html/?n_cid=NKCHA014。

一 从东亚共同体到跨太平洋伙伴关系协定（TPP）

（一）东亚共同体构想搁置

东亚共同体构想在自民党和民主党政府的亚洲政策中都曾有重要地位，说明这一思想已成为两大政党的共识。小泉内阁到鸠山内阁两度提出的构想略有不同，都代表了日本亚洲外交的战略思考，表明要积极地参与东亚合作和主导地区格局重组。但随着奥巴马政府推出"亚太再平衡"战略，日本的地区政策也发生变化。

菅直人内阁成立之初，继承了鸠山内阁的东亚共同体构想。菅直人首相在内阁成立后的施政演说中表示，重视"亚洲经济战略"，建立东亚共同体是亚洲外交的长期目标。① 他在出席多伦多20国集团（G20）首脑会议期间会见胡锦涛主席时表示将基于长期视野推进东亚共同体②，在"日韩合并"100周年发表的内阁总理大臣谈话中也呼吁韩国为将来构筑东亚共同体而携手合作。2010年8月，日本在东盟经济部长会议上提出东亚经济一体化方案，而东亚经济一体化被认为是东亚共同体的基础。菅直人内阁的《新经济增长战略》报告表示要借亚洲经济的活力为日本经济增长提供持续的动力。③ 作为实现东亚共同体构想的具体行动，菅直人表示要在2010年主办亚太经合组织首脑会议时为探讨建立亚太自由贸易区（FTAAP）的途径发挥领导作用。④ 在2010年10月1日的国会讲演中，菅直人首相表示要建立亚太自由贸易区（FTAAP），研究参与跨太平洋伙伴关系协定（TPP），同时要推动实现东亚共同体构想。⑤

东亚共同体构想经过小泉和鸠山的阐述，轮廓越来越清晰。但东亚

---

① 『第174回国会における菅内閣総理大臣所信表明演説』、2010年6月11日、http://www.kantei.go.jp/jp/kan/statement/201006/11syosin.html。
② 「日中首脳会談：要旨」、『東京新聞』2010年6月28日。
③ 閣議決定『新成長戦略——「元気な日本」復活のシナリオ』、2010年6月18日、第22、44頁。
④ 『内閣総理大臣談話』、2010年8月10日、http://www.kantei.go.jp/jp/kan/statement/201008/10danwa.html。
⑤ 『第176回国会における菅内閣総理大臣所信表明演説』、2010年10月1日、http://www.kantei.go.jp/jp/kan/statement/201010/01syosin.html。

共同体要改造日美同盟和重视亚洲的外交方针不能不使美国心存疑虑。① 鸠山因冲绳基地搬迁问题使日美关系陷于僵局而辞职。随着奥巴马政府"亚太再平衡"战略的展开，美国强力参与地区秩序重组，中日关系也因钓鱼岛争端再遇挫折，东亚经济合作和地区战略形势发生变化。

撞船事件后日本国内出现批评鸠山外交的论调，菅直人内阁在对外经济关系上转而重视参与跨太平洋伙伴关系协定（TPP）。在2011年1月20日菅直人首相发表的外交政策演说中提到跨太平洋伙伴关系协定，却没有提东亚共同体构想。② 这显然不是疏忽。2011年9月，野田内阁成立后更明确表示在目前时期没有必要推动这一宏大构想了。③ 小泉内阁和鸠山内阁的东亚共同体构想都半途夭折，日本历时10年的关于东亚共同体的讨论也偃旗息鼓，反映了美国的影响和东亚地区合作的复杂性。

东亚共同体构想被搁置，是民主党内阁在处理与中美两国关系上的失败。政局转换使日本在对华安全观上发生重大转折，菅内阁和野田内阁急于改善日美关系，希望借重日美同盟抗衡中国。而美国逐步从伊拉克、阿富汗撤军，加大对亚太地区的战略投入，给陷于外交困境的日本带来新希望。但东亚共同体构想所反映的亚洲外交目标对于深入认识日本的对外战略和国家战略仍有参考价值，从中可以看到日本在地区战略上的思考以及在自主外交方面的设想和所面临的困难。

（二）继续重视东亚经济合作

菅内阁和野田内阁虽然搁置了东亚共同体构想，但参与东亚合作的方针没有变，特别是在中日关系出现波折的情况下经济贸易关系仍然保持发展的趋势。

---

① 「米政府、鳩山首相の"東アジア共同体"に強い反対 不信と懸念強める」、『産経新聞』2009年9月28日、http://sankei.jp.msn.com/politics/policy/090928/plc0909281843009-n2.htm「鳩山首相提唱の東アジア共同体、米議員が米国排除を懸念」、『産経新聞』2009年11月13日、http://sankei.jp.msn.com/world/asia/091113/asi0911131619007-n1.htm。

② 菅直人『歴史分水嶺に立つ日本外交』、2011年1月20日、http://www.kantei.go.jp/jp/kan/statement/201101/20speech.html。

③ 野田佳彦「わが政治哲学」、『Voice』2011年10月号、第52頁。

进入 21 世纪，东亚地区力量博弈出现几种合作框架：东盟＋中日韩（10＋3）、东亚峰会机制（10＋6、10＋8）、跨太平洋伙伴关系协定（TPP）、区域全面经济伙伴关系（RCEP）等。这反映了东亚国际关系中影响地区局势发展的两个特点：一是各国都积极参与地区合作，二是各主要力量在地区格局调整中进行博弈，地区合作成为博弈的舞台之一。尽管多种合作框架是地区力量博弈的结果，但就地区合作提出多种框架也说明合作是区域内各国的一致要求和今后发展的趋势，各主要力量想掌握主导权就不能违抗集体意志和总趋势，只能顺应潮流，这也使地区合作成为力量博弈的舞台。

对日本来说，跨太平洋伙伴关系协定（TPP）是其多边贸易战略的新选择，但重视亚洲的思想没有变。菅直人内阁的《一揽子经济合作协议基本方针》称：日本要推进亚太自由贸易区建设，并在这一进程中发挥主导作用。虽然没有提东亚共同体，但基本方针包括缔结中日韩自由贸易协定和建立东亚自由贸易区。① 日本经团联也在 2010 年 11 月亚太经合组织首脑会议召开前建议，必须尽快缔结中日韩自由贸易协定，推进东亚经济共同体建设，并认为这将成为在 2020 年前建成的亚太自由贸易区的核心之一。②

对东亚共同体构想提出质疑或反对的意见主要是出于政治和安全原因。③ 这也从另一个方面说明，"入亚求存"，依托东亚经济合作，保持日本经济、安全环境的稳定是日本政府和民间一致的战略选择。菅内阁和野田内阁尽管搁置东亚共同体构想，但构想中依托东亚经济合作的思想和方针在对外经济战略中仍居主导地位。例如对于中日韩三国产官学合作研究的缔结自由贸易协定，菅内阁决定重开中断已久的日韩自由贸易协定谈判，驻华大使丹羽宇一郎上任时即表示他首先考

---

① 『包括的経済連携に関する基本方針』、2010 年 11 月 9 日、http：//www.kantei.go.jp/jp/kakugikettei/2010/1109kihonhousin.html。

② 日本経済団体連合会『日中韓自由貿易協定の早期締結を求める』、2010 年 11 月 16 日。

③ 代表性意见可参阅渡辺利夫「"文明の生態史観"と東アジア共同観」、『環太平洋ビジネス情報』2006 年 1 月号。

虑的是争取早日缔结日中自由贸易协定。① 前引2011年12月日本经团联的报告明确提出，希望在2012年早期启动中日韩自贸协定谈判，为实现东亚合作，首先要在占地区经济90%的中日韩之间缔结自贸协定，特别是扩大进入中国市场对日本来说十分重要。据测算，对中韩出口占日本总出口的30%，缔结自由贸易协定后日本国内生产总值将提高0.3%。② 野田首相在首次施政演说中也表示要尽早开始中日韩和以东盟为核心的区域经济合作谈判。随着中韩加快自由贸易协定谈判的动向也迫使日本更积极应对，中日韩三国首脑会议决定2012年年内启动中日韩自由贸易协定谈判。

（三）对参加跨太平洋伙伴关系协定（TPP）谈判的两种意见

日本在对华关系遭遇挫折后，在对外经济政策上对跨太平洋伙伴关系协定（TPP）表现浓厚兴趣。但参与TPP，对日本来说是一个重要决定，国内出现不同意见。

跨太平洋伙伴关系协定（TPP）最初始于2006年文莱、智利、新加坡、新西兰等四国之间缔结自由贸易协定，2009年奥巴马总统表明美国参加该协定的方针，使TPP引起世界瞩目，建立亚太自由贸易区设想再度受到关注。TPP反映了在东亚合作迅速发展形势下，区域内外国家要求进一步加强联系的愿望，特别是区域外国家对参与东亚经济发展进程，分享东亚经济发展成果具有前所未有的热情。长期以来在亚太经合组织（APEC）框架内的经贸合作进展缓慢，TPP是在东亚合作带动下太平洋两岸合作出现的新动向。

美国"亚太再平衡"战略主要表现在安全和经济两个方面。在经济上，奥巴马政府参加新加坡、新西兰四国已经开始的TPP，并鸠占鹊巢地主导这一进程，企图通过制定新的亚太地区贸易机制，维持其主导地位，在经济上保持对东亚的影响。东亚政治、经济格局的变化，使美国改变对东亚合作的观望态度转向积极介入。这是美国"亚太再平衡"

---

① 于青、崔寅：《日本新任驻华大使有三愿》，人民网2010年7月25日，http://world.people.com.cn/GB/1029/42354/12241001.html。

② 「日中韓FTA TPPこそ待ったなしだ」、『産経新聞』2012年5月14日。

战略的一部分。美国积极参与和谋求主导这一进程表明不甘心自外于东亚合作而加大对亚洲战略投入,是对东亚合作包括日本试图建立东亚共同体的牵制,同时美国的参与也成为影响亚太经济合作以至地区形势的新因素。尽管美方认为"亚太再平衡"一词没有准确表达这一政策的实质,但重视亚太是其今后10年的重点,① 而通过合作的方式影响和重建亚太经贸秩序是这一政策的核心内容之一。

日本是严重依赖对外贸易的国家,TPP使日本看到地区经贸合作的新前景,也感到必须积极参与的紧迫性。而美国态度积极和要发挥主导作用,也使日本把参加这一合作看作密切日美关系、建立政治价值观和经济体制相同国家联盟的机会。《产经新闻》社论说:"跨太平洋伙伴关系协定事实上由美国主导建立原则上废除关税的高水平的自由贸易区。现在如不做出决断参与,成员国就可能不把日本当作伙伴而吃闭门羹。日本经济长期低迷,外交上有尖阁群岛(钓鱼岛)和北方领土等很多紧迫课题。参加跨太平洋伙伴关系协定既符合经济增长战略,也与深化日美同盟相联系。"② "跨太平洋伙伴关系协定是环太平洋民主主义国家经济合作的框架","从经济的'中国风险'和尖阁群岛(钓鱼岛)问题等安全战略方面考虑首相也应做出决断参加跨太平洋伙伴关系协定,发挥领导作用。"③《日本经济新闻》社论说,参加跨太平洋伙伴关系协定"能加强日美同盟的纽带,提高与崛起的中国相对抗的力量"④。可见日本对参与TPP不仅出于经济方面的考虑,也是出于政治、安全方面的考虑,企图借此防范中国和密切同美国的关系。

菅直人内阁把对外缔结自由贸易协定(FTA)和经济合作协定(EPT)作为经济外交的主要内容,把实行对外开放的经济政策称为"平成开国",以比拟历史上明治维新时期实行的"开国"方针,因为

---

① Hillary Clinton, "America's Pacific Century", *Foreign Policy*, November 2011. "Remarks By President Obama to the Australian Parliament", *The White House Office of the Press Secretary*, November 17, 2011.
② 「TPP"協議開始"玉虫色では相手にされぬ」、『産経新聞』2010年11月8日。
③ 「TPP 対中安保から参加決断を」、『産経新聞』2010年10月26日。
④ 「首相環太平洋経済協定に参加決断を」、『日本経済新聞』2010年10月23日。

扩大对外贸易交流要改革国内体制特别是落后的农业体制。① 2011年1月14日，日美首轮缔约磋商结束，美国提出TPP的目标要高于以往自由贸易协定，要求日本原则上取消农产品关税，并对进口美国牛肉、汽车和外国企业进入邮政等民营化领域表示关注。如果这些问题不能解决，就拒绝与日本进行谈判。为推进参与缔约谈判，菅直人第二次改组内阁任命对参与该协定态度积极的海江田万里担任经济产业相。但日本开放国内农产品市场，改革目前的农业制度也并不容易。日本是发达工业国家，工业品具有竞争优势，与其他国家的经济贸易协定对工业品几乎是零关税，而农业仍保持小农经营，农业劳动力年龄偏大，开放国内农产品市场将给农业带来沉重打击，因此国内存在争论，地方议会多数持慎重和消极态度，② 共同社承认"日本的经济合作战略前途险峻"③。

二 民主党政府在两个谈判之间摇摆

（一）决定参加跨太平洋伙伴关系协定（TPP）谈判

日本以"贸易立国"，贸易关系其生存。美国参加TPP谈判，推动建立新的亚太地区贸易机制。对于美国在经济上"重返亚洲"，日本必须做出对外经济战略选择。

日本参加TPP谈判，也是机遇与挑战并存。TPP对加入者规定了较高"门槛"，一向对国内农业等行业持保护政策的日本如果加入势将对相关行业产生不利影响，国内一直存在两种不同意见。据2011年10月的调查，赞成参加TPP谈判的知事仅6人，主要是制造业发达的静冈、爱知等县，反对者是北部、东北部和四国、九州等农业地区。④ 在野党

---

① 「第176回国会における菅内閣総理大臣所信表明演説」、2010年10月1日、http://www.kantei.go.jp/jp/kan/statement/201010/01syosin.html。菅総理外交に関する講演『歴史の分水嶺に立つ日本外交』、2011年1月20日、http://www.kantei.go.jp/jp/kan/statement/201101/20speech.html。

② 《七成地方议会对参加TPP谈判态度消极》，共同网2011年1月17日，http://china.kyodo.co.jp/modules/fsStory/index.php?sel_lang=tchinese&storyid=89368。

③ 《实现"亚太自由贸易区"道路漫长》，共同网2010年11月14日，http://china.kyodo.co.jp/modules/fsStory/index.php?sel_lang=schinese&storyid=87384。

④ 《调查显示日本仅6名知事赞成加入TPP谈判》，共同网2011年10月29日，http://china.kyodonews.jp/news/2011/10/18957.html。

和民主党内也有一部分人持反对意见。尽管如此，2011年11月野田首相仍做出决定参加谈判。

国内经济界、学术界和舆论界普遍支持参加TPP谈判的决定。根据世界和平研究所的报告，日本加入TPP在经济上可以期望获得的好处有：①从长期看，取消关税可提高日本的出口竞争力，降低进口商品价格；②协定可加强知识产权保护，促进贸易和投资，扩大海外生产；③根据国际规则完善国内投资环境，吸引海外投资；④扩大贸易和海外直接投资，促进企业创新和提高生产率；⑤日本参加协定的谈判将促进中日韩自由贸易协定和日欧经济合作协定谈判进程。报告对反对加入该协定的意见也提出了解决办法：①针对有意见认为参加协定、取消关税，将使日本农业和粮食安全无法保障，建议政府应保证振兴农业和加入协定可实现双赢，并就实现这一目标的具体政策、预算规模和保证预算落实的前景做出说明；②对反对意见中列举的对医疗制度、药品认证、食品安全标准、政府采购、邮政和劳工等领域的担心，建议政府对有损国民和消费者利益的提案，应坚持正当立场，维护权益不受损害。①

日本经济团体联合会的报告也支持政府参加谈判的决定，认为参加协定谈判可在涉及的21个领域反映日本的主张，为制定高度自由化、高质量的国际贸易规则做贡献，为中日韩自贸协定、日韩经济合作协定和日欧经济合作协定谈判中日本主张的战略提供支持；在所有实质领域取消或降低关税，能保证出口竞争力和防止国内产业"空洞化"；加强同参加协定的亚洲国家的合作。② 有的学者也从经济学的角度支持日本加入该协定。东京大学教授、日本综合研究机构理事长伊藤元重认为，多边自贸协定是对世贸组织机制的补充，目前在亚太地区正在形成几个多边机制，"日本的贸易战略必须以这一动向为前提进行思考"。日本参加TPP谈判，将"改变跨太平洋伙伴关系协定的性质，并使其可能

---

① 世界平和研究所「TPP（環太平洋経済連携協定）に関する提言」、『IIPS Quarterly』第3巻第1号、第2—4頁。
② 日本経済団体連合会『アジア太平洋地域における経済統合の推進を求める』、2011年12月13日、第4頁。

成为扩展至整个亚太地区的经济合作"。"跨太平洋伙伴关系协定能否成功还不确定,但其产生的背景是构筑全亚太地区经济合作框架的巨大潮流,日本没有理由自外于这个潮流,而应积极参与,没有其他选择。"① 庆应大学教授竹中平藏认为,日本参加该协定谈判,别无选择。"对于以美国为中心的跨太平洋伙伴关系协定和中国易于施加影响的东盟+3(或+6)两个渠道,日本都不能否定其可能性,而要灵活利用,相互牵制,目的是实现符合日本利益的贸易体制。"② 京都大学教授中西宽支持参加谈判。他说:"多边规则的形成能给日本带来商业机会。"③ 加强同太平洋国家的关系,有利于保证资源、食品的稳定,为将来同中国、印度等亚洲国家交往奠定基础。

支持参加TPP谈判的意见主要是从地区经贸战略的角度考虑,日本必须参与制定高质量的贸易规则和在亚太地区多边贸易体制形成过程中掌握主导权。

(二)参加跨太平洋伙伴关系协定(TPP)谈判的政治、安全考虑

除了经济原因外,日本参加TPP谈判明显有政治和安全方面的考虑,特别是这一协定由于美国的参加,使其更带有明显的政治、安全意义。

野田首相在宣布参加协定谈判时,有记者问少数人主张参加谈判与其说是出于经济考虑,莫如说认为这本质上是安全问题,是因中国威胁而必须加强同美国的关系,并指出政调会长前原诚司即经常如是说,但在正式场合讨论时却很少与安全问题联系起来。野田回答说:"我始终是出于吸纳亚太地区方兴未艾的增长活力的经济观点。特别是对以贸易立国、投资立国的日本来说,在亚太地区进一步拓展前沿是有意义的。思考今后日本在亚太地区的作用,首先要以经济为中心的思路进行思考。"④ 但对于美国新亚太战略一环的贸易机制,尽管将给日本产业带

---

① 伊藤元重「なぜTPPなのか」、『NIRAオピニオンペーパー』2012年1月。
② 竹中平藏「"TPP皆保険崩す"のまやかし」、『産経新聞』2011年12月1日。
③ 中西寛「TPP超え現代経済の本質思う」、『産経新聞』2011年11月11日。
④ 「野田内閣総理大臣記者会見」、2011年11月11日、http://www.kantei.go.jp/jp/noda/statement/201111/11kaiken.html。

来重要影响，国内反对之声不绝，而野田政府在短时间内即力排众议做出参加谈判的决断，要说不考虑与美国的关系显然不符合实际。除前原诚司公开有此表示外，为平息反对派担心在谈判中会接受损害日本利益的条件，内阁官房长官藤村修在与社民党党首福岛瑞穗会谈时说，即使参加谈判也可中途退出，同时也无奈地表示"但日美关系非常重要，需谨慎对待"①。

事实上，美国推动TPP本身就不完全是经济问题，这并非秘密。美国贸易副代表马兰提斯公开表示，推动该协定的背景是由于中国的存在。② 所以伊藤元重也说："对于日本的外交战略来说，如何应对跨太平洋伙伴关系协定可以说是极为重要的问题。"从媒体的报道和评论中可以看出，日本在经济原因外还有以下几种考虑：第一，把参加TPP作为外交工具，既是加强与美同盟关系的契机，也是对华外交的一张牌。《朝日新闻》社论说：协定可以作为加强与美外交的起点，也有"对华外交牌"的侧面。日本还可以在"TPP经济圈"和中国之间发挥联系作用，改变被动的外交局面。③ 首相助理长岛昭久谈及协定的意义时说："亚太秩序要由日美制定，这种积极的观点是必要的。"④ 第二，把参加TPP作为主导亚太经济和地区秩序的机会。《日本经济新闻》社论认为，日本参加将提升由美国和小国联合组成的TPP的作用。日本位于美中之间，与东盟有密切的经济关系，掌握着推动亚太经济增长的关键，要战略地运用这一有利条件，通过构建经济秩序来发挥主导作用。伊藤元重也说："对于日本的外交战略来说，如何应对跨太平洋伙伴关系协定可以说是极为重要的问题。"⑤

无论是主张东亚共同体还是要参加TPP，参与地区合作是日本对外战略的一部分。亚太地区未来将主要依靠技术革新、绿色增长来促进经

---

① 《官房长官认为TPP谈判需考虑日美关系》，共同网2011年10月25日，http://china.kyodonews.jp/news/2011/10/18688.html。
② 「2011：TPPせめぎ合う米中アジア太平洋狙い」、『毎日新闻』2011年11月13日。
③ 「TPP外交—受け身では道は開けぬ」、『朝日新闻』2011年11月14日。
④ 「2011：TPPせめぎ合う米中アジア太平洋狙い」、『毎日新闻』2011年11月13日。
⑤ 伊藤元重「なぜTPPなのか」、『NIRAオピニオンペーパー』2012年1月。

济发展，日本在这些方面具有优势，可以善加利用促进经济一体化，也就是说日本更侧重考虑战略利益，"亚太地区要在日本的主导下形成强有力的纽带"①。

（三）同时参加两个谈判

如上所述，日本决定参加 TPP 是意识到中国的存在，是要抗衡中国的影响，但另一方面也不希望因此冷落中国，特别是同中国的贸易已超过了同美国的贸易，今后能扩大对日贸易的不是美国，而是中国等亚洲邻国。因此在讨论加入 TPP 谈判的同时，日本国内各种意见都一致表示要扩大同中国的经济关系，对推动中日韩自贸协定谈判也表明了积极的态度。日本经团联的报告明确提出，希望在 2012 年早期启动中日韩自贸协定谈判，为实现东亚合作首先要在占地区经济 90% 的中日韩之间缔结自贸协定，特别是扩大进入中国市场对日本来说十分重要。野田首相在首次施政演说中也表示要尽早开始中日韩和以东盟为核心的区域全面经济伙伴关系协定谈判。

日本在决定参加 TPP 谈判的同时，对启动中日韩自贸协定谈判表示积极态度，反映在美国企图主导亚太经济新秩序和贸易规则的新动向下，对外经济战略的调整。如果说日本决定参加 TPP 谈判从短期看是配合美国新亚太战略的政治因素起了决定作用，那么对中日韩自贸协定谈判的态度转向积极，则是着眼于扩大同中韩贸易的经济因素的成分更多一些。当然，日本同时开始这两个协定的谈判也是试图在太平洋两边保持平衡，相互牵制，使自己处于一个相对有利的地位，获得更大的利益。日本设想，这两个协定形成的多边贸易机制将为未来亚太自贸区的形成奠定基础。在此基础上，野田首相酝酿提出"太平洋宪章"，建议制定适用于亚太地区的经济和安全原则，形成由日美主导，有中、俄参加的多边框架，从经济和安全两个方面加强地区国家之间的联系。在经济上，到 2020 年由亚太经合组织成员国形成统一的亚太自贸区。② 这个

---

① 「日本主導でアジア太平洋に強い絆を」、『日本経済新聞』2011 年 11 月 15 日。
② 「野田首相、太平洋憲章提唱へ、鳩山政権の東アジア共同体構想から脱却」、『産経新聞』2012 年 1 月 18 日、http：//sankei.jp.msn.com/politics/news/110906/plc11090620140022-n1.htm。

设想声称是配合美国"亚太再平衡"战略，但实质上是要借重美国，提升日本的作用，试图与美国共同主导地区秩序重组。野田首相在阐述其外交方针时表示："以日美同盟为主轴，利用广泛国家和地区参加的框架，在地区秩序和规则制定上发挥主体的作用，是我国外交的基本。""要率先提出共同原则和具体规则，与志同道合的国家携手，为实现地区的安定与繁荣，战略性地加以应对。"[1] 日本必须"利用各种场合，主导区域内贸易、投资规则的制定，引导相关讨论的展开"[2]。

民主党政府对外经济战略的选择说明：第一，进入新世纪以来，日本敏锐地认识到东亚地区政治、经济关系和力量结构正在发生变化，积极应对，以适应并影响这一变化；第二，日本对外经济战略既基于经济因素考量，也受政治、安全因素影响，但经济因素还是起主导作用；第三，日本对外经济战略顺应地区经济合作和发展战略，并试图引导地区合作和发展趋向，影响地区规则和秩序的形成；第四，日本对塑造地区政治、经济新秩序具有独特作用，特别在中美博弈中举足轻重，但面对美国和中国，尚难以发挥主导作用。

从日本对外经济战略选择趋向上看，发展同中国和东亚地区稳定的经济贸易关系是长期战略。中日之间虽然存在安全互信等问题，但并未阻止两国建立更密切的经贸合作关系，这也是东亚共同体构想被搁置，而缔结自由贸易协定的谈判仍旧被提到日程上来的原因。美国主导的TPP，预示在亚太地区建立一种新贸易规则和形成新贸易秩序，这无论从政治上还是经济上对日本都具有吸引力。因此，日本对于跨太平洋的两个贸易协定都积极予以应对。对于以"贸易立国"的日本来说，对各层次的贸易合作都不会拒绝。日本希望在此基础上构建包括全亚太地区的自由贸易区，这当然是长期目标，而如何参与亚太经贸合作是日本各届政府都要考虑的课题。

---

[1] 『第百八十回国会における野田内閣総理大臣施政方針演説』、2012年1月24日、http://www.kantei.go.jp/jp/noda/statement/201201/24siseihousin.html。

[2] 『第18回国際交流会議「アジアの未来」野田総理スピーチ』、2012年5月24日、http://www.kantei.go.jp/jp/noda/statement/2012/0524asia.html。

三 安倍政府积极参加跨太平洋伙伴关系协定（TPP）谈判

（一）安倍政府积极参与地区秩序构建

安倍再次执政后，一改民主党政府同时展开两个贸易协定谈判的政策，对参加 TPP 谈判转趋积极。这固然与日本同中韩关系都出现前所未有的挫折有关，更重要的是安倍政府对外战略发生重大变化。在"积极和平主义"对外战略方针下，日本为适应东亚格局演变积极参与东亚地区国际秩序构建，试图主导东亚经贸新秩序形成，在贸易规则制定等方面取得相对于中韩的优势地位。

日本是东亚主要经济体。在 20 世纪 80 年代日本的对外经济活动对推动东亚经济发展发挥了引擎作用，影响了地区经济版图的形成。1998 年亚洲金融危机后东亚经贸合作快速发展，形成了东盟—中日韩（10 + 3）机制。这是由东盟牵头，中日韩积极给予协作的地区经贸合作框架。由于适应了东亚地区经贸联系日益密切的客观要求，10 + 3 机制成为东亚合作的主要平台。日本是东亚经济合作的主要倡导者和推动者，但随着中国对东亚经济的影响越来越大，在地区合作中开始把中国既看作是一个合作者，也看作是一个竞争者。特别是中国经济体量增大和地区影响扩大，使日本认为难以在竞争中稳操胜券，在东亚合作中开始更多地从"谋势"上着手，希望在主导地区经贸机制、秩序和规则上抢占先机。

例如，日本在东亚峰会机制（10 + 8）的形成过程中发挥了重要作用。东亚经济合作迅速发展的势头使周边国家都想搭上东亚发展的快车，参与到东亚地区合作中来，澳大利亚、新西兰和印度的态度尤为积极。2005 年，10 + 3 国家首脑和上述三国首脑召开首次东亚峰会。2011 年美国和俄罗斯也加入东亚峰会，形成东亚峰会（10 + 8）机制。日本积极推动这一机制形成是想通过构建新的合作机制削弱中国在地区合作中的影响力。东亚峰会机制成员中，美澳印等国是日本企图构建的所谓具有共同价值观的"民主菱形同盟"的成员。日本还极力把政治、安全内容塞入东亚峰会，试图使之成为限制和约束中国的多边框架。日本首相菅直人在讨论吸收美俄加入东亚峰会机制的会议上表示欢迎美俄参加，并建议会议积极讨论安全领域的主题，成为地区安全交流的框架。日本国内也有议论表示，要把这一机制变成抑制中国的手段。①

日本要主导地区国际秩序形成的典型例子是参加跨太平洋伙伴关系协定（TPP）。在美国的要求下，2011年，日本决定加入TPP谈判。日本加入谈判的原因有三，一是着眼于地区新贸易规则的实行，通过加入该协定促进国内产业改革；二是通过加入该协定加强同美国的战略联盟；三是通过首先加入该协定谈判，参加新贸易规则制定，在地区经贸新秩序形成上发挥主导作用。仔细分析起来，日本虽然考虑经济原因，但明显是政治原因大于经济原因。

从经济上看，加入跨太平洋伙伴关系协定对日本农业的影响最大，从一开始就遭到农户的反对。日本内阁府推算，如废除关税，日本实际国内总产值（GDP）将增长2.7万亿日元。经产省推算，如不加入TPP，将处于与别国不利竞争地位，出口和生产将分别减少20.7万亿日元和8.6万亿日元。农林水产省推算，参加TPP，目前10万亿日元的农林水产业产值将减少3.4万亿日元，如全世界废除关税，日本农林水产业产值将减少4.5万亿日元。② 但农业在产业改造过程中遗留很多问题，以加入TPP为契机将重新对产业结构进行评估和改革。③ 而且从总体上看，全面废除关税对日本经济增效明显，还有许多尚未预测的效果，如TPP形成占世界经济三分之一的经济区对促进相互投资所产生积极效果，等等。三年后，2016年1月世界银行汇总的TPP估算结果就有明显变化，估算结果显示，一旦TPP生效，到2030年日本的出口将较没有TPP时期增加23.2%，增幅在12个TPP成员国中仅次于越南（30.1%），经济效益巨大。日本以外的11个成员国的工业产品关税将在TPP生效同时撤销约87%。④ 这将有利于在电子零部件领域领先的日

---

① 「東アジア会議　中国の膨張を抑える手段に」、『読売新聞』2010年11月1日。
② 「TPP、複数の試算　経済への影響　政府、月内にも公表」、『日本経済新聞』2013年1月18日。
③ 白石隆「（インタビュー）TPPの底流」、『朝日新聞』2015年10月7日。
④ 《世行估算 TPP 可带动日本出口增长 23%》，共同网 2016 年 1 月 14 日，http://china.kyodonews.jp/news/2016/01/112775.html。

本的出口。由于美国设有日本产牛肉零关税等特别进口框架，预计日本的农产品出口量也将上升。

从政治和安全利益角度说，更主要的是通过参加美国主导的这一经贸机制，可以配合美国的安全战略，加强日美同盟。日本亚洲问题专家白石隆认为：日本加入 TPP 和通过安全法案，在安全方面深化了同美国的战略伙伴关系，日美合作的成果有重要意义。因为美国虽说重返亚洲，但单独难以维持地区稳定，十分重视与地区盟国和伙伴的合作。日本必须和美国一起维持地区力量平衡。通过经济和安全两个轮子加强同美国的纽带。① 对于日本加入 TPP 在经济领域以外的作用，经济学家伊藤元重说："现实中，很多地区贸易协定包含政治外交意图，超越经济领域对政治社会领域也有广泛的影响。日本加入跨太平洋伙伴关系协定也不例外，美中两个大国争夺亚太地区主导权，与日本在其中的定位也有深刻的关系。不能简单地只看作是经济问题。"②

也正如伊藤元重所说，日本加入 TPP 是其"积极和平主义"对外政策迈出的重要一步，即要在构建地区经济秩序中发挥主导作用。对于 TPP 在亚太地区力量结构重建中的作用，日本有充分的认识，在配合美国"亚太再平衡"战略中实现自己的战略目标。2013 年安倍在访问美国时宣示，在"接下来的印度、太平洋世纪，要由日本和美国一同向前带领"。"而跨太平洋伙伴关系协定则构成其脊柱。"③ 日方虽说要和美国共同领导新贸易规则的制定，但却要当仁不让地发挥主导作用。安倍在日本决定参加 TPP 谈判后说："跨太平洋伙伴关系协定掀开亚洲太平洋世纪的大幕。""日本必须处于世纪的中心。""一旦参加谈判，就会是一个重要的参与者，领导新规则的制定。"④ 在这一思想主

---

① 《世行估算 TPP 可带动日本出口增长 23%》，共同网 2016 年 1 月 14 日，http://china.kyodonews.jp/news/2016/01/112775.html。

② 伊藤元重『TPPを経済面だけで判断してはならない！政治的・社会的な意義まで含めて考えることが重要』、2012 年 11 月 12 日、http://diamond.jp/articles/-/27710。

③ 《安倍内阁总理大臣 2013 年赫尔曼·卡恩奖获奖感言》，2013 年 9 月 25 日，http://www.kantei.go.jp/cn/96_abe/statement/201309/25hudsonspeech.html。

④ 『安倍内閣総理大臣記者会見』、2013 年 3 月 15 日、http://www.kantei.go.jp/jp/96_abe/statement/2013/0315kaiken.html。

导下，日本甚至要走在美国前面引领地区贸易新秩序的形成。2013年10月在印度尼西亚召开的TPP国家首脑会议因奥巴马临时缺席，谈判陷于困境，日本国内要求发挥领导力促成谈判尽快达成协议的呼声甚高。外相岸田文雄在同澳大利亚外长会谈时表示，"日本希望领导地区经济规则的制定"，表现出加快TPP等地区贸易磋商的强烈意愿。① 安倍首相也表示："在跨太平洋伙伴关系协定谈判中，日本如今肩负核心作用。为了在年内达成协议，该争取的要争取，该保护的要保护，为建立亚太地区的新经济秩序做贡献。"②

2015年10月，TPP谈判达成协议后安倍首相表示，"日本通过主导谈判，得到了最佳结果"③。不仅如此，随后在马尼拉召开的亚太经合组织领导人会议上，尽管遭到一些国家的反对，日本仍然要以TPP为样板引导亚太自贸区走向，在今后的地区合作中发挥领导作用。

（二）安倍政府主导多边贸易谈判的设想

参加TPP是日本对外经济战略的重大决策，是在"积极和平主义"国家战略下的具体实践，以TPP为突破点，主导地区经贸秩序的形成。TPP谈判结束后，日本对地区贸易协定谈判持积极态度，但受中韩关系和美国总统大选影响而停滞不前。

TPP在电子商务、竞争政策、雇佣、环境等领域的规则适应国际贸易新发展，弥补了世界贸易组织（WTO）的不足，它的高标准代表了21世纪国际贸易体系发展的方向。日本对参加TPP经历了由抵触到参与的过程，但一经确定参与就决定要把握谈判和制定贸易规则的主导权，并把它作为以后地区双边和多边贸易协定的样板，进而影响和主导地区经贸秩序走向。日本着眼于TPP的示范作用和按新规则重塑亚太贸易区，在TPP达成协议后，积极推动地区双边和多边贸易协定谈判。

---

① 《日澳外相就加强合作维护亚太稳定达成一致》，共同网2013年10月15日，http://china.kyodonews.jp/news/2013/10/61719.html。

② 《第185届国会安倍内阁总理大臣施政方针演说》，2013年10月15日，http://www.kantei.go.jp/cn/96_abe/statement/201310/15shoshin.html。

③ 《安倍称会就国内农业采取措施期待中国加入TPP》，共同网2015年10月6日，国家安全保障会议决定 閣議决定、http://china.kyodonews.jp/news/2015/10/106593.html。

日本下一步面临的贸易谈判有，与欧盟（EU）的经济伙伴关系协定（EPA）谈判，与中国和韩国之间的双边贸易协定谈判，中日韩自贸协定谈判和东亚区域经济伙伴关系协定（RCEP）谈判。对于以贸易立国的日本来说，建立稳定、有利的国际经贸环境至关重要。

第六章　特朗普政府初期政策调整与日本国家战略转换

第一节　特朗普政府初期的亚太政策

2016年11月美国大选，房地产商人唐纳德·特朗普出人意料地当选总统。"让美国再次强大起来""美国优先"的竞选口号赢得了选民支持，反映了美国国内经济、社会问题日益受到关注。特朗普上任后大张旗鼓地调整美国内外政策。在国内政策方面，特朗普把经济困境归咎于建制派精英、前届政府以及其他国家的不公平竞争，呼吁要让制造业回归美国，振兴传统能源等产业，创造更多就业机会。他要求严厉打击非法移民，推行新医保改革以替代奥巴马医改，调整联邦预算，启动税收改革等策略，重振美国经济。特朗普在就职演说中宣称，他领导下的美国政府关于贸易、税收、移民、外交等方面的政策都将致力于使工人和家庭受益。

在对外政策方面，特朗普上任后宣布正式退出TPP和关于气候变化的《巴黎协定》，决定重启《北美自由贸易协定》（NAFTA）谈判。这些行动都与特朗普强调的"美国优先"原则一致，他的信条是"美国至上"，而非全球主义。但与相对明朗的国内政策相比，特朗普政府对外政策中不确定因素较多，以至引起世界普遍疑虑和担忧。但从特朗普政府初期的对外政策看，贸易战仍是这位"商人总统"的拿手戏，在安全方面公布了《国家安全战略》和《国防战略》，对中俄的态度更加严厉。世界对其孤立主义外交的担忧并未消除，对其贸易保护主义政策一致反对。

本节对特朗普政府初期亚太政策调整和演变,特别是对华政策和对日政策试做简要分析。

一 特朗普政府初期的亚太政策及其特点

(一)特朗普政府亚太政策的新思维

特朗普政府以"美国优先"和"让美国更强大"为号召赢得竞选,就任总统后即放弃奥巴马的"亚太再平衡"战略,退出跨太平洋伙伴关系协定(TPP)。这被认为是奉行孤立主义外交政策,是对美国重视亚太地区的否定,甚至认为美国会重新把重心放在欧洲。因此,特朗普是否会完全放弃将战略重心向亚太地区转移?这将决定美国对亚太地区的影响和作用。

在美国外交史上,孤立主义和扩张主义并非完全抵触,有时是相辅相成的。20世纪60年代末尼克松政府推行缓和战略,重新思考和重视亚太地区的战略意义,发表被称为"尼克松主义"的讲话,反映美国战略向亚太地区倾斜,但战略重心仍在欧洲。一直到奥巴马政府提出"重返亚洲",美国战略才真正发生转变。所以,孤立主义并不是绝对的。特朗普政府不会轻易放弃欧洲,也不会对在亚洲的霸权遭到侵蚀而无动于衷。"美国优先"和"让美国更强大"的理念将会迫使特朗普在欧洲和亚洲之间做出理智的选择。今天的美国是否能做到"两者优先"不能不令人质疑,甚至是否有这种实力和意志去处理,都是一个问题。但对于特朗普来说,面对崛起的亚洲需要构建一个战略性框架加以应对则是必然选择。就像过去"同美国自动地、本能地把自己看作大西洋联盟的一员一样,现在美国也要学会自动地、本能地把自己看作是一个亚洲—太平洋国家"[1]。

历史表明,战后随着国际形势和美国国际地位的变化,美国政府多次调整亚太政策,也需要重新思考亚太地区在对外战略中的地位。引发

---

[1] [美]理查德·M.尼克松:《超越和平》,范建民等译,世界知识出版社1995年版,第87、116页。

冷战后期国际格局重大变化的中美接近，即是尼克松政府对亚太地区战略意义重新评估后战略转换的结果，是具有历史意义的战略抉择。此后，冷战结束和苏联解体后，老布什政府对华政策调整，以及随后的克林顿政府对华实行"接触"政策和对《日美安全条约》重新定义，确定冷战结束后中美日战略关系，也是建立在对亚太战略形势评估基础之上的。另一方面，东亚经济的迅速增长也使美国越来越重视亚太地区，以至在坚持双边同盟基础上，进一步参与亚太地区多边合作。例如美国参与亚太经济合作组织（APEC）和东亚峰会，奥巴马政府为了主导地区经济秩序也参与并牵头搞起跨太平洋伙伴关系协定（TPP）。这说明美国历届政府都会根据形势变化调整亚太政策。奥巴马政权的"重返亚太"和"亚太再平衡"政策，是建立在对小布什的单边主义战略和金融危机后美国战略地位再评估基础上的。美国战略重心东移，企望借助亚太经济增长的动能，改变相对衰落的颓势，实现"太平洋世纪"的目标。同样，特朗普的亚太政策也是建立在对亚太地区新的战略认识基础之上的。

特朗普政府初期的亚洲政策，基本上是延续奥巴马的"重返亚洲"政策，两者并无大的差别。美国外交学会高级研究员乔舒亚·柯兰齐克分析特朗普及其政府主要成员在亚洲问题上的发言，认为特朗普政府在亚洲问题上的举措与奥巴马政府的政策具有政策连贯性，但在贸易人权政策上另起炉灶。也就是说，特朗普没有拆除美国在太平洋地区的政策基础，但也确实破坏了贸易规范和规则。① 特朗普的亚太政策应该说是有变有不变，不变的是对亚太地区的关注，变的是关注的方式。这种方式具有特朗普特点。

（二）孤立主义外交政策

普遍认为，特朗普政府奉行孤立主义的对外政策，首先要考虑国内事务。这同导致特朗普当选的美国政治变化有关，民粹主义和反精英情绪使总统选举出现戏剧性变化。面对社会分裂和国内经济问题，特朗普

---

① ［美］乔舒亚·柯兰齐克：《除了贸易和人权，特朗普并未颠覆美国的亚洲政策》，美国世界政治评论网站，2017 年 7 月 17 日。转引自《参考消息》2017 年 7 月 24 日。

政府不得不实行"美国优先"政策。

孤立主义外交政策的特点之一是"美国优先"。特朗普政府强调"美国第一",美国利益优先,把美国的利益看得高于一切,甚至忽略同盟利益。日本庆应大学教授中山俊宏说,"美国优先"的口号体现了特朗普总统向保护主义、孤立主义和排外主义倾斜的冲动。不追求抽象的价值和秩序,追求切实可得的利益,赤裸裸地表现出对多边国际协定和以联合国为主的国际机构的不信任情绪。① 在亚太政策上,特朗普政府的外交政策灵活多变,有时令人感到莫衷一是,缺乏连贯性,只要有利于美国国家利益,随时可以转换政治原则。特朗普政府对外政策完全以美国的利益为出发点,为了本国利益,不顾一向倡导的自由主义价值观,而不是像奥巴马政府强调普世价值观,注重国际秩序。例如,美国为解决本国经济贸易问题,对中国发动"汇率战""关税战"。美国贸易代表莱特希泽表示,为了贸易利益不惜违反世界贸易组织规则,称"世贸组织的约定不是宗教义务",就算违反它,"世贸组织的警察也不能采取强制措施"②。在安全问题上,特朗普认为亚太盟国应该为美国治下的保护分担更多的责任和承担更多的义务。在朝核问题上软硬兼施,竞选期间特朗普曾暗示要与朝鲜领导人进行友好沟通,建立友好关系,上任后却对朝政策转向强硬,警告朝鲜将做出"有效的、压倒性的反应"③,并通过与韩国进行联合军演等方式对朝施压。但与此同时,特朗普也为对朝接触留足了空间,国务卿蒂勒森表示不寻求政权更迭、不寻求搞垮朝鲜政权、不寻求加速南北统一、不让军队越过三八线的"四不政策"④。随着金正恩表示朝鲜弃核,美朝首脑迅速在新加坡实现会晤,并发表联合公报。在台湾问题上与中国讨价还价。特朗普刚刚执

---

① 中山俊宏「異形の大統領は世界をどこへ連れていくのか」、『中央公論』2017 年 12 月号。

② Keith Bradsher, "Trump's Pick on Trade could Put China in A Difficult Spot", *The New York Times*, January, 13, 2017.

③ Justin McCurry, "North Korea aces 'Overwhelming' US Response if It Uses Nuclear Arms-Mattis", *The Guardian*, February 3, 2017.

④ Max Green wood, "Tillerson on North Korea: Our Goal is not Regime Change", *The Hill*, April 28, 2017.

政时,意图挑战"一中"原则,与台湾地区领导人蔡英文通电话,在接受《华尔街日报》专访时称"每件事都可以磋商,包括'一中'政策"。但在中国强烈警告后,特朗普认识到台湾问题对中美关系的敏感性后,在同习近平的通话中表示尊重"一个中国"政策,愿意与中国发展建设性关系。①

在国际交往中,特朗普政府重视双边关系,轻视多边关系。特朗普政府成立后,不顾盟国和伙伴国反对,连续退出跨太平洋伙伴关系协定(TPP)、应对气候变化的《巴黎协定》和《移民问题全球契约》制定进程,否决伊朗核协议等多边条约和框架。2017年10月,以对以色列有偏见为由退出联合国教科文组织。2018年6月,特朗普认为联合国人权理事会对以色列"存在偏见"以及"无法有效保护人权",宣布退出联合国人权理事会。特朗普政府的单边主义和民族主义使美国在孤立主义道路上越走越远,甚至宣称可能废弃北美自由贸易协定,也有专家预测美国将退出更多的联合国机构②。特朗普政府的反多边主义行为,使美国的国际威信遭到严重损害,削弱了全球关系。由于美国拥有的全球霸权地位,特朗普认为双边模式更适于发挥强者优势,可使谈判更能取得实际效果。为实现"美国优先"的政策目标,特朗普政府在与相关国家进行政治和经贸谈判时更重视采用双边模式迫使对方就范。据认为,和很多主流共和党人一样,特朗普本人对联合国等多边国际机制也缺乏兴趣,倾向于采取双边模式。2017年11月,特朗普出席在越南岘港召开的亚太经合组织首脑会议的讲话中重申,不参加可能束缚手脚的大型多边贸易协定,而愿意通过双边协定同各国建立密切关系。③ 2018年1月,特朗普在首次发表的国情咨文中再次强调"美国优先"理念,依然坚持自己的价值观,称美国"不会再隐忍",要为自己而活。④

---

① Tom Phillips, "Trump Agrees to Support 'One China' Policy in XI Jinping Call", *The Guardian* February 10, 2017.
② 俄罗斯《独立报》2018年6月21日报道。转引自《参考消息》2018年6月22日。
③ 「トランプ大統領演説　アジア政策の道示せず」、『毎日新聞』2017年11月10日。
④ 《特朗普首次国情咨文全文》,2018年1月31日,https://news.sina.cn/global/szzx/doc-ifyreuzn0585469.d.html?from=groupmessage&isappinstalled=0。

第六章 特朗普政府初期政策调整与日本国家战略转换

孤立主义的特点之二是经贸领域的保护主义。特朗普就任总统后在贸易政策上频频发动攻势，中国、日本和欧盟都成为贸易摩擦对象国。保守主义的抬头是对自由贸易的挑战，前景引发各国担忧。例如在日本召开的第 23 届国际交流会议"亚洲的未来"讨论会上，专家一致认为，特朗普政府的保护主义政策是亚洲国家共同关心的问题，要加强亚洲国家的经济合作和一体化程度，来影响美国的贸易政策。庆应大学教授木村福成对日美贸易谈判的前景不无担心，认为这要看美国与墨西哥北美自由贸易协定（NAFTA）谈判的结果才能确定，是更自由了还是实行保护主义。① 特朗普政府的贸易政策是和其在竞选中对国内的承诺相联系的，即"通过强有力的贸易规则"，维护工人就业和受到的"不公平贸易"。他在国情咨文中表示："从现在起，我们将重建公平互惠的贸易关系。在贸易协议方面，我们将推陈出新。"

特朗普政府标榜"美国优先"的孤立主义政策，招致越来越多的反对，认为这会使美国的影响力下降，失去霸权地位，西方世界会因此而失去领导。美国报刊评论说："特朗普提出的'美国优先'的口号从许多方面来说开始变成某种类似美国独行的东西"，削弱了全球对美国的信心。② 约瑟夫·奈批评"美国优先"是民族主义政策，意味着把其他人放到第二位，吸引力就不太大。他认为特朗普削弱了美国的软实力，③ 而这导致的后果极其严重，美国的领导地位将被质疑。美国巴德学院教授沃尔特·米德把美国外交传统分为威尔逊主义、汉密尔顿主义、杰斐逊主义和杰克逊主义四个学派，二战后的美国外交受前两个学派思想支配，主张民主法治和经济利益，认为干预世界秩序符合美国利益。而特朗普总统是二战后首个杰克逊主义特征的总统，重视国内民族

---

① 「米の保護主義、アジア各国が懸念　専門家ら討論」、日経電子版 2017 年 6 月 5 日、http：//www.nikkei.com/article/DGXLASFK05H4O_ V00C17A6000000/。
② ［美］戴维·中村、阿什利·帕克：《特朗普的"美国优先"越来越像"美国独行"》，美国《华盛顿邮报》网站 2017 年 11 月 11 日。转引自《参考消息》2017 年 11 月 13 日。
③ 《美国实际尚未结束——专访美国哈佛大学政治学教授约瑟夫·奈》，法国《世界报》2017 年 7 月 25 日。转引自《参考消息》2017 年 7 月 28 日。

主义，为保护美国不惜采用军事行动的传统。① 奥巴马政府的外交政策顾问本·罗兹认为，特朗普政府的孤立主义外交政策，使美国不再能够在全球很多方面表达其立场。"人们已经感受到了美国的渐进后撤，这将加速正在进行的过程：中国自信心的不断增长，欧洲国家强化独立性，亚洲盟国寻求替代安排。因为我们的盟友不再将特朗普视为可靠伙伴。"② 政治分析家罗伯特·卡普兰批评退出跨太平洋伙伴关系协定（TPP）是美国二战以来犯下的最大错误。特朗普上台使中国有了很多优势，美国的世界领导地位75年来首次遭到质疑。③ 美国拉特格斯大学教授法洛克·康特拉克特批评特朗普政府以"美国优先"为名行贸易保护之实，存在四个理论误区：误区一是认为加征关税就能保护美国经济和就业；误区二是认为美国正遭遇巨额贸易逆差；误区三是认为全球化导致美国制造业岗位流失；误区四是认为限制他国投资和高科技产品进口可保护美国高端制造业。他认为，美国不应惧怕竞争，不应用贸易保护手段打击竞争。④ 可见特朗普政府"美国优先"、被称为孤立主义的对外政策，是多年来美国经济和社会问题得不到很好解决，只能通过这种看似极端的政策试图加以缓解，其结果如何尚难预测。而事实上，正如基辛格在特朗普胜选后答记者问美国会否陷入"新孤立主义"时所说："所有国家都要在理解本国国际利益之后才能讨论外交政策，了解安全、妥当地决策边界才能制定方案，所以美国不可能把孤立主义作为选项，那不过是在不了解外交的人中间流行的浪漫幻想。"⑤ 随着特朗普政府印太战略的提出，表明美国虽然在经贸关系上与中欧日等国家存在对立，但并非就可以认为其完全走向孤立主义。

---

① ジュリアス・クライン、ウォルター・ラッセル・ミード「トランピズムの潮流」、『朝日新聞』2017年11月7日。
② ［法］本·罗兹：《特朗普越是孤立，就越是像引发一些冲突》，法国《世界报》2017年11月5日。转引自《参考消息》2017年11月13日。
③ 埃菲社马德里2017年4月6日电。转引自《参考消息》2017年4月10日。
④ 《"美国优先"政策有四大误区》，《参考消息》2018年6月22日。
⑤ ヘンリー・キッシンジャー「トランプ・ショック 世界の秩序は」、『日本経済新聞』2016年11月13日朝刊。

(三) 经济利益导向的对外政策

1. 强调"公平贸易"

为解决美国社会突出的经济问题,特朗普政府贸易政策在"美国优先"的理念主导下带有明显的单边主义倾向和贸易保护主义色彩。首先,为追求贸易平衡,美国从参与多边贸易体制转向重视双边贸易合作。特朗普认为现在的贸易协定对美国而言是不公平的,先后退出跨太平洋伙伴关系协定(TPP),重启《北美自由贸易协定》(NAFTA)谈判,要求修改《美韩自贸协定》等,试图通过双边贸易协定推行"公平贸易",保障美国自身利益。特朗普政府还考虑将北美自由贸易协定(NAFTA)重新谈判变成两组双边谈判。白宫国家经济委员会主任库德洛表示,特朗普希望结束NAFTA重谈中的三方谈判方式,"对于在NAFTA谈判中实现这一转变,他(特朗普)非常认真。他也希望通过我转达,他倾向于单独和墨西哥以及加拿大进行谈判"①。其次,特朗普政府不惜向主要贸易对象国甚至盟国挑起贸易战威胁。2017年4月,特朗普签署行政命令,要求调查美国出现贸易逆差的原因,并不顾世贸组织规则运用贸易救济措施,对主要逆差来源的贸易伙伴国施加压力。2018年4月,美国政府依据超级301条款调查单方认定结果,宣布对原产于中国的进口商品加征25%的关税,涉及约500亿美元中国对美出口,挑起中美贸易摩擦。美国商务部长罗斯表示,从2018年6月1日开始美国对欧盟、加拿大和墨西哥的钢铝产品分别征收25%和10%的关税。罗斯表示,美国希望继续与加拿大、墨西哥和欧盟就贸易进行谈判,与欧盟的谈判取得了进展,但不足以继续豁免其关税。②

特朗普政府主要目的是解决国内经济问题。为增加国内就业,要解决贸易平衡问题,减少逆差要采取贸易保护主义政策,这相互之间是连锁关系。长期以来,美国与其主要贸易伙伴国之间保持高额贸易逆差,其中对华贸易逆差是美国最大贸易逆差来源。特朗普当选后宣称,新政

---

① 《特朗普欲分而谈之北美自贸协定今年难续约》,《第一财经》2018年6月8日,http://sh.qihoo.com/pc/91513d29d83f7719d? sign =360_ e39369d1。
② 《今天!特朗普恐遭"群殴"黄金酝酿爆发、美元大事不妙?》,腾讯财经2018年6月8日,https://finance.qq.com/a/20180608/012422.htm。

府的首要课题是阻止企业流向海外，从而增加国内就业。相关政策主要是把处于发达国家最高水平的联邦企业所得税税率从35%大幅下调至15%，企业以节税为目的在海外积攒的利益回到国内时的税率将下调至更低的10%，目的是让资金用于在美国国内的投资，创造就业岗位。①

2017年美国对中国贸易逆差达1.87万亿元，增幅为13%。此外美国同日本、欧盟国家也有巨额逆差。2017年2月，特朗普在与安倍首相的首次会谈中，提出开放汽车市场的要求，日本政府面临艰难应对。若TPP生效，美国最终必须撤销2.5%的汽车关税，退出TPP也有避免从日本增加进口的意图。日本的汽车关税已经为零，但特朗普仍批评日本"落后于时代"，宣称将替代TPP签署双边贸易协定。② 进口增加也表明美国国内制造业萎缩，美国长期依靠消费拉动经济增长，制造业投资不足，这又造成国内就业岗位减少，中产阶级工资水平难以提升。

特朗普政府对外贸易政策强调的"公平贸易"是基于"美国利益"为解决当前经济问题而采取的措施，遭到有关国家的反对。如2018年6月在加拿大召开的七国集团（G7）峰会上，因美国加增关税引发争吵，以至特朗普在飞往新加坡与金正恩会面的飞机上撤销对峰会联合声明的支持，导致峰会失败。这是G7峰会40年历史上前所未有的事件，③ 在G6＋1之间出现了鸿沟，④ 无疑增加了全球经济的不确定和不稳定因素。

2. 重视军火交易

军火交易在特朗普政府对外交往中占有一席之地。原因一是美国军火工业在经济中举足轻重，二是特朗普政府中很多人不是跨国公司高管就是军工复合体的代言人。军火交易不仅能满足军火工业集团的利益，也符合"美国优先"的理念。

---

① 《特朗普表明削减贸易逆差矛头指向中国和日本》，共同网2017年1月13日，http://china.kyodonews.jp/news/2017/01/132841.html。

② 《特朗普政府矛头指向日本或要求开放汽车市场》，共同网2017年1月24日，http://china.kyodonews.jp/news/2017/01/133322.html。

③ 《默克尔称特朗普"令人沮丧"》，德国新闻电视频道网站2018年6月10日。转引自《参考消息》2018年6月12日。

④ 土屋溪、清水宪司「G7サミット　摇らぐ40年の终结　米输入制限に批判集中」、『每日新闻』2018年6月10日。

2017年5月,特朗普首次访问沙特就宣布双方达成价值1100亿美元的军售协议。同年11月,特朗普访问韩国期间表示,韩国将从美国购买数十亿美元的武器。2017年6月,印度总理莫迪访美购价值20亿美元的22架无人侦察机,并达成在印度建立美国F-16战机生产线的框架协议。2017年11月,特朗普访问日本期间宣称"美国拥有全世界最先进的军事装备",强调制造的武器功能强大,敦促日本引进F35战斗机。特朗普一直不满对日贸易赤字,希望借扩大对日装备出口削减赤字规模。① 而日本为讨好美国,不顾军事预算吃紧,大量购买美国军备,采购款项逐年增加。特朗普在出访期间和接待来访各国首脑时几乎都会提及军售,照顾美国军火集团的利益。2018年3月,沙特阿拉伯王储萨勒曼访美期间,达成购买美制坦克、直升机等军备的协议,双方敲定了价值125亿美元的军售订单。2018年4月19日特朗普签署2份新文件,放宽了向新兴市场国家出售无人机和其他杀伤性武器的限制,以提振军工产品销售和与他国展开竞争。②

3. 在国际交往中重视"成本效益"

商人出身的特朗普为减少美国对国际事务的投入和减轻负担,强调在国际关系中也要讲究成本效益核算,尽可能减少对国际事务的投入,例如削减国务院外交预算和国际援助。同时,美国让其他国家分担国际义务。如希望中国协助解决朝鲜核问题,要求北约盟国增加防务预算并威胁将减少对北约的支持。

由于在对外交往中重视经济利益,特朗普政府表示不把美国的生活方式强加给世界,对于抽象的价值观和秩序的重视程度显然不如以往美国政府。2017年5月,国务卿蒂勒森在对国务院工作人员讲话中强调:"对价值观的承诺不应对我们推进国家安全利益和经济利益形成障碍。"在国务院部门职责调整中,推进民主工作不再列为优先并削减经费。由于奉行以结果为导向的外交,特朗普政府对"国家利益"的内涵界定

---

① 「米製武器で防衛費膨張　トランプ氏売り込め躍起」、『東京新聞』2017年11月7日。
② 《军火促销？特朗普对外政策背后有只战争之手》,海外网2018年4月26日,http://cnews.chinadaily.com.cn/2018-04/26/content_36097964.htm。

收窄,"做生意"成为外交主要目标。① 美国把向世界各地推销产品和军火作为削减赤字的手段,外交成为实现经济目标的工具。

曾任世界银行行长、美国贸易代表和副国务卿,有丰富经济和外交经验的罗伯特·佐利克在评论特朗普外交政策特点时说:"特朗普属于交易型领导人,而非制度型。他像交易撮合者一样看待外交政策,不关心其政策结果是否符合美国的传统做法——建立推进美国的利益和价值观的制度。在谈判桌上,特朗普将不时展现对抗性姿态。他容易冲动。他喜欢制造不确定性,并认为这种不确定性能够增强其影响力。"② 信哉斯言,这是在特朗普外交中可以频繁看到的特点。

(四)凭借实力的对外安全政策

特朗普政府在对外政策中虽然也强调价值观和意识形态,但重视程度显然低于以前的历届政府,而依靠实力维持美国霸权的安全政策没有变。

首先,虽然是商人政治家,但特朗普同样把实力,特别是经济实力和军事实力看作是国家安全和发展的基础,意图用实力说话,以增强实力来维护美国的主导地位和美国主导的国际秩序。特朗普政府一改奥巴马政府时期减少军队数量、增加质量的做法,由"减量增质"变为"全面扩军"。特朗普上任后即签署"重建"军队的行政命令,由国防部制定明确扩军的新国家安全战略。③ 2017 年 5 月,美国发布财政预算,国防预算增加 10%,创十年来涨幅新高。特朗普停止陆军裁军计划,将陆军数量从 49 万增加至 54 万;扩充海军和空军装备,增加舰艇和战机数量;以同时打赢两场战争的原则扩充海军陆战队规模。特朗普与波音和洛克希德·马丁公司等武器供应商会晤,促其降低数十亿美元国防合同的售价。

---

① "Remarks by Secretary of State Rex W. Tillerson", May 3, 2017. https://www.state.gor/secretary/remarks/2017/05/270620.htm. 转见沈雅梅:《特朗普"美国优先"的诉求与制约》,《国际问题研究》2018 年第 2 期。

② [美]罗伯特·佐利克:《特朗普外交政策的核心何在?》,英国《金融时报》中文版 2017 年 8 月 29 日,http://www.ftchinese.com/story/001073970?full=y

③ Dan Lamothe, "Trump Promises 'Great Rebuilding of the Armed Forces' while Signing Executive Order at the Pentagon", *The Washington Post*, January 27, 2017.

其次，特朗普政府对外采取军事冒险行动的频率与历届政府不遑多让。特朗普政府成立以来多次对外采取军事行动。2017年4月，特朗普下令对叙利亚发动军事打击。向叙利亚霍姆斯省的空军基地等目标发射了59枚"战斧"巡航导弹。发动军事打击的原因是该处疑似发生毒气事件，此举不仅遭到俄罗斯和叙利亚的谴责，还在美国国内引起激烈争论。6月，美国为将伊斯兰组织（IS）逐出叙利亚拉卡地区，对该地区实施空袭，造成重大人员伤亡。2018年4月，美国又会同英、法等盟友对叙利亚巴沙尔政权实施打击。美国海军使用战斧式巡航导弹，打击目标超过100个。特朗普在竞选期间曾经反复将"伊斯兰国"界定为美国急需应对的"首要威胁"，而对叙利亚的突袭，表明美国在这方面的决心。特朗普政府对叙利亚采取军事行动表明，其虽然奉行孤立主义外交，但在涉及美国利益的情况下也会悍然实行干涉主义行动。叙利亚问题由来已久，出于地缘战略考虑，美国和俄罗斯争夺在这一地区的主导地位，致使问题进一步复杂化。而特朗普政府对叙利亚实施军事打击既有国内政治的需要，也是政府内部国家安全团队中以军人和情报系统为主的势力起了主导作用的结果。美国《国家利益》双月刊发行人兼首席执行官迪米特里·西梅斯批评特朗普的实力政策说："依靠大幅增加军费预算和愿意动武的明显态度，美国的国际行为明显变得强硬起来，这一点尤其体现在叙利亚问题上。""向叙利亚发动有限度但极具心理威慑力的空袭行动，以及决定向乌克兰提供'轻标枪'反坦克导弹，都表明特朗普愿意不仅将武力用作最终手段，而且把武力当成外交政策的重要合法工具。"[1] 为维持其霸权地位，特朗普政府还在朝鲜核问题和中国南海维护所谓"自由航行"问题上凭借实力推行强权政治。这也反映出特朗普政府内由于特朗普本人缺乏政治远见而由军人出身背景的官员在国家安全决策上发挥作用的影响。

第三，继续依靠军事实力巩固美国的霸权地位，是特朗普政府对外安全政策的核心，在这一点上和以往历届政府没有不同。2017年12月

---

[1] Dimitri K. Simes, "A Trump Foreign Policy", *The National Interest*, June 17, 2018. http：//nationalinterest.org/feature/trump-foreign-policy-26312.

公布的美国《国家安全战略》和 2018 年 1 月公布的美国《国防战略报告》都表明了这一点。特朗普在公布《国家安全战略报告》的讲话中说，美国国家安全战略的支柱之一是"用军事力量维护和平"，"软弱是导致冲突的原因，而无比强大的军事力量是最可靠的防御手段。为此，我们的战略将摆脱以往有破坏性的防守封锁"，"全面实现军队现代化"①。一个月后，美国国防部发表的《国防战略报告》更进一步提出美国的安全战略目标。《国防战略报告》提出："我们正面临更深的全球混乱，以长期的基于规则的国际秩序日益衰落为特征——所形成的安全环境比我们近代经历过的更为复杂多变。国家间的战略竞争现在是美国国家安全的首要问题，而非恐怖主义。"报告把中国和俄罗斯视为要改变国际秩序，挑战美国霸权的修正主义国家。除了要展开竞争外，报告认为："全球安全环境的另一个变化是美国的军事优势受到了挑战。""与中国和俄罗斯的长期战略竞争是国防部的首要优先事项。这需要增加并保持投入，因为它们对美国当今安全与繁荣造成的威胁巨大，而且这些威胁在未来可能继续增长。"为此，报告设计了四个层面的"全球作战模式"：第一层为"接触"，在不发生武装冲突的条件下更有效地达成目的；第二层为"迟滞"，迟滞或拒止对手入侵；第三层为"突击"，发动赢得战争胜利的作战力量并管控冲突升级；第四层为"回撤"②，重点是将力量回撤至美本土，保卫国土安全。报告明确提出安全战略的竞争目标和增强军事实力的具体方式，反映特朗普政府对外安全战略的强势特点。特朗普政府成立之初否定了奥巴马政府的"亚太再平衡"战略，却不能否定亚太地区的战略价值，继续保持在这一地区的优势地位是确定无疑的。这也可以看作是特朗普政府对外政策的一个特点。

（五）"美国优先"对外政策的影响

"美国优先"对外政策和特朗普多变的政策偏好，使各国都对美国

---

① 《特朗普的国家安全战略报告全文》，搜狐网 2017 年 12 月 22 日，http://www.sohu.com/a/212173329_825949。

② 《美国 2018 年版"国防战略报告"概要》，吴天昊编译，2018 年 2 月 27 日，http://www.daguoce.org/article/83/215.html。

未来政策走向多了一份担心,尽管特朗普政府仍然保证要继续承担地区义务。

首先,美国的盟友对特朗普的政策感到疑惑。日本和澳大利亚是美国在亚太地区的主要盟友,并以与美国的紧密关系而自豪。但特朗普就任总统以来,都被其羞辱或置于尴尬境地。澳大利亚总理科恩布尔因一份维持帮助难民定居的美澳协议而与特朗普在电话里争吵,安倍极力避免与特朗普撕破脸皮仍未能挽回美国最终退出跨太平洋伙伴关系协定的结局。日澳面临的挑战使其比以往任何时候都希望抱住美国大腿,支持美国保持在太平洋地区的存在,但特朗普的政策却使这些国家忧心忡忡。在日澳等国内出现的与美国关系的公开辩论,反映未来发生激进变化的可能性。特恩布尔政府宣称,"澳大利亚将继续大力支持美国的全球领导",但一些知名人士认为,基于美澳联盟制定本国的外交政策并非一项可持续的长远选择。前高级官员休·怀特认为,中国将取代美国成为太平洋地区的主导力量。特朗普的当选让澳大利亚对美国的传统依赖遭受又一次沉重打击。日本也因朝鲜危机和特朗普难以预测而开始反思,虽然安倍坚定地拥抱美国,但民众对美国领导层的信心急剧下降,一些一直视为禁忌的想法开始进入公众辩论,左派试图推动与中国修好,右翼则主张更迅速地重新武装起来。《日美安全条约》和《澳新美安全条约》是美国在这一地区实力的基石,如果任由这些联盟解体,美国的全球实力将随之坍塌。①

二 特朗普政府的印太战略

(一)特朗普政府印太战略的酝酿和提出

特朗普政府放弃"亚太再平衡"战略,却没有提出一个可以替代的亚太政策,根据"美国优先"的理念及其外交实践,其亚太政策也和其对外政策一样具有孤立主义、以经济因素和实力因素主导的特点,但还看不到一个明确的、针对这一地区的战略规划和战略目标。美国当然

---

① [英]吉迪恩·拉赫曼:《再见,山姆大叔》,英国《金融时报》中文版 2017 年 12 月 6 日,http://www.ftchinese.com/story/001075358?full=y。

不可能像其盟国所担心的那样轻易放弃对维持战后国际秩序的领导作用，放弃在亚太地区的主导地位和战略利益。为了实现"美国优先"，而不顾盟国和伙伴国家的利益，这明显带有孤立主义的倾向，但实际上要维持美国的国家利益和国际影响却又不可能走真正孤立主义的道路。

从 2017 年下半年开始，美国对亚太地区的政策构想经过一段时间的酝酿逐渐明晰起来。11 月，特朗普开始对日本、韩国、中国、越南和菲律宾等亚洲五国访问，并出席在岘港召开的亚太经合组织（APEC）首脑会议和在菲律宾召开的东盟峰会。这是特朗普就任总统后首次访问亚洲，也是近几届美国总统访问亚洲时间最长的一次。美国国家安全事务助理麦克马斯特表示，特朗普此次出访亚洲的目标有三：朝核问题、贸易问题和一个自由、公平互惠的印度—太平洋地区。访日期间，特朗普在同安倍会谈中就印太战略达成一致意见，即构建以日美同盟为基础吸收澳大利亚和印度等国家加入的框架展开经济、安全战略，目的是对抗中国谋求地区霸权。在此前一段时间里，美国政府官员频繁使用"印太"（Indo-Pacific）一词代替"亚太"（Asia-Pacific）。10 月 18 日，美国国务卿蒂勒森在华盛顿的一次讲演中就说要把印度作为共有和平、繁荣价值观的伙伴，不让印度洋和太平洋成为经济掠夺之海。① 据说是蒂勒森先于特朗普使用了"印太"一词，他在 10 月的讲演中使用了 19 次。10 月 27 日，负责南亚事务的助理国务卿艾丽丝·韦尔斯透露，美国希望尽快召开会议，以恢复与日本、印度及澳大利亚之间的四国对话机制。艾丽丝就使用"印太"一词表示，"这是印太地区国家间的自然发展与利益融合"。11 月 2 日，美国总统国家安全顾问麦克马斯特向媒体说明特朗普访问亚洲时就使用这一概念。他对记者表示，总统自上任以来已经与"印太"地区领导人进行了 43 次通话。而特朗普本人在 11 月 1 日的内阁会议上的讲话也使用该词。美联社分析，用"印太"取代"亚太"，或许是特朗普试图与奥巴马保持距离所做出的努力，后者投入大量时间与精力，将美国外交政策从中东地区转向亚洲。特朗普依然

---

① 「新アジア戦略　インド太平洋戦略　提示か」、『毎日新聞』2017 年 11 月 2 日、https://mainichi.jp/articles/20171103/k00/00m/030/089000c。

想要传达同样的信息，但要在前任基础上做出一些调整来应对主要竞争对手中国。有美方高官透露"自由与开放的印太"概念将是美国新亚洲政策的口号。① 西班牙皇家埃尔卡诺研究所研究员卡洛塔·加西亚·恩西纳也认为，特朗普用印太地区概念替换亚太地区，这并非有什么新的意图，只是为了与前任的政策拉开距离。通过这一新的用词，特朗普政府希望强调一种观念，即这一地区应该超越中国和其他东亚经济体后院的概念，并反映美国加强与印度战略关系的意图和努力。②

实际上早在2011年美国国务卿希拉里·克林顿就在其论述太平洋世纪的文章中把美中印称为这一地区的三个巨人，而把日本称作美国在这一地区的战略基石。美国一直设想把从日本开始的东北亚经过东南亚直到南亚印度的弧形大陆边缘地区联系起来加以考虑。因此，印太战略虽然最初由安倍提出，但它与美国从冷战结束以来对亚洲外交的传统海洋战略框架并无不同。美国和日本、澳大利亚、印度等所谓海洋民主国家联合起来，希望印度也能成为制衡中国的一部分，尽管并没有期待印度会参与遏制中国的行动。美国战略与国际问题研究中心副总裁迈克尔·格林认为，白宫内部对美国的亚太战略有三种意见：第一种是蒂勒森和国安会官员所倡导的，联合日本、澳大利亚、印度海洋民主国家和朋友，塑造亚太秩序；第二种是纯粹主张美国优先、你赢我输的交易式手法；第三是库什纳认可的要与中国建立战略伙伴关系，避免美中大国冲突。格林认为，现在第三种声音在白宫已经被削弱。③ 在印太地区以美日澳印为中心构建"自由航行、法治、公正、自由的互惠贸易的开放秩序的战略"正受到重视。蒂勒森在10月的讲话中说："在观察今后

---

① 《美国亚洲政策转向？美媒：白宫高频使用"印太"替代"亚太"》，观察者网，2017年11月3日，http：// m. guancha. cn/global-news/2017 _ 11 _ 03 _ 433446. shtml？from = groupmessage&isappinstalled = 0。

② ［西］卡洛塔·加西亚·恩西纳：《特朗普在亚洲的机会》，西班牙皇家埃尔卡诺研究所网站2017年11月6日。转引自《参考消息》2017年11月8日。

③ 《美国亚洲政策转向？美媒：白宫高频使用"印太"替代"亚太"》，观察者网2017年11月3日，http：// m. guancha. cn/global-news/2017 _ 11 _ 03 _ 433446. shtml？from = groupmessage&isappinstalled = 0。

100年时，印度洋、太平洋作为自由、开放的地区是不可或缺的。"① 特朗普和蒂勒森频繁使用"印太"概念表明，美国已经把印太战略体系化作为美国外交政策的主要课题。

特朗普在越南岘港亚太经合组织（APEC）首脑会议发表了关于"自由、开放的印太战略"的政策讲话，这是他就任总统以来首次发表亚洲政策讲话。在讲话中，特朗普列举了亚太经合组织成员国战后发展的历史，强调美国准备与维护公正、互惠精神的地区所有国家建立贸易关系，通过缔结双边协定加强地区合作，实现"印度太平洋之梦"②。讲话表明，特朗普蹈袭了安倍提出的印太概念，明确把传统上的东亚地区地理范围扩展到印度洋，并联合这一地区的所谓民主主义主权国家为主体构建共有自由、开放价值观的国际秩序。

特朗普政府对印太战略的公开解释是，2018年4月3日美国国务院负责东亚和太平洋事务的助理国务卿黄之瀚对"自由、开放的印度洋—太平洋战略"（FOIPS）的通报。据美国《外交学者》网站报道，这是特朗普政府决定对亚洲态度的明确方案。对于印太战略的"自由"部分，黄之瀚说："首先是国际层面的。我们希望印度洋—太平洋国家有免受胁迫的自由，它们可以自主选择在该地区的道路。其次，我们指的是国家层面，我们希望印度洋—太平洋各国的社会越来越自由——是基于良好治理上的自由，是基本权益上的自由，是透明度和反腐败上的自由。""开放"的含义是："首先和最重要的意思是开放的海上交通线以及开放的空中航线。这些开放的海上交通线其实是该地区的生命线……其次，我们的意思是更开放的物流，也就是基础设施。我们想协助该地区以正确的方式开展基础设施建设……另一个意思是更开放的投资。目的是让该地区不仅对更多的美国投资持开放态度，也让本土民众、本土创新者、本土企业家利用这种投资环境推动整个地区的经济增长……还有一个意思是更开放的贸易。自由、公平和互惠的贸易是美国数十年来支持的目标，也是特朗普政府支持的目标。"对这一报道的评论称，在

---

① 「日米首脳　際立つ蜜月」、『朝日新聞』2017年11月3日。
② 「トランプ大統領演説詳報」、『毎日新聞』2017年11月10日。

贸易政策问题上，上述对"开放"阐释的最后一部分显然与特朗普政府追求的目标不一致。因为特朗普政府的贸易保护主义显然不能说是开放，所以这部分的解释难以令人信服。评论认为，这是特朗普政府对亚洲终极状态的声明。这种状态现在受到中国崛起的威胁，以及"一带一路"倡议所涉及的基础设施建设融资和管理架构的透明性问题。①《南华早报》的评论认为，这是对中国的明确挑战，是特朗普"硬平衡"东亚外交政策的一部分，是在放弃奥巴马"重返亚洲"战略和退出跨太平洋伙伴关系协定（TPP）后，保持美国在该地区存在的一个方式。该战略表明美国仍在外交和安全方面致力于在这一地区保持存在，并突出了印度作为一个盟友的重要性。②

（二）特朗普政府印太战略的实践

事实上，在特朗普政府之前，美国的亚太战略就已经涵盖了现在所说的印太地区，只是没有明确提出印太战略的概念，或者说还没有充分重视将印度洋和太平洋地区作为一个地缘战略区统一加以考虑。冷战结束以后，澳大利亚积极参与东亚经济合作，自命为东亚经济合作的一个成员，美澳安全合作也不断加强。美国把澳大利亚和日本作为西太平洋安全体系的南北两个"锚"，美日澳之间存在着密切的安全合作关系。从20世纪末开始，美国为制衡中国，逐渐恢复与印度的关系，以双重标准睁一只眼、闭一只眼地纵容其成为有核国家。奥巴马政府的"亚太再平衡"战略已经实实在在地把印度作为一个牵制中国的重要因素加以考虑。因此，以美日澳印为主体推行的印太战略不能说没有基础，特朗普明确提出印太战略则是要把这一实际存在的战略关系进一步提升，向机制化发展，实现更密切的协作。

特朗普在岘港发表印太战略讲话后，前往马尼拉出席东盟领导人会议。会前，美日澳印四国召开四方安全对话会。美国派出负责南亚事务的助理国务卿爱丽丝·韦尔斯，日本是外务省综合外交政策局局长铃木

---

① 美国外交学者网站2018年4月4日报道。转引自《参考消息》2018年4月5日。
② 黄忠清：《Quad是迈向亚洲版北约的第一步吗？》，《南华早报》网站2017年11月25日。转引自《参考消息》2017年11月28日。

哲，澳大利亚和印度也派出局长级外交官出席。这是美日澳印首次谈印太合作。出席者深入探讨了打击恐怖主义威胁和应对其他安全挑战问题，认真研讨了印太地区不断变化的安全形势。应该说，这是美日澳印四方对话的新进展。美日澳印四方安全合作可以追溯到2004年末，四国海军为协调救助印度洋海啸灾区进行合作。2006年11月，日本外相麻生太郎提出建立四国战略对话的建议。2007年3月，日本和澳大利亚签署安全保障联合宣言，设立有外交和防务官员组成的安全磋商机制（2+2），由于美日之间已有同盟机制，所以美日澳形成战略安全合作。5月，在东盟地区论坛召开时，美日澳印四国官员首次会晤。日本首相安倍晋三最初提出举行日美澳印"四方安全对话"（Quad）。考虑到印度的立场，美日澳同意以单独而不是集体的方式发展同印度的关系。但这并未影响美日澳印之间的安全合作，2007年9月，四国同时参加在孟加拉湾举行的海上联合军演。但由于日本政局变化，主张"四国民主同盟"的安倍和麻生相继下台，美日澳印安全对话也暂时中断。10年后，美日澳印合作再度在印太战略的框架下重启，反映在中国崛起的背景下四方需要共同应对的迫切愿望。日本外相河野太郎认为，四国战略对话对于印太战略是个助推力量。他说："为了维护自由与开放的海洋，经济和安全的议题当然也会成为战略对话的议题。"各方计划从局长级开始，逐步为以后升格为部长级和首脑级对话营造环境。①

按照前引黄之瀚的解释，特朗普政府的印太战略包括经济和安全两个方面，以美日澳印为轴心，构建自由贸易和安全保障领域的地区框架。在经济和自由贸易方面，由于特朗普政府退出跨太平洋伙伴关系协定（TPP），又没有提出新的经济贸易合作方案，并且在贸易关税方面对盟国也没有网开一面，实行的是与"自由、开放"反其道而行之的贸易保护主义，日本和澳大利亚都感到压力，所以在美日澳印之间只有日本和澳大利亚参加跨太平洋伙伴关系协定，四国目前还难以形成共同的战略构想。印太战略虽然把对抗中国"一带一路"倡议作为主要目

---

① 「『日米豪印で戦略対話』　河野外相貿易・安保　中国にらみ」，《日本经济新闻》2017年10月26日。

标，但鉴于"一带一路"倡议在中国推动下取得良好的发展势头，并获得沿线国家的普遍欢迎，美日澳印也难以阻挡和明显进行对抗。不仅如此，日本和澳大利亚也都表示，在能够获利和取得共赢的项目上要与中国进行合作，即使是存在边界争端的印度也在寻找各种机会开展对华外交。因此，在公开场合这些国家都不希望把印太战略解读为"对华包围圈"，寻求共同繁荣仍然是经济层面的普遍要求。

与经济层面相比，特朗普政府在安全层面上推进印太战略更为积极，也见诸行动。2017年12月公布的美国《国家安全战略报告》在区域战略中首先就谈到印太地区，美国对这一地区的安全战略是：在政治上，加倍履行对同盟和伙伴关系的承诺，深化与尊重主权、公正、互惠贸易及法治的新伙伴国的关系，加强有关海洋自由、根据国际法和平解决领土和海洋争端的承诺，与盟国和合作国合作，实现朝鲜半岛无核化。在经济上，鼓励地区合作，维持自由和开放的海上通道，确保透明的基础设施融资实践、商业畅通及和平解决争端，在公正和互惠基础上寻求双边贸易协定，为美国的出口寻求平等、可靠地准入，与合作伙伴一道建立自由市场的国家网络，保证其不受可能破坏其主权的失利的影响。在军事与安全上，维持能够威慑并在必要时打败对手的前沿军事存在，加强同盟国和伙伴国之间长期的军事关系，鼓励发展强大的防御网络；做好以压倒性兵力应对朝鲜入侵的准备，完善迫使朝鲜半岛实现无核化的各种选项；加强与东南亚国家合作，解决恐怖主义威胁；依据"一个中国"政策，保持同"台湾"的紧密关系；扩大同印度的安全合作，支持其在印太地区拓展对外关系；振兴同菲律宾、泰国的同盟关系，并加强同新加坡、越南、印尼、马来西亚等国家的伙伴关系。2018年1月公布的美国《国防战略报告》也把扩大印太同盟和伙伴关系列在首要位置，要在巩固同盟关系和伙伴关系基础上，建设一张能够慑止入侵、维护稳定并确保航行自由的安全网络，和地区主要国家一道运用双边和多边安全关系来维持自由、开放的国际体系。

2018年6月，美国国防部长詹姆斯·马蒂斯在新加坡举行的香格里拉对话会上对美国印太地区的新战略做了说明。而在2017年6月的香格里拉对话会上，马蒂斯虽然表示美国除了要加强同盟体系外，"正在支持（建立）一个互相联系的地区，这些联系正在不断扩大，包含但同样独立于美国"。马蒂斯由此特别提及了与印度、越南、新加坡在加强军事关系方面的实践。但这次会上，他还是使用"亚太地区"，没有用"印太地区"①。马蒂斯对印太新战略的说明称，是为了说明特朗普政府的印太地区整体战略。该战略在建立"自由开放的印太地区"，以"共同价值观"为基础，且因"共同命运"相连。马蒂斯列举美国的印太战略有四个原则：第一，帮助盟友增强海军力量，使其能保卫自己的海洋边界；第二，美国和盟国的舰队要加强协调性并扩大对其军售；第三，在盟友中促进"法律的权力、公民社会和管理的透明度"；第四，以私有部门为动力，推动该地区经济发展。莫斯科卡内基中心亚洲项目负责人亚历山大·加布耶夫表示："这是在包括奥巴马总统任期的多年来，美国防长讲话中首次提出的清晰可见的完整战略。"②

2018年7月30日，美国白宫和国务院发布印太经济战略实施规划。白宫发布的事实清单表明，美国政府和公共机构支持参与印太战略，将投入1.13亿美元用于印太地区合作计划，计划内容包括数字联通和网络安全合作伙伴计划、以能源促进发展和增长计划以及基础设施交易及协助网络计划。③ 国务院发布的清单进一步细化了经费的使用范围，将投资印太交易顾问基金、对东盟、美国—东盟联通倡议、亚太经合组织、湄公河下游倡议、环印度洋联盟等地区组织的合作计划。国务院发布的实施印太经济战略行动日历列出了至2019年5月间的36个活动计划。美国国会将通过立法手段对印太经济战略给予支持。国务卿蓬佩奥在当天出席美国商会的"印太商业论坛"发表讲话，称投入的1.13亿美元只是印太新时代的"首付款"，今后将以私营企业为主要投资对象，政府将为它们在该地区的经济合作项目提供必要的支持。美国和日

---

① 《香格里拉对话上美防长马蒂斯发言：朝鲜、中国、同盟》，观察者网2017年6月3日，http://www.guancha.cn/america/2017_06_03_411447_2.shtml.

② 《美国提出四项原则》，俄罗斯《生意人报》2018年6月4日。转引自《参考消息》2018年6月5日。

③ President Donald J. Trump's Administration is Advancing a Free and Open Indo-Pacific，July 30，2018. https://www.whitehouse.gov/briefings-statements/president-donald-j-trumps-administration-advancing-free-open-indo-pacific/.

本、澳大利亚等盟国在对印太地区投资方面将展开合作。印太经济战略是对美国此前提出的印太战略的具体化，是在向盟国和本地区国家表示，美国不会撤出亚洲。

美国政府的《国家安全战略报告》《国防战略报告》《总统国情咨文》《核态势评估》等重要报告以及马蒂斯在香格里拉对话会上的讲话和印太经济战略实施规划，基本上阐述了特朗普政府印太战略的基本框架和主要内容。应当说，印太战略从地域范围来说，是在原来亚太地区的范围再加上印度所在的南亚地区，甚至也可以把中东地区包括进来。但主要是要将印度包括进来，形成所谓的美日澳印民主轴心，构成地区战略的支柱。而从其战略内容来说，和奥巴马政府的"亚太再平衡"战略没有大的不同，都是试图运用外交、经济和军事手段应对中国崛起可能给这一地区国际秩序造成大的冲击。特朗普的印太战略同共和党传统的保守政策也多有相似之处。《产经新闻》记者古森义久认为，特朗普的印太战略重视西方的普世价值，维持与日本等传统盟国的关系，利用军事力量实施遏制，与历代共和党保守派政府的对外政策非常相似。①

值得注意的是，特朗普政府并没有提出新的亚太战略，只是借用一个由日本人提出的名字，在安全方面的实质内容仍然是奥巴马的"亚太再平衡"战略。这也反映了无论是奥巴马政府还是特朗普政府在这一地区面对的主要对象都是一个崛起的中国。虽然特朗普政府在对外政策上更注重经济利益和"成本核算"，退出跨太平洋伙伴关系协定（TPP），但在安全上仍然继承了奥巴马政府的政策。新国家安全战略报告首次明确当前美国安全的首要关切是大国间竞争而非恐怖主义，中国与俄国并列为美国在全球范围内的地缘、经济和价值观方面最主要的竞争对手。这是对中国的新定位。也就是说，在美国无论是民主党政府还是共和党政府，正在达成共识把中国看作是一个对手，尽管中美双方仍然在许多战略领域需要进行合作，但对中国崛起的焦虑和恐惧仍然难以消除。新《国家安全战略报告》认为，美国一直以来执行的对华"接触"政策是

---

① 「トランプ氏のアジア政策は安倍晋三首相の構想を堂々と採用したものだった　保守本流に近づく米外交」、『産経新聞』2017 年 11 月 12 日。

失败的。报告说:"最近几十年来美国对华政策的基础是建立在支持中国崛起和参与现存国际秩序就会使中国实现自由化这一设想之上的,但中国与美国的期望正相反,却凭借武力侵犯其他国家主权,将本国的腐败和独裁向其他国家扩散。"2018年2月下旬,特朗普在一次保守派政治团体的大会上讲话说,美国邀请中国加入世界贸易组织(WTO)是一个错误。同意中国加入世贸组织是"接触"政策的核心,这表明特朗普也是在批评美国的"接触"政策。在野的民主党方面同样出现批评"接触"政策的意见,奥巴马政府的负责东亚太平洋事务助理国务卿卡特·坎贝尔撰文称:"美国历届政府的基本政策是期望只要加深同中国的关系,中国的国内发展和对外行为就会改变,但现在明白这种情况并未出现。新的对策首先最重要的是坦率地承认以往的对华政策在实现这一目标上遭到怎样的失败。"反特朗普政府的《纽约时报》发表社论称:"美国致力于使中国融入美国主导的政治经济秩序,期望中国的发展走向政治自由化。但中国的行动证明了美国这一政策的失败。"①美国对华政策一贯有两面性,一面保持接触和交往,另一面却防范和遏制。随着中国经济发展,美国担心被中国追赶和超越的焦虑感日益上升,印太战略就是在这种担心和焦虑中提出来的。这也反映美国试图在这一地区建立多边安全机制制约中国,有的评论称之为这可能会发展成为"亚洲版北约"。而这同特朗普主张的以双边形式进行贸易谈判的孤立主义的原则大相径庭,可见特朗普的孤立主义完全是实用主义的手段,并无原则可言,全看是否对自己有利而定。

  在这一战略思想指导下,美国与日澳印的安全合作继续发展。美日澳印四方安全对话是为了磋商印度洋—太平洋地区安全事务而形成的论坛,但在这一地区的共同利益促使四方安全对话正在向联盟方向发展。在此之前,美日印三国就举行名为"马拉巴尔"的联合军演。2017年9月,美国国务卿蒂勒森和日本外相河野太郎、印度外长斯瓦拉杰会谈,就加强海洋安全领域合作进行协商,为应对中国在印度洋增加影响力,三国达成日本自卫队和美印两军增加在本地区国家港口战略性停靠的一

---

① 古森義久「米歷代政権による対中関与策の失敗」、『産経新聞』2018年3月13日。

致意见，并确认三国合作以满足港口等基建需求的重要性。在这一机制下，美日澳印四国的远洋海军之间已经在打击海盗等领域展开合作，逐渐制度化。2018年5月30日，五角大楼宣布将美军太平洋司令部更名为印度洋—太平洋司令部。美国官员表示更名不会涉及军队兵力和装备的调动，也不代表基本战略的变化，更不会重新划分这个司令部的责任范围，因为印度以前就在太平洋司令部职责区域内。更名主要是象征性的，是为了更好地反映亚洲当前的局势。① 但这显然是为了配合特朗普政府的"自由、开放的印太战略"，使美国的太平洋司令部名副其实。而国防部长马蒂斯则清楚地说明更名的原因是为了应对中国在这一地区的压力，是为了维护对全球至关重要的海洋的稳定，与同盟国的关系对于维护稳定至关重要。

（三）对特朗普政府印太战略的评价

新加坡国立大学东亚研究所所长郑永年分析印太概念的兴起认为，这是国际秩序变迁的结果，目前世界上发生的一些事情都与世界权力转移和重组、秩序解体和无政府状态有关，印太概念的兴起也是如此。由于作为世界秩序基石的美国国内政治经济出现问题，世界秩序正在解体，但西方不会轻易放弃其所主导的国际秩序。几个大国都在追求以自己为中心的区域秩序，世界可能会回到近代以前几个帝国并存的状态。②

战后以来的世界秩序是否会分裂成为几个大国为中心的区域秩序，目前还难以断言，但正在再次发生重大变化则是有目共睹的事实。特朗普政府孤立主义和重视"成本核算"、不惜打贸易战的对外政策反映美国面临的国内政治经济问题难以解决，而为了制衡中国又必须联合老的盟国和新的伙伴国，印太战略是面对这种矛盾的选择。中国的崛起迫使美国从地缘政治学的角度审视地区问题。从更大的战略视角，加强与这个地区的海洋大国的联系，对中国的"垄断性经济崛起"起到平衡作用。"印太"概念反映了环绕欧亚大陆的地缘政治现实，而中国是在欧

---

① 美国之音电台网站2018年5月31日报道。转引自《参考消息》2018年6月1日。
② 郑永年：《世界秩序的变迁与印太概念的兴起》，2017年11月24日。华南理工大学公共政策研究院IPP2017年12月25日，https://mp.weixin.qq.com/s/H6McOrF0Jl33oyVmtg4cpg。

亚大陆处于优势地位，美国及其盟国则在海上居于优势。这使美国也接受了安倍在2007年强调的"印太"概念，在构建该地区战略格局的时候，必须具备俯视欧亚大陆和其周围海洋这两方面的视角。① 也就是联合海洋国家构建围堵大陆国家的联盟，所以四国安全对话被美国视为亚洲政策的重要组成部分。在美国看来，要制约中国，除了美日澳三个传统盟国外，还需要有俄罗斯或印度这样的重量级伙伴。美国国际问题专家爱德华·勒特韦克认为，没有克里姆林宫，遏制中国的计划就不能奏效，因为莫斯科对与中国接壤的中亚有重要的影响力。曾任特朗普首席战略顾问的班农在竞选期间也提出让莫斯科加入非正式的反华联盟。而在俄罗斯不可能向西方靠拢的情况下，印度自然成为美国考虑的关键方向。② 2018年1月，美国国防部长马蒂斯访问东南亚，向印尼、越南等国保证美国会遵守对本地区的安全承诺。随行的空军部长希瑟·威尔逊表示，美国在印太地区的战略是"建立强大的军事实力"，促使中国和俄罗斯在重要问题上选择以共同原则与合作为基础的和平竞争，而不是选择对抗或冲突与挑衅。但她也表示，美国的国防战略"明确认可，与盟友和伙伴团结在一起将比我们自己更强大……我们的国防战略的一个重要因素就是要加深我们与……太平洋地区的盟友和伙伴的关系"③。这应该是特朗普政府接过印太概念和筹划印太战略的思维逻辑。

但另一方面，日澳印等本地区其他国家在面对中国崛起的格局转换过程中，与美国有共同的合作需要，这是四方安全合作之所以能走到一起的基本条件。但这些国家也同中国保持着密切的政治经济关系，中国在本地区的地位和作用与苏联之于欧洲不同，这对美日澳印之间的安全合作能够达到何种程度将产生决定性影响。在美日澳印四国中除美国外，日本是推动安全合作最积极的一方，甚至可以说四方合作能发展到

---

① ケント・カルダー「トランプ氏アジア歴訪『インド太平洋』に焦点」、『毎日新聞』2017年11月26日。
② ［俄］伊戈尔·加什科夫：《美国挑唆印度和中国相斗》，俄新社莫斯科2017年8月29日电。转引自《参考消息》2017年8月31日。
③ 《随着与中俄的大国博弈升温，美军领导人向亚洲盟友伸出手》，《南华早报》网站2018年1月27日。转引自《参考消息》2018年1月29日。

今天日本是起了重要作用的，因为对中国在东亚地区政治经济和军事影响扩大最敏感的是日本，所以要依靠美国和多边联盟制衡中国，但即使如此，日本仍然要同中国保持良好的合作关系。2017年以后中日关系逐步改善就反映了日本在应对东亚国际秩序动荡和在中美两国之间保持一定灵活性的战略选择。五百旗头真的观点具有代表性，他一直主张日美同盟和日中合作并行。2018年1月，他在《每日新闻》主办的"21世纪论坛"专栏上发言表示，在动荡的国际环境中，日本的重要作用是要维护国际秩序，坚守国际协调主义。他说日本的方针是"在坚持和加强日美同盟的同时，又不要陷于过度的依赖美国，独自的外交努力和安全保障方面的自助努力是必要的。"① 澳大利亚也是四方安全合作的积极推动者。2018年2月澳总理特恩布尔访美的一个重要议题是重启四方安全对话机制，并试图将该机制扩大到安全议题之外，推出一项联合地区基础设施计划，取代中国的"一带一路"倡议。这表明澳大利亚要在盟国和最大贸易伙伴之间必须寻求平衡。② 但这种将经济和安全二元对立的政策能否行得通是个疑问。而印度总理莫迪2018年6月在新加坡香格里拉对话会上的主旨演讲中对印度在印太地区扮演的角色做了说明。莫迪讲话中重点讲印中合作，称中国是关键伙伴。据美国CNBC报道，莫迪在演讲中说，印度的印太地区愿景是积极的，不认为印太战略针对任何国家，新德里将包容性地与该地区国家进行接触。他说，印度洋—太平洋不是个战略概念，而是一个地区概念，"包括地理意义上的所有该地区国家"以及其他在该地区有利益的国家。法新社称，总体而言，与中国领导人会晤后，莫迪的演讲是包容的。他描述了对亚太国家构建更紧密安全和经济关系的愿景。③ 莫迪对中印关系的积极态度表明中印对管控双边分歧的希望和信心。菲律宾学者评价莫迪的讲话强调了印度的战略独立性，谨慎地保持了"等距离外

---

① 「每日21世紀フォーラムから第169回例会　乱世に生きる」、『毎日新聞』2018年2月14日大阪夕刊.
② 英国《卫报》网站2018年2月20日报道。转引自《参考消息》2018年2月22日。
③ 《莫迪香会演讲避谈争议：中印管控分歧展现出"成熟和睿智"》，《环球时报》2018年6月2日。

交"战略姿态,与美国的态度有明显区别。① 此外,鉴于地区政治经济现实,其他国家也各自有自己的打算,例如印尼希望在这个国际格局和国际秩序变动的时代未来能作为大国发挥更积极、独立的作用,显然不会完全听命于美国。

从以上各国的态度来看,特朗普政府以"印太战略"抵消中国的"一带一路"倡议并未给日印等国家更多的安全感。不仅该地区的中小国家,即使是日澳印也不愿意在中美之间选边站,与中国对抗。因为特朗普的政策多变,美国的"印太战略"是否有足够的经费支持还不确定,各国都不愿意轻率地"拥美抗中",甘冒风险,觉得在中美之间保持平衡是最佳选择。实际上,就连马蒂斯也表示,美国无意围堵中国,愿意继续追求建设性、结果导向的美中关系。因此,特朗普政府的印太战略实际是表明美国要继续和这一地区牢牢绑在一起。如果美国失去其在亚洲的经济基础和存在,就不可避免地削弱其在亚洲的军事和外交介入,印太战略将再次推动美国参与亚洲事务。印太战略还将推动美日澳印合作避免成为一个纯安全性质的联盟,除四方安全对话外,还要通过外交和经济合作、发展援助和软实力将其转化为抗衡中国的多层次的战略。② 值得注意的是,特朗普政府的印太战略与其奉行的"美国优先"的民族主义对外方针并不协调,这对印太战略的未来也将产生影响。

三 特朗普政府的对日政策

(一)加大对日经济压力

特朗普政府对日政策的基本理念是基于"美国优先"原则,其亚太政策的特点同样反映在对日政策中。特朗普政府的对日政策有两个明显特点:一个是与美国传统政客不同的施政理念和施政风格;另一个是和小布什、奥巴马政府一样,其亚太政策继续处于收缩的态势,这也反映在对日政策上。特朗普政府给世界带来震荡,使日本在适应美国新政策

---

① [菲] 理查德·贾瓦德·海达里安:《香格里拉对话会上对新的印度洋—太平洋秩序的两种观点》,香港《亚洲时报》网站2018年6月2日。转引自《参考消息》2018年6月5日。

② Yoichi Funabashi, "Toward a free and open Indo-Pacific", *The Japan Times*, May 10, 2018.

上颇费周章，对美国的亚太政策也产生焦虑和质疑。

特朗普政府对日政策首先是对日本施加经济压力，达到"美国优先"的政治、经济目的。这主要表现在以下几个方面：

1. 施压日本要求改变贸易不平衡

为改变美国长期贸易逆差，特朗普政府宣称将改变长期贸易不平衡，断然提高关税，日本也是矛头所向的主要国家之一。2017年1月11日，还是候任总统的特朗普就宣布为削减贸易逆差，不仅要在对华贸易上加大管控，也把矛头指向日本。由于特朗普在竞选中把增加就业作为招牌，所以在对外贸易方面采取保护主义政策。为阻止企业流向海外以增加国内就业率，大幅下调联邦企业所得税税率，以便增加国内投资创造就业岗位；而对转移至海外的企业产品征收高额关税，这势必会对日本企业造成影响。例如在美国雇佣13.6万名员工的丰田汽车公司的新建墨西哥工厂计划就受到特朗普的点名批评，社长丰田章男不得不前往华盛顿解释将扩大对美国国内的投资。这使日本制造商不得不想起20世纪八九十年代的日美贸易摩擦。1990年，美国对日贸易逆差占整体逆差的40%，通过设定数值目标等严厉措施迫使日本削减逆差，2015年对日逆差占比缩小至9%。2017年3月31日，特朗普签署削减贸易逆差的总统令，在即将开始日美经济对话前夕加强对日施压，而汽车和农业是两个主要议题和对日施压对象。

日本贸易统计显示，2016年日本对美汽车出口超过175万辆，从美国进口不足2万辆。日本车商在小型车方面进一步实现当地生产，对美出口的高档车比重增加，出口额达4.4万亿日元（约合人民币2670亿元），是汽车贸易摩擦加剧的1995年的2倍多。出口额增加也受到汇率变化的影响，日本政府相关人士称"不管什么原因，进出口之差将成为攻击目标"，对可能被要求扩大在美生产保持警惕。① 为了回应特朗普增加就业的愿望，安倍在2017年2月访美时特地制定扩大对美投资计划，试图缓解特朗普对日美贸易不平衡的批评。2017年3月31日，

---

① 《日美难就汽车及汇率达成妥协或将持久战》，共同网2017年2月10日，http://china.kyodonews.jp/news/2017/02/134148.html。

美国贸易代表办公室（USTR）发布特朗普政府的首个《贸易壁垒报告》，要求日本进一步开放市场。报告指出日本的农产品市场"存在重大壁垒"，批评汽车市场"各种非关税壁垒阻碍美国汽车销售"，再次展示了削减对日贸易逆差的强烈愿望。①

2017年11月特朗普访问日本，在与安倍的会谈中要求纠正贸易不平衡。之后的联合记者会上，他也主张"今后必须纠正慢性的不平衡"，强调贸易理应"互惠"，在对工商界人士发表讲话时，他表示美日贸易"不自由也不对等"，"我们希望公平和开放的贸易，但现在我们同日本的贸易既不公平也不开放。美国与日本之间的巨额贸易逆差已经存在许多年了。日本向美国出售了数以百万辆计的汽车，但从美国进入日本市场的汽车几乎没有"。访日期间特朗普展示了执着于削减对日逆差的姿态。② 2018年4月，安倍首相访美，双方在贸易问题上的分歧依旧。特朗普重申其对解决贸易失衡的愿望，倾向于通过双边协定谈判削减贸易逆差。安倍在会谈后表示，两国立场仍存在分歧。为了缓解美国贸易施压，日本设想通过设立向海外基础设施建设投资的新基金支持美国国内基础设施建设。

2. 要求扩大对日军售

特朗普为改善美国就业状况，扩大出口，一方面通过贸易战打开对方国家市场；另一方面则是通过政治、外交手段推销其产品。扩大军售即是一例。

日本在军备上严重依赖美国，特朗普政府扩大对日军售成了必然选择。由于朝鲜核开发和试射导弹，特别是朝鲜导弹飞越日本上空造成恐慌，更成为日本加强军备的借口。2017年11月，特朗普访日时即以此为借口要求日本扩大军事采购。他在回答媒体提问时说，日本防御朝鲜来袭的导弹，"更多采购美国装备的话就能够轻松拦截"。此前特朗普

---

① 《美国贸易壁垒报告要求日本进一步开放市场》，共同网2017年4月1日，http：//china.kyodonews.jp/news/2017/04/136372.html。

② 《特朗普要求削减对日贸易逆差 FTA 压力加大》，共同网2017年11月6日，https：//china.kyodonews.net/news/2017/11/02c5b63c5412-fta.html。英国《金融时报》网站2017年11月6日报道。转引自《参考消息》2017年11月8日。

发推特表示,有意批准日韩购买美国的高性能装备。由于一直不满美国对日贸易赤字,扩大对日本的装备出口也是希望借此削减赤字规模。特朗普在与安倍首相的联合新闻发布会上说,日本购买美国军备对美国而言将创造大量就业机会,对日本而言意味着增强安全性。对于特朗普的要求,安倍给予配合,日美双方就日本增加采购美国制造的武器达成一致意见。

但美制军备价格昂贵,日本军事预算吃紧,不啻是一沉重负担。据介绍,安倍在记者会上列举了从美国采购的武器包括在"宙斯盾"舰上搭载的改良型拦截导弹"标准"－3Block 2A和F－35战机,都是价格高昂的武器。按日本防卫省估算,"标准"－3Block 2A在设想的量产时间段2017—2024财年的采购价格比估价高16%。日本财务省制定的2017财年预算显示,一架F－35的价格是147亿日元（按1美元约合114日元计）,比美国国防部公布的单价高出40亿日元。

从第二次安倍内阁成立以来,日本以美国对外有偿军事援助（FMS）制度为依据的武器进口额增加。至2017财年,日本防卫预算已经连续5年增加。采购美国装备款项逐年增加的趋势,使日本方面对增加采购态度消极。由于接连采购了F－35隐形战机和"鱼鹰"运输机,防卫省官员表示"已经没有余力采购更多了"。尽管安倍配合美国要求,但也流露出勉为其难的意思。① 美国有偿军事援助（FMS）制度的采购方式慢、价格不透明,购买装备从签合同到交货有时要花数年时间,交货后美方未退还日本多付款额的事情在增加。有时候美方还拒绝公开价格的详细情况,签过合同后,美方提价的情况也时有发生。尽管如此,2008财年日本FMS方式采购额只有637亿日元,而按照2018财年预算已增加到4102亿日元。② 可见安倍愿意配合特朗普的要求也有难言之隐,无论怎样,对于日本来说还是要缓和美国的贸易不平衡压力,特别是要维护日美关系的大局,隐忍为上。

---

① 「米の防衛装備品　購入迫る　日本は消極姿勢」、『日本経済新聞』2017年11月7日。
② 「世界装備品調達、米の人件費負担　納期短縮狙う」、『日本経済新聞』2018年7月5日。

(二) 再次确认日美安全同盟

政策的不确定性，使日本方面对日美安全合作的紧密程度表示怀疑，特别是中日围绕钓鱼岛争端关系仍处于紧张状态下，日本对特朗普政府的安全战略极为关注。

2017年2月，美国国防部长马蒂斯访问日本。这是特朗普政府成立后，美国政要首访韩国和日本，表明对东北亚局势的重视。马蒂斯在与安倍首相会谈中，明确表示钓鱼岛适用于《日美安全条约》第五条，属于美国对日防卫义务。马蒂斯还表示，美国反对在该地区以武力改变现状的尝试，[1] 间接表明不会放弃维护东亚秩序的责任。这既是对中国的牵制，也是让日本安心。马蒂斯是被阿米蒂奇评价为"最为理解达成安全保障重要合作《日美安全条约》本质的人物"。[2] 2017年3月31日，特朗普发布纠正贸易不均衡的总统令，瞄准日本和中国，力争削减美国的巨额贸易逆差，这又让日本对特朗普的政策着实感到困惑。

随后安倍在访美与特朗普会谈中再次获得承诺。会谈后发表的联合声明中写明钓鱼岛适用于《日美安全条约》第五条，反对妨碍在钓鱼岛列岛施政的单方面行为；日美两国将深化确保东中国海和平与安定的合作；强调维持包括自由航行在内的基于国际法的海洋秩序的重要性；反对凭借威胁、强制或武力主张海洋权利的尝试；要求有关国家避免包括据点军事化在内的提高南中国海紧张局势的行动，要遵守国际法。[3] 联合声明的内容表明了日美双方的共同意愿，也满足了日方的要求。随后，日本国家安全保障局局长谷内正太郎访美，与总统国家安全事务助理麦克马斯特会谈，就加强日美安全合作进一步达成协议。

日美加强合作既有日方的原因，也有美方的原因。舆论评说，"在加强同盟关系的背后，可以看出国力衰弱的美国希望日本承担一定的职责和负担的想法"。也就是说，美国希望日本能够助其渡过难关，而日本鉴于东亚权力格局的变化，担心美国介入东亚的热情下降，也要拉其

---

[1]「米国防長官来日　緊張緩和に資する形で」、『東京新聞』2017年2月4日。
[2]「リチャード・アーミテージ　アジア政策　マティス氏が軸」、『日本経済新聞』2017年1月26日。
[3]「日米首脳会談の共同声明全文」、『読売新聞』2017年2月12日。

留在东亚而配合其战略需求。因此，日本仍将通过引进新型装备等响应美国的要求，在2017年8月举行的日美外长、防长2+2会谈后发表的共同文件中，"确认了双方均有意为进一步加强日美同盟关系制定具体对策及行动"，"研究了进一步开展合作的方式"。文件强调日美将共同应对各种问题，为推进"重新审视（同盟的）职责、任务和能力"，"指示具体业务部门加速推进作业"。具体来说，两国将推进2015年《日美防卫合作指针》中的内容，包括日本自卫队根据有关安全法律执行保护美国舰艇的"美舰防护"任务，以及根据《物资劳务相互提供协定》（ACSA）等为美方提供弹药等。① 据报道，随着对国内问题的重视，美国在东亚对日本的依赖在加深，希望日本承担更多的安全责任。日本前陆上自卫队幕僚长岩田清文透露，假如中美发生冲突，美军将暂时转移至关岛，而由日本自卫队防守冲绳—关岛—菲律宾一线，即所谓的"第一岛链"。在朝鲜核开发和试射导弹难以解决的情况下，日本国内出现研制核武器进行对抗的"拥核论"，美国国内也出现支持日本拥核的意见。分析人士认为，这表明美国在朝鲜核问题陷入困境时会介入日本拥核甚至修宪等国内政治问题，把日本作为威胁朝鲜的一张牌来打。② 这也说明，在形势变化的情况下，美国在同盟机制下有可能调整对日政策。可以预计，在新形势下，日本在美国东亚战略中的地位和作用将有新的提升。由于修改安全法制，日本在配合美国作战的范围和程度上都发生重大变化，美日印太战略的目标和内容高度重合，采取联合军事行动的可能性很大。美国印太战略离不开日本和澳大利亚作为北南两个基点加以推行，因此对日本的地区安全作用必然寄予很大期望。

（三）第四次《阿米蒂奇报告》的担心与建议

特朗普强调"美国优先"和贸易平衡的政策对日美关系的影响使美国外交界感到担忧。2018年10月3日，阿米蒂奇和约瑟夫·奈再度发

---

① 「同盟強化 弱まる米に備え」、『日本経済新聞』2017年8月18日。
② 湯浅博「核オプションは捨てず時代錯誤の専守防衛をやめ積極防衛策の予算化」、『産経新聞』2017年9月6日。日高義樹「改憲と核装備を求めるアメリカ」、『Voice』2017年11月号。

表研究报告《比以往更重要：21世纪日美同盟的更新》①。这是两人牵头发表的第四份关于日美同盟的报告。

报告认为，日本"是美国在最重要地区最有能力的盟国"，而特朗普近年的政策却"给同盟带来巨大风险"，21世纪的威胁在扩大。美日同盟面临新的机遇和挑战。机遇是：美日共有相同的价值观，是世界上兼具规模和创造力的经济大国；在东北亚地区保持充实的军事力量；在构筑地区国际秩序上发挥着主导作用。挑战是：美日同盟的地位和影响正在遭到破坏。由于威权资本主义扩张和美国出现对同盟、国际秩序表示怀疑的领导人，美日主导下构建的国际秩序面临危机；特朗普政权与盟国交往强调利益原则（transactional approach），而对威权主义国家采取无原则的"接触"政策（unconditional engagement），使美日两国不能在共有价值观基础上进行对话；特朗普政府是战后美国最具重商主义的政权，保护主义盛行；中国迅速军事现代化缩小了与美日军力之间的差距。报告认为特朗普政府的对日政策使日本陷于困惑。在同盟责任分担问题上，美国不应低估日本的贡献，考虑到中国军力增长和朝鲜核开发等日本应该增加防卫费用，突破不能超过GDP1%的限制。在经济上，美日要合作维护自由贸易制度；对安倍首相推动没有美国的TPP给予评价，是日本提高领导作用迈出的重要一步。报告根据以上分析提出建议，在经济、安全和维护地区秩序方面进一步加强合作。在经济上，建议政府重新评估和最终加入TPP，在此之前日本要继续带领没有美国的TPP前行。美日要加强对话，解决双边关系中的结构性问题，并在尖端技术、人工智能等领域开展合作。为对抗中国的对外经济战略，美日应设立解决地区基本建设投资问题的基金，要拿出能取代中国的"魅力方案"。美国不能只顾解决"短期的双边贸易赤字"，应注意在贸易、投资领域发挥领导作用的"长期讨论"。美日应合作推动联合国安理会改革。在安全上，美日要加强军事一体化，成立联合部队和联合司令部；制定应对"有事事态"的联合计划；合作研发防卫装备；在政治上和

---

① Richard Armitage and Joseph Nye, "More Important Than Ever: Renewing the U. S. -Japan Alliance for the 21st Century", *Center for Strategic and International Studies*, October 3, 2018.

军事上加强美日韩合作。报告的结论是，对美国来说，没有比日本再好的盟国了，而且现在的美日同盟比以往更加重要，但由于特朗普总统重视解决对日贸易赤字问题，使美日同盟的裂痕表面化。为了更新美日同盟，必须做出决断并持续加以推进。美日要加强合作，和其他国家一道维护亚太地区秩序和全球国际秩序。

第四次《阿米蒂奇报告》反映美国外交界担心特朗普政府的政策正在破坏战后以来以美日同盟为基础的亚洲战略构架。在中国崛起之后，如果美日同盟再被削弱，美国将处于更为不利的境地，危及战后形成的美国治下的亚太国际秩序。报告提醒特朗普政府重视日本的作用，解决美日关系中存在的问题，加强在军事、经济领域的合作和地区战略协调，抵制中国日益扩大的影响。而特朗普政府在推出印太战略的同时，也表明其不会完全走孤立主义的道路，同日本的紧张关系有所缓和，双方签署自由贸易协定，驻日美军和自卫队联合训练继续开展。① 但特朗普政府的政策也再次给日本敲起警钟，必须预防美国政策调整造成的被动，既要依靠美国，又要有自立的外交、安全战略，特别是在国际格局和国际秩序面临重构、美国也在酝酿战略调整的时期更是如此。

第二节　安倍政府稳步推进国家战略转换

特朗普政府的对外战略思想和外交作风给世界带来少有的震荡。为实现"美国优先"的目标，特朗普政府不顾削弱战后由美国之手建立起来的自由贸易体制和多边原则，不惜牺牲盟国利益和退出多边国际组织。第二次世界大战以后特别是冷战结束以后的国际秩序会否在特朗普政府手上被颠覆已经成为国际关注的话题。日本的发展得益于战后自由贸易体制和日美安全同盟的庇护，而特朗普政府的做法是为了本国利益置国际规则和国际秩序于不顾，这使日本对日美关系和地区前景感到担忧。但特朗普政府成立初期对外政策重点放在推行贸易保护主义，对亚

---

① 《美海军陆战队和日本陆自将在四县实施训练》，共同社 2019 年 11 月 14 日，https：//china.kyodonews.net/news/2019/11/253940ad5dc9.html。

太安全投入相对不多，主要重视朝鲜核问题的解决，基本上希望保持地区稳定。这使日本一方面在对美经贸关系上感到压力，另一方面继续稳步推进"积极和平主义"国家战略转换。

本节主要探讨日本对特朗普政府对日政策下的思考和推进"积极和平主义"国家战略转换的政策调整。

一 特朗普政府对日政策下日本的隐忧

（一）担心特朗普政府的"交易外交"

特朗普作为历届总统中的"另类"从一开始就为日本所注意。以北冈伸一为委员长的世界和平研究所日美同盟研究委员会发表研究报告认为，特朗普当选总统预示国际政治可能发生第二次世界大战以后最大的变化。因为战后国际秩序是由美国支撑，而特朗普由过去的国际协调转向强调本国利益优先。日本在美国主导的安全框架中处于被动的伙伴地位，没有强大、独立的军事力量，所以特朗普政府的政策调整可能对日本的影响最大。[①]

美国布鲁金斯学会的学者罗伯特·卡根批评特朗普外交说："特朗普不仅是不顾自由开明的世界秩序，他是为了一点私利榨干世界秩序，迅速摧毁七十年来维护世界秩序、防范国际混乱的信任和共同使命感。他获得的'成功'源自他愿意采取历届总统拒绝采取的行动：利用深植于战后秩序的巨大实力差异，牺牲美国盟友和伙伴的利益。"[②] 这种外交的本质是"交易外交"。"因为以盈亏判断孰是孰非的特朗普式'交易外交'正在破坏坚守自由、人权、法治等民主主义普世价值的自由主义阵营的同盟基础。即使是盟国，只要交易不成，也会随手抛弃；即便是独裁国家，只要能做交易，也可以向对方让步。只要特朗普认为不合算，美国就可以放弃承担身为自由主义阵营领袖的职责。美国减少对东亚事务的介入在现阶段已经开始具有现实意味。"

---

① 世界平和研究所日米同盟研究委員会『米国新政権と日本—新時代の外交安保政策—』、2017 年 1 月、第 1 頁。
② ［美］罗伯特·卡根：《特朗普的美国不在乎》，美国布鲁金斯学会网站 2018 年 6 月 17 日。转引自《参考消息》2018 年 7 月 4 日。

美国国内要求终结对日韩"防务福利"的呼声渐高。这种观点认为，美国给予日本和韩国的保护伞是历史因素造成的。美国一直限制其盟友发展军备，但现在情况发生很大变化。日本和韩国越来越多的人对他们保持军事脆弱并依靠美国的假设感到不安，民众也开始对加强军事建设表示支持。安倍首相支持修改禁止拥有军队的宪法第九条，防卫大臣小野寺五典也表示有意对导弹防御是否足够可靠展开调研。安倍称，"鉴于日本周边安全局势正在变得日益严峻"，需要加强国防实力。因此，有美国智库的研究人员建议："这种美国的亚洲盟友要求提升防御能力的、日益广泛的骚动是一件好事。美国为主导的联盟制度最有害的影响之一是在华盛顿不断努力向其他国家'保证'可以依靠美国保护直到最后一个美国人倒下这种做法的支持下，阻止其盟国增强实力。结果导致了一个奇特的情景：人口众多、繁荣兴盛的亚欧国家在面对在很大程度上是困扰亚洲和欧洲的威胁时，所做的却比美国还要少。"所以特朗普政府应该鼓励这种努力，华盛顿的长远目标应该把东京和首尔都从美国的防务"救济名单"中"踢走"。美国人不再负担得起让外国将五角大楼当作一个福利机构。①

美国国内出现的这种意见是其国内政治经济状况的反映，表明对不顾自身状况推行霸权主义战略的不同意见。美国对外战略的趋势与特朗普特立独行的外交政策使日本感到不安，一方面要尽力配合美国的战略，拉美国留在亚洲，另一方面也促使日本考虑今后的出路。据报道，安倍首相身边的人士开始呼吁"日本应当强化防卫力和外交力，摆脱美国，实现自立"②。

（二）担心被排除在美朝会谈之外

2018年3月，美朝经过长期对峙后闪电般就首脑会谈达成共识。这也给日本带来冲击。日本自然会联想到中美接近时的"尼克松冲击"，对美国的政策走向极为关注。

---

① ［美］道格·班多：《现在是终结华盛顿的防务福利的时候了》，美国《国家利益》网站2017年8月30日。转引自《参考消息》2017年9月5日。
② 佐藤純之助「日米同盟　トランプ流ティールに揺らぐ日本」、『週刊エコノミスト』2018年7月3日。

朝鲜半岛局势直接影响日本的安全，如果美朝关系发展顺利，将给朝鲜半岛和东北亚局势带来重大变化。朝鲜半岛是保留冷战时代残余的有数的地方，安全形势的发展直接关系到美国在东亚的地位和日美同盟的演变。日本对美朝会谈极为关心，希望能参与朝鲜半岛和平进程和美朝关系的重新设计。但日本从一开始就被排除在美朝会谈之外，这让日方十分恼火。曾担任首相外交顾问的评论家冈本行夫认为，日本面临的安全威胁仍然存在，美朝却达成某种共识，是"动摇了日美同盟的根基"，"等于抛弃了盟国"①。前日本海上自卫队舰队司令香田洋二表示，美朝会谈虽然有政治秀的成分，但"对日本来说，防止驻韩美军撤走却是绝对要避免的。日美必须再度进行密切的战略整合"②。安全专家田久保忠卫甚至认为："尚不清楚东北亚均势会如何变化，但如果发生朝鲜半岛没有美军的事态，日本如何应对？日美关系的重要性将进一步增强，日美同盟将产生防卫分担问题。战后日美同盟史将进入拐点。"③

对于美朝会谈的结果日方显然不满意，认为朝鲜方面没有做出实质性让步，美方就先松动了立场，特别是日方要求参与到朝鲜半岛和平进程中来。对于日本关心的绑架问题，安倍要求特朗普介绍美朝会谈，并表示要和朝方直接会谈。对于美朝缓和后朝鲜可能出现的经济发展新局面，日方也表示要积极把握机会。④

（三）日本对同盟的思考

日本对特朗普政府的担心，当然不止上述两例。特朗普外交实质上是从更深层次上反映世界力量格局和国际秩序的变化，对日本来说，最直接、最关切的是对日美同盟的担忧。日美同盟对战后日本政治、经济和安全战略具有重大影响，说是日本国家战略的决定因素也不为过。日美同盟一旦出现变化，对日本政治、外交和安全战略产生

---

① 「米朝首脳会談　シナリオは」、『日本経済新聞』2018年3月13日。
② 香田洋二「壮大な無駄遣いの政治ショー」、『産経新聞』2018年6月13日。
③ 田久保忠衛「浮かび上がる米軍撤退論の悪夢」、『産経新聞』2018年6月15日。
④ 五百旗頭真「北東アジアの大変動　時代の壁が崩れる瞬間」、『毎日新聞』2018年6月19日。

的影响难以估计。应当说日美同盟的基础并未动摇,日美双方也都在为巩固同盟而绞尽脑汁。但是国际形势演变是不以人的意志为转移的,重视日美同盟可能出现的变化,对于准确把握日本国家战略动向十分必要。

基辛格在特朗普竞选总统成功后答日本记者问时对同盟战略有一段说明:"同盟战略本来是在世界规模上有各种不能解决的问题而产生的。同盟战略必须反映同盟国和美国的国家利益,据此定义同盟的特殊关系。国家领袖必须在办公室对缔结同盟的意义反复评价,并根据评价的结果对同盟关系加以修正。许多同盟关系产生于苏联是严重威胁的时代,现在,在新时代威胁的内容不同了,所有的同盟都要根据这一变化重新思考。为了面对新的现实,应当以向前看的态度重新思考。"[①] 基辛格这段话当然不是说要改变日美同盟,而是说同盟关系要根据形势变化进行修正。这种修正可能是盟国双方或某一方主动修正,也可能是客观形势变化迫使盟国双方或某一方做出修正。

北冈伸一主持撰写的世界和平研究所报告坦率地表示,日本复兴前缔结的关系,今天仍然延续是不自然的。但日本要改变这种关系,无论在国内还是在与周边国家关系上都不是很容易的。检讨日美同盟的基础是对日本威胁的评估,依靠本国力量能否应对。由于日本周边安全环境严峻,难以独自应对,坚持以日美同盟为基础的政策路线,进一步加强同盟,对于改善日本的安全环境是不可或缺的。但鉴于从长期来看美国可能出现的变化,日本在安全领域也有必要探索不同于以往的应对措施。[②]

特朗普政府的对外政策和对日政策确实在日本国内产生一些忧虑。这主要有以下几个表现:

1. 美国在亚洲的影响遭到削弱,可能会让出主导权

特朗普的政策不确定性使美国在亚洲的声望下降,美国皮尤中心2017年8月的民调显示,日本人对美国的信任度比奥巴马时期下降了

---

① ヘンリー・キッシンジャー「トランプ・ショック 世界の秩序は」、『日本経済新聞』2016年11月13日朝刊。
② 世界平和研究所日米同盟研究委員会『米国新政権と日本—新時代の外交安保政策—』、2017年1月、第2—3頁。

54个百分点。①《日本经济新闻》编委太田泰彦认为美国参与世界的程度降低。特朗普政府导致亚洲形势发生变化，其影响力正在下降。② 京都大学教授中西宽认为特朗普在维护国际秩序方面做的是无用功，担心其会选择让出亚洲主导权。③

2. 担心美日经济摩擦再次爆发

特朗普政府重视贸易问题，强调"公平且互惠"贸易的重要性，不容忍其他国家违反贸易规则，甚至表示有经济安全才有国家安全，把纠正贸易均衡作为第一关切，迟早会提出与日本的贸易不均衡问题。④

3. 担心日美同盟遭到损害

原因有二：一是担心中美关系改善，美国不再以中国为敌人，则日美同盟降级。日本前驻美大使加藤良三认为，同盟不是命运共同体，冷战结束多年后的今天，局势非常复杂，如果美国将中国从"对手"转变为"伙伴"，就是黄灯信号。"日美同盟不是对日本永久的馈赠，如果降级，对双方都会有影响，但受打击更大的是日本，而不是美国。所以，日本要努力对同盟进行升级。"⑤ 中美在解决朝鲜核问题上合作，如果成为安全"伙伴"，日本的影响力就会下降。担心形成"中美两国集团"⑥。

二是担心特朗普政府的"美国优先"会削弱日美同盟。白石隆认为，"美国优先"只是认为盟友白占美国便宜，应该放弃这种同盟。这是对国家利益的狭隘定义，可能损害以美国为中心的秩序。特朗普重视

---

① 《唐纳德·特朗普如何削弱美国在亚洲的影响力》，英国《经济学人》周刊2017年8月31日，转见《参考消息》2017年9月5日。
② 《自由贸易的分水岭，一带一路的吸引力》，《日本经济新闻》2017年6月26日。转引自《参考消息》2017年6月30日。
③ 中西寬「貿易問題重視、中国の影響力拡大容認…トランプ歴訪に垣間見た懸念」、『産経新聞』2017年11月29日。
④ 中西寬「貿易問題重視、中国の影響力拡大容認…トランプ歴訪に垣間見た懸念」、『産経新聞』2017年11月29日。
⑤ 加藤良三「敵味方の概念を整理してみよう　日米同盟は恒久のギフトではない、ダウングレードありえる」、『産経新聞』2017年6月20日。
⑥ 《"中美两国集团"一旦成立，日韩等国恐失影响力》，新加坡《联合早报》2017年4月30日，http://www.zaobao.com/news/world/story20170430-754664。

大国和双边贸易。日本要做亚洲的稳定力量，加强日美同盟。①

4. 日本不能完全依赖美国，要扩大独立自主性

第二次世界大战结束后，美国进入霸权巅峰时期，日本托庇于美国是不得已之下的有意为之。日本成为世界第二大经济体之后，独立意识增强，有人认为美国治下的时代结束，日本进入占世界GNP10%的时代，要能够处理国际环境变化产生的新问题。② 奥巴马政府推行"亚太再平衡战略"的实际情况表明，美国面临为维持其霸权而惨淡经营的局面。据此日本学者预测认为，美国虽然仍会保持霸权优势地位，但参与国际社会的意愿在下降。③

特朗普外交再次使盟国重新考虑同美国的关系。就连弗朗西斯·福山也说："日本以及其他深信自己是美国紧密盟国的国家，现在将不得不拘泥于追求自身的国家利益，重新思考与美国的合作。"④ 日本国内出现不能完全依赖美国、要有独立性的意见。这主要有两个方面：

一个是在外交上要有多种选择。《日本经济新闻》亚洲部主编高桥彻认为，对于"特朗普治下的美国"外交的不确定性，日本面临困惑。一直同美国协作，但现在美国的影响力衰落，对日本亚洲外交是一个考验。⑤ 白石隆认为，要使亚洲政治经济前景趋于良性化，日本的亚洲政策不能与美国完全同步，否则会减弱日本的影响力。日本要扩大地区多边安全合作，完成美国没有参加的跨太平洋伙伴关系协定（TPP）或质量更高的区域全面经济伙伴关系协定（RCEP）。⑥

另一个是提高防卫力量。由于担心日美同盟的可靠性，日本要增强防卫力量。美国的"内顾倾向"，使日本认为其安全保障体制有缺陷。

---

① 白石隆「米国第一主義下のアジア　日本、2国・多国の枠組で」、『毎日新聞』2017年3月14日。
② 伊藤憲一『国家と戦略』、中央公論新社、1985年、第264頁。
③ 20年後のアジア太平洋地域秩序と日本の役割に関する研究会『「20年後のアジア太平洋地域秩序と日本の役割」報告書』、2015年3月、第13頁。
④ フランシス・フクヤマ「米朝会談　真の勝者は中国」、『読売新聞』2018年7月2日。
⑤ 《坚持开放的亚洲》，《日本经济新闻》，2018年6月26日。转引自《参考消息》2018年6月29日。
⑥ 白石隆「米国第一主義下のアジア　日本、2国・多国の枠組で」、『毎日新聞』2017年3月14日。

东北亚安全保障存在严重的脆弱性，鉴于特朗普外交的情绪性，未必不会发生意想不到的事态，日本要有多样化的选择。① 特朗普在解决朝鲜核问题上的做法也令日方不满。加藤良三认为，特朗普式的美国认为，历任美国总统同意和接受的规则太照顾日本了，这表明特朗普选择了走无赖的超级大国道路。日本要拿出自主行动，强化包括导弹防御在内的自卫能力。② 神谷万丈认为，朝鲜半岛局势可能出现朝鲜战争结束以来最重大的变革，将导致东北亚地区力量天平发生倾斜，这促使日本调整自己的安全政策。由于特朗普总统认为亚洲离美国太远了，亚洲发生的问题不是美国的问题，所以日本一方面要为应对东北亚格局变革强化日美同盟，另一方面也需要对特朗普可能在日美同盟政策上突然变脸做好"B计划"，在外交和安全上提早准备。③

当然，上述日本担心特朗普政府的"交易外交"会削弱日美同盟，但并非不想依靠日美同盟，恰恰相反，日本希望通过自己的努力促使日美同盟得到加强，并未改变日美同盟在外交中的主轴地位。这在日本对亚太局势展望中具有一致的看法。④ 日本的自立倾向还是要维护美国主导的地区秩序。如加藤良三所说，美国今后不得不更多地参与太平洋事务，届时值得信赖的伙伴就是日本。"日本只要聪明、冷静地考虑国家利益而采取行动，日美关系就会是牢固的。在牢固的日美关系下，自立性更强的日本应该是对世界稳定而言不可缺少的角色。"事实上，特朗普政府并未表示不重视日美同盟，并且按日方的说法也接受了日方提出的"印太战略"，表明日美在地区战略上的一致性，日方也引以为自豪。日本对特朗普政府的不满和牢骚，不过是怨妇心态的反映。在中国日益强大而中日之间尚未建立互信的情况下，日本只能继续依靠日美同盟。日本前首相小泉纯一郎在接受英国《金融时报》采访时再次强调

---

① 特別リポート「日本は米国の裏切りに備え」、『選択』2017 年 7 月号。
② 加藤良三「米国の心理映え出すトランプ流」、『産経新聞』2018 年 7 月 5 日。
③ 神谷万丈「トランプ氏の同盟政策を憂う」、『産経新聞』2018 年 7 月 12 日。
④ 参阅日本国際問題研究所『日米中関係の中長期展望』、2012 年 3 月。日本国際フォーラム『変容するアジア太平洋地域と日米中関係の展望と課題』、2012 年 3 月。20 年後のアジア太平洋地域秩序と日本の役割に関する研究会『「20 年後のアジア太平洋地域秩序と日本の役割」報告書』、2015 年 3 月。

其在任首相时所言：日本应该改善与中国的关系，但与美国的联盟是第一位的。他说："有些人说我们应该淡化与美国的关系，并同中国做更多的事情。那是本末倒置。我们与美国的关系越好，我们与中国的关系就越好。认识到这一点至关重要。"① 小泉的观点在日本政、学界是有影响的。战后"海洋国家论"为这种观点提供了理论支撑。因此，日本在日美同盟和对美关系上仍表现为实用主义的两面性：继续依靠和加强日美同盟，同时提高自己的独立性，在政治上成为"正常国家"。

二 自民党新修宪方案与前景

特朗普政府政策的不确定性，并未影响安倍政权稳步推进"积极和平主义"国家战略转换。前两章就安倍政权在推进国家战略转换上对国内外政策的重大调整进行了探讨。在完成一系列内外政策调整之后，安倍政权倾力于修改宪法。

特朗普政府对日本修宪尚无暇顾及。2017年特朗普访日前知日派、华盛顿学院教授安德鲁·奥罗斯应共同社采访时表示："对美国来说修宪并不重要。修宪并未得到日本国民的广泛支持，若强行修改第9条，对美国而言可能会给别的重要课题造成障碍。因为在阻止朝鲜核导开发方面要与中国、韩国合作，修宪可能引发与这些国家的外交问题。日美的长期课题是与中国建立良好关系的同时，如果对中国有异议则共同对抗。还需要对抗在全球日渐抬头的保护主义，呼吁促进自由贸易。特朗普政府获得了在今后几年中能够信赖的亚洲合作伙伴。在朝鲜威胁上升的情况下，'同盟的稳定性'非常重要。"② 这大概反映了特朗普政府初期对日本修宪的态度，不赞成日本急于修宪而破坏地区稳定，影响美国的外交日程。

在日本国内，修宪仍然存在阻力，对于宪法条文如何修改还有不同意见。

---

① [美]罗宾·哈丁：《小泉纯一郎》，英国《金融时报》中文版2018年8月23日，http://www.ftchinese.com/story/001079073?adchannelID=&full=y。

② 《美国学者认为若安倍强行修宪或引发外交问题》，共同网2017年10月24日，https://china.kyodonews.net/news/2017/10/a9334f1e5a87.html。

自民党在野时期的 2012 年曾汇总一个修宪草案，在前言中过度赞美日本的传统，在正文里把天皇国家元首化，自卫队国防军化，在非常时期可以行使国家紧急权等，因此遭到反对，被批判是反立宪主义，是违背和平主义的倒退，在野党要求废弃，不敢再度公开。在野党也担心自民党会以这个 2012 年草案为蓝本修宪。自民党以宪法改正改进本部为中心，汇总党内意见，提出新的修宪方案，但安倍的意见无疑是主要的。2017 年 5 月，安倍提出宪法第九条修改意见，保留第九条的第一、二项，增加写入自卫队的第三项。自民党内还有人提出设立第九条之二或第十条的意见。① 安倍明确表示，自民党将推进包含修改第九条写入自卫队的讨论，汇总具体的条文草案后提交给众参两院宪法审查会。对于争议最大的自卫队入宪，安倍 2017 年 10 月在朝野 8 党首会议上说明："防卫省与自卫队的关系不会改变。如果写明文官统制，将更加明确。"该发言或是为消除对修改第九条将扩大自卫队活动范围的担忧。安倍称宪法学者中很多人认为自卫队违宪，所以"希望通过在宪法中写明'自卫队存在'来结束没有结果的争论"②。他虽然表示将努力与立宪民主党等在野党达成共识，但也承认"因为是政治，并非能得到所有人的理解"，意在即使得不到理解也要坚持。朝野围绕自卫队入宪和宪法第九条的攻防是斗争的焦点。

值得注意的是，自民党的执政伙伴公明党在修宪态度上表现不同。公明党的主要意见有：提出在宪法中加入新理念的"加宪"方案，不同意修改宪法第九条，对按自民党的节奏进行修宪讨论保持警惕；召开宪法调查会，确认现行宪法不是驻日盟军总司令部"强加"的立场，与自民党的"强加宪法"论划清界限，牵制自民党；希望联合政府的主要政策保持一致，在修宪问题上要尽量与在野党达成共识；修宪不能快，要慎之又慎等。关于修宪的朝野政党争论反映即使执政党在众参两院占有三分之二以上议席，在各党意见差距较大的情况下要先达成一致并非易事。

---

① 「自民改憲案　提出へ濃密な議論を急げ」、『産経新聞』2017 年 6 月 27 日。
② 《日本朝野 8 位党首首次讨论安倍提出将文官统制写进宪法》，共同网 2017 年 10 月 8 日，https://china.kyodonews.net/news/2017/10/9f94292d9abe-8-.html。

2017年10月24日，执政党在众院大选中再次获胜。在众议院465个议席中，自民党获得284个议席，单独超过半数，加上共同执政的公明党29议席，执政党占有313议席，确保可以启动修宪程序的三分之二议席数。这样，不需要希望之党等党的帮助，自民党和公明党也可以启动修宪程序获得众院三分之二以上席位的支持。自民党提出修宪具体条文，主要集中于四项：自卫队明记入宪、新设紧急事态条款、参院选举合并选区问题和充实教育，争论焦点仍然是宪法第九条和自卫队关系如何处理。2018年3月22日，自民党宪法修改推进总部召开全体会议，围绕在宪法第九条写明自卫队存在的修宪条文草案进行了最后阶段的讨论。会上赞成维持"不保持战力"等第二款并写明保持自卫队的草案意见占多数。至此，自民党力争修宪的四个项目的条文草案事实上基本敲定。

安倍把完成修宪作为"历史使命"，在决定宪法内容上也要起主导作用，希望在首相任期内完成修宪。按照安倍的计划，在2018年9月自民党总裁选举之后举行修宪公民投票，或者在2019年参议院选举同时举行公民投票，而在2020年东京奥林匹克运动会之前实现修宪的目标。但从以上分析看还有很多问题需要解决。日本执政党在众参两院掌握修宪动议所需的三分之二以上席位，但国会宪法审查会的修宪讨论却迟迟未有进展。修宪提案表明安倍对进展的焦虑，由于修宪的主要症结在宪法第九条，所以修宪提案表明宪法第九条第一二项都不变，意在表明对第九条的态度。这仍然招致支持安倍的保守层的批评，"如果在拥有三分之二势力的情况下仍无法实现修宪，那将是首相的失职"①。舆论评论说，安倍以坚挺的内阁支持率为后盾，构建起官邸主导的"独大"体制，巩固了长期执政地位。虽然力主通过解禁集体自卫权的"安保相关法案"和"秘密保护法"等颇具争议的法案，但修改宪法的门槛较高，朝野政党达成共识是安倍面临的难题。另一方面，舆论调查的结果显示，对自民党提出的四项修宪意见，否定意见占多数②；不希

---

① 「首相『改憲、20年に施行』」、『日本経済新聞』2017年5月4日。
② 「自民改憲案に否定的 4項目全て」、『毎日新聞』2018年4月26日。

望在安倍任内实现修宪的人数上升。共同社2017年10月的调查,有54%的日本人反对安倍执政期间修宪,① 2018年4月上升到61%。②

2019年7月,日本第25届参院选举投票结果,对在安倍执政期内修改宪法态度积极的"修宪势力"议席数未达到85个,与79个非改选议席的合计数跌破三分之二(164个)。共同社在参院选举后实施的电话舆论调查显示,对在安倍执政期内修改宪法表示"反对"的受访者占56.0%,③ 也就是说,反对在安倍任内修宪的人一直占调查人数的半数以上,加之参院选举未达预期,对希望在任内完成修宪的安倍来说是个不小的压力。东京大学教授川岛真分析,安倍计划的几个举行公民投票的时间都不方便,而且公投修宪是件大事,需要几年的时间,短时间内很难完成。④

由于民众反对,自民党汇总的修宪草案4项目,一直未能进入众参两院宪法审查会相关讨论。2019年10月自民党的宪法修改推进总部决定力争向国会提交修宪草案四项目。安倍在预算委员会强调:"作为自民党总裁,我认为在(《宪法》)第九条中写明自卫队存在非常重要。"另一方面,他也表示:"具体内容怎么办,还要请大家在宪法审查会上讨论。"安倍在2017年宪法纪念日把2020年作为修宪目标时间,现在也不得不再三表示"并非以时间表为前提"⑤。

三 提高军事力量和扩大军事作用

北冈伸一主持完成的世界和平研究所报告强调,要重视战后国际秩序和美国作用的变化。报告认为,这一变化也许是短期的,也有可能是

---

① 《54%的日本人反对安倍执政期间修宪》,共同网2017年7月16日,https://china.kyodonews.net/news/2017/07/daaff43639bb-54.html。
② 「自民改憲案に否定多数 安倍政権下で反対61%」,『東京新聞』2018年4月26日。
③ 《56%的日本人反对在安倍执政期内修宪》,共同网2019年7月23日,https://china.kyodonews.net/news/2019/07/65f8d008ee8c-56.html。
④ [日]川岛真:《日本众院大选后修宪的可能性》,新加坡《联合早报》2017年11月3日,http://www.zaobao.com/forum/views/opinion/story20171106-808735
⑤ 《安倍表态不执着于2020年施行修改后的宪法》,共同社2019年10月10日,https://china.kyodonews.net/news/2019/10/80617e297ffa-2020.html。

中长期变化的初期表现,建议政府必须洞察这一变化的性质,采取正确的外交、安保政策,加强自己的防卫、外交努力,同时进一步加强与美国的同盟。① 这里值得注意的是前者。

从第二次安倍政府成立以来,就已经修订安保法,为提高防卫力量和扩大自卫队活动范围提供了法律依据,自卫队的作用和安保形势出现新变化。主要有四方面:

第一,由于制定了《国际和平支援法案》,即使不是联合国维和行动,只要出现类似事件也可以派遣自卫队参与。根据这一规定,自卫队可以参与新的活动。政府研究向埃及西奈半岛监督埃及、以色列停战的多国部队司令部派遣陆上自卫队队员。根据参加联合国维和行动五原则,无须每次立法,自卫队也可参加联合国名义下的活动,这是重大的政策转换。

第二,根据安保法案海上自卫队参与美舰防护和南苏丹的联合国维和行动驰援警护。这些活动缺乏国民和国会的监督,而日美共同军事活动增加,随着美朝关系紧张,有人担心卷入战争的危险升高。

第三,加强对西南诸岛防御。2018年4月,在长崎佐世保市相浦驻地成立离岛防卫专门部队"水陆机动团",这是第二次世界大战结束以来自卫队的首个水陆两栖作战部队,配备兵员2100人,目标是建成类似美国海军陆战队能随时待命远征的部队。同时设置陆上总队,统辖全国五个方面队;将驻扎在熊本县的第8师团和香川县的第14旅团改编为机动部队,不再配置战车和火炮,作为面向西南地区的先遣部队随时待命。

第四,安倍内阁在2018年12月通过再次修订的《防卫计划大纲》和与之配套的《中期防卫力量整备计划》。大纲认为中国是"地区和国际社会安全保障上的重点对象"。中国迅速发展网络、电磁波、太空等领域的能力,应对"新领域"是"攸关存亡的重要"。大纲提出"多维度综合防卫能力"(多次元统合防卫力)概念,表明在新领域中包含陆海空并跨越界限的"跨领域"作战的新应对措施;着眼于中国的海洋活动,将改

---

① 世界平和研究所日米同盟研究委员会『米国新政権と日本—新時代の外交安保政策—』、2017年1月,第12页。

装海上自卫队的两艘"出云"级护卫舰,使之拥有航母功能;今后五年的防卫费为历年之最,超过 27 万亿日元(约合人民币 1.6 万亿元),力图采购最新型战机、航母化和加强导弹防御所需高阶装备。共同社评论称,在日本宪法第九条下,"专守防卫"的方式也有可能发生变化。①

加强军事力量和军事作用是日本"积极和平主义"国家战略的重要内容,国家战略的转变必然要体现在军事作用的不断扩大上。对此,防卫大学教授神谷万丈的观点有代表性。他说:"战后日本的和平主义包含两种消极性,即缺乏'为和平而行动的思想'和缺乏'为和平而使用军事力量的思想'。"他认为,日本为在国际社会提高存在感,既要继续排除军事力量中心主义,也必须为世界和平与安全承担更大责任。安倍首相是首位试图从正面论述日本和平主义积极化正面意义的政治领袖,必须扫除国民中存在的安保过敏反应,向国民说明为了和平而使用军事力量的意义。② 他认为"积极和平主义"受到世界欢迎,印太构想则是日本国际贡献的核心,就是要在衔接太平洋和印度洋的地区建立以自由为基础的国际秩序,这不仅受到国际瞩目,也影响了美国等国家的对外政策。"积极和平主义"和印太构想不能只靠军事力量实现,但为世界和平与安全做贡献和维护印太地区基于自由开放原则的秩序,日本无疑要在提高自身军事能力和发挥军事作用方面付出努力。对于实施"积极和平主义"和印太构想,他主张日本要加大资源投入,这包括经费和人员两个方面。经费方面,要有与标榜为国际做贡献的国家相称的投资规模,增加防卫预算。人员方面,则是要积极参加国际和平活动和在非军事领域扩大政府开发援助(ODA)。③ 神谷万丈的意见并非孤立,结合日本内外政策调整的实际反映了军事力量和军事作用在日本"积极和平主义"战略中的地位,也表明在"积极和平主义"战略下军事力量和军事作用将会进一步扩大。

---

① 《日内阁会议批准新防卫大纲凸显拥有通信干扰能力》,共同网 2018 年 12 月 18 日,https://china.kyodonews.net/news/2018/12/f49d71dc6eca--.html。
② 神谷万丈「安倍首相は平和を築くためには軍事力が必要と国民に正面から語れ」、『産経新聞』2018 年 1 月 25 日。
③ 神谷万丈「積極外交継続へ資源投入強化を」、『産経新聞』2019 年 10 月 11 日。

四　在地区经济合作中发挥主导作用

跨太平洋伙伴关系协定（TPP）谈判结束，东亚地区贸易整合提上议程。日本希望以 TPP 为标准，构建亚洲经贸秩序，掌握地区经贸规则制定权。东亚经济合作面临两大贸易谈判，一是中日韩自贸协定，一是东亚区域全面经济伙伴关系协定（RCEP）。

中日韩自贸协定是东北亚经济合作的重头戏。东亚合作的突出弱点是东北亚经济合作明显落后，中日韩自贸协定的签订将促进东北亚地区的经济整合，也将改善地区安全环境，对于促进地区和平与发展有重要的战略意义。2015 年中韩自由贸易协定完成后，中日韩三国之间的自贸协定和自贸区谈判日益成为各方关注的问题。中日韩三国的国民生产总值（GDP）约占东亚地区的 90%。中日、日韩之间还没有缔结双边自贸协定，反映了三国之间错综复杂的关系，也说明东北亚地区国际关系的严峻现实。但中日韩三国经济联系密切，对推动中日韩自贸协定谈判都表明了积极的态度。2015 年 11 月中日韩首脑会谈就加速三国自由贸易协定（FTA）谈判达成一致意见。日本在 TPP 谈判完成后便希望将 TPP 的标准引入谈判，占据对中韩谈判的有利地位。TPP 标准高、自由化程度高，日本作为发达国家，自由化程度要高于中韩和其他亚洲国家。日本外务省官员称："目前的情况是自由化水平较低的中韩与日本相对立。希望改变格局，将韩国拉过来逼迫中国开放市场。"日本还设想利用韩国有加入 TPP 的意图，希望在正式加入前的磋商中让韩国同意接受高水平的自由化，并利用日韩达成慰安妇共识后关系有所改善的契机，促使韩国软化立场接受日方的设想。

东盟主导的 16 国参加的区域全面经济伙伴关系协定（RCEP）是在更大范围整合地区经济贸易关系的战略方案。由于参加国多数是发展中国家，同样面临发展程度和自由化水平不同的问题，日本设想将 RCEP 和 TPP 分为两个层次，作为第一步，先完成包括中国、泰国、印尼等发展中国家的 RCEP，然后再吸收东亚国家加入 TPP，[1] 或者考虑按 TPP 的

---

[1] 《日本贸易谈判下个目标瞄准欧盟及中韩》，共同网 2016 年 1 月 5 日，http://china.kyodonews.jp/news/2016/01/112210.html。

高水平自由化标准建设 RCEP，形成包括中印在内的占世界经济规模 30% 的超级经济区。① 日本的设想固然是基于东亚国家发展不均衡的现状，但也反映了试图在地区经贸合作中发挥主导作用的愿望。

对于 TPP 达成协议后日本的对外经济战略，安倍在 2017 年 1 月的施政演说中表示："TPP 协议形成的标准将是今后经济合作的基础。为尽可能提前达成日欧 EPA 协议，同时使 RCEP 等贸易框架成为更好的协定，日本要在谈判中发挥主导作用，把自由、公正的经济区推向全世界。"② 安倍推进"积极和平主义"国家战略转换颇显自负，他在年初发表的感言中说："在急剧变化的骇浪惊涛中，将进一步高举积极和平主义的大旗，让日本在世界的中心熠熠生辉。"③ 但是由于特朗普上任后即退出 TPP，打乱了日本的计划。在 TPP 能否继续下去的危机面前，日本要发挥主导作用完成 TPP 谈判，不得不暂缓把精力投放在 RCEP 和中日韩自贸协定上了。

2018 年 5 月，日本在结束 TPP 和日欧经济伙伴关系协定（EPA）等大型贸易谈判后，对于主导多边贸易谈判更有信心。为了更好地利用亚太地区的经济活力和在地区经贸秩序上发挥主导作用，日本继续投入 RCEP 谈判。同时，日本还将推进与中国和韩国的自由贸易协定（FTA）谈判，谋求在关税自由化率和贸易规则方面比 RCEP 的水平有所提高。但在 RCEP 谈判中，由于参与谈判的 16 国难以统一步调，以至于共同社评论称"RCEP 谈判的目标延迟正趋于常态化"④。但在贸易保护主义浪潮冲击下，RCEP 各方都认识到尽快谈成该协定具有重要意义，谈判步伐加快。2019 年 9 月 30 日，在河内举行的新一轮谈判在市场准入部分取得重要进展，预计会尽快签署协议。此后，中日韩自贸协定谈判对日本又将是一个考验。

---

① 「アジア経済連携は質重視の原則を貫け」、『日本経済新聞』2016 年 8 月 11 日。
② 『第百九十三回国会における安倍内閣総理大臣施政方針演説』、2017 年 1 月 20 日、http://www.kantei.go.jp/jp/97_abe/statement2/20170120siseihousin.html。
③ 『安倍内閣総理大臣　平成 29 年　年頭所感』、2017 年 1 月 1 日、http://www.kantei.go.jp/jp/97_abe/statement/2017/0101nentou.html。
④ 《亚洲经济圈构想亮起黄灯合作气氛未充分利用》，共同社 2018 年 11 月 15 日，https://china.kyodonews.net/news/2018/11/30b9bded2325--.html。

五 改善中日关系的思考

（一）中美关系改善促进日本调整对华关系

特朗普竞选总统期间发表的言论，让人对中美关系产生忧虑。特朗普政府成立后，安倍政府内部在对华政策上出现分歧。以自民党干事长二阶俊博和首相政务秘书今井尚哉为中心的一派认为，应优先重视经济关系。而以外务省为中心的势力对中国在安全方面的威胁表示担忧，特别是担心急于与中国走近会有风险，继续主张在外交、安保和经济上对中国崛起进行牵制。①

而让日本担心的是中美关系的变化。2017年4月习近平主席访美，中美首脑会谈确立建设新型大国关系的合作方针。美国虽然在贸易问题和南海问题上要求中国做出让步，但在对朝鲜实行经济制裁和解决朝鲜核问题上与中国保持密切合作。对于中美关系出现的积极变化，日本既感意外，又觉失落，担心中美"蜜月"而被甩在一边②，导致日美同盟边缘化。《读卖新闻》的一篇报道汇集了当时舆论的一些主要观点。报道说记者富坂聪和军事专家北村淳在《呼声》月刊发表文章，认为美中会谈的主要议题是两国关系，美中蜜月对日本来说不是理想状态。研究中国经济的专家德地立人在《外交》双月刊撰文称，美中之间有很深的联系，甚至有"中美国"（Chimeric）的说法。美国第七舰队司令约瑟夫·奥库安也说美中关系有非常良好的一面，各方面关系都有进展。

中美在解决朝鲜核问题上的合作，更让日方感到担心。前外务次官薮中三十二在《文艺春秋》杂志发表文章说，特朗普总统最近提及朝鲜问题时90%会提到中国，日本恐被排除在外。日本前驻美大使加藤良三分析日美关系说，我们希望特朗普总统现在将中国至少视为"对

---

① 「対中国、優先すべきは経済か安保か　揺れる安倍政権」、『日本経済新聞』2017年7月5日。
② 「米中蜜月　取り残される日本」、『読売新聞』2017年6月26日。

手"，但万一中国变成安保层面的"伙伴"，那将是黄灯信号。① 军事评论家江崎道朗认为，日本要提防中美再造"尼克松冲击"。特朗普政府虽然一开始对中国抱有警惕情绪，但中国拥有阻止朝鲜核开发的能力，所以美中联合在加强。② 曾任自民党总裁、众院议长的河野洋平甚至批评安倍政府一味追随美国，认为民众中有与中国改善关系的愿望，而政府却在奉行背离民众希望与期待的政治。③

（二）在美中之间寻求平衡

中美首脑海湖庄园会晤后特朗普政府对华政策出现缓和迹象，人们对特朗普的认识在变化，觉得他虽然带有"商人总统"的特点，但也会像以前历届总统一样逐步从竞选时期的狂躁回归到冷静的现实中来。这使日本不得不重新考虑日美关系和日中关系。

五百旗头真的观点有代表性。他说，特朗普政府认为在朝鲜核问题上只有中国才值得依赖，双方决定建立多个领域的磋商机制来加强关系。特朗普政府正在修改过去不切实际的讲话。美中关系会大步向前，中国可以发挥主导权的地方会增多。他建议要继续他曾多次主张的日美同盟与日中协商并举的方针，必须坚持和加强日美同盟，因为日本要单独抗衡标榜实力的邻国是不可能的，日美同盟将愈发重要。但又不能过度依赖美国，必须在安保方面加大自主努力，同时加强外交努力。所谓外交努力是要和欧盟一道维护自由贸易和民主主义国际秩序。而日美同盟加日中磋商就要改善同中国的关系，才能保证21世纪日本实现稳定的"海洋航行"。五百旗头真指出，日本不可以狐假虎威，借助美国的威风。如果在亚洲地区不能构建良好的关系，日本的航海便不可持续。对于最近几年日本在外交上指责中国在南中国海的行为，中国一直隐忍不发，不使中日关系恶化。在特朗普倾向于单边主义的同时，中国开始作为自由贸易和地球环境维护者发挥作用。他认为对于中国的作用应该

---

① 加藤良三「敵味方の概念を整理してみよう　日米同盟は恒久のギフトではない、ダウングレードありえる」、『産経新聞』2017年6月20日。
② 江崎道朗「警戒すべきは第二のニクソンショック」、『正論』2017年7月号。
③ 《河野洋平批评安倍外交》，日本《神奈川新闻》网站2017年8月15日。转引自《参考消息》2017年8月18日。

赞赏。"一带一路"倡议对于全球发展也可能有积极意义，日本应该与摸索发挥积极国际作用的中国建立新型关系，应该抓住机会，朝着理性和建设性关系的方向调整中日关系。①

在日本政府内部也开始重新出现从地区稳定的宏观安全环境考虑希望中美合作和主张中美日关系向稳定方向发展的意见。前外务省审议官田中均认为，中美合作有利于朝鲜核问题的解决，有利于东海和南海的稳定，有利于中国市场的开放，自由贸易体制会强化。这样的结果符合日本的国家利益，希望出现中美日三国讨论亚洲议题的框架。② 日本防卫省防卫研究所发布的2018年度《中国安全保障报告：站在歧路上的美中关系》把对中国安全观察的焦点放在美中关系上。报告认为，现在的中美关系不局限于本地区问题。在气候变化和全球经济等领域中美合作是重要而艰难的问题。面对中国实行"一带一路"构想，美国实行什么样的经济秩序构想是今后于亚洲而言非常重要的问题。两国在这一地区的政治关系和安全问题对于其双边关系和亚洲未来有着重要影响。③ 美中关系走向和日本也不无关系，亚洲安保环境的稳定是日本国家利益所在，改善日中关系不可或缺。继续推动日中对话，如果消除相互猜忌，也可能建立起互信关系。有牢固的日美关系加持，中美日关系应该能够得到加强。日本应该尽力使中美走向稳定而不是走向对立。④

在地区合作上，也出现积极的意见，认识到随着中国在地区经贸关系中的作用日益扩大，日本已不能在发展中国家独揽贸易、投资利益，必须摒弃零和思想，与中国进行合作才能实现共赢。曾担任日本国际协力机构理事长、政策研究大学院大学校长的田中明彦以其对东南亚国家的观察认为，对于东南亚国家来说，在日本之外又出现了中国这一有竞争力的选择，并且日益具有吸引力，但认为日本和中国在东南亚的关系为

---

① 五百旗頭眞「トランプ政権と日本外交日米同盟と日中協商」、『毎日新聞』2017年6月13日。
② 田中均「日米中で地域の平和構築を」、『毎日新聞』2017年4月9日。
③ 防衛省防衛研究所『中国安全保障レポート2018—岐路に立つ米中関係—』、2018年2月、第3頁。
④ 「防衛研報告書南シナ海を巡り米中不信感増大」、『毎日新聞』2018年3月3日。

零和竞争是错误的。对东南亚今后的和平与发展来说，日中双方都在加强与东南亚的关系，必须造成对另一方来说也是有利的环境。从这个意义上说，日本的东南亚政策不局限于东南亚，应当认识到日中关系也是日本东南亚政策的重要部分。从经济上说，东南亚是印度洋和太平洋的连接点，可以说是印太中心地区。日本的东南亚政策必须从这种大区域的观点重新设定。① 白石隆虽然强调亚洲存在海洋国家和大陆国家的分野，但也认识到与新兴国家合作是一必然的历史趋势。他认为，新兴国家经济崛起，改变了地区力量平衡，自我主张增强，亚洲国际关系就要发生变化。问题是如何使这种变化尽可能的平稳。在"印度洋—太平洋"的名义下，加强与共有地缘政治利益的新兴国家合作，加强经济合作和经济联系，使这些国家今后能够顺利实现增长，这应该是基本的想法。②

（三）加快改善对华关系步伐

日本国内对华政策和地区政策的讨论，反映了政府政策调整的动向。中美首脑海湖庄园会谈后，日本改善对华关系的步伐明显加快。

2017年5月30日，中国国务委员杨洁篪访日，与日本国家安全保障局长谷内正太郎会谈。谷内提议重启包括首脑会谈在内的对话，表示日方"愿妥善管控分歧，增加两国关系积极面，全面改善日中关系"。安倍首相和日本政要也在各种场合传递出改善两国关系的信息。2017年7月在召开20国集团峰会和11月召开亚太经合组织首脑会议期间，习近平主席和安倍首相两度会见。9月，安倍首次出席中国驻日使馆国庆招待会。10月24日，安倍在大选获胜后，把改善同中国的关系作为主要外交目标。在2018年1月的施政演说中，安倍强调日本在日美同盟和印太战略的基础上发展中日关系的想法。他说："在这个大方向的指引下，我们也要与中国开展合作，应对日益增加的亚洲基础设施需求。日本与中国，都肩负着维护本地区和平与繁荣的重任，彼此无法割舍。我们要从大局出发，发展稳定的友好关系，回应国际社会的期待。"他表示："希望通

---

① 田中明彦「日中関係と東南アジア　ゼロサムではない視点を」、『毎日新聞』2017年8月8日。

② 白石隆「アジア新興国と日本　経済連携が安定のカギ」、『毎日新聞』2018年3月14日。

过增进两国高层的互访,将日中关系提升到一个新阶段。"①

2018年5月,李克强总理出席中日韩三国领导人会议,并对日本进行正式访问。李克强总理在与安倍首相会谈时表示,希望通过此次访问同日方共同推动中日关系重回正常轨道,并希望双方相向而行,努力保持中日关系长期健康稳定发展。李克强强调中日双方要恪守四个政治文件的原则和达成的共识,推动中日关系重回正常轨道。安倍表示,日方将坚持和平发展道路,继承前辈的精神,持续改善并推进日中关系,推动将战略互惠关系落到实处,构筑更加成熟的日中关系。② 访问中双方签署了人文、医疗卫生、服务贸易、第三方市场合作以及建立海空联络机制等多项双边合作文件。其中特别是中日经济关系的恢复,围绕"一带一路"倡议中日将成立促进第三方市场合作的官民委员会。在安全领域,双方就启动"海空联络机制"达成共识。安倍在会谈后表示,中日关系进入从"竞争"到"协调"的时代。③ 共同社评论称,以日本2012年将尖阁诸岛(钓鱼岛)国有化为分水岭而陷入低迷的日中关系由此告一段落。

2018年10月25日,安倍首相访华。中日双方确认化竞争为协调、成为合作伙伴而非威胁和推进自由公平的贸易等新时代中日关系三原则,一致同意以《中日和平友好条约》缔结40周年为契机改善两国关系,将中日合作提升到新的高度。中日经济合作也开辟新领域,双方同意开展第三方经济合作,签署52项亚洲基建备忘录;恢复货币互换协议,将规模扩大到3万亿日元。英国《金融时报》称,中日原本陷入困境的双边关系得到重新调整。④

---

① 『第百九十六回国会における安倍内閣総理大臣施政方針演説』、2018年1月22日、http://www.kantei.go.jp/jp/98_abe/statement2/20180122siseihousin.html。

② 《李克强同日本首相安倍晋三举行会谈时强调努力实现中日关系长期健康稳定发展》,《人民日报》2018年5月11日。

③ 《日中首脑会谈未解决最大悬而未决问题》,共同网2018年5月10日,https://china.kyodonews.net/news/2018/05/6530dbf84439.html。

④ 《安倍访华中日关系重启》,英国《金融时报》中文版2018年10月26日,http://www.ftchinese.com/story/001079965。

第七章 特朗普政府印太战略下日本的对外战略动向

第一节 日本的印太战略：次大国主导地区秩序

特朗普取代奥巴马担任总统后，一些国家对美国的政策走向产生疑虑。对于在政治、安全上依赖美国的日本来说，更是受到严重冲击。特朗普政策的变化，牵动亚太地区力量结构的调整，日本必然有所因应。值得注意的是，日本"积极和平主义"国家战略转换的基础正是建立在中美力量对比变化之上的，可以说特朗普政府亚太政策调整和中美地区博弈的变化被日本不幸而言中了。特朗普政府的亚太政策，正好为安倍政府向"积极和平主义"国家战略转换提供了实际运用的国际环境。从安倍政府在特朗普担任总统后的政策因应上可以更好地认识日本"积极和平主义"国家战略。

本节对安倍政府的印太战略进行探讨，借以深入认识日本"积极和平主义"国家战略的本质。

一 日本提出印太战略

在特朗普政府成立后的国际政治领域，印太战略作为地区战略新构想引起各方关注，成为扰动亚太地区国际政治的新因素。印太战略概念并非始于特朗普政府，日本认为作为战略思想的雏形是 2007 年由日本提出，第二次安倍内阁成立后成为日本的地区外交战略。特朗普政府成立后对外政策的变化使澳大利亚、印度在对外战略上也都重视印太概念，把印太战略作为应对地区力量格局变化的选择之一，甚至特朗普政府也用印太战略填补其推翻奥巴马政府"亚太再平衡"战略后的对外战略空白。

日本的印太战略是在亚太地区战略环境发生变化的情况下，主动参与地区秩序构建的外交战略构想，目的是阻止美国从亚洲收缩，抵制中国的影响，维护美日主导的地区秩序。日本认为美国对外战略存在不确定性，要联合澳印等国，同时吸纳地区其他国家，在地区秩序构建中发挥主导作用。在对华政策上，日本的印太战略具两面性，在安全上日美澳印不排除建立某种合作机制的可能，而在政治、经济上将与中国继续保持合作关系。日本的印太战略表明，其今后在地区秩序构建上将发挥更加主动的作用。

一般认为，印太战略是2007年8月安倍首相访问印度在议会讲话中提出的。在这篇题为"两洋交汇"（二つの海の交わり，Confluence of the Two Seas）的讲话中，他借用1655年莫卧儿帝国王子写的一本书名，称我们现在所在之处在历史上和地理上是"两洋交汇"的地方，并由此提出印太概念，他说："自由之海和繁荣之海的太平洋和印度洋正在生机勃勃地连成一体，突破了以往地理界限的'扩大的亚洲'正显露出清晰的轮廓。我们两国有力量和责任将它进一步拓展，成为透明之海和走向富裕繁荣。"安倍这样说，当然是要拉近日本和印度的距离，但也清楚地说明了印太地区的概念，即要突破印度洋和太平洋两个地区的地理界限，将亚太地区地缘政治概念扩展成印太地区，实现"扩大的亚洲"。安倍在讲话中也提出印太战略的内容。他强调日本和印度的"伙伴关系是共有自由和民主主义、尊重基本人权的基本价值和战略利益的结合"。他说："'扩大的亚洲'再吸收美国和澳大利亚，将发展成为遍及太平洋全区的广大的网络。这是个开放而透明、人与物、资本与智慧自由往来的网络。追求自由、繁荣是我们两个民主主义国家应该发挥的作用。同为海洋国家的印度与日本，是海上航线具有生死攸关利益的国家。海上航线对于世界经济来说也是最重要的海上运输通道。"[①]

---

① 安倍晋三『二つの海の交わり』、2007年8月22日、http://www.mofa.go.jp/mofaj/press/enzetsu/19/eabe_0822.html。

这被认为是日本提出"自由、开放的印太战略"的由来。但安倍不曾料及的是,一个月后即因身体原因辞职。

  第二次安倍内阁成立后,印太战略成为日本着力推行的外交重点。安倍及内阁官员在外交场合多次提及这一战略设想。2013 年 2 月,安倍首相在美国战略与国际问题研究中心的讲话中,提到要在亚太地区和印太地区发挥作用,成为国际规则制定者。① 2014 年 4 月 24 日,日美首脑会谈后,外务省发表的文件提到:"日美两国还与印度就地区和全球广泛课题进行活跃的三边对话,特别是与区内国家展开'印太经济走廊'的人道支援、灾难救助领域的合作,以加强印度洋和西太平洋海上安全和地区联系。"② 2014 年 5 月,在新加坡举行的香格里拉对话会上,安倍在讲话中提到:"亚洲太平洋,进而扩展到印度洋这一伟大的增长中心",强调随着亚太地区的扩大印度洋太平洋地区经济正在连成一体的重要意义。③ 2015 年 1 月,外相岸田文雄在访问印度时发表题为《开创印度洋太平洋时代的伙伴关系》的讲话,称"印太地区世界繁荣中心的时代正在到来"④。2016 年 8 月在肯尼亚召开的第六次非洲开发会议上,安倍讲话说:"日本有责任使太平洋和印度洋、亚洲和非洲的关系摆脱武力和威胁,成为重视自由、法治和市场经济的繁荣地区。日本希望和非洲国家一道努力,使连接两个大陆的海洋成为和平、法治的海洋。"⑤ 可以明显看出,在安倍再次就任首相后,日方提到印太地区的频次增加,印太地区在日本对外战略中的地位上升。从安倍和政府官员讲话以及官方文件公布的内容看,日本对印太概念和印太战略的形成有

---

  ① 安倍晋三『日本は戻ってきました』、2013 年 2 月 22 日(CIISでの政策スピーチ)、http://www.kantei.go.jp/jp/96_abe/statement/2013/0223speach.html。
  ② 外務省「ファクトシート:日米のグローバル及び地域協力」2014 年 4 月 25 日、http://www.mofa.go.jp/mofaj/na/na1/us/page3_000757.html。
  ③ 「第 13 回アジア安全保障会議(シャングリラ・ダイアローグ)安倍内閣総理大臣の基調講演」2014 年 5 月 30 日、http://www.kantei.go.jp/jp/96_abe/statement/2014/0530kichokoen.html。
  ④ 岸田外務大臣スピーチ『インド太平洋時代のための特別なパートナーシップ』、2015 年 1 月 18 日、http://www.mofa.go.jp/mofaj/s_sa/sw/in/page22_001770.html。
  ⑤ 『TICAD Ⅵ(第 6 回アフリカ開発会議)開会セッション 安倍総理基調演説』、2016 年 8 月 27 日、http://www.kantei.go.jp/jp/97_abe/statement/2016/0827opening.html。

一个过程，但由于披露的内容过于简单，人们还难以对印太战略有更多的了解。

二 日本印太战略的内容

（一）次大国主导地区秩序的构想

可以肯定的是，作为一个应对亚太格局变化的新地缘政治战略，日方是有深入思考的。目前公布的有代表性的文件是日本国际问题研究所2015年3月发表的研究报告《印度洋太平洋时代的日本外交：对摇摆国家的政策》。

这是日本外务省从2013年开始连续两年的研究课题"印度洋太平洋时代的日本外交"的最终成果。尽管从一份研究报告到对外政策之间还有很大距离，但这个报告可以说是在印太战略思想指导下撰写的，根据报告或可对日本的印太战略外交有更深入的理解。该报告的副题是"对摇摆国家的政策"，在前一年公布的阶段性成果中使用的副题是"对次大国和摇摆国家（Secondary Powers/Swing States）的政策"。据此可以理解，印太时代日本外交的重点和目标或者说日本的印太战略主要是通过对这一地区的次大国和"摇摆国家"的政策来实现的。按报告的分类，美国是这一地区的大国，中国是即将超过美国的大国，此外印度、澳大利亚、印度尼西亚是这一地区的次大国，还有作为一个整体存在、发挥重要作用的东盟，次大国和东南亚国家同时又是"摇摆国家"。所谓摇摆，是指在地区秩序发生重大变化之际，这些国家尚未做出最终政策选择。次大国或"摇摆国家"虽然没有美国和中国那样超级大国的力量，但对地区秩序的形成和走向却有重要的影响。具体而言，这些国家的特点是：①虽然不能自己构成秩序的主体；②但却具有一定的国力（经济规模和军事力量）；③今后国力有增长的潜力（经济增长的空间大）；④地理位置重要（战略要冲）；⑤谋求扩大地区和国际作用（积极对外介入）；⑥对外政策方向尚未确定。日本外交的课题是，把这些国家引导到日本所希望的方向上来。这应该就是日本印太时代外交的任务，完成这一任务也就实现了印太战略。日本外交要在日美同盟的基础上，加强同次大国的合作，特别是同印度和澳大利亚的合作。① 这实际上是安倍提出的日美澳印四国"菱形安全联盟"的基本框架，也是印太战略的基础。

但这个联盟有一个缺陷，即这四个国家并不相邻，在四国构成的菱形的中间部分是与中国相邻的东南亚国家，因此在构建四国基本框架的同时必须争取东南亚国家的参与。对于东南亚国家在这一战略中的意义，日本防卫专家西原正说明："日美澳印四国携手对于保卫自由、开放的印太地区是重要的，但却有点忽视了处于印太中心的东南亚。"因为不能忽视处于两大洋联结点的东南亚的战略重要性，马六甲海峡和南中国海是联系两大洋的生死攸关的海上通道。在安全上，日本要加强日美菲越合作；从日美澳印合作来看，印太地区的重点也在东南亚。② 西原正进一步说明，日本提出印太战略要尽快为之充实内容。所谓的充实内容之一就是要把东南亚国家纳入印太战略中，否则日美澳印只是空架子。他认为，讨论东亚地区安保有两个机制：由27个成员组成的东盟地区论坛和有18个国家首脑出席的东亚峰会。在这两个机制框架中，东盟都处于核心地位，印太战略以日美澳印为核心后，与东盟的中心性联系薄弱。他赞成把东亚峰会作为印太战略基础的观点。③

（二）日本印太战略的构成和内容

1. 印太战略的构成

随着印太战略得到美澳等国的响应，日本对印太战略的思考也在深化。2018年2月，曾任日本外务省政务次官的安倍首相顾问薗浦健太郎在美国大西洋理事会就"自由与开放的印太战略"发表演讲说，日本的印太战略有三大支柱，第一支柱是维护法治与航行自由，反对片面以武力改变印太现状的企图，日本强力支持美国维护航行自由的作为，支持东亚峰会以及美日澳印间的合作。第二支柱是通过合作追求经济繁

---

① 日本国際問題研究所『「インド太平洋時代」の日本外交：スイング・ステーツへの対応』、2015年3月。

② 西原正「当面のインド太平洋地域の重要地帯は東南アジアにあると見るべきだ」、『産経新聞』2017年12月5日。

③ 西原正「インド太平洋戦略を活性化せよ」、『産経新聞』2018年8月22日。

荣，包括基础建设的发展，日本愿与美国站在一起，支持由亚洲开发银行推广基础建设。第三支柱是确保区域内的和平与稳定，打击海盗、武器扩散和恐怖主义，并且强化人道救援与救灾能力。同时他也表示，日美正在讨论中国将在何时加入印太战略，并将为此设立一个机制。在印太战略的大框架下，中国必须遵守日本设定的条件，日本才会考虑参与"一带一路"，当然日本还要考虑美国、印度和澳大利亚的利益。① 薗浦的讲话表明，日本正在积极推动日美澳印合作，主导构建地区政治、经济秩序。

从以上安倍首相和日方政、学界人士披露的印太战略看，这一战略构想可分为两个层次：主体框架由日美澳印构成，同时吸收东南亚等地区内的其他国家，形成一个能够为共同目标进行战略协作的网络。前述西原正的意见就是以日美澳印为核心，把东盟国家包括进来，说是要重视东盟的中心性，不过是拉东盟入伙的借口罢了。从内容上看，它包括安全战略和经济战略，目标是维护海上航线的安全，实现地区法治和促进地区繁荣；从作用上看，日美澳印构成战略主体，但按日本的设想日澳印等次大国要在这一构想中发挥特殊作用，特别是日本要发挥主导作用。这从美国缺席的11国跨太平洋经济伙伴协定签订的过程看，日本和澳大利亚特别是日本的主导作用显而易见。日本虽然急切盼望美国重返该协定，但却提出美国必须遵守的条件，主导者的强势作风可见一斑。

2. 印太战略的安全内容

从印太战略的内容看，主要包括安全和经济两个方面。在安全方面，印太战略主要强调海上通道安全，这当然是个无中生有的问题，因为在印太地区除了海盗和海难事件外并未发生其他影响海上通道安全的问题。日本是以此为借口建立所谓的"海洋国家"安全合作机制，对中国进行牵制和制约。日本提出印太战略后，各国的公开反应不一。这表明，愿意公开追随其对抗中国的国家不多；但也确实有国家对中国未来发展和政策走向有疑虑，企图建立制约中国的某种机制，特别是在特

---

① 《安倍国安顾问：日不接受中国武力改变现状》，新加坡《联合早报》2018年2月24日，http://www.zaobao.com/wencui/politic/story20180224-837680。

朗普政府提出"美国优先"政策后，对美国的作用和影响表示悲观的情况下，日本推销其印太战略不能说没有市场。

但中美力量变化背景下地区国际关系的复杂性决定了日本印太战略的前景未必能完全如其所愿，因为各国不会无视中国的发展和地区国际关系现实，即使是美国和日本也在对华政策上两面下注。特朗普总统2017年11月访问亚洲时大谈印太战略，把它作为替代奥巴马政府"亚太再平衡"战略的新地区政策，但中美在广泛领域存在共同利益，合作大于竞争是中美关系的客观现实。日本印太战略的目的之一也是为了防止中美出现相互"结托"而被愚弄和抛弃的局面。澳大利亚在安全上是美国的盟国，也被日本视为"准盟国"，但在经济上是中国重要的贸易伙伴。在澳大利亚存在两种意见，一种主张参与印太安全合作，另一种则主张与美国的亚太战略保持距离，对加强与日本的安全关系表示担心。印度长期奉行不结盟外交政策，近年这一政策受到质疑，但仍重视奉行自主的外交战略。印度与中国存在领土争端，对中国的发展有疑虑，但对与美国和日本建立安全合作关系也持慎重态度，以至日方在对印度立场进行评估时也表示不宜过于乐观。①

东南亚国家同样有自己的选择。日本通过介入南海争端，加强与东盟国家的防卫合作。2017年5月，日本修改《自卫队法》，允许自卫队二手防卫装备以无偿或低价方式转让给其他国家。向菲律宾海军转让教练机是修法后的首例。日方还与菲方达成协议，无偿提供陆上自卫队的UH-1多用途直升机零部件。2018年4月，日本与马来西亚签署防卫装备与技术转移协定，并逐渐将合作范围扩大到印度尼西亚和越南。2018年日本把常驻与中国在南海存在主权之争的菲律宾、越南、马来西亚的防卫驻在官从各1名增加至各2名，目的是促进与各国国防部和军方相关人士的交流，加强信息收集能力，关注中国的动向。东南亚国家虽然积极应对地区大国力量变化，但不会听任大国政治摆布，从自身的安全和经济利益考虑，也不愿看到出现中国与美日对抗的局面。所

---

① 日本国際問題研究所『「インド太平洋時代」の日本外交：スイング・ステーツへの対応』、2015年、第27、14頁。

以，正如日本将印太地区大陆边缘国家称为"摇摆国家"所表明的，这些国家是否能如日本所愿成为其印太战略中的一枚棋子尚难确定。

值得注意的是，日本一方面积极推动日美澳印合作，设想通过局长级协商、阁僚级协商，逐步实现四国首脑战略对话，并使之成为常态化的固定机制；① 另一方面，也积极推动中日首脑互访，并表示要参与"一带一路"建设项目。日本在对华关系上这种"两面下注"的做法对于认识日本印太战略的本质也不无帮助。尽管如此，日美澳印形成某种安全机制的可能是存在的，对于违背时代潮流和地区现实试图构建类似冷战时期军事对抗机制的"亚洲北约"的企图，必须坚决反对。

3. 印太战略的经济内容

在经济方面，日本的印太战略要扩大对东南亚、南亚以至非洲地区的经贸关系，2018 年 10 月在东京举行的"日本与湄公河流域国家峰会"通过《东京战略 2018》即是这一战略下的重要成果。日本与湄公河流域的泰国、缅甸、越南等 5 国在基建、人才培养、气候变化对策等方面合作，确定新的合作三大支柱：通过基础设施建设加强区域内各国联系、实现无差距及无贫困的"以人为本的社会"、实现"绿色湄公河流域"。该战略除把湄公河流域定位为亚洲新兴市场中心推进"高质量基础设施"建设外，还就加强信息通信技术（ICT）等软件层面的联系展开合作。日方目的在于突出与中国基础设施援助的不同。2019 年 8 月，日本外相与泰国、越南等湄公河流域 5 国外长在曼谷举行会议，就日本参与 5 国地区合作框架"湄公河经济合作战略会议（ACMECS）"达成共识，还确认将开展合作以达成联合国有关消除贫困及保护环境的"可持续发展目标（SDGs）"。2019 年 8 月，日本与湄公河五国外长会议还商定将互相推进日美提出的"自由开放的印度太平洋"构想和东盟自行提出的印度太平洋构想。② 日本的目的是试图实现两者的对接和融合，将东盟纳入日美主导的印太构想。

---

① 「来年にも日米豪印戦略対話 トランプ大統領に提案へ」、『毎日新聞』2017 年 10 月 26 日。
② 《日本与湄公河流域 5 国举行外长会议拟参与地区开发》，共同网 2019 年 8 月 3 日，https：//china.kyodonews.net/news/2019/08/d2231bbf0eee-5-.html。

这一地区与中国提出的"一带一路"中的"海上丝绸之路"重合，中日之间存在竞争并不奇怪，竞争是市场经济的题中应有之义。但除了竞争，也要合作。无论从两国关系还是从地区经济的长远眼光看，合作的利益要远远大于竞争。安倍首相和日本企业界人士表示中日将加强"一带一路"亚洲基础设施建设方面的合作，[1] 要将印太战略与"一带一路"经济带构想联系起来的积极意向，[2] 如果能抛弃零和博弈思想，转向双赢思维，中日在这一地区合作的潜力是值得探索的。

三 日本印太战略的目标

（一）应对中国崛起的战略构想

印太战略是为了应对地区战略环境变化和日本对外战略思想转换而形成的战略构想，其目标是要维持一个有利于日本的地区战略环境和地区国际秩序。

日本认为其发展和繁荣的基础是战后在美国主导下形成的自由、民主和市场经济的世界政治、经济秩序，而在亚太地区，由于中国的崛起这一秩序正面临被打破的危机。出于战略考虑，日本重视印太概念，反映其对地区战略认识的变化。日本国际问题研究所理事长野上义二解释说："从海洋安全、经贸、各地区间的相互作用、大国政治对抗和竞争提高等观点看，'印度洋、太平洋'正在形成一个整体地区的战略重要性上升了。今后如何形成'印度洋、太平洋'地区秩序，设定规范和规则，可以说是对日本的和平与繁荣具有密切关系的新外交课题。"[3] 日本青山学院大学教授菊池努进一步对印太地区概念加以说明：印太概念有几个侧面，第一是海洋安全。太平洋和印度洋海域是世界主要商业

---

[1] 『第 3 回日中企業家及び元政府高官対話（日中 CEO 等サミット）歓迎レセプション』、2017 年 12 月 4 日、http://www.kantei.go.jp/jp/98_abe/actions/201712/04taiwa_kangei.html。《日中 CEO 峰会就"一带一路"合作达成一致》，共同网 2017 年 12 月 5 日，https://china.kyodonews.net/news/2017/12/92f32773d1f2-ceo.html。

[2] 《展望安倍外交：应对朝核问题改善对华关系》，共同网 2018 年 1 月 2 日，https://china.kyodonews.net/news/2018/01/ddc35f7af5aa--.html。

[3] 日本国際問題研究所『「インド太平洋時代」の日本外交：Secondary Powers/Swing States への対応』、2014 年 3 月、はしがき。

航线，亚洲的繁荣依赖这条航线的安全，而中国的海洋政策引发同周边国家的对立。第二是经济。经济全球化和东亚经济外延与印度的东向政策相结合促进东亚经济和印度经济的融合。第三是印太广大地区包括东南亚、东亚和亚太等几个地区层次的发展和相互之间的作用，也决定了印太地区的发展是必然的趋势。第四是影响印太国际关系的中美日印等大国国力相对变化，不信任感增强。他坦率地承认，印太概念形成的背景是美日面对中国崛起而要加强与印度政策的结果。①

防卫大学教授神谷万丈也认为，日本最近对印太概念的关心度上升最主要的原因是，要有效应对中国崛起后日益增强的自我主张。② 日本学者田久保忠卫表示，虽然日本不希望中日关系恶化，但对中国在历史问题和领土问题上的态度反感，所以安倍首相在印太战略和跨太平洋伙伴关系协定（TPP）等问题上主动支持特朗普总统并非没有原因。③ 据共同社报道，在2018年春季修订的日本新一期海洋基本计划中，将写入安倍首相提出的"自由、开放的印度太平洋战略"。印太战略的重点放在确保日本海上通道安全、保护边境离岛，着重强调安全保障领域，抗衡加强海洋活动的中国，也有抗衡中国推进的"一带一路"经济带构想的目的。④

针对中国不断扩大的国际影响，西原正甚至提出牵制中国的具体措施。他说，"一带一路"倡议是中国宏大的霸权战略，对于日美来说，最大的战略关切是牵制中国。方法有二：一是抓住中国的弱点，扩大共享价值观的地区。这些价值观包括：尊重法治、人权并巩固民主制度；牵制中国在政治、经济、军事领域势力的增长，促进开放经济的发展；确保地区内海空通道的移动自由。二是印太地区一些国家担心中国的霸权，调整对华关系，可支持这些国家牵制中国的行动。如通过支持建立

---

① 日本国际问题研究所『「インド太平洋时代」の日本外交：Secondary Powers/Swing States への対応』、2014年3月、はしがき、第1—2页。
② 日本国际问题研究所『「インド太平洋时代」の日本外交：スイング・ステーツへの対応』、2015年、第117页。
③ 田久保忠卫「米中に横たわる言い知れぬ不安」、『産経新聞』2018年3月14日。
④ 《日本新一期海洋基本计划将写入印度太平洋战略》，共同网2017年12月5日，https：//china.kyodonews.net/news/2017/12/b785f40adfb9.html。

海上执法能力，提高相关国家领海和专属经济区的安全管理能力等。①

（二）为美国政策变化预做准备

除了应对中国崛起，日本提出印太战略还有一个重要原因是考虑到美国因素。日本要维持亚太战略格局和国际秩序，一方面要继续保持日美同盟；另一方面，鉴于美国对维持战后秩序在经济上出现"疲劳感"，国内又处于"胶着状态"②，可能减少对亚太地区的投入，必须采取更积极的措施。对此，菊池努分析认为，印太地区秩序今后可能发生重大变化，出现四种情况：一是继续维持冷战后美国"一超独霸"局面；二是形成以中国为中心的秩序；三是形成中美共管体制，即中美"共治"；四是中美争夺地区霸权。当前比较流行的观点是认为中美关系是今后印太地区国际秩序的决定因素。③ 但在上述四种可能出现的情况中，最有可能出现的是中美关系在某些领域保持合作，而在某些领域反复出现"斗而不破"的局面。④ 日本外交要通过加强日美同盟，使美国保持和加强对亚太地区的关心和参与，消除亚洲国家对美国政策走向的担心和不安。⑤ 安倍首相2013年在访问美国时表示，在"接下来的印度、太平洋世纪，要由日本和美国一同向前带领"⑥。这反映了日本要拉住美国一道维持地区现状，甚至要通过印太战略在地区秩序重组过程中发挥主导作用。

在加强日美关系的同时，日本还进一步提出新的战略方向，今后印太国际关系的主战场围绕被看作是"边缘部分"的地区和国家展开的可能性更大。东京大学教授高原明生认为，在中美力量对比变化引发世界格局动荡的形势下，处于中美之间的"中间世界"的国家，只能联

---

① 西原正「インド太平洋戦略を活性化せよ」、『産経新聞』2018年8月22日。
② 野上義二 「スポイラーとチャレンジャー」、『外交』Vol.28、2013年11月。
③ 『「インド太平洋時代」の日本外交：スイング・ステーツへの対応』、日本国際問題研究所、2015年、第3頁。
④ 山本吉宣他著『日本の大戦略：歴史的パワー・シフトをどう乗り切るか』、PHP研究所、2012年版、第7章。
⑤ 日本国際問題研究所『「インド太平洋時代」の日本外交：スイング・ステーツへの対応』、2015年、第149頁。
⑥ 《安倍内阁总理大臣2013年赫尔曼·卡恩奖获奖感言》，2013年9月25日，http://www.kantei.go.jp/cn/96_abe/statement/201309/25hudsonspeech.html。

合起来主张自由贸易和法治的原则。日本主导的 11 国跨太平洋伙伴关系协定就是一个好的例子。① 这里所说的"中间世界"应该就是指前引日本国际问题研究所报告中说的"摇摆国家"。根据以上分析，十分清楚，日本印太战略的实质是在中国崛起、美国影响力下降的亚太地区，联合地区主要国家（次大国）承担起维护和构建地区国际秩序的责任，并要和美国之外的地区和其他国家也建立起一种类似联盟的密切关系，以实现自己的战略目标②。这是以日美同盟为基础的日本对外安全战略的补充，标志日本的联盟政策面临新调整和对外战略的新选择，对于地区国际格局和秩序的演变值得关注。

（三）日本对外战略思想变化的特点

无论如何，日本提出和推行印太战略，表明其对外战略思想的重大变化。在提出和推进印太战略过程中，日本外交表现出新特点：一是在地区秩序构建中积极打"价值观外交"牌，以维护国际规则和法治为旗号，力图占据"道义制高点"，发挥主导作用；二是发挥外交构想力，在特朗普放弃"亚太再平衡"政策却未能提出新亚太政策的情况下，弥补了地区政策空白。日本国内对特朗普政府也接过印太战略作为地区外交政策的招牌而深受鼓舞。③ 三是抓住亚太地区国际力量变化的时机，在担心中国崛起这一共同点上将美澳印纠集到一起，试图重建地区秩序；四是在美国退出跨太平洋伙伴关系协定（TPP）后，日本仍然推动协议在没有美国参与的情况下获得通过，在地区贸易秩序构建上发挥了主导作用，特别值得注意的是在这一过程中日本拉澳大利亚联手迈出"次大国"主导地区秩序的第一步，成为今后地区格局和国际秩序形成过程中必须重视的角色。五是对中国崛起和美国对外政策不确定性增加的担心，将促使日本在外交上采取更主动的行动。因此，战后以来长期在美国阴影下的日本今后能否走出美国的

---

① 高原明生「米中変貌と地殻変動　団結と多角外交がカギ」、『毎日新聞』2018 年 1 月 9 日。
② 田久保忠衛「『普通の国』同士の同盟活性化は今年からだ」、『産経新聞』2018 年 1 月 3 日。
③ 湯浅博「米中動かすインド太平洋戦略」、『産経新聞』2017 年 11 月 29 日。

阴影，其外交作用值得关注。

日本提出和推行印太战略以及美澳印等国家的应和，说明中国实力增强和影响扩大，各国为应对地区力量平衡发生变化而做出反应，对中国来说则是在崛起过程中要面对的考验，对这一动向要认真分析，既以平常心视之，也要切实加以应对。

第二节　主导跨太平洋伙伴关系协定（TPP）谈判

特朗普政府成立后对外政策的重要变化之一是退出跨太平洋伙伴关系协定（TPP），反对多边贸易谈判，重视双边贸易谈判，无视世界贸易组织（WTO）的自由贸易原则，实行贸易保护主义政策。这也加剧了政治上的孤立主义倾向，给亚太国家造成严重冲击。另一方面，特朗普政府政策的变化，也给日本、澳大利亚等地区大国提供了扩大国际作用的机会。美国退出跨太平洋伙伴关系协定（TPP）后，日本接替美国发挥主导作用，是其"积极和平主义"国家战略的一次实践。

本节就日本主导跨太平洋伙伴关系协定的签订过程做一探讨。

一　特朗普政府退出TPP对日本的冲击

（一）特朗普政府退出TPP

2015年10月，在历经7年、19回合正式磋商和无数次相关会议后，跨太平洋伙伴关系协定（TPP）终于完成草签，各国国内批准后即可生效。

TPP是奥巴马政府"亚太再平衡"战略的重要一环。如果说，美国加强与日本等亚洲国家的军事同盟和安全合作关系，是运用硬实力构建对抗中国的安全体系，那么，TPP就是要通过制定贸易规则等软实力手段在经济贸易领域约束和制约中国。奥巴马当然希望在其任期内能够完成其"亚洲战略最后一块拼图"，但遗憾的是历史没有给他这个机会。

随着奥巴马总统任期临近结束和选战进入高潮，否定美国加入TPP

的意见对舆论的影响越来越大。奥巴马为了能在任内让国会通过 TPP，公开宣称是为了对抗中国，打造一个由美国和日本等国家主导的高标准的贸易规则，争取经济界和政界的支持。2016 年 9 月 16 日，奥巴马在白宫与政经界人士会谈，争取议会合作。他说："中国想在亚洲建立自己的贸易制度，是对美国企业明显不利的规则。"[①] 他还说，TPP "如果不能得到批准，规则将会由中国这样的国家来书写"[②]。美国白宫经济顾问委员会主席弗曼警告，如果国会无法在奥巴马政府任期结束前通过 TPP，美国将把国际贸易的领导权拱手让给中国。《华盛顿邮报》报道，弗曼向记者发表演讲时指出，他预见中国将与其他国家达致把美国排除在外的贸易协定，同时制定"一套更糟糕的全球贸易规则"。他说："这不仅是中国而已。我们的盟友之间也会签订新的贸易协定，而不会等待美国加入，这将导致贸易活动远离美国。"

尽管奥巴马想给自己提出的重视亚洲战略扫尾，但作为这一战略核心的 TPP 由于国会的反对而陷入难产。众议院议长瑞安表示，没有必要在 11 月大选后复会的"跛脚鸭国会"商讨 TPP。参议院多数党领袖麦康奈尔也指出，按照美国的政治环境，即使 TPP 今年内在国会提出也不会获得通过。这个课题的讨论"必将由下一个总统来主导"。美国两党的总统候选人——民主党的希拉里和共和党的特朗普都表明反对 TPP。当希拉里还是国务卿时，她称赞 TPP "为贸易协定设定了最高准则，能促成自由、透明及公平的贸易活动"。而作为民主党总统候选人希拉里为了争夺选票而改变主意，强调美国应该达致一份"睿智与公平的贸易协定"，如当选总统也要反对。特朗普在总统选举电视辩论中指美国必须对多项达致的贸易协定重新进行谈判，因为这些协定对美国工人不利，无法跟低工资国家如中国和墨西哥的工人竞争，明确提出退出TPP，表示如当选总统后，就要履行这一承诺。弗曼表示，总统奥巴马一直在推动国会就 TPP 进行表决，希望赶在 2016 年 11 月总统大选结束

---

① 「TPP、政財界に協力要請　中国意識必要性訴え」、『日本経済新聞』2016 年 9 月 17 日。
② 「米『アジア重視』正念場　TPP 承認　不透明」、『日本経済新聞』2016 年 9 月 9 日。

后及新总统宣誓就任之前完成这件事。① 但这一努力却归于渺茫。2017年1月23日，特朗普就任当天就签署行政命令退出跨太平洋伙伴关系协定。

（二）美国退出TPP对日本的冲击

与美国相比，安倍政府对美国在加入TPP问题上的政策变化反倒更为着急。

其原因首先是日本担心美国出现的"TPP消极论"会导致贸易保护主义兴起。美国由于国内制造业产业空心化，中间收入阶层影响力下降，白人低收入阶层强烈反对经济全球化。两党的总统竞选都采取"大众迎合"战术，以争取选票，致使贸易保护主义上升。2016年2月，日美等12个国家已经签署TPP，但TPP规定有三种生效条件：一是所有成员完成国内批准程序；二是两年内6个以上成员完成国内批准程序，且GDP合计占所有成员85%以上；三是任何时间只要6个成员完成国内批准程序，且GDP合计占所有成员的85%以上。符合上述条件之一，即可60日后自动生效。但要生效的最低限度是在成员国中必须要有国内总产值（GDP）占85%的6个以上国家批准。美国占参加国国内总产值的62%，日本占16%，日美两国的批准是不可或缺的。由于在美国有巨大政治影响力的制药业界的反对，议会内支持TPP的议员居少数。众院议长瑞安表示，必须重新进行谈判。而此前在签署美韩自由贸易协定（FTA）后也是因议会反对而重新谈判，五年后才生效。鉴于TPP谈判过程的艰难，是12国高度妥协达成的协议，安倍表示绝不同意重新谈判，希望美国国会尽快批准TPP。②

其次，安倍内阁寄希望于TPP生效能带动日本经济走出困境。安倍经济学的"三支箭"由"大胆的货币政策""灵活的财政政策"和"唤起民间投资的经济增长新战略"构成。其中，财政和货币政策在短期内产生了效果。"货币宽松政策"促进日元贬值、股价上涨，带动企

---

① 《美白宫经济顾问：若TPP没在奥巴马任内通过中国或掌控国际贸易领导权》，新加坡《联合早报》2016年10月2日，http://www.zaobao.com/news/world/story20161002-673014。
② 「米TPP消極論 憂うべき保護貿易主義の台頭」、『読売新聞』2016年8月22日。

业业绩改善、员工工资上涨。财政政策也创造了一定的有效需求,为经济增长做出了贡献。但这些政策却无法长期持续。日本必须通过第三支箭"增长战略"来提高日趋下滑的潜在增长率,把希望寄托在扩大对外贸易带动经济增长上。中国在加入世贸组织(WTO)后对经济增长的促进作用对日本鼓舞很大。日本政府对参加TPP后产生的经济效果推算显示,TPP将为日本新增约80万个就业岗位,GDP将被推高13.6万亿日元(2.6%)。如果TPP无法生效,日本政府提出的到2020财年将名义GDP增至600万亿日元的目标将很难达成。①

再次,安倍内阁把TPP看作是对抗中国崛起的战略部署,所以才一改压制国内业界反对转向积极参与。因为通过TPP的缔结可以把美国留在亚太,避免转向孤立主义,同时才能实现日美联手在经济和安全上对抗中国。田久保忠卫把TPP看作是中长期支持美国亚太政策的支柱,是以亚太政策为对象的重大构想。② 正是对TPP赋予如此高的定位,日本对之寄予很大期望。期望之大,失望后失落也大。2016年11月8日特朗普当选,10日日本匆忙在众议院表决通过TPP,希望尽快完成批准TPP的国内程序并推动其他国家加快行动,以提升生效氛围,也借此促使特朗普不要放弃TPP。安倍在与特朗普电话会谈表示祝贺后也提醒他亚太地区对美国而言的重要性,原因就在于TPP不仅是贸易协定,还带有通过日美主导的经济规则对抗在经济和军事方面崛起的中国,建立"对华包围网"的用意。12月9日参议院批准TPP,官房长官菅义伟在记者会上针对TPP批准案及相关法案获得通过强调:"切实地向世界展示了日本推进自由贸易的坚定决心。也希望动员其他签署的参加国尽快完成国内程序。"③

---

① 西村友作:《特朗普当选预示日本经济走向衰退》,日经中文网2016年11月18日,http://cn.nikkei.com/columnviewpoint/column/22361-20161118.html/?n_cid=NKCHA014。
② 田久保忠衛「ヒラリー・クリントン候補よ TPPの戦略の意味を忘れたか」、『産経新聞』2016年9月20日。
③ 《日本国会批准TPP但生效困难》,共同网2016年12月9日,http://china.kyodonews.jp/news/2016/12/131330.html。

二　日本决定主导 TPP 谈判

（一）日本对美国退出 TPP 的思考

特朗普当选总统，TPP 前途未卜，不仅使安倍内阁极为沮丧，也给其他 TPP 成员国泼了冷水，地区经贸合作增添变数。

对于 TPP 的命运，日本和其他参加国的主要考虑有两种：

第一种考虑是希望美国能够回心转意，留在 TPP，即使离开也会给美国留个位置，希望其有朝一日回来。安倍在东京的一次会议上表示："确信美国也一定会再次认识到，在包含 TPP 在内的自由贸易的名义下制定世界新规则的重要性。"日本政府内也有观点认为，"只要 TPP 的框架保留下来，特朗普之后的美国政权也有可能获得通过"①。日本等 7 个跨太平洋伙伴关系协定（TPP）参加国 2016 年 11 月 17 日在举行亚太经济合作组织（APEC）峰会的秘鲁首都利马召开会议，"一致认为 TPP 离不开美国的参与"②。

第二种考虑是继续达成没有美国的 TPP，建立一个具有高标准贸易规则的贸易区。为了让 TPP 在除美国之外的其他 11 个国家间生效，墨西哥等国提出了调整 TPP 条款内容等意见，澳大利亚、新西兰、秘鲁、智利等国提出没有美国的方案，澳大利亚、秘鲁等国还提出可以吸收中国、韩国加入 TPP 的方案。《日本经济新闻》社论也提出吸收中韩，因为日本对中国和韩国的出口超过了美国。③

而日本更是从地缘政治和地缘经济战略上考虑美国退出 TPP 的影响。首先，日本担心美国退出后，把亚太地区领导权拱手让出，中国将主导地区经贸关系，制定有利于自己的经贸规则。安倍在 2016 年 11 月 15 日的参院特别委员会上表示，如果 TPP 生效手续没有进展，"重心将会转向东亚区域全面经济伙伴关系协定（RCEP）"，同时警惕地表示"美国没有加入 RCEP，国内生产总值（GDP）最多的国家将是中国"。

---

① 「『米抜きTPP』懸念　日本戦略練り直し」、『日本経済新聞』2016 年 11 月 16 日。
② 「TPP 有志国、早期承認動きかけ、米の参加不可欠」、『日本経済新聞』2016 年 11 月 18 日。
③ 「TPPと日本　12—1＋αの司令塔に」、『毎日新聞』2017 年 1 月 28 日。

如果 TPP 一直不生效，而 RCEP 磋商正式启动的话，极有可能构筑由中国主导的贸易体制。日本担心在知识产权保护及环保制度等方面可能无法构筑高质量的规则，这是日本希望避免的方案。安倍在回答在野党议员提问时表示，"将 TPP 作为样板推进 RCEP 等，将给日本和地区带来利益"①。区域全面经济伙伴关系协定（RCEP）包含东盟全部 10 个成员国，以及 6 个已经与东盟签署了自由贸易协定的毗邻国家——澳大利亚、中国、日本、印度、新西兰和韩国。该协定的准成员国拥有总计 34 亿人口，占全球 GDP 总量的 30%。与 TPP 不同，RCEP 没有任何劳动力或环境保护条款，这对一些东盟国家更具吸引力，而且还降低了谈判的复杂性。此外，RCEP 对较小成员国来说意味着是一个关键的机遇，会让它们能更轻松地进入较大国家的消费市场并吸引投资者。对新西兰和澳大利亚等美国盟友来说，中国是一个日益重要的贸易伙伴。由于新西兰和澳大利亚的经济增长分别过于依赖农产品出口和金属出口，因此这两个国家渴望发展制造业基础，但需要 RCEP 下的自由贸易协定提供更大的消费市场。随着 RCEP 完成谈判，中国将巩固其作为新西兰和澳大利亚两国主要贸易伙伴的地位。

其次，美国退出 TPP 将影响日本的经济、安全战略。日本认为，美国退出 TPP 会改变亚太地区的力量平衡。美国如减少对亚太地区的关注，中国就有可能在南沙群岛等处加强活动。日本在领土等问题上与中国形成对立，如 TPP 能顺利缔结在牵制中国方面也具有重要意义。日本在世界贸易组织（WTO）陷入功能紊乱的背景下，一直将大规模自贸协定视为贸易自由化的发动机。日本的战略是首先实行 TPP，然后再根据制定的贸易规则推广至其他 RCEP 等大规模自贸协定，TPP 的挫折不得不对这一战略做出调整。安倍政府定位为增长战略支柱的 TPP 如前功尽弃，也会使日本经济和安全战略发生动摇。

还有，日本要通过 TPP 建立高标准地区贸易规则，进而影响 RCEP 规则的制定，主导地区贸易秩序的形成，主张要按先 TPP，后 RCEP 的顺序进行。如果 TPP 停摆，各国是否会转向由中国主导的 RCEP，对于

---

① 「『米抜きTPP』懸念　日本戦略練り直し」、『日本経済新聞』2016 年 11 月 16 日。

这一疑问，参加 2016 年 APEC 会议的安倍首相发言人川村泰久表示，各国希望目前已启动谈判的 RCEP 最终是一个高素质的协定。在这方面 TPP 作为一个象征 21 世纪贸易的高标准协定，将是个可借鉴的楷模。日本既是 TPP 的签署国，也参与 RCEP 的磋商和谈判。川村说："我们必须先履行审议与核准 TPP 的承诺，这也会为 RCEP 谈判进程带来积极的动力与影响。这才是正确的顺序，我们应当遵循。"[①]

（二）日本决定主导 TPP 谈判的原因

特朗普正式上任当天即签署"永久退出"跨太平洋伙伴关系协定（TPP）的总统令并将决定通知日本等参加国。总统令中说明，除退出协定外，也将永久退出谈判，并不同意重新谈判。这使其余 11 国必须考虑今后 TPP 的前途。由于 TPP 已经完成谈判，只待各国批准生效，一些国家希望拯救 TPP，其中日本态度的变化起了重要作用。安倍在 2016 年 11 月会见记者时慎重地表示，"没有美国的 TPP 没有意义"。但在 2017 年春日本决定继续推进 TPP，举起主导 TPP 的大旗。日本推进美国退出后的"TPP11"的原因主要有以下几点：

第一，特朗普政府虽然退出 TPP，但并不反对 TPP 和其他国家加入 TPP，也不反对日本推进 TPP。2017 年 2 月安倍访美，日美首脑在美国退出 TPP 的基础上一致同意探索促进亚太地区贸易和增长的最佳方法。会谈后的共同声明说"日本以现有的协议为基础继续推进地域层面的经济发展"。日本政府有关人士表示，这是"日本向美方确认了包括推进 TPP11 在内的问题"[②]。也就是说，日本已经确定特朗普政府并未对推进美国退出后的 TPP 提出异议。

第二，美国退出后，TPP 参加国中日本是最大的国家，被寄予期望。有的国家希望由日本主导 TPP11。如有新加坡外交人士表示，"在美国退出后，TPP 内具有最大经济规模的日本不采取行动，事情就难以取得进展"。美国部分国会议员和专家也希望日本取代美国在亚洲推进

---

① 《安倍：美国若不推动 TPP 将"永久死亡"》，新加坡《联合早报》2016 年 11 月 21 日，http://www.zaobao.com/news/world/story20161121 - 692748。

② 「米抜きTPP推進の舵」，『日本経済新聞』2017 年 4 月 15 日。

贸易自由化。特别是如果日本始终没有明确态度，参加国的步调可能出现混乱。秘鲁和智利的政府高官对来访的日本外务副大臣薗浦健太郎甚至表示"如果美国不参加，可以让中国加入使协议生效"。这当然是美日不愿意看到的。

第三，从地缘战略上看待 TPP 的意义，安倍表示"要根据国际局势思考 TPP11"①。安倍内阁既把 TPP 作为增长战略的支柱，也把它看作是应对中国崛起的经济方面的日美同盟。安倍推进 TPP11 的真实意图在于让美国回归。日方的战略是通过经济对话与美国继续磋商，同时促使 TPP11 生效在日本的主导下先构建地区贸易规则，以便在未来让美国重返多边贸易框架。日本外务省官员表示，"日美经济对话与 TPP11 互为表里"。如果形成 TPP 自由贸易区，就可以和澳大利亚、越南建立更密切的关系，这也是日本东亚经济、安全战略的一部分，起到增强地区安保合作网络的作用。

第四，对于日本经济来说推进 TPP 仍然有意义。日本政策研究大学院大学川崎研一教授推算，包含美国在内的 TPP12 能够将日本的实际国内生产总值（GDP）推高 1.37%，TPP11 能推高 1.11%。虽然小于 TPP12，美国退出后经济效果仍值得重视，而日本需要这一效益。如果经过日本的努力 TPP11 生效，对日本经济增长和结构调整有促进作用，对提高日本在地区经济中的地位也有利，将会成为安倍政府重要的政治遗产。

第五，在日本推进 TPP11 的背后，也有意牵制在贸易领域加强双边主义的美国。在日美经济对话中，美国要求就削减贸易赤字单独磋商，日本处境不利，推进 TPP 生效有助于改善日本的谈判地位，将会成为以后日美贸易协议谈判的一张牌。在亚太地区形成大的自由贸易区，起到牵制特朗普贸易保护主义的作用。

第六，日本担心亚洲的贸易权益之争会成为美国和中国之间的权力游戏，而使日本无由置喙，被排斥在"蚊帐之外"，因此要保留多边框架，努力促成 TPP 在 11 国之间复活。

第七，日本为在亚太地区贸易规则制定中发挥主导作用，将 TPP 定

---

① 「好機狙った『TPP11』日米対話後に照準」、『日本経済新聞』2017 年 4 月 23 日。

位为东亚区域全面经济伙伴关系协定（RCEP）等其他自由化谈判的"范本"，促成高质量的贸易协定。

（三）日本主导完成 TPP 谈判

2017 年 3 月 14—15 日在智利举行跨太平洋伙伴关系协定（TPP）成员国会议。这是美国退出 TPP 后成员国召开的一次高级别会议，探讨 TPP 未来的发展。值得注意的是，会议召集国智利召集美国之外的 11 国召开部长级会议，同时邀请未参加 TPP 谈判的中国和韩国与会，摸索 TPP 新框架。中国不是 TPP 成员国，在美国退出之前 TPP 一直排斥中国参加，中国参加这一重要会议反映 TPP 面临新的探索。会上各国意见主要有三种：一是主要农业国的澳大利亚和新西兰与美国农产品出口有竞争关系，美国退出后有利于本国农产品出口，支持推进没有美国的 TPP11。二是日本等国基于最大经济体美国的参加是重要的，对推进没有美国的 TPP 表示慎重。三是中南美国家期待中国和韩国加入。会议决定 11 国要加强团结，缩小分歧，努力找出共同点；期待美国回归 TPP，随时敞开大门，同时也要修改关于协定生效的条文，为 TPP11 生效做准备。① 这次会议所反映的情况表明，各国意见虽有不同，但基本上都倾向于继续推进 TPP。另一方面，智利等中南美国家想吸收中国、韩国加入 TPP 的动向显然引起日本注意，因为这同日美设想的 TPP 战略目标并不一致。这次会后日本要主导 TPP 的意愿更加坚定。

2017 年 5 月 2 日，除美国之外的 11 个国家在加拿大多伦多举行首席谈判代表会议，开始讨论 TPP 生效。日本主张做最小限度的修改后尽快生效，因为美国退出 TPP，有的国家要求修正原来的路线，越南和马来西亚曾以美国开放市场为交换条件，同意放宽国有企业限制以及通信、零售和金融等行业的限制，很可能要求调整协定内容。特别是越南，由于在 TPP 谈判中让美国下调纺织品领域关税，希望成为亚洲对北美市场的纺织品出口基地，所以更重视与美国的双边贸易。日本方面担心"如果各国开始要求调整协定内容，局面将难以收拾"。秘鲁外贸旅

---

① 「日本はTPP11カ国の協調を主導せよ」、『日本経済新聞』2017 年 3 月 19 日。

游部长表示,"中国是域内的主要国家,是战略上的重要贸易对象",呼吁让中国加入TPP。随着协定内容磋商的推进,关税和贸易规则的修改,邀请中国等参加的行动有可能加强。为了减少波折,日本政府内部有方案认为,应首先由新西兰和澳大利亚等支持日本主张的国家达成协议。在亚洲,除日本外还有对贸易自由化态度积极的新加坡及文莱等国,先在态度积极的国家生效。如果一定拘泥11国生效,可能需要过长的协调时间,错失生效时机。

2017年5月21日,11国负责TPP谈判的部长在越南聚会,会后发表声明,表示尽快使TPP生效,并继续希望美国回归TPP。为争取美国回归,简化重新加入的手续。按照2015年10月达成的TPP有关规定,新成员国加入,需要获得所有成员国的同意。在由12国组成的"TPP委员会"下,设置讨论加入条件的工作小组,委员会根据工作小组的报告决定吸收新成员国。在12个TPP成员国以外,泰国、印度尼西亚等国家也表示加入意向,这一规定主要是针对一般新成员国加入的。美国已经通过关税和规则谈判,如美国愿意回归TPP,TPP11将省略工作小组讨论步骤,使其可以轻易重新加入TPP。日本仍然极力促成美国回归,因为只靠日本支撑难以长期维持,也失去抗衡中国的价值。日本勉力支撑是希望迎接美国回归。《产经新闻》社论称"区内经济大国日本的领导力面临前所未有的考验。"[①]《朝日新闻》则称"是日本发挥领导作用的最大机会"[②]。

2017年11月9日,在越南岘港召开亚太经合组织(APEC)峰会之前,TPP11个参加国召开会议。在先召开的部长会议上,冻结了现协定中约20个项目的效力,占全部项目数的2%,主要是美国要求写入的知识产权和投资方面的规则以及劳动和医疗领域项目,将在美国重返TPP时解除冻结。同时保持了促进商务及人员往来的规定以及通过减免关税实现高水平贸易自由化等内容。但因加拿大在最后关头提出异议,首脑间未能如期达成框架协议。

---

① 「TPP11　日本主導で道筋をつけよ」、『産経新聞』2017年5月23日。
② 「米抜きTPP　旗を掲げ続けるには」、『朝日新聞』2017年5月23日。

尽管如此，11 国官员在 APEC 会议期间经过磋商，公布了 11 国部长联合声明。声明宣布新 TPP 更名为"跨太平洋伙伴关系全面进步协定"（CPTPP）。声明指出，各国达成"保留 TPP 主要好处的均衡协议"，并就 CPTPP 的"核心成分"达成共识。各国将制定使 CPTPP 生效的法律文书。与已达成框架协议的日欧经济伙伴关系协定（EPA）和正在谈判阶段的东亚区域全面经济伙伴关系协定（RCEP）相比，TPP 参与国的经济规模相对较小。新 TPP 对国民收入的推动效应虽然不及含美国在内的约 14.2 万亿日元，但也接近日美自贸协定若能达成后的约 6.8 万亿日元、RCEP 的约 6.3 万亿日元。早稻田大学教授浦田秀次郎认为 TPP 的意义在于抑制保护主义趋势，并激发其他的自由贸易谈判。浦田强调，对于要求开展双边贸易谈判的美国产生迫使其回归 TPP 的压力至关重要。对于通过"一带一路"经济带构想扩大影响力的中国，日本也意在借 TPP 掌握制定国际规则的主导权。①

三 跨太平洋伙伴关系全面进步协定（CPTPP）及意义

（一）跨太平洋伙伴关系全面进步协定（CPTPP）签署

2018 年 3 月 8 日，澳大利亚、文莱、加拿大、智利、日本、马来西亚、墨西哥、新西兰、秘鲁、新加坡和越南 11 国贸易部长在圣地亚哥签署跨太平洋伙伴关系全面进步协定（CPTPP），并将在 11 个成员国中的 6 个成员国批准后生效。

尽管美国退出后 CPTPP 占世界经济的份额从原来的 40% 下降到 13%，但它的签署反映了世界贸易值得重视的新动向，即各国都对参与亚太地区的贸易活动抱有积极态度，并愿意为此制定一个新的强有力的规则。这种热情并没有因为美国的退出而减弱。而且由于美国退出，修改了部分条款降低了准入门槛，使希望加入的国家和地区增多，泰国、韩国、菲律宾、斯里兰卡，甚至英国都被视为这一贸易协定的潜在新成员。日本首席 TPP 谈判代表梅本和义表示："一旦 TPP 生效，我们就可以启动加入协定的讨

---

① 《美国退出 TPP 导致经济规模与经济效应缩减》，共同网 2017 年 11 月 13 日，https：//china.kyodonews.net/news/2017/11/089aab705070-tpp.html。

论","TPP 旨在建立一个开放、基于规则的多边自由贸易体系,如果任何国家有兴趣并且愿意遵守规则,那么我们可以讨论加入事宜。"扩大 TPP 的努力表明,作为亚洲自由贸易的一个载具获得了新动力。

TPP 在贸易自由化的范围和深度上都超越一般的自由贸易协定。除了传统商品和服务贸易自由化之外,它涵盖了知识产权、环境、劳工、临时入境、国有企业、政府采购、金融、电子商务、中小企业、管制协调、能量建构等议题,而且在程度或标准上都超越现有的协定,体现了全球化下世界贸易自由化的新趋势。以日本、澳大利亚为首的西方国家在制定未来贸易规则上抢先一步,对今后地区和世界贸易规则起引领作用,是必须注意的现象。当然也有持谨慎态度的,如澳大利亚贸易部长乔博表示:"我的焦点是在我们 11 个成员国之间达成协议","大家都有国内的批准程序,我们得先走完这个程序。我很相信'蛋未孵出别忙着数鸡'的道理,所以让我们先搞定目前形式的这个协定吧。"①

(二)值得重视的日本"积极和平主义"战略实践

在继续推进 TPP 的过程中,值得注意的是美国的态度。特朗普说,如有对美国更有利的条件,将对重新加入 TPP 持开放心态。美国副总统彭斯也表示,如果条件变为对美国有利,也有可能重返。② 美国政府对退出 TPP 的举动似有后悔之意,与 CPTPP 有关国家进行了密集商讨。日本负责跨太平洋伙伴关系协定(TPP)谈判的主管东方和久表示,日方积极欢迎美国重返 TPP,但也暗示在现阶段对 TPP 实施大的改革非常困难。③ 因此美国近期重返 TPP 恐怕并不现实。特朗普仍然重视双边谈判解决贸易纠纷,并把达成对美国有利的协议作为重返 TPP 的条件。2018 年 4 月 12 日,特朗普再次表明重返 TPP 的条件是对美国而言"内容变得更为有利"。安倍首相仍主张美国加入既有协定是最佳策略,如

---

① 《TPP 今日将正式签字》,英国《金融时报》中文版 2018 年 3 月 8 日,http://www.ftchinese.com/story/001076617。

② 《日美高官探讨美国重返 TPP 反对重新谈判意见顽固》,共同网 2018 年 2 月 8 日,https://china.kyodonews.net/news/2018/02/5144ddca490d-tpp-.html。

③ 《日本欢迎美国重返 TPP》,新加坡《联合早报》2018 年 2 月 21 日,http://www.zaobao.com/news/world/story20180221-836733。

果重新谈判，也可能要花费数年时间。① 但从长期看，美国和更多的西方国家加入恐难避免。

特别值得注意的是，CPTPP 的签署，突出反映了日本在地区经济中的作用。这是日本"积极和平主义"国家战略转换后的一次重要外交实践，一改以往在国际事务中的被动角色，体现其在美国势力不再的情况下发挥国际作用的能力。CPTPP 协议的签署，体现了日本协调国际贸易谈判的能力，今后将更积极推销 CPTPP 贸易规则，并可能影响东亚区域经济伙伴关系协定（RCEP）的谈判和规则制定，甚至世界贸易规则的制定。由于特朗普政府的孤立主义政策，有的国际评论称世界进入"后美国"时代，这样说也许为时尚早，但却给日本、澳大利亚等地区有影响的"次大国"发挥作用的机会，有人将日本首相安倍和澳大利亚总理马尔科姆·特恩布尔比喻为扮演了助产士的角色，促成一场"真正的分娩"。这是亚太地区国际政治变化值得注意的新动向。

第三节　调整对"一带一路"倡议政策与改善中日关系

"一带一路"合作倡议是中国提出的重要对外战略构想。日本对中国"一带一路"倡议经历了从怀疑、抵触到愿意深入了解、探讨合作的政策变化，这一变化是在特朗普政府放弃奥巴马政府"亚太再平衡"战略、中美关系和日美关系变化的大背景下进行的政策调整，反映日本对崛起的中国在认识上开始有所修正；同时也是日本对华"合作加防范"政策的继续，安倍政府通过加强日美安全合作和完善安保法提高了对华防范水平，在向"正常国家"转变的道路上取得进展情况下，也需要探索新的对华合作方式和合作渠道，修复中日关系。

本节就日本对"一带一路"合作倡议的政策演变以及日本对华政策调整做一探讨。

---

① 《日美首脑会谈将就美国重返 TPP 展开讨论》，共同网 2018 年 4 月 13 日，https://china.kyodonews.net/news/2018/04/a56ffa6ecedb-tpp.html。

一 日本对亚洲基础设施投资银行（AIIB）态度的变化

（一）日本抵制参加亚投行

1. 日本质疑亚投行的作用

2013年9月，习近平主席在哈萨克斯坦纳扎尔巴耶夫大学发表演讲时提出共同建设"丝绸之路经济带"的倡议。① 10月2日，在雅加达同印度尼西亚总统苏西洛会谈时又提出筹建亚洲基础设施投资银行（Asian Infrastructure Investment Bank，AIIB，简称亚投行）倡议，② 为包括东盟国家在内的本地区发展中国家基础设施建设筹措资金支持。

"一带一路"合作倡议提出后得到有关国家的响应和支持，而安倍政府从一开始是怀疑和抵触的。中日双方早期关于"一带一路"合作倡议的接触始于设立亚投行。2014年6月，日本财务省财务官古泽满宏和亚投行筹建小组负责人金立群在东京会谈。金立群希望日方出资，古泽则认为亚投行的职责不明确，对设立亚投行"无法同意"。古泽还指出，亚投行与亚洲开发银行（ADB，简称亚开行）在援建基础设施等业务方面职能重叠，发展中国家寻求援助时，会无所适从。金立群解释亚投行的设立并非与亚开行竞争，而是对亚开行形成补充作用。金立群表示即使日本不出资，新银行也一定能建成，希望今后继续进行讨论。日本在正式场合对是否加入亚投行未予表态，但对中国通过金融援助加强对亚洲的影响力保持警惕，背后与美国合作要求东南亚国家和韩国、澳大利亚也不向亚投行出资。2014年7月11日，日本国际协力银行行长渡边博史在东京举行例行记者会，对中国主导筹建"金砖国家（BRICs）"银行和亚投行持怀疑态度，认为亚投行能否吸引到出资国尚不明朗。③

2. 日本态度转向观望

中国提出设立亚投行倡议后，与亚洲区域内外国家进行了广泛沟

---

① 习近平：《弘扬人民友谊共创美好未来——在纳扎尔巴耶夫大学的演讲》，《人民日报》2013年9月8日。
② 《中国印尼关系提升为全面战略伙伴关系》，《人民日报》2013年10月3日。
③ 《日国际协力银行行长不看好中国主导的新银行》，共同网2014年7月11日，http://china.kyodonews.jp/news/2014/07/78741.html。

通。经过多轮多边磋商，各域内意向创始成员国基本达成共识。2014年10月24日，中国和印度、新加坡等21个首批意向创始成员国的财长和授权代表在北京签约，决定成立亚投行。被美日等国家不看好并加以抵制的亚投行首战就取得不小的成绩，是美日等国始料未及的。亚洲发展中国家基础设施建设资金缺口巨大，据测算，到2020年亚洲地区铁路、公路等基础设施建设资金需求达8万亿美元，仅靠亚开行无法满足，亚投行的设立正是在满足资金需求方面发挥重要作用，所以才能获得积极响应。

　　日本方面冷静下来对亚投行也会有所认识，虽然还没改变谨慎态度。《读卖新闻》社论承认，亚洲的发展应利用好中国充裕的资金，日本是亚开行的主要出资国，应努力使亚开行和亚投行构建适当的互补关系。但仍认为亚投行运营方针不透明，日本暂时不参加。① 日本著名记者船桥洋一认为中国的选择是正确的："基础设施建设应成为亚太地区的首要事项之一"。"如果美国选择忽视中国牵头设立的这家新银行，可能会发觉自己慢慢地被排挤出这个地区。美国和日本应将它们的保留意见放到一旁，在它们还有机会的时候与亚投行合作。如果中国能提供资金，美国和日本可以提供宝贵的专业知识。亚投行也会使现有的布雷顿森林体系有更大动力进行治理改革，它们早就该赋予新兴国家更大的话语权。"但他也认为："成立亚投行是中国政府牵头的多项倡议之一，这些倡议以削弱美国在亚洲的存在为目的，是中国寻求将美国拉拢的那些国家拽入自己羽翼之下的战略的一部分。它可被视作'中国门罗主义'的又一个表现，反映中国要在自家后院自由发号施令。中国正呼吁亚洲国家形成共同的身份认知，这种认同将美国和日本排除在外。"所以他建议："美国和日本必须加倍努力，以尽快完成跨太平洋伙伴关系协定（TPP）谈判，而且还应邀请中国加入。这将强化自由开放的国际秩序，在此秩序下亚投行的发展应会获得鼓励。"②

---

　　① 「アジア投資銀　過剰な中国主導で大丈夫か」、『読売新聞』2014年10月29日。
　　② [日] 船桥洋一：《美日不应抵制亚投行》，英国《金融时报》中文版2014年12月12日，http://www.ftchinese.com/story/001059615。

同时，日本积极搜集信息，加紧对亚投行进行评估，并与预定出任亚投行行长的金立群接触。金立群也和亚开行行长中尾武彦会谈，邀请日本以创始会员国身份加入亚投行，并承诺在亚投行内为日方预留高管和独立董事席位。2014年11月，在北京举行亚太经合组织（APEC）首脑会议期间中日首脑会谈，两国长期紧张关系开始缓解，对经济关系也产生积极影响。

3. 日本仍受美国态度左右

随着亚投行筹建进程加快，英、法、德、意等欧洲国家都宣布加入亚投行，特别是西方七国集团（G7）成员的加入，对日本产生极大震动，亚投行的发展前景超出日本的估计。据报道，首相官邸办公室向财务官山崎达雄和外务审议官长岭安政下达了推迟判断是否加入亚投行的指示，认为"没有必要着急，按目前的方针行事"。因为根据外务省报告，七国集团绝对不会参加。由于只考虑美国的态度和美日关系，"日本一直以不参加为前提对信息进行分析"，结果导致误判。① 到2015年3月31日亚投行创始国申请国截止日之前，日方仍然坚持对亚投行的错误看法，没有积极回应中方的诚意邀请，实际上放弃了以创始会员国身份加入亚投行的机会。但亚投行及亚洲基础设施建设的巨大吸引力使其仍然欲罢不能，为了扩大在亚洲的基础设施出口，日方也在探寻将来参加亚投行的可能性。日本政府高官表示，"亚投行成立后，中国的影响力必定会提高。作为亚洲地区的一员，如何看待这一点将成为我们的判断依据"②。

虽然七国集团（G7）中已有英德等国表态加入，但美国仍保持谨慎态度。这是安倍主要考虑的，所以安倍说："美国应该了解日本是可信赖的国家了吧。"但安倍同时也指示，"希望在自民党内积极讨论日本应持何种立场"。对此，总务会长二阶俊博向媒体表示"应在仔细观

---

① 《亚投行冲击（2）安倍被耍?》，日经中文网2015年4月21日，http://cn.nikkei.com/columnviewpoint/column/14008－20150421.html/？n_cid=NKCHA014。

② 「政府、参加判断先送り　アジア投資銀透明性など見極め」，『日本経済新聞』2015年3月25日。

察后决定态度"①。

(二) 日本调整对亚投行政策

1. 日本对亚投行态度有所松动

2015年4月,习近平主席和安倍首相在雅加达再次会面。安倍在会谈中表示,十分希望改善日中关系。对于亚投行,安倍表示,日方认识到亚洲地区对基础设施投资有巨大需求,愿基于这一认识同中方探讨有关亚投行问题。②

但日方并未表明要积极参加亚投行,在政府和执政党内部围绕加入亚投行问题仍存在分歧。对加入亚投行持慎重态度的是外务省和财务省,主张加入的是经济产业省和首相官邸的部分部门。4月下旬,自民党总务会长二阶俊博在演讲中敦促安倍决定加入亚投行,他说:"若改变主意想要加入越快越好","政府内部出现了认可加入中国主导筹建的亚投行的看法";批评日本和美国的质疑是竞争性的情绪化态度。船桥洋一发表文章称,在日本国会内,执政的自民党内部对于亚投行看法不一,仍在辩论其利弊。自民党的执政伙伴公明党以及反对党民主党,在很大程度上支持加入亚投行,认为:"亚投行将不可避免地参与该地区未来经济架构的塑造,此外也会间接地塑造地区内的安全关系。参与亚投行符合日本的重大战略利益。"③ 6月,中国国务院副总理张高丽和日本财务相麻生太郎会谈。中日财长对话重启,在亚洲推进基础设施建设方面达成一致。日本报纸评论,围绕由中国主导的亚投行(AIIB)一直处于对立状态的日中间的坚冰开始融化。

但日本仍然没有改变不参加亚投行的方针,只是从对立转向参与,欲从外部关注中国动向。日本财务省官员表示,"对成立亚投行这件事无意反对"。日本计划通过向中国提供组织运营和融资基准等相关知识,

---

① 《安倍称没必要急于加入亚投行》,共同网2015年3月31日,http://china.kyodonews.jp/news/2015/03/94742.html。
② 《习近平会见日本首相安倍晋三》,《人民日报》2015年4月23日。
③ [日] 船桥洋一:《加入亚投行符合日本的利益》,《纽约时报》中文版2015年4月24日,https://nyt9.azurewebsites.net/opinion/20150424/c24funabashi/。

2. 对加入亚投行仍持慎重态度

另一方面，日本国内主张慎重加入亚投行的意见仍占上风。

2015年6月，关于是否加入中国主导的亚投行问题，自民党汇总要求政府慎重考虑的建议，提交安倍首相。自民党认为，日本政府做出放弃在3月底之前申请成为亚投行创始成员国的决定是妥当的。建议还指出，在探讨是否加入时，应对投入巨资能否获得相应收益，以及日本企业是否会受到不公平待遇等问题进行研究。自民党要求政府"关注情况变化，慎重加以应对"②。《每日新闻》汇总日方不加入亚投行的原因有：组织体制不透明，会被中国随意利用，能否成功要看今后的运营情况；中国拥有26%的表决权，超过四分之一，而增资和总裁人事等重要议题需要四分之三以上的赞成票，中国可以单独行使否决权；中国如滥用权限谋求本国利益，亚投行就会失去信用，信用等级低于亚开行和世界银行，增加从市场上筹措资金的成本，使适合发展中国家的融资难以获利。③

日本新地平线资本公司（New Horizon Capital）社长安东泰治的观点很有代表性，他认为第一，亚投行总额的75%是亚洲各国出资，这一出资比率反映到运营上，是亚洲各国尤其是中国和印度为了自身的基础设施建设而自主筹集资金。亚投行是有根本利益冲突结构的机构，难以获得较高评级。第二，中国在亚投行的出资比例高，如果由于某些因素无法继续承担，身为"区域内国家"的日本将不得不为中国"擦屁股"。第三，国际货币基金组织（IMF）和亚开行一直严格审查和管理基础设施需求国的借款上限，如果亚投行不计后果地进行融资是极其危险的。第四，加入亚投行，日本企业能在多大程度上获得实际利益值得怀疑。日本企业在亚开行的中标率仅为1%左右，参加亚投行之后要获得实际利益也是困难的。所以，他认为日本有大量企业拥有中国企业所

---

① 《日中关系紧张缓解亚投行问题对立转向合作》，共同网2015年6月7日，http://china.kyodonews.jp/news/2015/06/99081.html。
② 《自民党将要求政府慎重应对亚投行》，共同网2015年6月4日，http://china.kyodonews.jp/news/2015/06/98855.html。
③ 「アジア投資銀行　国際的信用がカギ握る」、『毎日新聞』2015年7月1日。

没有的"独一无二"的技术，应该凭借自己的力量争取亚开行和亚投行不会参与的庞大的基础设施建设需求。①

3. 日本加强对亚开行的支持

实际上，日本加强了与亚投行对抗的措施。

2015年5月21日，安倍在国际交流会议第21届"亚洲的未来"晚餐会上发表演讲，表示将与亚开行合作，在5年内投入约1100亿美元用于亚洲基础设施建设。亚开行准备把融资能力增加50%，"日本国际协力机构（JICA）将与亚开行合作，建立为基础设施建设进行融资与出资的新机制"。亚开行的出资融资能力将提高到原来的3倍。安倍还提出"日本政府将和民间一起，扩大对开展基础设施建设的亚洲各国援助"，今后5年提供至少4万亿日元，一系列的基础设施援助加起来，总规模达到约1100亿美元。安倍强调，亚洲地区基础设施建设"具有每年100万亿日元的旺盛需求。日本下决心在金融层面上也要发挥重要作用"。该构想突出日本式（日本流）援助特点，重视技术合作与人才培养。安倍在演讲中没有直接提及中国主导的亚投行，但却指出"希望建立一个不受任何国家的想法随意左右、公平而可持续的市场"。"不能让政府部门的过度经济活动挤压民间部门的多样化创意"，"不能在亚洲形成（仿冒品等）劣质商品驱逐优质商品的市场"等。② 安倍宣布这一计划的时刻，中国等亚投行意向创始成员国正在新加坡举行首席谈判代表会议，讨论6月下旬签订成立协定。对这一明显的抗衡措施，政府消息人士解释称"质量胜过数量，这是在号召要选还是选日本"。

而日本今后的战略其实并不明确。政府相关人士指出，此次宣布扩大投资的背后存在着"日本政府的焦虑情绪"。日本执意要确保主导权是出于一种危机感，担心亚洲经济权力关系的变化会反映到安全领域。有关人士表示："随着谋求与中国加强经济关系的国家增多，日美感到有些遭

---

① ［日］安东泰治：《日本不参加亚投行是正确的》，日经中文网2015年7月15日，http://cn.nikkei.com/columnviewpoint/viewpoint/15189 - 20150715.html/? n＿cid = NKCHA014。

② 『第21回国際交流会議「アジアの未来」晚餐会　安倍内閣総理大臣スピーチ』、2015年5月21日。http://www.kantei.go.jp/jp/97＿abe/statement/2015/0521speech.html。

到排挤。"特别是日本的烦恼源于看不透赖以依靠的美国的方针。外交人士表示："美国目前无意加入亚投行。但是不知道什么时候会改变态度。"① 日本对亚投行的态度游移不定，特别是还没有摆脱对亚投行的怀疑、抵制心态，要保卫在亚洲基础设施建设融资领域的传统地位，使其只能跟在美国后面。日本对亚投行的态度与这一时期的对华政策走向基本一致。2015 年 6 月 29 日，57 个亚投行意向创始成员国财政部长或授权代表在北京签署《亚投行协定》，日本再次与亚投行失之交臂。

（三）中日合作出现积极趋向

1. 亚投行与亚开行合作顺利

2016 年 1 月亚投行正式成立，以后陆续又有国家加入。亚投行正式运营后，日本的看法渐趋积极。

2016 年 3 月，亚开行负责人表示，该行将与亚投行合作推进一个贷款项目。亚开行行长中尾武彦在接受采访时表示，中国主导的亚投行除了进行贷款合作外，还在向日本和美国主导的亚开行征询意见，以求制定相关程序，确保贷款项目包括劳工、环境和反腐败方面的保障措施。中尾说："人们希望把亚开行和亚投行描绘成对手，把金立群和我描绘成对手。但实际上我们是朋友，而亚开行和亚投行可以成为合作伙伴。"② 事实上，亚投行和亚开行交流和合作，对于新成立的亚投行来说是很好的学习机会，对消除人们对亚投行的疑虑也有好处。

亚投行和世界银行、欧洲复兴开发银行也开展协调融资。2017 年 6 月，亚投行第二届理事会年会在韩国济州岛举行，亚投行成员增加到 80 个。亚投行投融资七成以上是与世界银行等其他国际金融机构联合实施，既分散风险，也巩固了基础。亚投行总裁金立群表示，亚投行一年多来共实施了 16 项投融资项目，其中大部分是与世界银行和亚开行的联合融资。③

---

① 《日本宣布扩大亚洲基建投资旨在收复失地》，共同社 2015 年 5 月 23 日，http://china.kyodonews.jp/news/2015/05/98077.html。

② 《亚投行和亚开行合作推进贷款项目英国》，英国《金融时报》中文版 2016 年 3 月 22 日，http://www.ftchinese.com/story/001066748。

③ 「アジア投資銀への対応を日米で協議せよ」，『日本経済新聞』2017 年 6 月 21 日。

亚投行在起步阶段展现出控制风险的稳健姿态，甚至一直持反对意见的美国也出现微妙变化。美国财长雅各布·卢表示亚投行"在管理和环境保护等运营层面或能达到很高的标准"，一定程度上给予了积极评价。日本舆论也认识到，对于需要巨额资金的亚洲基础设施建设来说，利用亚投行意义重大。日本应与美国统一步调，敦促亚投行进一步确保透明性。同时，有必要观察亚投行的实际情况，讨论是否参与其中。① 东京大学教授川岛真说，日本未参加的理由之一是如何界定亚投行和亚开行的分工问题。如果公司治理以及透明性得到澄清，今后二者有明确分工，实际事业运作起来让会员国家受益的话，日本也会和美国协商，争取参加亚投行。②

2. 日本对亚投行的态度逐渐积极

2017年5月，在北京召开的"一带一路"国际会议，自民党干事长二阶俊博向习近平主席递交了安倍首相的亲笔信。二阶在4月下旬接受香港凤凰卫视采访时表示，"可以认为有"参加亚投行的可能。首相官邸和经济产业省也希望参加亚投行。③ 经济界更加积极，经济同友会代表干事小林喜光表示，日本应该积极探讨加入中国主导的国际金融机构亚投行。经济团体联合会会长榊原定征也在电视节目上称"这也是满足亚洲地区基础设施需求的有效金融功能"④，要求政府积极应对。

亚投行的运营成绩赢得人们的信任，成为亚洲基础设施建设的重要融资渠道。从2017年以来中日关系逐步恢复，合作成为双方关心的共同话题。日本国内建议参与亚投行和"一带一路"的呼声逐渐高涨。东京大学副教授伊藤亚圣表示，日本应通过亚投行参与"一带一路"。他认为，从中长期观点来看，可以理解"一带一路"倡议。亚洲发展需求旺盛，日本要扩大参与，可一面以日美主导的亚开行为主，一面通

---

① 「中国主導の投資銀は実態見極め関与を」、『日本経済新聞』2016年6月28日。
② ［日］川岛真:《日本可能加入"亚投行"》，新加坡《联合早报》2016年4月25日，http://www.zaobao.com/forum/views/opinion/story20160425-609341。
③ 《安倍政府内再现参加亚投行主张》，共同社，2017年5月12日，https://china.kyodonews.net/news/2017/05/3b8ee67a63cf.html。
④ 《经济界领袖指出应积极探讨加入亚投行》，共同社2017年5月16日，https://china.kyodonews.net/news/2017/05/bf513ec040e4.html。

过加入亚投行参与更具多样性的大区域经济圈构想。① 2017 年 11 月在日本亚洲经济研究所和上海社会科学院召开的"一带一路"经济带构想研讨会上。日方学者大西康雄认为,"亚洲基建十分必要,但资金却不足"。中日两国在"一带一路"沿线国家的基础设施建设方面具有很大的合作空间。② 12 月,中国和日本两国主要企业的高层管理人士在东京举行"中日 CEO 峰会",会后发表声明表示,双方愿意在"一带一路"倡议沿线国家等亚洲基础设施建设方面进行紧密合作。

到 2019 年 7 月底,加入亚投行的国家已达 100 个,超过了亚开行的 67 个成员国。虽然在日本国内仍有些人对亚投行心存疑虑,例如对亚投行的运营和融资审查表示怀疑,担心贷款无法收回,会形成高利贷,使借款的发展中国家在政治上陷于被动,等等。③ 但经济界积极要求同中国合作,对亚投行的态度在变化。中日关系缓和的形势,为两国经济合作创造了条件,日本在亚投行问题上的态度也逐渐积极。

二 日本对"一带一路"倡议态度的变化

(一)日本民间对"一带一路"倡议看法

1. 对"一带一路"倡议的谨慎看法

"一带一路"倡议提出后,中日在初期主要就加入亚投行问题进行接触。日本对"一带一路"倡议的看法,在开始比较谨慎,也没有摆脱对中国的错误认识。

日本学者山本吉宣认为,中国的"一带一路"是为了确保能源供应,扩大国外市场,纠正国内东西部发展差距,同时也意在印太地区和欧亚大陆通过建设基础设施网,提高地缘政治地位。中国自我定位为公共产品供给国,构建和主导国际秩序,利用外汇储备提高自身国际地位和影响力。所以日本要谨慎关注,基于开放的国家利益,使中国成为符

---

① 伊藤亜聖「アジア投資銀通じ関与を」、『日本経済新聞』2017 年 7 月 20 日。
② 《日中"一带一路"研讨会在沪举行金融合作呼声高涨》,共同网 2017 年 11 月 24 日,https://china.kyodonews.net/news/2017/11/efffbc44a04e--.html。
③ 髙橋洋一「麻生太郎氏、AIIBサラ金発言の意味 借金国に中国主導で取り立て属国化や領土分割の懸念残る」、『産経新聞』2017 年 12 月 11 日。

合国际规范的公共服务的提供者。① 经济学家津上俊彦认为，中国是要稳定对外关系，国民的大国意识膨胀，通过经济大国外交提高国际地位，为满足自尊心寻找彰显民族主义的场所。日本要谨慎参与"一带一路"，只关注那些具有经济合理性和满足地区需要的项目。② 日本双合研究所所长吉崎达彦在访问中国时发表对"一带一路"看法认为，中国要消化过剩产能设备，刺激国内经济景气，与美国主导的跨太平洋伙伴关系协定（TPP）对抗，扩大人民币在区域内流通。从根本上说，是要追求提供国际公共产品的场所，提高中国的战略优势。但这样也会造成国家的外交目的与民间企业的经济目的背离。日本希望"一带一路"是一个开放的体制，建议亚投行和亚开行展开合作，在保证投标公正透明的情况下，鼓励民间企业参加，加强信息方面的合作。③

和对亚投行的认识一样，日本认为"一带一路"倡议主要对中国有利，日本从中获利不多。如日本三菱研究所的研究认为，在基础设施建设方面恐怕主要是由中国企业承担，日本企业直接参与的机会不多，特别是日本没有参加亚投行，在竞争中处于不利地位。对于日本企业的机遇是可以利用贯穿欧亚大陆的贸易通道和交通网络，提高物流效率，降低运输成本。④ 吉冈桂子认为，在目前中日关系紧张情况下，"一带一路"对日本有利之处并不多，会加剧中日企业之间的竞争，也会对日本在这一地区的传统影响力造成冲击。⑤

2. 对"一带一路"倡议的积极看法

但是，日本学术界和经济界对"一带一路"倡议的重要意义有明确认识。有代表性的是，日本国际贸易投资研究所研究人员江原规由从东

---

① 山本吉宣「中国の台頭と国際秩序の観点から見た一带一路」、『PHP Policy Review』2015 年 8 月 28 日。

② 津上俊哉「中国経済動向と「一带一路」構想～その背景と意図、現状及び今後～」、国土交通研究所、2015 年 10 月 7 日。

③ 吉崎達彦『「一带一路」構想と日本の対応』、2015 年 12 月 18 日，http://blog-os.com/article/150742/? p=2。

④ 三菱経済研究所「中国『一带一路』外交経済の進路」、『経済の進路』2015 年 1 月号。

⑤ 吉冈桂子「中国『シルクロード経済圏』の虚実」、『外交』2015 年 7 月号。

亚经济发展史的角度高度认识"一带一路"倡议的历史地位。他认为，20世纪60年代到90年代东亚经济发展的模式是"雁行模式"，日本发挥了先导作用，带动东亚国家实现经济"起飞"。"雁行模式"对中国经济发展做出了贡献。"一带一路"是以外资引进促进经济发展的中国模式的经济"起飞"。"一带一路"模式和"雁行模式"不同，它不限于东亚，而是覆盖超过郑和下西洋的广大地域；而且它不是像"雁行模式"的阶梯形发展，而是争取地区各国的共同发展。因此，"一带一路"战略构想有可能形成与亚太地区现有的 FTAAP、RCEP、TPP 等区域自由贸易协定不同的新发展模式。迄今主导世界经贸规则的是西方发达国家，进入21世纪以后欧美先后发生金融危机、财务危机，发达国家经济停滞；而"金砖国家"（BRICs）等新兴经济体对于支撑世界经济发展发挥了重要作用。为促进世界经济发展，越来越多的国家重新审视现行世界经济规则。中国正在从事的就是这样的事业，一面设立亚投行、丝路基金，一面推进"一带一路"发展战略，得到沿线各国的支持。这说明"一带一路"发展战略已经得到世界认可。江原认为，"一带一路"构想包含着形成区域自由贸易区的可能。①

与江原从宏观和历史角度看"一带一路"倡议重大意义不同的是，更多学者和经济界人士从"一带一路"倡议中看到了商机。日兴证券公司的研究成果认为，"丝绸之路经济带"和"21世纪海上丝绸之路"将完善铁路、公路、输电网和港口等基础设施建设，诞生一个拥有65个国家、44亿人口的巨大经济圈，不仅在促进区域内贸易和创造就业等方面，而且会加强中长期经济联系，活跃人员、物资、资金流动，经济波及效果可以期待。② 关志雄认为，"一带一路"具有重大战略意义，是中国改革开放和经济发展的需要，有利于亚洲合作和世界和平与发展。对于中国企业是重大机遇，有利于基础设施建设、交通运输、能

---

① 江原规由「21世紀海上シルクロード建設の意義とアジア太平洋地域の共同発展」、『国際貿易と投資』、Spring 2015。
② 『「一帯一路」構想による経済波及効果が期待される中国』、2015年6月17日、http：//www.nikkoam.com/fund-academy/rakuyomi/vol-973。

源、贸易和旅游产业。①

(二) 日本政府应对"一带一路"倡议初期的对策

1. 采取对华"平衡"政策

日本政府对"一带一路"倡议初期的政策是谨慎观察,基本态度是怀疑、抵制甚至对抗。2015年4月22日,在雅加达召开亚非领导人会议期间习近平应约会见安倍,就中日关系交换意见。安倍表示"希望共同推进日中关系的发展",此后中日关系出现一些和缓局面,但对中国的怀疑和不信任难以消除。在实现中日首脑对话的同时,安倍还是要通过强化日美同盟提高对中国的遏制力,实行对话与遏制相结合的战略。日方人士评论称,安倍的对华外交要有"高度的平衡感",如果疏忽了遏制力就会被对手的力量压倒,轻视对话则会加深相互不信任。②

从2015年开始,中日经济交流走向复苏,政府间各部门协商逐步恢复,企业和经济界的交流也逐渐活跃。2015年11月,日本经团联、日本商工会议所和日中经济协会联合组成超过200人的访华团,受到李克强总理的接见,这是中国总理时隔6年后会见日本经济界访华团。随后,由国务院前副总理曾培炎率领的企业家访日团50余人访问东京,受到安倍首相的接待。安倍希望中日企业家对话机制定期化,扩大两国经贸和金融领域的合作。

针对中国的"一带一路"倡议,日本也加强对这一地区的战略外交。2015年10月,安倍访问蒙古和中亚五国,这是日本首相首次访问全部中亚五国,加强与这一地区能源出口国合作,签订了2.2万亿日元的项目订单。安倍在各国展开高层营销,力争推动日本企业扩大业务。安倍在哈萨克斯坦发表了中亚政策讲话,表示愿意为中亚国家提供技术,培养人才,加强合作。③ 日本报纸评论称,安倍背后的意图是通过

---

① 関志雄『動き出した「一帯一路」構想—中国版マーシャル・プランの実現に向けて』、野村資本市場クォータリー、Spring 2015, http://www.nicmr.com/nicmr/report/repo/2015/2015spr14.pdf。

② 《安倍将对中国采取对话与遏制并重战略》,共同网2015年4月25日, http://china.kyodonews.jp/news/2015/04/96423.html。

③ 『安倍総理大臣の中央アジア政策スピーチ』、2015年10月28日、http://www.mofa.go.jp/mofaj/erp/ca_c/kz/page1_000148.html。

经济关系的强化确保资源稳定供应,同时牵制在这一地区扩大影响力的中国。① 日本领导人除频繁访问东南亚、印度、澳大利亚等国外,还积极邀请这些国家领导人访日。例如,2015 年 2 月,日本邀请泰国总理巴育访日。3 月,印尼总统佐科当选后受邀访日,宣布将两国关系升格为"战略伙伴关系"。12 月日本和印尼首次举行外长、防长会议(2 + 2)。2015 年 5 月至 7 月,越南总理阮晋勇、副总理兼外长范平明、越共中央总书记阮富仲先后访日。2015 年 12 月,安倍第三次访问印度,两国发表《日印展望 2025 特殊全球战略合作伙伴》宣言。2016 年 10 月,杜特尔特当选菲律宾总统后迅速访日。11 月,缅甸国务资政兼外长昂山素季访日。

日本还加强同东南亚国家和澳大利亚、印度的安全防卫合作。如 2015 年 5 月,安倍访问马来西亚,双方为签署防卫装备产品和相关技术转移协定启动谈判。2016 年 8 月,外相岸田文雄访问菲律宾,宣布继续提供各种援助,特别是海上安保援助,提升其海岸警卫队的海上安保能力。日本通过政府开发援助提供 10 艘巡逻船。2016 年 4 月,越南首次允许日本海上自卫队舰艇停靠军事基地金兰湾。5 月,岸田文雄访问越南,就日本舰艇使用金兰湾协商,并继续向越南提供可供巡逻的二手船。6 月,日本防卫相中谷元访问泰国,向泰国推销 P－1 反潜机和 US－2 水陆两用飞机。2016 年 11 月,日印首脑会谈后发表声明,同意推进"自由、开放的印太战略",强化在该地区的经济、军事安全合作。

2. 加强同中国的地区竞争

第一,打"高质量基础建设"牌。在加强同这一地区国家外交、安全关系的同时,日本加大同中国的经济竞争。日本宣传其基础建设质量优良,具有良好的品质、技术和耐用性,力争在与"以量取胜的中国"竞争时取得比较优势。2015 年 5 月,安倍在第 21 届"亚洲的未来"晚餐会上讲话说,"质胜于量","日本要提供优质产品"②。2015 年 11

---

① 「首相、中央アジア5か国歴訪　資源確保・中国けん制狙う」、『日本経済新聞』2015 年 10 月 24 日。
② 『第 21 回国際交流会議「アジアの未来」晩餐会　安倍内閣総理大臣スピーチ』、2015 年 5 月 21 日,http://www.kantei.go.jp/jp/97_abe/statement/2015/0521speech.html。

月，安倍在马来西亚召开的东亚峰会等首脑会议上反复强调"法治"和"高质量基建投资"，对在南海进行海洋活动的中国形成包围网。日方强调开展"旨在可持续增长的高质量基建投资"，与所谓"以量取胜"和"以亚投行为后盾"的中国相抗衡。由于担心亚洲各国被中国的基建速度所吸引，安倍还打出了简化日元贷款制度手续的策略。安倍周边人士称："日本的基础设施建设目前是'可靠但缓慢'，将改变为'可靠且迅速'。"①

第二，与中国展开项目竞争。安倍政府将经济增长战略的成功关键压在如何应对2010年至2020年间预计可达1000万亿日元（约合人民币52万亿元）的亚洲基建需求上，在海外基建项目上与中国展开激烈竞争。2015年5月，日本在泰国铁路项目上与中国展开竞争，日泰签署参建曼谷—清迈高铁项目备忘录。同年中日两国在印尼高铁项目上展开竞争，日本最终败给中国。2015年12月，安倍访问印度宣布提供全套新干线技术与车辆设备，建设孟买—艾哈迈达巴德高铁项目，并将提供低息贷款，与中国的工程公司展开竞争。2016年11月，安倍在与印度总理莫迪会谈时，呼吁在印度全国的高速铁路计划中采用日本新干线模式。

第三，提高融资支持力度。2015年2月公布的新政府开发援助大纲提出，充分发挥政府开发援助的战略作用，将东南亚（特别是湄公河流域国家）、南亚、中亚地区国家列为首要援助对象，在项目设计上更有针对性地为扩大海外投资服务。2015年11月，安倍在东盟首脑会议上宣布大幅降低政府开发援助（ODA）贷款条件，必要情况下可不需要对方政府提供担保。2016年5月在日本伊势志摩召开的西方七国集团首脑会议上，安倍宣布为推进"高质量基础设施出口"，在未来5年向亚洲国家基础设施建设融资金额提高至2000亿美元，利用扩大融资渠道，提高融资力度，加强与中国竞争。在政府"经济合作基础设施战略会议"上，安倍宣布为推动基础设施项目出口将修改相关法规，大幅

---

① 《日本拟对中国形成包围网双方角逐必将激化》，共同网2015年11月23日，http://china.kyodonews.jp/news/2015/11/109719.html。

缩短日元贷款手续时间，对非洲国家基建项目融资增加欧元计价手段，提高日方援助机构在当地企业的出资比例上限等。2017年1月，安倍首相在马尼拉与杜特尔特总统会谈，表示今后5年将提供政府开发援助（ODA）和民间投资1万亿日元（约合人民币600亿元）规模的援助，双方就设立"经济合作基建联合委员会"达成一致。①

第四，支持企业在亚洲发展中国家投资。为支持本国企业在海外与中国企业竞争进行制度改革。安倍表示，日本要让更多的民间资金流向亚洲，政府和民间结成伙伴，扩大对亚洲各国完善基础设施建设支援。日本要和亚开行合作，5年内向亚洲提供1100亿美元的基建投资。2016年5月，日本政府召开"经济合作基础设施战略会议"，安倍宣布加强对民间企业海外投资的支持力度，放宽官民基金使用限制，包括放宽主要从事高铁投资的"海外交通及都市开发事业支援机构"和从事通信系统投资的"海外通讯、广播、邮电事业支援机构"的筹资限制；为支持大型项目出资，在资本金范围内提高借款和发债上限；在投资对象国发生恐怖事件和自然灾害时，项目投资的保险覆盖率由95%提高至100%。政府还加强对投资海外的企业提供所在国的政策动态、商务信息、中介服务等便利措施。

（三）日本对"一带一路"倡议的疑虑难以消除

1. 对"一带一路"疑虑与关注并存

日本虽然认识到恢复中日关系的重要性，两国关系趋于好转，但对"一带一路"的认识和两国关系的完全恢复还要有个过程。

与政府政策配合默契的日本报纸持同样看法。如《每日新闻》社论说，"一带一路"是一个目标远大的项目，但如果是为了本国的经济和军事霸权，就要与之保持距离，同时担心是否能按国际标准进行援助；不过日本是丝绸之路的东方终点，只在外面批评，影响力有限，要考虑与中国进行对话和合作。②《朝日新闻》社论表示，在欧美舆论反全球

---

① 《安倍会晤杜特尔特宣布援菲1万亿日元》，共同网2017年1月12日，http://china.kyodonews.jp/news/2017/01/132807.html。

② 「中国の「一帯一路」会議　信頼得られる援助構想を」、『毎日新聞』2017年5月17日。

化甚嚣尘上之际,中国作为经济交流旗手,有值得期待的一面。但"一带一路"构想只注重中国资本扩张,有人批评是"新殖民主义",如果不改变本国中心主义的一贯态度,国际经济合作推进者的资质就值得怀疑。社论还担心中国会在发生外交事件时,违反国际规则向对象国发起制裁。①《东京新闻》社论认为,中国"一带一路"构想的目的是通过庞大的基础设施建设加强对沿线国家的政治影响力。有关国家强烈认为,"一带一路"是扩大中国主导的经济圈取代美国主导的国际秩序的杠杆。②《日本经济新闻》的报道认为,"一带一路"是中国以基础设施建设为筹码,为扩大亲华势力范围而做出的尝试,以经济为武器构筑自己的势力范围,实际上收益低、风险却很高,民营企业的投资不高,多半被认为是来自国有企业的投资。③

日本驻华研究人员对"一带一路"的看法同样比较谨慎,但也表示应当密切关注,不要失去商机。三井物产北京事务所的岸田英明调查认为,"一带一路"还是一个不成熟、不透明的构想,但从其规模、中国的经济力量和较高的参与程度以及目前形成的网络看,有一定的潜力。根据汤森路透2017年5月的问卷调查,不希望参与"一带一路"项目的日本企业占95%,虽然是专门对基础设施建设投资的调查,仍感到态度很消极。但另一方面,"一带一路"项目很多,除了公路、铁路等基础设施外,还有新的值得注意的动向,中国的大企业(北京汽车、华为技术)和电子商务(阿里巴巴、腾讯)等向沿线国家发展,形成产业园、城市建设、货币互换协定和直接交易网扩大、自贸区谈判等,促进了一些国家和地区的发展。在沿线国家和中国之间或沿线国家之间可能形成新的人员、资金和服务业的新动向,日本企业要注意这些项目及风险,把握全局,注意具体国家的政策和中国企业的动向,研究开展事业的方式,不失时机地采取行动,在宏观和微观两方面灵活应对。④

---

① 「一帯一路構想 中国の資質が問われる」、『朝日新聞』2017年5月17日。
② 「中国「一帯一路」 ウィンウィンが全てか」、『東京新聞』2017年5月17日。
③ 「中国経済圏へ一歩」、『日本経済新聞』2017年5月16日。
④ 岸田英明『中国のグローバル化戦略―「一帯一路」の成果・課題・機会―』、2017年7月3日、https://www.mitsui.com/mgssi/ja/report/detail/1223884_10674.html。

2. 加强对"一带一路"沿线地区战略投入

在中日关系逐步好转的同时，日本加强对"一带一路"沿线地区的战略投入，试图平衡中国的影响。有代表性的是日印关系迅速提升，从日本流向印度的资金随着印度经济增长不断增加，日本贸易振兴机构称，2016年日本对印度直接投资扩大到历史第二高水平。2017年5月，在印度古吉拉特邦召开非洲开发银行大会，日本派出以财务相麻生太郎为首的政府代表团。据报道，日本在会上继续和印度讨论建设从亚太地区到非洲的自由走廊计划，该计划是2016年11月莫迪访日时安倍公之于众的。安倍提出的印太战略与莫迪倡导的重视东亚的"东进（Act East）"战略产生共鸣，联合打造一条"亚非增长走廊"。自由走廊计划将通过修建基础设施推动亚洲、非洲和中东的贸易、投资。《印度经济时报》的文章说，面对中国以"一带一路"扩大对沿线国家影响力，印度与日本决定合作推出一个多元化、从亚太到非洲的基建计划，携手在非洲、伊朗、斯里兰卡和东南亚国家兴建多个基础建设项目，以平衡中国的区域影响力。① 2017年9月安倍访问印度。这是安倍第二次执政以来第三次访印，而包括国际会议等场合在内，安倍与莫迪的会谈已达10次，重视印度的姿态十分鲜明。日印在原子能利用、海上联合训练和防卫装备技术等广泛领域进行合作。11月，在马尼拉召开第12届东亚峰会期间安倍与莫迪举行会谈，双方针对中国的海洋活动再次确认推进印太战略，在安全领域开展合作。在日本政府修订的新一期海洋基本计划中也写入安倍提出的印太战略，并将2013年制定的现计划的重点从立足经济的专属经济区（EEZ）海底资源开发转向确保海上通道安全、保护边境离岛，强调安全领域，抗衡加强海洋活动的中国。新计划写入基于印太战略争取依据"法治"构建海洋秩序，强调通过向东盟成员国及东非各国出口港口基础设施等，提高日本的影响力。② 日本外相河野太郎2017年11月18日在神奈川县平冢市发表演讲，提及中国

---

① 《平衡中国"一带一路"影响 印日要推动亚非"自由走廊"》，新加坡《联合早报》2017年5月25日，http://beltandroad.zaobao.com/beltandroad/news/story20170525-763979。

② 《日本新一期海洋基本计划将写入印度太平洋战略》，共同网2017年12月5日，https://china.kyodonews.net/news/2017/12/b785f40adfb9.html。

倡导的"一带一路"经济带构想对全球有利的可能性。他认为中国在国外建设的港口设施"如果以开放的谁都可使用的形式展开,将对全球经济非常有利"。但他同时也强调"中国时而会做出诸如扩大军事行动等行为,将张弛有度地切实应对",表达了继续呼吁中国贯彻"法治"和"航行自由"的想法。①

3. 应对"一带一路"倡议战略的建议

日本对中国"一带一路"倡议的矛盾心理,不会很快消除。这是中日结构性矛盾的一部分。2018年3月,日本民间智库和平政策研究所发表的政策报告《中国"一带一路"构想的目的和日本应采取的国家战略》具有一定的代表性。报告认为,中国的援助项目总是本国利益优先,忽视对象国的环境和发展平衡,是"新殖民主义"。报告除了重复日本对"一带一路"的一贯看法外,认为中国有野心,要成为霸权国家,恢复失去的版图,复兴朝贡体系的中华秩序。日本应当发挥领导作用,推进三大国家战略,不参加与霸权外交和扩张的军事战略融为一体的"一带一路"构想。报告对安倍和河野外相对"一带一路"态度积极的讲话不以为然,批评因美国亚洲存在感降低和朝鲜形势紧迫以及中国对日态度变化而在日本国内出现的对"一带一路""向前看"的改善中日关系动向,报告认为中国的目的是吸收日本的先进技术和经营诀窍。政策报告提出三大国家战略:第一,推进亚洲高质量的基础设施建设体制。建议日本以三个措施应对:加强亚开行的高品质基础设施建设体制;加强海洋同盟国家的联系;创建开放的区域经济圈。第二,构建基于自由、开放的亚太战略的海洋同盟。美国地缘政治学者道格拉斯·斯皮克曼提出的控制欧亚大陆边缘的国家将成为霸权斗争的胜者。"一带一路"构想的地区不仅包括欧亚大陆内陆地区,还包括边缘地区,中国将这两者置于其影响之下,将取代美国掌握世界霸权。日美澳印应协商制定在自由贸易、开发援助和安全领域参与该地区的战略框架。第三,创设贸易自由度高的、开放的区域经济圈。贸易大国日本生存的关

---

① 《日外相称"一带一路"也有利于全球经济》,共同网2017年11月18日,https://china.kyodonews.net/news/2017/11/ac4977bed499.html。

键是建立自由度高的多边经济框架,高水平的自由贸易区 TPP11 远高于 RCEP,TPP11 生效不仅将加强成员国的经济联系,也将加强海洋同盟的纽带。①

三 日本对"一带一路"倡议态度转趋积极

(一)安倍政府对华态度发生积极变化

1. "一带一路"倡议进展促安倍政府态度变化

2017 年 5 月,"一带一路"国际合作高峰论坛及圆桌会议在北京举行,有俄罗斯、意大利、印度尼西亚等 29 个国家首脑出席,来自 130 多个国家的代表 1500 多人参加会议,反映"一带一路"倡议取得的成果受到各国普遍重视,特别是得到"一带一路"沿线国家的欢迎和支持。

日本派出以自民党干事长二阶俊博为首的代表团出席会议,并携带安倍首相给习近平主席的亲笔信。会议代表团里还包括经团联会长榊原定征和埼玉县知事上田清司,政府方面有经济产业省副大臣松村祥史。安倍首相秘书官今井尚哉也于前一日来北京。据称,首相秘书官在陪同首相出访以外访问海外实属罕见,说明日方对此次会议的重视。据同行记者团报道,二阶俊博在访华期间表示,对这次中国主导的国际会议,决心积极合作,并以这次会议为开端与有关国家共同合作,日本也要发挥作用。日本前外务省条约局长、京都产业大学教授、世界问题研究所所长东乡和彦说:"2017 年安倍外交的最重要之点就是通过'一带一路'转换同中国对话的路线。"② 如果把对这次会议的态度作为安倍政府对华态度变化的一个标志也不为过,说明日本欲借对"一带一路"态度的变化寻找调整对华政策的突破口。

据透露,二阶携带的安倍亲笔信内容主要有四点:一是希望借日中邦交正常化 45 周年及和平条约签署 40 周年之机,构建两国稳定的友好

---

① 日本平和政策研究所『中国一带一路構想の狙いと日本の採るべき国家戦略の提言』、2018 年 3 月 20 日、http://ippjapan.org/archives/2646。

② 東郷和彦『日本の外交戦略:北朝鮮・ロシア・中国、そして長期的ビジョン』、日本平和政策研究所、2018 年 4 月 9 日、http://ippjapan.org/archives/2664。

关系。二是在不断对话的基础上,选择适当时机实现两国首脑互访。三是针对朝鲜等问题,加强互动关系。四是对"一带一路"构想予以评价,期待深入对话与合作。新加坡旅华学者、厦门大学新闻研究所所长卓南生认为,在这四点建议中,比较具体的只有一点,即二阶在北京所说,"期待包括习主席在内的高层人士访问日本"①。这说明安倍急于借机改善中日关系的焦虑心情。因为2017年是中日邦交正常化45周年,2018年是《中日和平友好条约》缔结40周年,是改善中日关系难得的时间窗口,而"一带一路"是中国对外战略的重要构想,参与"一带一路"是向中国示好,不是要与中国硬对抗的最适当的表示。

2. 中美关系缓和促日改变态度

如前所述,日本之所以愿意调整对华政策,改善对华关系,主要原因是美中关系出现重大变化。

特朗普政府扭转了奥巴马的"亚太再平衡"战略,在朝核等一系列问题上表明了与中国合作的意向。这对甘愿为美国亚太政策充当先锋的安倍政权来说倍感意外,再与中国硬对抗无疑是不识时务了。共同社的报道称,首相官邸当初一直对"一带一路"保持距离,这是出于优先强化日美同盟、"孤立中国"(政府高层语)的战略。风向的转变始于2017年4月的中美首脑会谈。围绕朝鲜核及导弹问题,特朗普政府开始拉拢中国,日本政府相关人士透露:"出现了担忧日本被搁置一旁的焦虑。"据报道,4月20日安倍在官邸对共进午餐的二阶俊博说:"请去中国,秘书官也随行。"② 于是,安倍的得力助手政务秘书官今井尚哉随行,由"安倍政权二把手"作为首相代理出席国际会议的方针就这样决定了。

中美关系的变化,使日本预感到危机。香港《明报》社论说,中日关系的改善更多的是受近期中美关系变化的影响。安倍对华示好的动作不断,更放风称只要满足一些条件,日本不排除加入之前坚持杯葛、由

---

① 卓南生:《日媒怎样看待"一带一路"高峰论坛》,新加坡《联合早报》2017年5月27日,http://www.zaobao.com/forum/views/opinion/story20170524-763709。

② 《安倍因美中接近转变态度积极对待日中互访》,共同网2017年4月17日,https://china.kyodonews.net/news/2017/05/a5d3f7c3ff10--.html。

中方主导的亚投行。日方的连串动作令人想起1972年"越顶外交"冲击，特朗普上台以来，美国先是退出跨太平洋伙伴关系协定（TPP），又在朝核问题上对中国多番赞赏，中美贸易谈判取得重大进展，更派出美国国家安全会议（NSC）亚洲高级部长波廷杰出席一向冷待的"一带一路"峰会。波廷杰称"在建设领域等能提供优质产品和服务的美国企业已经做好参与'一带一路'构想的准备"，对于"一带一路"构想表明了积极想法。奥巴马政权将中国主导的"一带一路"构想视为对抗跨太平洋伙伴关系协定的框架，显示出敌视态度，同时也没有参加亚投行。安倍政权也与奥巴马政权保持一致步调。特朗普政权改变奥巴马政权的方针，令日本外交界产生些许与当年类似的危机感。① 日本感到，日美虽是盟国，保持与美国的密切联系是基础，但也必须充分搜集情报，根据需要调整对外政策。

3. 认识到难以改变中国崛起的事实

日本对华政策调整的另一个原因是，由于中美关系的变化对中国的看法也在变。这主要是认识到中国崛起已是难以改变的事实。中国成为世界第二大经济体，综合国力超过日本，和中国硬对抗显然不明智，而且在一些地区问题上也需要保持合作。对于日本调整对"一带一路"政策，改善中日关系，共同社评论是日本计划把对华政策的主轴从"制约"转向"融和"。其背景因素在于政府认为，"以经济规模早晚超越美国的中国为对手，在所有领域都进行对抗难度很大"（首相官邸消息人士语）。②

2017年6月5日，安倍首相在第23届国际交流会议"亚洲的未来"晚餐会上发表演讲，前所未有地用大段篇幅谈到"一带一路"，并给予积极评价。他说："今年，欧亚大陆的板块布局发生了跨时代的变化。今年是货运列车首次跨越英法海底隧道，将中国义乌和英国连接在

---

① 《中韩中日关系面临新局》，新加坡《联合早报》2017年5月22日，http://www.zaobao.com/wencui/politic/story20170522-762966「対中改善 それぞれの思惑」、『日本経済新聞』2017年5月26日。

② 《日本对华政策拟从制约转向融合认识到国力差距》，共同网2018年4月18日，https://china.kyodonews.net/news/2018/04/3c5fa3cf4f92--.html。

了一起。'一带一路',是一个连接大洋东西两岸及其周边多元地区、极具潜力的构想。"当然安倍也没有忘记重述日本对"一带一路"的一贯看法:遵守共同规则,支持高品质的基础设施建设,资金筹措机制透明,接受贷款的国家必须具备偿债能力。安倍希望中国"充分采纳国际社会的共识",通过这些努力,"一带一路""构想才能以优质的形式融入环太平洋地区的自由、公平的经济圈中"①。但是,正如《日本经济新闻》的评论称,安倍至今对中国的"一带一路"构想持慎重态度,此次发言并不意味着作为日本政府将采取积极合作的态度,只是表示日本政府不阻挡对基础设施建设感兴趣的日本企业参与"一带一路"。安倍此番讲话可能是在日本企业参与"一带一路"具体项目时,希望中国能用更接近国际社会共同规则开展基础设施建设。日本一名政府高官表示:安倍此番讲话"并不意味着日本要参加中国主导的亚投行"②。

自民党副总裁、日中友好议员联盟会长高村正彦在回答《外交》杂志采访时同样表示了既积极又谨慎的态度。他承认"一带一路"倡议是"宏伟构想",但也表示疑虑、观望的谨慎态度。他表示,日中"战略互惠关系"包括合作为亚洲和国际社会做贡献,"一带一路"倡议归根结底是为国际社会做贡献,要积极评价,日本的态度也是给予合作。但亚投行由于被指出存在透明性问题,日本作为朋友给予建议,这和非难、指责不同。目前日本在亚投行框架外,中国会在一定程度上听到建议,如亚投行符合国际标准时不排除会参加。③

(二) 中日在第三方市场合作的探索

1. 中日合作开发"一带一路"新商机

无论是"一带一路"倡议下对沿线地区的投资,还是日本企业或是其主导的亚开行对东南亚、印度和非洲的投资,成功与否最终都要接受

---

① 《安倍内阁总理大臣在第23届国际交流会议"亚洲的未来"晚餐会上的演讲》,2017年6月5日,http://www.kantei.go.jp/cn/97_abe/statement/201706/1222916_11524.html。

② 「一带一路に協力姿勢 首相、公正さなど条件」、『日本経済新聞』2017年6月6日。

③ 高村正彦:「国交正常化四五年日中協調の道を展望する」、『外交』Vol.46、2017年11—12月、第11頁。

市场检验。商业竞争是市场经济的基本形式，中日作为这一地区主要的外来投资国家，竞争并不奇怪。

但除了竞争因素之外，中日之间也存在合作的可能，而且在有些场合合作对双方都有利，也有利于这一地区的经济发展。事实上，随着中国"一带一路"倡议的实施，也为中日合作创造了条件。例如日本政府开发援助（ODA）的主要投资地区为东南亚和非洲海湾地区，多为牵制中国，但这又和"海上丝绸之路"重合。中国也在这一地区推进航线开发和建设港口，从2010年开始3年的对外援助金额约为144亿美元。日本外务省高层表示："已经不能排除与拥有庞大资金实力和技术实力的中国合作的方案。"① 还有，亚投行投资中亚与南亚等地的基础设施建设，中国在埃及苏伊士运河南端扩建经贸特区，中东和中国的关系变化对日本企业的运营环境造成影响。2017年8月下旬，日本政府与民间人士在维也纳举办"中东合作当地会议"，分析中东局势和研讨中东战略，会议的主要议题是"如何应对中国的行动"。会上有意见指出，"虽然存在政治方面的风险，但需要思考如何运用在中国主导下建立的交通网和物流网"②。日本方面逐渐认识到，在援助规模上无法与中国较量。2017年度日本政府开发援助预算约为4300亿日元，而中国仅未来3年计划向非洲提供的援助就超过这个数字的10倍。对"一带一路"最感兴趣的是日本物流企业，日本通运公司与哈萨克斯坦国家铁路公司合作，提供连接中国沿海、中亚和欧洲的铁路货物运输服务。"一带一路"运输通道贯穿欧亚大陆中心地区，将为日本企业迎来中国战略的机遇。以通过铁路从上海等华东地区向德国周边运输货物为例，需要15—18天，运费大致为每40英尺集装箱5000—6000美元。海运运费为铁路的一半，但约需一倍的时间。空运数天即可到

---

① 《日本ODA与中国"一路"重合的苦恼》，日经中文网2017年9月1日，http://cn.nikkei.com/politicsaeconomy/politicsasociety/26793-2017-09-01-04-51-10.html?n_cid=NKCHA014。

② [日]胁祐三：《"一带一路"深入中东的日本担忧》，日经中文网2017年9月25日，http://cn.nikkei.com/columnviewpoint/column/26900-2017-09-25-04-51-10.html?n_cid=NKCHA014&limitstart=0。

达，但运费是铁路的一倍以上。铁路运费和所需时间处于中间水平，而且较少延误。因此，凭借中欧铁路运输，有望争取到交货期严格的汽车零部件、精密机械以及要根据流行趋势和天气而灵活供货的时鲜货运需求。

日本政府态度的变化也促使企业开始寻找商机。2017年6月由进驻中国的日资企业组成的中国日本商会成立了"一带一路"联络协议会。会员企业之间共享信息，还召开洽谈会和研讨会。三菱东京日联银行与瑞穗银行等大银行也开始探索能帮助客户扩大业务的方法。商会会长上田明裕（伊藤忠商事东亚总代表）在记者会上肯定称："日中关系的改善对企业活动也是很大助益。"① 2017年12月，中日主要企业高层人士在东京举行"中日CEO峰会"就经济合作进行对话，会后发表联合声明表示，在"一带一路"经济带构想等亚洲基础设施开发方面紧密合作，中日企业将以此为基础在各地的开发中携手前进。日本经济产业相世耕弘成到会致辞，列举了日中在节能和利用连接亚欧的物流网等领域的合作，并称"将推动广泛的日中企业的商务合作"②。

2. 中日"一带一路"合作的新形式

值得提到的是，中日之间开展的在支援第三方市场进行合作的计划。2017年3月8日，日本国际协力银行（JBIC）和中国国家开发银行签署以支援日本企业扩大对中国及第三国出口和投资进行合作的业务备忘录，可以扩大日本企业在华及第三国市场的新商机。日本国际协力银行和中国国家开发银行都是具有国家背景的对外金融机构，这两家银行的合作反映日本对"一带一路"政策调整出现良好开端。2018年1月由清华大学、中国国家发展改革委员会国际合作中心和联合国贸易与发展组织联合举办的第二届"一带一路"达沃斯圆桌会议在瑞士举行。日本国际协力银行首席执行官前田匡史表示，"一带一路"倡议蕴含巨

---

① 「日通、中央アジア横断貨物『一带一路』需要見込む」、『日本経済新聞』2017年9月16日。《在华日本商会设协议会共享"一带一路"信息》，共同网2017年6月21日，https://china.kyodonews.net/news/2017/06/0023d5370a36.html。

② 《日中CEO峰会就"一带一路"合作达成一致》，共同社2017年12月5日，https://china.kyodonews.net/news/2017/12/92f32773d1f2 - ceo.html。

大商机，日本企业在这一倡议下与中国企业发挥各自优势，在第三国开展合作，可以实现三方共赢。前田在"日中企业在湄公河地区合作新机遇"主旨发言中表示，日本企业认为"一带一路"倡议是个巨大的商业机会，并制定新的企业战略与中国在第三国开展合作。这个新战略被称为"来自中国，携手中国"，取代以往的"进入中国，立足中国"的战略。在这一新战略下，日本企业将有望实现降低成本，并开拓出新市场。前田特别介绍了两国企业在澜沧江—湄公河次区域（澜湄地区）的合作潜力。他说，在"自由开放的印度洋、太平洋战略"下，重点支持澜湄地区基础设施建设，不断扩大该区域的合作，与此同时中国的"一带一路"倡议把澜湄地区纳入进去，成为其重要组成部分。所以，相信这一地区将是两国企业实施"三赢"商业模式并向世界展示合作成果的理想场所。①

第四节 清算战后遗留问题的努力与挫折

在"积极和平主义"国家战略下，安倍政府的一个重要战略动向是清算战后遗留问题。战后遗留问题主要是日本与邻国之间因侵略战争遗留的人员赔偿、领土争议和历史评价以及由此产生的对国家关系的影响等。不言而喻，这些遗留问题对于日本来说或具有负面意义，或由于涉及民族主义、历史观念、国际法等复杂因素，难以解决。安倍政府认识到，战后遗留问题不彻底清算就不能与邻国建立稳定顺畅的国际关系，也难以构建有利的国际环境。日本清算历史遗留问题与美国的地区战略并不矛盾，甚至有利于美国实施其地区战略。但事实证明，日本与邻国之间的历史问题解决起来并不容易。

本节就特朗普政府印太战略下日本对韩政策和对俄政策及其结果做一考察，并探讨日本解决历史问题的难点所在。

---

① 2018年4月14日，日本国际协力银行驻北京事务所首席驻在员越智千文在中国社会科学院日本研究所做报告《一带一路构想和中日民间企业合作的可能性》，会场散发材料。

一 日韩慰安妇和强征劳工赔偿问题再起波澜

（一）慰安妇问题欲罢不能

1. 韩国政权更替，日韩共识难落实

2015年末日韩《慰安妇协定》是在美国压力下达成的协议，并非两国自主协商的结果。协定签订后，双方虽然声称该协定是就慰安妇问题"最终且不可逆"的解决，但日本驻韩大使馆门前的慰安妇少女像并未移除，慰安妇问题仍然横亘在两国中间继续发酵。

2016年11月，韩国总统朴槿惠因亲信"干政"事件引发政局动荡，12月遭国会弹劾。日本关注韩国政局发展，担心影响日韩关系，《慰安妇协议》和《日韩军事情报保护协定》难以执行。日本媒体报道称，日本出资设立的慰安妇"和解与治愈财团"得到朴槿惠政府支持，因政局动荡难以运作。外务省人士担心，"如果出现在被重提的历史问题上花费外交资源的事态将令人痛心"，甚至认为会打乱安倍外交战略。安倍提倡"俯瞰地球仪外交"，构建安倍外交体制，即以日美同盟为基础改善与韩国的关系，凭借政治资源为应对中国和俄罗斯的政策提供更大回旋余地。日本期待通过日美韩合作限制中国进入海洋，如果韩国新政权与中国接近，包围圈就可能出现漏洞。这在美国眼里将降低日本对抗俄罗斯的战略价值，也可能降低日本对俄谈判的地位。由于美国和韩国下任总统未定，日本期望的在日美同盟基础上提升地区威慑力和日韩慰安妇协议等成果的前景难以预料。

2017年3月，朴槿惠总统被罢免，韩国政坛保守派势力消退，政权更替不可避免。而慰安妇问题仍陷僵局，日本驻韩使馆前慰安妇少女像仍未移走。日本为表示抗议召回驻韩大使，但新政权更替在即，安倍政府考虑改善与韩国即将上台的新政府间的关系，而且为对抗朝鲜核武器与导弹开发，日韩需要紧密合作，为避免长期对立和寻找转圜机会只能让大使返韩，抗议不了了之。安倍首相周边人士表示，"在没有获得少女像移走保证的背景下，这是首鼠两端的判断"①，袒露不得不做出苦涩的决断。

2017年5月，韩国共同民主党前党首文在寅当选总统。日本媒体评

---

① 「政府強硬姿勢を転換　駐韓大使帰任へ」、『日本経済新聞』2017年4月4日。

价文在寅是"亲北（朝鲜）、反日"，在历史和领土问题上主张强硬。文在寅对日强硬姿态可追溯到卢武铉执政的2005年。当时文在寅是由总统主导的汇总战争受害者救济措施"共同委员会"的政府委员。该委员会认为慰安妇问题是日本政府和军方犯下的"反人道行为"，要追究法律责任，而且慰安妇问题并未包含在1965年日韩为清算双方债权、债务而签署的索赔权协定中。在2012年总统选举中，文在寅参选发表《有关解决对日"五大悬案"的构想》，列举"绝对不能对有关独岛（竹岛）的日本挑衅做出妥协"，"慰安妇问题要追究日本政府的法律责任"，"要限制殖民地统治时期强征韩国人的'日本战犯企业'在韩国投标"等主张。朴槿惠遭弹劾后，文在寅认为日韩协议"很难认定其正当性"，维持协议的前提是重新谈判。但也有意见认为文在寅在历史问题上"反日"，在经济上还是争取和日本构筑"实务的、成熟的伙伴关系"①。

2. 文在寅政府对日韩共识的态度

文在寅就任总统后在与安倍首相的电话会谈中表示，要继承和尊重河野谈话精神，认为日韩慰安妇共识为"大多数国民感情上所不能接受"，对履行共识持慎重态度。文在寅还就慰安妇问题向安倍表示，1993年日本时任官房长官河野洋平谈话承认了日本军的参与，日本"需要表现出继承并尊重谈话内容和精神的姿态"②。同时，他派曾任韩日议员联盟会长的知日派人士文喜相为特使访日，沟通双边关系。6月，文在寅对自民党干事长二阶俊博表示，国民无法接受慰安妇共识。文在寅认为要解决问题需要花费很长时间，并暗示其暂时不会要求日方做出应对，试图通过既不履行也不要求重新谈判，"搁置"共识而在其他领域增进关系。

文在寅政府的对日外交轮廓逐渐清晰。文在寅在总统选举时宣称将"重新谈判"慰安妇共识，而在当选后不再重提此事，是因为反对日韩共识的原慰安妇女性在韩国国内获得普遍支持，文在寅政府在执

---

① 「韓国大統領に文氏『親北・反日』路線」、『読売新聞』2017年5月10日、「日韓歴史に厳しい視点　文氏の対日政策を検証」、『日本経済新聞』2017年5月11日。

② 「日韓首脳　配慮と火花」、『日本経済新聞』2017年5月12日。

政党未获多数议席的体制下必须依靠舆论的高度支持。① 这反映日本在历史问题上的立场难以得到邻国原谅所面临的困境。7月，文在寅总统与安倍首相在德国汉堡举行就任总统后的首次会谈，就"面向未来"推进日韩关系达成一致，同意重启每年互访一次的"穿梭外交"。安倍表示履行2015年日韩共识十分重要，"共识是为构建面向未来的日韩关系不可或缺的基础"。文在寅表示，韩国"大多数国民无法接受"日韩共识，主张"需要两国共同努力，有智慧地解决"。双方主张存在分歧，但都表示不让慰安妇等历史问题影响到其他领域。② 9月，文在寅与安倍在符拉迪沃斯托克再次会谈，在慰安妇问题上仍未达成共识。

为调查慰安妇协议签署经过，文在寅政府成立"韩日慰安妇协议"专项工作小组。2017年12月27日，工作小组发布研究调查报告，披露《慰安妇协议》磋商期间日方提出的要求和韩方回应的非公开内容。日方提出的要求包括：日方对维护"慰安妇"受害者权益组织不满时，希望韩方政府负责出面说服；不再赞助海外设立纪念碑等；不再使用"性奴隶"说法；介绍驻韩日本使馆前少女像的具体搬迁计划。韩方的回应是：若日方对维护慰安妇权益组织有异议，将努力说服；海外纪念碑设立一事政府无权干预，今后将不予赞助；韩国官方说法统一改为"日军慰安妇受害者问题"。特别工作小组认为，这事实上满足了日方的期望，也给日方在少女像等问题上提供了干涉的空间。③ 文在寅政府公布非公开的文件内容，表明《慰安妇协议》存在问题，是按照日方要求和意愿达成的。

3. 和解治愈财团解散

2018年1月，文在寅总统在会见记者时表示，《慰安妇协议》是"错误的结扣"，由"和解与治愈财团"支付给慰安妇的援助金将由韩

---

① 《文在寅对日外交轮廓浮现慰安妇共识或被"搁置"》，共同社2017年6月13日，https://china.kyodonews.net/news/2017/06/0a683817931e--.html。
② 《安倍强调慰安妇共识是"日韩关系基础"》，共同社2017年7月7日，https://china.kyodonews.net/news/2017/07/fff47998840b-2.html。
③ 《韩国曝光日韩慰安妇协议非公开内容》，凤凰网2017年12月27日，http://news.ifeng.com/a/20171227/54575531_0.shtml。

国政府支付。① 2 月，韩国女性家族部部长郑铉栢在联合国表示，"保存和铭记日本军队性奴的记忆和经历很重要"。日本外务省表示，这一表达"与事实不符，不应使用"②。2015 年的《慰安妇协议》要求两国避免在此问题上互相指责或批评，包括在联合国。这意味着和解不仅要求韩国停止对日本的批评，还要接受日本对历史的表述。由于双方对基本事实缺乏共识，争论不可避免。3 月，在纪念"三一运动"③ 的集会上，文在寅总统针对慰安妇问题表示，作为加害者的日本政府不能说"了结了"④。5 月 1 日，在韩国釜山日本总领事馆前，劳动团体和警察围绕设置象征日本殖民统治下被征用的劳工雕像发生对峙。安倍在给文在寅的电话中要求采取"恰当应对"，但电话内容却不敢公开，因担心韩国舆论会认为是韩国政府听从日本意向驱赶劳动团体。2018 年 6 月，对于 40 名原慰安妇要求裁定日韩共识违宪的诉讼，韩国外交部向宪法法院提交意见书称日韩共识不具有法律约束力，要求驳回原告诉求。意见书指出日韩共识是"不具有法律约束力的政治共识"，不能行使公权，也没有侵害原慰安妇的宪法权利。意见书也认为共识存在不完善之处，"未反映慰安妇受害者的意愿，在手续、内容方面有诸多问题"，"无法真正解决慰安妇问题"⑤。

2018 年 10 月，日韩在东京举行副外长磋商，讨论如何处理已停止活动的"和解与治愈财团"问题，日方要求切实履行日韩共识。2019 年 1 月，韩国政府决定撤销基于日韩慰安妇共识而设立的"和解与治愈财团"法人许可，日本政府提出抗议，要求遵守共识。2019 年 7 月财团正式注销解散。日媒报道，文在寅总统认为财团处于停止活动状态，

---

① 「慰安婦問題で韓国が見解　合意の根幹を傷つけた」、『毎日新聞』2018 年 1 月 11 日。

② 《日韩在慰安妇问题上再起争执》，英国《金融时报》中文版 2018 年 2 月 28 日，http://www.ftchinese.com/story/001076503。

③ 1919 年 3 月 1 日朝鲜民众在京城（今首尔）集会，发表《己未独立宣言》，反对日本殖民统治。运动迅速席卷朝鲜半岛，并得到工人罢工的响应，是朝鲜近代史上规模最大的反日民族解放运动。

④ 「日韓歴史問題　ともに未来に進むには」、『朝日新聞』2018 年 3 月 5 日。

⑤ 《韩外交部向宪法法院称日韩慰安妇共识不具法律约束力》，共同社 2018 年 11 月 6 日，https://china.kyodonews.net/news/2018/11/de0aa579334f.html。

"只是在支出运营费和维持费",解散是不得已的措施,并表示不会要求废除日韩共识或重新谈判。① 而日方视财团为日韩共识的象征,要求韩方履行共识。但在日韩对立严重的情况下,财团正式解散使双方进一步失去改善关系的切入点。

(二)强制劳工赔偿案判决与贸易争端

1. 强制劳工赔偿案纠纷

强制劳工赔偿问题和慰安妇问题一样是日韩之间一直没有解决的历史问题。

强制劳工赔偿案始于2005年初,日本殖民时期被强征的9名韩国劳工向三菱重工和新日本制铁索赔,提起诉讼,韩国地方法院判处劳工败诉。2012年5月24日,韩国最高法院推翻地方法院二审驳回上诉的判决,分别发回釜山和首尔高等法院重审。韩国最高法院认为1965年《日韩请求权协定》是在日本政府不承认殖民统治违法状态下签署的,个人请求权有效。这是韩国最高法院首次对个人请求权做出裁定。日本政府认为,根据《日韩请求权协定》已向韩国提供5亿美元经济援助,可视为向强制征用受害者支付的补偿款。协定规定,关于两缔约国及国民(含法人)的财产、权力和利益以及两缔约国及国民之间的请求权问题,已经"彻底且最终解决",个人请求权已失效。② 2017年4月,韩国市民团体组织前劳工及遗属约千人对60多家日本企业提起集体诉讼,要求在首尔日本使馆和釜山总领馆前设立劳工像。

2018年10月30日,韩国最高法院在经过13年零8个月的长期诉讼之后,判处涉事日企新日铁住金公司向每名原告赔偿1亿韩元(约合人民币62万元)。日本外相河野太郎当天称,《日韩请求权协定》对包括司法部门在内的当事国整体具有约束力,韩方的判决是向国际秩序发起挑战,要求韩国政府立即采取措施予以纠正。安倍首相也表示,韩国判决违反国际法,日方将采取坚决态度应对此事。河野太郎接连表态,

---

① 《韩国慰安妇财团正式解散日方要求履行共识》,共同社,2019年7月5日,https://china.kyodonews.net/news/2019/07/cf2726490d5c--.html。

② 《韩国最高法院首次认定对日个人请求权有效》,共同社2012年5月25日,http://china.kyodonews.jp/news/2012/05/30880.html。

甚至称韩国的判决为"暴行"。韩国总理李洛渊表示，韩方的判决并非否定《日韩请求权协定》，而是基于该协定判定其适用范围。日本领导人可以对韩国司法机构的判决表示不满，但将该问题升级为外交纷争"不明智"。韩国外交部也表示，日本政府人士刺激韩国国民情绪的发言令人忧虑。①

2018年11月29日，韩国最高法院对二战期间被三菱重工征用的5名原劳工遗属和前朝鲜女子勤劳挺身队员状告该公司的两起索赔案做出终审判决，勒令三菱重工支付赔偿。并参照10月的判决，认定日本"非法殖民统治"下的强制劳工的索赔权不属于《日韩请求权协定》适用对象，驳回三菱方面的上诉。官房长官菅义伟在记者会上批评韩方"明显违反《日韩请求权协定》，令日本企业进一步蒙受不合理的损失"。河野太郎也发表谈话称"令人极其遗憾，绝对无法接受"，如韩国政府不立即妥善处理，将诉诸国际法院和采取对抗措施。日本政府也要求被告的日企拒绝赔偿。②

对于败诉的新日铁住金资产扣押问题，日本政府警告称"如企业发生实际损失，就不得不采取对抗措施"，绝不允许出售被韩国终审判决的资产，并加强对韩方施压称：①资产出售违反1965年请求权协定；②若无视请求权协定，日韩关系无法维系；③若企业发生实际损失，日方可能采取对抗措施，包括提高韩国进口商品关税。韩方也反驳称，政府必须尊重司法裁判，如果日方出台对抗措施，韩方也将报复。③

2019年4月，又有原被征劳工及遗属在首尔中央地方法院和光州地方法院对日本多家公司提起追加诉讼。光州市民团体从3月起征集追加诉讼的原告，收到537人份申请。④

---

① 《突然对立升级！日韩关系正陷入"非常危险"的境地》，《环球时报》2018年11月8日。
② 《韩最高法院就原劳工等诉讼案勒令三菱重工赔偿》，共同社2018年11月29日，https：//china.kyodonews.net/news/2018/11/228305e38d15.html。
③ 《日政府警告韩国"企业实际受损就出手对抗"》，共同社2019年2月7日，https：//china.kyodonews.net/news/2019/02/3cfb2c09c29c.html。
④ 《韩国原被征劳工等54人针对9家日企追加起诉》，共同社2019年4月29日，https：//china.kyodonews.net/news/2019/04/c8526429e7cd-549.html。

2. 历史问题引发贸易纠纷

日韩历史问题引起的纠纷逐渐向其他领域扩展。韩国对福岛核事故灾区水产品实施禁运措施，得到世界贸易组织（WTO）的支持，日韩关系更趋紧张。

2019年6月末在大阪召开的20国集团峰会期间没有举行日韩首脑会谈。7月1日，日本经济产业省发布公告，决定修改对韩国出口管理条例，将韩国排除在贸易"白色清单"之外，从7月4日开始限制对韩国出口部分半导体、OLED材料。"白色清单"是日本经济产业省制定的出口高科技产品及武器有安全保障的贸易友好国家清单，出口产品手续相对简化。被排除在"白色清单"之外，每次输往韩国的产品都要申请"出口许可"，约需90天时间，而日方基本不会批准申请，实际上是禁止向韩国出口半导体材料。重要的是，日方限制出口的材料是用于半导体清洗的氟化氢、用于智能手机显示屏的氟聚酰亚胺和涂覆在半导体基板上的感光剂"光刻胶"（光致抗蚀剂），占韩国使用的90%以上，而日本生产的氟聚酰亚胺和抗蚀剂占全球总产量的90%，氟化氢占70%，这使韩国芯片制造商在断供后难以找到替代品。全球最大的芯片制造商三星、第二大内存芯片生产商SK海力士，以及制造薄膜型高清电视的LG电子等韩国大型企业都面临严重威胁。韩国政府指责日本违反世贸组织（WTO）原则，将给全球供应链及美国企业、全球消费者带来影响。

安倍首相2019年7月3日对韩国出口管制表达看法，认为在劳工诉讼中韩国政府没有提出应对举措，日方此举是事实上的对抗措施。安倍指出"根据1965年的《日韩请求权协定》，日韩彼此放弃了索赔权。这是背弃国与国的承诺"。安倍表示"韩国没有遵守承诺，就不再给予此前的优惠措施"，强调"是协议、国际承诺未被遵守的问题"，日方的措施"并非禁运，完全没有违反世贸组织（WTO）规则"①。

韩国外交部发言人要求日方撤销禁运决定。外长康京和称这是"违背常识的报复措施"。韩国市民聚集到首尔日本大使馆前抗议。文在寅

---

① 「首相『韓国は約束守らず』」、『日本経済新聞』2019年7月4日。

总统也表明立场,"要求日方取消管制措施、两国间展开富有诚意的磋商",力图打破僵局。日本方面表示安倍首相不会软化态度。官房长官菅义伟在记者会上指出,加强半导体材料对韩出口的管制,是日本迈向优化出口管理的国内调整,"并非磋商对象,也不是可以撤回的事项"①,拒绝与韩方磋商出口管制问题。

对韩国高等法院判决扣押的日本企业资产,日方要求召开仲裁委员会会议,韩方不接受提议。日本政府探讨向国际法院提起诉讼,但认为韩国回应的可能性很低,国际法院也无法审理。日方起诉的目的是要向国际社会表明问题的原因在于韩方违反《日韩请求权协定》,在确认韩方态度后再探寻起诉时机。日本政府的方针是,被扣押的日本企业资产一旦被变卖,"将会采取必要措施"②。

2019年8月2日,日本内阁会议决定,将韩国从出口管理优待国家白名单中剔除,加强对韩国的出口管制。8月12日,韩国宣布将日本从韩国的出口管理国家中剔除。21日,韩国又提出,针对日本产部分加工食品和农产品等总计17个品类产品加强放射性物质检查。9月11日,韩国政府公布已向世贸组织提起诉讼,理由是日本对向韩国出口的三种半导体产品严格管理措施,是出于对强制征用劳工判决的政治动机而采取的对韩国差别待遇。韩国认为,日方说明此举是出于安全原因必须修改出口管理制度,这违反禁止差别和最惠国待遇的WTO基本原则,与公正、合理运用贸易规则的义务相抵触,是在日韩主张对立和缺少对话的情况下在国际组织框架内寻求正当解决。

值得注意的是,日韩矛盾继续扩散,两国民众情绪也出现变化,批评日韩矛盾被政治利用。日本舆论出现"厌韩"倾向,经济产业省实施的加强对韩出口管制的意见征集结果显示,逾4万条意见中95%以上表示赞同。安倍听到征集意见的结果向周围人士称"其政治意义很大"。共同社报道称,看不到试图理解曾遭受殖民统治的韩国受害者感

---

① 《日官房长官称对韩出口管制"并非磋商对象"》,共同社2019年7月9日,https://china.kyodonews.net/news/2019/07/eb902994263e.html。
② 《日本政府正式探讨就劳工问题诉诸国际法院》,共同社2019年7月17日,https://china.kyodonews.net/news/2019/07/d385a77c9945.html。

情的动向，历史修正主义色彩浓厚的发言及默许仇恨言论的风潮蔓延令人担忧。① 韩国出现抵制日货和不去日本旅游的动向，2019 年上半年去日本旅游的人数大为减少，企业也出现降低对日依赖的动向。首尔、京畿道和釜山市议会都提出或通过条例，敦促不购买被定义为"战犯企业"② 的日本公司产品，但地方政府和社会都反对因日韩矛盾"利用国民感情"③。

（三）围绕《日韩军事情报保护协定》的博弈

日韩争端也波及安全领域，影响到日美韩安全同盟体系。

朴槿惠政府缔结的《日韩军事情报保护协定》是日韩安全合作的标志，也是日美同盟和韩美同盟向形成日美韩同盟体系发展的重要步骤。该协定每年须更新，若要废弃，须在更新前 90 天以书面形式通知对方。2019 年 8 月 24 日是更新的截止日期，此刻正是日韩贸易争端激化之际，该协定也成为双方博弈的筹码。为迫使日方让步，从 7 月以后韩国国内出现废弃《日韩军事情报保护协定》的论调。

《日韩军事情报保护协定》关系日韩安全合作和日美韩同盟体系的运作，美国国防部多次督促双方解决纠纷，弥合分歧。2019 年 8 月初，在曼谷召开东盟国家外长会议期间美国国务卿蓬佩奥敦促日韩外长，希望尽快结束对立状态。随后美国新任国防部长埃斯珀访问韩国，敦促更新《日韩军事情报保护协定》，韩国国防部长郑景斗强调日本加强出口管制的非正当性，对韩国的经济报复措施已对韩美日安全合作造成负面影响。尽管韩方承认，日方拥有情报收集卫星、宙斯盾舰和预警机等，对朝侦察能力胜于韩国，但韩方未为美国的斡旋所动。文在寅与埃斯珀的会谈"没有提到应该及时更新等具体内容"④。

---

① 《安倍政府内外"厌韩"风潮蔓延》，共同社 2019 年 8 月 17 日，https：//china.kyodonews.net/news/2019/08/df336d2f0d73.html。

② 2011 和 2012 年韩国国务总理室下设委员会向国会议员提交有 284 家公司的"战犯企业名单"。

③ 《"战犯企业"条例在韩国也被批利用国民感情》，共同社 2019 年 9 月 8 日，https：//china.kyodonews.net/news/2019/09/da040b3e45a8.html。

④ 《美防长结束首次出访 未能促使日韩改变态度》，共同社 2019 年 8 月 12 日，https：//china.kyodonews.net/news/2019/08/13946b1e6f77 - - .html。

2019年8月22日下午，韩国政府召开国家安全会议，决定废弃《日韩军事情报保护协定》。韩国总统府国家安保室第一次长金有根召开记者会说，日本不出示明确根据，就以信赖受损、发生安保问题为由，把韩国剔除出出口管理设置优惠待遇的"白名单"，这使"两国间安保合作环境发生重大变化"。韩方判断，鉴于此种情况，维持该协定不符合韩国国家利益。① 总统府人士表示，日方的措施"动摇日韩安保合作关系的根基"。外长康京和向媒体表示，决定废弃《日韩军事情报保护协定》起因于日韩信赖关系，与美韩同盟不是一回事。② 韩方表示，日本未同意在20国集团（G20）大阪峰会期间举行日韩首脑会谈，对文在寅总统呼吁对话的演讲也未做出官方反应，虽然韩国为解决被征劳工问题做了努力，但日本拒绝对话。

日本政府2019年8月22日通过外交渠道，抗议韩国将两国争端扩大到安全领域。日本政府内部曾有观点认为，美国要求韩国维持《日韩军事情报保护协定》，韩国将选择续签协定。③ 韩国废弃协定使日方原认为可把两国对立切割开来而保持安保合作的想法落空。日韩关系前景引发担心，日本前防卫相中谷元说，经济问题以后可以恢复，安保和外交问题恢复非常困难，这将给日美韩安全合作造成重大冲击。美国国防部22日发表声明，称共享情报是构成共同防卫政策和战略的关键，对韩国废弃协定表示担心。声明呼吁双方维持协定，美日韩团结才能更强大，东北亚才能安全。④ 共同社称，源自历史问题的日韩对立的影响从贸易领域扩大到安保合作。日韩军事合作倒退，日美韩三国应对朝鲜的合作出现破绽。

但日韩博弈势态突然出现转机。2019年11月22日傍晚，韩国总统府发布消息，对于之前通知日本政府将废弃的《日韩军事情报保护协定》，已经决定予以维持。停止当年8月向日本发送的废弃通知的效力，

---

① 「輸出管理　河野氏『当局間に委ねる』」、『読売新聞』2019年8月22日。
② 《韩国决定废弃〈日韩军事情报保护协定〉》，共同社2019年8月22日，https://china.kyodonews.net/news/2019/08/12eef000e858-2.html。
③ 「日米と韓　安保観ズレ」、『日本経済新聞』2019年8月23日。
④ 「米韓　食い違う主張」、『日本経済新聞』2019年8月24日。

并已告知日本政府。这样在 23 日 0 点协定到期之前，避免了失效。韩国向日本表示将暂停在世界贸易组织（WTO）的争端解决程序，日韩一致同意启动贸易管理磋商。

促使这场博弈结束的是来自美国的压力。自 2019 年 8 月以来，双方有关部门持续进行非正式磋商。韩国要求"要避免协定失效，撤销加强出口管制措施是条件"，日本则不改"GSOMIA 和出口管理是不同层面问题"的基本姿态，难以弥合分歧。美国认为，"若协定失效，从日韩对立中获益的只有朝鲜和中国"，还有在远东和北冰洋扩大军事存在的俄罗斯。协定废弃将使日美韩合作出现裂痕，破坏东北亚安保环境，所以改变不介入日韩历史问题对立的方针转而进行干预，敦促韩方重新考虑。据报道，在美国压力下日韩达成妥协的内容是：第一，韩国停止 GSOMIA 废弃通知的效力，暂停在世界贸易组织（WTO）的日本对韩出口管制争端解决程序；第二，日韩启动贸易管理磋商。日本可以声称立场完全未变，而韩方也可解释为日方做了妥协。① 12 月 20 日，日本经济产业省发布消息，部分放宽三种半导体材料对韩出口管制。经产省称，根据管制强化后的交易情况，"已确认特定企业间切实做好了贸易管理工作"②。在美国的压力和斡旋下，日韩妥协，但历史问题并未解决。

二 日俄缔约和领土交涉劳而无功

（一）日俄经济合作的进展与问题

1. 对远东西伯利亚地区的经济合作

安倍为在对俄关系和领土问题上取得突破，提出所谓"新思路"，不拘泥于以前的原则，以新思维展开对俄关系，决定可先与俄开展经济合作，为解决领土问题创造有利环境。日本对俄经济合作可分两个方面，一是对远东西伯利亚地区的经济合作，一是在有争议的"北方四

---

① 《日韩围绕 GSOMIA 博弈美国对韩施压》，共同社 2019 年 11 月 25 日，https://china.kyodonews.net/news/2019/11/4c710bfe5cc6 - gsomia-.html。
② 《日本放宽部分半导体材料对韩出口管制》，共同社 2019 年 12 月 20 日，https://china.kyodonews.net/news/2019/12/64cac4d84826.html。

岛"开展经济合作。

日本对远东西伯利亚地区的经济合作，不涉及领土争端，目的在于通过经济合作改善日俄关系，为缔约和解决领土问题创造适宜的气氛，同时也有解决能源供应的考虑。

2016年5月，在索契举行日俄首脑会谈，安倍提出8项经济合作方案。2017年1月，日本经济产业相世耕弘成访俄落实经济合作计划，双方对具体落实8项经济合作方案达成一致意见。此外，俄方要求推进普京访日期间日俄民间企业达成协议的68个项目。这些项目预计投资和贷款总额约为3000亿日元（约合人民币180亿元），处于备忘录阶段。有关"北方四岛""共同经济活动"，此次未加以讨论。2017年3月，根据2016年日俄首脑达成的共识，远东地区首次城市环境领域的政府间对话在符拉迪沃斯托克举行，两国政府就在符拉迪沃斯托克和南部的沃罗涅日作为合作的"示范城市"达成一致。除日本国土交通省、俄建设与住房公用事业部负责人外，地方政府及民间企业约70人参加了对话。9月，为配合日俄首脑会谈，在政府及地区间签了8个成果文件外，民间机构之间也交换了有关8项经济合作的48个文件。其中26个为新项目，意在通过加强民间经济合作，促使"北方领土"问题取得进展。日俄两国政府还正式签署修改跨境经济活动等征税规则的租税条约，对在俄合资经营的日企向俄缴纳最高达股票分红15%的税金改为10%，若出资比例较高还能减至5%；贷款所获利息可免税，进一步改善日企进驻开展经济交流的环境。俄企对日投资也同样享受减免。为防止国际逃税，双方加强政府部门之间的信息交换。①

在能源合作方面，2017年4月世耕弘成访俄出席2016年11月在莫斯科启动的"能源倡议磋商会"第三次会议。世耕表示"能源是日俄经济关系的核心"，"期待带动政治和经济的良性循环相结合"，推动解决领土问题。② 日俄能源合作设置石油天然气联合开发、风力发电、核

---

① 《日俄修改租税条约以促进投资》，共同社2017年9月8日，https：//china.kyodonews.net/news/2017/09/64aa227b5d36.html。
② 《日俄磋商拟推动能源合作良性循环》，共同社2017年4月23日，https：//china.kyodonews.net/news/2017/04/eec0e8da89d0.html。

能三个工作小组进行讨论，包含日本大型商社参与的亚马尔半岛及远东萨哈林等地的液化天然气（LNG）开发等大型项目。2017年9月，日本石油天然气和金属矿物资源机构与伊尔库茨克石油公司就启动东西伯利亚共同煤矿业务达成协议。2018年4月，世耕弘成考察亚马尔半岛石油天然气项目。该项目预计2019年年产将达1650万吨，超过日本正在开发的"萨哈林2号"项目，但北冰洋航道受天气影响仍需抗冰油轮，增加运输成本，日方对参与开发态度谨慎。2018年5月，安倍出席在圣彼得堡召开的国际经济论坛与普京会见，这是包括安倍第一个任期内双方的第21次会见，也是普京第四个任期的首次会见。双方交换包含2016年宣布的远东振兴等8项经济合作项目在内的多个经济领域协议文件。

2019年6月29日，在大阪20国集团峰会期间，安倍与普京商定从当年9月起对2016年达成经济合作协议的8个项目放宽签证手续，对象为俄罗斯企业人士等。同时，日俄政府和企业就三井物产参加俄罗斯在北极圈推进的液化天然气（LNG）项目等11份文件签署举行换文仪式。

2. "北方四岛"经济合作的法律问题

2016年12月，日俄首脑会谈就在有争议的"北方四岛"开展经济合作达成协议。日方强调，共同经济活动是"和平条约谈判的一环"，将成为走向缔结条约的"重要一步"①。但共同经济活动首先遇到的问题是在有争议的"北方四岛"适用哪一方的法律，还是能另外商讨一种都能接受的"特别制度"，双方对此难以达成一致意见。

2017年3月18日，日俄首次就"北方四岛"共同经济活动在东京进行磋商。但磋商一开始就认识到双方存在"温度差"。日方代表外务审议官秋叶刚男的致辞称，基于不损害双方法律立场的原则，向缔结和平条约这一共同目标前进。秋叶特别着重强调"双方"。俄罗斯副外长答称，必须按照与俄法律不矛盾的条件实现共同经济活动。关于在"北

---

① 《日俄决定3月启动北方四岛经济活动正式磋商》，共同社2017年2月2日，http://china.kyodonews.jp/news/2017/02/133729.html。

方四岛"开展共同经济活动的设想并非始于今日，都因涉及主权问题而难以展开。日方认为"北方领土"是日本固有领土，在其上活动的企业和人员适用俄罗斯法律是不能接受的。由于安倍推行解决"北方领土"的"新思路"，试图通过磋商找出一种不损害双方法律立场的"特别制度"。但俄方坚持拥有四岛主权，必须适用俄罗斯法律。在首次磋商中，"特别制度"根本没有进入正式讨论议程，日方提出的议案主要是在四岛周边海上实施的项目，如不登岛海上观光旅游、对四岛居民提供远程医疗服务和水产养殖、加工等，岛内项目因涉及治安警察权、裁判权等主权争议，暂未涉及。日本政府官方人士表示，在磋商中还没有看到日方所希望的通过共同经济活动找到解决领土问题的端绪。[1] 2017年4月27日，安倍访俄与普京会谈，会后在记者会上强调，共同经济活动是历史性的尝试，希望通过迄今未曾想过的新思路签署和平条约。同时，再次希望根据2016年12月的日俄首脑共识，制定在"北方四岛"从事共同经济活动的"特别制度"以推动领土问题解决。但鉴于俄方对领土问题的态度，首脑会谈只谈了经济合作问题，未把"北方四岛""从历史上、国际法上来看归属哪个国家"作为议题。在此之前日本政府还决定，为了照顾俄方立场不再设置专门负责缔结日俄和平条约谈判的官员。

在共同经济合作因法律问题难以取得进展的情况下，俄方决定单独开发四岛。2017年8月24日，俄总理梅德韦杰夫签署命令，决定在"北方四岛"设立特区，并计划在色丹岛成立水产加工企业，吸引国内外投资约74亿卢布（约人民币8.3亿元），雇佣700人，对投资企业给予税收优惠，并允许俄日以外的第三国人员参与投资。日方认为这违背了2016年12月两国首脑争取在"特别制度"下进行共同经济活动的意见，破坏了相互信任关系。俄远东发展部长表示，俄日"在达成最后决定之前，不能让岛上的生活停滞"[2]，表明若谈判无进展，俄将自己继

---

[1] 「日ロ、すれ違う思惑　共同経済活動初の協議」、『日本経済新聞』2017年3月18日。

[2] 「北方領土特区　看過できない露の揺さぶり」、『読売新聞』2017年8月25日。

续开发。

2017年9月,安倍与普京在符拉迪沃斯托克会谈,就开展共同经济活动达成共识,争取尽早实现海产品养殖、温室蔬菜栽培、开发符合四岛特点的观光游、引进风力发电、垃圾减量对策等合作项目。2018年5月,安倍访俄会见普京。双方确认"北方四岛"经济合作项目的进展情况,但双方围绕经济合作中的主权问题依然没有解决的迹象。

其间,双方就"北方四岛"经济合作适用法律问题展开攻守。2018年7月俄罗斯驻日大使加卢津针对"北方四岛"经济合作表示:"俄罗斯法律对在俄罗斯进行经济活动的各境外国家提供最具生产性和有效果的可能性",没有必要引进日方要求的"特别制度",强调在领土主权问题上不让步。① 日方则修改《促进解决北方领土问题特别措施法》。俄罗斯外交部发表声明,谴责日方违反两国为实现"北方四岛"共同经济活动计划而培养互信的共识,是推进该计划的"严重阻碍"。声明认为该法规定"北方四岛"是日本固有领土并要求"早日归还"是日方试图在缔结和平条约谈判中强行加入俄方无法接受的选项。声明表示,无法理解日方有何必要在日俄关系迅猛发展的当下修改法规,并重申"北方四岛"作为二战结果已成为俄罗斯领土的主张。②

由于日俄双方在主权问题上各不相让,"北方四岛"经济合作进展迟缓。2018年9月,安倍首相在符拉迪沃斯托克召开的东方经济论坛全会上发表演讲,再次呼吁解决"北方四岛"问题,把四岛作为物流基地,转化成"日俄合作的象征"。他敦促普京总统做出决断。安倍说,日俄关系"隐藏着无限的可能性","我们有责任将战后格局从东北亚扫清,使未来变得充满真正的希望"。他还表示,若领土问题得以解决,"远东各地将在日俄合作下成为人力、物力、资金汇集的门户"③。2018年11月,

---

① 《俄驻日大使称北方四岛共同经济活动要按俄法律实施》,共同社2018年7月18日,https://china.kyodonews.net/news/2018/07/46a619373302.html。

② 《俄谴责日本新北方领土特措法阻碍共同经济活动》,共同社2018年7月20日,https://china.kyodonews.net/news/2018/07/80ef0c56d92f.html。

③ 《安倍在俄经济论坛上演讲呼吁解决领土问题》,共同社2018年9月12日,https://china.kyodonews.net/news/2018/09/08b411b81299.html。

安倍与普京在新加坡举行会谈，双方除就缔结和平条约谈判达成共识外，也就以不损害两国法律立场的形式早日启动共同经济活动达成共识，但对新法律框架的分歧并未消除。2019 年 6 月，日俄在东京召开"北方四岛"共同经济活动局长级工作会议，磋商项目具体落实。随后，在出席 20 国集团首脑会议期间，安倍首相与普京总统在大阪举行会谈，就实施"北方四岛"共同经济活动试行业务达成一致。对于已经达成共识的 5 个项目，优先推进被视为法律障碍较少的旅游和垃圾减量对策。

自 2016 年 12 月两国首脑启动共同活动磋商到 2019 年 9 月，日本政府 3 次向"北方四岛"派遣调查团。为推进共同活动 5 个项目的具体化，对项目预定场地进行了考察。与此同时，两国外交当局就人员往来和法律层面持续进行交涉，但双方主张仍存在很大分歧。

在磋商趋于长期化的情况下，俄方公司已在拥有温泉设施和高级酒店的择捉岛招揽来自欧洲和中国的旅行团。公司负责人表示："共同经济活动能否实现仍是未知数。不能一直等待，所以优先和日本以外的国家进行合作。"计划在国后岛实施共同活动的人士也表示："非常欢迎同日本合作，但在此之前必须克服很大障碍，目前无法就经济合作做出展望。"①

（二）以"两岛先行归还"方案缔约未果

在领土问题阻碍日俄缔约的僵局中，日方再次希望以两岛先行归还方案进行缔约谈判。

2018 年 9 月在符拉迪沃斯托克举行东方经济论坛期间，普京提出不附加任何条件在年底前实现缔结和平条约的建议。总统发言人佩斯科夫说，先缔约，以后再继续协商。② 这同日方要在确认"北方四岛"归还的情况下缔结和平条约的立场是有距离的。10 月，安倍首相在施政演说中表示，要在和普京信赖关系的基础上解决领土问题，缔结和平条约，开辟日俄新时代。③ 这实际是回应普京，缔结和约的前提是解决领

---

① 《北方四岛共同活动前景难料　俄方岛民没有感到进展》，共同社 2019 年 7 月 4 日，https：//china. kyodonews. net/news/2019/07/b6662c9fc39e--. html。
② 「プーチン氏　領土、先送り示唆」、『朝日新聞』2018 年 9 月 13 日。
③ 『第百九十七回国会における安倍内閣総理大臣所信表明演説』、2018 年 10 月 24 日、http：//www. kantei. go. jp/jp/98_ abe/statement2/20181024shoshinhyomei. html。

土问题。

但普京的提议在日方掀起波澜。日方揣度普京的意思有两种意见，消极意见认为，这是公然要求搁置领土问题，并认为支持率低迷的普京轻易同意移交岛屿的可能性较低。积极意见认为，中俄在缔结条约建立互信后把国界河流岛屿两分确定归属，普京的提议包含此先例也适用于解决"北方领土"的含义。安倍在普京提议后表示拒绝，但以后又强调应积极对待普京的发言，欲利用普京发言推动谈判进展。据分析，安倍之所以态度积极可能是普京 2001 年与时任首相森喜朗签署的《伊尔库茨克声明》中重申了《日苏共同宣言》的有效性。若遵循共同宣言中"缔结和平条约后向日本移交齿舞、色丹"，则"普京发言包含移交两岛之意"。实现两岛归还，剩下的择捉、国后归属问题可继续磋商，①这是 2001 年森喜朗提出的率先归还两岛方式，被视为普京没有拒绝。

2018 年 11 月 14 日，安倍与普京在新加坡举行会谈。这是普京提议不设前提条件缔结和约后的首次正式会谈，双方就以 1956 年《日苏共同宣言》为基础加速缔结和平条约谈判达成一致。日方报道，普京在会谈伊始称"包括您所重视的问题在内，很高兴能就所有合作关系展开磋商"，展现了积极应对领土谈判的姿态。两国首脑商定在两人任期内解决问题，安倍的自民党总裁任期将在 2021 年 9 月结束。安倍在会谈后向媒体介绍，双方围绕和平条约问题"进行了相当深入的讨论"，强调对于二战结束 70 多年仍未缔约的状态，双方"就必须画上句号的强烈意愿达成完全一致"。安倍还表示"决心在我和普京的领导下完成和平条约谈判"②。

以 1956 年《日苏共同宣言》为基础推进"北方领土"谈判，就意味着把先归还色丹、齿舞群岛作为选项，即"两岛归还论"。这是或将导致择捉、国后岛归属被搁置的"危险赌博"。安倍做出决断的原因，有以下几个因素：一是据说普京劝其早做决断，安倍也希望在其余下的

---

① 《安倍就对俄谈判展现信心　普京发言解读不同》，共同社 2018 年 11 月 5 日，https：//china.kyodonews.net/news/2018/11/8ea08364c077 - - .html。

② 《日俄首脑商定以共同宣言为基础加速谈判》，共同社 2018 年 11 约 15 日，https：//china.kyodonews.net/news/2018/11/b594f05c9f45.html。

任期内解决领土问题。二是安倍希望留下名垂史册的业绩。安倍第二个任期希望完成三件大事：缔结日俄和约、解决绑架问题和修改能创设国防军的宪法。这样就能成为和吉田茂、佐藤荣作并列的首相。[①] 特别是收回"北方领土"是安倍家的夙愿。三是优先两岛归还可能考虑到当地经济的衰退，"北方四岛"近海水产资源丰富，渔业备受期待。有意见认为，如果实现归还两岛，优质渔场将回到日本手中，对北海道的实际经济利益很大。也有估算称归还两岛能使日本得到"北方四岛"周围全部专属经济区（EEZ）的20%—50%。提出"战后外交总决算"的安倍政府希望取得一些成果的想法也在起作用。

事实上，安倍在第二个任期即将先行归还两岛视作解决策略。2013年4月安倍在莫斯科向普京表示"希望以《伊尔库茨克（声明）》为谈判基础"，时任首相森喜朗提出先行归还两岛，安倍或希望使停滞的领土谈判回到森喜朗时代。2016年5月安倍在索契举行首脑会谈时提出领土谈判"新思路"，欲敲定归还齿舞、色丹，再通过加强经济关系推动择捉和国后两岛的解决。同年秋季基本确定了先行归还两岛的方针。但在12月的首脑会谈中领土问题没有进展。原因是在普京访日前为两国首脑举行的预备会谈中，日方提及美军可能在归还后的领土上驻留，使"普京的态度突然变得强硬"（日本外务省消息人士语）。[②]

以上只是日方单方面的思路和设想，实际谈判远不轻松。两国为打开局面，决定将谈判升格为部长级。为避免历史认识差异致谈判停滞，日方不再强调原则立场。安倍在国会答辩中避免使用"日本固有领土"表述，改称"我国拥有主权的岛屿"，把"归还"改用"领土问题"避免提到被俄罗斯"非法占据"。但谈判开始后，双方的原则立场明显对立。俄外长拉夫罗夫主张承认"北方四岛"处于俄罗斯主权下是缔结条约的绝对条件，并明确表示对于谈判"俄罗斯方面不设任何期限"。日外相河野只是强调"磋商切实向前推进"。然而双方围绕主权的讨论

---

① 「北方領土は2島で　安倍首相は歴史に名を残したいだけか」，『週刊ポスト』2018年12月7日号。

② 《日俄拟加速领土谈判　普京力促安倍早做决断》，共同社2018年11月18日，https：//china. kyodonews. net/news/2018/11/19264c825733 - -. html。

各执一词，分歧难以弥合。俄总统发言人佩斯科夫称，现在进行的是缔约谈判，不涉及岛屿移交。① 普京也表示缔约谈判"速度已经失去"，需要"深呼吸"②。俄驻日大使加卢津在东京发表演讲，说讨论归还"北方四岛"为时尚早，寻求日俄双方都能够接受的解决方法，必须"承认俄罗斯领土包括千岛群岛在内是二战的结果，消除日美军事同盟造成的俄罗斯安保方面的担忧"③。2019年5月10日，日俄外长在莫斯科会谈，拉夫罗夫要求日本接受"北方四岛"作为二战结果已正式成为俄领土的事实，河野太郎称"未能克服双方立场的分歧"，不得不承认谈判无功而返。5月31日，日俄外长在东京举行的会谈仍未就"北方四岛"领土谈判取得进展。日方态度转向悲观，认为在"北方四岛"开展共同经济活动也"无法保证带动领土谈判取得进展"。④

2019年6月底在大阪举行20国集团首脑会议期间日俄首脑会谈最终未取得成果。9月5日，安倍、普京在符拉迪沃斯托克再度会晤，普京仍未就"北方领土"问题展现让步姿态。与此同时，俄方在"北方四岛"加强军备和基础设施建设，强化有效控制。日方认为谈判环境进一步恶化。安全问题成为影响日俄领土谈判的新因素。

（三）安全因素对日俄领土谈判的影响

乌克兰危机以后，欧美国家对俄罗斯制裁，美俄关系紧张。从2014年开始美国就指责俄罗斯违反1987年签署的《中导条约》。2016年7月，韩国与美国达成协议决定驻韩美军部署"萨德"反导系统，日本政府也在讨论升级弹道导弹防御系统，东北亚安全局势酝酿变化。2018年10月20日，特朗普宣称将退出《中导条约》，美俄关系再度紧张。2019年8月2日，美国退出《中导条约》，俄方表示采取对等回

---

① 《俄总统发言人称日方并未请求移交北方四岛》，共同社2019年3月13日，https://china. kyodonews. net/news/2019/03/5e0aad269ca1. html。
② 《普京称日俄和平条约谈判"失去速度"》，共同社2019年3月16日，https://china. kyodonews. net/news/2019/03/aef7ef820b67. html。
③ 《俄驻日大使称讨论归还北方四岛为时尚早》，共同社2019年3月21日，https://china. kyodonews. net/news/2019/03/be6e647c6cbf. html。
④ 《日俄领土谈判难有进展　日本政府束手无策》，共同社2019年6月2日，https://china. kyodonews. net/news/2019/06/2ee092a6b9e2- -. html。

应，加强军事力量和国防部署，"北方四岛"的战略地位再度受到重视。这直接影响了日俄领土谈判。

包括"北方四岛"在内的千岛群岛是俄罗斯远东地区的安全屏障，2016年11月，俄在国后、择捉岛部署先进的地对舰导弹系统。2017年2月，国防部长绍伊古在议会国防政策报告中宣布年内在千岛群岛新部署一个师的兵力，国后和择捉是重要部署地点，并进一步完善国防设施。① 2017年6月1日，普京讲话对日美韩加强导弹防御系统（MD）包围网和日美安全合作表示担心，② 指出解决"北方四岛"问题仅靠加强日俄关系是不够的，还应顾及整个东北亚的安全。普京显然将《日美安全条约》视为影响俄罗斯安全的因素，尤其是美国在日韩升级导弹防御网之后。俄方认为，一旦将岛屿移交日本，或将用来建造美军基地及导弹防御系统设施，"完全无法接受"③。这表明，日俄之间的领土争端受美俄关系的影响，日俄关系背后反映的是美俄之间的博弈。事实上日方对此也十分清楚。安倍在开始领土谈判前访美，就日美关系和与俄领土谈判征求特朗普意见。安倍从美国回国后在电视节目中表示，"北方领土"谈判得到了特朗普的理解。④ 这足以证明美国的意见对日俄谈判的影响。

2018年2月，日俄外长在德国举行会谈，双方就加速磋商"北方四岛"共同经济活动达成一致，但领土谈判难以开展。俄方抱有"若交出南千岛群岛（北方四岛）美军将到来"的警惕心理，而日本无法完全否定美军驻留。根据《日美安全条约》第六条，"美利坚合众国陆军、空军及海军被允许在日本国使用设施及区域"⑤。日本外交人士称，

---

① 「国防相、北方領土に新師団方針　日本政府は反発」、『毎日新聞』2017年2月23日。

② 袴田茂樹「6月1日、プーチン大統領は北方領土めぐり重大発言　不可解すぎる官邸の対露政策」、『産経新聞』2017年6月13日。

③ 《俄对美不信任阻碍日俄领土谈判进展》，共同社2017年6月2日，https://china.kyodonews.net/news/2017/06/ba356c710b2d.html。

④ 《安倍称日俄北方领土谈判得到特朗普理解》，共同社2017年2月14日，http://china.kyodonews.jp/news/2017/02/134277.html。

⑤ 「日本国とアメリカ合衆国との間の相互協力及び安全保障条約」、1960年1月19日、細谷千博、有賀貞、石井修、佐々木卓也編『日米関係資料集』第Ⅱ部、第461頁。

"按照条款，日本难以拒绝美军驻留'北方领土'"。对此安倍在众院预算委员会上说明："完全不是美军随心所欲地在哪都能设置（基地），需要有日本的同意。"河野外相也向俄外长拉夫罗夫传达了同样观点，但难以消除俄方疑虑，① 领土谈判停滞。

2018年11月，急于就缔约和领土谈判达成协议的安倍在与普京的会谈中提出以1956年《日苏共同宣言》为基础推进"北方四岛"领土谈判，决定启动先归还齿舞群岛和色丹岛作为选项的谈判，即先归还两岛的方案。为谈判顺利进行，消除俄方对在"北方领土"归还后驻留美军的担心成为具有紧迫感的问题，日方全面启动对美工作，争取得到特朗普政府理解。为此，日本提出向美俄双方出示"北方四岛""非军事化"方案。

与此同时，俄方就缔约谈判对驻日美军提出新要求。2018年12月13日，俄罗斯外交部新闻司司长扎哈罗娃称，1960年苏联政府向日本提出的《对日备忘录》将成为日俄缔约谈判的磋商对象，该备忘录以让美军撤出日本领土作为移交齿舞群岛、色丹岛的条件。苏联政府在1960年《日美安全条约》修改后通告称，有关1956年与日本达成协议的《日苏共同宣言》中"移交齿舞群岛和色丹岛"一事，条件是"所有外国军队从日本领土撤离"。扎哈罗娃表示，在日俄和平条约谈判中，"包括1960年备忘录在内的既有文件将成为专家磋商的对象"。不过，也有俄政府高官称，俄方理解日美关系对于日本的重要性，"并非要求驻日美军撤离"。但俄方还是就谈判提出两项关切事项：第一，北方领土移交给日本后，美军部署的可能性；第二，日本欲引进的美国陆上导弹拦截系统（陆基宙斯盾系统）搭载美国巡航导弹的可能性。对于俄方提出的要求，共同社分析称，在美俄关系极度恶化的背景下，俄方提出日美安保体制和驻日美军问题，或意在牵制急于使谈判取得进展的日方。② 新潟县立大学教授袴田茂树在此之前就认为，《日美安全条约》

---

① 《俄警惕交出北方四岛后美军驻留日本苦于应对》，共同社2018年2月19日，https://china.kyodonews.net/news/2018/02/4f719640b554--.html。

② 《俄方就和平条约谈判称驻日美军撤退要求亦为磋商对象》，共同社2018年12月14日，https://china.kyodonews.net/news/2018/12/51d2ba762afe.html。

以前就存在,此次提出来只是拒绝两岛归还的新口实。尽管安倍首相有对俄经济合作的热情,但普京政权对日姿态转向强硬,领土谈判难免后退。①

共同社称获得俄罗斯有关部门内部文件,俄军方有构想到 2020 年前在千岛群岛加强反舰导弹部署,建设覆盖全域的防线。俄军警惕以朝鲜威胁为由在周边提高存在感的美军,构筑防线旨在防范他国舰船接近潜有搭载核导弹核潜艇的鄂霍次克海,保障司令部设在符拉迪沃斯托克的太平洋舰队的自由航行,使他国船只不能横越海峡、敌方部队不能登陆岛屿。通过在千岛群岛的部署,沿岛链的统一防卫系统将完成。该计划是否得到总统普京的认可尚不清楚,但在千岛群岛增强军备符合俄媒报道。其内容证实了在守卫对抗美国核战力基地的鄂霍次克海方面,战略上重视"北方四岛"。如该构想付诸实行,必将影响与日本的和平条约谈判。

2019 年 1 月 1 日,安倍首相在电视采访中透露,曾向普京总统解释:"驻日美军是为了守护日本和远东的和平与安全,与俄罗斯绝非敌对",并表示:"此前一直向普京解释。我想一定能够得到理解。"② 但此后普京和俄官方人士立场并未改变。

2019 年 5 月,日俄外长先后在莫斯科和东京两次会谈未能就"北方领土"谈判取得进展。6 月 6 日,普京在圣彼得堡会见共同社等媒体,表示与安倍首相同样希望缔结日俄和平条约,但日美军事合作使缔结条约变得困难。③ 6 月 22 日,普京在电视节目中表示,"没有向日本移交'北方四岛'的计划"④。6 月 29 日,在大阪 20 国集团首脑峰会期

---

① 袴田茂樹「6月1日、プーチン大統領は北方領土めぐり重大発言 不可解すぎる官邸の対露政策」、『産経新聞』2017 年 6 月 13 日。「ロシアで行った北方領土論議」、『産経新聞』2019 年 9 月 24 日。

② 《安倍称曾向普京解释驻日美军"与俄罗斯并非敌对"》,共同社 2019 年 1 月 2 日,https://china.kyodonews.net/news/2019/01/1803aede99cf.html。

③ 《普京称日俄缔结和平条约很困难》,共同社 2019 年 6 月 6 日。https://china.kyodonews.net/news/2019/06/19e0cf54cc47.html。

④ 《普京称没有向日本移交北方四岛的计划》,共同社 2019 年 6 月 22 日,https://china.kyodonews.net/news/2019/06/f2292cd1d3fe.html。

间安倍与普京只就经济合作达成协议,而以"两岛了结方案"达成缔约框架协议的期望落空。自 2018 年 11 月开始缔约谈判后,双方一直未就日本提出的移交两岛的具体方法及和平条约条文进行磋商。2019 年 9 月 5 日,安倍与普京在符拉迪沃斯托克再度会晤,普京未就"北方领土"问题展现任何让步姿态。而且俄方在"北方四岛"加强军备,普京等要人参与岛上基础设施建设,正在切实加强对"北方四岛"的有效控制。9 月 24 日,俄总统发言人佩斯科夫表示,根据《日美安全条约》,美军可以在日本任何地方设置军事设施,这是日俄缔结和约的障碍。"目前情况下不可能"向日本移交"北方四岛"①。

三 历史遗留问题对日本外交的影响

战后日本的民族主义一方面表现为对美民族主义,另一方面也表现为对亚洲国家的民族主义。长期以来困扰日本亚洲外交的历史问题有深刻的民族主义根源。

东亚国家近代以来长期遭受西方列强和日本军国主义侵略,特别是日本侵略和殖民统治给中国、朝鲜半岛等东亚国家造成深重灾难。东亚国家希望日本对其侵略历史有真诚的反省是理所当然的正义要求。但距第二次世界大战结束已经过去 70 多年,历史问题仍然是阻碍日本开展外交的一个包袱。人们常以日本和德国作比较,认为日本对发动侵略战争缺乏反省。究其原因不一而足,但其中一个重要原因是日德两国所处的战后环境不同。② 从国际环境来说,由于欧洲和东亚不同的地缘政治特点,美国战后支持欧洲国家联合才能对抗苏联和东欧集团,在东亚则是通过日美同盟等双边同盟对抗中苏;在美国的冷战政策下,德国也必须同法国等周边国家搞好关系才能实现复兴,日本则依靠美国扶植和朝鲜战争、越南战争等战争景气支撑,对东亚发展中国家依赖程度低。从日本国内环境来说,保守的日本民族主义者仍然没有摆脱错误历史观的束缚,把真诚的反省视为

---

① 《俄总统发言人称目前不可能向日本移交岛屿》,共同社 2019 年 9 月 25 日,https://china.kyodonews.net/news/2019/09/3c4f583fdc56.html。

② 代表性观点可参阅船桥洋一「ドイツとフランス 日本と中国」、『朝日新聞』1999 年 6 月 30 日。

民族"自虐";而日本经济迅速复兴后成为东亚地区资金、技术提供者和经济增长的发动机,又加强其对东亚发展中国家的优越感,更难以弥合双方历史观的鸿沟。随着与东亚国家关系的发展,日本也希望摆脱历史负罪的困扰,通过战争赔偿、经济援助和开展人文交流重建与邻国的关系。典型例子是20世纪70年代东南亚国家反日情绪高涨,日本推出被称为"福田主义"的东南亚政策谋求改善关系。应当说,40年来日本同东南亚关系取得很大进展,"福田主义"功不可没。"福田主义"的东南亚政策除了承诺不做军事大国和开展平等合作,为地区和平与繁荣做贡献外,还要加强交流合作,建立心贴心的关系。日本真正能和邻国建立这样一种合作关系,假以时日就会逐渐抚平战争创伤,真正实现与亚洲邻国融合。

日本对韩外交中的慰安妇和强征劳工赔偿等历史问题,涉及如何认识和评价日本战后赔偿和近代以来日本对外战争性质等历史观问题。从1965年日韩关系正常化以后,历史问题一直是影响两国关系进一步发展的障碍,甚至深刻影响两国的国内政治,日韩双方都有愿望清算和解决历史问题,但事实远非能够简单解决。以慰安妇问题为例,1995年日本成立民间捐款的亚洲妇女基金会补偿慰安妇,遭到抵制而最终解散。2015年的日韩《慰安妇协议》虽然声明"最终且不可逆地"解决慰安妇问题,但根本无法履行。事实表明,日本与邻国之间的历史问题不是金钱和一纸协定就能解决的,这是日本亚洲邻国外交一个难以绕过的问题。日韩关系的典型性即在于此。

在对俄外交中第二次世界大战以后形成的国际关系仍然对日本外交形成制约,或者说冷战虽然结束,但冷战时期形成的同盟关系仍然对日本的对外关系产生影响。

冷战结束后,日美同盟经过"重新定义"继续发挥作用,其性质并未改变。美国仍以日本为东亚政策基石,通过日美同盟在东亚保持军事、政治影响;日本则继续依靠日美同盟应对东亚地区力量结构变化可能出现的安全危机。这就决定了日美同盟"美主日从"的关系不会改变。尽管日本提高在同盟中的独立性和自主性,但日美关系的现实决定日本要尽可能配合美国的战略需要,使其难以避免在邻国与美国的战略利益发生冲突时陷于被动局面。

日本在与俄罗斯缔结和约和领土谈判中反映的问题有代表性。日俄关系受美俄关系影响，也要服从于日美关系。安倍的对俄新思维从经济合作入手，是看准俄罗斯发展远东西伯利亚需要其经济援助，寄望以此缓和双边关系，解决领土问题。俄罗斯对经济合作态度积极，但现阶段拒谈领土问题，俄总统发言人佩斯科夫说："普京总统有与日本缔结和平条约的坚定政治意志。"他强调对俄罗斯而言日本是"重要且伟大的邻国"，缔结条约"符合我们的利益"，将继续谈判寻找达成协议之路。① 尽管日方对俄方拒绝移交岛屿感到沮丧和不满，但鉴于俄美关系现状，对俄从安全角度考虑领土问题的立场也难以提出有力的反驳意见。日本希望在领土问题上能得到美国的理解，但又不能不履行同盟规定的条约义务，日美同盟在日本外交中的副作用令人一览无遗。

安倍政府对战后历史遗留问题对外交的负面影响十分清楚，要想在世界变局中赢得外交主动就要解决好战后遗留问题，进行"战后外交总清算"，对韩外交和对俄外交应该是这一思想主导下的外交实践，但其经历的曲折历程具有代表性，也足以发人深思。

对韩外交中的历史问题，在日本亚洲外交中是一个带有普遍性的问题。对俄外交中领土问题和缔结和约是战后遗留问题，也同近代以来日俄之间在远东地区争夺的历史旧账有纠缠不清的关系。而在日韩关系和日俄关系中又让人们看到日美同盟的影响，日美同盟同样是日本战后历史的重要遗产。为了解决历史问题，安倍在战后70周年前夕发表谈话，② 希望结束关于历史问题的困扰；在对俄关系上希望以新思维结束历史纠葛；在对美关系上也希望能以更加独立自主的方式开辟新的日美关系。但现实是，由于民族主义和国际关系制约，日本"战后历史总清算"和"战后外交总清算"道阻且长，难以一蹴而就。北冈伸一评论安倍政府清算历史问题的政策认为，发表战后70周年谈话对于结束对日本美化和正当化历史的批判大致取得成功，但困难的是与韩国和俄罗

---

① 《俄总统发言人称目前不可能向日本移交岛屿》，共同社2019年9月25日，https://china.kyodonews.net/news/2019/09/3c4f583fdc56.html。

② 阁议决定「内閣総理大臣談話」、2015年8月14日。外務省『外交青書』2016年、資料編。

斯的关系。他甚至悲观地认为，韩国最终有可能倾向朝鲜和中国，而解决日俄领土问题则是投入再多资源也不会有效。为了应对中国崛起，他竟表示可考虑两岛＋α归还论以稳定日俄关系。①

总体来说，解决历史遗留问题与日本民族主义如何认识自身和与亚洲的关系密切相关，与亚太地区大国力量博弈密切相关。历史遗留问题作为日本在处理对外关系时的独特因素，也是制约日本外交的特殊因素，对日本国家战略走向有不可忽视的影响。

---

① 北岡伸一「新しい開国進取：自立と挑戦」、中曽根康弘世界平和研究所『設立30周年記念政策論集』、2018年12月、第3頁。

第八章　中美日关系新定位与中日探索构建新型关系

第一节　中美关系进入调整期

亚太地区国际格局的新一轮调整加快步伐。中国发展成世界第二大经济体，打破了冷战结束后亚太地区的战略平衡。日本和美国都面临如何适应中国崛起的事实，也就是说中美日关系面临重新定位问题。如前所述，这一相互适应的过程从进入21世纪就开始了，从中美撞机事件到奥巴马政府的"亚太再平衡"战略和特朗普政府挑起中美贸易战；从小泉政府提出东亚共同体构想和连续参拜靖国神社，到菅直人政府的撞船事件、野田政府的购岛事件，直到安倍政府中日关系陷于低谷再走向恢复。这一系列事件反映了美日两国为应对和适应中国崛起在政策上不断调整的曲折历程，这一历程还没有结束，也许需要几年，十几年，甚至更长时间，但其结果将随着中国的稳定发展而呈现出一个全新的亚太地缘结构。

本书不是专门论述中美关系，但日本国家战略转换、日美关系和中日关系都离不开冷战后影响亚太地区主要矛盾的中美关系。本节就特朗普政府成立后美国对华政策调整和寻求新定位的状况做一考察。

一　中美结构性矛盾突显

特朗普政府成立后，普遍认为中美关系会进入一个相对困难的时期。英国《金融时报》的一篇评论称，"美国当选总统唐纳德·特朗普迄今向中国传递的信息更像是一场外交上的正面强攻。如果把特朗普和他的团队发出的不同信号放在一起考虑，并据以采取行动，那么想象一场新的冷战扑面而来并不夸张"①。

但是2017年4月中美首脑海湖庄园会晤后，两国关系出现缓和迹象。中国积极推动美朝对话，促进朝鲜半岛无核化进程也出现重要进展。2017年11月，特朗普总统成功访华。特朗普就任总统的第一年，中美关系有惊无险的发展使世界长舒一口气，觉得又会像以往美国总统就任后就会面对中美关系现实，把竞选时的许诺置诸脑后。中美关系的缓和也使日本等亚洲国家对地区未来做出乐观预计。确实，中美两国有许多共同利益，对地区和平与发展也有许多共同的责任，良好的中美关系对双方和世界都有利。

然而，在中美关系缓和的表象下面长期积累的结构性矛盾在发展。2017年年末，美国先后发表《美国国家安全战略报告》《美国国防战略报告》和《核态势评估报告》，明确把中国和俄罗斯作为威胁，特别是认为中国是能对美国的优势地位构成长远挑战和威胁的大国，改变了长期以来对中美关系的积极定位。这不仅反映美国的全球战略重点已转向大国战略竞争，而且把中国置于主要对手的位置。随后美国发动对华关税战、科技战等被称为"新冷战"的极限施压，中美关系骤然进入困难局面。

美国对华态度发生转变的原因用美国学者何汉理（Harry Harding）的话说："关键问题是，中美两国关系中存在深层次结构性矛盾。中国有句古话叫作'同床异梦'，不过我认为当代中美关系的实质是'异床同梦'：中美两国的战略目标极为相似，都希望在亚太地区占据优势地位。同时，两国有着极为不同的政治价值观，对国际关系规范的理解差异巨大，对自己国家的历史和中美关系发展的历史都有着不同的解读。中美当前面临的互不信任局面正是这些难以克服的结构性矛盾的反映。"② 何汉理在这里讲的原因只有两个：一个是美国感到在亚太地区的霸权地位受到不

---

① 金奇：《特朗普团队的对华"新冷战"》，英国《金融时报》中文版2017年1月13日，http://www.ftchinese.com/story/001070978。

② 《异床同梦：特朗普时代的中美竞争关系》，英国《金融时报》中文版2017年7月4日，http://www.ftchinese.com/story/001073255? full = y。

断上升的中国的威胁,一个是中美之间意识形态上的差异以及由此带来的对国际规范和国际秩序的不同理解。

由于中美之间存在这种结构性矛盾,近些年来美国一些战略家们认为中美之间必然是一种竞争性关系,并由此展开一场内容广泛的讨论。其间著名的就是哈佛大学肯尼迪政府学院创始院长格雷厄姆·艾利森教授根据历史上新兴大国与守成大国之间必然因竞争而爆发战争的经验提出的"修昔底德陷阱"理论。在特朗普政府内,充斥着持此观点的、对华强硬的鹰派人物。例如英国《卫报》报道,特朗普总统的亲信、负责国家安全和外交事务的班农此前是美国右翼网站"布赖特巴特新闻网"(Breitbart News)总裁,主持节目时称中国和伊斯兰教是美国未来两个最大的威胁。他说:"我们将于5—10年内、在南中国海打仗……这点毫无疑问。"他指责中国在南中国海填海造岛,将其打造为"不移动的航空母舰"。班农明确地对中国在亚洲及其他地区增长的影响力感到警惕,将美中关系定义为完全对抗性的,并预测未来几年全球将出现文化冲突。美国国务卿蒂勒森就任后在美国国会听证会上也针对中国发表强硬谈话,宣称中国建设南中国海岛礁并作军事部署的行为,"等同于俄罗斯(从乌克兰手上)夺取克里米亚",并称中国应被禁止进入其在南中国海所建设的岛礁。① 美国国防部官员透露,在小布什政府时期美国国防部内担负超长期战略的部门就有过"通过研究明王朝的行为模式,针对正在崛起并强化自身主张的中国构建对抗策略"。特朗普政府的国防部长马蒂斯在上任之初访问日本时讲话也表示,"当今的中国似乎想要恢复明王朝的册封体制。也许是想把周边地区全部纳入自己的势力范围",他认为"中国现在试图利用军事和经济力量做同样的事情"②。2017年9月,美国参谋长联席会议主席邓福德在就任听证会上说,从人口结构和经济形势看,到2025年左右,中国将成为对美国构成最大威胁的国家。中国正集中于限制美国投放实力的能力和削弱美国

---

① 《特朗普首席策略师:5至10年美中在南中国海必有一战》,新加坡《联合早报》2017年2月3日,http://www.zaobao.com/news/china/story20170203-720220。
② 「米国防長官、政策転換を予告」、『日本経済新聞』2017年2月8日。

在太平洋的同盟关系。①

2017年12月发表的《美国国家安全战略报告》特别提到中国达33次,把中国定位为"战略竞争者"和"修正主义大国",表明美国对华政策出现战略性修正,实际上是否定了冷战结束以后美国对华外交的"接触"战略。报告认为:"这种政策建立在这样的假设基础之上,即与对手们的接触及将它们纳入国际体系和全球贸易之中,会促使它们转变为温和的行为体和值得信赖的伙伴。然而大部分来说,这种前提假设最终被证明是失败的。"特朗普政府的亚太安全政策在否定奥巴马政府的"亚太再平衡"政策后,又提出印太战略概念,而其实际内容与日本提出的印太战略并无二致,即联合日本、澳大利亚和印度组成应对中国的联盟。报告还针对台湾问题做了说明,表示要坚持一个中国政策,但对"台湾"的干预要加强。② 英国《金融时报》的一篇评论认为,这份报告"标志着白宫对中国的重大远离"③。可以认为,这个战略报告标志美国对华战略发生转折性变化。

更集中表达特朗普政府对华政策转变的是2018年10月4日副总统彭斯在哈德逊研究所的对华政策讲话。讲话除了在开头提到中美两国元首建立的个人关系和在朝鲜核问题上的合作外,缕述了美国对华政策的变化和对中国对美政策的指责。主要内容有:

第一,重申"接触"政策的失败。讲话认为:"美国前几届政府做出这样的选择是希望中国能够在各个领域中扩大自由——不仅仅在经济上,而且在政治上,对传统自由主义原则、私有财产、宗教自由以及所有各项人权都表现出新的尊重但是这一希望未能实现。"

第二,荒谬地批评中国改革开放政策倒退,认为中国经济的成功"在很大程度上是由美国在中国的投资所推动的"。中国"却采用了一

---

① 《美将领:中国十年内成美国最大威胁》,新加坡《联合早报》2017年9月28日,http://www.zaobao.com/realtime/world/story20170928-798773。
② "National Security Strategy of the United States of America", December 2017. https://www.whitehouse.gov/wp-content/uploads/2017/12/NSS-Final-12-18-2017-0905-2.pdf.
③ 《美国重构对华关系》,英国《金融时报》中文版2019年1月22日,http://www.ftchinese.com/premium/001081164? exclusive。

系列与自由和公平贸易相悖的政策手段,例如关税、配额、货币操纵、强制技术转让、无视知识产权,以及随意发放产业补贴。这些政策为北京奠定了制造业的基础,但却以牺牲其竞争对手,特别是美利坚合众国的利益为代价"。中国的行为造成了与美国的贸易逆差,2017年高达3750亿美元——几乎占美国全球贸易逆差的一半。

第三,荒谬地指责中国与美国进行军事竞争。"中国目前的军费开支相当于亚洲其他国家军费开支的总和,北京将扩展军力作为优先考虑,以在陆地、海上、空中和太空全面削弱美国的军事优势。中国想要将美利坚合众国挤出西太平洋。"

第四,荒谬地指责中国在人权方面倒退。认为"北京曾一度在扩大自由和尊重人权方面做出小幅改进。但近年已朝着控制和压迫的方向急转直下。"

第五,荒谬地指责中国"试图将其影响扩展到更广泛的世界范围"。利用"债务外交"扩大影响力。

第六,荒谬地指责中国中央政府在外交上孤立中国"台湾","威胁台湾海峡的稳定"。

第七,荒谬地指责中国"干涉美国的国内政策和政治";利用经济杠杆和国内市场的吸引力,加紧对美国公司施加影响;控制媒体,扩大宣传。

报告宣称:上述情况将"一去不复返了"。特朗普政府将"以重新焕发的美国实力捍卫我们的利益"。美国将增加军费,提高威慑力;提高中国进口商品的关税。讲话最后表示,美国"政府将继续采取果断行动,保护美国的利益、美国的就业和美国的安全"。美国将重建军队,继续维护在印太地区的利益;继续要求与中国建立一种自由、公平和互惠的经济关系,要求北京打破贸易壁垒,履行贸易义务;要求停止强行技术转让的掠夺性做法,保护美国企业的私有财产利益;为推进对自由开放的印太地区的愿景,与那些同美国拥有共同价值观念的国家建立新的更强大的纽带。讲话表示,政府要重建美国与中国的经济和战略关系,并且绝不会退让。①

---

① 《副总统迈克·彭斯就本届政府对中国的政策发表讲话》,2018年10月4日,https:// china. usembassy-china. org. cn/zh/remarks-by-vice-president-pence-on-the-administrations-policy-toward-china-2 – zh/? from = timeline&isappinstalled = 0。

《纽约时报》报道，从白宫到国会，再到联邦机构，对中国的恐惧已在政府中蔓延，他们无疑将北京的崛起视为对经济和国家安全的威胁，以及21世纪的决定性挑战。在总统的前首席策略师史蒂芬·班农的帮助下，冷战时期反对苏联威胁运动的组织"当前危险委员会"（Committee on the Present Danger）再度复活。班农大谈美国和中国"是两个互不相容的体系"，不可避免会发生冲突。"当前危险委员会"承认，来自中国的威胁不同于苏联，因为美国和中国的经济更加一体化。但为应对这一威胁，美国政府正越来越多地求助于各种冷战手段。美国的中国问题专家谢淑丽（Susan Shirk）表示，美国恐会陷入"反华版本的红色恐慌"，"我们以前在冷战期间犯过这个错误"，"我们不应该再犯一次。"美国战略与国际问题研究中心中国问题专家甘思德（Scott Kennedy）表示："我担心有人会说，由于这种担忧，任何政策都是合理的"，"正在产生的恐惧气氛应当有助于制造对话，而不是结束对话"①。

　　在美国两党内都有人要求重新评估对华政策，这一趋势从奥巴马政府推出"亚太再平衡"战略时就已经开始了，特朗普政府经过一段时间酝酿之后推出印太战略，同时发动对华贸易战，更表明美国加强在亚太地区以中国为对手的竞争。尽管如此，像谢淑丽等学者对特朗普政府对华政策发表不同意见的声音在美国国内仍然大有人在。2019年7月3日在《华盛顿邮报》网站上刊登一封题为"中国不是敌人"的公开信，执笔者是麻省理工学院教授傅泰林、前美国驻华大使芮效俭、卡内基国际和平基金会高级研究员史文、前代理助理国务卿董云裳和哈佛大学荣誉退休教授傅高义五位学者，另有95名专家学者、政商界人士等联合署名。信中说，美国需要回应来自中国的挑战，但美国目前的对华政策只会适得其反。美国将中国视为敌人并试图让中国与全球经济脱钩的做法，将损害美国的国际角色与声誉，也会损害世界各国的经济利益。美国的反对无法阻止中国经济发展，亦无法阻止中国在国际事务中扮演更重要的角色。信中告诫，如果美国迫使盟友将中国视为经济和政治敌

---

① 《反华情绪蔓延，新一轮红色恐慌侵袭华盛顿》，《纽约时报》中文版2019年7月22日，https：//cn.nytimes.com/usa/20190722/china-red-scare-washington/。

人，将削弱美国与这些盟友的关系，最终被孤立的或许是美国而非中国。在美国，中国将取代美国成为全球领导者的恐惧被夸大了。当然，这封信并不表明这些人不认为中美之间不存在矛盾，只是认为特朗普政府的对华政策如谢淑丽所说的"过度反应（overreaction）"①，而且也难以收到预期效果，反而不利于美国自身。这封信最值得注意之处可能就像信末所说，能征得如此多的署名，正说明美国现在并没有形成所谓对华采取全面敌视立场的"共识"②。而且特朗普政府的对华政策在某种程度上更带有特朗普独特的个人风格：实用主义、经济民族主义、情绪化和令人捉摸不定。

不管怎么说，特朗普政府成立后中美关系中的结构性矛盾突显，美国政界和学术界都存在重新评价对华关系的意见，这也导致美国社会对华观和政府对华政策的重大变化。

二 中美贸易战与科技战

（一）中美贸易战

中美之间的结构性矛盾，首先爆发在贸易领域。这也许同特朗普是商人出身的政治家有关，但实际原因是要压制中国经济发展，迎合国内贸易保护主义和民粹主义要求。

中美贸易不平衡产生的原因很复杂，既有中美贸易结构、贸易政策方面的原因，也有全球化背景下产业价值转移方面的原因，特别是对高技术产品出口和对外投资设限以及双方统计方法不同造成的，并非中国方面刻意追求贸易顺差。对于贸易不平衡问题，双方历届政府都很重视，通过协商和谈判妥善解决，尽量避免影响两国关系正常发展。

但特朗普在竞选总统期间，为了争取被贫富差距等社会问题困扰的选民支持，指责中国通过不平等贸易政策抢走美国人的就业机会，发誓要追究中国的责任。在候任总统时，特朗普即提名罗伯特·莱特希泽作

---

① 《赵穗生：中美仍有可能避免新冷战》，2019年8月9日，华南理工大学公共政策研究院（IPP）官方微信平台，https://mp.weixin.qq.com/s/IvaZ_lDEy8DT5kB583cYhg。
② 《百名美各界人士发联名信 认为敌视中国对美国无益》，《人民日报》2019年7月5日。

为美国贸易代表。莱特希泽是打贸易战的老手，20 世纪 80 年代参与日美贸易谈判，迫使日本开放商品和金融市场。2010 年他在国会听证会上就表示美国的制造业危机与同中国的贸易有关，现在则准备好要集中精力对付中国。《纽约时报》的一篇评论称："提名莱特希泽为贸易代表，以及这一选择突显的紧张贸易关系，让中国处于一种艰难的境地"。① 美国国内出现的经济民族主义氛围使人们普遍认为，特朗普政府成立后，中美关系将会经历一段困难时期。

2017 年 4 月，习近平主席访美，中美两国元首在海湖庄园举行会晤。对于中美贸易问题，会晤提出了"百日计划"，同意加强磋商。外电评论，特朗普也希望中国支持其在朝鲜核问题上的立场。② 2017 年 7 月 19 日首轮中美全面经济对话在华盛顿举行。对话再次确认了中美加强经济合作，把对话磋商作为解决分歧的基本方法，保持重大经济政策沟通。中美贸易的紧张局面出现缓解迹象。

然而中美之间的贸易纠纷经过酝酿和发酵后终于爆发。2017 年 8 月特朗普发起首个重大贸易行动，命令高级贸易谈判代表动用"301 条款"对中国所谓迫使外国投资者转让重要技术的知识产权规则展开调查。此举标志特朗普政府对华姿态发生显著转变。

2018 年 2 月，美国商务部公布对进口钢铁和铝产品的国家安全调查报告，向总统建议对进口钢铁和铝产品实施关税、配额等进口限制措施。3 月 9 日，特朗普签署命令对进口钢铁和铝产品分别征收 25% 和 10% 的关税。22 日，美国正式签署对华贸易备忘录，宣布将对从中国进口的 600 亿美元商品加征关税，并限制中国企业对美投资并购。

2018 年 4 月 3 日，美国贸易代表办公室依据"301 条款"结果公布拟加征关税的中国商品清单，涉及每年从中国进口的价值约 500 亿美元商品。美国贸易代表办公室建议对来自中国的 1300 种商品加征 25% 的

---

① 《特朗普的贸易代表与中国面临的困境》，《纽约时报》中文版 2017 年 1 月 16 日，https：// newsletter. cnsxzh. com/article/6474eb87757227b23793270a5c31570d/？ utm _ source = news-list&utm _ medium = email&utm _ campaign = newsletter。

② 《"中美两国集团"一旦成立　日韩等国恐失影响力》，新加坡《联合早报》2017 年 4 月 30 日，http：//www. zaobao. com/news/world/story20170430 - 754664。

关税，主要涉及信息和通信技术、航天航空、机器人、医药、机械等行业的产品。

2018年5月19日，中美贸易磋商发布联合声明，达成了"双方不打贸易战"的共识，同意继续保持高层沟通，积极寻求解决各自关注的经贸问题。但随后美方就推翻共识，继续对中国产品加征关税。

2018年7月6日，美国开始对340亿美元中国进口商品加征关税。8月7日，美国贸易代表办公室宣布，从8月23日起，对160亿美元中国输美产品加征25%的关税。

2018年9月18日，特朗普指示美国贸易代表针对大约2000亿美元的中国进口商品征收额外关税，关税于2018年9月24日生效，2018年年底前为10%，2019年1月1日起增至25%。同时，特朗普还称，如果中国政府对美国农民和其他行业采取报复性行动，美国将"立即"对另外价值2670亿美元的中国商品加征关税。9月18日，中国国务院批准，关税税则委员会决定对原产于美国的5207个税目、约600亿美元商品，加征10%或5%的关税。如果美方执意进一步提高加征关税税率，中方将给予相应回应。

2018年12月1日，中美两国元首在阿根廷20国集团领导人峰会期间举行会晤，同意停止相互加征新的关税，在90天内加紧开展磋商，朝着取消所有加征关税的方向努力。此后中美工作团队在北京和华盛顿举行多次高级别磋商，就中美经贸协议的原则内容达成许多初步共识。

2019年2月25日，美方宣布推迟原定的3月1日起对价值2000亿美元中国输美商品提高关税的期限。3月底至4月底，两国工作团队经过多轮磋商，已就大部分问题达成一致。但由于美国政府采取极限施压手段，坚持不合理的高要价，坚持不取消经贸摩擦以来加征的全部关税，坚持在协议中写入涉及中国主权事务的强制性要求，导致双方迟迟未能弥合其余分歧。2019年5月6日，美国不顾中国反对，自5月10日起将2000亿美元中国输美商品加征关税税率由10%提高至25%。5月13日，美国宣布启动对剩余约3000亿美元中国输美商品加征关税的程序。

2019年6月大阪20国集团（G20）首脑会议期间，中美领导人会晤，再次表示要继续推进经贸谈判取得进展。

2019年8月23日，中国被迫采取反制措施，决定对原产于美国的约750亿美元商品，加征10%、5%不等关税，分两批自2019年9月1日和12月15日实施。同时自2019年12月15日起，对原产于美国的汽车及零部件恢复加征25%、5%关税。美国随即公布从10月1日起对中国2500亿美元进口商品追加关税，从25%提高到30%。后推迟至10月15日。

2019年10月10—11日，中美第13次磋商在华盛顿举行，双方在农业、知识产权保护、汇率、金融服务、扩大贸易合作、技术转让、争端解决等领域取得实质性进展。双方还讨论了后续磋商安排，同意共同朝最终达成协议的方向努力。

（二）中美科技战

导致中美关系变化的一个重要原因是美国认为中国国家实力的快速增长正在威胁美国的霸权地位。而在今天决定国家实力的重要因素是科学技术水平，因此，贸易战是表象，决定国家竞争实力的是科技。

在奥巴马政府中担任白宫安全顾问的多尼隆2019年2月1日在阿斯彭研究所举办的一场活动上表示，特朗普政府极为关注美中贸易逆差和中国不公平贸易的问题，但这并不是两国较量的关键。他说："我认为，主要的较量在于科技竞争，这是占领未来关键技术和产业制高点的竞争。"[①] 美国智库战略与国际问题研究中心发布题为"技术竞争与中国"的报告，认为中美竞争"与几个世纪前的大国竞争迥然不同，重点既不是资源的争夺，也不是领土的扩张，而是对全球规则的制定、贸易和技术领导地位的争夺。技术创新能力的较量已成为影响中美关系的关键因素"[②]。特朗普和美国主流舆论认为中国经济、科技的发展是依赖几十年来中美良好关系的结果，在发动贸易战的同时也挑起科技战。中美贸易战向其他领域蔓延。

---

① 《贸易战只是表象 白宫前高官揭中美较量的关键所在》，2019年2月2日，http://news.dwnews.com/global/news/2019-02-02/60116589.html。

② 《CSIS智库报告全文：创新较量是中美竞争的核心》，华南理工大学公共政策研究院（IPP）官方微信平台2019年5月31日，https：//mp.weixin.qq.com/s/QZH3XjLZFlcybk6Uxoj0mw。

美国在贸易战中要求中国加强知识产权保护，指责中国对在华投资的外资企业、合资企业强制要求技术转让和对国有企业给予补贴，如培育高科技产业发展的"中国制造2025"计划。特别是认为"中国制造2025"是运用国家力量扶植发展经济，"与通过补贴发动出口攻势的中国企业相比，美国企业在竞争中处于不利地位"。《日本经济新闻》的评论认为，中美对立正在从贸易问题演变为围绕国家主权的争夺。①

在科技战中，美国有针对性地打击中国的高科技企业。2018年8月，特朗普总统签署2019财年国防预算框架的国防授权法指出，中国通信设备公司中兴通讯和华为技术与"中国情报部门有关系"，禁止政府机构使用两家公司的技术，并限制与使用其产品的企业进行交易。美国认为这两家公司是中国负责研发"第五代（5G）"高速大容量通信网的核心企业，由于中国在5G研发上领先美国，可以通过这两家公司产品窃取美国政府及企业的机密。在此之前的4月16日，美国商务部对中兴通讯公司实施制裁禁令，禁止美国企业在7年内与其开展任何业务往来。直至6月7日美国商务部宣布与中兴通讯公司达成新和解协议，迫使中兴公司同意美方对其业务进行监管。华为公司早就以可能损害国家安全为由，被排除在美国主流运营商的网络基础设施门外，多次并购项目流产。美国商务部下属的产业安全局，将华为及其68家子公司列入"实体清单"，须获得颁发的许可证才可购买美国技术。舆论普遍认为，这实际是禁止美企与华为的业务往来。

此外美国商务部将福建晋华集成电路公司等半导体相关产业的高科技企业列入制裁实体清单，称这些公司生产的记忆芯片性能威胁美国军用系统芯片供应商的"长远经济生存能力"，禁止美国企业向其出售技术和产品。2018年8月1日，美国商务部正式以国家安全和外交利益为由，将44家中国企业（8个实体和36个附属机构）列入出口管制实体清单，其中包括很多研究机构成为泛化国家安全概念、滥用出口管制措施的受害者。美国正式开始对中国进行技术封锁。

---

① 「米中休戦　収束は見えず　期限曖昧　中国ペース」、『日本経済新聞』2019年6月30日。

美国还加强对中国企业在美投资、并购的监管，指责中国利用工业间谍窃取美国科技成果，对在美国的中国学者和留学生采取限制措施。美国国家情报总监科茨在参议院一个听证会上说，过去十多年来，中国的崛起令人瞩目，但中国"所取得的成就中，大多都是靠窃取我们企业的信息，靠在我们的一些实验室安插中国人，或者靠带回窃取的技术"。由国防部前副部长沃尔克和前特别助理格兰特撰写的新美国安全中心发布的报告称，中国现在"似乎愈发接近与美国作战系统的科技相近的地位，并有取得科技优势的计划"。中国"利用工业与科技间谍来提升技术优势"①。美国 2019 财年国防预算达到近 9 年来最大规模，目的是防范中国。美国把中国加快研发人工智能（AI）及建设新一代通信网的动向视为对国家利益的威胁，国防授权法为阻止中国收购美企并抢夺高端技术，要求政府加强对外国投资委员会的监管职能，并设置对 IT 产业的投资上限。特朗普政府对中国加征关税的商品多为技术类产品。2019 年 5 月，美国商务部公布的制裁实体名单还包括北京航空航天大学、电子科技大学等 6 所中国大学。与此同时，对在美国大学和研究机构中参加中国"千人计划"的学者进行调查并解除聘用关系。2019 年 10 月 7 日，美国商务部再次将 28 家中国企业列入出口管制"实体清单"。

对于美国对中国的科技封锁，《日本经济新闻》报道，美国外交消息人士指出，美国的最终目的是"把中国从美国的高端技术市场中排挤出去"。特朗普政府及议会的对华强硬派有意把中国的高科技产业逼入困境，削弱中国的国际影响力。② 美国前助理国防部长傅立民（Chas W. Freeman Jr.）说，因为中美关系正在从根本上变质。中美从不损害相互利益的"竞争（rivalry）"关系转向虽不至于发展成战争、但是损害、削弱对方能力的"敌对对立（adversarial antagonism）"关系。③

---

① 《中国军事科技接近美国水平研究：美主导地位或动摇》，新加坡《联合早报》2019 年 6 月 10 日，http://www.zaobao.com/news/world/story20190610-963247。
② 《美国新国防授权法剑指中国开启"技术冷战"》，共同网 2018 年 8 月 14 日，https://china.kyodonews.net/news/2018/08/5c8947b84bef--.html。
③ C・フリーマン「敵対的の対立に関係変質」、『日本経済新聞』2018 年 11 月 29 日。

三　站在歧路上的中美关系

（一）中美关系面临选择的路口

现代中美关系始于1972年尼克松访华，此后的中美关系经历了两个阶段：从1972年到1989年冷战结束和从冷战后到目前的中美贸易战。在第一个阶段的冷战后期，中美为共同对抗苏联威胁处于准同盟时期。在冷战结束后的第二阶段，鉴于苏联解体和东欧剧变的结局以及中国刚刚走上改革开放轨道，美国试图通过"接触"战略，推动中国发生改变。在这两个阶段中美关系虽然出现一些波折但都能够化解，得以相安无事。

中美贸易战及从中暴露出来的两国之间的结构性矛盾激化，反映中美关系进入新阶段。在前两个阶段，美国发展对华关系是出于对抗苏联和促华转变的全球战略，而中国并未出现其预期的变化，从而导致对华政策的调整。如前所述，中美关系在小布什政府时期就出现转变的端倪，奥巴马政府的"亚太再平衡"战略的实质是应对中国崛起的地区战略调整，想通过主导的国际多边机制限制中国，特朗普政府则是直接通过经济手段和行政手段限制和打击中国，迫使中国按其意愿做出改变。舆论称这是美国对中国发起"经济冷战"和"科技冷战"，不同于美苏之间的冷战对峙，但却是中美关系的质变。

约瑟夫·奈在谈到国际权力转移时说："与一个世纪前的英国相比，美国有更多时间来管理与崛起中大国的关系，中国则比当年的德国有更多的动力来约束自己。这提供了一个建立新型大国关系的机会。"① 但按照美国前助理国防部长傅立民的说法，"当前美国正不断把中国逼成一个自己可能无法战胜的对手"。也正是约瑟夫·奈在数十年前就说过，如果美国将中国视为敌人，那么中国就会变成美国的敌人。② 特朗普政府和华盛顿的政客是否会出于对中国崛起的担心、恐惧、嫉妒和仇视而造成政治短视，拿着一手好牌却打输了呢？毕竟中美不应该为敌。

---

① 《约瑟夫·奈：中美有机会建成新型大国关系》，《参考消息》网2015年3月12日，http://column.cankaoxiaoxi.com/2017/0728/2213953_6.shtml。
② ［美］傅立民：《美国正造就一个可能无法战胜的敌人》，《人民日报》2019年7月24日。

(二) 中美关系走向的几种选择

中美关系发生重大变化，或者极而言之为质变，那么将如何发展呢？从目前看，有几种可能。

第一种可能是保持经贸、科技限制，实行关税、出口和投资管制，在军事和地区安全上保持制约和压力，在外交上保持正常往来，在全球和地区问题上保持协调与合作。

第二种可能是进一步加强经贸、科技限制，严格实行对华出口和投资限制，但在安全、外交和全球问题上保持往来与合作，即所谓的经济"脱钩"。

第三种可能是中美关系逐步恶化。

第四种可能是美国逐渐接受中国崛起的现实，与中国保持正常的经贸往来和合作关系，即中美新型大国关系。

中美两国应该防止出现第二种和第三种情况，促使第一种情况向第四种情况发展。中美和平相处是两国人民之福，世界人民之福。

中美建交以来的历史和中国改革开放以来的历史都说明，良好的中美关系，有利于中国的繁荣与发展，也有利于美国和世界的繁荣与发展。中国珍视中美关系的健康发展，不会无缘无故地把中美关系导向恶化，美国社会也会逐渐认识到恶化中美关系的后果。中美关系陷入低谷的原因主要是美国长期积聚的国内问题日益突出，特朗普政府以指责中国转移选民对国内问题的关注解决不了根本问题，这种政策也难以持续下去。中美携手合作，才能共同应对挑战。事实证明，增加关税的结果同样也使美国工农业遭遇打击，更何况还有很多世界和地区问题需要中美合作才能有效解决。在这种情况下，不能因为目前两国特别是美国的一些国内因素的考量，让两个国家脱钩。① 习近平主席 2019 年 6 月在出席圣彼得堡国际经济论坛时批评保护主义、单边主义等逆全球化动向，指出现在中国和美国已经是"你中有我、我中有你"，可能互相都有最大的投资者、有最大的贸易合作，"也很难设想中美全部割裂开了，在

---

① 刘亚伟：《中美过去 40 年的成就不容"脱钩"》，英国《金融时报》中文版 2019 年 7 月 12 日，http://www.ftchinese.com/story/001083589?adchannelID=&full=y。

那种情况下我想,不仅是我不愿看到的,我们的美国朋友也不会希望看到"①。美国在经过对华情绪化阶段之后也要考虑维护中美关系的大局。美国副总统彭斯在2019年6月大阪20国集团峰会前,为了保证中美首脑会晤顺利举行,推迟其预定的对外政策讲话。2019年10月24日在威尔逊中心的讲话虽然重申2017年国家安全战略报告将中国定位为战略和经济竞争对手,但也表示美国不会和中国脱钩,"华盛顿并不希望与中国起冲突或制约中国,只是谋求所谓'公平竞争'"。他表示,特朗普总统说过,美国不寻求与中国对抗。他说:"我们相信,美国和中国可以,而且应该共同为和平与繁荣的未来而努力。"舆论评论,彭斯的讲话与一年前相比趋于温和,②也表示对华关系不会像与苏联的关系一样滑向冷战。③

在全球化的当今,任由中美关系滑向美苏对峙的冷战时代是很难想象的,中国不是苏联,中美关系不同于美苏关系,今天全球化时代的中美关系不同于两大集团对峙的冷战时代的中美关系。中美贸易战和科技战也许会持续很长时间,成为全球化时代"修昔底德陷阱"的一种表现形式;也许会成为美国在适应中国崛起过程中的一个必经阶段,跨越这个阶段会走向中美新关系。这要靠中美两国共同努力。

第二节 日本国家战略转换面临新形势

日本决定国家战略转换是基于对亚太国际格局和国际秩序进入一轮调整期的判断所做出的历史性决策。这一轮调整期的基本特征是中国崛起和美国主导下的亚太格局酝酿重组。中美贸易战和科技战所反映的两

---

① 《习近平:中美难割裂,中国不愿意,相信特朗普也不愿意》,凤凰卫视2019年6月8日,https://ishare.ifeng.com/c/s/7nKhJSN9cUy?from=groupmessage&isappinstalled=0。

② 《中方强烈抨击彭斯涉华言论外媒:肤浅演讲不具有指导性》,《参考消息》网2019年10月26日,http://www.cankaoxiaoxi.com/china/20191026/2393925_3.shtml。

③ 《彭斯演说虽以指责为主中美竞争不会走向冷战》,新加坡《联合早报》2019年10月26日,http://www.zaobao.com/news/china/story20191026-1000106。

国关系变化及对亚太地区的影响并未超出日本的判断,但中美关系演变的深刻程度和日美关系中固有矛盾的突显则是日本面临的新问题,也是对日本国家战略转换的新考验。

本节主要就特朗普政府亚太政策调整下日本对日美经贸、安全关系以及对中美关系变化的反应做一分析,以更深入理解日本国家战略转换。

一 美国对日压力与日本的自主性

(一)举起多边贸易旗帜对抗美国贸易保护主义

1. 主导多边贸易谈判和制定贸易规则

日本国家战略转换的重要原因之一是维护战后形成的自由贸易体制,因其战后产业结构和经济模式适应这一体制,发展也得益于这一体制。日本认为美国在国力上的相对衰落和在国际上的收缩态势难以独力支撑其主导形成的战后秩序,出于维护国家利益需要协助美国支撑战后秩序,并在这一过程中发挥国际作用,担负起大国责任。但特朗普政府的对外政策又让日本担心会给日美关系带来不确定性。例如白石隆质疑特朗普政府的政策不确定性,认为是一个不可思议的人做了总统,正在做不可思议的事。无论政治还是经济,没有比不确定性增加、可预见性下降更令人困惑的了。①

基于这一想法,在奥巴马政府主导跨太平洋伙伴关系协定(TPP)谈判要求日本参加时,尽管在初期遭到国内反对,日本仍然排除阻力参加协定谈判,并在特朗普政府退出后主导了由11个国家缔结的跨太平洋伙伴关系全面进步协定(CPTPP)。日本的目的是要主导多边贸易规则的制定,掌握国际贸易的主导权,在维护和发展全球化下的多边自由贸易体制发挥积极作用。其意义在本书前文中已有阐述。

特朗普政府成立后退出跨太平洋伙伴关系协定(TPP),主张通过双边谈判缔结双边贸易协定,是出于"美国优先"的单边主义考虑,

---

① 白石隆「衝動的なトランプ政権 米国と不確実性の時代」、『毎日新聞』2017年7月11日。

与多边贸易原则背道而驰，违背全球化潮流。美国主张双边谈判的目的也是企图依靠其体量大的优势在谈判中占据有利地位，获得多边谈判难以获得的利益。继退出跨太平洋伙伴关系协定之后，美国又要重新谈判美欧自由贸易协定和终止北美自由贸易协定（NAFTA），不断制造贸易摩擦，不仅升级同中国的贸易纠纷，也加剧同盟国的贸易紧张。特朗普政府在贸易领域的单边主义和保护主义做法，正反映了美国的衰落和缺乏自信。美国对多边贸易体系的轻视和破坏正在损害国际社会的信任，销蚀美国的软实力。英国专栏作家菲利普·斯蒂芬斯说，对于特朗普来说，"如果这一体系不再对美国有利，那他就应该将其打破。这听起来很硬气，尤其是配合缔结协议方面的戏剧性尝试来看。问题是这样做行不通"。美国已经成为输家，正在失去盟友的信任。①

日美在对待多边贸易体制态度上的反差，说明美国为维护战后国际秩序而承担"国际责任"的积极性明显下降，而日本在"积极和平主义"国家战略下正在发挥令人瞩目的作用。

2. 日欧经济伙伴关系协定（EPA）的意义

日本在推动多边贸易体制上的另一个重要举措是与欧盟签署日欧经济伙伴关系协定（EPT）。

日欧自由贸易协定谈判于2013年启动，特朗普政府成立后推行贸易保护主义，日本和欧盟为抵制美国的压力，加快贸易谈判进程。欧盟是日本的主要贸易伙伴。日本和欧盟如达成自由贸易协定将形成世界上最大的自由贸易区之一，覆盖6亿多人口，国内生产总值（GDP）占世界经济总量近3成，贸易总量占全球贸易总量近4成。日欧经济伙伴关系的确立将推动日本国内经济增长，抵制贸易保护主义。2017年7月17日，日本与欧盟在东京签署经济伙伴关系协定（EPA）。为了构筑更紧密的国际关系，日欧还签署了规定在政治和国际课题上合作的战略伙伴关系协定（SPA）。

---

① ［英］菲利普·斯蒂芬斯：《特朗普的单边主义无法让美国"再次伟大"》，英国《金融时报》中文版2019年5月20日，http://www.ftchinese.com/story/001082817?adchannelID=&full=y。

日欧经济伙伴关系协定（EPT）是欧盟与第三方国家签署的最大贸易协定。协定规定，最终将有超过全部种类90%的商品废除双边关税。欧洲产奶酪、葡萄酒、猪肉等关税将取消或下调，日本消费者能以较低价格购入欧洲农畜产品。日本出口汽车的关税将在协定生效第8年全部废除，相关零部件的关税基本上立即废除，对日本生产商而言，扩大出口的机会将增加。日本政府估算，日欧经济伙伴关系协定将促使日本国内生产总值（GDP）增长约1%，相当5万亿日元（约合人民币2970亿元），创造约29万个工作岗位。欧盟官员表示，双方的贸易关系有增长空间，希望自贸协议能够在长期内给欧盟经济带来0.8%、给日本经济带来0.3%的提振。

2018年末，日本和欧盟议会先后批准日欧经济伙伴关系协定，2019年2月1日，协定生效。这标志一个占全球28%国内生产总值（GDP）、37%贸易总额的世界最大的自由贸易区诞生。而有11国参加的跨太平洋伙伴关系全面进步协定（CPTPP）已于2018年12月30日生效，两大自由贸易区相继诞生。

日欧经济伙伴关系协定强调基于公平规则的自由贸易的重要性，对强化保护主义姿态的美国特朗普政府进行牵制。在签署仪式前日欧首脑发表的联合声明强调："这是历史性的一步。发出了对抗保护主义的强有力讯息。"联合声明指出，以世界贸易组织（WTO）为中心的多边贸易体制发挥重要作用，并确认将为维持自由贸易体制展开合作。[①] 对于协定的意义，日本富士通总研经济研究所主席研究员金坚敏认为，某些产业将明显从取消关税中获益，但日本和欧盟同为发达经济体，关税水平本来不高，而且协定仍停留在传统关税领域，因此实际意义有限。

相较于经济效益，更重要的是协定释放出的政策意图，尤其是支持自由贸易、反对贸易保护主义。协定是日欧携手推动多边贸易重回轨道而采取的行动。欧盟期待能吸引美国重回跨大西洋贸易与投资伙伴关系协定（TTIP）谈判，增加对英国"脱欧"谈判的筹码，也为欧盟开发

---

① 《日欧签署EPA构筑巨大自由贸易圈》，共同网2017年7月17日，https：//china.kyodonews.net/news/2018/07/999d026c5121-epa.html。

亚洲市场、推动欧亚市场一体化提供规则样本。日本则期待抵御贸易谈判中美国的压力，增加在亚太贸易协定谈判时的优势，并掌握制定高水平贸易规则的主导权。①

日本加快与欧盟缔结自贸协定谈判是日本应对美国在贸易问题上频频施压采取一系列应对措施的一部分，同时还推动跨太平洋伙伴关系协定（CPTPP）和区域全面经济伙伴关系协定（RCEP）谈判进程。而通过推动多边贸易协定谈判倒逼美国重回多边贸易规则谈判桌，是日本政府的战略目标，是"积极和平主义"国家战略的题中应有之义，由此也可看出日本在重塑亚太地区国际秩序过程中的特殊作用。

（二）贸易谈判和安保合作上的自主意识

1. 努力应对贸易谈判

特朗普政府让日本担心的首先是双边贸易问题，"美国优先"政策要削减对外贸易逆差，日本也是美国施压对象。特朗普上台后就退出跨太平洋伙伴关系协定（TPP），给了日本当头一棒，同时批评日本汽车市场封闭，把矛头指向对美贸易顺差。

特朗普政府贸易保护主义的压力使日本再度经历日美汽车贸易谈判的梦魇。2017年3月31日，美国贸易代表办公室（USTR）发布了特朗普政府的首个《贸易壁垒报告》，写明要求日本进一步开放市场。报告指出日本的农产品市场"存在重大壁垒"，政府的管理"有可能扭曲贸易"；批评汽车市场存在与认证有关的独特标准和测试程序，"把美国企业关在门外，使其遭受损失"，"各种非关税壁垒阻碍美国汽车销售"，强烈要求削减对日贸易逆差。②

2017年11月，特朗普访日时继续在贸易问题上施压，声称美日贸易不自由也不互惠。美国要求日本大量采购美制军备，特朗普表示日本购买美国军备可为美国创造大量就业机会，而日本则会增强安全；在日

---

① 《日欧经济伙伴关系协定政策意义大于经济意义——访日本富士通总研主席研究员金坚敏》，新华网2019年2月5日，http://www.xinhuanet.com/world/2019-02/05/c_1124086818.htm。

② 《美国贸易壁垒报告要求日本进一步开放市场》，共同网2017年4月1日，http://china.kyodonews.jp/news/2017/04/136372.html。

美外长、防长"2+2"会谈中重点向军事倾斜，要求日本购买美国武器，扩大自卫队的作用，以至日报慨叹会谈只见军事，不见外交。①

面对美国的压力，日本应对的突出特点是，一方面关注美国积极要求缔结双边自由贸易协定（FTA）的态度，另一方面日本主导的跨太平洋伙伴关系全面进步协定（CPTPP）的标准作为谈判依据展开攻防。

2018年9月26日，安倍首相在纽约与特朗普举行会谈，双方同意为缔结日美货物贸易协定（TAG）启动包括关税磋商在内的新贸易谈判。安倍表示，对于农林水产品只同意下调关税至跨太平洋伙伴关系协定（TPP）的水平。安倍在记者会上就TAG表示："这与此前日本缔结的全面自由贸易协定（FTA）完全不同。将为得出对双方均有益的结果推进讨论。"日本经济再生担当相茂木敏充称："说到底仅限货物贸易。"② 针对安倍政府把日美新协定称为"货物贸易协定（TAG）"，官房长官菅义伟在记者会上说明称："没有设想写入所有服务的自由化及广泛的规则。这意味着与全面的FTA不同。"而美国副总统彭斯明确表示，日美新贸易谈判目标是签署全面的自由贸易协定（FTA）。彭斯明言日美谈判不仅是货物还包括服务领域的磋商，这与希望仅限货物谈判的日方存在严重分歧。彭斯称，如果日美贸易谈判达成妥协，"将就不仅是货物还包括服务的重要领域做出规定"，并称与日本的协定"将成为印度太平洋地区的示范"③。本来，跨太平洋伙伴关系协定（TPP）谈判时日美互相承诺削减关税，被称为日美实现"双赢"。此次谈判日方设想也能效法TPP谈判实现安倍期望的以"双赢"谈妥，把TPP商定的范围定位为此次绝对不可让步的底线。日本在TPP中承诺，现行38.5%的牛肉关税在TPP生效后第16年降至9%以及部分奶酪制品撤销关税。作为回报，让美方同意针对日本汽车征收的2.5%关税到第25年撤销。日本在谈判中最优先考虑的是要美国避免对汽车加征关税。日

---

① 「日米2+2 外交の姿が見えない」、『朝日新聞』2017年8月19日。
② 《日美首脑同意启动新贸易谈判》，共同社2018年9月27日，https://china.kyodonews.net/news/2018/09/65ff78a12786.html。
③ 《美国对日谈判目标是签署FTA》，共同社2018年11月13日，https://china.kyodonews.net/news/2018/11/3edbfa0a9328-fta.html。

本的汽车行业就业人口占总人口的近1成，出口额超过16万亿日元（约合人民币9720亿元），达出口总额的2成。如果加征25%的关税，预计会对丰田汽车造成约4700亿日元的负担，或将撼动整个日本经济。但特朗普强调与日本的贸易谈判不受以往谈判的束缚，日本在TPP中承诺的牛肉等关税下调正好符合美国的要求，而美方同意兑现撤销汽车关税承诺的可能性却几乎没有。这使日方担心事态发展不得不屈服于美方压力而单方面让步。①

日本在谈判中设想秉持以跨太平洋伙伴关系协定（TPP）为核心的多边路线，还想借谈判之机"向美国说明回归TPP"，强调多边协定的重要性，②但在现实中却难以实现。尽管如此，日方坚持以跨太平洋伙伴关系协定（TPP）的多边标准与美方对抗，表现了在国家战略转换下自主性提高的努力。

2. 安保经费压力激发自主要求

日美两国基于本国立场对安全合作一直有不同理解。日本把与美国的安全合作视为国家安全战略的基础，为美军提供基地和经费，民族主义暂时让位于实用主义；美国利用安全合作长期在日本驻军，维持其在东亚的霸权，但对向日本提供保护也不时喷有烦言。日美这种在战后特定条件下形成的特殊关系已经在某种程度上形成一种各取所需的交换关系，但这种关系所掩盖的矛盾却一有风吹草动就暴露出来。美国要求日本承担更多的安全责任，包括配合美军作战和提供经费支持；而日本国家战略转换，主动性和自主性提高，在安全上自立性也在上升。

这一矛盾在出席大阪20国集团（G20）峰会之前，特朗普一次私密谈话被披露出来，再度引起轩然大波。据彭博社2019年6月24日报道，特朗普在与亲近人士的私人谈话中说，日本受到他国攻击，美国有保卫日本的义务，而日本却无须保卫美国，对条约"单方面的"义务表示不满。同日他还在个人推特上说，在美国和伊朗关系紧张的霍尔木

---

① 《TPP承诺出现落空可能》，共同社2019年5月30日，https：//china.kyodonews.net/news/2019/05/88b395998d33--tpp.html。

② 《日美经济对话日本关注美方关于FTA的态度》，共同社2018年1月25日，https：//china.kyodonews.net/news/2018/01/e88f64603ced-fta.html。

兹海峡，为什么我们要为他国无偿保护航道，应该由本国保护本国的船舶。其中特别提到日本。① 26 日，他又在福克斯商业电视台的电话采访中说，日本受到攻击，我们将打第三次世界大战，不惜一切牺牲也要保卫日本，但美国受到攻击，日本却完全没有必要帮助我们。他们会在索尼电视机前观看这场攻击。②

特朗普讲话被披露后，美方迅速否认。2019 年 6 月 26 日美国驻日大使哈格蒂接受共同社专访表示因与伊朗关系紧张，美方在作为原油运输动脉的霍尔木兹海峡防卫"风险与成本"提升，依赖该海峡进口石油的国家"应当升级（举措）"，要求包括日本在内的相关国家有所贡献。对特朗普认为日美安保条约"是单方面的"并要撕毁条约的讲话哈格蒂全面否认，说"没有听到过那种发言"。但他也表示在应对亚洲太平洋地区威胁上有必要增加同盟国负担。③ 27 日，美国国家安全事务助理博尔顿会见日本外相河野太郎，会谈后在推特中强调，美国在与日本一道处理全球性复杂问题时，日美同盟在全球范围内都极其重要，要持续地给予关注。28 日，日美首脑在大阪会谈后发表声明强调，将深化和扩大以日美同盟为基础的世界规模的合作。④ 这无疑是要扫除特朗普发言在同盟国之间所造成的疑虑和不安，但要求盟国多负担经费的想法没有变。而且 29 日特朗普在会见记者时再次表示，日美安保条约"不公平"，"有必要改变"⑤。

日本方面的反应比较复杂。官房长官菅义伟表示，对个别推特不做评论，又说"已得到美国总统府确认，不是美国政府立场"。外相河野太郎则认为这不是正式发言。而对于美方意图，日本舆论的猜测有二：一是认为驻日美军经费负担协定 2021 年 3 月到期，美方在为下一个协定做准备，对条约表示强烈不满，意在协定谈判中处于优势地位。二是

---

① 「トランプ氏　日米安保破棄に言及」、『朝日新聞』2019 年 6 月 25 日。
② 田久保忠衛「戦後に別れ告げる第三の黒船」、『産経新聞』2019 年 7 月 8 日。
③ 《美大使否认特朗普提及撕毁日美安保条约的报道》，共同网 2019 年 6 月 26 日，https://china.kyodonews.net/news/2019/06/b9f13e8a2c32.html。
④ 「日米同盟強化を確認　首脳会談」、『産経新聞』2019 年 6 月 29 日。
⑤ 「同盟国に『安保』圧力　本丸は貿易迫る譲步」、『朝日新聞』2019 年 6 月 29 日。

认为在日美贸易谈判之际,特朗普威胁退出《美日安全条约》可能是为了在谈判等场合牵制日本,"促使日本做出让步";而并非要废除日美安保条约。此外还有一种观点是,特朗普的谈话确实是绝大多数美国政界人士长期以来对日本在同盟中的作用不满的反映。①

由于安倍政府一直表示日美关系正处于"蜜月"时期,所以特朗普的讲话造成的冲击使政府有点难堪。日本舆论强调日美安保合作的非单方面性。美国为日本提供军事保护是日美安保条约的核心。特朗普攻击美国保护日本是"单方面的"义务,是无视日本提供基地义务对于美军东亚战略具有存废的重要意义,也没有考虑日本为驻日美军提供了比其他盟国多的巨额费用。菅义伟解释更简明扼要:特朗普总统所说的"不公平"的日本防卫义务是美国根据日美安保条约第五条的应尽义务,作为对应,根据日美安保条约第六条日本有向美军提供基地的义务。在此基础上,日本每年在驻日美军经费中负担约 2 千亿日元,根据安保法制部分承认集体自卫权可以对美军提供部分防卫。所以日本在同盟中不是"单方面的"义务,日美之间的义务是相互的、平衡的。②

舆论对日本政府的低调处理表示不满,认为这可能在美国国民中扩大对日美安保合作的误解,也可能在日本国内滋长对美自立的极端言论。一种舆论认为同盟只有得到双方国民的理解才能强而有力,要求展开冷静的讨论,以实现最合适的日美关系。因为美国正在从世界警察的立场逐渐后退,安保政策要紧跟国际形势的变化。但对在冷战结构残存和被有核国家包围的日本来说,全凭军事相对抗是没有前途的,基于对美民族主义的自主防卫论和日本核武装论都不现实。③ 另一种舆论认为特朗普讲话标志着日本面临转折时期。讲话反映了美国对亚太地区的长期战略,从"尼克松主义"全面撤出亚洲的地面部队到特朗普一系列孤立主义讲话,特别是 2018 年在联大讲话时宣称的门罗主义原则,反映从长期看,美国有可能逐渐撤出包括日本在内的海外驻军。这将应验

---

① 古森義久「トランプ発言と日米同盟　経緯を知らず軽視・無視は危険」、『産経新聞』2019 年 7 月 25 日。
② 「同盟国に『安保』圧力　本丸は貿易迫る譲步」、『朝日新聞』2019 年 6 月 29 日。
③ 「トランプ氏の安保発言　冷静に最適な関係追求を」、『毎日新聞』2019 年 7 月 2 日。

布热津斯基的预言：作为美国保护国的"准大国"日本将陷入美中两国夹缝之中的严峻挑战，在与美国维持同盟、军事大国化和与中国关系密切化三种选择中选择哪一种不言自明。① 神谷万丈认为，特朗普的同盟观违反常识，日本可能面临意想不到的政策转换的困境。日本应继续加强日美同盟，同时要按防卫大纲的要求加强防卫力量的"主体性和自主性"。日美同盟的原则是美国是进攻的矛，日本是专守防卫的盾，不具备攻击敌方基地的能力，特朗普的发言是对这一原则提出质疑，今后必须构想不损害日美同盟的防卫态势。② 古森义久认为，美国长期以来就对日本在同盟中的义务不平衡有意见，日本要能行使集体自卫权就要修改宪法第9条。③ 这两种观点有代表性，从中可以看出日本防卫界一些人对日美安保合作和日本防卫的看法。

（三）日美贸易协定的签署及其意义

1. 日美都愿尽快签署贸易协定

2019年9月25日，出席纽约联合国大会的安倍首相与特朗普总统举行会谈，就缔结贸易协定达成最终协议并签署联合声明。

美国贸易代表办公室披露的贸易协定主要内容有：日本将撤销和削减价值约72亿美元的美国农产品关税，对美国产大米不设定免税额度，对美国产牛肉、猪肉、小麦、部分乳制品以及葡萄酒，将实施与跨太平洋伙伴关系协定（TPP）同等水平的减免关税。出口至美国的日本汽车和相关零部件的关税被排除在撤销对象之外。双方确认美国对日本车不再追加关税，不限制进口数量。美国贸易代表莱特希泽称："现阶段不打算对日本车加征关税。"④ 声明还规定，自协定生效起4个月内完成包括服务领域在内的全面协定磋商。日本避免了对美汽车出口被加征高额关税及数量限制，而美国确保了牛肉和猪肉的关

---

① 田久保忠卫「戦後に別れ告げる第三の黒船」、『産経新聞』2019年7月8日。
② 神谷万丈「常識の通じぬ時代の防衛構想を」、『産経新聞』2019年7月11日。
③ 古森義久「トランプ発言と日米同盟　経緯を知らず軽視・無視は危険」、『産経新聞』2019年7月25日。
④ 《日美首脑签署贸易协定，日本将对72亿美元农产品开放市场》，共同社2019年9月25日，https：//china.kyodonews.net/news/2019/09/7bcb3525da56-2-72.html。

税下调和进口配额。按照贸易额计算，协定签订后，日美分别撤销约84%和92%的关税。

从2018年9月日美启动货物贸易协定谈判算起不过一年，如从2019年4月双方开始部长级贸易协定谈判只有半年就达成协议，相比美国、欧盟和中国之间的贸易谈判来说时间之短出人意料。原因在于日美都希望尽快结束谈判，取得成果，尽早达成协议的必要性进一步提高。① 安倍和特朗普都高度评价协定的签订，但实际上是双方为尽快达成协议而将许多问题暂时搁置起来。

在美国方面，特朗普总统面临总统选举压力，鼓吹的贸易政策并未取得预期效果，处境严峻。原来设想取代北美自由贸易协定（NAFTA）的"美墨加协定（USMCA）"由于在野党的抵制，在国会批准环节陷入僵局。与中国之间的贸易战使美国农业出口遭受中国反制关税打击，而与中国和欧盟的贸易谈判又陷于僵局没有进展迹象。除了1月生效的美韩自由贸易协定修订外，特朗普政府并未给农民和产业界带来具体成果。因此特朗普对于日本的谈判寄予期望，也志在必得。以至于在大阪20国集团峰会期间日美首脑会谈时，特朗普开门见山要求安倍要对其竞选总统给予支持。2018年8月下旬日美首脑在法国会晤，特朗普再次要求安倍购买美国农产品，缓解农户压力。

在日本方面，安倍政府主要考虑的是面对特朗普政府的经济、政治高压政策，既要维护日本的经济利益，也要维护日美战略关系的稳定。因此日本在主要经济利益得以维护的条件下，满足特朗普政府的要求，或者说在给足特朗普面子的情况下达成协议，有利于日美关系的发展。日本在谈判时有两个底线，一是避免汽车领域的高关税和数量限制，这是日本最低限度的目标。如果对美出口汽车被征收25%的关税，日本车企可能增加5000亿日元的成本，汽车产业将遭受毁灭性打击。日本政府就此与汽车企业沟通，确认在谈判中避免加征关税和出口数量限制。二是农产品的市场开放程度不能高于TPP水平。TPP是日本主导下形成的新地区贸易规则，希望能够起到示范作用，也期盼美国重返TPP。从达成的贸易协定看，日本

---

① 菅野幹雄「自由貿易、首の皮一枚」、『日本経済新聞』2019年9月27日。

这两个底线基本上保住了，因此迎合美国尽快达成协议。舆论称，日本看到美国希望尽早取得谈判进展，采取了"拥抱战术"①。

2. 安全原因促使日本尽快签署贸易协定

日本与美国达成贸易协定的另一个考虑是安全原因。日本在安全上仍然依赖美国。日本原来设想的谈判战略是，美国退出跨太平洋伙伴关系协定（TPP）后在农产品出口上与参加国相比处于劣势，是迫使其让步有利因素，但却在安全问题上被美国抓住把柄。特朗普在20国集团（G20）大阪峰会上再次强调日美安保条约"是不公平的协议"，要求进行调整。这使安倍欲把安保和贸易谈判分割开来的努力化为泡影，原本在谈判中主张美国在TPP承诺的汽车及零部件撤销关税的要求也难以坚持而偃旗息鼓。日本一直警惕日美2020年春驻日美军驻留经费负担（体贴预算）谈判与贸易谈判重合，美方会在安保和经济两方面施压。这迫使日方加速谈判，尽快达成协议，并敲定在秋季的临时国会上批准。事实证明，日本在谈判中的被动局面并未因其主导了TPP而有所改变。20世纪90年代曾指挥日美贸易谈判的前经济官厅干部对日本的被动处境心有戚戚，在此次贸易谈判启动之际担心地表示"结果就和逃不出如来佛祖掌心的孙悟空一样"②。

日美贸易协定谈判也证明，对于处在亚太变局中的日本来说，对安全战略的重视要高于经济战略。日本的安全战略仍然以日美同盟为基础，在推进印太战略上日美有共同点，维持日美关系的大局仍是国家战略的目标。日美在这一点上相互配合。与特朗普关系密切的美国肯塔基州州长接受记者采访时表示，"特朗普总统与安倍首相为实现适合21世纪的贸易政策，悄悄采取了行动"。美方也会采取特殊措施，不经过国会程序，让日美协定最早在2020年1月生效。日本与美国在经济和安保方面具有特殊同盟关系，出于战略考虑，"为与美国尽早达成协议而积极行动是合理的选择"。美国战略与国际问题研究中心（CSIS）高级

---

① 菅野幹雄「自由貿易、首の皮一枚」、『日本経済新聞』2019年9月27日。
② 《日美贸易协定短期谈妥背后的安保阴影》，共同社2019年9月26日，https://china.kyodonews.net/news/2019/09/b630922b282c.html。

副总裁马修·古德曼评价称,"在日美关系中暂且搁置贸易问题,集中处理印度太平洋地区的安全保障、中国和朝鲜等问题,是有益的一步"①。

可以认为,日本为维护自身利益,从对抗美国贸易保护主义的立场后退,既是现实的考虑,也是出于日美关系的长远考虑。日本暂时避免了美国对日本汽车加增关税,而对农产品则决定提供支持政策。日本关西国际大学教授渡边赖纯表示,"只要不对汽车加征关税,就算被总统占一点上风,也可以说谈判取得成功"。舆论也认为,这是日美之间的一次"小交易",对于日本来说也是基于现实的次佳选择。②

二 中美关系变化与日本的反应

(一)中美贸易战与日本贸易外交

特朗普政府的不确定性体现在中美关系的波动上。中美首脑海湖庄园会谈后出现的积极趋势随着特朗普政府对华加征关税而出现转折。美国外交开始被贸易保护主义劫持,中美关系中的结构性矛盾随之突出起来。对于中美关系的急剧变化以至恶化,日本始料未及。东京大学教授川岛真说:"对于安倍政权而言,中美关系的恶化是出乎意料的。"③ 而日本和中国一样面对特朗普政府的贸易保护主义压力,反对美国破坏多边贸易原则的单边主义霸凌行为。更重要的是,日本对特朗普政府不分亲疏对盟国也挥舞贸易保护主义大棒的做法不满,希望能缓和对盟国的压力,同时也在各种场合希望美国重回多边贸易的轨道。在对华贸易问题上,日本主张通过多边框架引导和约束中国,也就是能重回跨太平洋伙伴关系协定(TPP)的合作道路上来。

在特朗普政府刚开始升级对华贸易紧张的2017年,日美欧三方就发起倡议希望说服美国建立联盟携手推动中国改革"其扭曲贸易的经济模式",而不是独自对中国产品征收惩罚性关税,同时试图在美中贸易

---

① 菅野幹雄「自由貿易、首の皮一枚」、『日本経済新聞』2019年9月27日。
② 「日米貿易協定 現実を踏まえた次善の策だ」、『読売新聞』2019年9月27日。
③ [日]川岛真:《中日关系的走向与世界秩序的变迁》,徐信译,《东北亚学刊》2019年第2期。

冲突中避开锋芒，将美国对北京方面的愤怒引导到多边主义轨道上，而不是打击所有人。对欧盟和日本而言，这件事有着巨大的利害关系。两个经济体都受到美国钢铝关税的直接打击，特朗普威胁加征关税还要扩大到进口汽车。在美国制造对华出口汽车的欧洲车企，以及依赖中国公司组装对美出口产品的日本电子公司，也在华盛顿与北京的交锋中受到了影响。并且日美欧三者有共同的利益。"东京和布鲁塞尔同意特朗普的观点，即中国有太大的自由度，为了帮助国内企业而发放国家补贴或者以其他方式扭曲市场。他们的提议是让三个经济体的有关部门对'非法补贴'做出一个新的、更广义的定义。在做到这一点之后，他们将努力说服包括中国在内的其他大国在世界贸易组织（WTO）做出一个约束性的集体承诺，将来不再使用此类补贴。"①

由于日本在20世纪80年代经历过日美贸易战并导致泡沫经济和增长停滞，了解中国反击美国滥用关税制裁的意义，特别是对中美贸易战的实质有明晰的了解。日本《每日新闻》社论说，这是"世界首位和第二位的经济大国高关税报复的异常事态，是第二次世界大战后美国建立的自由贸易体制的重大转折点"。其影响远超日美贸易摩擦，由于日本在安全保障上依靠美国，基本上接受了美国的要求，摩擦局限在日美之间；而美中对立可能出现"泥沼化"，两国经济规模占世界近四成，将直接打击世界经济。社论批评美国说，美国作为超级大国，对世界稳定成长负有责任。发生贸易纠纷，遵循世贸组织规则解决，是美国制定的自由贸易体制原则，而特朗普鼓吹"美国优先"，发动制裁报复，是不负责任。社论一针见血地指出美国挑起贸易战的实质和愚蠢："特朗普强硬姿态的背景是争夺高科技领域里的霸权。美国有强烈的危机感，担心丧失的尖端技术被用于培育中国的新产业，被中国经济赶超，在尖端技术上受到威胁。但保护主义只能使美国国力低下，依靠高关税保护低效产业，终将失去竞争力。"②

---

① 《美中贸易战使欧洲和日本陷于尴尬》，英国《金融时报》中文版2019年5月30日，http://www.ftchinese.com/story/001082978。
② 「米国が中国と貿易戦争　戦後秩序の重大な転換点」、『毎日新聞』2018年7月8日。

日本对中美贸易战的态度是既涉及自身利益，表态谨慎，又希望美国重回多边框架，并愿意为此发挥作用。《日本经济新闻》社论建议，应该有效利用多边框架解决问题。日本作为大国有责任维护自由贸易，政府应做美国的工作让其收回保护主义。《东京新闻》社论称，美中争夺经济霸权，站在中间的日本已经到了冷静思考目前现实和作用的时候了。日本应该把中美拉入可能瓦解的多边框架中，不是搞保护主义和相互排斥，而是遵守规则和国际协调，维护自由贸易。① 日本在中美贸易战中的态度表明，尽管美国退出跨太平洋伙伴关系协定（TPP），但仍希望其回心转意，重返多边贸易框架。日本以跨太平洋伙伴关系协定（TPP）作为在亚洲太平洋地区构建立足点的基础，本应共享理念的美国却退出令原计划落空。今后，日本不得不顾及争夺霸权的美中双方来构建关系，虽然前途艰难，但开始了贸易外交的新时代。②

（二）中美贸易战下的中日经贸关系

1. 经济合作继续深化

中美贸易战下中日经济关系基本保持了继续发展的势头。2018 年中日贸易总额为历史最高，达 35.1 万亿日元（按 2018 年期末汇率 1∶110.83 计算，约合 3176 万美元），比上年增长 5%，占日本对外贸易总额的 21%。其中日本对华出口额为历史最高，达 15.9 万亿日元，比上年增长 7%；日本从中国进口 19.2 万亿日元，仅次于历史最高的 2015 年，比上年增长 4%。日本对华进出口额都是连续两年增长。③

在中日关系恢复平稳发展和贸易再创新高的形势下，2019 年 4 月中日两国在北京举行"中日经济伙伴关系磋商"副部长级会议。双方就在贸易、金融和证券市场、节能、气候变化领域加强合作交换意见，进一步深化合作关系，一致同意推进东亚区域全面经济伙伴关系协定

---

① 「米中貿易戦争　日本は役割を見極めよ」、『東京新聞』2018 年 7 月 12 日。
② 《日本贸易外交进入新时代需顾及美中构建关系》，共同社 2018 年 12 月 30 日，https: //china. kyodonews. net/news/2018/12/d7e5dc737b8a--. html。
③ 日本貿易会（JFTC）『日本貿易の現状』、2019 年、第 14 頁。

（RCEP）和中日韩自由贸易协定（FTA）谈判。① 随后，中日部长级经济对话在北京召开，在各领域推动经济互惠合作进入新阶段。

中日关系继续改善的一个标志是，两国金融合作的深化，2018年10月中日首脑会谈时达成协议的金融合作启动。2019年5月22日东京证券交易所批准三菱UFJ国际投信公司管理运营的中国交易型开放式指数基金（ETF）于6月25日上市。日本期待将中国资金引入日本的股票市场。据称中国的个人金融资产持有额到2023年可达82万亿元，日方期待中国资金通过ETF流入日本股市。日经平均指数和东证股价指数（TOPIX）联动的ETF也在上海证券交易所上市，日本ETF市场在世界证券市场的地位也可能提升。2019年6月，中国首次指定日本的银行作为优惠境外人民币结算业务的"人民币清算行"，当企业交易中需要人民币时可从本行中国据点获得一定供应。

中日企业之间的投资合作也活跃展开。日产汽车公司宣布与东风汽车公司合作投资600亿元人民币（合95亿美元）进入世界最大汽车市场的计划，力求把东风汽车的销量从2017年的150万辆提高到2022年的260万辆。

中国大型家电企业美的集团收购东芝白色家电业务，利用美的的生产基地和销售网，在中国和东南亚扩大销售。在新兴市场国家的其他日本品牌在中国资本注入后也恢复了生机。2018年7月，滴滴出行与软银公司成立合资公司"DiDi mobility Japan"。日本最大的出租车公司第一交通产业株式会社与"DiDi mobility Japan"在大阪启动手机叫车服务。2019年7月，丰田公司与滴滴出行成立合资公司。日本航空公司也与滴滴出行启动共同项目，方便外国人访日和在中国提升知名度。

日本加强对华金融合作的一个原因是日本企业的盈利模式发生变化，日本财务省2018年国际收支统计（速报）显示，经常项目收支盈余基本上依靠直接投资收益（相当于海外子公司盈利）和证券投资收益（相当于外国债券利息等），两者都接近贸易顺差。经常项目盈余构

---

① 《"日中经济伙伴关系磋商"在北京举行》，共同社2019年4月3日，https：//china.kyodonews.net/news/2019/04/3bf9862a65d5.html。

成改变，显示日本企业不再通过出口赚钱，而是通过拓展海外市场，在当地赚钱，并把收益拿回日本。① 当然，日本加强对华金融合作的另一个原因是中日关系改善提供了良好环境。

在工业科技领域，2018年11月，中日两国政府和民间企业探讨环保领域合作的"中日节能环保综合论坛"召开。双方确认将合作推进燃料电池等面向氢能源应用的基础设施建设及海洋塑料垃圾对策。两国民间企业就氢能源领域等24个具体合作项目交换协议文件。日本经济产业相世耕弘成和中国国家发展和改革委员会主任何立峰在论坛前举行会谈，就推进经济领域全面合作达成一致意见。2019年4月中日双方在北京举行有关尖端技术合作的首次对话，双方围绕燃料电池车用氢能源等领域加强合作，以及知识产权保护等议题交换意见，围绕在技术标准和规定方面开展合作并同时开创市场等话题进行了讨论。7月，中日主要企业最高层进行经济合作对话的"中日企业家和前高官对话"在东京举行，就两国合作推进中日以外第三方市场的交通、能源与环境项目达成一致。与会者还就尽早实现东亚区域全面经济伙伴关系协定（RCEP）和中日韩自由贸易协定（FTA），以及世界贸易组织（WTO）改革的必要性达成了一致意见。②

中日企业之间的技术合作也顺利发展。日本三菱电机公司与中国研究机构缔结战略合作关系，参与新一代技术的标准化，促进未来市场开拓。日本丰田汽车公司与中国电动汽车（EV）企业比亚迪签署共同开发EV的协议，力争研发轿车与运动型多功能车（SUV）的电动款，以丰田品牌在中国市场投放新车。此外还将推进对车载电池的研发，发挥彼此的经验和技术实力，在全球最大的EV市场——中国扩大销售规模。

2. 中美贸易战和科技战的负面影响

中美贸易战和科技战对中日经济关系的负面影响也必须重视。一是作为盟国，日本配合美国对中国高科技产业的制裁行动，二是为应对美

---

① 「企業は構造変化の大きな波とらえよ」、『日本経済新聞』2019年2月11日。
② 《日中企业家对话就加强第三方市场合作达成一致》，共同社2019年7月11日，https：//china.kyodonews.net/news/2019/07/68a143241263.html。

国提高中国进口商品关税，部分在华日企将生产线转移到低关税地区。

受中美科技战影响，日本追随美国在高科技领域对华设限。2018年8月，美国国会通过《国防授权法》，指责中国企业对美投资和交易构成国家安全威胁，并要求其盟国跟进，防范中国。日本政府内部认为，"网络安全方面需要进行某种限制"，但限于贸易相关国际法和对华关系考虑，表面上不能限制和禁止，只能暗中推进。据报道，政府的真实想法是，中日之间存在贸易和领土等问题，希望避免加深对华依赖。① 这意味着事实上在政府采购名单中排除华为产品。日本防卫省要求参加武器装备和调查研究招标的企业，有义务报告资本关系、信息保护体制、负责人员的经历和国籍等，防止机密信息泄漏。日本防卫省在武器装备开发和调查研究方面与同盟国美国分享机密信息，如果不采用严格基准，可能无法获得美国的协助。

除军事领域外，日本在尖端技术制造业领域收紧外资投资。日本财务省和经济产业省以安全为由，在限制外国资本购买日本国内企业股票的制度基础上，将信息技术（IT）和通信相关的15个行业新纳入限制清单，原有的5个行业则扩大限制范围。日本共同社指出，政府此举是为了防止信息泄露，尤其是针对中国的技术外泄。日媒普遍认为美日关系迈入"蜜月期"，日本当下必然紧随美国步伐，加紧管控中国资本渗入关键行业。②

受中美贸易战影响，部分在华日企转移到低关税地区。据日方估计，受美国特朗普政府启动对华制裁关税影响，在华日企至少有每年价值约757亿日元（约合人民币46亿元）的对美出口产品被作为制裁对象，其中受影响较大的是汽车和民用机械的电子零部件，对美出口价值为每年约490亿日元。美国是日本最大的出口对象国，中国位列第二，中美贸易摩擦加剧并长期化，日企或被迫将中国的生产据点转移至东南亚以改善收益。日企对华出口零件被用于中国产品时，该产品对美出口

---

① 《日本政府和企业担忧依赖中国的风险》，共同社2018年12月10日，https://china.kyodonews.net/news/2018/12/3ca66e4a0d00.html。

② 《日防卫省推出新规紧随美国步调严防中国》，2019年6月21日，http://news.dwnews.com/global/news/2019-06-21/60138303.html。

将被加征关税,对华业务较多的日企或将受到负面影响。① 日本小松公司和理光公司都表示,如果美国加征关税长期持续,将考虑从中国转移生产。夏普公司打算将输美笔记本电脑生产线移出中国。住友重机、神户制钢等企业也在考虑将加增关税的产品转移出中国。农林中金综合研究所主席研究员南武志强调:"(特朗普的言行)难以预见。企业应设想到最坏的情况考虑应对措施。"② 在华日企主要考虑的是在中国生产的对美出口产品受到影响,而在中国市场销售或出口其他国家和地区的产品没有什么影响。

(三) 中美贸易战影响下中日关系发展的意义

中美贸易战影响下中日关系没有受到明显影响,而且在政治和经济关系上又有新发展。特别是习近平主席出席大阪二十国集团(G20)首脑会议受到日方高规格接待,两国首脑会晤达成十点共识,一致认为中日都进入发展的新时代,双方共同利益和共同关切日益增多,两国关系面临新的发展机遇。双方应共同致力于构建契合新时代要求的中日关系,聚焦共识,管控分歧,共同推动两国关系健康发展。③ 日本社会舆论也希望"为开辟日中新时代","构建新的战略关系"④。

习近平此次访日是继 2018 年李克强访日后中日关系进一步发展的重要标志。对于中日关系走近,有一种观点认为"关系的升温发生在美国正在向中国和日本施压,要求两国就贸易问题做出让步之时,这或多或少将这两个亚洲国家推向彼此"⑤。作为世界上第二和第三大经济体,加强合作是在向美国和世界宣示鲜明的态度。这种观点有一定道理,但更重要的是中日两国都有加强合作的愿望,才能在中美贸易战正酣、中美关系面临重大变化下,使两国关系走出独立发展的态势。对于日本来

---

① 《美国对华制裁关税将涉及日企逾 750 亿日元产品》,共同社 2019 年 7 月 7 日,https://china.kyodonews.net/news/2018/07/0a6a41f73be3-750.html。
② 《美中达成最终协议前途未卜日企纷纷考虑转移生产基地》,共同社 2019 年 1 月 11 日,https://china.kyodonews.net/news/2019/01/eed7b65e811b--.html。
③ 《中日双方达成多项共识》,《人民日报》2019 年 6 月 28 日。
④ 「日中は新たな戦略の関係探れ」,『日本経済新聞』2019 年 6 月 28 日。
⑤ 《"习安会"定调新时代中日关系》,《参考消息》网 2019 年 6 月 28 日,http://www.cankaoxiaoxi.com/china/20190628/2383955.shtml。

说，在对华关系上的积极态度表明由于国家战略转换在亚太国际关系调整中的自主趋向增强。毕竟作为日本最大的贸易伙伴和邻国，同中国保持稳定关系的重要性怎么估计都不过分。

对中日关系改善的另一种观点认为，日本在中美之间奉行平衡外交。日本《东京新闻》的报道称，日本把特朗普作为令和时代接待的第一位外国元首，向全世界释放了日美关系坚如磐石的信号。但人们希望安倍首相不要向美国一边倒，应该推进改善与中国的关系。美国在贸易问题上与中国的对立加深，如果与美国一道对中国表现出对抗姿态，则有失平衡。夹在中美两个大国之间如何取得平衡，是日本外交的最大课题。希望安倍首相开展有平衡感的外交。① 对此也有一种观点认为，这种传统"政经分离"政策在执行上将面临左右为难的窘境。中美对立长期化和科技战，美国或难以接受日本对华"政经分离"的策略。在对待中国企业的态度上，美国可能会像对加拿大一样，要求日本同美国保持一致步调。而从更大的格局看，中美之争关系到现有国际体系和国际秩序是否会改变。21世纪的日本究竟应该如何认识世界的变化，是美国治下的延续，还是中国时代的到来？把握历史的脉络，对于日本而言亦是巨大的考验和挑战。② 但在目前情况下，继续"政经分离"在中美之间保持平衡仍是日本外交的不二选择。

在中美贸易战下中日关系改善具有重要意义。中美日是世界上三大主要经济体，对于东亚地区乃至世界政治稳定和经济持续发展具有举足轻重的影响，也肩负义不容辞的责任。中美日在广泛领域具有共同利益，只有合作才能保证实现共同利益，对此各方都有深刻、明晰的认识。③ 中日关系的改善对于缓和地区局势和促进大国关系协调发展迈出新的一步。

---

① 「米中との間合いを測れ」、『東京新聞』2019年5月28日。
② ［日］川岛真：《中日关系的走向与世界秩序的变迁》，徐信译，《东北亚学刊》2019年第2期。
③ 岡部達味、高木誠一郎、国分良成編『日米中安全保障協力を目指して』、勁草書房、1999年。

三 从印太战略到印太构想

印太战略是日本在"积极和平主义"国家战略下设计的由日本发挥主导作用的地区联盟战略。如前所述，印太战略的主体框架是日美澳印四国，同时必须得到东盟的支持才能起到预想作用；由于战略对象是中国，日本也要考虑中国的反应和对中日关系的影响。

从2018年下半年开始日本在公开场合更频繁地提到构建"自由、开放的印度洋和太平洋"，称之为印太外交"ビジョン"（Vision，构想），以印太构想取代印太战略。如在2018年《外交蓝皮书》中介绍"自由、开放的印度洋和太平洋战略"，强调要和美国等国家一道实现这一战略①，而在2019年《外交蓝皮书》中只提推进和实现"自由、开放的印度洋和太平洋"，虽然内容无大变化，行文中也称其为战略，但更强调它是多国共有的"ビジョン"（构想），调子明显缓和。② 这种变化显然是日本对印太战略诸因素新评估的结果。

首先，日美澳印四国战略合作起步，但在对华战略上四国之间仍有差异，日本为保证合作必须考虑其他国家态度做出妥协。从2015年6月到2018年12月，日澳印举行了四次副部长级协商；从2017年起，美澳印在每年6月新加坡香格里拉和11月东盟首脑会议对话会期间都要举行局长级协商，讨论在印太地区建立"基于法治和规则的秩序以及保证航行和飞行自由等"问题。但在2018年6月新加坡香格里拉对话会期间举行第二次四国战略合作协商会议后发表的成果内容出现新表述方式"自由、开放、包容的印度洋和太平洋地区"，据说"包容的"是外务省根据文件中英文"inclusive"翻译的，也有"非排他的"意思，同时首次提出"支持以东盟为中心"。在同年11月第三次协商中，四国战略合作再次确认"坚定支持东盟主导的地区框架"，并表示赞成东盟国家在合作（Quad）中一贯倡导的可持续发展等多边议程。庆应大学教授添谷芳秀认为，这表明日本推进的以对华战略为核心的四国战略合

---

① 外務省编『外交青書』2018年、特集第13頁。
② 外務省编『外交青書』2019年、特集第24頁。

作转变方向为以东盟为中心，转变的背景和契机是2018年6月新加坡香格里拉对话会上印度总理莫迪的讲话。莫迪在讲话中否定印度的印太战略是与中国对抗，强调"新印太战略的核心是非排他性、开放性、以东盟为中心与团结，印度不想看到把印太地区变成战略竞争和限定国家间的俱乐部"。莫迪讲话次日，美国国防部长马蒂斯的讲话也表明政策有微妙变化。马蒂斯一方面强调"基于原则的现实主义"牵制中国，另一方面就印太战略表示要继续深化同盟和伙伴关系，同时强调重视以东盟为核心，并在可能情况下欢迎与中国进行合作。他还表示，不要求任何国家在美国和中国之间选边站，似乎照顾到处于美中之间的东盟国家的压力。马蒂斯的演说表明美国的态度在某种程度上正在与澳大利亚和印度的印太秩序观接近，即在考虑地区安定与繁荣时，不能排除中国。上述四国战略合作高级别磋商协议出台，表明鉴于各方立场日本的态度也发生变化。此后安倍政府在谈及印太外交时也不提印太战略而使用印太构想了。[①]

其次，日本包括美国等国态度转变的另一个原因是，印太战略必须考虑东盟国家的反应。东南亚是日美推行印太战略和中国"一带一路"倡议交汇的地区。东盟国家出于安全和经济的现实考虑不愿选边站，希望保持独立性。2019年6月23日东盟领导人会议通过《东盟关于印度洋太平洋合作的展望》。会议声明强调，东盟要在印太地区发挥核心的、战略的作用。[②] 这要求四国战略合作的印太战略对话和实际活动须有助于东盟共同体形成，不应妨碍东盟主导机制的运行。东盟的立场使日美等国不得不考虑其利益，回归"以东盟为中心"。事实上，日本和美国从以应对中国崛起转向"以东盟为中心"，也是推进和实现"自由、开放的印度洋和太平洋战略"的需要。如前所述，四国战略合作的四边形框架只是四个点，争取到东盟国家支持才能连成一片，使四边形框架充实起来。这是日本印太地区外交的重要目标。

---

① 添谷芳秀「日本のインド太平洋外交と近隣外交」、『国際問題』2020年1—2月号、第23—25页。

② 「独自のインド太平洋構想採択　ASEAN首脳会議」、『産経新聞』2019年6月24日。

最后，将印太战略改称印太构想是日本在中日关系逐步向好形势下做出的调整，不能不说这也有改善对华关系的考虑。东亚权力关系变化使中日之间互信不足的矛盾突出，是日本推行和主导印太战略的主要原因。但另一方面，日本还要和中国保持正常的关系，由印太战略改称印太构想有利于缓和对华关系，体现了日本对华政策的两面性。

但需要指出的是，改称印太构想并不意味着改变印太战略目标。

印太构想的核心仍然是日美澳印四国战略合作，并未改变印太战略作为针对中国的新地区联盟的本质。印太构想的三根支柱：法治、航行自由、自由贸易；通过高质量的基础设施建设加强地区联系促进地区繁荣；支援提高海上执法能力、防止灾害等内容与印太战略的内容丝毫没有改变。① 世界和平研究所的研究报告建议，把实现"自由、开放的印度洋和太平洋"构想作为重要的外交、安全战略，并指出这一战略的核心是加强日美澳印合作，建立海洋安全体制。②

印太构想下，四国针对中国的活动继续加强。2018 年 9 月 28 日，美国白宫公布汇总日美两国共享的加强"自由、开放的印度洋和太平洋战略"合作措施文件。其中提出支援印度太平洋地区各国，牵制扩大影响力的中国，并列举合作支援的重点领域，包括能源、基础设施、网络安全、海洋安保与防灾减灾。③ 2018 年 11 月，安倍首相与美国副总统彭斯会谈，针对"加强海洋活动的中国"，提出在安全领域与澳大利亚和印度紧密合作的方针。日美两国在印太地区的基建援助总计将达 700 亿美元，共同展现积极参与该地区发展的姿态。在会谈联合声明中，针对中国"一带一路"经济带构想，声称日美将推进虑及对方国家财政可持续性的基建合作。④ 2019 年 8 月，日本外相河野太郎、美国国务卿蓬佩奥和澳大利亚外长佩恩在曼谷举行第九次部长级战略对话，对中国

---

① 外務省編『外交青書』2018 年、特集第 13 頁。外務省編『外交青書』2019 年、特集第 24 頁。
② 中曽根康弘世界平和研究所『設立 30 周年記念政策論集』、2018 年 12 月、第 15 頁。
③ 《日美印太战略合作文件公布 意在牵制中国》，共同社 2018 年 9 月 29 日。https://china.kyodonews.net/news/2018/09/29745fe5eec6 - .html
④ 《日美对印太基建援助最高或达 700 亿美元》，共同社，2018 年 11 月 13 日。https://china.kyodonews.net/news/2018/11/69df83576a40 -700.html

的单方面海洋活动表示关切,就加强合作以实现基于法治的"自由开放的印度太平洋"达成一致。各方还同意推进"高质量基础设施"和进一步支援东南亚等构筑海洋保安能力。①

日本还继续加强与东盟国家的防卫合作以抗衡中国,向菲律宾、马来西亚、越南等国家无偿提供自卫队的二手防卫装备,增加防卫驻在官人数。② 如2018年9月,日本防卫相小野寺五典与到访的马来西亚国防部长穆罕默德·沙布举行会谈,同意在基于国际法和平解决"中国推进军事基地化的南海问题"上合作,并签署防卫部门高层交流和自卫队与马来西亚军队联合训练的部队交流备忘录。③ 2018年10月,日本与湄澜五国首脑会议通过《东京战略2018》,这不仅是经济合作宣言,而且涉及南海安全,体现了印太构想的基本精神。④

印太战略改称印太构想,战略思想并未改变。世界和平研究所的报告阐述日本要建立反对"军事压力和武力改变现状""基于规则的国际秩序",印太构想是实现这一秩序的雏形。报告认为中国主张的新型国际关系是非民主主义国际秩序构想,东盟和欧盟一度被视是冷战后的方向也暴露许多问题。"日本应为今后全球秩序和地区秩序构建理想方案,在这一过程中实现'自由、开放的印度洋和太平洋'构想,同时现实地考虑东亚地区统合与国家利益的关系以及东北亚地区安全环境现状和未来,基于与以往不同的新创意大胆推进地区合作。"⑤ 日本国际问题研究所的研究报告在谈到应对印太国际秩序变化和外交方针时说:"在21世纪经济发展中心的亚洲,准确把握地区国际秩序变化,制定自己的国际秩序构想并推动、实现这一构想,是关系日本未来的重要课题",

---

① 《日美澳外长举行战略对话 表示关切中国海洋活动》,共同社2019年8月1日。https：//china.kyodonews.net/news/2019/08/9a535dd7f455--.html

② 《日本加强与东盟各国防卫合作以抗衡中国》,共同社2018年11月22日。https：//china.kyodonews.net/news/2018/11/6c1dfdc16a9d.html

③ 《日马防长就和平解决南海问题达成一致》,共同社2018年9月11日。https：//china.kyodonews.net/news/2018/09/eb667fdcafc6.html

④ 日本・メコン地域諸国首脳会議『日メコン協力のための東京戦略2018』、2018年10月9日。file:///E:/7第四次安倍内阁2018/日本东盟/20181009东京战略2018日本与湄公河国家合作000406730.pdf

⑤ 中曾根康弘世界平和研究所『設立30周年記念政策論集』、2018年12月、第7頁。

"自由、开放的印度洋和太平洋"构想就是构建新地区国际秩序的蓝图和指针。①

添谷芳秀认为由印太战略转向印太构想表明,印太外交由日本主导的对华战略转向通过与地区各国协调方式展开的地区主义外交,但这并不意味着构成安倍外交原点的对华警惕的消除,改善对华关系只是"战术性休战",而把构建与印太地区内外国家的合作关系作为更优先的课题。②北冈伸一说:"中国是日本的重要邻国。日本在核心利益上不让步,又要避免不必要的对立,必须做出妥协。"③印太战略是针对中国的,但在四国战略合作成员国中和与东南亚国家之间尚难达成统一意见而中日关系又出现缓和迹象时,日本将战略改换成构想是试图降低东盟国家的抵触情绪,逐步接受和配合这一战略,也是要在巩固日美同盟基础上与中国保持合作。日本在政策调整的同时表示,愿意在可能条件下开展印太构想与中国"一带一路"倡议的合作。

2019年10月,首相官邸传出原大藏省(现财务省)财务官,曾任国际货币基金组织(IMF)副总干事、亚洲开发银行(ADB)理事的加藤隆俊取代前首相鸠山由纪夫成为亚洲基础设施投资银行(AIIB)国际咨询委员会成员。④添谷芳秀认为,这表明日本对中国主导的亚投行态度出现微妙变化。⑤日本国际问题研究所的报告表示,日美同盟是日本外交主轴,对印太构想与"一带一路"倡议共同课题(如加强地区互联互通),在中国方面保证对象国财务健全性、开放性、透明性和经济性条件下,日中间也存在合作的可能。日本还要根据其他国家对华态度和政策动向以及日本国家利益,与其他国家协调探索对华政策,并要求中国也为维护自由、开放的国际秩序采取行动。⑥

---

① 日本国際問題研究所『戦略年次報告2019』2019年12月、第18頁。
② 添谷芳秀「日本のインド太平洋外交と近隣外交」、『国際問題』2020年1—2月号、第29頁。
③ 中曽根康弘世界平和研究所『設立30周年記念政策論集』、2018年12月、第2頁。
④ 吉岡桂子「中国主導のAIIBになぜ接近?」、『朝日新聞』2019年10月30日。
⑤ 添谷芳秀「日本のインド太平洋外交と近隣外交」、『国際問題』2020年1—2月号、第26頁。
⑥ 日本国際問題研究所『戦略年次報告2019』2019年12月、第14頁。

四 日本智库对日美同盟和中美日关系的估计

特朗普政府的贸易保护主义政策使美国同日本和中国的关系面临新考验,但并没有改变中美日关系的基本架构,同样,日本也没有因此改变对中美两国关系的基本定位。有关中国崛起对中美日三国关系的影响,日本一些智库学者在官方资助下的研究反映了对这一重大问题的看法,也可以作为了解政府政策的参考。

目前看到的由外务省资助的三份报告,其中两份完成于2012年,一份完成于2015年,正是第二次安倍政府成立前后,也是美国奥巴马政府时期,基本上反映了日本"积极和平主义"国家战略转换在构建与中国和美国关系上的看法;还有五份报告,反映了日方对特朗普政府成立后日美关系和中美日关系的看法,其中两份是世界和平研究所(2018年改称中曾根康弘世界和平研究所)研究报告;另三份是日本国际问题研究所研究成果和首度撰写的2019年度战略报告。

2012年日本国际问题研究所的一份报告认为东亚正在经历权力转移的历史过程。中美日关系在变化,出现"流动性"和不确定性。对于可能出现的地区结构,有两种不同看法:一种认为中国经济发展的结果在东亚地区形成经济上依靠中国、安全上依靠美国的二元结构;另一种观点认为无论经济还是安全都要依赖美国。① 这两种看法表明,中国的崛起虽然在改变现有国际关系和国际秩序,但并未撼动美国在东亚地区的霸权地位。因此日本以日美同盟为外交、安保主轴的战略基础没有变,或者说战后以来的国家战略的基础因素没有变,东亚仍然是美国主导下的霸权稳定型秩序②,日本仍然要加强日美同盟。日本国际论坛的研究报告建议要加强日美同盟,特别是加强同盟在安全合作方面的可操作性,提高可信赖性。③ 以庆应大学教授细谷雄一为首的"20年后亚太

---

① 日本国際問題研究所『日米中関係の中長期展望』、2012年3月、第4頁。
② 20年後のアジア太平洋地域秩序と日本の役割に関する研究会「「20年後のアジア太平洋地域秩序と日本の役割」報告書」、2015年4月、第20頁。
③ 日本国際フォーラム『変容するアジア太平洋地域と日米中関係の展望と課題』、2012年3月、第3頁。

地区秩序和日本作用研究会"报告认为，美国霸权地位的下降是一个缓慢、平稳的过程。这种下降是相对的，即使在 20 年以后，下降仍会持续，但美国仍将是具有优势主导地位的国家。美国的"衰退"不是直线式下降，并未改变其优势地位。这种状态对于日本来说是所希望状态，因为无须从根本上转换外交安保政策。但另一方面，美国的相对衰退和国家利益多元化，在安全方面的投入会下降，这会被理解为从东亚地区退却，产生的影响可能造成恶性循环。报告认为，预测美国外交应注意的不是其能力下降，而是其参与国际社会的意愿在减退，这造成美国主导下形成的"国际公共产品"不稳定。以上对美国地区地位和作用的估计，决定了日本一方面要加强日美同盟，另一方面采取积极的对外战略。这是安倍政府做出"积极和平主义"战略转换的根本原因。报告建议，必须制定长期战略，积极影响地区格局和秩序的演变，亚太地区的未来将因日本做出何种选择而呈现截然不同的局面。①

日本的研究认为，如果美国对亚太地区的参与减弱，就会形成中国主导的地区秩序，很难想象这种局面会对日本有利。所以日本要加强同美国的军事联系，同时努力与中国构筑稳定的外交关系，形成日美联手对中国进行"静悄悄的抑制"。在这一秩序下，美国能持续参与东亚地区事务，也能将中国等新兴国家包容进来。中国将逐渐为世界规范所制约，形成中美日（欧）友好联合。② 日本智库设想的对华政策与美国的对华"接触"政策没有大的区别，而在中美日关系中日本要发挥更积极的作用。

世界和平研究所的两份报告中一份发表于 2017 年 1 月，正是特朗普政府成立之时。由于特朗普在贸易和同盟政策上与奥巴马不同，令安倍政府心神不定。报告的分析和建议可为了解日美关系面临的问题和关注焦点提供绝好材料。报告认为，特朗普政府的变化或是短期，或是长期变化前兆，要认清性质，采取适当的外交、安保政策：加强自身防卫

---

① 20 年後のアジア太平洋地域秩序と日本の役割に関する研究会『「20 年後のアジア太平洋地域秩序と日本の役割」報告書』、2015 年 4 月、第 2、13—14、19 頁。
② 20 年後のアジア太平洋地域秩序と日本の役割に関する研究会『「20 年後のアジア太平洋地域秩序と日本の役割」報告書』、2015 年 4 月、第 21—24 頁。

外交和与美国的同盟关系。在安全方面，报告建议根据形势变化修改《国家安全保障战略》和《防卫计划大纲》；加强防卫能力和日美联合作战能力；特别要特朗普政府再次承诺《日美安全条约》第五条适用于钓鱼岛，日美同盟抑制力的重要性前所未有；日美联合制定和实施符合中国周边海域地缘政治特点的战略。在外交方面，要向美国说明对包括 TPP 在内的亚太地区的参与符合其长期利益；勿无视盟国与中国进行交易，而对美国扩大同盟作用的要求在可能范围内予以满足；同中国改善关系，同时加强日美中三角框架和构建日美台三角框架。① 报告主要针对新政府政策的不确定性可能对美中关系的影响，要求加强日美同盟牵制和稳定对华关系。两年后世界和平研究所的另一份报告仍然认为，世界性权力移动加速，美国的军事、经济优势不变，但拉动全球经济的优势相对下降，特朗普政府也未必重视与盟国的关系。而"中国无论在全球还是在东亚都是极重要存在"，"可能成为东亚的霸权国家"。日本必须探索"维持美国参与，合作加强抑制力和竞争力，长期保持军事、经济优势和自由主义国际秩序的新方式"。报告建议："加强本国防卫力量；深化日美同盟；加强与其他发达国家和本地区利害相同国家的关系。"在对华政策上，"日本要和美国等其他发达国家在对华认识和政策上深化合作，同时在与中国经济依存而安全紧张的印太地区和东亚地区与相同立场的国家也包括中国形成地区合作框架，对中国加以牵制。"②

日本国际问题研究所 2018 年 10 月提出政策建议。建议首先对世界和地区安全形势表达了严峻看法：中俄欲单方面改变国际规则、制度，以武力制造"灰色区域"和变更国界，而美国第一主义却不愿对盟国承担防卫义务；中国在印太地区单方面改变现状，造成既成事实，借"一带一路"构想扩大影响；中国加速军事竞争，到本世纪中期美中、日中军事平衡可能逆转。因此日本安全政策的基本方针是：应对中国搅

---

① 世界平和研究所日米同盟研究委員会『米国新政権と日本―新時代の外交安保政策―』、2017 年 1 月、第 12—16 頁。

② 中曽根康弘世界平和研究所『設立 30 周年記念政策論集』、2018 年 12 月、第 5—6 頁。

乱国际秩序和美国第一主义；以举国之力构建防卫体制并结合以日美同盟的抑制力；加强对中国必要的制约；改善周边安全环境和介入印太安全构建。政策建议 11 条，内容有三：第一，推进"积极和平主义"安全政策，维护现存国际秩序，保持印太军事平衡；提高综合机动防卫能力和多维度作战能力，迫敌处于守势；加强对中国的拒止能力，增大其改变现状的成本；加强对东南亚、印度洋沿岸和太平洋岛屿国家外交。第二，加强与美国、友好国和伙伴国关系，推动印太战略，促进法治，对抗南海军事化，反对对改变现状采取绥靖主义；纠正日美同盟的非对称性；与美欧合作限制对华技术转移；构建包括安全在内的全领域日中战略互惠关系，同时保持日美澳印战略框架，促成以美国为中心的同盟网络。第三，加强防卫产业；开发尖端技术。报告特别提到防止中俄操控舆论和介入选举。① 2019 年 3 月日本国际问题研究所公布印太地区海洋安全与法治研究课题中期报告，在对华政策上与美国有所区别。报告称实施印太战略是由于"中国因素"。近年中国在该地区扩大军事存在和"一带一路"构想特别是海上丝绸之路影响扩大，日美要进行抵制和展开竞争，避免被挤出该地区，使"一带一路""无害化"。日美印太战略有共同点，维护基于规则的秩序和法治、建设高质量的基础设施、实现互联互通和保证航行自由等。不同之处是，日本在这一地区要发挥"日本样板"作用，对"一带一路"态度有变化；美国改变对华"接触"战略，敌视"一带一路"。日本并未放弃对华"接触"政策，日中关系改善，对"一带一路"倡议给予有条件合作。但报告强调在"一带一路"和"以东盟为中心"等问题上日美要保持协调。②

日本国际问题研究所 2019 年战略报告则认为特朗普政府已经回到"传统共和党保守强硬路线"，日美关系渡过初期的不安。2017 年 2 月首脑会谈确认日美同盟是地区和平、繁荣和自由的基础，同时确认以核力量和常规力量保卫日本、日美安全条约第五条适用于钓鱼岛，特朗普

---

① 日本国際問題研究所 『揺れる国際秩序に立ち向かう新たな安全保障戦略―日本を守るための11の提言』、2018 年 10 月。

② 日本国際問題研究所 『インド太平洋地域の海洋安全保障と「法の支配」の実体化に向けて』、2019 年 3 月。

总统还就驻日美军向日本表示感谢。由于特朗普政府转向现实主义，日美在维护"自由、开放的印度洋和太平洋"政策上多采取一致步调。[①]这是报告对特朗普政府对日政策的评价，可以说日方的要求基本得到满足。报告表示，日本要巩固同盟，继续提高军事一体化程度。自卫队和美国印太驻军要加强指挥和运用合作；为应对平时"灰色地带"和武力攻击事态，日美要经常更新抑制方案和联合行动计划；推进美军重组和共同使用基地设施，扩大美军利用日本民间设施；落实《日美防卫合作指针》，纠正同盟的非对称性。[②] 同时报告认为，中美日关系处于调整变化中。美国通过"接触"政策使中国成为"负责任大国"的乐观想法减弱，特朗普政府开始正面挑战中国；中国出现重新接近日本的动向，与中国保持健康关系十分重要。美中关系重大变化关乎国际秩序重组，事涉日本战略取向。日本应加强日美同盟，争取日美中三国关系实现战略稳定；与中国应实现竞争、共存、合作交错的实事求是（"是々非々"）的关系。[③] 这是对中美实行两面平衡政策。

后五份报告对东亚形势、国际关系的分析和政策建议与安倍政府初期实施"积极和平主义"国家战略转换之际的看法没有不同，只能说较之彼时在政策思路上更趋清晰和明确：在日美同盟基础上构建新的多边联盟和战略安排，对中国保持战略牵制和合作，实现中美日关系相对平衡和稳定。

第三节　探索构建新时期的中日关系

世界正处于百年未有之变局，在亚太地区表现尤为明显，中美日关系面临新定位，中日关系如何发展备受瞩目。从1972年邦交正常化以来几近半个世纪，期间大致可分为前后两个时期：冷战后期的蜜月时期，中日在安全上有应对苏联威胁的共同需要，经济上发达的日本与发

---

① 日本国际问题研究所『戦略年次報告 2019』2019 年 12 月、第 7—10 頁。
② 日本国际问题研究所『戦略年次報告 2019』2019 年 12 月、第 35 頁。
③ 日本国际问题研究所『戦略年次報告 2019』2019 年 12 月、第 3 頁。

展中的中国存在差距，虽然出现参拜靖国神社和教科书问题但很快平息；冷战结束后至今是在国际格局变化下的双边关系调适期，美国治下的东亚受到中国崛起的冲击，日本也在探索与中国打交道的新方式，中日关系由调适转向碰撞而陷于低谷是应对中国崛起这一重大历史变化而走过的弯路，留下值得汲取的教训。当前中日关系又站在一个新起点上，为进入下一个新时期提供了机遇，构建适应新时代国际格局的新关系是摆在两国面前的历史使命。

本节试从日本民族主义、中日相互认识、构建两国关系的新基础和管控分歧等几方面做一初步探讨。

一 加强对日本民族主义的研究

民族主义上升，日本内外战略处于重大调整和转换时期，这必然会对中日关系产生深刻影响，需要对日本的民族主义有客观的、恰如其分的把握。

由于战后日本历史的特殊性，随着经济发展和国力充实，民族主义上升，要求在内外政策上适应这种变化，应该说有其客观必然性，有些民族主义要求也有其合理性，譬如日本希望发挥更大的国际作用。在这点上应该把日本合理的民族主义要求和社会上的右翼思想、右翼势力区别开来，把日本政治的保守倾向和右翼思想、右翼势力区别开来。

冷战结束以来日本的民族主义，同战前的民族主义不同。一是两者的社会基础和经济基础不同。战前民族主义的社会基础和经济基础主要是军人和财阀以及受其精神麻痹和愚弄的民众；冷战后日本的民族主义主要是一些政界和学界"社会精英"的政治诉求，并逐渐得到一些民众的共鸣和支持，特别是政治动荡和经济停滞造成的不安、自信心下降进一步刺激民族主义情绪上升，美国研究民族主义的著名学者本尼迪克特·安德森和约瑟夫·奈都有评论。[①] 二是两者的民族主

[①] B·アンダーソンさんに聞く「ナショナリズムを考える」、『朝日新聞』2012年11月13日。ジョセフ·ナイ「右傾化する日本」、『毎日新聞』2013年1月14日。

义表现和要求不同。战前日本民族主义表现为民族沙文主义和民族扩张主义，仇视西方，傲视亚洲，成为法西斯主义的思想基础，并转化为对外侵略扩张政策，企图在东亚建立霸权统治。冷战后日本的民族主义要成为"正常国家"，从现在看，日本的"正常国家"目标，还没有否定和平发展的道路。第二次安倍内阁成立后，国家战略向"积极和平主义"转换，调整国家安全战略和对外战略，这表明在可以预见的时期内，日本将加强军事力量，提高日美军事一体化水平，扩大对地区安全的参与和投入，但对战后以来主要依靠日美同盟的军事安全战略并未改变。

在估计和评价战后日本民族主义时，也应该看到日本社会和平主义力量的作用。冷战结束后，主张"革新"的力量明显衰落，难以抗衡"保守"路线，但民众的主流仍是愿意走和平发展道路。本书所引关于修改宪法的舆论调查基本反映这一情况。日本社会安全意识的变化与国内政治变化有关，也在一定程度上与近年东亚安全形势变化有关。修改战后宪法是清算战后体制的最终目标，将解除对行使军事力量的限制，但日本在现在的条件下不会放弃战后宪法和平主义原则。这从日本国内关于宪法的讨论和政治人物的言论中可以得到证明。"正常国家"是日本在目前国际秩序和国际体制下为自己设定的目标，近代以来的历史表明，国际环境对于日本社会的变革和对外政策有重大影响。美国华盛顿大学教授肯尼斯·派尔（Kenneth B. Pyle）认为，国际体系对日本的对外政策和国内体制都有巨大的影响，面对外部秩序的变化，日本的调整是务实的。[①] 派尔的分析是可供参考的。战后日本的发展是在现有国际体制下取得的，在可以预见的将来，国际条件不发生大的变动，日本也没有理由改变这一目标。

但是，日本在民族主义推动下走向"正常国家"，也将使世界面对一个新日本。如何推进这一变化，让邻国和世界接受一个新日本，这是

---

① 肯尼斯·派尔的观点转见罗伯特·佐利克：《日本准备变化和改革》，英国《金融时报》2006年11月28日。见《佐利克：日本准备进行新的对内对外战略调整》，中国网2006年11月29日，http://www.china.com.cn/international/txt/2006-11/29/content_7424632.htm。

必须回答的问题，日本显然还没有交出一份令人满意的答卷。例如民族主义上升影响日本在历史问题上的认识，而历史问题是影响与邻国关系的一个重要因素。小泉不顾中、韩两国反对去参拜靖国神社，据说理由是履行竞选承诺、为保证选票、为悼念战死者等等，但背后有一个基本原因是"日本没有诚实地对待自己的过去"，而更深层的根源在于没有从根本上摆脱传统的重视欧美、轻视亚洲的思想，低估了中韩等国家在历史问题上坚持原则立场的决心，使双边关系陷入僵局。中韩等国家并非反对参拜靖国神社，反对的是在靖国神社供奉有甲级战犯。反对参拜的实质是能否正视历史，尊重被侵略国家的民族感情。但在右翼和一些民族主义者操纵下，参拜问题成了日本民族主义的象征。日本有些民族主义要求可以理解，但以否认历史来高扬民族主义则是错误且不智的，只能贻笑于国际舆论。不敢正视历史甚至歪曲历史，反映日本的民族主义只是盲目追求国家尊严与荣誉而缺乏理性的自我批判精神。从这个意义上说，中韩等亚洲国家坚持正义立场，对于防止日本民族主义脱离理性道路也有积极意义。

在估计日本民族主义时还必须注意日美同盟关系。战后日本民族主义与美国的对日政策有密切关系。美国出于东亚战略需要，对日本的民族主义倾向给予容忍甚至纵容，但并非没有限度，正如肯尼思·派尔所说，日本的民族主义者是"头号的现实主义者"①，他们应该知道这个界限在什么地方。美国的对日政策，既是建立在对日本民族主义现状的客观估计之上的，也是建立在对日本政治、经济、安全走向拥有影响的自信之上的。正是对日本现状的客观估计和拥有制约手段，美国从冷战结束以来不断调整对日政策以适应其东亚战略和全球战略需要。美国对日政策调整的基本依据和选择考量集中体现在 20 世纪 90 年代初阿斯平小组报告、奈建议，以及进入 21 世纪以来的几份《阿米蒂奇报告》中。但与此同时，美国仍高度关注日本正在发生的历史性变化，及时调整对

---

① 肯尼思·派尔的观点转见罗伯特·佐利克：《日本准备变化和改革》，英国《金融时报》2006 年 11 月 28 日。见《佐利克：日本准备进行新的对内对外战略调整》，中国网 2006 年 11 月 29 日，http://www.china.com.cn/international/txt/2006－11/29/content_ 7424632.htm。

日政策和东亚政策的力度。例如美国的亚洲问题专家何汉理曾就"正常国家"究竟为何物向日方提出过质询。① 美国舆论也关注日本民族主义将向何方发展。例如弗朗西斯·福山就提醒美国对日本到底想要什么保持谨慎。② 美国还担心朝鲜核试验是否会引起"多米诺骨牌"效应,担心日本会借机发展核武,这种担心也是影响美国处理朝鲜核问题态度的因素之一。美国对日本民族主义的态度是复杂的,既要利用,又要防范。日本民族主义如何发展关系到日美同盟和美国在东亚的战略利益,因此在日美同盟条件下观察日本的国家走向,与其说看日本的民族主义,莫如说更要看美国的对日政策。

对于冷战后日本的民族主义,国际社会早就给予关注。③ 根据以上分析,对日本社会目前的变化要冷静、客观地看待,把日本民族主义要求同社会中否定历史的错误思潮和右翼思想区分开来。鉴于民族主义正在影响日本的政策和政治走向,为促进中日关系的发展,应当对日本民族主义给予必要的关注和研究。世代交替和国内外形势的变化,民族主义对日本政治的影响越来越大。由于战后改革和对军国主义思想清理得不彻底,战前思想的残余也会借民族主义上扬而得以复苏,把民族主义引向歧途。日本的未来取决于日本人民,但良好的国际环境也有助于日本继续走和平发展道路。日本应该让民族主义如安德森所说顺应时代发展得到升华,超越偏见与歧视,成为促进和平的积极力量。中日关系的发展也可以与推动地区合作结合起来,地区合作框架有可能消融和制约日本民族主义的过度膨胀。日本民族主义的发展将使其对外政策更重视自身的国家利益,中日经济关系的发展也会促使日本调整对华关系。中日关系有广阔的发展空间,相互依存的互惠关系对日本的国家走向将会产生积极的影响。

---

① 歌川令三「同盟の新たな位置つけ」、『世界週報』2002年4月9日、第29—30頁。
② [美] 弗朗西斯·福山:《日本的民族主义问题》,新加坡《联合早报》2007年3月26日。
③ 除前引文章外,较早的文章还如"Japan: The New Nationalists", *Economist*, January 14, 1995.

二 增进相互了解寻求构建新关系

中日两国及其国际地位和作用都在发生历史性变化。中国正在实现近代以来民族复兴的理想，日本也将逐渐走出"战后体制"，这必然会对两国关系乃至亚太地区产生深远影响。增进相互了解，正视对方的变化，双方才能找到建立新的稳定关系的基础，有利于地区和平与发展。

日方应该客观认识中国崛起的事实和东亚国际关系变化的趋势，探索和建立适应新时代变化的中日合作模式。中国崛起，从日本所处的东亚地区来说，是自第二次世界大战结束以来国际关系最重大的变化；从中日两国关系来说，则是自甲午战争以来两国力量对比发生的重大历史变化。日本应当对中国的发展有客观的认识，适应中国发展的事实。

同时，中国也要看到日本国家战略从战后的和平主义向"积极和平主义"转变，政治、外交和安全政策也相应发生变化，对"积极和平主义"国家战略下日本政治、外交和安全政策的影响要有充分的认识和估计，特别是在亚太地区国际格局和国际秩序变化的环境下对日本在中国外交战略中的定位要有新认识和恰如其分的评估。

"积极和平主义"是日本为适应以中美关系为代表的亚太地区力量平衡和国际关系变化，对国家战略做出重大调整，其核心是要主动影响国际形势，构建国际秩序，既要依靠美国又不是被动地追随美国。2013年2月安倍在美国战略与国际问题研究中心讲话时，特地强调《阿米蒂奇报告》中提出的日本不要做二流国家。他说："日本现在和今后都不做二流国家。"具体地说，就是日本"必须作为印太地区国际规则的制定者处于主导地位"，作"开放的海洋公共产品等全球公共产品的守护者"①。这是安倍对奉行"积极和平主义"，争做一流国家的解释，也是在中国崛起的国际环境中的选择。《日本时报》的一篇分析认为，日本国内正在经历"深刻的结构性变化"，"在过去几十年里没有什么东西像中国从发展中崛起为全球竞争者的转变那样成为他们心之所系。"这

---

① 安倍晋三『日本は戻ってきました』、2013年2月22日（CSISでの政策スピーチ）、http://www.kantei.go.jp/jp/96_abe/statement/2013/0223speach.html。

使日本统治精英的动机和抱负找到了新焦点,他们正把恢复日本作为第一梯队国家的地位作为目标,缔造一个新日本。①

但在如何正确认识中国和发展中日关系上,日本还处在不断适应和调整中。《日本经济新闻》的社论说,真实地看待仍在发展变化中的中国很难,然而,如果不能培养从战略层面进行分析的冷静眼光,就不能展望未来。假如中国以一定速度实现发展,处在美中两个大国间的日本就可能不得不调整路线。是维持和加强与美国的同盟关系?还是调整路线与中国加强关系?由于日中两国政治体制不同,安全立场不同,以日美同盟为主轴,同时以经济为主与中国合作,恐怕是日本有限的可选择的道路。② 这种看法是日本传统的应对中国崛起的对华政策,即以日美同盟为依托,保持同中国的合作关系。这是建立在均势理论基础上的对外政策。与之相关联的还有对华牵制的思想。在世界和平研究所的报告中,建议政府改善中日关系,同时也主张要加强中美日三角框架和构建中日台三角框架。③ 庆应大学副教授鹤冈路人认为,日本对自己在国际政治和安全舞台上应当和准备扮演的角色还没有达成共识,存在"日本优先"和"全球日本"之争。前者是要把所有可利用的资源集中在国家核心利益上,仿效美国倡导"日本优先",因为除了美国以外其他国家在日本应对突发事件时发挥的作用有限;后者认为要加强与政治和安全新伙伴的接触,寻求扩大与澳大利亚、印度、英、法等国家的战略合作。④ 无论前者后者,都是要在国际舞台上发挥主动性和主导作用,特别是后者正在引起国际上对日本未来作用的广泛关注。而在特朗普政府倾向于关注国内并引发对孤立主义担忧之时,日本主动承担维护公共产品的责任,声称维护印太地区的自由开放,意味着在包括美国、澳大利

---

① [美]杰斯珀·科尔:《是的,这次不同,一个强大的新日本正在崛起》,《日本时报》网站 2017 年 12 月 3 日。转引自《参考消息》2017 年 12 月 6 日。
② 「等身大の中国捉え 真の互恵関係を」、『日本経済新聞』2017 年 12 月 26 日。
③ 世界平和研究所日米同盟研究委員会『米国新政権と日本— 新時代の外交安保政策—』、2017 年 1 月、第 15 頁。
④ 佐伯啓思「ジャパン・ファーストの時代」、『Voice』2017 年 2 月号。鹤冈路人:《"日本优先"与"全球日本"》,美国《国家利益》网站 2018 年 1 月 14 日。转引自《参考消息》2018 年 1 月 18 日。

亚、印度、东盟成员国合作基础上，建立新的安全机制；同时鼓励美国持续地参与该地区事务，防止其完全退出亚洲。这是日本"积极和平主义"战略的目标。① 首相官邸人士称，日本改善对华关系的背景因素是政府认为"以经济规模早晚超越美国的中国为对手，在所有领域都进行对抗难度很大"，政府将持续摸索应该与大国化的中国保持怎样的距离和对华外交。② 同时，日本也要修补与中国的紧张关系，在外交战略中注入更大的灵活性和机动性。日本2018年度《外交蓝皮书》在明确与美国的联盟仍是对外战略核心的同时，表示要寻求改善与邻国的关系。评论认为，日本外交政策在采用平衡术，根据地区的风向变化调整其长期立场。③ 因此，中国对于日本"积极和平主义"国家战略应有清晰的认识。

在这种形势下，安倍政府改善对华关系，实现两国首脑交流，并选择在一定条件下接受"一带一路"倡议，为日本经济界创造机会。根据民间非营利组织"言论NPO"的舆论调查结果，日本国内的对华舆论依然不容乐观，但大多数人都将中日关系的重要性归因于双边经济关系。安倍政府的对华外交，正是在这种"虽然不喜欢中国，但是中日关系很重要"的舆论基础之上展开的。按川岛真的看法，从长期视角看，中日关系最终可能直面严峻态势，归根结底还是要根据中美关系和世界秩序的趋势来判断。他推测世界秩序变化有四种可能：①世界秩序和东亚秩序都由美国主导。②世界秩序由美国主导，东亚秩序由中国主导。③世界秩序由中国主导，东亚秩序由美国主导。④世界秩序和东亚秩序都由中国主导。在四种可能中，排除在地缘政治学上可能性极低的③后，①②④三种可能性都应加以考虑。对于日本而言，在①的情况下能够维持《日美安全条约》，在东亚地区展开行动也较为容易。而对于中国而言或许①并非上佳选项，在②的情况下，日本作为美国在东亚地区

---

① ［日］渡部恒雄：《日本在唐纳德·特朗普时代的战略》，美国外交学者网站2018年1月16日。转引自《参考消息》2018年1月26日。
② 《日本对华政策拟从制约转向融和认识到国力差距》，共同网2018年4月16日，https://china.kyodonews.net/news/2018/04/3c5fa3cf4f92--.html。
③ Daniel Hurst: Japan's foreign policy balancing act, *The Japan Times*, MAY 20, 2018.

的同盟国，与中国对峙将会使外交摩擦升级，面临严峻的国际形势。在④的情况下，鉴于维持《日美安全条约》带来的巨大风险，日本必定要做出重大战略决策。在不远的将来，日本可能迎来世界历史的大转折。为此，川岛真建议中日双方都要明确我们的过去、现在以及未来。同时，双方需要基于地缘政治学和历史观点，明晰各自的国家利益所在，确认东亚和世界和平、稳定与发展的形势。并且，中日双方还需要思考两国存在怎样的共同利益，并思考如何去追求双方共同的利益。①

安倍讲话和日本学者的分析表明，日本国家战略正在经历重大变化和转折，主要原因是应对中国崛起。日本提出印太构想是应对中国崛起，改善同中国的关系也是应对中国崛起。在这种情况下，如何保证中日关系健康发展对于两国来说是需要认真思考的。

三　夯实和扩大中日关系的基础

中日关系因购岛事件陷入低谷以后，在日本国内有两种意见。一是认为安全问题成为影响中日关系的重要因素，加之中国经济总量超过日本，在日本人心理上造成冲击，两国实力的逆转单靠经济的力量难以改变。日本前驻华大使宫本雄二认为："以前修复因政治问题动摇的日中关系，经济可以发挥很大作用，但现在安全成为影响两国关系的新因素，只靠经济的力量就不能简单地修复了。"二是中日经济实力逆转，经济在两国关系中的作用下降。日本丸红公司在中国的经济调查团队负责人铃木贵元说："日中关系的改善从根本上还是要看双方能在哪些方面向对方提供帮助。"铃木认为："中国虽然在引进日本技术，但日本引进中国技术的想法几乎没有。以前日本经济力量有绝对优势，向中国提供技术，促进中国发展，但现在日中经济规模逆转，依靠单向交往改善日中关系很难。"②这两种意见未必真实地反映经济关系在促进两国关系发展中的作用，但提出了中日关系新变化中可能产生的新问题，对

---

① ［日］川岛真：《中日关系的走向与世界秩序的变迁》，徐信译，《东北亚学刊》2019年第2期。
② 「日中関係改善は本当に続くか」、『産経新聞』2018年4月12日。

于今后促进中日关系改善和发展是值得注意的。

由于在发展对华关系上缺少新思维,"政经分离"的两面性政策仍是日本对华政策的主流。战后中日关系史除了冷战后期中美日共同对抗苏联威胁时期外,日本对华政策都是"政经分离",即在政治关系上或对抗,或相互龃龉难以建立互信,而在经贸关系上则基本上保持了交流与合作。造成这种局面的原因一是战后以来的日本对华政策受美国东亚战略的影响,二是中日之间存在历史问题和现实的结构性矛盾影响。2010 年以后中日关系陷入低谷,既是受美国亚洲政策的影响,也是受日本国家战略调整的影响。日本在完善安全法制后,日美安全合作更加密切。有分析认为,日美安全合作程度之深,已经实现了"事实上的日美联合作战"①。在印太战略下,日本正在推进日美澳印四国战略对话,同时扩大对东南亚和南亚地区的安全关系。防卫省计划在 2018 年内将自卫队对他国军队"能力构建援助"范围从以东南亚为中心进一步扩大至南亚。2018 年 12 月,日本在仅经过三年之后就再次通过新修改的《防卫计划大纲》,说明对提高防卫能力的重视。据报道,《新防卫计划大纲》对涉及中日领土争端的所谓"西南诸岛"(钓鱼岛)的防卫是其中重要内容。2019 年日本防卫预算在加强导弹防御和太空监视、网络安全能力外,将为防卫"西南诸岛",列入 138 亿日元用于研究攻击性的"岛屿防卫用高速滑翔弹"。中日之间仍然存在悬而未决的问题,日方对"一带一路"倡议的疑虑并未消除,但双方愿意在"一带一路"倡议下展开第三方市场合作,希望通过经济合作,逐步建立长期、稳定的关系。《读卖新闻》发表的日本政治智囊的文章称,安倍在对华政策上实施的是"政经"分离策略。日本虽然反对中国以"力量弹压"亚太国家,但在能合作的经济领域上会设法寻求合作;同时,日本将坚持合作在"自由和法律以及市场经济"等三大原则下进行。② 因此,在亚太地区国际格局和中日关系中仍存在难题的情况下,日本对华政策的两

---

① 「海自、米イージス艦に燃料補給 17 回　安保法制の新任務」、『朝日新聞』2018 年 4 月 4 日。
② 《中日设协调机构合作发展"一带一路"项目》,新加坡《联合早报》2018 年 5 月 7 日,http://www.zaobao.com/news/world/story20180507 - 856716。

面性还难以消除。2017年以来中日关系逐步走向缓和，反映了日本在对华政策上的新认识和新调整，并非对"积极和平主义"国家战略的修正。日本今后继续加强日美安全合作，把印太构想作为地区外交、经济和安全政策的指导思想，同时在这一前提下发展同中国的关系。

应当看到，随着大国关系调整的深化，日本在对华关系上出现积极动向。安倍首相多次谈到中日关系要"从竞争转向合作"，日本对华姿态也发生较大变化。庆应大学教授加茂具树分析认为，在2018年10月中日首脑会谈中提出日本在对华政府开发援助（ODA）结束后将转向探索新的合作方式，从原来的对华援助转向对华合作，日本在对华关系上也进入"再定义"阶段。对华ODA结束后，两国将通过研发人才交流和全球规模的课题合作，形成对等的合作伙伴关系。为与迅速发展的中国建立良好的交往关系，日本对华认识也从过去的"援助对象"发生明显的变化。[①] 这表明日本在对华关系上定位的变化，是对中国在亚洲政治、经济地位的重新认识，是对中国崛起事实的认可。在安全问题得到保障之后，日本要同中国建立一种新关系，毕竟两国有许多共同利益，需要合作，在合作中才能增进相互了解和深化互信。经济合作对于维系和加强两国关系的重要作用，仍是今后值得重视的努力方向。

因此，面向新时期，中日关系如何夯实原有基础和扩大新基础，构建长期稳定的战略关系，是摆在两国面前的新课题。

经济关系是中日关系压舱石的作用不能削弱。中日经济有很强的互补性，无论是中日邦交正常化之前还是之后，经济交流与合作在两国关系发展中发挥了重要作用，也对促进两国社会经济进步，造福两国人民做出了重要贡献。近年由于中国产业结构升级和人工费用上涨等因素，一些日本企业向东南亚等国家转移投资；不可否认，中日关系的倒退也造成不利影响，甚至出现"政冷经凉"的局面，产生的影响不限于经济领域，也波及诸多方面。因此重视和培育中日经济交流与合作，探索两国合作的新模式、新途径十分必要。

---

① 加茂具樹「これからの日中関係：『競争から協調へ』の意味すること」、日本国際フォーラム第313回国際政経懇話会メモ、2019年5月23日。

在地区经济领域开展中日合作是扩展两国经济合作的新形式。在地区经济领域开展合作的思路早就有，但由于种种原因难以实施，成效不彰。中日关系重新走上正轨，也为地区经济合作提供了新机会。中日两国都是地区经济合作的积极推动者，由于奥巴马、特朗普政府调整亚太政策和中日关系陷于低谷，东亚地区合作进展迟缓。特朗普政府的贸易保护主义政策只顾"美国优先"，无疑不得人心，东亚国家应该不失时机地积极推进区域全面经济伙伴关系协定（RCEP）的签署，将东亚经济合作推向一个新高度。

中日关系的改善也为中日韩自贸区谈判创造了条件。中日韩三国之间存在着历史纠葛，关系不稳定，加上区域外因素的干扰，自贸区设想一直停留在纸面上。推动自贸区的设想需要内部因素和外部契机，中日两国应该为促进这一设想的实现携手努力，为地区合作做出贡献，而中日韩自贸区的形成也将加强中日两国的经济依存关系，增进相互交流和理解，扩大两国关系的基础。

中日两国在地区层面上加强合作新形势，开展"第三方经济合作"，已经有了良好的开端，今后积累经验，逐步扩大合作规模和合作领域。日本对与中国在"一带一路"建设上进行合作还有疑虑，要照顾美国的感受。日本提出"开放性、透明性、经济性、财政健全性"作为对华合作的条件，同时也是向美方做出解释，是在"一带一路"和"自由开放的印太"之间寻找结合点和缓冲空间。[①] 日美联合推行的印太战略所包括的地区与中国提出的海上丝绸之路建设相重叠，中日"第三方合作"对于降低两者之间的冲突，也有利于地区的和平与发展。大阪二十国集团（G20）峰会期间，两国首脑就开展"第三方合作"达成共识，双方将继续着力推动第三方市场合作取得扎实成果。

长期以来东亚合作缺少有利的核心推动力量，东北亚国家更由于历史因素矛盾重重，中日两国能否携手合作是地区合作的关键。在世界面临大变局的形势下，中日关系改善再次为地区合作建立新东亚共同体提

---

① ［日］川岛真：《中日关系的走向与世界秩序的变迁》，徐信译，《东北亚学刊》2019年第2期。

供了转机。中日两国在新形势下积极合作，就有可能为完成东亚合作的历史使命做出新贡献。

四　求同存异保持中日关系稳定发展

由于近代以来日本对中国的侵略和现实的地缘政治因素影响，中日关系是国际关系史上十分复杂的双边关系。在世界百年未有的大变局形势下，如何建立适应国际格局变化的新关系，是摆在中日两国面前的课题。中日两国须站在新的历史高度，重新审视阻碍两国关系发展的问题，妥善处理，开辟中日关系历史的新篇章。

历史问题、钓鱼岛等领土争端、台湾问题是影响中日两国关系的三个重大问题，也是从中日邦交正常化之时就存在的老问题。由于这些问题关系到两国国民感情、国家主权和国家战略利益，也涉及国际关系中的大国战略博弈，错综复杂，暂时难以解决，但却经常影响两国关系。中日邦交正常化以来的历史证明，"求大同，存小异"，管控分歧，扩大共识，是保证两国关系顺利发展的值得汲取的经验教训。

事实证明，由于未能很好地管控分歧，撞船事件和购岛事件引发中日关系倒退。2018年5月李克强总理访日期间中日避开有争议的钓鱼岛问题就启动"海空联络机制"达成共识，降低了发生摩擦的风险，维护了两国关系大局。中日双方在这一问题上的做法与1972年为顺利实现中日邦交正常化而对钓鱼岛"搁置争议"一样，说明"求大同，存小异"有利于中日关系健康发展。2019年6月，习近平主席与安倍首相在大阪二十国集团（G20）峰会期间达成的十点共识也说明，虽然中日关系处在一个比较好的发展势头上，但双方在一些问题上也存在分歧。为了两国长远利益和地区和平，双方一致认为应聚焦共识、管控分歧，共同推动两国关系持续向前发展。这是两国秉持求同存异原则，高瞻远瞩做出的战略决策。①

---

① 日方认为领土和历史问题等近期难以解决，通过"管理"的方式维持地区秩序现状是最好方案。20年後のアジア太平洋地域秩序と日本の役割に関する研究会『「20年後のアジア太平洋地域秩序と日本の役割」報告書』、2015年4月、第18頁。

除了在影响中日关系的老问题上要注意管控分歧外，在一些新问题上也要降低摩擦，增进共识，减少两国关系发展的阻力，扩大合作共赢的基础，推动中日关系改善的势头行稳致远。这要加强两个方面的工作，一个是安全方面，一个是经济方面。

如前所述，安全方面正在成为影响中日关系的新因素，对两国关系的影响甚至超过经济。在安全方面，中日如果能探索达成某种共识并建立相应机制，构筑"建设性的安全关系"，对于改善双边关系，增进相互信任，进而缓和两国之间的安全困境是具有积极意义的。冷战结束后，东亚安全形势变化，《日美安全条约》重新定义，中日安全关系面临新考验。随着中国国力增强，日方因非法占据中国的钓鱼岛等问题，日益感受到中方的压力，不仅调整防卫战略和军事部署，还修订法制和改革体制，加强日美防卫合作，提出印太战略和构建多边安全合作机制。毋庸置疑，安倍政府内外政策的目的是针对中国崛起而要主动影响和塑造亚太秩序，是"积极和平主义"国家战略的具体落实。按安倍首相负责国家安全的助理薗浦健太郎的解释，印太战略是与美国合作在印太地区推进安全和经济战略，目的是牵制中国，建立美国或美日合作主导下的地区稳定。① 但另一方面，日本在加强安全布局的同时也愿意改善中日关系，保持两国关系稳定，这也符合日本国家安全和经济利益。日本将印太战略改称印太构想，也有不刺激中国、降低对抗色彩的意思。日本国内舆论有意见认为，若与中国对抗色彩强烈，就会造成地区割裂的局面，应在日美同盟的基础上，保持同中国的协调关系。② 这是日本自高坂正尧到五百旗头真等战略家在处理同中国和美国关系时的一贯方针。特朗普政府成立后，中美日关系的演变为日本在中美博弈之间寻求利益最大化，提供了新的选择余地和政策空间。中美贸易战使日本对中美关系变化有新看法，认为中美博弈将长期持续，未来世界可能进入一个前景模糊的时期。日本更希望在中美博弈中谋取最大利益。这

---

① 《安倍国安顾问：日不接受中国武力改变现状》，新加坡《联合早报》2018年2月24日，http://www.zaobao.com/wencui/politic/story20180224-837680。

② 「インド太平洋　対決の枠組みにするな」、『朝日新聞』2018年12月4日。

也是安倍对改善对华关系态度转为积极的原因。① 一方面依靠日美同盟，另一方面又想在中美之间保持平衡，对于夹在中美之间的日本来说，希望能左右逢源而立于不败之地，也是安倍的做法得到国内支持的原因。特朗普政府在对日经贸和安全领域的的压力，使日本对日美同盟的可靠性也不能不产生怀疑。② 在这种情况下，中日之间在安全上进一步达成增进互信的措施是有可能的，这对于促进中日关系，削弱美日印太战略的影响都有积极的意义。中日两国还应积极探索新的安全合作领域和安全合作形式，增进两国安全互信。2019 年 4 月，习近平主席在构建"人类命运共同体"的基础上又进一步提出构建"海洋命运共同体"的思想③。中日两国隔海相望，把辽阔的东海变成和平之海、发展之海是两国人民的共同愿望，也一定会有许多共同关心的话题。

在经济方面，中日之间联系密切，近年有日企迁出中国，但产品主要面向中国市场的企业不仅没有转移，还继续增加对华投资。中国商务部公布 2019 年 1 月至 5 月中国利用外资的数据显示，实际利用外资 3691 亿元人民币（1 元人民币约合 0.15 美元），增长 6.8%。增速较去年同期加快 5.5 个百分点。其中，日本增长 18.9%。④ 中国经过多年发展，产业门类齐全，基础设施较为完善，劳动力素质较高，这些都是东南亚国家所不具备的优势，加之中国国内市场容量巨大，对于日本等发达国家资本仍然具有难以替代的吸引力。

在地区经贸合作方面，中日之间都有推动地区经贸合作的愿望并为此共同努力，但对于曾经是东亚经济增长发动机和领头雁的日本来说，中国的崛起自然被视为新的经济竞争者，这不仅不利于两国之间建立互信，也不利于地区合作。在福田康夫担任首相时曾提出两国在对非洲地

---

① 《秩序转向模糊"大变局"能量超越历史变革总和》，2019 年 8 月 3 日，http://news.dwnews.com/global/news/2019 - 08 - 03/60143833.html。
② 《特朗普发言动摇日美同盟"不公平"或为心声》，共同社 2019 年 8 月 5 日，https://china.kyodonews.net/news/2019/08/34cdc68e127c--.html。
③ 《习近平集体会见出席海军成立 70 周年多国海军活动外方代表团团长》，《人民日报》2019 年 4 月 24 日。
④ 《商务部：前 5 月社会消费品零售总额达 16.1 万亿元》，中国新闻网 2019 年 7 月 2 日，http://www.chinanews.com/cj/2019/07 - 02/8881138.shtml。

区投资开发中进行合作的设想,现在中日两国在"第三方合作"领域取得进展,对于双方建立互信和消除疑虑将起到良好作用,是中日合作新领域的开端。中日双方共同努力在此基础上探索经验,扩大合作成果,就会为东亚地区的发展与繁荣做出更大贡献。

中日两国是"永远的邻居",都有建立东亚共同体的夙愿,在当前世界变局下应当加强合作,把互不构成威胁、互为合作伙伴的共识落实到行动上,为构建和平稳定的两国关系和东亚地区的和平与繁荣同心协力,书写新篇章。

第九章　决定日本国家战略的几个因素
——理论角度的探讨

影响国家战略形成的因素有多种，一般说来与国家的地理环境和基本理念有关；与国家的历史经验和从历史经验中形成的战略文化有关；与从军事、外交、经济、心理等角度判断的国际形势有关。日本国家战略的形成和演变，是上述因素相互作用影响的结果。

本章试图从理论角度对影响日本国家战略的因素做一探讨，希望能为深入研究提供参考，而相信日本案例也会为丰富相关理论提供有价值的素材。

第一节　日本民族主义的特殊性

自从世界进入民族国家时代以来，民族主义就是影响国家走向和国际政治演变的重要意识形态。无论是在民族国家形成初期，还是在世界进入殖民化和非殖民化时代，民族主义都是影响历史进程的重要力量。即使在全球化程度不断提高的今天，民族国家作为国际社会基本行为体的属性并未改变，民族主义仍在影响国家政治和国际政治的潮流中发挥重要作用。[①] 英国学者安东尼·史密斯（Anthony D. Smith）说："全球化也远远没有导致废弃民族主义，甚至可能在事实上还加强了它。""民族主

---

① 全球化时代民族国家的变化和民族主义的作用可参阅［英］安东尼·吉登斯《全球时代的民族国家：吉登斯讲演录》，郭忠华编，江苏人民出版社2012年版，第13—20页。

义无处不在，今天五大洲千百万人如此醉心于它，这些都证明民族主义在'人民'中的鼓动和共振作用，只有过去的宗教能与其媲美。"①

民族主义对于日本近现代历史同样产生了重要影响。由于受特定的时代条件和国内外环境影响，甚至可以说民族主义主导了日本近现代历史进程。民族主义为认识和理解日本近现代历史提供了一把钥匙，而日本民族主义的特殊性也为丰富世界民族主义历史和理论提供了一个与众不同的案例。

一 近代日本民族主义的特殊性

日本近代以来的曲折历史表明，其民族主义的特殊性在不同时期有不同的表现，在战前和战后具有不同的两面性。这是日本社会历史演变的内在因素和东亚国际关系博弈的外部因素交互作用的产物，对日本国家战略走向产生深刻影响。

战前日本民族主义的两面性表现为既是东方唯一成功反抗西方殖民侵略、保持独立的民族国家，又是对外发动侵略战争的帝国主义国家。这一经历在东方国家历史上绝无仅有。这是日本和东亚的历史环境造成的。在近代东亚，日本第一个走上资本主义道路，成为东亚国家学习的样板，也成为荼毒东亚的恶魔。

日本的民族主义思想产生于前近代。② 明治维新时期在西方资本主义文化影响和炮舰政策③压力下，民族主义进一步被激发，推动政治、经济、思想文化领域发生深刻变革，演出一幕社会变迁的历史活剧。按照

---

① ［英］安东尼·史密斯：《民族主义——理论·意识形态·历史》，第3、142页。
② 东方国家的民族主义有特殊性，如日本的民族主义在近代国家形成之前就存在。法国学者吉尔·德拉索瓦认为："借助岛国地理特性，其统治者得以交替，轮番采取闭国或开放的政策，来保持其民族文化和独立。在18世纪前，日本就有过纯净文化和'日本化的努力'，目的主要是抵御中国的影响。这一民族主义早于近代政治。"（［法］吉尔·德拉诺瓦：《民族与民族主义》，郑文彬、洪晖译，生活·读书·新知三联书店2005年版，第86页。）关于历史、地理因素对日本民族主义的影响将在后面专门论述。
③ 1853年7月，美国海军准将马修·佩里率舰队在日本浦贺登陆。次年佩里率舰队再度进入江户湾，迫使日本签订日美亲善条约，宣告锁国时代结束。史称"黑船事件"。1864年9月，英、法、美、荷四国舰队炮击下关沿岸炮台，迫使长州藩议和、赔款，允许外国军舰自由通过关门海峡。史称"四国舰队炮击下关事件"。

民族主义理论，民族主义出现于资本主义上升时期。安东尼·史密斯在缕述"目前存在着一种被广泛接受的'民族主义历史'"时说："民族主义从18世纪的最后25年开始发生，由瓜分波兰和美国革命开始，通过法国大革命，到对拿破仑征服普鲁士、俄罗斯和西班牙的反应，它正式形成。根据这一观点，民族主义就是在这革命的40年中诞生的。"① 资本主义首先在欧洲推动形成民族国家。法国学者吉尔·德拉诺瓦（Gil Delannoi）说："民族—国家似乎是准备并伴随了工业革命。与古老而普遍公认的民族（如亚洲民族）相比，民族—国家更是现代欧洲的特有发明。"② 掌握了前所未有的生产力的资本主义进而向全球扩张，"比过去时代的民族更有征服统治遥远'落后'区域的能力。换句话说，工业革命使欧美的民族国家自然而然而且较容易地实行一种新帝国主义"③。民族—国家的兴起又促使世界从19世纪最后30年开始掀起民族主义的第二次浪潮。欧洲和欧洲以外的国家都兴起了民族主义，其中包括明治时代的日本等东方国家。④ 但正如英国学者詹姆斯·梅奥尔（James Mayall）所说："在世界的一些地方，民族主义是伴随自由宪政和民主政府而出现的；而在其他地方，它却是帝国征服带来的一种反应。"⑤ 日本是后者，是西方侵略下的民族危机激发了民族主义高涨。

近年在民族主义研究领域颇有影响的学者本尼迪克特·安德森（Benedict Anderson）对民族主义的起源和散布提出新解释，与向来把西欧作为民族主义发源地的观点不同。他认为，第一波民族主义是18世纪末、19世纪初发生在南北美洲的殖民地独立运动，日本明治维新被列为第三波"官方民族主义"⑥。但他认为促使日本"官方民族主义"兴起的

---

① ［英］安东尼·史密斯：《民族主义——理论·意识形态·历史》，第92页。
② ［法］吉尔·德拉诺瓦：《民族与民族主义》，第67页。
③ ［美］海斯：《现代民族主义演进史》，帕米尔译，华东师范大学出版社2005年版，第222页。
④ ［英］安东尼·史密斯：《民族主义——理论·意识形态·历史》，第92—93页。
⑤ ［英］詹姆斯·梅奥尔：《民族主义与国际社会》，王光忠译，中央编译出版社2009年版，第2页。
⑥ 本尼迪克特·安德森对民族主义的分期详见其所著《想象的共同体》，吴叡人和汪晖对分期作了简要概括，参见该书所载二人的文章。

因素之一同样是西方的入侵。① 美国著名学者费正清就中国近代史提出了"冲击—回应"模式②，日本学术界研究近代日本也基本采用这一模式。③ 反对民族压迫和争取民族独立是激发东方后进国家民族主义的重要原因。

但不同的是，民族主义的畸形发展使日本走上侵略邻国和与帝国主义列强争霸的战争道路。安德森认为，日本"民族主义甚至在统治圈之外也会开始带有侵略性的帝国主义性格"，指出造成这种性格的两个因素：长期孤立的遗泽和官方民族主义模式的威力。对于前者，安德森采用著名思想史学者丸山真男的观点：与欧洲已经形成国际社会和国际法体系不同，日本几个世纪的孤立"对国际事务中的对等性完全无知，'攘夷论者'以基于国内的阶层支配体系（hierarchy）的视角来看待国际关系，因此，'国际'问题从一开始就被简化成一个二择一的问题：征服乃至并吞对方，或者被对方征服和并吞。如此，由于没有更高的约束国际关系的规范意识，依照权力政治的准则，在昨天还是消极的防卫意识，到了明天就突然变成了无限制的扩张主义"。因此，明治政权效仿欧洲帝国主义，"伟大的民族都是全球的征服者"。"为期盼日本被接纳入'伟大'之林，就算它是后来者，而且要走过漫漫长路才能迎头赶上，它也应该化天皇为皇帝，并发动海外竞逐才对。"被安德森称之为激进的民族主义思想家与革命家的北一辉，在1924年出版的《日本改造法案大纲》中宣称，面对列强对世界的瓜分，后来的日本是国际上的"无产者"，世界"就应该无条件承认作为国际的无产者的日本可以充实陆海军的组织性力量，并以开战来匡正不义的国际划定线……以合理的民主社会主义者之名，日本要求对澳洲与远东西伯利亚的所有权"④。在民族主义的鼓舞下，日本帝国主义把东亚变成了与列强角逐和争夺势力范围的角斗场，给邻国造成深重灾难，自己也走向覆亡。

丸山真男认为：由于日本的民族主义兼具欧洲民族主义和亚洲民族

---

① ［美］本尼迪克特·安德森：《想象的共同体》，第91—92页。
② 参阅［美］费正清：《美国与中国》，张理京译，世界知识出版社1999年版。
③ 日本接触西方文明后的反应，参阅家永三郎『外来文化摂取史論』、青史社、1974年復刻版、本論。
④ ［美］本尼迪克特·安德森：《想象的共同体》，第92—94页。

主义的特点，其完成勃兴、高潮到没落的过程，在亚洲国家中是唯一的。① 实际上，日本民族主义不仅具有安德森所说的"官方民族主义"的特点，它的兴起也不同于欧洲民族主义，而是和东方国家在西方压力下激发的民族主义如出一辙，其没落的结局却与欧洲民族主义颇为相似。这是战前日本民族主义的特点和典型意义所在。

二 战后日本民族主义的两面性

回顾到第二次世界大战结束的日本民族主义由兴起到惨败的历史，是为了深入认识战后日本民族主义。战前日本民族主义的成功与失败给战后日本社会留下了正面的和负面的遗产，也影响了战后日本民族主义的曲折发展和不同于战前的两面性表现。

战后日本民族主义的两面性表现为保守的民族主义与和平的民族主义的对立，而保守的民族主义又具有既要求对美独立又要依赖美国的两面性。所谓"战后体制"是经过战后改革形成的政治体制。根据雅尔塔协定，日本在战败后经历了占领时期，目的是彻底摧毁其法西斯国家机器及其意识形态，将其改造成一个和平民主国家。在占领军主导下，日本制定了放弃发动战争的和平主义宪法；进行政治、经济改革，实行西方式的政治体制和现代经济制度，建立起战后体制的基本框架。由于冷战开始，美国改变对日政策。1951年通过旧金山媾和结束对日军事占领，同时美日之间缔结安全条约，美国承诺对日本的军事保护，继续在日驻军，并要求和允许其保持一定的军事力量。战后改革和美日安全同盟奠定了战后日本国家的基本框架，也指引了日本以后的发展方向。战后日本的经济成就与和平发展都与战后改革形成的政治、经济体制和稳定的日美关系密不可分，但从民族主义的角度来说，作为第二次世界大战的战败国，战后日本按照民族国家的标准衡量是有特殊性的，战后体制和日美关系成为影响日本民族主义流变的重要原因。

保守的民族主义者将战后体制的约束称作"战后束缚"，主要有：战后宪法确定的非战原则、东京审判对其侵略历史的裁决和日美关系中

---

① 丸山真男「日本におけるナショナリズム」、『丸山真男集』第五卷、第59頁。

的不平等性。

　　非战原则是战后宪法的和平主义精髓。它既是世界反法西斯力量对发动侵略战争的日本的制约，更是经历过战争灾难的日本民众的沉痛反思和对未来的承诺，但对于保守的日本民族主义者来说却难以接受，修改战后宪法是其一贯要求。1955年自民党成立时在其纲领中明确表示要修改宪法，理由是宪法是占领时期经外国人之手制定的，但实际上修宪争论集中在是否修改宪法第九条即"和平条款"上。可见修宪原因与其说是因为宪法是美国主导制定的，不如说是宪法的非战原则在民族主义者看来是让日本不具备完全的国家功能了。冷战结束后，日本民族主义上升，要获得与经济地位相称的国际地位，恰在此时因在海湾战争中"出钱未出人"而受到批评，在联合国名义下在海外发挥军事作用也获得理解，国会顺利通过参加联合国维和行动法案。以小泽一郎为代表的民族主义者进而提出要使日本成为"正常国家"（Normal State，日语称"普通国家"），因为在他们看来，只能在国际上发挥经济作用而不能发挥军事作用，是一个"单肺国家"。日本要在政治、外交和安全上发挥与其经济地位相称的国际作用，恢复"民族尊严"。此后在民族主义和保守主义思潮推动下，修改宪法第九条的进程日益加快。

　　侵略历史问题在日本仍存在争议。政府公开表示接受东京审判结果，但在一些民族主义者看来却是"胜者对败者的审判"，不存在公正和正义，提出质疑甚至否定。典型例子是代表日本政府对慰安妇问题和侵略历史表态的1993年"河野谈话"① 和1995年"村山谈话"② 得到国际舆论的积极评价，却遭到一些政治势力的猛烈批评，甚至要求撤销"河野谈话"。对外侵略战争使日本数百万生灵涂炭，家园毁灭，在历

---

① 1993年8月4日，日本内阁官房长官河野洋平公布对慰安妇问题调查结果，承认慰安所是战时军事当局要求筹建，原日本军参与了慰安所设置、管理。慰安妇的招募违反本人意愿，严重伤害女性名誉和尊严。对于慰安妇经历的痛苦与伤害，日本政府表示由衷道歉。

② 1995年8月15日，日本首相村山富士发表日本无条件投降50周年纪念日谈话，承认殖民统治和侵略给许多国家特别是亚洲各国人民带来巨大伤害和痛苦，表示深刻反省和由衷歉意，向受到灾难的所有国内外人士表示沉痛哀悼，并表示要从中学习历史教训，展望未来，走和平发展道路。

史上第一次被外国军队占领。战后日本大多数人都能对战前的民族主义及其极端表现形式法西斯主义做出严肃批判，赞同走和平道路；但社会上对战争历史、战争原因和战争责任的认识又没有形成共识，与国际社会对第二次世界大战历史的认识也不尽相同。这使日本与深受其害的东亚国家特别是同中朝韩的关系龃龉不断，成为影响双边关系和地区合作的重要因素之一。

在日美关系上更集中体现了日本民族主义的两面性和复杂性。战后日美结成军事同盟，日本全面依赖美国，日美关系实际上保持一种不平等的状态。驻日美军是经常激起日本民族主义的因素，民众抗议美军的呼声一直不断；但日本在安全上又托庇于美国，为应对所谓"安全威胁"极力配合美国的要求。需要指出的是，战后日美特殊关系的形成有其历史原因和国际原因，同时也是日本国家战略选择的结果。日本接受占领和与美国结盟，有作为战败国不得已的因素，也有主动顺应形势谋求国家生存发展的现实考虑。日本学者五百旗头真借用英国历史学家汤因比评价古代犹太民族在希律王时期接受罗马帝国间接统治，保证民族延续和接受外部强大文明的事例，认为战后日美关系"是希律王主义的再现"。"在美国的统治下学习美国，建设经济国家。（20世纪）80年代，日本在经济方面终于赶上了美国。"[1] 尽管如此，这一历史使日本对美国抱有矛盾心理。战败和被异国军队占领，民族主义者视为奇耻大辱，而由此走上西方式的、和平民主的发展道路，实现经济复兴与繁荣，又对美国怀有难以言说的敬意和好感。即使在今天，日本虽然强调日美同盟是两国拥有共同利益和价值观的体现，但实际上仍然是对美实用主义在起作用。布热津斯基说，日本国内各政治派别主张维持日美同盟的一个共同原因是："利用与美国的特殊关系去争取全球对日本的承认，与此同时避免亚洲对日本产生敌意，并在条件尚不成熟时避免使美国的安全保护伞受损。"[2]

---

[1] ［日］五百旗头真主编：《战后日本外交史（1945—2005）》，第3页。
[2] ［美］兹比格纽·布热津斯基：《大棋局——美国的首要地位及其地缘战略》，中国国际问题研究所译，上海人民出版社1998年版，第235页。

作为保守民族主义的对立面，日本国内还有一股积极的民族主义力量，在研究日本民族主义时往往被忽略，这就是和平主义力量。日本普通民众也是对外侵略战争的受害者，战后成为维护和平的中坚力量。战后和平宪法虽然是占领时期制定的，但没有民众的理解和支持是不可能颁布执行的。这股和平的民族主义力量维护战后宪法的和平主义精神，反对日本受美国战争政策的驱使。在 1960 年，他们是声势浩大的反安保斗争的主流。和平的民族主义的代表是左翼政党，在冷战时期是保守政治的重要制衡力量。冷战结束以后，国际形势和日本国内政治生态的变化使左翼政党的影响渐趋式微，政治趋向保守化，但在民众中蕴藏的和平的民族主义力量仍不应低估。他们反对修宪，反对为配合美军行动而修改安保法案。在 2015 年 9 月安保法通过后的舆论调查中，赞成者占受访者的 34.1%，反对者占 53.0%。① 2017 年 7 月共同社舆论调查，受访者中赞成安倍任内修宪者为 32.6%，反对者为 54.8%。② 这说明，目前在日本仍然有一半以上的民众不愿意毫无原则地追随美国，希望走独立的和平发展道路，与保守主义的政坛相对照，鲜明地表现了日本民族主义的两面性和复杂性。这也说明，保守的民族主义与和平的民族主义是决定日本未来的两大势力，其消长变化引人注目。

战后日本民族主义两面性是影响日本国家战略的主要因素，其形成原因一是对历史认识的问题，包括对战后体制的评价问题；二是日美关系和日美同盟问题。近代资本主义和战后经济社会发展对民族主义的激发，使日本人对民族历史文化和价值观感到荣耀和自豪，但也阻碍了保守的民族主义者对本国侵略历史的认识和反省，民族主义被扭曲，也阻碍同邻国形成共同的历史观；而战后日美关系的复杂性和日美同盟的非对等性，又使日本在各方面受到美国有形和无形的制约。对于在特殊历史条件和国际条件下形成的战后日本民族主义，既要看到从民族主义所崇尚的独立、自决等原则来说，它的产生具有一定的合理性；同时也不

---

① 《近八成日本人认为安保法审议不充分内阁支持率跌破 40%》，共同网 2015 年 9 月 20 日，http://china.kyodonews.jp/news/2015/09/105732.html。
② 《54%的日本人反对安倍执政期间修宪》，共同网 2017 年 7 月 16 日，https://china.kyodonews.net/news/2017/07/daaff43639bb-54.html。

能忽视它所具有的负面能量和负面影响。

对于日本民族主义的特殊性和两面性，在当代民族主义研究中还没有深入地进行探讨。① 战后，为和战前军国主义撇清关系，日本很少谈及民族主义。从20世纪90年代以来，由于国际形势变化和日本国内外政策的调整，学术界对日本民族主义的关注度逐渐提高，相关研究也进入一个新阶段。

值得注意的是，对冷战结束以后的日本民族主义有人称之为新民族主义。较系统阐述这一观点的有日本学者渡边治②和美国学者尤金·马修斯（Eugene A. Matthews），③ 中国学者也对日本民族主义展开研究，有学者也赞同新民族主义的提法。④ 中外学术界对日本新民族主义的认识虽然有所不同，但共同点大致有三：强调对日本历史文化的回归，对侵略历史和战争责任的反省有所保留；要求修改战后宪法；成为"正常国家"，在国际上发挥与经济地位相称的作用。但也有学者不赞成用新民族主义来概括冷战后日本民族主义的变化，认为新民族主义是冷战时期就存在的保守主义的民族主义。⑤ 从以上分析中可以看到，日本民族主义的演变既受历史文化因素的影响，也随着国际环境的影响展现不同的诉求和表现形式，而民族主义的本质和在现代日本国家形成、发展中的主导作用并未改变。不言而喻，日本民族主义者把国内外形势变化看作是实现其民族主义目标的新机遇，也必然有新的诉求和表现。从这个意义上说，将冷战后日本的民族主义称之为新民族主义亦无不可。

---

① 参阅朱伦、陈玉瑶编《民族主义——当代西方学者的观点》，社会科学文献出版社2013年版。

② 渡边治『日本の大国化とネオ・ナショナリズムの形成——天皇制ナショナリズムの模索と隘路』、桜井書店、2001年。

③ Eugene A. Matthews, "Japan's New Nationalism", *Foreign Affairs*, November/December, 2003.

④ 杨伯江：《当代日本社会思潮与"新民族主义"》，《现代国际关系》2001年第5期。徐静波：《近代以来日本的民族主义思潮》，《日本学论坛》2007年第1期。孙承：《小泉、安倍政权交替与日本的民族主义》，《国际问题研究》2007年第2期。李寒梅：《日本民族主义形态研究》，商务印书馆2012年版。

⑤ 杨宁一：《日本民族主义的演变——兼对"新民族主义"概念的质疑》，北京师范大学学报》（社会科学版）2006年第1期。

三 当前日本国家战略转换中的民族主义特点

进入21世纪，世界格局和国际秩序变化，日本民族主义面对战后以来最大的机遇和挑战。战后日本民族主义主要表现在日美关系上，而冷战结束后，东亚的发展特别是中国崛起带动亚太地区政治经济格局变化，如何处理同中国等东亚国家的关系是日本战后以来甚至是自近代以来面临的新课题。日本民族主义在对美关系和对中国等东亚国家的关系上表现出新的两面性。

在对美关系上，原有的两面性依然存在，随着亚太政治经济格局和美国亚太政策的变化又呈现新特点，日本对美国在东亚权力转移过程中的地区影响和可靠性产生怀疑，在维护日美同盟的基础上追求更加独立的地区战略和政策目标。日本认为美国还是维护地区稳定的主导力量，特别是在中国崛起后中日关系中结构性矛盾突出的情况下，必须加强同美国的合作，并积极将合作推向前所未有的高度。美国经历反恐战争消耗和金融危机打击后，中国影响日益扩大，国际格局和国际秩序面临战后以来的重大冲击；奥巴马政府的"亚太再平衡"政策无果而终，特朗普政府的政策具有孤立主义色彩且难以捉摸。这些都使日本对美国的战略走向产生疑虑。对于日本民族主义者来说，世界格局和美国地位的变化是改变日美关系不平衡的机遇。美国为巩固日美同盟，主动缓和对日本的限制，日本也抓住机遇，进一步摆脱"战后束缚"。仅在安倍内阁（包括第一次安倍内阁）期间，就堂而皇之地改变了战后军事安全在国家政治和对外战略中被压低的地位。如将防卫厅升格为防卫省；制定和完善安保法案，解禁集体自卫权；完善国家安全体制；作为战后政治清算的标志，积极推进修改宪法，争取将自卫队写入宪法。① 在国际上，日本民族主义者认为战后吉田主义已不能适应世界的变化，要根据自己的判断积极、主动地影响国际格局和国际秩序的演变。安倍说："世界力量平衡正在发生重大改变，最显著的改变就是我国所在的亚洲

---

① 『平成30年度 防衛大学校卒業式 内閣総理大臣訓示』、2019年3月17日、http://www.kantei.go.jp/jp/98_abe/statement/2019/0317kunji.html。

太平洋地区"。日本"要用自己的眼睛洞察国际形势，用自己的头脑思考日本应发挥的作用，用自己的脚行动起来"①。

在对待东亚国家特别是同中国的关系上，日本民族主义表现为一种若即若离的态度，这说明日本的政策还处于摇摆之中。日本需要重新定位与中国等东亚国家的关系，这需要一个摸索、适应的过程。在这一过程中，日本面临既想加强同亚洲国家的关系，又难以融入亚洲的两面性难题。作为东亚最早实现现代化的国家，日本从近代以来对亚洲国家的认识就存在误区，从"脱亚入欧"到成为"亚洲霸主"，战后东亚国家虽然获得独立，但经济上仍是日本的原料产地和海外市场。20世纪七八十年代以后，东亚经济快速发展，但日本是地区增长的发动机，东亚国家处于国际产业分工的末端。在此基础上，日本敢于在经济上挑战美欧，成为一"极"。日本对东亚经济发展做出了积极贡献，也激发了日本民族主义的国际责任感，甚或是优越感。日本是发达国家集团中唯一的亚洲国家，自命为亚洲国家的代言人，做连接"东西方的桥梁"②成为其借以发挥国际作用的重要方式。直到进入21世纪，东亚的发展使日本重视亚洲外交，把回归亚洲作为国家战略的一个选择③。特别是日本日益感受到中国崛起的影响，对华外交成为其新世纪外交的重要课题。为应对东亚的变化，小泉首相和鸠山由纪夫首相先后提出东亚共同体设想，反映在对待中国崛起后亚洲政策上的新思维。但日本长期同亚洲国家之间存在隔阂，决定了要发展稳定的关系须经历一个磨合的阶段。例如小泉首相访华参观了卢沟桥的中国人民抗日战争纪念馆，却不顾中国抗议连年参拜供奉甲级战犯的靖国神社，使两国关系陷于低谷。小泉执拗于参拜问题引起争端，成为中日国力逆转之际反映日本民族主义心态的标志性事件。随后日本民族主义者在钓鱼岛问题上挑起争端，

---

① 『第四十八回自衛隊高級幹部会同　安倍内閣総理大臣訓示』、2013年9月12日、http：//www.kantei.go.jp/jp/96_abe/statement/2013/0912kunji.html。
② 「第一回アジア欧州首脳会議（ASEM）での演説」、『読売新聞』1996年3月4日。
③ 21世紀日本の構想懇談会『21世紀日本の構想　日本のフロンティアは日本の中にある—自立と協治で築く新世紀』、第六章，http：// www.kantei.go.jp/jp/21century/houkokusyo/6s.pdf。

再次使中日关系出现邦交正常化后最严重的倒退，直至最近两国关系才走向恢复。事实说明，日本尚未适应中国崛起和东亚国际环境的新变化，战略焦虑引发民族主义的非理性行为使中日关系连续发生剧烈波动。而对侵略历史的认识，集中反映了日本民族主义对亚洲国家的基本态度，影响两者之间的关系。日本希望摆脱在这一问题上的被动处境，但未收到明显效果。安倍在战后七十周年讲话中以向前看的态度，表示"日本人要超越世代，正面面对过去的历史"，"将历史的教训深深地铭刻在心"，不能让"子孙后代担负起继续道歉的宿命"[①]。同年底，日韩签订慰安妇协定，日方提供10亿日元成立援助财团，希望慰安妇问题能"最终且不可逆地"[②]解决，但随后韩国国内仍出现反复，看来问题并不像日本民族主义者想象的那么容易解决。

日本民族主义正进入一个新阶段。保守的民族主义者正在全面"摆脱战后"，推动日本成为"正常国家"。对美民族主义正随着日美关系的变化和美国对外政策的变化而面临新局面，日本更要求显示其自主性和独立性。在与亚洲国家的关系上，日本正面临以中国为首的亚洲国家的崛起，如何定位与亚洲国家的关系，是日本民族主义者需要解决的问题。

综上所述，揆诸世界民族主义历史，日本民族主义无疑具有特殊性，这影响了日本国家战略的选择，影响了日本历史，也影响了东亚。研究日本的国家战略不能不了解日本民族主义的特殊性。

第二节　日本的保守主义政治

保守主义和民族主义有天然的联系。如果说民族主义是决定战后日本国家战略方向和目标的基本理念，那么它也是日本保守主义的灵魂，保守政党自民党是实现这一理念的政治载体和外化形式。战后日本政治

[①]《安倍晋三内阁总理大臣谈话》，2015年8月14日，http://www.cn.emb-japan.go.jp/bilateral/bunken_2015danwa.htm。

[②] 外務省『外交青書』2016年、第22頁。

的突出特点是保守主义政治一直居主导地位,对日本保守主义的本质和特点进行深入分析,是认识和把握日本国家战略动向的起点。保守主义是日本政治研究的重点之一,国内外有很多研究成果。进入21世纪以来,有国内学者在对日本保守主义的研究中指出其民族主义特质;① 有的研究将当前日本的保守主义称之为新保守主义,认为是导致政治右倾化的思想根源,加以否定和批判。②

一 保守主义一般原则辨析

为了深入认识日本的保守主义,将其与西方保守主义做一比较是有意义的。回顾保守主义的历史可以知道,作为现代西方社会主流意识形态之一的保守主义产生于18世纪启蒙运动和法国大革命,但它不是一个系统而严密的思想体系,也很难给出明确的定义。③ 正如象征保守主义诞生的埃德蒙·伯克(Edmund Burke)的名著《反思法国大革命》(1790)是在革命中民主激进主义的激发下完成的一样,保守是和进步、革新、自由、激进相对立的词汇,判断的标准因时间、场合和环境的变化而不同。美国学者杰里·马勒(Jerry Muller)描述这种判断标准的相对性说:"毫无疑问,今天那些自我声称的保守主义者很难想象过去的保守主义者会支持不同于其主张的制度和实践。但他们可能会惊奇地发现,他们国家历史上的保守主义者曾捍卫过当今的保守主义者憎恶的制度。而一旦他们的注意力超越国家的边界,他们可能会发现他们想要保存的一些制度和实践被其他国家的保守主义同伴视为不合理的或荒唐可笑的。"

虽然对保守主义定义的判断具有相对性,但从保守主义的发展脉络来看也可以找到其所遵循的一些基本原则和特点。

保守主义者重视社会秩序和稳定,重视现存制度的权威和合法性。

---

① 桐声:《当代日本政治中的民族保守主义》,《日本学刊》2004年第3期。吕耀东:《试析日本的民族保守主义及其特性》,《日本学刊》2006年第5期。
② 参阅张广宇《冷战后日本的新保守主义与政治右倾化》,北京大学出版社2005年版;李秀石:《日本新保守主义战略研究》,时事出版社2010年版。
③ [美]杰里·马勒:《保守主义——从休谟到当前的社会政治思想文集》,第7、27页。

美国学者塞缪尔·亨廷顿（Samuel Huntington）说："'当社会的基础受到威胁时，保守主义的意识形态就提醒人们一些制度的必要性和一些现存实践的好处。'并非出于对现存制度的自我满足和满意接受，意识形态的保守主义产生于有价值的制度被当代的发展或改革提议所威胁而滋生出的焦虑。"①

保守主义重视传统。保守主义者认为指导社会的行为准则是历史制度和实践，这是靠习惯和习俗来实现的。社会制度的政治重要性是由文化形式和风俗传达的。习惯、习俗和文化被保守主义者称为人的"第二天性"。刘军宁则把超验性的道德秩序；社会连续性的原则；传统的原则；审慎的原则等作为保守主义的基本原则。②

保守主义重视宗教的社会作用。这并不表明保守主义与宗教有必然联系，只是因为宗教具有使国家合法化、维护社会秩序稳定和个人道德，使人向善的功能。

保守主义尊重宪政和代议民主制，主张自由市场经济制度，尊重个人的财产权、自由权和平等权。20世纪七八十年代出现的新保守主义承认国家对经济和社会生活干预的必要性，但要限制干预的规模，反对政府对经济的过多干预，强调货币在经济调节中的作用；在政治上主张精英政治，限制民主，以保持社会安定和政府高效运行，但并不拒绝不触及社会制度的改良。③

保守主义主张在对外关系中实行强硬的外交政策，保持占优势的军事力量，认为在国际关系中使用武力的可能性不可避免。

需要说明的是：

保守主义对制度和传统的维护，并不意味其是正统的代表。杰里·马勒认为，对制度的正统捍卫是建立在认为制度符合某种终极真理的信仰之上，保守主义维护现存制度的原因则是假定这些制度具有功能上的有用性，去除这些制度可能导致有害和意想不到的后果，或者是由于长

---

① ［美］杰里·马勒：《保守主义——从休谟到当前的社会政治思想文集》，第7—8页。
② 刘军宁：《保守主义》，东方出版社2014年版，第22—26页。
③ ［苏］N. 奥萨德恰娅：《当代美国保守主义的理论纲领》，原载苏联《世界经济与国际关系》1982年第7期，见《国外社会科学》1983年第1期。

期确立的制度所凝聚的崇敬感使其有潜力满足新的目的。①

保守主义不是反动主义，不是倒退。保守主义者承认对现存制度的保护过程可能包含进化革新的需要，反动主义者则是不喜欢现存制度，希望回到一些制度的原初状态，这些制度的原初状态常常是被记忆和意识形态扭曲的一种形式。② 英国 19 世纪的保守党和自由党的对立，不是革命与反革命、变革与反动的对立，而是主张变革与渐进主义的差别。

保守主义和右翼是有区别的，这从保守主义秉持的原则也可以看出两者的差别。但激进保守主义则介于保守主义和反动主义之间，有时甚至成为反动主义。激进保守主义在尊重制度权威和连续性方面与保守主义相同，但认为现代化进程摧毁了过去留给现在的有价值的遗产，因此要以激进的、革命性的行动复原过去的所谓的美德。对现存制度的否定，使激进保守主义者"常常寻找某种具有神秘感的过去作为尊敬感的来源和客体"。在两次大战间的欧洲，激进保守主义者沦为法西斯政权的帮凶。③ 而在 19 世纪末的欧洲，保守主义转变成反动主义的事例并不罕见，如俾斯麦时代的普鲁士，有的学者称是反动保守主义政治势力的集结。④

通过以上考察可知，保守主义的内容随时间和语境的不同而变化。19 世纪社会思想主要表现为保守主义和自由主义的对立。但保守主义并非否定自由，只是对自由的解释不同于自由主义。随着时代变化，特别是第二次世界大战以后，作为政治力量的自由主义已经完全被保守主义吸收、融合。今天只有英国还有保守党和自由党，但后者的影响已经微不足道，其功能完全由保守党总揽。在其他国家，保守政党反都冠以自由或民主之名，也就是说今天西方国家的自由主义政党都是保守党。这是因为社会主义政党的兴起成为主要的反对党，在西方主要是社会改良主义的社会民主党。

---

① ［美］杰里·马勒：《保守主义——从休谟到当前的社会政治思想文集》，第 8—9 页。
② ［美］杰里·马勒：《保守主义——从休谟到当前的社会政治思想文集》，第 32—33 页。
③ ［美］杰里·马勒：《保守主義——从休谟到当前的社会政治思想文集》，第 32—36 页。
④ 林健太郎「現代における保守と自由と進步」、『現代日本思想大系 35　保守主義』、筑摩書房、1963 年、第 13—15 頁。

二 日本新保守主义

在国际政治领域里，通常所说的新保守主义是指20世纪七八十年代在西方主要国家出现的保守主义思潮和实行的保守主义政策。20世纪60年代末至70年代初，西方主要国家的"福利国家"政策陷入困境，滞胀导致严重的经济萧条，同时政府机构膨胀，引发大量社会问题。这表明资本主义基本矛盾的表现方式发生变化，应运而生的西方新保守主义的主要特点是：在政治上意识形态色彩更浓，反对社会主义和共产主义，在经济上猛烈批评新自由主义的国家干预理论和政策及社会主义的计划经济，主张政府不要干预社会经济生活，让市场经济自主运行。新保守主义思想的代表人物有哈耶克（F. A. Hayek）、弗里德曼（M. Friedman）、诺齐克（Robert Nozick）和布坎南（James M. Buchananlg）等。实行新保守主义政策的主要有英国的撒切尔夫人政府、美国的里根政府、联邦德国的科尔政府等。新保守主义对英国、美国等主要资本主义国家的政策产生重大影响，这些国家纷纷推行以私有化、改革社会福利政策为主的一系列新保守主义政策，使西方资本主义经济在20世纪80年代到90年代获得新发展。

在日本，战后与社会改良主义对立的保守主义也被称为新保守主义。① 这是相对于战前的保守势力而言。在日本完成经济复兴之后的1955年，政党也完成重组，形成"五五年体制"，即由保守的自民党和代表革新力量的社会党构成"保革对立"的政党格局。但与西方政党政治不同的是，日本特殊的政治风气和冷战时期特定国际环境下形成的"保革对立"格局却成为长期不变的模式，自民党独占政权，直到冷战结束后的1993年，38年间未实现过政党轮替，社会党成了"万年在野党"。虽然在对立格局下，革新政党能对自民党保持一定的制约作用，但不可否认的是保守主义主导了战后政治和国家战略走向。

值得注意的是，自民党虽然一党长期独占政权，但党内却派系林

---

① 林健太郎「現代における保守と自由と進歩」、『現代日本思想大系35　保守主義』、第19—21頁。

立。日本独特的政治风气造就了自民党保守性的独特现象"派阀政治",即在党内形成若干政治派系,派系首领之间的斗争和协作主导党的政治走向,以至有人说日本政党政治的主角是派阀,政党是派阀之间的联合协作,抛开派阀就不能谈日本政治。① 自民党内的派阀势力起到相互制衡的作用,也扩大了政策选择的幅度,使日本的保守主义政治在特定范围内有流动性和更新能力。学术界的研究表明,战后日本保守主义政治仍然可以区分出两条不同的脉络,一条是以岸信介、中曾根康弘、安倍晋三为代表的"保守修正主义",另一条是以池田勇人、大平正芳、宫泽喜一、桥本龙太郎、小渊惠三为代表的"保守实用主义"。前者主张以某种方式摆脱战后历史框架,后者重视发展经济,在政治上主张维持现状。② 这两种保守主义倾向相互交织,相互联系,而其底色同是民族主义。这可以看作是战后日本保守主义政治的基本状况。

与国际上的新保守主义相呼应,一般认为1982年11月成立的中曾根内阁是日本新保守主义政治诞生的标志。中曾根康弘是著名的保守主义政治家。1978年,也就是在他就任首相的前四年出版了《新的保守理论》一书,公开宣示自己的政治理想和政治信条是新保守主义。他对其主张的保守思想的解释是:"首先,我们要保卫日本美丽的大自然和日本国土;第二,保卫日本人的生活及其生活价值;第三,保护自由的市场经济;第四,保护日本民族在大化改革和明治维新时所表现出来的活力和积极的民族气魄——这就是我所说的保守主义。"③ 他说:"我痛感到把如此伟大民族的能量集中起来,使之向和平、安全、幸福和人生意义这些方面迸发出来,乃是政治家的重大责任。"④ 他担任首相后积极推进行政改革和财政改革,在外交上加强日美同盟和发展同亚洲国家的关系,促进社会稳定和经济稳定。中曾根内阁新保守主义突出的特点是,在经历

---

① 畠山武『派閥の内幕』、立風書房、1975年、第21頁。
② 美国学者杰拉尔德·柯蒂斯(Gerald L. Curtis)在日本成蹊大学的演讲《现代日本保守政治》,2007年6月16日。载邱静《"日本式保守主义"辨析》,《日本学刊》2012年第6期。
③ [日]中曾根康弘:《新的保守理论》,金苏城、张和平译,陈泊微校,世界知识出版社1984年版,第102页。
④ [日]中曾根康弘:《新的保守理论》,第3页。

了长期高速增长和渡过两次石油危机、成为西方第二大经济体之后，在对内政策上明确提出了"摆脱战后政治框架"的束缚，在对外政策上提出要成为与"经济大国"相称的"政治大国"。这成为此后日本政治和国家战略所追求的基本目标。冷战结束后，以小泽一郎为代表的新保守主义政治家又将这一目标进一步浓缩为实现"正常国家"。

进入 21 世纪，中国快速发展，东亚形势变化，日本新保守主义势力愈益增强，在对外政策上加强日美同盟作为外交、安全支撑。美国奥巴马政府提出"亚太再平衡"战略后，日本与之遥相呼应。自民党的 2010 年新纲领中加强了意识形态色彩，明确把"反共产和反社会主义、反独裁和专制"与"确立真正有日本特色的日本（日本らしい日本）"作为目标，强调把"真正有日本特色的保守主义作为政治理念"。按纲领的解释，这种政治理念就是要维护自由主义的价值观和秩序，承担国际责任。[①] 而要实现真正有日本特色的日本，就要修改宪法，只有这样才能使日本恢复它所应有的"尊严和地位"[②]。秉持这一纲领，自民党在民主党短暂掌握政权后再次夺回政权，新一代保守主义政治家安倍晋三再度组阁，开始全面推进实现"正常国家"的进程。在刺激经济增长的同时，安倍内阁对内积极通过立法为修宪铺平道路；对外加强日美同盟，推行价值观外交和"积极和平主义"外交、安全政策，将日本保守主义政治推向新高度。

三　日美新保守主义比较

从冷战结束以后至今，自民党两度丢掉政权，但 1993 年的多党联合政权和 2009 年民主党执政都为时短暂，目前自民党和公明党组成联合政权，自民党占国会议席超过半数，公明党难以起到牵制作用。自民党再次独大的局面表明日本政治的保守主义根深蒂固。特别是冷战结束以后，日本通过各种立法已经打破"战后政治框架"的束

---

① 自民党『平成 22 年（2010 年）綱領』、自由民主党サイト 2010 年 1 月 24 日、https://www.jimin.jp/aboutus/declaration/。

② 伊吹文明『平成 22 年（2010 年）綱領の解説』、自由民主党サイト、https://jimin.ncss.nifty.com/pdf/aboutus/kouryou.pdf。

缚，距离最终修改战后宪法只有一步之遥，有的学者把日本社会保守倾向增强的趋势称之为"总体保守化"①，反映了对日本政治走向的担忧。这种担忧并不是否定战后自民党长期执政下日本一直走和平发展道路的事实，而是关注在日本国内和国际形势都处在转换的关键时刻执政的自民党或其他保守政党的政策今后会向哪个方向发展？会选择什么样的国家战略？特别是日本政治是否有可能被激进的保守主义挟持而出现大家所不愿意见到的倒退局面。

要了解新保守主义对日本政治的影响是一个庞大的课题，在此难以深究，但若以目前安倍政府与美国小布什政府时期的新保守主义做一比较，或可对日本当前保守主义的影响和特点有初步了解。作为保守主义政府，日美双方既有共性也有不同的特点。共同之处是：强调传统道德、伦理、宗教信仰和法律秩序；实行扩张性财政和货币政策，重视市场的经济作用；强调意识形态在外交领域里的重要性和指导作用；加强军备，主张实力外交和强硬外交；积极参与国际事务，维持霸权和影响；主张"中国威胁论"②。不同之处是：自民党是日本新保守主义者的大本营，与战后的保守主义者无论在思想上还是在谱系上一脉相承，而美国的新保守主义者与传统保守派没有传承关系，是20世纪六七十年代在犹太知识分子中产生的一个新政治派别，逐渐影响舆论和政府政策；自民党在日本处于一党独大的近乎垄断的地位，其他保守政党活跃，左翼政党的支持率下降，影响日渐式微，而美国的新保守主义者对国家政治和政策的影响力显然没有这么大；日本和美国的新保守主义者优先追求的目标不同，双方都强调发挥国际作用，而日本在国内要摆脱"战后政治框架"的束缚，实现修改战后宪法，这既是战后保守派的民族主义政治诉求，也是为进一步发挥国际作用扫平道路，国内政治走向并非不存在变数；日本新保守主义者在对待发动侵略战争的历史问题上

---

① 参阅吕耀东《冷战后日本的总体保守化》，中国社会科学出版社2004年版。
② 关于美国新保守主义可参阅吴雪《美国"新保守主义"研究状况述评》，《外交评论》2006年第5期。周琪：《"布什主义"与美国新保守主义》，《美国研究》2007年第2期。吴晓春：《美国新保守派外交思想及其影响》，知识产权出版社2008年版。王缉思主编：《布什主义的兴衰》，世界知识出版社2012年版。

大多反省不彻底或不愿彻底反省甚至持否定态度，错误的历史观在短期内难以改变，这同样会对政治走向产生消极影响。美国战略与国际问题研究中心的日本问题专家迈克尔·格林在第二次安倍内阁成立前夕表示，在日本政坛占据主流地位的是中右派，在外交政策上的立场总体趋于一致。这些领导人中的任何一位制定的国家战略，都将得到30%—50%的民主党人和几乎所有自民党人的支持。[①] 通过比较十分清楚，新保守主义在日本政治处于主导地位，影响力远大于美国等其他西方国家，其民族主义和历史修正主义政治诉求增大了国家战略走向和政策选择的不确定性，这是国际上特别是东亚国家担心的主要原因，备受各方关注也就可以理解了。

第三节　政治因素主导国家战略

综合国力是反映一个国家国际地位和国际作用的主要指标，也是影响国家战略的重要因素。对于综合国力的构成说法不一，一般说来它包括人口、领土和资源禀赋、经济实力、教育科技水平、军事力量、政治社会因素和文化影响力等基本指标。其中领土和资源禀赋等是相对固定的指标，其余是动态变化的指标。在动态变化的指标中，经济和政治又是两个重要因素。日本是个经济大国，就日本来说，在决定国家战略上这两者是什么关系？何者居主导地位？这对于探讨日本国家战略也是需要弄清的。

一　经济因素对国家战略的影响

一个国家的经济状况关系人民福祉和国家富强，保证经济持续、稳定发展是国家战略的重要目标，也是决定国家战略的重要因素，更是实现国家战略的重要基础。经济对于一个国家的重要意义，古今中外无论是经济学家还是政治家都无异议。但另一方面，必须看到国家战略的调

[①] Michael J. Green, "Does Japan Have a Strategy?", *The National Interest*, November 28, 2012, https：//nationalinterest.org/commentary/does-japan-have-.

整是一个复杂的过程，是各种因素综合评估、考量的结果。经济因素并非决定国家战略的唯一因素和终极因素。

一般说来，影响国家战略制定的除了经济因素外，还有国内外其他因素，如国内政治因素和国际环境因素，甚至不可避免地受到所处时代的限制。而且，虽然经济因素在决定国家战略时起重要作用，但因其他因素影响既可发挥积极作用，又可产生消极作用，因此经济因素对国家战略的影响要根据这个国家的具体情况进行分析。在世界历史上，各国的情况不尽相同，日本历史同样有其特殊性。

作为东方后发的资本主义国家，实现民族独立和维护国家主权是首要目标，日本近代是如此；战后由于处于战败国地位和美国的军事占领形成的特殊日美关系，同样是如此。也就是说，是政治因素决定了日本的国家利益之所在和国家战略之目标。但实现政治目标不是一句空话，在国际政治现实面前要靠国家实力的比拼。因此，经济因素是实现国家战略的有力支撑。日本学者伊藤宪一在论述国家与战略的关系时说，一国外交和对外政策所追求的价值有二：死活的价值和手段的价值。前者是保证国家生存，其价值在于维护国家的政治独立、领土完整；后者是追求国家繁荣，其价值在于保证国家发展，如保证海外市场和资源供给。前者是高政治（政治、安全），后者是低政治（经济）。[1] 伊藤的这段话一定程度上也可以说明政治因素与经济因素两者之间的关系。

与经济对国家战略的影响有密切关系的一个命题是，经济大国必然成为政治大国以至军事大国。这个三段论是日本有些保守主义政治家所追求的目标，也常被用于预测日本国家政策的走向。经济是综合国力的重要基础，经济实力的增强必然反映在国家的内外政策上，国际地位和国际作用也随之上升；而在现代，经济技术能力的提高标志着军事装备水平的提升，国际影响的上升预示着军事需求的扩大。因此，由经济大国而政治大国、军事大国的演进是合乎逻辑的，但在复杂的国际社会条件下，这一逻辑演进未必会直线发展，还要受国内外多种因素影响。经

---

[1] 伊藤憲一『国家と戦略』、中央公論新社、1985年、第263頁。

济因素会影响国家战略,也要服从国家战略,国家战略是多种因素综合作用的结果,所以对国家走向的判断还要结合多种因素进行考量,对日本也是如此。

二 近代以来经济因素对日本国家战略的影响

日本近代以来经济与国家战略的关系证明了上述情况。近代以来日本有两次经济发展较快的时期,一次是明治时期,一次是第二次世界大战以后经济高速发展时期,经济实力提高了民族自信,为实现国家战略目标奠定了基础。

这两个时期日本的国内政治都是在民族主义主导之下,但民族主义又在一定程度上受到压制,集中力量发展经济成为民族主义在特殊条件下的又一表现形式,但与此同时,经济发展也为实现民族主义国家战略目标奠定了坚实的基础。如前所述,明治维新是在西方势力入侵危机下发生的一场民族主义变革,维护国家独立和主权是这场变革的历史使命。当明治维新的改革者们在取得政权后要恢复丧失的国家主权时却接连碰壁。1871年12月,日本派出以内大臣岩仓具视为首的使节团前往美欧诸国,一是与西方列强商谈修改强加给日本的不平等条约,二是参观和学习西方列强建设现代国家的经验。但使节团在出访的第一站美国即遭逢修约遇阻,深切认识到在强权政治盛行的国际社会要想维护国家主权只能靠国家的实力,转而将主要精力放在学习西方经验上。使节团成员在回国后成为明治政府的领导者,他们根据考察经验压制了政府内主张对外侵略的意见,暂时收敛民族主义冲动,集中精力进行资本主义改革,引进资本主义生产方式,大力发展工商业,即实行"殖产兴业"政策。到第一次世界大战之前,日本完成产业革命,与西方列强签订的不平等条约也最终废除。[①] 第二次世界大战结束后,日本在美国主导下进行民主改革,缔结《日美安全条约》,日本民族主义受到抑制,集中力量发展经济,到20世纪70年代成为仅次于美国的西方第二大经济体,促进了日美同盟向平等的方向转化。这两个时期,维护民族独立是

---

① 孙承:《岩仓使团与日本近代化》,《历史研究》1983年第6期。

国家战略的最终目标，但基于国际政治现实条件在民族主义目标难以实现的情况下，把发展经济作为中心任务，为最终实现民族主义目标创造了条件。这也说明，由于日本民族主义的特殊性，对国家战略起决定作用的是政治因素，经济因素是实现国家战略的重要支撑。

值得注意的是，这两个时期经济发展的结果对国家战略的影响却有所区别。在近代，随着经济发展日本在还没有摆脱西方不平等条约压迫之时，竟开始了对大陆邻国的侵略，"失之西方，取之东方"，加入与西方列强争夺势力范围的帝国主义战争。在20世纪30年代，日本已建立起强大的工业基础，是当时世界上一流的工业国家，为争夺原料产地和海外市场，在军国主义支配下又发动大规模的对外侵略战争。与之相对照的是，在战后日本经济高速增长成为世界主要发达国家，却一直走和平发展的道路。熟悉历史的人都知道，日本在战前和战后之所以走上两条不同道路，既有国内因素也有国际因素，更有时代因素的影响。从国内看，战后日本走和平发展道路是经过战后民主改革，铲除了军国主义势力及其基础，确定了和平宪法为基础的国家体制；在国际上，战后国际秩序为其稳定发展提供了良好的国际条件，《日美安全条约》为日本提供安全保证，也限制其拥有军事力量的规模；而在战后时代，东亚国家已经摆脱殖民统治，日本必须选择新的发展道路。日本战前、战后所走的道路同样说明，经济对于国家战略的影响固然重要，但政治因素是决定国家战略的主导因素。

当前日本国家战略转换也是政治因素在起主导作用。日本国际问题专家建议转换国家战略的主要依据是，美国从亚太地区收缩和维护国际秩序的能力下降，日本战后发展的基础条件面临冲击，为维护战后国际秩序应主动承担更大的责任。日本战后经济发展，得益于战后国际秩序。在美国主导下建立起来的战后国际贸易和金融体制为以"贸易立国"的日本提供了适宜的国际经济环境，通过和平发展取得了超越战前通过对外侵略战争所获得的利益，但日本要维护的显然不仅是国际经济体制和国际经济秩序，而是由"自由与繁荣之弧"和"菱形民主国家联盟"所代表的以美国为首的西方国家主导的世界体制。日本防卫大学教授神谷万丈撰文说明"积极和平主义"国家战略，他认为：美国的领导作用正在动摇，日本要为维护国际秩序发挥主导作用。日本是西方民主国家中的 NO.2，要维护美国的力量优势，使美国不要丧失"领导意志"，即使牺牲经济利益也要和美国保持步调一致。日本应该有这个觉悟，要加大力度实践"积极和平主义"战略和实现"自由、开放的印度洋、太平洋"构想。① 实际上，日本国家战略正是循此路径展开。日本不顾国内反对意见，参加跨太平洋伙伴关系协定（TPP）谈判和在美国退出谈判后继续主导谈判完成，目的就是在美国畏葸不前时主动承担责任，拉住美国，把亚太国际秩序的演变置于西方国家的掌控之下。十分明显，"积极和平主义"国家战略并不限于经济领域，而是立足于日美同盟、着眼于亚太国际权力格局变化的大战略。

三　当前经济形势与国家战略走向

（一）经济、科技实力是国家战略稳定的保证

日本的国内生产总值（GDP）居世界第三位，是名副其实的经济大国。2017 年国内生产总值 4.87 万亿美元（按当年汇率计算），远高于德国，接近于英法两国之和②，约占世界经济总量的 5%。应当承认，从 1991 年泡沫经济破灭后，日本经济进入相对停滞的时期，除个别年份 GDP 增长率超过 3% 和有几年出现负增长外，年平均增长率基本在 1%—2% 左右③，作为一个成熟经济体，保持这个增速也属不易；而实际人均国民总收入增速与 GDP 增速基本持平并略高。

强大的制造业是日本经济的基础。进入 21 世纪以后日本制造业名义劳动生产率下降，在经合组织（OECD）29 个成员国中从排名第 1 位下降到 2015 年的第 14 位。资产收益率也低于美欧国家。但按购买力计算，日本制造业的效益并未降低，与经合组织成员国一样都处于增长趋势。根据不同标准和不同分析方法计算，日本制造业的实际生产率并不低。日美学者的共同研究表明，2015 年日本制造业的全要素生产率比

---

① 神谷万丈「東アジアの構造変動に向き合え」、『産経新聞』2019 年 5 月 10 日。
② 世界银行数据。https://data.worldbank.org.cn/country/japan?view=chart。
③ 内閣府『経済財政白書』2018 年、第 371 頁。

美国要高出 1.2%。①

日本巨大的生产能力和产业结构使其堪称世界贸易大国，2017 年日本出口 77.2855 万亿日元，进口 72.3301 万亿日元。日本 2017 年外汇储备 1.264 万亿美元，拥有海外纯资产 328.447 万亿日元。②

日本经济能够保证持续发展和创新的重要原因是有较高的教育水准和科技能力。政府重视科技创新，加强创新机制建设，推动企业、大学和科研机构之间的合作机制，培养创新型人才。日本科技实力排名世界第三，仅次于美国和英国。在美国国家专利局的专利申请中，日本仅次于美国。日本的大学在世界大学排行榜上和对世界科技贡献度上也仅次于美国和英国。日本企业的科技创新能力是推动自主创新的主要力量。日本拥有一批世界著名的公司，为在市场竞争中获得先机，不惜研发投入，有世界领先的科研实力。在汤森路透评选的 2018 年世界科技创新 100 强企业中有 13 家公司上榜，日本仅次于美国，与中国台湾并列第二。③ 据统计，在世界 20 个关键科技领域，日本的排名都居前列，尤其在材料科学、尖端机器人等领域拥有强大科研实力。在基础科学领域，基础研究在科研经费中所占比例经常在 15% 左右。从 2000 年以来，已经有 18 位日本科学家获得诺贝尔奖。日本在科技方面已不再是模仿者。世界经济论坛发布的《2018 年全球竞争力报告》中，美国居世界第一，其后为新加坡、德国和瑞士，日本居第五。④

（二）劳动力短缺未能撼动国家战略

在今后较长时期内，日本经济面临的主要问题是劳动力短缺。厚生劳动省 2019 年 1 月公布到 2040 年就业人数预测，2040 年日本老龄人口将进入峰值时期，就业人数比 2017 年减少 20%。2040 年 60 岁以上就业人数为 1319 万人，比 2017 年减少 10 万人，而 15—59 岁人口为 3926

---

① 経済産業省『製造基盤白書』2018 年、第 35—37 頁。
② 内閣府『経済財政白書』2018 年、第 383—384 頁。
③ 《汤森路透公布全球科技公司百强名单微软位居榜首》，腾讯科技 2018 年 1 月 17 日，http://tech.qq.com/a/20180117/023842.htm。
④ 《回首 2018！全球竞争力报告发布》，搜狐网 2019 年 1 月 7 日，http://www.sohu.com/a/287201928_99927267。

万人，比2017年减少25%。厚生劳动省建议，当务之急是提高劳动生产率。① 劳动力不足成为经济增长瓶颈的局面十分严峻。②

劳动力短缺的主要原因是生育率低。2017年出生婴儿94万，连续两年跌破100万，出生率1.43%，而要维持目前的人口规模出生率要达到2.08%。按目前的出生率，到2065年日本人口将减少到8000万人，安倍政府希望能保持1亿人；2015年政府提出希望将出生率提高到1.8%，可在50年后保持1亿人口。③ 但从目前状况看，实现这一目标还需很大努力。国际货币基金组织（IMF）2018年11月发布日本经济年度审查报告，称由于人口减少，在当前政策下今后40年日本的实际国内生产总值（GDP）下降将超过25%。④ 日本经济界的代表经团联也同意国际货币基金组织的预测。⑤

安倍2018年初会见记者时说："正面临少子老龄化这一可称之为国难的危机"，"人口减少的日本已无法增长"⑥。他把迅速发展的少子老龄化和剧烈变化的国际形势看作是为把光明的日本交给下一代必须面对的两大挑战。⑦ 安倍政府采取的措施主要有通过"一亿总活跃"政策扩大人口就业率，这包括扩大妇女就业、延长退休年龄和接纳外籍劳动者。

虽然预测日本经济今后较长时期将面临劳动力短缺等困难，但政府正在采取措施积极应对，特别是依靠经济、科技创新，提高生产率。安倍提倡将通过开发物联网、机器人、人工智能和大数据等先进技术为代

---

① 「労働力人口の減少に多面的に手を打て」、『日本経済新聞』2019年1月16日。
② 『人口減少率最大に1億2644万人『働き手』最低』、『日本経済新聞』2019年4月13日。
③ 「50年後1億の幻想　新たな国へ発想の転換を」、『毎日新聞』2018年7月16日。
④ 《IMF报告称40年后日本GDP将下降逾25%》，共同网2018年11月28日，https://china.kyodonews.net/news/2018/11/0c8021870b2a-imf40gdp25.html。
⑤ 《亚洲外劳为日本经济"输血"》，新加坡《联合早报》2018年12月23日，http://www.zaobao.com/news/world/story20181223-918005。
⑥ 「安倍内閣総理大臣年頭記者会見」、2018年1月4日、http://www.kantei.go.jp/jp/98_abe/statement/2018/0104kaiken.html。
⑦ 「第百九十八回国会における安倍内閣総理大臣施政方針演説」、2019年1月28日、http://www.kantei.go.jp/jp/98_abe/statement2/20190128siseihousin.html。

表的第四次产业革命，提高生产率，大胆改革阻碍技术发展的体制和制度。① 应该说，在当前国际环境和国际经贸体制下，日本基本上能够保持低速增长。

（三）政治因素对国家战略的影响

1. 应对国际形势变化是转换国家战略的动因

正如前引安倍 2019 年 1 月在国会讲话所言，国际形势的变化是日本未来面临的重大挑战。"积极和平主义"战略思想，要求日本更积极地参与到维护和构建西方国家主导的国际秩序中去，并在这一过程中发挥大国作用。这一思想在进入 21 世纪的日本政、财、学界已有相当普遍的基础。

战后日本政治一直存在保守的民族主义与和平的民族主义两大分野。保守民族主义要求摆脱战后体制的束缚，成为"正常国家"，发挥更大的国际作用。冷战结束后这一思想随着国内外形势变化不断发酵，成为保守政治的国家战略目标。自民党核心精英大多具有这一民族主义情怀和政治抱负，本书前引内阁官房副长官助理兼国家安全保障局副局长的兼原信克和国家安全保障局局长的谷内正太郎就是代表。② 第二次安倍内阁成立后，以"积极和平主义"为旗帜，全面推进实现"正常国家"进程，加快国家战略转换的步伐。安倍政府成为长期政权表明，民族主义和保守主义在日本政治中有深厚基础和广泛影响。在可以预见的将来，保守主义仍是日本政治的主流，继续主导国家战略走向。

但另一方面，民众要求和平，维护战后宪法的和平主义精神。共同社对 2019 年 7 月第 25 届参院选举计划参选人实施政策问卷调查表明，在答复的 269 人中，55.4% 的受访者反对安倍首相将自卫队写入宪法第九条的提案，大幅超过赞成的 30.1%。对于是否应讨论修宪的设问，62.5% 的受访者回答"需要"，是"不需要"者所占 30.5% 的两倍以上。关于参院选举后的优先政策课题（多选题），最多的回答是社会保

---

① 「第百九十七回国会における安倍内閣総理大臣所信表明演説」、2018 年 10 月 24 日、ttp://www.kantei.go.jp/jp/98_abe/statement2/20181024shoshinhyomei.html。

② 「検証　戦後日本に戦略はあったか（2）」、『朝日新聞』2006 年 4 月 24 日。谷内正太郎、高橋昌之『外交の戦略と志』、第 23—24 頁。

障改革，占54.6%，修宪仅占7.1%。① 这说明目前在日本仍然有一半以上的民众对修宪持慎重态度，希望走独立的和平发展道路。

在保守主义追求大国目标的同时，在政、经、学界也不乏对未来持有理性认识的人士，他们对政策的影响也值得注意。如庆应大学教授添谷芳秀主张的"中等国家"外交，认为日本应从自身和国际形势的实际出发放弃大国外交，采取注重国际协调与合作的"中等国家"外交策略，更有利于日本外交主体性的发挥。② "中等国家"外交思想，同样主张外交自主性，反映了民族主义要求，在日本社会并非孤立意见，如前外务审议官田中均也提出日本应成为中等富裕的国家。值得注意的是，中曾根康弘任首相时主张日本应成为"无核中等国家"，他也是首个公开主张成为"政治大国"的首相，但后来不再提起。在2013—2014年度日本外务省的研究项目《"印度洋太平洋时代"的日本外交》中提出了"次大国"（Secondary Powers）的概念，③ 认为日本、澳大利亚、印度等国是相对于中国和美国的"次大国"，在中国崛起和美国相对收缩的局势下，次大国要在地区发挥主导作用，反映日本要按本国意愿重塑地区秩序。这种次大国与日本有些人说的政治大国是否是一回事尚不清楚，但也反映了日本对本国的一种新定位，表明在政治大国之外，中等国家、次大国在日本国家战略选择中也不失为另外选项。

2. 军事、安全因素对国家战略的影响不能忽视

从政治角度看对日本国家战略影响的还有军事、安全因素。日本是亚洲军事强国，陆海空自卫队定员24.7万人，陆上、海上和航空自卫队现有人数分别为13.8万、4.2万和4.2万人（2018年）。④ 自卫队是用高科技武装起来的军事力量，拥有先进的机动战车、水陆两栖战车、近中程导弹、F35A战机、P-1侦察机、潜艇和多种型号的护卫舰等军

---

① 《逾五成参院选举候选人反对宪法第九条写明自卫队》，共同网2019年7月2日，https://china.kyodonews.net/news/2019/07/a421063a7e81.html。

② [日] 添谷芳秀：《日本的"中等国家"外交：战后日本的选择和构想》，李成日译，社会科学文献出版社2015年版。

③ 『「インド太平洋時代」の日本外交：スイング・ステーツへの対応』、日本国際問題研究所、2015年3月。

④ 防衛省『防衛白書』、2018年版，资料编、资料59。

事装备。

日本拥有强大的军事工业，除 F35A 战机等少量从美国购进的装备外，能够生产本国所需的各种性能优良的武器装备。日本独自研制的 P-1 侦察机性能超过美国的 P-3C 侦察机，苍龙级潜艇是世界上静音效果最好的潜艇之一。

日本对外战略和安全战略向"积极和平主义"转变后，更加注重发展军事实力和提高在国际安全领域的影响。主要表现在以下几方面：

防卫费用连续多年增长。日本防卫费用从 2015 年开始转向增长，2018 年为 4.93 万亿日元，比上一年度增长 0.8%，2019 年预算达 5.29 万亿日元，比上年增长 2.1%，创历史新高。①

完善导弹防御系统。2003 年日本决定建立弹道导弹防御系统。2016 年国家安全会议决定生产和配备爱国者 3-2A 弹道导弹防御系统。2017 年引进两套爱国者 3-2A 陆基拦截系统。新防卫大纲还计划购置可从敌方射程范围之外反击的远程巡航导弹。

重视网络、太空防御和西南诸岛防御。2018 年《防卫计划大纲》扩大经费投入研制新式武器。防卫省将购置监视太空状况的雷达和运用系统，扩大网络防卫队，研制高速滑翔攻击武器和实现搭载战机的护卫舰航母化。

日美共同训练，提高联合作战能力。日本为应对钓鱼岛争端加强日美安全合作，共同军事演习显著增加，演习地点也扩大到美国本土和澳大利亚，甚至在中国南海。通过演习提高自卫队实战能力和日美军队配合水平。

这是按照日本防卫方针提高自卫能力和加强日美防卫合作而采取的措施。也就是说，日本在安全上仍然依靠日美安全同盟，在军事能力和装备水平上基本保持在一定限度之内，在行动上也是配合美国的军事战略需要，还不是军事大国。战后日本在安全上长期依赖美国，已经形成惯性。日本反对日美同盟对其主权的侵害，又担心同盟失效需要自己面

---

① 《日本防卫预算力争连续 7 年增加欲推进导弹防御》，中华网，2018 年 9 月 6 日，https://military.china.com/zxjq/11139042/20180906/33811130.html。

对中俄军事压力和朝鲜半岛可能出现的动荡。这从钓鱼岛撞船事件和购岛事件发生后，日本一再要求美国明确《日美安全条约》的范围包括钓鱼岛，并要求美国共同应对朝鲜核危机和导弹危机上就可以证明。但如果日美同盟发生危机或出现变化，日本的安全战略也会改变。从"积极和平主义"国家战略调整来看，日本已经在为亚太权力格局的转换做准备，只是现在仍希望美国在亚太地区保持其霸权地位并愿意为维护其霸权发挥补充作用，如果美国放弃对亚太地区承担的"责任"，日本自然也要另谋出路。这将是日本国家战略的又一次重大转换，也是东亚格局又一次重大调整，意味着第二次世界大战结束后美国主导下的"霸权稳定"格局的瓦解，鉴于当前双方都希望加强同盟，这种情况还不会发生。

第四节　东亚国际权力转移的特殊性

随着中国的发展，权力转移理论通常被用来解释中国的发展走向和中美关系及其对世界的影响，认为后起的东亚和中国将取代先发的欧美，两者竞争激化，甚至可能走向战争。基于这一理论的研究大都是如何走出困境和规避冲突，即避免出现"修昔底德陷阱"。但被忽视的是，权力转移理论是建立在世界经济发展不平衡基础之上，而经济发展不平衡对权力转移的影响还要根据竞争对象（或潜在竞争对象）和国际环境因素的具体情况进行分析，才能避免落入机械论和经验主义窠臼。在东亚地区，后发特质①和全球化是不可忽视的两个因素，将给东亚权力转移带来新的、不同于历史上权力转移的特点，美国和日本的战略选择也不可避免地受这两个因素制约。

一　权力转移的一般特点

权力转移理论的奠基者奥根斯基（A. F. Kenneth Organski）说，战

---

① 现代化理论认为，发展中国家是后发国家，有可能从先发国家引进先进经验和资金、技术，少走弯路，实现快速发展，被称为"后发优势"。

后科技进步促进了全球工业化趋势，非工业化国家走上工业化进程只是早晚的事情。"一群新来者正在不断地挑战世界政治的现有领导者，如果这些挑战一旦成功，将意味着权力从一群国家向另一群国家的转移。这将是新的国际秩序的开始。"① 这段话简明扼要地指出了国际权力转移过程，它包括几个意思：权力转移在两个主体（新来者与现有领导者）之间进行，新来者是后起的国家（战后非工业化国家），挑战是一个过程（包括实现工业化的过程和不断挑战的过程），国际权力转移有必然性（全球工业化的趋势使非工业化国家必然走上工业化进程，引起权力转移）。

从国际政治经济的动态发展来看，权力转移是一个由量变到质变的过程。战后，尽管东亚处于美国的霸权主导下（Pax Americana），但各国要求政治独立、经济发展的潮流不断更新地区政治、经济版图，各国的实力处在动态变化之中。这大致可分为三个阶段：第一阶段是日本经济快速增长，在20世纪70年代初，成为西方世界仅次于美国的第二大经济体；第二阶段是20世纪七八十年代在日本经济带动下形成韩国、中国台湾、中国香港、新加坡"亚洲四小龙"和随后东盟、中国加入的东亚梯次发展结构，即"雁行模式"；第三阶段是20世纪90年代以后日本"泡沫经济"破裂，中国经济进入快速发展期，"雁行模式"不复存在，到2010年中国国内生产总值超过日本成为世界第二大经济体。

二 东亚权力转移的两个层次

人们往往注意到这三个阶段的变化，却忽视了东亚地区权力转移已经分两个层次展开：一个是东亚地区内部的权力转移，一个是全球范围的权力转移。

东亚地区内的权力转移表现为中日国力对比的变化。在冷战后期，日本已成为世界上的力量中心之一。1971年7月美国总统尼克松在堪萨斯城演说中认为世界已形成中苏美欧日五大力量中心。到冷战结束时，日本正值"泡沫经济"巅峰，日美贸易摩擦激化，在经济上挑战

---

① A. F. K. Organski, *World Politics*, Alfred A. Konpf, Inc. New York, 1968, p. 183.

美国的态势给人深刻印象。日本还提出建立东亚经济区和日元区计划，试图构建经济势力范围。日本资金和技术输出成为带动东亚经济增长的发动机，以日本为首的经济梯度发展结构的形成，表明日本在东亚经济中居于主导地位。日本学者田中明彦认为，冷战结束后的世界从军事上说只有美国一极，从经济上说则是美欧日三极。① 从 19 世纪末开始挑战以中国为中心的朝贡体制到太平洋战争，日本逐步成为"大东亚共荣圈"的霸主，但日本的梦想随着战争结束而破灭，经过战后半个世纪再度以经济扩张的形式得以实现。也就是说，一个世纪以来先是凭借军事强权后是依靠经济力量，日本在东亚两度处于主导地位。尽管按照日本民族主义者的说法，只拥有经济力量的日本还不是一个"正常国家"。

　　推动东亚地区内权力转移的是中国的复兴。摆脱半殖民地命运的中国本身就是世界无法忽视的重要力量。但在改革开放前，中国经济上相对落后，还是一个穷国。改革开放后 30 多年经济持续高速增长使中国成为对东亚乃至世界经济有举足轻重影响的国家。中国地位的变化，明显表现在中日国力对比的变化上。中国继 2010 年国内生产总值超过日本后，到 2019 年已接近日本的三倍（不计期间汇率变化）。2014 年 5 月国际货币基金组织发布的《亚太地区经济展望报告》中，对亚洲 11 个以出口为导向的经济体在 1995 年到 2012 年对中国和日本的依赖度进行比较，得出在 20 世纪 90 年代中期所有 11 个国家和地区在出口市场方面都依赖日本。而在不到 20 年后，其中 10 个国家和地区对中国的依赖度超过了日本，且超出幅度较大。② 这表明在一些重要经济指标上，中国（包括对地区的影响）已经超过日本。

　　不言而喻，由于中国的后发特质，同样在不少重要指标上中国还落后于日本。例如按人均国内生产总值中国远低于日本，上述国际货币基金组织报告中日本在地区产业链上游的技术产品仍然保有优势，而中国国内生产总值大幅超过日本，两国汇率变化也是其中一个重要原因。在

---

　　① 冷战结束后对欧日崛起多有评论，参阅田中明彦『新しい中世　21 世纪の世界システム』、日本经济新闻社、1996 年、第四章「ポスト霸権」。
　　② 《IMF 报告显示中国在亚洲影响力超过日本》，美国《华尔街日报》网站 2014 年 5 月 13 日。转引自《参考消息》2014 年 5 月 14 日。

经济社会发展程度等软实力领域，日本保持较强的优势，这反映了后发国家追赶型经济的实际状况。

无论怎样说，一个世纪以来日强中弱的局面发生改变，学术界称这一变化为两强并立。事实上，中日关系的这种变化，表明在东亚地区权力转移已经发生。只是日本的地区主导作用主要表现在经济方面，而且美国在东亚依然保持强大的影响，所以世界对中日实力对比变化的本质没有给予足够的重视。如果仔细观察，进入21世纪以来中日关系中发生的问题很多都可从权力转移的角度得到解释。例如日本担心中国在地区事务中发挥主导作用，积极构建多边框架，在东亚经济合作中支持扩大参与国家；在安全领域，加强日美同盟和与澳大利亚、印度、越南等国的合作。值得注意的是，中日权力转移的发生虽然给中日关系造成震荡，但两国经济依存紧密，特别是中日关系不可避免地受更高层次的中美关系的制约，所以影响局限在一定范围内。这也从另一个角度证明，权力转移不仅是两个国家之间的事情，也离不开世界系统的影响。

从全球权力转移角度看东亚，也可分两个层次：一是地区层面，一是国家层面。地区层面是东亚的崛起，前面已经谈到。

从全球角度看国家层面上的权力转移，首先让美国霸权地位感到威胁的是日本。日本不是小国，其国土面积大于英、德，小于法国；人口相当于英、法两国总和，多于德国；而国内生产总值相当于英、德两国或法、德两国之和，几乎将近德国的一倍[①]。20世纪80年代末日本泡沫经济高峰时，也正是美国景气衰退时期。1985年9月压迫日元升值的"广场协议"是美国等西方国家面对日本经济膨胀压力而联手采取的自保措施，但日元升值又使日本财富急速膨胀。在冷战结束前后，日美贸易摩擦愈演愈烈，美国不得不祭出"超级301"条款对日实施贸易制裁，以抵制日本商品的大举流入。与此同时，日元升值使日本的资产升值，日元的购买力提高，日本公司在世界各地大量收购，民众在海外"爆买"。日本地价猛涨，甚至有人称以东京地价可以买下美国。如日中天的日本经济使因冷战对峙而疲惫不堪的美国经济界倍感紧张。而苏

---

① 据世界银行2011年统计数据，近几年日本经济不稳定，国内生产总值有所下降。

联解体后世界形势缓和，日本安全压力减轻，国内对日美同盟的作用提出质疑，这一时期被称为"同盟漂流期"。"美欧日三极"说更使美国感到日本羽翼丰满，要另立山头了。经济上的竞争与安全纽带的松弛，使日美关系出现危机，美国甚至有人开始预测下一场美日战争何时到来。①

日美关系危机并没有导致权力转移，因为一是危机局限在经济贸易领域，日本让美国感受到了经济威胁；在安全上日本虽然质疑日美同盟的作用，却无力摆脱美国的束缚。东亚地区的后发特质使日本即使在经济上实现转型，也无法构建独霸的势力范围，在经济、政治、安全上还要依赖美国。二是日本的综合实力毕竟还不能挑战美国的霸权。日本的综合国力虽然强于英法德，却不能与美国相颉颃，而且面临的债务、人口危机以及国内政治和历史包袱等问题也使其实力发挥受到限制。但从日美关系变化的本质看，日美实力对比的变化无异于权力转移，只是由于日本特殊的国情没有发展成为权力转移。不可否认的是，这一实力变化进一步激发日本的民族主义，成为以后美国转变对日政策的一个重要原因。2000年10月，美国两党组成的超党派研究小组发表题为《美国与日本：走向成熟的伙伴关系》的研究报告提出，在以后的对日关系中要避免态度"傲慢"，对日本的决定要给予尊重。② 很明显，美国对日本不能再一味地颐指气使，要想笼络日本必须满足其要求和付出更高的成本。2016年5月，美国总统奥巴马应日本要求打破禁忌访问广岛原子弹爆炸地与此也不无关系。

而中国经济的发展，特别是在国内生产总值超过日本之后，中美之间的权力转移就成了普遍关注的话题。

三 后发特质和全球化下东亚权力转移的特点

如前所述，战后东亚权力转移的图景表明，认识东亚权力转移必须

---

① ［美］乔治·弗里德曼、梅雷迪斯·勒巴德：《下一次美日战争》，何力译，新华出版社1992年版。

② Institute for National Strategic Studies National Defense University: "The United States and Japan: Advancing Toward a Mature Partnership", *INSS Special Report*, October 2000.

考虑本地区现实和当今时代条件。在世界历史上曾经发生的权力转移大都是发生在资本主义上升时期的欧洲或是在西方完成工业化的国家之间进行，战后东亚权力转移正如奥根斯基所说，是在工业化国家和非工业化国家之间进行的。所以深刻认识东亚权力转移的地区特点和时代特点十分必要，这对认识美国的"亚太再平衡"战略和印太战略以及探讨日本的战略选择也必不可少。

首先，冷战后东亚发展迅速，在普遍看好东亚的时候，往往忽视其后发特质，东亚目前包括权力转移等问题在内的很多问题与其后发地区的特质分不开。按照权力转移的逻辑，新来者即挑战者是权力转移两个主体中的主动者，或者说是矛盾的主要方面，所以认清东亚的后发特质，对于理解东亚权力转移十分必要。

东亚的特质在于其是相对于欧美的后发地区。从世界历史的角度看，欧洲最先进入资本主义阶段，先进的生产力和资本主义文明使之成为世界权力中心。随着欧洲资本主义向东方扩张，尚处于前资本主义阶段的亚洲国家先后沦为其殖民地和半殖民地。第二次世界大战结束后，东亚国家相继独立。在冷战时期，东亚虽然经历朝鲜战争和越南战争，但持续时间不长，波及范围有限，得以保持较长时期的和平。冷战结束以后，东亚经济增长进入快车道，经济一体化程度也不断提高，成为新的增长中心。2012年12月，美国国家情报委员会公布的报告《2030年全球趋势：不一样的世界》预测，全球重心将从北美和欧洲向亚洲转移，亚洲在国内生产总值等主要方面都将超过西方。[①] 在东亚整体取得经济进步基础上，成长起日本、中国这样的巨大经济体，并创造出与欧美国家不同的发展道路、发展模式和发展经验。

东亚是后发地区这一特质对于实事求是地认识东亚的重要性在于，在肯定东亚成就的同时必须看到，除了国内外相对安定的政治环境和有关国家符合实际的政策选择外，东亚国家快速发展很大程度上是得益于后发优势。

---

① 《美国情报机构认为2030年的世界将有所不同》，彭博新闻社网站2012年12月10日。转见于《参考消息》2012年12月12日。

东亚整体的工业化或者说现代化还在进行中,与欧美的社会经济发展差距还很大。东亚国家和地区之间的社会经济发展程度也有很大差距,既有发达国家日本和实现工业化的韩国、中国香港、中国台湾、新加坡,也有快速走在工业化道路上的中国、越南、泰国、印尼,还有经济相对后进的柬埔寨、老挝、缅甸。"后发优势"理论认为,后发国家可以根据本国的实际情况选择不同发展道路和发展模式,引进和吸收先发国家的资金、技术,吸取和借鉴先发国家的成功经验,跳越一些发展阶段,通过超常规的方式实现技术赶超和经济跃进。后发国家经济是"追赶型经济",存在如何保持经济协调发展和从劳动力密集型产业向技术密集型产业过渡的发展模式转变问题;由于追求发展速度,后发国家还存在不少经济长期落后造成的难以解决的社会问题。这些都要靠技术创新和经济创新来解决。只有建立起自主创新型经济,才有资格说完成了"追赶"过程。在东亚地区,只有日本完成了"追赶"过程,其他国家还没有走出追赶型经济阶段。[①]

东亚地区的后发特质加剧了各国政治、经济、文化差异,国家间的诸多分歧阻碍地区一体化进程,破坏地区稳定。这造成东亚政治、安全合作机制相对于经济一体化的程度更加落后,地区纷争难以解决。[②] 后发特质使东亚至今未能在政治、经济、安全等领域摆脱域外力量的影响。如在政治、安全上美国对东亚的干预,在经济上虽然区域内贸易不断上升,但对域外的依赖程度仍不可忽视。这些都制约了东亚作为一个整体在国际上发挥作用。

东亚的后发特质增大了权力转移的难度,必须冷静看待东亚发展现实:东亚经济较高的增长速度是在全球化背景下从低水平向高水平的快速跃升;但要解决东亚存在的问题要经过长期努力,需要域内国家合作和域外国家的配合;特别是在经济发展的基础上创造新的东亚文明,才

---

① 关于后发国家的经济调整和追赶型经济,可参考 2016 年 4 月 5 日英国《金融时报》中文版刊登对马丁·沃尔夫和余永定的采访"中国经济调整的两难困境"。http://www.ftchinese.com/story/001066935? full=y。

② ブラーマ・チェラニー「アジアの興隆が続く保証はどこにもない」、『週刊東洋経済』2012 年 5 月 26 日。

能对世界发挥引领作用。正因如此,对权力中心转向东亚持谨慎观点甚至否定的观点一直存在。① 东亚因后发特质存在的问题不解决,会阻碍继续发展和阻滞权力转移进程。事实上,虽然对东亚的未来普遍看好,但对未来前景的表述差异很大,如前引美国国家情报委员会的报告称未来全球重心将转向亚洲,依据是国内生产总值将超过西方。很明显,全球重心和权力中心是有区别的,国内生产总值是构成权力的重要基础而非唯一指标。此外还有地缘政治重心之类提法,都说明东亚在世界舞台上的地位和作用在上升,但并不表明其必然会成为权力中心。

应当承认,后发的东亚还不具备挑战和取代欧美的力量。如果把权力看作对外部世界的影响力,可以说东亚的发言权和影响力越来越大;但这不意味着东亚要取代欧美,成为世界新的领导者,全球化时代国家和地区相互融合不断加深,一方难言取代另一方;如果把权力看作支配别国的霸权,那显然与时代潮流相悖。

其次,必须认清全球化下中美权力转移的表象与实际。中国超过日本成为世界第二大经济体后,人们热衷于预测中国何时会超过美国,开始议论中美之间的权力转移。更重要的是,根据这种预测制定的外交政策已经付诸实施并影响世界的面貌。但中国是后起的发展中国家,在30多年的时间里保持接近10%的增长速度已经创造了经济史上的奇迹。目前中国经济进入"新常态",首要任务是保证经济稳定发展和实现发展模式的转变。作为人口众多的发展中大国,要实现经济社会的全面发展,还要经过长期艰苦的努力。中国外交和对外政策都要服从这一大局,这是毋庸置疑的。

全球化的时代为国际权力转移提供了机遇。很多人都指出,权力转移理论的一个重要缺陷是,只着眼于国家层次上的主导国和挑战国之间的博弈,忽视了新现实主义者主张的系统分析模式,没有考虑世界其他国家的作用,而国际秩序和世界前途不是两个国家就能决定的。在全球化的今天,国家之间的联系日益密切,在主导国和挑战国之间也存在着

---

① Minxin Pei, "Asia's Rise", *Foreign Policy*, July-August, 2009. 巴里·德斯加:《亚洲崛起,新的挑战随之出现》,新加坡《海峡时报》2013年6月29日。转引自《参考消息》2013年7月3日。

千丝万缕的联系,双方的共同利益超过了分歧。因此,在大国之间并非一定会出现"修昔底德陷阱"式的零和博弈是完全可能的。基辛格说,中美关系在一定程度上符合"修昔底德陷阱"的特性,"但'修昔底德陷阱'的具体概念,要放在一个特殊的国际关系背景下看待,这种背景在现在的中美关系之间并不存在"。因为"中国并没有意图要取代美国成为世界上的一个超级大国"①。事实上,在美国上层政界人士中对中美关系也有不同看法,有些人并不认为中美日益加深的竞争关系是一种宿命。② 中美两国是肩负着世界责任的大国,也能够在共同利益的基础上和平共处,不是要取代对方,而是形成不同于历史上权力转移的新型大国关系。

当然,不能忽视的是,美国确实有人信奉权力转移理论,认为中美竞争加剧,美国要应对挑战。③ 美国"亚太再平衡"战略和在东亚加强安全投入等一系列政策调整,表明权力转移理论已经在影响美国的对外政策实践,但还没有脱离冷战结束以来对华"接触"战略的基本框架。④

可以认为,东亚的后发特质和全球化下的国际相互依存决定了东亚权力转移是在不同以往的历史和国际条件下展开的,也完全可能会有不同以往的权力转移的演变进程和结局。对于中美关系也不应以权力转移理论进行简单的解读和臆断,那只会误导中美关系或被一些国家别有用心地利用。而对中美权力转移的认知,也必然会影响日本的国家战略选择。

---

① [美]基辛格:《中美必须合作上海公报精神适用于南中国海》,新加坡《联合早报》2016年3月21日。
② 美国政界一向对中美关系有两种看法:奥巴马不认为美中日益加深的竞争关系是一种宿命,而希拉里·克林顿似乎更担心一个强大的中国。[英]吉迪恩·拉赫曼:《十评奥巴马主义》,英国《金融时报》中文版2016年3月16日。
③ 代表人物和观点参阅约翰·米尔斯海默《大国政治的悲剧》,王义桅、唐小松译,上海人民出版社2003年版。
④ 美国对华"接触"战略与其安全战略互为表里,包括随时可上升为遏制的安全安排。参阅孙承《日本与东亚——一个变化的时代》,世界知识出版社2005年版,第六章第二节。

第五节　海洋国家的地缘政治定位

地缘政治理论是地理空间对政治影响的规律性认识，是研究国际关系所依据的重要理论之一，也是决定一个国家的国家战略的重要理论之一。任何国家都不能无视其在世界上所处的地理位置和与周边国家的地缘关系，但就某一个国家的国家战略来说，如何运用地缘政治理论进行分析，则要结合这个国家的地缘政治特点和其他学科知识综合加以考察。

日本与亚洲大陆的地理关系常被说成一衣带水，若即若离的关系自古就影响其国家发展取向，从华夷秩序论到海洋国家论的地缘政治定位，说明了地缘政治关系对日本国家发展战略的影响。

一　华夷秩序与日本

华夷秩序是指从秦汉建立大一统帝国直到清末，中国对周边国家产生的吸引和向心作用形成的具有中华文化色彩的国际关系体系，也称宗藩制度、朝贡体制、册封体制等。较早从东亚视角论证这一学说的是日本学者西嶋定生，他认为东亚世界存在以汉字文化、儒教、律令制和佛教为特征的历史文化圈，中国通过册封体制维系与周边国家的关系，在政治和文化上处于支配地位。费正清、滨下武志等外国学者和一些中国学者也对这一体制进行了深入研究，提出了自己的看法。① 华夷秩序是建立在农业文明基础上的位阶秩序，中国处于这个秩序的顶端和中心，周边国家对中国文明和权力怀有向慕之心是这一秩序得以维持两千年之久的主要原因。

但华夷秩序也是农业文明时代东亚独特的地缘政治环境塑造的结

---

① 西嶋定生「六―八世紀の東アジア」、『岩波講座　日本歴史　古代2』、岩波書店、1962 年。John K. Fairbank: *The Chinese World Order: Traditional China's Foreign Relations*, Cambridge Mass.: Harvard University Press, 1968. ［日］滨下武志:《近代中国的国际契机:朝贡贸易体系与近代亚洲经济圈》，朱荫贵、欧阳菲译，虞和平校，中国社会科学出版社 2004 年版。何芳川:《"华夷秩序"论》，《北京大学学报》（哲学社会科学版）1998 年第 6 期。

果。东亚的东面和南面是大海，北面是寒冷的西伯利亚，西面和西南面是号称世界屋脊的帕米尔高原和喜马拉雅山脉。在古代，受生产力条件限制，东亚是相对封闭或者说是相对独立的地理系统和政治空间，虽然有海陆通道与世界其他地区交通，但难以进行大规模的往来，特别是建立稳定、长久的政治关系。在黄河、长江流域成长起来的中华文明在几千年历史上一直居东亚领先地位，这使中国自然而然地成为政治、经济和文化中心，成为周边国家学习效仿的样板，抑或是希望成为取而代之的对象。中国与周边国家的这种关系构成了古代东亚国际政治的基本模式。

在漫长的历史岁月里，周边国家和民族与中国中央王朝保持着册封朝贡关系，并在这种关系下进行频繁的经济、文化交流。这是周边国家与中国关系的主流，基本上保证了东亚地区的和谐与安宁。另一方面，随着中国文明的传播和周边地区经济、文化水平的提高，周边国家和民族也不断对中国的地位发起挑战。其表现有二：一是以武力挑战中国中央王朝的地位，以至取而代之；二是在以中国为首的华夷秩序之外另建以自己为中心的小的国际关系体制，也称"小中华"或"小华夷秩序"。前者的情况易于理解，如西晋和唐亡后，北方民族进入中原建立政权，蒙古族和满族甚至建立了大一统王朝。后者则在以中国为中心的东亚秩序中，形成了多个小的朝贡体制，构成多层次重叠的东亚世界。需要指出的是，无论入主中原建立大一统王朝，还是另外建立小的国际秩序，中华思想的华夷观都是支配东亚国家对外关系和维系国际关系体制运行的基本原则。如朝鲜在清朝取代明朝之后就自称"小中华"，日本的萨摩藩也以武力胁迫琉球王国向其进贡。日本学者古田博司认为，"如果把这些历史现象看作对'中华思想的分享'，那么这一地域也许就可以被称作'中华思想共享圈'"[①]。在这一过程中，朱子学的传播与周边国家思想文化的融合，进一步刺激了这些国家早期民族意识和民族主义思想的形成，为地区秩序变化酝酿了新动能。滨下武志认为，小规

[①] 古田博司「東アジア中華思想共有圏の形成」、駒井洋編『脱オリエンタリズムとしての社会知』、ミネルヴァ書房、1998 年。

模的朝贡体制希望以此改变中国中心的秩序，这种努力也许可以被视为这一地域历史变动的主要动力。① 他认为朝贡体制不是以中国为中心的一元机制，中华观不仅为东亚国家所接受、共有和借用而形成"小中华"，而且存在对中国的抵制和自为的历史。② 韩国学者白永瑞也认为："中华世界的重层性也许正是中华帝国变化的内在要因。""十六世纪末期以来中国中心的秩序已经受到来自周边国家的批判，小中心自身的认同性（identity）也逐渐体系化，对后来这些国家向作为国民国家形成原动力的民族认同性发展起到了重要的作用。"③ 华夷秩序由于内部变化加之西方资本主义势力的外部冲击而最终瓦解。

日本很早就被纳入华夷秩序。《后汉书·东夷传》记载，光武帝建武中元二年有倭奴国使臣奉贡朝贺，光武赐以印绶。《后汉书》和《三国志·魏志》都有日本列岛上的统治者来"献生口"的记载。南北朝时期，日本是"倭五王"④ 时代，与南朝政权保持着密切往来。到了隋唐时期，中日经济文化交流达到前所未有的高峰，日本派出大批官员和留学生全面地学习中国文化。但另一方面，日本的民族意识觉醒，要求和大陆国家拥有平等地位，甚至以武力相向。典型的例子是众所周知的《隋书·倭国传》记载隋炀帝大业三年（607）日本遣使来朝，国书中称："日出处天子致书日没处天子"。唐高宗龙朔三年（663）日本为维持在朝鲜半岛的影响，阻止唐朝的军事行动，中日发生"白村江之战"。而据高句丽时期的好太王碑记载，在公元四、五世纪之交，日本就已经在朝鲜半岛南部扩大影响和采取军事行动了。唐朝灭亡后，中国进入长期动荡的时期，日本也从贵族的公家政治转向武士争衡的武家政治，大规模吸收中国文化的时期已经过去，中国文化与日本本土文化融

---

① 参阅［日］滨下武志：《近代中国的国际契机：朝贡贸易体系与近代亚洲经济圈》，中国社会科学出版社2004年版。
② 濱下武志「東アジア国際体系」、有賀貞、宇野重昭、木戸蓊、山本吉宣、渡辺昭夫『講座国際政治』①国際政治の理論，東京大学出版会、1989年、第53—54頁。
③ ［韩］白永瑞：《东亚地域秩序：超越帝国，走向东亚共同体》，载王建朗、栾景河主编：《近代中国、东亚与世界》上卷，社会科学文献出版社2008年版，第5页。
④ 《宋书·倭国传》载永初二年（公元421年）至昇明二年（公元478年），先后有赞、珍、济、兴、武五个倭王朝贡请封。

合形成了有日本特点的"国风文化"。此后，日本除在足利时期为了开通对明贸易，短暂地接受明王朝册封外，没有再向中国称臣纳贡。在安土、桃山时代（1573—1603），以丰臣秀吉为代表的封建武士集团开始试图征服大陆国家，建立日本帝国。1590 年丰臣秀吉致书朝鲜国王，威逼朝鲜与其一道侵略中国，信中说："要长驱直入大明国，易吾朝之风俗于四百余州，施帝都政化于亿万斯年。"① 江户时代，日本与中国保持有限的贸易关系，但中国文化继续影响日本，一些学者开始借用华夷秩序思想构建以自我为中心的国际体系。儒学者熊泽蕃山认为："中夏之外，四海之内，无可及日本之国。"山鹿素行则自诩日本是华夷秩序的中心，而以琉球、虾夷、朝鲜、清朝、吕宋以及英吉利、俄罗斯为夷。日本学者初濑龙平认为，前者是以中华秩序为前提的"日本第二"（Japan as No. 2）论，后者则是"日本第一"（Japan as No. 1）论。② 与此同时形成的国学派，将民族主义推向新高度，也走上了歧途。国学派学者佐藤信渊在《混同秘策》中描述了统治世界的梦想，实现的途径是首先向大陆发展。他说，要实现"全世界悉为郡县，万国之君长为臣仆"的梦想，就要"先能明辨万国之地理形势"，中国在万国之中土地最广大、物产最丰饶，与日本又最接近，所以要想统治世界，必先吞并中国③。佐藤信渊的思想被认为是日本近代侵略大陆政策的鼻祖，也反映了东亚地缘政治关系对日本国家战略和对外战略的影响。明治维新后，走上资本主义道路的日本发展迅速，开始蔑视腐朽落后的老大帝国中国，参与西方列强对华侵略，把奴役中国人，掠夺中国资源，割占中国国土，作为追赶西方、实现现代化的国家战略。1894 年日本发动甲午战争，从中国索取巨额赔款，割占辽东半岛和台湾岛，迫使朝鲜脱离中国，最后吞并朝鲜。这是对中国主导的持续两千年之久的华夷秩序的最后一击。此后，日本加快与西方列强瓜分中国，不仅谋求在华经济、

---

① 『史料日本史』（近世編）、吉川弘文館、1964 年、第 59 頁。
② 初瀬龍平「国際政治思想—日本の視座—」、有賀貞、宇野重昭、木戸蓊、山本吉宣、渡辺昭夫『講座国際政治』①国際政治の理論、東京大学出版会、1989 年、第 118 頁。
③ 佐藤信淵「混同秘策」、『日本思想大系 45：佐藤信淵』、岩波書店、1977 年、第 431—436 頁。

政治特权，而且继续分裂中国国土，扶植"满洲国"，进而发动全面侵华战争。日本要建立的是一个取代中国在东亚传统地位、独霸东亚的"大东亚共荣圈"。尽管华夷秩序已不存在，但"日本型华夷秩序"的思想，对日本走上向大陆侵略扩张道路的影响不能否认。

在农业文明时代或者说在前资本主义时代，日本的国家战略受华夷秩序塑造的东亚地缘政治的影响。在发展早期，日本一方面向中国称臣纳贡，一方面学习和吸收中国文化，海洋的隔绝又使之能够保持政治和文化上的相对独立。而当其具有一定实力之后就要向大陆发展，谋取更大的政治经济利益。在近代，中日不同的发展道路使日本在国力上超过中国，跻身列强，于是分裂、灭亡中国和成为亚洲霸主也就成为其对外战略的目标。日本政治学者高坂正尧说，一般认为日本的近代化始于"脱亚"。日本远比亚洲其他国家提早实现了近代化，自认为亚洲盟主，"兴亚""脱亚"和"侵亚"往往混而为一。日本文明起源于中国，东洋的东西构成国民价值观的核心，成为日本人的精神支柱和抵抗西力东渐的精神基础。作为非西欧国家，日本在步入西欧国家所支配的国际政治舞台时，除了东洋的东西以外找不到能够支撑自己的东西。① 还有人认为，最终导致军国主义覆灭的太平洋战争爆发的原因是，日本采取与大陆国家群结合而与海洋国家群为敌的结果。② 这显然是无视对大陆国家的侵略，也完全违背历史事实，战前日本执行的是侵略大陆政策，同苏联签订中立和互不侵犯条约的目的也是为腾出手来独占大陆。但另一方面，这也反映出直到太平洋战争之前，日本的国家战略和对外战略仍然没有跳出东亚地缘政治关系的影响，要成为东亚的中心，即使在战后，随着经济复兴，试图成为东亚地区领袖和代表，主导地区发展的思想，仍是影响其对外政策的重要因素。

二 日本的海洋国家论

战后国际格局和国际秩序的巨大变化，迫使日本从地缘政治学的角

---

① 高坂正尧「海洋国家日本の構想」、『高坂正尧著作集』第一卷、都市出版株式会社、1998年、134—136頁。
② 海空技術調査会編著『海洋国日本の防衛』、原書房、1972年、第27頁。

度进行历史反思，重新确定国家定位和国家战略，从向大陆扩张转向贸易立国，从在东亚谋求霸主地位转向在世界范围内谋求经济贸易的强国地位；从在华夷秩序的范围内谋求政治经济的主导地位转向以海洋国家定位谋求融入以美国为首的西方政治经济体系并进而谋求独立于东西方的国际地位。战后日本国家定位和国家战略调整的理论基础是海洋国家论。当然，这不是说日本对东亚大陆的兴趣在下降，而是更多地从海洋国家的角度思考与东亚大陆的关系，决定国家的未来和战略走向。

海洋国家是和大陆国家相对应的地缘政治学名词。对有些国家来说，仅从地理上划分这两者很难，例如中国、俄罗斯、美国等国家，既有辽阔的陆地疆土，也有漫长的海岸线。从地缘政治学的角度说，往往把缺乏资源，易受海上封锁打击，安全性脆弱，生存依赖自由开放国际环境的国家称为海洋国家。而岛国虽然在地理上符合海洋国家的定义，但从地缘政治学的角度看如同日语中"岛国根性"一词的含义，是指封闭、内向、缺乏国际感的国家。正因如此，日本一些研究海洋国家战略的学者提出日本应将从"岛国"走向"海洋国家"作为国家战略的指向。①

在第二次世界大战结束之前，日本虽有成为海洋国家的思想，但未对国家战略产生决定性的影响。江户时代日本实行锁国政策，只留长崎一港与中国、荷兰进行有限贸易，称之为岛国并不为过。江户末期，日本感到西方列强的海上威胁，朝野出现加强海防的意见，即"海防论"，著名的有林子平的《海国兵谈》、本多利明的《经世秘策》和佐藤信渊的《防海策》等，再后则有佐久间象山的《海防八策》。作为国家应对来自海上安全危机的自然反应，幕府开始筹建海军。明治维新时以天皇名义公布的《五条誓文》中有"开拓万里波涛，布国威于四方"的国家宣示，进一步发展海军力量和扶植政商资本提高海上交通运输能力，并于1874年侵略台湾地区，对海外采取军事行动。与此同时，日本推行殖产兴业政策，发展近代工商业和海外贸易，积极参与国际竞争

---

① 如高坂正尧论述日本应从英国历史中汲取经验，从岛国成为海洋国家。高坂正尧「海洋国家日本の構想」第三部、『高坂正尧著作集』第一卷、第156—170頁。另有著作如：『21世紀日本の大戦略：島国から海洋国家へ』、日本国際フォーラム発行・フォレスト出版、伊藤憲一監修、2000年。

和扩展海外利益。1890年，首相山县有朋在第一次帝国议会上的施政演说提出，不仅要保卫生命线，还要确保对利益线的影响力。① 值得注意的是，山县出身陆军，提出要确保利益线就要扩大海军，反映日本国家战略对海洋的重视。甲午战争后"三国干涉还辽"，使日本倍感"屈辱"，为与列强争夺中国，掀起扩张海军的狂热。但在甲午战争前后，"海军扩张论"和"贸易国家论"并没有把日本引向海洋国家的发展道路，为了争夺在中国和朝鲜的利益，爆发日俄战争。日本虽然取得胜利，却深陷大陆，距离海洋国家的道路渐行渐远。维护在大陆获得的巨大侵略利益，成为此后的国家目标，陆军对国家政治的发言权上升。② 此后石桥湛山等人根据贸易统计的结果提出"小日本主义"思想。石桥认为，通过国际贸易获取的利益远胜于从殖民地掠夺的财富，主张放弃殖民地，反对"大日本主义"③。但这种"贸易国家论"的主张在对大陆扩张的野心日益膨胀的形势下得不到正常发展，九一八事变后日本侵占中国东北，进而发动全面侵华战争。④ 日本近代史表明，东亚地缘政治的现实使日本从挑战华夷秩序开始走上争霸东亚的道路，对大陆进行侵略扩张和殖民掠夺的钻营远远超过通过正当国际贸易积累财富的努力。

战后国际秩序和地缘政治现实使日本将目光转向海洋国家论。最早运用海洋国家论阐明国家定位和国家战略且最有影响的是高坂正尧。他在《中央公论》1964年9月号上发表的《海洋国家日本的构想》集中阐述了他的海洋国家思想。论文要点如下。⑤

其一，日本迫切需要解决的问题是：在经济取得惊人成就的同时迷

---

① 大久保利謙編『近代史史料』、吉川弘文館、1965年、第190—191頁。
② 北岡伸一『日本陸軍と大陸政策』、東京大学出版会、1978年。
③ 石桥湛山「大日本主義の幻想」、松尾尊兊編『石橋湛山評論集』、岩波書店、1984年。最近关于石桥湛山反对大日本主义的评论可参阅：猪木武徳「『植民地は放棄せよ』『外交は損得勘定で』…ポピュリズムに抗した石橋湛山」、『産経新聞』2017年7月17日。
④ 近代日本试图向海洋国家发展的历史，可参阅北岡伸一「海洋国家日本の戦略—福沢諭吉から吉田茂」、防衛庁防衛研究所『戦争史研究国際フォーラム報告書．第2回』、防衛省、2004年。
⑤ 参阅高坂正尭「海洋国家日本の構想」、『高坂正尭著作集』第一卷。以下该论文引文恕不一一注出。

失了前进目标。

其二，国民目标难以确定与"日本难以做出国际政治定位有关"。日本既非东洋也非西洋，所以产生"脱亚"和"入亚"的苦闷。

其三，战后日本受美国军事保护，全力发展经济，独立的军事努力既无必要，也无意义。但中国崛起后，日本再度面临在东洋和西洋之间做出选择的烦恼，在对美从属或对华从属的困境中摇摆，只能加强自身力量。

其四，要从英国历史中吸取教训。英国是海洋国家，海外贸易造就其伟大。更重要的是，英国虽处欧洲一侧却在欧洲之外寻求活动舞台。中国复兴后，日本成就伟大的方法是不与中国保持同一性，而要发挥与中国的不同之处，在既非东洋也非西洋的立场上谋求生存；必须与中国在政治上和经济上保持友好关系，也要认识到与东洋相邻而采取独自立场的复杂性和艰难程度。

其五，英国的经验是一方面关注大陆，采取谨慎的外交政策；另一方面把国民引向关心海洋的方向上来。英国之所以成为海洋国家是"英雄"的冒险商人和谨慎的（维多利亚）女王相结合的结果，而这正是日本所阙如并且现在仍然阙如的素质。

其六，战后在防卫和外交上依赖美国而集中力量发展经济的代价是，日本正在成为"岛国"。统治者和全体国民的视野狭窄，既未注意对外开放也无政策支持。这在美国保护伞下尚可安之若素，保护伞失效就会成为问题。日本作为海洋国家必须拥有独自的力量，否则就会陷入迦罗瓦①所说的在对美从属或对华从属中做出选择的困境。

其七，为成为海洋国家，日本要恢复广阔的视野，有宏大的构想力，思考十年后的世界政治将以何种力量为核心展开，制定长期的

---

① 法国军事理论家迦罗瓦的观点：中国的核武装将给其周边国家造成极大影响，将来日本也会被迫做出选择。"如果日本做出判断，为了对抗来自中国的威胁，必须进一步得到美国的保护，那么日本也许会考虑必须发展以美国为中心的太平洋安全保障体制。但在这种场合下，日本将进一步加强对华盛顿的依存度。而与此相反的替代方案的做法则是采取中立主义，与中共保持友好关系，谋求亲善。但这种场合，日本在与中共的关系上将丧失真正的独立性。"高坂正尧『高坂正尧著作集』第一卷、第133页。

政策。

高坂的海洋国家构想方案如下：

首先是安全保障问题。通过外交减少对方的侵略意图，但缺少抑制力不可能完全消除对方的侵略意图，要掌控必要和有效的最低限度军备，实现自主防卫。对于日美关系，要大幅度削减与美国的军事关系，保持一定限度的联系，以恢复外交能力，并在必要时能扩大抑制力。与美国保持某种程度的军事联系理由有三：一是日美军事合作是日本保持"力量均衡"政策的一部分，不可能也不想从根本上改变这一政策。二是日本若采取既非东洋也非西洋的立场，就必须与远方的力量保持更牢固的联系，而与近处的力量保持均衡。三是日本安全保障政策的基础是对海洋的支配，而今天世界海洋处于美国支配之下，但美军基地应撤出日本本土，日美可以学习苏联和芬兰之间的条约关系。

其次，安全保障问题始终具有消极的意义，重要的是日本要有应对今后世界政治变化的积极政策，成为对外开放的国家。政府应采取的政策有二：一是努力使国民关注国外，奖励前往外部世界，调整和支持对外开放政策；通过发展贸易，培育国民的对外经营能力和活力。二是必须在理解今后世界政治动向的基础上制定长期政策，为国民开创未来。

将高坂海洋国家构想的主要观点不厌其烦地整理如上，是希望完整地理解其海洋国家论。应该说，高坂是第一次较完整地阐述日本的海洋国家构想。十分清楚，高坂海洋国家构想的主导思想是民族主义，是为了日本不依附于中美等大国而保持其独立性，生存、发展以至最终实现伟大梦想。在这里看不到日本再向大陆发展的思想，相反要与中国保持距离，中国的复兴使日本不得不重新思考国家定位和国家战略。可以说，战后世界政治经济秩序的形成和中国的复兴所带来的东亚国际关系变化，使日本国家战略指导思想发生重大变化，不再局限于华夷秩序地缘政治观。高坂的思想对日本以后的海洋国家构想和外交战略产生深远影响，此后对海洋国家的研究日渐发展，特别是冷战结束以后，中国迅速崛起，强调海洋国家属性的外交、安全战略成为日本国际关系研究领域的热点课题。在这些研究中，很多都可以看到高坂思想的影响。举个最近的例子,高坂说,海洋国家的地缘政治属性决定日本要与远方的力量保持牢固的联系,而与近处的力量保持均衡,当前有影响的国际政治学者五百旗头真就提出,日本与中美之间的关系要形成"日美同盟+日中协商"①的模式,从中可看到两者存在某种思想上的联系和共鸣。

近年较系统阐述日本海洋国家构想的成果不少,有代表性的是2006年世界和平研究所发表的研究报告《海洋国家日本的安全保障——21世纪日本的国家构想》。②该报告由星山隆撰写,可视为高坂论文发表40年后对新形势下海洋国家日本构想的修订和总结,而在这之前世界和平研究所发表的《21世纪日本的国家构想》报告提出"要制定海洋国家明确的国家战略,完善适应海洋国家发展的基础"③。星山的报告从适应时代变化和地缘政治学特点出发,总结和提出作为海洋国家的日本必须具备的资质:避免战争、开放精神、积极参与国际秩序构建、文化自豪感、独特外交、保卫海洋、综合海洋的关系、广阔视野与构想力、强大的领导力。星山报告主要从安全角度论证了日本的国家构想,与高坂论文相比有以下几方面创新:第一,强调综合安全。这是20世纪80年代初日本提出的新安全理念,报告特别重视的是21世纪综合安全领域的新变化。这主要有:中国崛起,中日关系龃龉不断;核扩散、恐怖主义和地区纷争;非传统安全威胁;对安全保障投入不足;南北问题和南南问题;安全问题凸显了国家责任;非政府组织的影响扩大。报告建议政府要在以下方面加强施策:积极参与构建国际秩序;限制大规模杀伤性武器及相关技术;提高情报搜集能力和国内的安保意识;发展安保相关产业。第二,在应对个别安全问题上,强调要加强日美安全同盟,这重复了高坂的观点,并认为日美之间除安全同盟外,还有共同的长期目标和价值观;同时要完善防卫力量和拥有集体自卫权,

---

① 五百旗頭真「"日米同盟+日中協商"再論」、『毎日新聞』2010年10月24日。
② 星山隆『海洋国家日本の安全保障—21世紀の日本の国家像を求めて—』、世界平和研究所、IIPS Police Paper 320J、October 2006。以下该报告引文恕不一一注出。
③ 『21世紀の日本の国家像について』、世界平和研究所、2006年9月5日、IIPS 2006、第4頁。

加强政府开发援助和保证粮食、能源安全。第三，在国家作用和海洋政策方面，要加强国家在制定和执行海洋政策中的作用。报告强调要积极参与国际秩序建构和加强安全自助能力，加强同邻国的关系。星山报告的重要特点是，把中国崛起引起的中日关系变化作为影响日本安全的首要因素，虽然报告也提出要发展同中国的关系，但更强调要参与构建国际秩序和加强联盟关系，特别是加强日美同盟。星山报告集中反映了在东亚形势发生重大变化的今天日本海洋国家战略的新思考和新构想。

在海洋国家思想主导下，日本实现了"积极和平主义"国家战略的转换，加快海洋立法和海洋管理体制。2006年2月，海洋政策研究财团发表《海洋与日本——21世纪海洋政策建议》。报告明确提出，要实现海洋立国必须制定综合的海洋政策，制定海洋基本法和完善行政管理机构。[1] 2007年4月，日本制定《海洋基本法》，在内阁设立以首相为本部长的综合海洋政策本部。2008年3月公布首部《海洋基本计划（草案）》，以后每五年公布一次。2018年3月公布的《海洋基本计划》表示，日本"周边海域形势进一步严峻"，"海洋权益受到前所未有的威胁"。"根据《国家安全保障战略》，作为海洋国家在与各国紧密合作的同时，为实现不以武力、确保航行和飞行自由与安全、依据国际法和平解决纷争的基于法律基本原则的秩序，发挥主导作用"。日本要加强防卫体制和海上保安体制，完善和平安全法制，在发生各种事态时都能立即处理。日本还要和盟国美国、友好国家和有关国家密切合作，防患于未然，同时加强日美的抑制能力和应对能力，要维持和加强基于法律支配和国际合作的海洋秩序。这份《海洋基本计划》明确提出：海洋政策的基本方针是保证海洋国家的安全，在推进综合海洋安全政策的同时，与有关国家合作，推进"自由、开放的印太战略"；在今后10年保证日本海洋安全的三个方向性的任务是：领海权益、主要海上航线的安全和加强国际海洋秩序。[2]

---

[1] 海洋政策研究财团『海洋と日本「21世紀の海洋政策への提言」』、2006年2月6日。
[2] 総合海洋政策本部『海洋基本計画』、2018年5月、第3—5、15—17頁。

三 日本国家战略的指导理论

近年来日本的外交政策表明,海洋国家论已经成为其国家战略和对外战略的指导理论,建立海洋国家联盟是应对东亚地缘政治变化的重要对策。日本学者渡边利夫认为,日本历史上有两次与海洋国家结盟,1902 年的日英同盟和 1951 年的日美同盟都获益匪浅,而在日英同盟废除之后到日美同盟缔结之前的 30 年间却屡犯错误,迭遭失败,所以和强大的海洋霸权国家美国结盟是已为历史证明的正确选择。[①] 日本学术界和外交智库进而提出将亚洲太平洋地区扩展为印度洋、太平洋地区,构建海洋亚洲与大陆亚洲的对立格局,实际上是谋划建立海洋国家联盟,制约中国的发展。[②] 美国学者迈克尔·格林根据他对日本政治动向的观察认为,日本为维护自身利益,将会与其他海洋国家结盟,以维护太平洋地区的平衡。安倍政府将会努力达成这种战略同盟关系。[③] 这似乎让人们又看到了海权和陆权的对立以及斯皮克曼"边缘地带"理论以某种形式复活。人们可以质疑,日本是否试图借海洋国家论重新煽起新的地缘政治对抗? 而在外交实践中,日本近年提出的"自由繁荣之弧"设想和建立以日美澳印"菱形同盟"为基础的印太战略构想,正表明在海洋国家论思想指导下日本外交安全战略正在发生重大调整。

根据以上考察可以得出几点认识:日本把海洋国家作为国家定位表明,战后国际政治经济秩序为其发展提供了比战前更广的空间和更多的选择性,对东亚的依赖程度相对下降;地缘政治关系决定日本与东亚大陆既保持密切联系,又要保持相对独立(高坂正尧称日本是东洋的"别墅"[④]);中国复兴改变东亚地缘政治环境,使日本重新思考其国家定位,并要发挥与之相适应的独特作用。

[①] 渡辺利夫"海洋国家同盟論再論—日本の選択"、"環太平洋ビジネス情報"2008、Vol. 8 No. 28、第 11—12 頁。

[②] 白石隆『海洋アジア VS. 大陸アジア 日本の国家戦略を考える』、ミネルヴァ書房、2016 年。

[③] Michael J. Green, "Does Japan Have a Strategy?", The National Interest, November 28, 2012. https://nationalinterest.org/commentary/does-japan-have-strategy-7776.

[④] 高坂正尧「海洋国家日本の構想」、『高坂正尧著作集』第一巻、第 137—144 頁。

第六节 日美同盟的特殊性

如前所述，引发战后日本民族主义的一个重要原因是日美双方在同盟中的地位不平等，表明日美同盟具有特殊性。这种特殊性源于日美同盟形成之时，在其后的相互关系中日本对美国的依赖又使不平等关系延续下来，成为影响国家战略的重要因素。

一 同盟的一般理论

日美同盟是对亚太地区影响深远的战略联盟，其形成和演变同样遵循同盟的一般规律。

根据同盟理论，在无政府状态的国际社会，同盟是维护国家安全的重要方式之一。同盟理论的基础是均势理论，无论强国、弱国，面对威胁时为了自身安全都可能与他国结成同盟，以获得与威胁一方对等或超越之的能力，所以应对威胁是缔结联盟的最常见、最基本的原因。汉斯·摩根索（Hans J. Morgenthau）说："历史上权力均衡最重要的表现，并不是两个单个国家之间的平衡，而是一个国家或一个联盟与另一个联盟之间的关系。""在多国体系中，联盟必然具有平衡权力的功能。"[1] 作为冷战产物的日美同盟也不例外。美国通过缔结《日美安全条约》，把日本列岛变成在东方"遏制"社会主义阵营的前沿。冷战结束后，日美同盟转向应对东亚地区"存在的不安定性及不确定性"威胁[2]。无论冷战时期还是冷战后，日美同盟都是保证美国对东亚地区有效参与的支柱，是重要的政治、军事联盟。

但是，同盟的结成、性质，同盟中各方的地位、作用却有很大差异，对同盟的演变和归趋以及结盟各方的政策都会产生影响。对于结盟的原因，斯蒂芬·沃尔特（Stephen Walt）总结为几种类型：制衡：国

---

[1] ［美］汉斯·摩根索:《国家间政治：权力斗争与和平》，第219页。
[2] 「日米安全保障共同宣言—21世紀に向けての同盟—」、1996年4月17日。『外交青書』1997年，第一部、Ｉ资料。

家结盟以对抗外来威胁；追随：国家与外来威胁国结盟；意识形态，拥有共同意识形态的国家结盟；援助：与提供援助的国家结盟；操控：与进行渗透并操纵其内政治的国家结盟。① 汉斯·摩根索认为，即使为某种共同利益结成的同盟也可按不同标准区分为："它们内在的性质和关系；利益和权力的分配状况；它们在有关国家的利益总和中的比重；它们持续时间的长短；它们对在形成共同政策和行动时的有效程度。我们进而可以把联盟划分为三类：利益和政策完全一致的联盟；利益和政策互补的联盟；利益和政策属于意识形态的联盟。我们还可以进一步把联盟区分为相互的和单方面的，全面的和有限的，暂时的和永久的，以及有效的和无效的。"在联盟组成后，盟国之间也会因利益和目标的变动而产生矛盾和分歧，而且"典型的联盟总是建立在时常变动的、歧见纷呈的利益和目标的基础之上。联盟是否有效，能在多长时间内有效，要看支撑联盟的缔约国的利益与缔约国的其他利益相比孰大孰小。一个联盟无论在范围上多么有限，它的价值和可能性都必须放在联盟可望从中发挥作用的总政策的背景下加以考察"②。随着时间的推移和形势变化，盟国对同盟价值的重新评估结果往往造成"联盟安全困境"：背信弃义和再结盟。③

二 日美同盟特殊性与日本民族主义

用同盟的一般理论衡量，日美同盟的形成和演变具有特殊性。战后日美关系的起点是美国作为反法西斯战争战胜者实施对日占领。这种战胜国和战败国的缔盟本身就包含着不平等因素。美日缔盟的目的如曾任日本驻美大使的村田良平所说，是要让占领日本的美军继续使用日本国内的基地合法化。旧金山媾和后，日本虽然名义上恢复了主权，但日美

---

① Stephen Walt, The Origins of Alliances, Ithaca: Cornell University Press, 1987, pp. 17 – 49；于铁军：《国际政治中的同盟理论：进展与争论》，《欧洲》1999 年第 5 期。转见于汪伟民《联盟理论与美国的联盟战略——以美日、美韩联盟为例》，第 56 页。
② [美]汉斯·摩根索：《国家间政治：权力斗争与和平》，第 221—223 页。
③ 格伦·斯奈德的"联盟困境理论"及其分析参见汪伟民《联盟理论与美国的联盟战略——以美日、美韩联盟为例》，第 67—69 页。

关系的基本结构没有改变。作为冷战时期"遏制"战略重要一环，日美同盟不过是将美军的对日占领长期化，《日美安全条约》的不平等性决定了战后日美关系的从属结构，①也成为日美关系的基本矛盾。在同盟初期，日美关系是复杂的。美国是战胜国、援助国，日本是战败国、受援国。美国推动日本民主改革和经济重建、共同抵御"东方威胁"。此时的美国对于日本来说虽然不是外来威胁，但日本处于相对弱势和被动地位，所受影响之大不言而喻。日美同盟包括了斯蒂芬·沃尔特所说的制衡、追随、意识形态、援助和操控等几种结盟原因；在承担的责任上，也是单向的由美国对日本提供保护。

随着日本国内外形势变化和经济恢复，民族主义与日美同盟的矛盾日益突出，保守和革新力量都反对不平等的日美关系。1960年1月，经过一年零三个月修改安保条约磋商之后，日美在华盛顿签署《新安保条约》。在新条约中，美国承认有防卫日本的义务和从日本租借基地是相互交换义务的关系，在安全问题上日美之间有进行协商的必要性，删除了旧条约中刺激日本民族主义的部分条款，在形式上符合主权国家的平等关系。日美能就修改条约达成协议是因为这一时期日本国内政治趋于稳定，经济步入复兴轨道，在国际上加入联合国，日苏也恢复邦交，美国认为日本正在逐渐降低对美依赖程度，如坚持被日本舆论视为不平等的安保条约就会促使其脱离日美安保轨道，走上中立主义道路。为了保证"遏制"战略不破局，美国甚至主动迎合日本要求，对两国关系进行必要的调整。②

但修改后的《新安保条约》，并未实际改变同盟的不平等性和对美从属性。新安保合作条约修订后，日本长时间不使用日美同盟一词。在日美关系中首次使用同盟一词是1979年5月大平首相访美时，而出现在日本政府正式文件中则是1981年铃木首相和里根总统举行

---

① 五十嵐武士『日米関係と東アジア』、第95—99頁。『村田良平回想録』、山根隆志「『日米同盟第一』を根本から転換すべき」（上）、『前衛』2017年第4期、第27頁。
② ［日］五百旗头真主编：《战后日本外交史（1945—2005）》，第75—80页。

首脑会谈后发表的联合声明。① 日本之所以在此时公开承认日美同盟，除了在国际上苏联入侵阿富汗、美苏争夺加剧，在国内苏联威胁论上升，社会党和公明党对安全条约和自卫队的态度有所变化外，更重要的是经过经济高速增长和度过两次石油危机，已成为继美苏之后的西方世界第二大经济体，有实力和底气与美国平起平坐，承担更多的责任，特别是军事责任了。随后成立的中曾根内阁以民族主义色彩强烈而著称，1983年1月中曾根首相访美，在和里根总统会谈中提出要结成"日美命运共同体"，承诺要把日本列岛变成"不沉的航空母舰"，承担封锁日本海峡和保卫1000海里海上航线的任务。日本还加强军备，制定《中期防卫力量整备计划》，废除三木内阁制定的军费不超过国民生产总值（GNP）1%的限制。日本学术界认为，至此，日美同盟才进入实质化阶段。②

日本民族主义的再次上升是在冷战结束以后。苏联威胁消失，日美经济摩擦加剧，而日本在泡沫经济期间繁荣程度比肩美欧，对同盟的必要性也出现质疑之声，日美关系前途不明。直到1996年4月，桥本首相和克林顿总统发表《日美安全保障联合宣言——面向21世纪的同盟》，宣称日美安全合作要"继续成为维持亚太地区面向21世纪的稳定和繁荣形势的基础"③，完成了冷战后对同盟的改造。但这同样没有解决同盟的不平等问题。冷战后东亚经济快速发展和地区合作机制日益成熟，日本把对外战略重心转向亚洲的趋势日渐明显，"脱美入亚"和"伴美入亚"成为新的战略选项。为了应对日本民族主义上升和对外政策可能偏离美国东亚政策的轨道，美国超党派研究小组2000年10月发表的《美国与日本：走向成熟的伙伴关系》的研究报告对美日关系重新评估，认为美国必须重视和加强美日同盟关系，否则无法保证在亚太地区的利益。报告建议调整对日政策的一个重要原因是日本的独立性增

---

① 山根隆志「『日米同盟第一』を根本から転換すべき」（上）、『前衛』2017年第4期、第28—29頁。
② ［日］五百旗头真主编：《战后日本外交史（1945—2005）》，第152页。
③ 「日米安全保障共同宣言—21世紀に向けての同盟—」、1996年4月17日。『外交青書』1997年、第一部、I資料。

强，难以忍受美国的支配，两国在朝鲜半岛问题、驻日美军、双边贸易等方面意见分歧加大，对话效果不佳。① 此后为应对东亚局势变化，研究小组又于2007年、2012年和2018年三度发表研究报告，建议提升日本在地区安全中的作用。

由于美强日弱，美日关系一直表现为美主日从，这同日本在经济、政治、安全上对美依赖有关，当然也可以看作是同盟双方利益、政策一致。在安全上，日本主要依靠美国的核保护伞和驻日美军提供安全保证。日本的防卫大纲阐述其防卫方针主要有三方面：依靠日美安全合作、与其他国家的双边和多边合作、本国防卫能力。近年日本强调发挥后两者的作用，但日美同盟仍是其安全的主要依靠，② 因此日本要保持日美关系稳定，保证美国履行对其安全承诺。在经济上，美国是日本主要的贸易对象国。在2006年以前美国是日本第一位的贸易伙伴，约占日本进出口贸易的五分之一，从2007年开始中国占据了第一。③ 而从进出口商品结构上看，特别是日本对美出口商品中高科技附加值的工业产品比例要远远大于中日贸易，美日贸易对于日本经济的重要性不言自明。美日经济摩擦经常发生，也多是以日方让步得以解决。在政治和外交上，冷战时期日本唯美国马首是瞻，冷战结束后日本要求有更多的外交自主性，提出"有志向外交""积极和平主义"等口号，实际并未逾越美国的战略框架。《阿米蒂奇报告》说："日本要求外交政策的独立性，并未构成美国外交的障碍。实际上日美几乎在所有的外交目标上都相同，两国拥有许多共同的利害。"

---

① 报告建议重视和加强美日同盟的其他几个原因是：1、美国国内认为21世纪亚太地区安全形势"不确定性"增长；2、重新认识日本的潜力，认为日本是亚洲和世界政治主要角色，并非走向衰退；3、对日本作用重新认识，认为日本扩大经济、政治、安全作用与美国的利益并不矛盾；4、美日同盟中存在的问题要求重视对日关系。Institute for National Strategic Studies National Defense University：The United States and Japan：Advancing Toward a Mature Partnership，INSS Special Report，October 2000.
② 参阅日本历次防卫大纲和历年《防卫白皮书》阐述的防卫方针。
③ 『貿易相手国上位10カ国の推移（輸出入総額：年ベース）』、http：//www. customs. go. jp/toukei/suii/html/data/y3. pdf。

三 对日美同盟政治危机的分析

日美同盟的不平等性不仅体现在日本对美国的依赖性，更体现在双方一直存在着控制与反控制的关系。日本经济实力和科技能力提升后，自主性提高，双方关系更加微妙。

在冷战时期，美国要求日本重整军备，但禁止其发展攻击性武器和远程投送能力，特别是限制其发展核武装。驻日美军的一个重要作用是抑制其重蹈军国主义道路。1971年基辛格访华时对周恩来总理说："我们同日本的防御关系，可以使日本不实行侵略政策。""美国的完全撤军或在这一地区错用武力，都会重新点燃日本的好战性，给我们所有人带来极大的危险。"① 基辛格的解释当然是为美日同盟辩护，但同盟也有抑制日本的作用。20世纪80年代担任冲绳海军陆战队司令的亨利·斯塔克波尔表示："美国在日本驻军能够起到防止日本成为军事大国的'瓶盖'作用。"② 冷战结束后，基辛格继续主张其观点："倘若亚洲没有美国的军事存在，日本会越来越倾向于依据本国的好恶推行其安全和外交政策。日本与美国共同制定政策时，日本发展成为一个自主的军事大国的努力不仅会受到限制，而且被置于一种战略框架之内，日本扩军对亚洲其他国家的影响也要小得多。"③ 美国一方面要求日本在军事上配合其东亚战略，另一方面对其政治军事走向密切关注并保持着影响。例如，美国对日本在历史问题上的错误认识和缺乏反省态度给予严肃批判。前美国驻日大使希弗针对日本国内有势力要修改"河野谈话"一事说："这将大大损害日本在美国的利益"，指出美国多数人对该问题

---

① FRUS, 1969–1976, Volume XVⅡ, p394；FRUS, 1969–1976, Volume XVⅡ, p355. 转见于张静《周恩来与基辛格1971年密谈中的台湾问题及日本因素——基于美国揭秘档案的考察》，《党的文献》2013年第2期。
② [日] 杉山彻宗：《应正视"美中安保"现实脱离美国保护伞实行自主防卫》，日本《追求》月刊2014年7月号。转见《日媒：美国转向中国不想保护日本把日视为敌国》，环球网2014年6月25日，http://mil.huanqiu.com/observation/2014-06/5034779.html。
③ [美] 亨利·基辛格：《基辛格：美国的全球战略》，胡利平、凌建平等译，海南出版社2012年版，第114—115页。

持严厉意见。① 美国政府虽然避免直接批评安倍政府，但对日本国内否定慰安妇历史的言论也传达了会密切关注相关言行的信号。②《纽约时报》发表社论，痛批日本右派政治势力否认慰安妇历史事实并展开"恐吓运动"，认为安倍政府迎合要求修改历史的势力是在"玩火"③。对日本寻求独立的倾向，美国并不手软，日本也并未越雷池一步。1997年亚洲金融危机中日本提出建立"亚洲货币基金"的"宫泽构想"，后因美国担心会危及美元地位而最终作罢。在东亚合作10＋3基础上，日本赞成10＋6机制，邀美国等域外国家参与合作，除为削弱中国的影响外，也是避免有排斥美国的嫌疑。

日美之间也出现过"联盟政治危机"。既然同盟是因共同威胁和共同利益结成，那么一旦对威胁和利益的认识发生变化，出现危机以至解体也并不奇怪。预言日美同盟解体固然为时过早，但危机确实发生过。日美同盟危机来自两个方面：一是两国实力变化的影响，一是外部国际环境变化对威胁和利益认知产生差异。前者如前所述，日本实力增强，要求在同盟中有更大的自主性，美国为了维持同盟不得不在一定程度上满足其民族主义要求。这也迫使美国在冷战后下决心改善美日关系。基辛格说："美国外交政策的一个关键目标必须是在日本的政治及军事力量形成气候之前，与日本建立更广泛的政治关系。""必须给予日美双边政治对话以及外交政策方面的协调的新内容，尤其是在亚洲。"④ 因后者引发的危机已有多次，经常被提及的是冷战时期的"尼克松冲击"，也称"越顶外交"。美方直到公布尼克松访华消息前才通知日方，使日方措手不及。"越顶外交"并未对日美关系造成实质影响，但对日本产生的心理影响却十分深远，成为日本担心美国会为自身利益而忽视和抛弃日本的代名词。冷战结束后，日美经济摩擦和苏联解体后双方对

---

① 《前美国驻日大使称修改河野谈话将损害日本在美利益》，共同网2013年5月4日，http：//china.kyodonews.jp/news/2013/05/51586.html。

② 《美国谴责桥下"慰安妇"言论为安倍政府敲响警钟》，共同网2013年5月17日，http：//china.kyodonews.jp/news/2013/05/52340.html。

③ 《纽约时报社论痛批日本历史修正主义倾向》，共同网2014年12月5日，http：//china.kyodonews.jp/news/2014/12/87783.html。

④ ［美］亨利·基辛格：《基辛格：美国的全球战略》，第114—115页。

世界形势认识的差异使同盟再度陷入动荡，美国出现"日本经济异质论"和"敲打日本"的风潮，日本也以《日本可以说"不"》一书为代表对美国的对日批评展开反击。20世纪90年代初的同盟危机最终以双方对亚太安全形势的认知取得一致而化解，但冷战结束后确实使日美关系面临若干新难题，则是不争的事实。① 其中具有讽刺意义的是，中国的崛起成为日美同盟不稳定的新因素。对于日本来说，中国崛起带来的东亚变化使其面临高坂正尧提出的在中美之间的两难选择。小泉纯一郎和鸠山由纪夫两届内阁都提出了东亚共同体构想，虽然两者在对待域外国家美国的态度上略有差别，后者更接近于"回归亚洲"，但都是意识到中国崛起和东亚未来而预做准备的战略调整。② 这种区域共同体无疑是美国所不愿意看到的，鸠山因冲绳基地搬迁问题而辞职，其中不能不说也有美国并不乐见其推动东亚共同体构想的原因。

四 中国崛起与日美同盟

无论愿意与否，"中国因素"对日美同盟的影响越来越明显。对于日本来说，一方面想和中国保持稳定的关系，另一方面在历史问题和领土问题上又不愿改正错误立场，难以与中国建立互信，使其更加依赖美国才能提高对华外交信心。小泉首相在因参拜靖国神社而陷中日关系于低谷时说："我始终如一的立场是，日美关系越紧密越亲近，与中国、韩国、亚洲国家和国际社会建立良好关系的可能性就越大。"③ 这种在日美关系的基础上开展对华外交和亚洲外交的思想在日本外交界占支配地位，中日关系紧张时日本更要拉美国撑腰。在钓鱼岛争端中，日本连番要美国表态钓鱼岛属于《日美安全条约》保护范围内即是一例。而美国的东亚政策稍有风吹草动，日本便惶惶然不可终日。特朗普政府对

---

① ［日］五百旗头真主编：《战后日本外交史（1945—2005）》，第173页。
② 参阅孙承：《日本的东亚共同体设想评析》，《国际问题研究》2002年第5期；《从小泉内阁到鸠山内阁的东亚共同体构想》，载王洛林、张季风主编：《日本经济蓝皮书2010/2011》，社会科学文献出版社2011年版。
③ 《小泉：美军的存在使日本人民"享受了和平"》，新华网2005年11月17日，http://news.xinhuanet.com/world/2005-11/17/content_3794438_1.htm。

外政策的不确定性，使日本国内"自主防卫"的声浪高涨，同时极力设法把美国留在亚洲，因为对日本来说，现时没有可以替代日美同盟的选项。① 奥巴马政府的"亚太再平衡"政策和特朗普的"美国优先"政策，反映了美国东亚政策的变化，尽管两者在参与亚太的力度上有区别，但对日本来说都预示着新机会。因为美国对亚太地区的参与离不开日本，有助于加强日美同盟；如果美国采取相对孤立的政策，也同样要倚重日本发挥盟友的作用，但日本的自由度会更大些，可以采取更积极、自主的政策。这也预示日本此后国家战略可能有两种选择。说明这一问题的典型例子是日本对待跨太平洋经济伙伴协定（TPP）的态度。前者如《阿米蒂奇报告》所反映的思想，美国希望更大程度地利用日本以维持对东亚的参与和影响，而日本也迎合美国的政策，借此加强日美同盟，应对中国不断增长的影响，甚至一反在关税问题上的传统立场，不顾地方和农村的反对而积极参与，企图借此建立由美日主导的贸易体制，置中国于不利地位。而当特朗普政府宣布退出跨太平洋经济伙伴协定（TPP）后，日本在沮丧之余挑起继续推进谈判的重担，希望特朗普能回心转意，协定起死回生。由于判断特朗普的政策是为应对国内问题而在亚太地区采取收缩态势，日本主动在外交、安全领域举起意识形态大旗，积极发展双边和多边合作，弥补美国亚太战略收缩可能出现的"安全空白"。在防卫政策上，日本为加强日美安全合作不断修改法案，2015 年又通过《安全保障相关法案》，扩大政府裁量允许自卫队海外活动的幅度，打开了行使集体自卫权的道路，使自卫队可以在全球范围内配合美军行动。日本保守政权在对外政策上全面配合美国的亚太战略，说明在应对中国崛起后东亚局势变化上日美存在着共同利益，双方政策的互补性和协调性加强，已经超过了冷战时期。

但中国崛起对中美关系的影响也成为困扰日本的因素。日本对"特朗普现象"导致美国国际影响力下降是否预示今后中美力量平衡会遭破坏而感到忧心忡忡，认为必须采取对策，否则会因与美国的同盟关系越

---

① 中山俊宏「トランプ時代の日米関係」、『国際問題』2017 年 7・8 月号、1—4 页。

紧密而受到越严重的打击。① 另一方面，对美国来说，中国崛起固然是出现一个新的竞争对手，但也不无可能出现布热津斯基所分析的局面：以至于力量锐降的美国不得不把在地区内发挥主导作用的中国作为盟友，并且甚至把具有全球实力的中国当作伙伴。② 如果出现这种局面，日美同盟的作用将下降或有名无实。在全球化时代，中美关系有对抗也有合作，合作大于对抗。奥巴马政府在提出"亚太再平衡"战略之前，也希望加强与中国的合作，美国学界和舆论提出"中美国"（Chimerica）设想。不管如何解读这一设想，两国联系不断深化是不可否认的基本事实。特朗普政府成立后美国重申对日美同盟的承诺，同时也加强了同中国在朝鲜核问题等地区事务上的协作。中美关系的变化表明，中国和平崛起，中美两国不一定是"零和"关系。而安倍政府也在根据特朗普政府的亚太政策调整对华外交，反映中美日关系进入新一轮调整周期。对于亚太地区新的力量变化和日本的选择，基辛格认为："在又一个历史关键时刻，日本正着手重新确立它在国际秩序中更广泛的作用"。"日本的分析将着眼于三个选项：继续依赖与美国的盟国关系，适应中国的崛起，采取更加自主的外交政策。三个选项中日本最终会选哪一个，抑或会把三者相结合，取决于日本对全球力量均势的估计，而不是美国向它做出的形式上的保证，也取决于日本对事态发展的基本趋势的看法。如果日本看到它所在的地区或全世界正在出现新的力量布局，它就会根据自己对现实的判断，而非传统的同盟关系，设法加强自己的安全。"③ 基辛格这段话对日本外交选择表达了三个值得注意的判断：日本将进一步提高外交自主性；根据国际关系变化实行现实主义外交；日美同盟是外交选项之一，而不是唯一选项。基辛格对日美同盟的估计与当前日美关系紧密的现实显然相去甚远，但根据同盟理论如果对威胁和

---

① 田久保忠衞「一带一路進める中国、米国は衰退？ 壮大な『歴史の実験』が始まった」、『産経新聞』2017 年 8 月 22 日。

② ［美］兹比格纽·布热津斯基：《大棋局——美国的首要地位及其地缘战略》，第 224—225 页。

③ ［美］亨利·基辛格：《世界秩序》，胡利平、林华、曹爱菊译，中信出版社 2015 年版，第 244—245 页。

利益的认识发生变化时,对同盟的价值重估也并不奇怪。值得注意的是,这一对中美日关系和日本要加强自主性外交的估计,同高坂正尧在《海洋国家日本的构想》中的设计似乎又有暗合之处。上述情况表明,随着中国崛起及国际关系的变化,日美同盟也会迎来新的考验。

第七节 结语:当前日本国家战略转换的特点

上述影响日本国家战略的因素可以分为内外两方面,内因是日本特有的历史文化因素和政治经济基础,外因是国际环境和时代因素,内因居主导地位,但两者并非孤立、互不相干,而是相互作用、相互影响。近代以来,时代浪潮和国际环境影响了日本的国家战略选择和政治经济走向,日本在东亚地区扮演了不同角色,留下深远影响。当前世界正面临"百年未有之变局",日本也在调整国家战略,再度面临新选择。当前日本国家战略转换的主要特点可以概括如下。

第一,保守的民族主义主导日本国家战略的选择。在保守的民族主义主导下,由"吉田主义"向"积极和平主义"转换是日本国家战略的重大调整。在"积极和平主义"战略下,日本对国内外政策进行调整,希望最终"摆脱战后",成为"正常国家",保守低调和谦抑务实的对外战略面临考验。但另一方面,日本国内外的制约条件仍然存在,围绕未来道路的争论还将继续下去。

第二,国际权力转移进程影响日本国家战略的选择。中国崛起和中美关系走向正在改变战后亚洲的国际格局,日本应对地区格局变化和扩大对美自主性面临新课题。日本在对美关系上要防范美国收缩可能造成的冲击,在对华关系上要适应中国崛起的现实在制约与合作之间寻求平衡。

第三,地缘政治因素为日本调整国家战略提供新方向。印太构想和《跨太平洋伙伴关系协定》(TPP)是在日本推动下产生的地区新机制。突出海洋国家的定位,利用地缘政治因素构建国际机制,在加强日美同盟基础上主动参与以至主导重塑新的地区格局和地区秩序,是日本在国际权力格局变化中寻求发挥自主性的新方向和新途径。

参考文献

中文著作

付瑞红：《美国东亚战略的中国因素》，中国社会科学出版社2012年版。

郝雨凡、赵全胜主编：《布什的困境》，时事出版社2006年版。

蒋立峰主编：《21世纪中日关系发展构想》，世界知识出版社2004年版。

梁云祥等：《后冷战时代的日本政治、经济与外交》，北京大学出版社2009年版。

李寒梅：《日本民族主义形态研究》，商务印书馆2012年版。

李慎明、张宇燕、李少军：《全球政治与安全报告2013》，社会科学文献出版社2012年版。

李薇主编：《日本发展报告2011》，社会科学文献出版社2012年版。

李秀石：《日本新保守主义战略研究》，时事出版社2010年版。

刘军宁：《保守主义》，东方出版社2014年版。

刘世龙：《美日关系：1791—2001》，世界知识出版社2003年版。

吕耀东：《冷战后日本的总体保守化》，中国社会科学出版社2004年版。

倪世雄：《当代西方国际关系理论》，复旦大学出版社2001年版。

世界知识出版社编：《国际条约集（1950—1952）》，世界知识出版社1959年版。

时事出版社选编:《中美苏战略三角》,时事出版社1988年版。

孙承:《日本与东亚——一个变化的时代》,世界知识出版社2005年版。

王辉耀:《国家战略——人才改变世界》,人民出版社2010年版。

王缉思主编:《布什主义的兴衰》,世界知识出版社2012年版。

王建朗、栾景河主编:《近代中国、东亚与世界》上卷,社会科学文献出版社2008年版。

王洛林、张季风主编:《日本经济蓝皮书2010/2011》,社会科学文献出版社2011年版。

汪伟民:《联盟理论与美国的联盟战略——以美日、美韩联盟研究为例》,世界知识出版社2007年版。

吴廷璆主编:《日本史》,南开大学出版社1994年版。

吴晓春:《美国新保守派外交思想及其影响》,知识产权出版社2008年版。

阮宗泽等:《权力盛宴的黄昏:美国"亚太再平衡"战略与中国对策》,时事出版社2015年版。

赵学功:《当代美国外交》,社会科学文献出版社2012年版。

张广宇:《冷战后日本的新保守主义与政治右倾化》,北京大学出版社2005年版。

周方银主编:《大国的亚太战略》,社会科学文献出版社2013年版。

朱伦、陈玉瑶编:《民族主义——当代西方学者的观点》,社会科学文献出版社2013年版。

中文译著

[德] 杜浩(R. F. Drifte):《冷战后中日安全关系》,陈来胜译,世界知识出版社2004年版。

[法] 吉尔·德拉诺瓦:《民族与民族主义》,郑文彬、洪晖译,生活·读书·新知三联书店2005年版。

[美] 艾什顿·卡特、威廉姆·佩里:《预防性防御:一项美国新安全战略》,胡利平、杨韵琴译,上海人民出版社2000年版。

［美］费正清：《美国与中国》，张理京译，世界知识出版社1999年版。
［美］海斯：《现代民族主义演进史》，帕米尔译，华东师范大学出版社2005年。
［美］汉斯·摩根索：《国家间政治：权力斗争与和平》，徐昕、郝望、李保平译，北京大学出版社2006年版。
［美］亨利·基辛格：《基辛格：美国的全球战略》，胡利平、凌建平等译，海南出版社2012年版。
［美］亨利·基辛格：《世界秩序》，胡利平、林华、曹爱菊译，中信出版社2015年版。
［美］杰里·马勒：《保守主义——从休谟到当前的社会政治思想文集》，刘曙辉、张容南译，译林出版社2010年版。
［美］罗伯特·阿特：《美国大战略》，郭树勇译，北京大学出版社2005年版。
［美］罗伯特·基欧汉：《局部全球化世界中的自由主义、权力与治理》，门洪华译，北京大学出版社2004年版。
［美］迈克尔·格林、帕特里克·克洛宁：《美日联盟：过去、现在与将来》，华宏勋、孙苗伊、丁胜幸等译，新华出版社2000年版。
［美］乔治·弗里德曼、梅雷迪斯·勒巴德：《下一次美日战争》，何力译，新华出版社1992年版。
［美］斯坦利·霍夫曼：《当代国际关系理论》，林伟成等译，倪世雄、刘同舜校，中国社会科学出版社1990年版。
［美］约翰·米尔斯海默：《大国政治的悲剧》，王义桅、唐小松译，上海人民出版社2003年版。
［美］兹比格纽·布热津斯基著：《大棋局：美国的首要地位及其地缘战略》，中国国际问题研究所译，上海世纪出版集团2007年版。
［美］兹比格涅夫·布热津斯基、布兰特·斯考克罗夫特：《大博弈——全球政治觉醒对美国的挑战》，新华出版社2009年版。
［日］吉田茂：《激荡的百年史——我们的果断措施和奇迹般的转变》，孔凡、张文译，世界知识出版社1980年版。
［日］添谷芳秀：《日本的"中等国家"外交：战后日本的选择和构

想》，李成日译，社会科学文献出版社 2015 年版。

［日］五百旗头真主编：《战后日本外交史（1945—2005）》，吴万虹译，世界知识出版社 2007 年版。

［日］小泽一郎：《日本改造计划》，冯正虎、王少普译，上海远东出版社 1995 年版。

［日］中曾根康弘：《日本二十一世纪的国家战略》，联慧译，海南出版社 2004 年版。

［日］中曾根康弘：《新的保守理论》，金苏城、张和平译，陈泊微校，世界知识出版社 1984 年版。

［英］安东尼·吉登斯：《全球时代的民族国家：吉登斯讲演录》，郭忠华编，江苏人民出版社 2012 年版。

［英］安东尼·史密斯：《民族主义——理论·意识形态·历史》，叶江译，上海人民出版社 2006 年版。

［英］本尼迪克特·安德森：《想象的共同体》，吴叡人译，上海人民出版社 2016 年版。

［英］詹姆斯·梅奥尔：《民族主义与国际社会》，王光忠译，中央编译出版社 2009 年版。

中文文章

丁学良：《它们对准中国并非一时冲动》，英国《金融时报》中文版 2018 年 4 月 24 日。

郭一娜：《走"东方王道"还是"西方霸道"——专访日本防卫大学校长五百旗头真》，《参考消息》2011 年 1 月 5 日。

梁云祥：《日本政治右倾化与中日关系》，《国际政治研究》2014 年第 2 期。

孙承：《从小泉内阁到鸠山内阁的东亚共同体构想》，王洛林、张季风主编：《日本经济蓝皮书 2010/2011》，社会科学文献出版社 2011 年版。

孙承：《小泉、安倍政权交替与日本的民族主义》，《国际问题研究》2007 年第 2 期。

孙承:《岩仓使团与日本近代化》,《历史研究》1983 年第 6 期。

陶文钊:《布什当政以来的中美关系》,《同济大学学报》2004 年第 2 期。

唐家璇:《坚定信念,克服困难,共同开创中日关系和东亚发展新局面——在第九届北京—东京论坛上的基调演讲》,2013 年 10 月 26 日。

田凯、邵建国:《美国 TPP 战略中的日本要素》,《国际论坛》2013 年第 1 期。

吴心伯:《论奥巴马政府的亚太战略》,《国际问题研究》2012 年第 2 期。

吴雪:《美国"新保守主义"研究状况述评》,《外交评论》2006 年第 5 期。

徐静波:《近代以来日本的民族主义思潮》,《日本学论坛》2007 年第 1 期。

阮宗泽:《美国"亚太再平衡"战略前景论析》,《世界经济与政治》2014 年第 4 期。

杨伯江:《当代日本社会思潮与"新民族主义"》,《现代国际关系》2001 年第 5 期。

杨宁一:《日本民族主义的演变——兼对"新民族主义"概念的质疑》,北京师范大学学报》(社会科学版) 2006 年第 1 期。

尹成德:《美国战略重心东移及其对中国的深度影响》,《南京政治学院学报》2013 年第 1 期。

于铁军:《国际政治中的同盟理论:进展与争论》,《欧洲》1999 年第 5 期。

张静:《周恩来与基辛格 1971 年密谈中的台湾问题及日本因素——基于美国揭秘档案的考察》,《党的文献》2013 年第 2 期。

张蕴岭:《寻找推进东亚合作的路径》,《外交评论》2011 年第 6 期。

钟严:《论钓鱼岛主权的归属》,《人民日报》1996 年 10 月 18 日。

周琪:《"布什主义"与美国新保守主义》,《美国研究》2007 年第 2 期。

朱峰：《"权力转移"理论：霸权性现实主义》，《国际政治研究》2006年第3期。

中文译文和资料

《CSIS智库报告全文：创新较量是中美竞争的核心》，华南理工大学公共政策研究院（IPP）官方微信平台2019年5月31日。

《副总统迈克·彭斯就本届政府对中国的政策发表讲话》，美国驻华使馆网站2018年10月4日。

刘亚伟：《中美过去40年的成就不容"脱钩"》，英国《金融时报》中文版2019年7月12日。

《美国实际尚未结束——专访美国哈佛大学政治学教授约瑟夫·奈》，法国《世界报》2017年7月25日。

［美］戴维·中村、阿什利·帕克：《特朗普的"美国优先"越来越像"美国独行"》，美国《华盛顿邮报》网站2017年11月11日。

［美］弗雷迪·克莱纳：《美国退出TPP将让中国主导亚太贸易？》，英国《金融时报》中文版2017年3月6日。

［美］傅立民：《美国正造就一个可能无法战胜的敌人》，《人民日报》2019年7月24日。

［美］基辛格：《中美必须合作上海公报精神适用于南中国海》，新加坡《联合早报》网站2016年3月21日。

［美］杰斯珀·科尔：《是的，这次不同，一个强大的新日本正在崛起》，《日本时报》网站，2017年12月3日。

［美］科特·坎贝尔：《俄日外交互动值得关注》，英国《金融时报》中文网2014年2月20日。

［美］科特·坎贝尔：《历史对钓鱼岛对峙的警示》，英国《金融时报》中文版2013年6月28日。

［美］罗伯特·卡根：《特朗普的美国不在乎》，美国布鲁金斯学会网站2018年6月17日。

［美］罗伯特·佐利克：《特朗普外交政策的核心何在？》，英国《金融时报》中文版2017年8月29日。

[美] 乔舒亚·柯兰齐克：《除了贸易和人权，特朗普并未颠覆美国的亚洲政策》，美国世界政治评论网站，2017年7月17日。

[美] 希拉·史密斯：《日本修宪应慎重为之》，英国《金融时报》中文版2016年8月26日。

[菲] 理查德·贾瓦德·海达里安：《香格里拉对话会上对新的印度洋—太平洋秩序的两种观点》，香港《亚洲时报》网站2018年6月2日。

[日] 安东泰治：《日本不参加亚投行是正确的》，日经中文网2015年7月15日。

[日] 北冈伸一：《转向"积极和平主义"的日本安全保障政策》，日本网2014年4月22日。

[日] 川岛真：《日本众院大选后修宪的可能性》，新加坡《联合早报》2017年11月3日。

[日] 川岛真：《中日关系的走向与世界秩序的变迁》，徐信译，《东北亚学刊》2019年第2期。

[日] 船桥洋一：《加入亚投行符合日本的利益》，《纽约时报》中文版2015年4月24日。

[日] 船桥洋一：《美日不应抵制亚投行》，英国《金融时报》中文版2014年12月12日。

[日] 渡部恒雄：《日本在唐纳德·特朗普时代的战略》，美国外交学者网站，2018年1月16日。

[日] 高坂哲郎：《世界军事版图变异（4）美国与盟国分工》，日经中文网2014年3月20日。

[日] 古贺茂名：《日本政府如何干预媒体独立》，《纽约时报》中文版2015年5月24日。

[日] 鹤冈路人：《"日本优先"与"全球日本"》，美国《国家利益》双月刊网站，2018年1月14日。

[日] 铃木美胜：《日美澳印合作——内容开始充实起来的"钻石安保战略"》，2016年6月8日。

[日] 秋田浩之：《安倍要进普京"虎穴"?》，日经中文网2016年6月

6日。

［日］杉山彻宗：《应正视"美中安保"现实脱离美国保护伞实行自主防卫》，日本《追求》月刊2014年7月号。

［日］托拜厄斯·哈里斯：《日本民众应制衡安倍的集权倾向》，英国《金融时报》中文版2013年12月20日。

［日］五百旗头真：《东海油气田协议标志着两国关系进入"日中协商时代"》，日本《每日新闻》2008年6月22日。

［日］宇山智彦：《首脑会谈暴露日俄认知隔阂》，新加坡《联合早报》2017年1月3日。

［印］布拉马·切拉尼：《变化中的印太实力格局》，《日本时报》网站，2018年5月7日。

［英］吉迪恩·拉赫曼：《十评奥巴马主义》，英国《金融时报》中文版2016年3月16日。

［英］吉迪恩·拉赫曼：《再见，山姆大叔》，英国《金融时报》中文版2017年12月6日。

［英］巴瑞·布赞：《中国崛起过程中的中日关系与中美关系》，刘永涛译，《世界政治与经济》2006年第7期。

日文著作

安倍晋三『新しい国へ、美しい国へ（完全版）』、文芸春秋、2013年。

家永三郎『外来文化摂取史論』、青史社、1974年復刻版。

岩下明裕『北方領土問題』、中央公論新社、2005年。

五十嵐武士『戦後日米関係の形成——講和・安保と冷戦後の視点に立って』、講談社、1995年。

五十嵐武士『対日講和と冷戦』、東京大学出版会、1986年。

五十嵐武士『日米関係と東アジア』、東京大学出版会、1999年。

伊藤憲一『国家と戦略』、中央公論新社、1985年。

伊藤憲一監修『海洋国家日本の構想　世界秩序と地域秩序』、日本国際フォーラム出版、2001年。

伊藤憲一監修『21世紀日本の大戦略：島国から海洋国家へ』、日本国際フォーラム発行・フォレスト出版、2000年。

猪口孝『ただ乗りと一国繁栄主義をこえて——転換期の世界と日本』、東洋経済新報社、1987年。

入江昭、ロバート・A・ワンプラー編　細谷千博、有賀貞監訳『日米戦後関係史1951—2001』、講談社インターナショナル、2001年。

大久保利謙他編『史料による日本の歩み』近世編、吉川弘文館、1955年。

岡部達味、高木誠一郎、国分良成編『日米中安全保障協力を目指して』、勁草書房、1999年。

奥山真司『地政学　アメリカの世界戦略地図』、五月書房、2004年。

海空技術調査会編著『海洋国日本の防衛』、原書房、1972年。

川島真編『チャイナ・リスク』、岩波書店、2015年。

北岡伸一『日本陸軍と大陸政策』、東京大学出版会、1978年。

高坂正堯「海洋国家日本の構想」、『高坂正堯著作集』第一巻、都市出版株式会社、1998年。

後藤道夫、山科三郎『講座 戦争と現代4 ナショナリズムと戦争』、大月書店、2004年。

小野直樹『戦後日米関係の国際政治経済分析』、慶応義塾大学出版会、2002年。

駒井洋編『脱オリエンタリズムとしての社会知』、ミネルヴァ書房、1998年。

佐藤洋『TPPターゲット—アメリカの「モクロミ」と日本の進むべき道』、新日本出版社、2011年。

白石隆『海洋アジアVS. 大陸アジア　日本の国家戦略を考える』、ミネルヴァ書房、2016年。

世界平和研究所『国民憲法制定への道 中曽根康弘憲法論の軌跡』、文藝春秋社、2017年。

谷内正太郎、高橋昌之『外交の戦略と志』、産経新聞出版、2009年。

田中明彦『新しい中世　21世紀の世界システム』、日本経済新聞社、1996年。

田中伸尚『憲法九条の戦後史』、岩波書店、2005年。
中村隆英編『占領期日本の経済と政治』、東京大学出版会、1979年。
中村正則、天川晃、尹健次、五十嵐武士『戦後日本 占領と戦後改革』第1—6巻、岩波書店、1995年。
西嶋定生「六—八世紀の東アジア」、『岩波講座 日本歴史 古代2』、岩波書店、1962年。
『日本思想大系45：佐藤信淵』、岩波書店、1977年。
日本外務省編『日本外交文書 平和条約の締結に関する調書』第2冊、外務省発行、2002年。
日本貿易会（JFTC）『日本貿易の現状』、2019年。
萩原伸次郎監訳『米国経済白書（2010）』，『週刊エコノミスト』臨時増刊、2010年5月24日号。
畠山武『派閥の内幕』、立風書房、1975年。
長谷川毅『北方領土問題と日露関係』、筑摩書房、2000年。
東アジア共同体評議会編『東アジア共同体白書』、日本国際フォーラム、2010年。
東谷暁『間違いだらけのTPP』、朝日出版、2011年。
細谷千博『日本外交の軌跡』、日本放送出版協会、1993年。
細谷千博、有賀貞、石井修、佐々木卓也編『日米関係資料集』第Ⅰ—Ⅴ部、東京大学出版会、1999年。
細谷千博監修、A50日米戦後史編集委員会編『日本とアメリカ――パートナシップの50年』、ジャパン タイムズ、2001年。
堀江湛、池井優編著『日本の政党と外交政策――国際現実との落差』、慶応通信株式会社、1980年。
本田優『日本に国家戦略はあるのか』、朝日新聞社、2007年。
升味準之輔『戦後政治』上、下、東京大学出版会、1986年。
松尾尊兊編『石橋湛山評論集』、岩波書店、1984年。
丸山真男『丸山真男集』第五巻、岩波書店、1995年。
宮沢喜一『東京―ワシントンの密談』、備後会、1975年。
山田浩『現代アメリカの軍事戦略と日本』、法律文化社、2002年。

山本吉宣、納家政嗣、井上寿一、神谷万丈、金子将史『日本の大戦略 歴史的パワーシフトをどう乗り切るか』、PHP研究所、2012年。

吉田茂『回想十年』第2巻、新潮社、1958年。

ロバート・D・エルドリッヂ『沖縄問題の起源』、名古屋大学出版会、2003年。

渡辺昭夫、宮里政玄編『サンフランシスコ講和』、東京大学出版会、1986年。

渡辺昭夫編『戦後日本の対外政策』、有斐閣、1985年。

渡辺治、岡田知弘、後藤道夫、二宮厚美『「大国」への執念　安倍政権と日本の危機』、大月書店、2014年。

渡辺治『日本の大国化とネオ・ナショナリズムの形成——天皇制ナショナリズムの模索と隘路』、桜井書店、2001年。

日本官方文件和智库报告

外務省編『外交青書』。

防衛省（防衛庁）編『防衛白書』。

アジアゲートウェイ戦略会議『アジアゲートウェイ構想』、2007年5月16日。

安全保障の法的基盤の再構築に関する懇談会『安全保障の法的基盤の再構築に関する懇談会報告書』、2014年5月15日。

伊吹文明『平成22年（2010年）自由民主党綱領の解説』、自由民主党ウェブ。

海洋政策研究財団『海洋と日本　21世紀の海洋政策への提言』、2006年2月6日。

閣議決議『新成長戦略——「元気な日本」復活のシナリオ』、2010年6月18日。

猪口孝他外交政策への提言「チャレンジ2001—21世紀に向けた日本外交の課題—」、2000年。

外務省『ファクトシート：日米のグローバル及び地域協力』、2014年4月25日。

経済産業省『製造基盤白書』、2018年。

経済同友会『東アジア共同体実現に向けての提言―東アジア諸国との信頼醸成をめざして』、2006年3月。

国家戦略本部『「2030年の日本」検討・対策プロジェクト中間報告』、2014年6月30日。

自由民主党『平成22年（2010年）綱領』、自由民主党ウェブ2010年1月24日。

自由民主党『新綱領』、自由民主党ウェブ2005年11月22日。

世界平和研究所『新局面における日本の中国政策』、2011年11月。

世界平和研究所日米同盟研究委員会『米国新政権と日本― 新時代の外交安保政策 ―』、2017年1月。

世界平和研究所「TPP（環太平洋経済連携協定）に関する提言」、『IIPS　Quarterly』、第3巻第1号。

総合海洋政策本部『海洋基本計画』、2018年5月。

総合研究開発機構（NIRA）『積極的平和主義を目指して―「核の傘」問題を含めて考える』、2001年3月。

対外関係タスクフォース『21世紀日本外交の基本戦略 ― 新たな時代、新たなビジョン、新たな外交』、2002年11月28日。

内閣府『経済財政白書』、2018年版。

21世紀日本の構想懇談会『21世紀日本の構想　日本のフロンティアは日本の中にある―自立と協治で築く新世紀』、2000年1月。

内閣官房『「東アジア共同体」構想に関する今後の取り組みについて』、2010年6月1日。

中曽根康弘「日本外交の方向性」、『IIPS　Quarterly』第1巻第1号、2010年10月31日。

日本外務省編『日本外交文書　平和条約の締結に関する調書』第2冊、外務省発行、2002年版。

日本経済団体連合会『アジア太平洋地域における経済統合の推進を求める』、2011年12月13日。

日本経済団体連合会『対外経済戦略の構築と推進を求める―アジアと

ともに歩む 貿易・投資立国を目指して』、2007年10月16日。

日本国際フォーラム『変容するアジア太平洋地域と日米中関係の展望と課題』、2012年3月。

日本国際フォーラム『積極的平和主義と日米同盟のあり方』、日本国際フォーラム政策委員会、2009年10月。

日本国際フォーラム政策委員会『東アジア経済共同体構想と日本の役割』、2003年6月。

日本国際フォーラム政策委員会『膨張の中国と日本の対応』、2012年1月。

日本国際問題研究所『「インド太平洋時代」の日本外交：Secondary Powers/Swing Statesへの対応』、2014年3月。

日本国際問題研究所『日米中関係の中長期的展望』、2012年3月。

日本国際問題研究所『「東アジア共同体の構築を目指して」シンポジウム概要』、2010年3月17日。

日本平和政策研究所『中国一帯一路構想の狙いと日本の採るべき国家戦略の提言』、2018年3月20日。

日本貿易振興機構（ジェトロ）海外調査部中国北アジア課『中国リスクマネジメント研究会報告書』、2013年10月。

東アジア共同体評議会政策報告書『東アジア共同体構想の現状、背景と日本の国家戦略』、2005年8月。

東アジア共同体評議会「東アジア共同体構想への対応」、『東アジア共同体評議会会報』2009年秋季号。

東アジア共同体評議会第35回本会議速記録「政治．安全保障分野における地域協力の進展と今後の課題」、2009年12月。

星山隆『海洋国家日本の安全保障―21世紀の日本の国家像を求めて―』、世界平和研究所、IIPS Police Paper 320J、October 2006。

文化外交の推進に関する懇談会報告書『「文化交流の平和国家」 日本の創造を』、2005年7月。

防衛省防衛研究所『中国安全保障レポート2018―岐路に立つ米中関係―』、2018年2月。

三菱経済研究所「中国『一帯一路』外交経済の進路」、『経済の進路』、2015年1月号。

民主党『民主党の政権政策マニフェスト』、民主党ウェブ2009年7月27日。

日文文章

青木保「東アジア共同体の文化的基盤」、『国際問題』2005年1月号。

天児慧「新国際秩序構想と東アジア共同体論——中国の視点と日本の役割」、『国際問題』2005年1月号。

新垣拓「南シナ海問題を巡るオバマ政権の対応と今後の課題」、『防衛研究所ニュース』、2012年1月号。

五百旗頭真「矜持と備え、若い世代に」、『毎日新聞』2010年11月28日。

五百旗頭真「二〇一〇年代・日本再生戦略　安保確立と消費増税」、『毎日新聞』2010年1月9日。

五百旗頭眞「トランプ政権と日本外交　日米同盟と日中協商」、『毎日新聞』2017年6月13日。

五百旗頭真「北東アジアの大変動　時代の壁が崩れる瞬間」、『毎日新聞』2018年6月19日。

五百旗頭真「"日米同盟＋日中協商"再論」、『毎日新聞』2010年10月24日。

井上和彦「歴史共鳴する日越の連帯強化を」、『産経新聞』2015年12月11日。

伊藤亜聖「アジア投資銀通じ関与を」、『日本経済新聞』2017年7月20日。

伊藤元重「なぜTPPなのか」、『NIRAオピニオンペーパー』2012年1月。

伊奈久喜「小泉外交とはなんだったのか——ポスト冷戦後の日本が直面する外交課題」、『外交フォーラム』2006年11月号。

猪木武徳「『植民地は放棄せよ』『外交は損得勘定で』…ポピュリズ

ムに抗した石橋湛山」、『産経新聞』2017年7月17日。

歌川令三「同盟の新たな位置づけ」、『世界週報』2002年4月9日。

エドウィン・O・ライシャワー、中山伊知郎「日本近代化の歴史的評価（対談）」、『中央公論』1961年7月号。

江崎道朗「警戒すべきは第二のニクソンショック」、『正論』月刊2017年7月号。

江原規由「21世紀海上シルクロード建設の意義とアジア太平洋地域の共同発展」、『国際貿易と投資』、Spring 2015。

王在喆、宮川幸三「世界の工場から世界の市場へ——地域格差と中国経済」、『東洋経済統計月報』2003年8月号、第15頁。

大西康雄『中国、東アジアの経済関係と日本』、ジェトロアジア経済研究所、2013年7月20日。

岡田克也「民主党政権の課題と展望」、アジア調査会『アジア時報』2010年11月号。

岡田克也「"開かれた国益"をめざして——アジア、そして世界とともに生きる」、民主党ウェブ2005年5月18日。

香田洋二「壮大な無駄遣いの政治ショー」、『産経新聞』2018年6月13日。

加藤洋一「国際環境の変化のなかの日米同盟」、『国際問題』2012年1—2月合併号。

加藤良三「米国の心理映え出すトランプ流」、『産経新聞』2018年7月5日。

神保謙『日本の安全保障政策、3つの視点』、2015年5月22日。

神谷不二「ブッシュ米新政権の外交政策と日米関係」、『世界週報』2001年1月16日、第6—9頁。

神谷万丈「安倍首相は『平和を築くためには軍事力が必要』と国民に正面から語れ」、『産経新聞』2018年1月25日。

神谷万丈「積極外交継続へ資源投入強化を」、『産経新聞』2019年10月11日。

神谷万丈「常識の通じぬ時代の防衛構想を」、『産経新聞』2019年7

月11日。

神谷万丈「東アジアの構造変動に向き合え」、『産経新聞』2019年5月10日。

神谷万丈「トランプ氏の同盟政策を憂う」、『産経新聞』2018年7月12日。

神谷万丈「日米同盟展望」、『国際問題』2001年2月号。

関志雄『動き出した「一帯一路」構想―中国版マーシャル・プランの実現に向けて』、野村資本市場クォータリー、Spring 2015。

菊池努「『地域』を模索するアジア――東アジア共同体論の背景と展望」、『国際問題』2005年1月号。

北岡伸一「海洋国家日本の戦略―福沢諭吉から吉田茂」、防衛庁防衛研究所『戦争史研究国際フォーラム報告書．第2回』、2004年。

木村汎『「3島」で安倍外交を躓かせるな』、『産経新聞』2013年1月23日。

木村汎「早とちりしてロシアに接近すると日本は百年の計を誤る　日米同盟の信頼を失うな」、『産経新聞』2016年10月5日；

木村汎「安倍晋三首相がいま博打に出る必要は少しもない　ロシアの「対日戦術」を見極めよ」、『産経新聞』2016年11月8日。

木村汎『あえぐロシアを攻める「好機」だ』、『産経新聞』2015年2月5日。

木村汎「早とちりしてロシアに接近すると日本は百年の計を誤る　日米同盟の信頼を失うな」、『産経新聞』2016年10月5日。

木村汎『「3島」で安倍外交を躓かせるな』、『産経新聞』2013年1月23日。

木村汎『北方領土外交は「北風」も必要だ』、産経ニュース2014年2月7日。

倉田秀也「ガイドラインで日米韓の復元を」、『産経新聞』2014年7月25日。

倉田秀也「日米韓安保が再び漂流？　安保に着手した朴槿恵氏を懐古する日が来るかも」、『産経新聞』2016年12月27日。

倉田秀也「日米韓安保が再び漂流？　安保に着手した朴槿恵氏を懐古する日が来るかも」、『産経新聞』2016年12月27日

ケント・カルダー「トランプ氏アジア歴訪『インド太平洋』に焦点」、『毎日新聞』2017年11月26日。

佐伯啓思「ジャパン・ファーストの時代」、『Voice』2017年2月号。

坂元一哉「日米新指針が強めた同盟の絆」、『産経新聞』2015年5月5日。

佐々木類『中国が恐れる中露分断戦略外交を』、産経ニュース2013年4月29日。

佐藤純之助「日米同盟　トランプ流ティールに揺らぐ日本」、『週刊エコノミスト』2018年7月3日。

白石隆「アジア新興国と日本　経済連携が安定のカギ」、『毎日新聞』2018年3月14日。

白石隆「（インタビュー）TPPの底流」、『朝日新聞』2015年10月7日。

白石隆「衝動的なトランプ政権　米国と不確実性の時代」、『毎日新聞』2017年7月11日。

白石隆「白石隆さんに聞く　東アジアは壊れるか」、『朝日新聞』2012年1月5日。

白石隆「衝動的なトランプ政権　米国と不確実性の時代」、『毎日新聞』2017年7月11日。

白石隆「米国第一主義下のアジア　日本、2国・多国の枠組で」、『毎日新聞』2017年3月14日。

白川勝彦『初めての改憲内閣の登場』、白川勝彦OFFICE、2006年11月。

鈴木美勝「日米外交に絡みつく中国の影」、『世界週報』2006年1月24日。

ブラーマ・チェラニー「アジアの興隆が続く保証はどこにもない」、『週刊東洋経済』2012年5月26日。

添谷芳秀「日本外交の展開と課題――中国との関係を中心に」、『国際

問題』2010 年 1―2 月号。

ジョセフ・ナイ「安保、アジア安定へ役割大」、『日本経済新聞』2000 年 5 月 10 日。

高原明生「米中変貌と地殻変動　団結と多角外交がカギ」、『毎日新聞』2018 年 1 月 9 日。

田久保忠衛「一帯一路進める中国、米国は衰退？ 壮大な『歴史の実験』が始まった」、『産経新聞』2017 年 8 月 22 日。

田久保忠衛「浮かび上がる米軍撤退論の悪夢」、『産経新聞』2018 年 6 月 15 日。

田久保忠衛「戦後に別れ告げる第三の黒船」、『産経新聞』2019 年 7 月 8 日。

田久保忠衛「米中に横たわる言い知ねぬ不安」、『産経新聞』2018 年 3 月 14 日。

田久保忠衛「『普通の国』同士の同盟活性化は今年からだ」、『産経新聞』2018 年 1 月 3 日。

田久保忠衛「ヒラリー・クリントン候補よ　TPPの戦略的意味を忘れたか」、『産経新聞』2016 年 9 月 20 日。

竹中平蔵「"TPP 皆保険崩す"のまやかし」、『産経新聞』2011 年 12 月 1 日。

竹中平蔵「最悪の米 WTO 離脱に備えよ」、『産経新聞』2018 年 8 月 2 日。

田中均「日米中で地域の平和構築を」、『毎日新聞』2017 年 4 月 9 日。

田中明彦「日中関係と東南アジア　ゼロサムではない視点を」、『毎日新聞』2017 年 8 月 8 日。

津上俊哉『中国経済動向と「一帯一路」構想～その背景と意図、現状及び今後～』、国土交通研究所、2015 年 10 月 7 日。

土屋渓　清水憲司「G7サミット　揺らぐ40 年の結束　米輸入制限に批判集中」、『毎日新聞』2018 年 6 月 10 日。

寺島実郎「東アジア共同体と日米同盟見直しはクルマの両輪だ」、『週刊東洋経済』2009 年 11 月 28 日。

寺島実郎「常識に還る意識と構想——日米同盟の再構築に向けて」、『世界』2010年2月号。

東郷和彦『日本の外交戦略：北朝鮮・ロシア・中国、そして長期的ビジョン』、日本平和政策研究所、2018年4月9日。

長尾龍一「文明は裁いたのか裁かれたのか」、『中央公論』1975年8月号。

中嶋哲彦「新自由主義的国家戦略と教育政策の展開」、『日本教育行政学会年報』No. 39、2013年。

中西寛「貿易問題重視、中国の影響力拡大容認…トランプ歴訪に垣間見た懸念」、『産経新聞』2017年11月29日。

中西寛「TPP超え現代経済の本質思う」、『産経新聞』2011年11月11日。

中西寛『東アジア地域協力の現況』、韓国外交安保研究院と日本国際問題研究所の主催で2009年10月29—30日にソウルで行われた日韓協議に際し作成したディスカッション・ペーパーである。

中山俊宏「異形の大統領は世界をどこへ連れていくのか」、『中央公論』2017年12月号。

中山俊宏「トランプ時代の日米関係」、『国際問題』2017年7・8月号。

西原正「インド太平洋戦略を活性化せよ」、『産経新聞』2018年8月22日。

西原正「オバマ対中牽制策を支える時だ」、『産経新聞』2011年11月28日。

西原正「当面のインド太平洋地域の重要地帯は東南アジアにあると見るべきだ」、『産経新聞』2017年12月5日。

西脇文昭「日本の国益とは何か」上、『世界週報』2000年1月18日。

西脇文昭「日本の国益とは何か」下、『世界週報』2000年3月7日。

野田佳彦「わが政権構想」、『文芸春秋』2011年9月号。

野田佳彦「わが政治哲学」、『Voice』2011年10月号。

袴田茂樹「北方領土めぐる認識の違いはむしろ拡大　露への楽観的思

い入れを見直せ」、『産経新聞』2016年9月6日；

袴田茂樹「プーチン政権が狙うのは経済協力の引き出し　安倍首相の対露政策は逆効果だ」、『産経新聞』2016年10月3日。

袴田茂樹「冷水浴びせたプーチン発言　ナイーブな楽観主義的な対露政策を見直せ」、『産経新聞』2016年11月25日。

袴田茂樹『プーチン氏の年内招待は妥当か』、『産経新聞』2015年7月2日。

袴田茂樹「6月1日、プーチン大統領は北方領土めぐり重大発言　不可解すぎる官邸の対露政策」、『産経新聞』2017年6月13日。

袴田茂樹「ロシアで行った北方領土論議」、『産経新聞』2019年9月24日。

鳩山由紀夫「私の政治哲学」、『Voice』2009年9月号。

日高義樹「改憲と核装備を求めるアメリカ」、『Voice』2017年11月号。

船橋洋一「ドイツとフランス　日本と中国」、『朝日新聞』1999年6月30日。

古森義久「トランプ発言と日米同盟　経緯を知らず軽視・無視は危険」、『産経新聞』2019年7月25日。

古森義久「米歴代政権による対中関与策の失敗」、『産経新聞』2018年3月13日。

林健太郎「現代における保守と自由と進歩」、『現代日本思想大系35　保守主義』、筑摩書房、1963年、第13—15頁。

フランシス・フクヤマ「米朝会談　真の勝者は中国」、『読売新聞』2018年7月2日。

ブラーマ・チェラニー「アジアの興隆が続く保証はどこにもない」、『週刊東洋経済』2012年5月26日。

別所浩郎「国際情勢と日本外交の重要課題」、『国際問題』2011年1—2月号。

ヘンリー・キッシンジャー「トランプ・ショック　世界の秩序は」、『日本経済新聞』2016年11月13日。

升味準之輔「1955年の政治体制」、『思想』1964年4月号。

宮本雄二『最近の中国情勢と日中関係』、日本国際問題研究所ウェブ 2010年8月25日。

村田晃嗣「対日重視で要求水準も高まる——ブッシュ次期政権下の日米関係」、『世界週報』2000年12月19日。

森本敏「米新国防戦略　日本は安保戦略たて直し、国家再生を」、『産経新聞』2012年1月7日。

森本敏「ペンス演説の歴史的意味合い」、『産経新聞』2018年11月21日。

森本敏「南西方面の島嶼防衛強化を急げ」、『産経新聞』2015年5月22日。

山本吉宣「中国の台頭と国際秩序の観点から見た一帯一路」、『PHP Policy Review』2015年8月28日。

山根隆志「『日米同盟第一』を根本から転換すべき」（上）、『前衛』2017年第4期。

吉岡桂子「中国『シルクロード経済圏』の虚実」、『外交』2015年7月号。

吉崎達彦『「一帯一路」構想と日本の対応』、2015年12月18日。

リチャード・ハース「米外交　アジア重視へ転換」、『読売新聞』2011年12月4日。

レオン・パネッタ「21世紀に向けた揺るぎない日米同盟」、『読売新聞』2011年10月24日。

渡辺利夫「"文明の生態史観"と東アジア共同体」、『環太平洋ビジネス情報』2006年1月号 Vol. 6 No. 20。

渡辺利夫「海洋国家同盟論再論—日本の選択」、『環太平洋ビジネス情報』、2008 Vol. 8 No. 28。

英文资料

A. F. K. Organski, *World Politics*, Alfred A. Konpf, Inc. New York, 1968.

Daniel Hurst, "Japan's Foreign Policy Balancing Act", *The Japan Times*,

May 20, 2018.

Dimitri K. Simes, "A Trump Foreign Policy", *The National Interest*, June 17, 2018.

Eugene A. Matthews, "Japan's New Nationalism", *Foreign Affairs*, November/December, 2003.

G. John Ikenberry and Charles A. Kupchan, "A New Japan, A New Asia", *The New York Times*, January 22, 2010.

Hatoyama Yukio, "A New Path for Japan", *International Herald Tribune*, August 26 2009.

Hillary Clinton, "America's Pacific Century", *Foreign Policy*, November 2011.

Hillary Clinton, "Press Availability at the ASEAN Summit", U. S. State, July 22, 2009.

J. Berkshire Miller, "Getting Serious: An End to the Russia-Japan Dispute?", *The Diplomat*, August 19, 2013.

Kenneth Dam, John Deutch, Joseph S, Nye, Jr., and David M, Rowe, "Harnessing the U. S. Strategy for Managing Japan's Rise as Global Power", *The Washington Quarterly*, Spring 1993.

Kurt M. Campbell, "Energizing the U. S. -Japan Security Partnership", *The Washington Quarterly*, Autumn 2000.

Michael J. Green, "Does Japan Have a Strategy?", *The National Interest*, November 28, 2012.

Michael Green, "Why Tokyo Will Be a Larger Player in Asia", *Foreign Policy Research Institute*, July 27, 2000.

"Opening Remarks by President Obama at APEC Session One", The White House Office of the Press Secretary, November 13, 2011.

Richard N. Haass, "Re-Orienting American", *Project-Syndicate*, November 11, 2011.

Joseph S. Nye, Jr., "Bound to Lead: The Changing Nature of American Power", *Basic Books*, Inc., Publishers, New York, 1990.

Richard Armitageand Joseph Nye, "More Important Than Ever: Renewing the Japan-U. S. Alliance for the 21st Century", *Center for Strategic and International Studies*, October 3, 2018.

"The United States and Japan: Advancing Toward a Mature Partnership", *INSS Special Report*, October 2000.

Thomas Donilon, "America is Back in the Pacific and will Uphold the Rules", *Financial Times*, November 27, 2011.

Toshiki Kaifu, "Japan's Vision", *Foreign Policy*, Fall 1990.

Yoichi Funabashi, "Toward a Free and Open Indo-Pacific", *The Japan Times*, May 10, 2018.

Zbigniew Brzezinski, "Living with China", *The National Interest*, Spring 2000.

后　　记

　　本书由于项目延期和美国政权更迭，调整研究计划，研究范围也扩大为美国奥巴马和特朗普两任总统亚太战略下日本国家战略的变化。

　　美日两国的战略调整，是在世界"百年未有之大变局"下的战略因应，是世界变局的一部分，也是影响世界变局的重要因素。研究时段的延长让笔者能有更多时间观察和认识这一变化，特别是能从历史纵深的角度更深入认识和思考日本在东亚权力转移过程中国家战略调整的趋向，揭示国家战略转换的性质和影响。为此目的在项目外增写了第一、二章，对奥巴马政府提出"亚太再平衡"战略之前的日美关系和日本国家战略演变作了简要梳理，也便于读者能全面了解日本国家战略转换的背景和性质。本书希望能在中美日关系调整的大背景下探讨日本国家战略的演变和影响，这在面对世界变局的形势下，无疑是件有意义的工作，但限于能力和条件，难免有错误和疏漏之处，恳请读者批评指正。

　　中国政法大学硕士研究生刘娅帮助搜集了奥巴马和特朗普政府的部分资料；中国国际问题研究院图书馆郑东辉先生和中国社会科学院日本研究所资料室林肖、韩永顺老师协助查阅资料；中国政法大学政治与公共管理学院为本书出版提供了资助。谨在此一并致以衷心感谢！

孙　承

2019 年 10 月 30 日